# 汽车发动机正时校对调整资料

## 2000-2017年款

瑞佩尔　主编

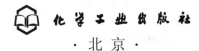

·北京·

本书是一本专门介绍汽车发动机正时调校、拆装对正要点的资料书籍。绝大多数同品牌同类型如直列或V型发动机的正时调校标记或方式往往相同，而且，同品牌很多不同年款车型装备的发动机也一样。通过采取求同存异的整理方式，全书在相对有限的篇幅内涵括了最多的资料信息。全书集中整理了自2000~2017年款间国产合资车型、进口车型与自主品牌汽车的大量正时资料。全书将汽车品牌按所在地域划分为亚洲车系（包括丰田-雷克萨斯、本田-讴歌、日产-英菲尼迪、马自达、三菱、斯巴鲁、铃木、现代-起亚、双龙等）、欧洲车系（包括大众-奥迪-斯柯达、宝马、奔驰、捷豹-路虎、沃尔沃、标致-雪铁龙、菲亚特等）、美洲车系（包括克莱斯勒-吉普-道奇、福特等）。

　　全书内容以"图"说话，通过数千幅插图详细分解正时检查、调整及拆装要点，简洁而实用，精粹且全面，是进行发动机正时系统保养或维修工作时不可多得的参考资料，也可作为各汽车职业院校相关专业的教辅资料使用。

**图书在版编目（CIP）数据**

汽车发动机正时校对调整资料全集/瑞佩尔主编.—北京：化学工业出版社，2017.7（2018.10重印）
ISBN 978-7-122-29781-5

Ⅰ.①汽… Ⅱ.①瑞… Ⅲ.①汽车-发动机-车辆修理 Ⅳ.①U472.43

中国版本图书馆CIP数据核字（2017）第118085号

---

责任编辑：周　红　　　　　　　　　文字编辑：陈　喆
责任校对：吴　静　　　　　　　　　装帧设计：王晓宇

---

出版发行：化学工业出版社（北京市东城区青年湖南街13号　邮政编码100011）
印　　装：三河市延风印装有限公司
787mm×1092mm　1/16　印张41¾　字数1125千字　2018年10月北京第1版第4次印刷

购书咨询：010-64518888（传真：010-64519686）　售后服务：010-64518899
网　　址：http://www.cip.com.cn

凡购买本书，如有缺损质量问题，本社销售中心负责调换。

定　　价：168.00元　　　　　　　　　　　　　　　　　版权所有　违者必究

在汽车发动机机械维修中，正时系统拆装、检查及调校是一项很重要的工作内容。因此，不同类型发动机正时单元的维修资料的准备也是不可或缺的。正时皮带或正时链条的主要作用是用来驱动发动机的配气机构，使发动机的进、排气门在适当的时候开启或关闭，来保证发动机的气缸能够正常地吸气和排气。对于发动机来说，正时皮带或正时链条是绝对不可以发生跳齿或断裂的，如果一旦发生跳齿现象，则发动机就不能正常工作，便会出现怠速不稳、加速不良或不着车等现象；如果正时皮带或正时链条断裂的话，则发动机就会立刻熄火，多气门发动机还会导致活塞将气门顶弯，严重的还会损坏发动机。

一般地，保养或维修发动机正时系统时，需要注意以下方面：当汽车行驶5万公里以后，要检查正时系统，查看其是否出现了过度磨损现象。检查整个正时系统，包括正时皮带、皮带轮、张紧轮和惰轮。更换正时系统的时间间隔不要超过制造商推荐的更换周期。一旦发现任何故障问题，要立即进行更换工作。更换时，要更换正时系统中的所有部件，并使用相互匹配的整套部件。

在发动机的装配过程中，曲轴、凸轮轴、正时皮带/链条等正时系统部件都有相应的对齐标记，安装时必须保证三者之间的标记全部对齐，这就是正时校准。只有正时标记都校正了才能获得正确的正时。正确的正时单元（其主要部件为正时皮带或正时链条）分解图、重要安装标记的位置及其校对方法、正时单元的拆卸步骤及安装步骤、维修规范等资料可以给维修技术人员快捷准确的维修工作提供有力保障。

本书按汽车品牌区域的先后顺序编写，从前至后组织了亚洲车系（国外品牌）、欧洲车系及美洲车系、国产自主品牌的车型资料。各个款型发动机应用相通的集团品牌则合并在一起，如丰田-雷克萨斯、本田-讴歌、日产-英菲尼迪、现代-起亚、大众-奥迪-斯柯达等。

本书根据发动机排量及型号和搭载车型型号及年款提供了快速查找目录（见书末），这样方便您快速查找到所需的正时资料。速查目录虽有年款和机型标注，但这些内容不一定仅适用于该标注中的车型或年款，对于没能列出来的车型年款，读者朋友可以通过对发动机的了解比照参考使用。另外，受限于我们对各个车型年款配载发动机装用与停用的了解，速查目录中标出的年款范围，以及发动机型号可能会有些许出入。建议读者朋友根据实际情况从中选择适合的正时数据来作参考。

本书由瑞佩尔主编，参加编写的人员还有朱其谦、杨刚伟、吴龙、张祖良、汤耀宗、赵炎、陈金国、刘艳春、徐红玮、张志华、冯宇、赵太贵、宋兆杰、陈学清、邱晓龙、朱如盛、周金洪、刘滨、陈棋、孙丽佳、周方、彭斌、王坤、章军旗、满亚林、彭启凤、李丽娟、徐银泉。在编写过程中，参考了国内外相关文献和厂商技术资料，在此，谨向这些资料信息的原创者表示由衷的感谢！

本书资料数据繁多，虽经数度编辑整理，囿于水平，内容之中的不足仍不可避免，恳请广大读者朋友不吝指正。本书再版时，我们将更正错误，加入更多实用且更为全面的资料，以使其更加完善，满足汽车维修工作者的真正需求。

编者

# 第1章 丰田－雷克萨斯汽车发动机 …… 1

1.1 1.3L 2NZ-FE 发动机 …… 1
1.2 1.3L 4NR-FE 发动机 …… 5
1.3 L 6NR-FE 发动机 …… 10
1.4 1.3L 8A-FE 发动机 …… 10
1.5 1.5L 1NZ-FE 发动机 …… 12
1.6 1.5L 5A-FE 发动机 …… 12
1.7 1.5L 7NR-FE 发动机 …… 12
1.8 1.5L 5NR-FE 发动机 …… 12
1.9 1.6L 4ZR-FE 发动机 …… 12
1.10 1.6L 1ZR-FE 发动机 …… 13
1.11 1.6L 3ZZ-FE 发动机 …… 16
1.12 1.8L 2ZR-FE 发动机 …… 16
1.13 1.8L 1ZZ-FE 发动机 …… 16
1.14 1.8L 5ZR-FXE 发动机 …… 19
1.15 1.8L 7ZR-FE 发动机 …… 19
1.16 1.8L 2ZR-FXE 发动机 …… 20
1.17 1.8L 8ZR-FXE 发动机 …… 20
1.18 2.0L 3ZR-FE 发动机 …… 25
1.19 2.0L 6ZR-FE 发动机 …… 25
1.20 2.0L 1AZ-FE 发动机 …… 26
1.21 2.0L 6AR-FSE 发动机 …… 28
1.22 2.0L 8AR-FTS 发动机 …… 35
1.23 2.4L 2AZ-FE 发动机 …… 40
1.24 2.5L 5AR-FE 发动机 …… 44
1.25 2.5L 4AR-FXE 发动机 …… 50
1.26 2.5L 2AR-FXE 发动机 …… 53
1.27 2.5L 5GR-FE 发动机 …… 53
1.28 2.5L 4GR-FSE 发动机 …… 53
1.29 2.7L 1AR-FE 发动机 …… 53
1.30 2.7L 2TR-FE 发动机 …… 58
1.31 3.0L 3GR-FE 发动机 …… 59
1.32 3.5L 2GR-FE 发动机 …… 68
1.33 3.5L 2GR-FXE 发动机 …… 73
1.34 4.0L 1GR-FE 发动机 …… 73

| 1.35 | 4.3L 3UZ-FE 发动机 | 76 |
| 1.36 | 4.6L 1UR-FE 发动机 | 79 |
| 1.37 | 4.7L 2UZ-FE 发动机 | 85 |
| 1.38 | 5.0L 2UR-FE 发动机 | 85 |
| 1.39 | 5.0L 2UR-FSE 发动机 | 86 |
| 1.40 | 5.7L 3UR-FE 发动机 | 86 |

## 第 2 章 本田-讴歌汽车发动机 … 87

| 2.1 | 1.2L L12A3/1.3L L13A3/1.5L L15A1 L15A2 发动机 | 87 |
| 2.2 | 1.3L L13Z1/1.5L L15A7 发动机 | 87 |
| 2.3 | 1.5L L15B2/L15B3 发动机 | 90 |
| 2.4 | 1.5L L15B5 发动机 | 93 |
| 2.5 | 1.5L L15B8 发动机 | 94 |
| 2.6 | 1.8L R18A1 发动机 | 94 |
| 2.7 | 1.8L R18ZA 发动机 | 94 |
| 2.8 | 1.8L R18Z2 发动机 | 94 |
| 2.9 | 1.8L R18Z5 发动机 | 94 |
| 2.10 | 1.8L R18Z6 发动机 | 94 |
| 2.11 | 1.8L R18Z7/R18Z8 发动机 | 94 |
| 2.12 | 2.0L R20A1 发动机 | 95 |
| 2.13 | 2.0L R20A3 发动机 | 95 |
| 2.14 | 2.0L R20A4 发动机 | 95 |
| 2.15 | 2.0L R20A6 发动机 | 95 |
| 2.16 | 2.0L R20A7 发动机 | 95 |
| 2.17 | 2.0L R20Z4 发动机 | 95 |
| 2.18 | 2.0L R20Z8 发动机 | 97 |
| 2.19 | 2.0L K20A7/K20A8、2.4L K24A4 发动机 | 98 |
| 2.20 | 2.4L K24A6 发动机 | 98 |
| 2.21 | 2.4L K24V4 发动机 | 99 |
| 2.22 | 2.4L K24V6 发动机 | 99 |
| 2.23 | 2.4L K24Y5 发动机 | 99 |
| 2.24 | 2.4L K24Z1 发动机 | 99 |
| 2.25 | 2.4L K24Z2/K24Z3 发动机 | 99 |
| 2.26 | 2.4L K24Z3/K24Z5 发动机 | 99 |
| 2.27 | 2.4L K24Z8 发动机 | 99 |
| 2.28 | 2.4L K24W5 发动机 | 99 |
| 2.29 | 2.4L K24W7 发动机 | 102 |
| 2.30 | 2.4L K24Y3 发动机 | 102 |
| 2.31 | 3.0L J30A4 发动机 | 102 |
| 2.32 | 3.0L J30A5 发动机 | 103 |
| 2.33 | 3.0L J30A7 发动机 | 105 |
| 2.34 | 3.0L J30Y1 发动机 | 105 |
| 2.35 | 3.2L J32A3 发动机 | 105 |
| 2.36 | 3.5L J35A8 发动机 | 105 |
| 2.37 | 3.5L J35Y4 发动机 | 105 |
| 2.38 | 3.5L J35Y5 发动机 | 105 |
| 2.39 | 3.5L J35Z2 发动机 | 106 |
| 2.40 | 3.5L J35Z6 发动机 | 106 |

2.41　3.7L J37A1 发动机 …………………………………………………… 106
2.42　3.7L J37A2 发动机 …………………………………………………… 106
2.43　3.7L J37A5 发动机 …………………………………………………… 106

# 第3章　日产-英菲尼迪汽车发动机 …………………………………… 107

3.1　1.2L HR12DE 发动机 …………………………………………………… 107
3.2　1.5L HR15DE 发动机 …………………………………………………… 109
3.3　1.6L HR16DE 发动机 …………………………………………………… 109
3.4　1.6T MR16DDT 发动机 ………………………………………………… 114
3.5　1.8L MRA8DE 发动机 ………………………………………………… 116
3.6　2.0L MR20DE 发动机 ………………………………………………… 122
3.7　2.0L MR20DD 发动机 ………………………………………………… 127
3.8　2.0L QR20DE 发动机 ………………………………………………… 127
3.9　2.5L QR25DE 发动机 ………………………………………………… 127
3.10　2.3L VQ23DE 发动机 ………………………………………………… 132
3.11　2.4L KA24DE 发动机 ………………………………………………… 133
3.12　2.5L VQ25DE 发动机 ………………………………………………… 134
3.13　3.5L VQ35DE 发动机 ………………………………………………… 134
3.14　3.5L VQ35HR 发动机 ………………………………………………… 144
3.15　3.7L VQ37VHR 发动机 ……………………………………………… 144
3.16　5.0L VK50VE 发动机 ………………………………………………… 144
3.17　5.6L VK56DE 发动机 ………………………………………………… 145
3.18　5.6L VK56VD 发动机 ………………………………………………… 147

# 第4章　三菱汽车发动机 ……………………………………………………… 150

4.1　1.6L 4A92 发动机 ……………………………………………………… 150
4.2　2.0L 4J11/2.4L 4J12 发动机 …………………………………………… 151
4.3　2.0L 4B11/2.4L 4B12 发动机 …………………………………………… 153
4.4　2.0L 4G63/2.4L 4G64 发动机 …………………………………………… 154
4.5　2.4L 4G69 发动机 ……………………………………………………… 154
4.6　3.0L 6B31 发动机 ……………………………………………………… 160
4.7　3.0L 6G72 发动机 ……………………………………………………… 163
4.8　3.8L 6G75 发动机 ……………………………………………………… 165

# 第5章　马自达汽车发动机 ………………………………………………… 166

5.1　1.3L ZJ/1.5L ZY/1.6L Z6 发动机 ……………………………………… 166
5.2　1.5L SKYACTIV-G 发动机 …………………………………………… 167
5.3　1.6L MZR1.6/2.0L MZR2.0 发动机 …………………………………… 167
5.4　1.8L/L8 2.0L/LF 2.3L/L3 2.5L/L5 发动机 …………………………… 168
5.5　2.0L SKYACTIV-G 发动机 …………………………………………… 170
5.6　2.5L SKYACTIV-G 发动机 …………………………………………… 172

# 第6章　铃木汽车发动机 ……………………………………………………… 173

6.1　1.0L K10B 发动机 ……………………………………………………… 173
6.2　1.2L K12B 发动机 ……………………………………………………… 173
6.3　1.3L M13A 发动机 ……………………………………………………… 173
6.4　1.4L K14B 发动机 ……………………………………………………… 173

6.5　1.5L M15A 发动机 …… 175
6.6　1.6L M16A 发动机 …… 175
6.7　1.6LG-INNOTEC 发动机 …… 179

## 第 7 章　斯巴鲁汽车发动机 …… 180

7.1　2.0L/2.5L H4DO 发动机（正时链条）…… 180
7.2　2.0T H4DOTC 发动机（正时链条）…… 187
7.3　2.0T H4DOTC 发动机（正时皮带）…… 187
7.4　2.0L H4SO 发动机（正时皮带）…… 191
7.5　2.5L H4SO 发动机（正时皮带）…… 193
7.6　2.5T H4DOTC 发动机（正时皮带）…… 194
7.7　3.0L H6DO 发动机（正时链条）…… 195
7.8　3.6L H6DO 发动机（正时链条）…… 197

## 第 8 章　现代－起亚汽车发动机 …… 201

8.1　1.4L G4FA/1.6L G4FC 发动机 …… 201
8.2　1.4L G4EA 发动机 …… 202
8.3　1.5L G4EC 发动机 …… 203
8.4　1.6L G4FG 发动机 …… 203
8.5　1.6L G4FD 发动机 …… 203
8.6　1.6L G4ED 发动机 …… 203
8.7　1.8L/G4NB/2.0L G4NA 发动机 …… 203
8.8　1.8L G4GB 发动机 …… 205
8.9　2.0L G4GC 发动机 …… 208
8.10　2.0L G4KD/2.4L G4KE 发动机 …… 208
8.11　2.0L G4GF 发动机 …… 212
8.12　2.4L G4KC 发动机 …… 215
8.13　2.7L G6BA 发动机 …… 215
8.14　3.8L G6DA 发动机 …… 218

## 第 9 章　双龙汽车发动机 …… 222

9.1　2.0T D20D 柴油发动机 …… 222
9.2　2.7T D27DT 柴油发动机 …… 224
9.3　3.2L M162.990 发动机 …… 226

## 第 10 章　大众－奥迪－斯柯达汽车发动机 …… 228

10.1　1.2T CYAA 发动机 …… 228
10.2　1.2T CBZB 发动机 …… 228
10.3　1.4T CFBA 发动机 …… 232
10.4　1.4T BLG/BMY 发动机 …… 234
10.5　1.4T CHPB/CPTA 发动机 …… 234
10.6　1.4T CSSA/CSTA/DBVA 发动机 …… 239
10.7　1.4T CZDA 发动机 …… 239
10.8　1.4T CMSB/CTKA/CTHD 发动机 …… 239
10.9　1.4L CKAA/DAHA 发动机 …… 239
10.10　1.4L CDDA 发动机 …… 243
10.11　1.4L CLPA 发动机 …… 243

| | | |
|---|---|---|
| 10.12 | 1.6L CPDA/CSRA 发动机 | 243 |
| 10.13 | 1.6L BJH 发动机 | 243 |
| 10.14 | 1.6L BWH/BWG 发动机 | 244 |
| 10.15 | 1.6L CLRA 发动机 | 245 |
| 10.16 | 1.6L CDFA 发动机 | 245 |
| 10.17 | 1.6L CDEA/CFNA/CPJA/CLSA 发动机 | 247 |
| 10.18 | 1.8T CUFA 发动机 | 250 |
| 10.19 | 1.8L AGN/BAF 发动机 | 250 |
| 10.20 | 1.8L BPL 发动机 | 252 |
| 10.21 | 1.8T BYJ/BYE 发动机 | 253 |
| 10.22 | 1.8T CYYA 发动机 | 253 |
| 10.23 | 1.8T CYGA 发动机 | 253 |
| 10.24 | 1.8T CJEE 发动机 | 254 |
| 10.25 | 1.8T CEDA 发动机 | 254 |
| 10.26 | 1.8T CEAA 发动机 | 255 |
| 10.27 | 1.8T AWL/BGC 发动机 | 258 |
| 10.28 | 2.0T BPJ/BYK 发动机 | 259 |
| 10.29 | 2.0L BJZ/CGZA 发动机 | 260 |
| 10.30 | 2.0T CGMA 发动机 | 262 |
| 10.31 | 2.0T CJKA 发动机 | 262 |
| 10.32 | 2.0T CBLA 发动机 | 262 |
| 10.33 | 2.0L CENA 发动机 | 263 |
| 10.34 | 2.0T CRHA 发动机 | 263 |
| 10.35 | 2.0T CDZA 发动机 | 263 |
| 10.36 | 2.0L BNL/BFF 发动机 | 263 |
| 10.37 | 2.0T CADA/CAEB/CDNB/CDNC 发动机 | 264 |
| 10.38 | 2.0T CGMA/CPSA/CRHA/CCZC 发动机 | 270 |
| 10.39 | 2.0T CCZC 发动机 | 271 |
| 10.40 | 2.0T CCZB 发动机 | 271 |
| 10.41 | 2.0T CRHA 发动机 | 271 |
| 10.42 | 2.0T CVJA 发动机 | 271 |
| 10.43 | 2.0T CUJA/CUHA 发动机 | 272 |
| 10.44 | 2.0T CNCD/CNCE 发动机 | 279 |
| 10.45 | 2.0T CYPA 发动机 | 279 |
| 10.46 | 2.4L APS 发动机 | 279 |
| 10.47 | 2.4L BDW 发动机 | 282 |
| 10.48 | 2.5L CLXA 发动机 | 284 |
| 10.49 | 2.5L CLXB 发动机 | 284 |
| 10.50 | 2.5L CVBA 发动机 | 284 |
| 10.51 | 2.8L ATX 发动机 | 284 |
| 10.52 | 2.8L CCEA/BDX 发动机 | 285 |
| 10.53 | 2.8L CHVA 发动机 | 291 |
| 10.54 | 2.8L CNYA/CNYB 发动机 | 291 |
| 10.55 | 2.8L BBG 发动机 | 291 |
| 10.56 | 3.0T CTDB/CTDA 发动机 | 293 |
| 10.57 | 3.0T CHMA 发动机 | 296 |
| 10.58 | 3.0T CREC/CREG 发动机 | 296 |
| 10.59 | 3.0L BBG 发动机 | 296 |

10.60 3.0L CNGA 发动机 …… 299
10.61 3.0L CPFA 发动机 …… 306
10.62 3.2L AXZ 发动机 …… 306
10.63 3.2L AUK/BKH/BYU 发动机 …… 310
10.64 3.2L CALA 发动机 …… 310
10.65 3.6L BLV 发动机 …… 314
10.66 3.6L CMVA 发动机 …… 314
10.67 4.0T CWUB/CWUC 发动机 …… 314
10.68 4.0T CTGE/CTGA 发动机 …… 318
10.69 4.2L BGH 发动机 …… 318
10.70 4.2L BVJ 发动机 …… 318
10.71 4.2L BAT 发动机 …… 318
10.72 4.2L CFSA 发动机 …… 318
10.73 6.3L CTNA 发动机 …… 318

# 第 11 章 宝马汽车发动机 …… 322

11.1 N13 发动机 …… 322
11.2 N16 发动机 …… 325
11.3 N20/N26 发动机 …… 325
11.4 N40/N45 发动机 …… 329
11.5 N42/N46 发动机 …… 333
11.6 N43 发动机 …… 334
11.7 N47 发动机 …… 336
11.8 N51 发动机 …… 338
11.9 N52T 发动机 …… 340
11.10 N53 发动机 …… 341
11.11 N54 N54T 发动机 …… 342
11.12 N55 发动机 …… 343
11.13 N57 发动机 …… 346
11.14 N62/N62T 发动机 …… 347
11.15 N63 发动机 …… 353
11.16 N73 发动机 …… 359
11.17 N74 发动机 …… 359
11.18 B37C 发动机 …… 366
11.19 B38A 发动机 …… 370
11.20 B47 发动机 …… 374
11.21 B48B 发动机 …… 377

# 第 12 章 奔驰汽车发动机 …… 381

12.1 111 系列发动机 …… 381
12.2 112 系列发动机 …… 382
12.3 113 系列发动机 …… 383
12.4 132.9 系列发动机 …… 385
12.5 133 系列发动机 …… 388
12.6 166.961/991 系列发动机 …… 388
12.7 176/177/178 系列机 …… 390
12.8 266.920/940/960 系列发动机 …… 393

| | | |
|---|---|---|
| 12.9 | 266.980 系列发动机 | 394 |
| 12.10 | 270.910 系列发动机 | 395 |
| 12.11 | 271 系列发动机 | 398 |
| 12.12 | 272/273 系列发动机 | 399 |
| 12.13 | 274 系列发动机 | 401 |
| 12.14 | 275.953 系列发动机 | 403 |
| 12.15 | 276/278 系列发动机 | 405 |
| 12.16 | 642 系列柴油发动机 | 408 |

## 第13章 捷豹-路虎汽车发动机 412

| | | |
|---|---|---|
| 13.1 | 2.0T GTDI 204PI 发动机 | 412 |
| 13.2 | 2.2L ID4 柴油发动机 | 413 |
| 13.3 | 2.2L TD4 柴油发动机 | 416 |
| 13.4 | 2.5L NAV6-AJV6/3.0L NAV6-AJ27 发动机 | 418 |
| 13.5 | 2.7L V6 276DT 柴油发动机 | 422 |
| 13.6 | 3.0L V6 SC 306PS 发动机 | 424 |
| 13.7 | 3.0L V6 306DT 柴油发动机 | 424 |
| 13.8 | 3.6L TDV8 柴油发动机 | 426 |
| 13.9 | 4.0L V6 406PN 发动机 | 432 |
| 13.10 | 4.2T V8 发动机 | 435 |
| 13.11 | 4.4L V8 448PN 发动机 | 435 |
| 13.12 | 4.4L V8 448DT 柴油发动机 | 440 |
| 13.13 | 5.0L V8 508PN 发动机 | 440 |
| 13.14 | 5.0T V8 508PS 发动机 | 444 |

## 第14章 标致-雪铁龙汽车发动机 445

| | | |
|---|---|---|
| 14.1 | 1.6L TU5JP4 发动机 | 445 |
| 14.2 | 1.6L EP6CDT 发动机 | 447 |
| 14.3 | 1.8L 16V156（EC8）发动机 | 451 |
| 14.4 | 2.0L 14V143 发动机 | 454 |
| 14.5 | 3.0L ES9A 发动机 | 457 |

## 第15章 沃尔沃汽车发动机 462

| | | |
|---|---|---|
| 15.1 | 1.6L B4164T3 发动机 | 462 |
| 15.2 | 2.0T B5204T9 发动机 | 464 |
| 15.3 | 2.0L B4204S4 发动机 | 466 |
| 15.4 | 2.5T B5254T9 发动机 | 472 |
| 15.5 | 3.0T B6304T4 发动机 | 476 |

## 第16章 菲亚特汽车发动机 478

| | | |
|---|---|---|
| 16.1 | 1.4T 16V TJet 发动机 | 478 |
| 16.2 | 2.4L 16V DUAL VVT 发动机 | 480 |

## 第17章 通用汽车发动机 482

| | | |
|---|---|---|
| 17.1 | 1.0L LMT/1.19L LC5/1.2L LMU 发动机 | 482 |
| 17.2 | 1.2L LMU 发动机 | 483 |

| 17.3 | 1.4L LUJ 发动机 | 484 |
| 17.4 | 1.4L LCU 发动机 | 488 |
| 17.5 | 1.4L LUU 发动机 | 490 |
| 17.6 | 1.4L L95 发动机 | 490 |
| 17.7 | 1.4T LFF 发动机 | 490 |
| 17.8 | 1.4L LE2/1.5L L3G 发动机 | 490 |
| 17.9 | 1.5T LFV 发动机 | 491 |
| 17.10 | 1.5L L2B 发动机 | 495 |
| 17.11 | 1.6L L91 发动机 | 497 |
| 17.12 | 1.6T LLU/LDE/LXV/LED/LFJ/LGE 发动机 | 498 |
| 17.13 | 1.6L LXV/LDE 发动机 | 500 |
| 17.14 | 1.8L 2H0/LFH/LUW/LWE 发动机 | 502 |
| 17.15 | 1.8L L79 发动机 | 502 |
| 17.16 | 2.0T LDK/LHU 发动机 | 504 |
| 17.17 | 2.0T LTG 发动机 | 506 |
| 17.18 | 2.0L L34 发动机 | 508 |
| 17.19 | 2.0T LTD 发动机 | 510 |
| 17.20 | 2.4L LE5/LE9/LAF/LAT/LUK/LEA 发动机 | 512 |
| 17.21 | 2.4L LB8 发动机 | 516 |
| 17.22 | 2.5L LCV 发动机 | 517 |
| 17.23 | 2.8L LP1 发动机 | 517 |
| 17.24 | 3.0L LF1/LFW 发动机 | 517 |
| 17.25 | 3.0L LZC/LZD 发动机 | 518 |
| 17.26 | 3.0L LW9 发动机 | 518 |
| 17.27 | 3.2L LU1 发动机 | 518 |
| 17.28 | 3.6L LFX/LFW/LLT/LY7 发动机 | 518 |
| 17.29 | 4.6L LH2 发动机 | 529 |
| 17.30 | 6.0L LZ1 发动机 | 532 |
| 17.31 | 6.2L LSA/L94/L9H 发动机 | 534 |

## 第18章 福特汽车发动机 535

| 18.1 | 1.0T ECOBOOST 发动机 | 535 |
| 18.2 | 1.3L JNTA/1.6L CLTA CDTA 发动机 | 537 |
| 18.3 | 1.3 JR/1.5L TF 发动机 | 539 |
| 18.4 | 1.5L/1.6L TIVCT 发动机 | 541 |
| 18.5 | 1.5T ECOBOOST 发动机 | 541 |
| 18.6 | 1.6T ECOBOOST 发动机 | 542 |
| 18.7 | 1.8L/2.0L MI4 发动机 | 543 |
| 18.8 | 2.0T ECOBOOST 发动机 | 547 |
| 18.9 | 2.0L AOBA 发动机 | 547 |
| 18.10 | 2.3T ECOBOOST 发动机 | 549 |
| 18.11 | 2.3L MI4 发动机 | 551 |
| 18.12 | 2.2T TDCI 柴油发动机 | 554 |
| 18.13 | 2.4T PUMA 柴油发动机 | 554 |
| 18.14 | 2.7T ECOBOOST 发动机 | 557 |
| 18.15 | 3.5T ECOBOOST 发动机 | 561 |
| 18.16 | 5.0L TIVCT 发动机 | 565 |

## 第19章 克莱斯勒-吉普-道奇汽车发动机 ... 572

- 19.1　1.6L L4 发动机 ... 572
- 19.2　1.8L/2.0L/2.4L L4 发动机 ... 573
- 19.3　2.0L/2.4L L4 发动机 ... 574
- 19.4　2.4L L4 发动机 ... 575
- 19.5　2.7L V6 发动机 ... 577
- 19.6　3.0L V6 发动机 ... 580
- 19.7　3.3L V6 发动机 ... 581
- 19.8　3.5L V6 发动机 ... 581
- 19.9　3.6L V6 发动机 ... 582
- 19.10　3.7L V6 发动机 ... 588
- 19.11　4.0L V8 发动机 ... 592
- 19.12　4.7L V8 发动机 ... 593
- 19.13　5.7L V8 发动机 ... 596
- 19.14　6.1L V8 发动机 ... 598

## 第20章 自主品牌汽车发动机 ... 599

- 20.1　1.0L 吉利 3G10 发动机 ... 599
- 20.2　1.0L 比亚迪 BYD371QA 发动机 ... 600
- 20.3　1.3L/1.5L 比亚迪 BYD473QA/QB 发动机 ... 602
- 20.4　1.3L 奇瑞 SQR473 发动机 ... 604
- 20.5　1.3L 吉利 MR479Q 发动机 ... 605
- 20.6　1.5L/1.8L 吉利 4G15/4G18 发动机 ... 607
- 20.7　1.5L/1.8L 比亚迪 DA4G15S/4G18S 发动机 ... 610
- 20.8　1.5L 奇瑞 SQR477F 发动机 ... 611
- 20.9　1.5L 荣威 1.5VCT 发动机 ... 612
- 20.10　1.6L 奇瑞 TRITEC 发动机 ... 613
- 20.11　1.8L 荣威 1.8VCT 发动机 ... 615
- 20.12　1.8T 华泰 18K4G 发动机 ... 617
- 20.13　1.9L 奇瑞 SQR481A 柴油发动机 ... 619
- 20.14　2.0L 奇瑞 SQR484B 发动机 ... 622
- 20.15　2.0L 广汽 4B20K2 发动机 ... 623
- 20.16　2.4T 江铃 JX4D24D4L 柴油发动机 ... 625
- 20.17　2.5L 荣威发动机 ... 628
- 20.18　3.2L 荣威 G32D 发动机 ... 631

**品牌-车型-车款　快查目录** ... 633

 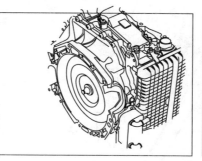 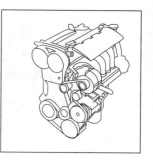

# 第1章 丰田-雷克萨斯汽车发动机

## 1.1　1.3L 2NZ-FE 发动机

### 1.1.1　正时链单元拆卸

① 拆卸曲轴减震器分总成。

a. 将1号气缸设置在"TDC/压缩"位置上。

- 转动曲轴减震器分总成，并将分总成上的正时缺口与机油泵的正时标记"0"对准，见图1-1。
- 检查并确认凸轮轴正时链轮和凸轮轴正时齿轮上的正时标记朝上（图1-2）。如果未朝上，则转动曲轴对准上述标记。

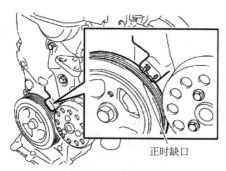 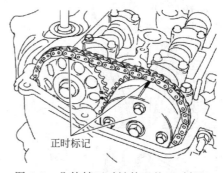

图1-1　对准机油泵上正时标记　　　图1-2　凸轮轴正时链轮上的正时标记

b. 如图1-3所示，用2个SST固定住曲轴减震器分总成的同时松开螺栓。安装时需要检查SST的安装位置，以防止SST固定螺栓接触到机油泵总成。

c. 拆下SST和螺栓。

d. 拆下曲轴减震器分总成。

② 拆下4个螺栓和横置发动机安装支架，见图1-4。

③ 拆卸水泵总成。

④ 拆卸机油泵总成。

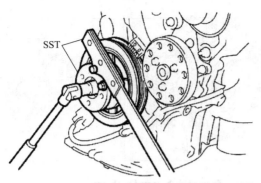

图 1-3　用专用工具固定曲轴减震器

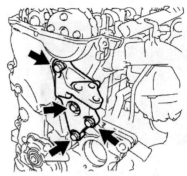

图 1-4　拆下安装支架的固定螺栓

⑤用端部缠绕保护带的螺丝刀拆下油封，见图 1-5。

⑥拆卸链条张紧器总成。拆下链条张紧器后不要转动曲轴。在正时链条被拆下的状态下转动凸轮轴时，先从 TDC 位置逆时针转动曲轴 40°，见图 1-6。

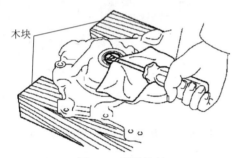

图 1-5　拆下油封

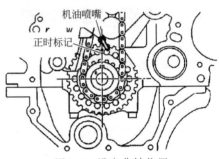

图 1-6　设定曲轴位置

a. 松开锁，向上拉锁止板，将锁止板固定，见图 1-7。

b. 将链条张紧器柱塞解锁，然后将其推到端部，见图 1-8。

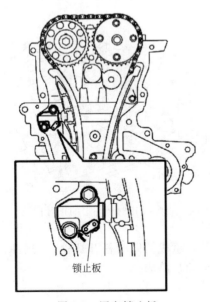

图 1-7　固定锁止板

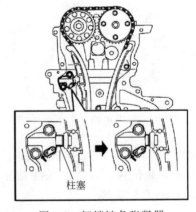

图 1-8　解锁链条张紧器

c. 柱塞推至端部后，拉下锁止板，锁住柱塞，见图 1-9。

d. 如图 1-10 所示，将直径为 3mm（0.12in）的钢条插入锁止板的孔中，锁住柱塞。

e. 拆下 2 个螺栓，拆下链条张紧器总成。

第1章　丰田-雷克萨斯汽车发动机

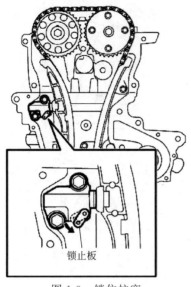

图 1-9　锁住柱塞

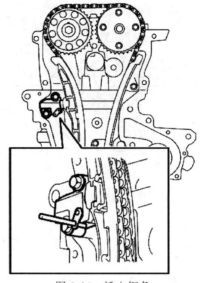

图 1-10　插入钢条

⑦ 拆卸链条张紧器滑块，见图 1-12。

图 1-11　拆下链条张紧器

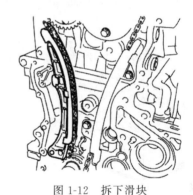

图 1-12　拆下滑块

⑧ 拆下 2 个螺栓，然后拆下链条减震器，见图 1-13。
⑨ 拆卸链条分总成。
⑩ 拆卸输油管分总成。
⑪ 拆卸输油管隔圈。
⑫ 拆卸喷油器隔震器。
⑬ 拆卸喷油器总成。
⑭ 拆下螺栓和凸轮轴位置传感器，见图 1-14。
⑮ 拆卸凸轮轴。

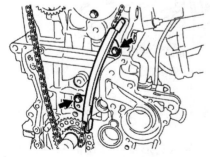

图 1-13　拆下链条减震器

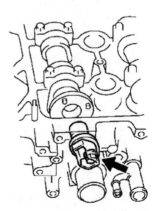

图 1-14　拆下凸轮轴位置传感器

注意：在正时链条被拆下的状态下转动凸轮轴时，先从"TDC"位置逆时针转动曲轴减震器 40°，然后将机油喷嘴孔对准油漆标记，这样可以避免活塞接触到气门，见图 1-15。

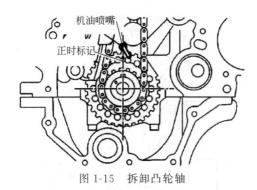

图1-15 拆卸凸轮轴

## 1.1.2 正时链单元安装

① 安装链条分总成。

a. 确保所有正时标记位于图1-16中所示的位置（TDC）。

提示：在气门弹簧的作用下，正时标记可能会与预定的位置不同。

b. 如图1-17所示，将曲轴的正时标记置于40°～140°ATDC。

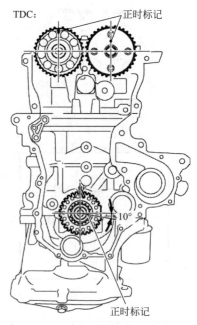

图1-16 正时标记位置确认

c. 将凸轮轴正时齿轮和凸轮轴正时链轮置于如图1-18中所示的位置（20°ATDC）。

d. 将曲轴置于如图1-18中所示的位置（20°ATDC）。

e. 用2个螺栓安装链条减震器，见图1-19。扭矩：9.0N·m。

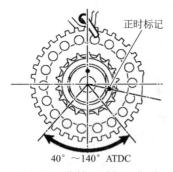

图1-17 曲轴正时标记位置

图1-19 安装减震器

f. 将凸轮轴的正时标记对准正时链条的标记牌，安装正时链条。

用扳手转动凸轮轴上的六角形维修部位的同时，将正时标记对准标记牌，见图1-20。

② 安装链条张紧器滑块，见图1-21。

③ 安装链条张紧器总成，见图1-22。

a. 用2个螺栓安装链条张紧器总成。扭矩：9.0N·m（92kgf·cm，80lbf·in）。

b. 从链条张紧器总成上拆下钢条。

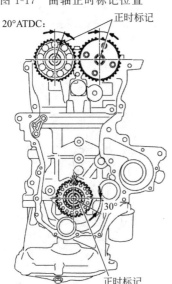

图1-18 发动机正时位置设置

第1章 丰田-雷克萨斯汽车发动机

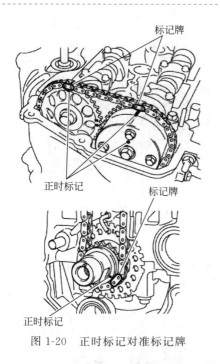

图 1-20 正时标记对准标记牌

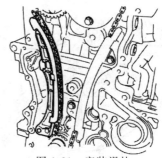

图 1-21 安装滑块

图 1-22 安装链条张紧器

## 1.2 1.3L 4NR-FE 发动机

### 1.2.1 正时链单元拆解

① 拆卸正时链条盖总成。

② 拆卸链条张紧器总成。

a. 将凸轮轴正时齿轮总成、排气凸轮轴正时齿轮总成和曲轴固定在如图 1-23 所示位置（20°ATDC）。

b. 向下推挡片以释放锁并推入柱塞，见图 1-24。

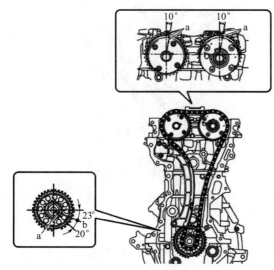

图 1-23 正时位置设定
a—正时标记；b—TDC

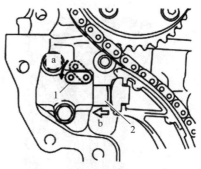

图 1-24 释放锁块推入柱塞
1—挡片；2—柱塞；a—向下推；b—推

c. 在柱塞推入端部的情况下向上拉挡片并锁止柱塞，见图 1-25。

d. 将直径为 3mm（0.118in）的销插入挡片的孔内，见图 1-26。

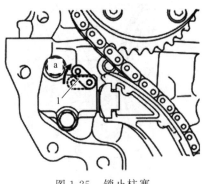
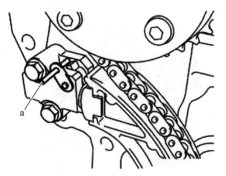

图 1-25　锁止柱塞　　　　　　　图 1-26　插入固定销
1—挡片；a—向上拉　　　　　　a—直径为 3mm 的销

e. 从气缸盖分总成上拆下 2 个螺栓和链条张紧器总成，见图 1-27。
③ 从凸轮轴轴承盖上拆下 2 个螺栓和链条振动阻尼器，见图 1-28。

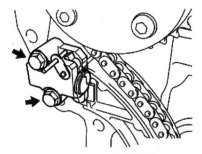

图 1-27　拆下张紧器　　　　　　图 1-28　拆下链条振动阻尼器

④ 从气缸体分总成上拆下正时链条张紧臂，见图 1-29。
⑤ 从凸轮轴正时齿轮总成、排气凸轮轴正时齿轮总成和曲轴上拆下链条分总成。
⑥ 从气缸盖分总成和气缸体分总成上拆下 2 个螺栓和正时链条导板，见图 1-30。

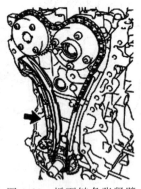

图 1-29　拆下链条张紧臂　　　　图 1-30　拆下正时链导板

⑦ 检查排气凸轮轴正时齿轮总成的锁止情况。
　　a. 清洁凸轮轴轴承盖上的排气侧 VVT 油孔，如图 1-31 所示，用胶带或同等工具完全密封油孔以防止空气泄漏。
　　注意：确保完全密封油孔，因为由于密封不足而导致的漏气将影响锁销松开。

b. 如图 1-32 所示，在密封油孔的胶带上刺一个孔。

c. 向刺出的孔施加约 200kPa（2.0kgf/cm$^2$，29psi）的空气压力，以松开锁销。

注意：如果空气泄漏，则重新粘贴胶带。施加空气压力时用布盖住油孔以防止机油喷出。

d. 使用头部缠有保护胶带的螺丝刀，朝延迟方向（顺时针）用力转动排气凸轮轴正时齿轮总成。

使用螺丝刀，确保排气凸轮轴正时齿轮总成保持在延迟方向（顺时针）。如果排气凸轮轴正时齿轮总成松开，则其将在弹簧的作用力下自动回到最大提前位置。不要损坏排气凸轮轴正时齿轮总成。

e. 使用头部缠有保护胶带的螺丝刀，在可移动范围（19°～21°）内转动排气凸轮轴正时齿轮总成 2 或 3 次，但不要将其转到最大提前位置。确保排气凸轮轴正时齿轮总成转动平稳，见图 1-33。

f. 从凸轮轴轴承盖上拆下胶带。

⑧ 检查凸轮轴正时齿轮总成的锁止情况。

a. 清洁凸轮轴轴承盖上的进气侧 VVT 油孔，如图 1-34 所示，用胶带或同等工具完全密封油孔以防止空气泄漏。

确保完全密封油孔，因为由于密封不足而导致的漏气将影响锁销松开。

b. 如图 1-35 所示，在密封油孔的胶带上刺一个孔。

c. 向刺出的孔施加约 150kPa 的空气压力，以松开锁销。

注意：如果空气泄漏，则重新粘贴胶带。施加空气压力时用布盖住油孔以防止机油喷出。

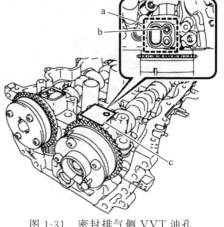

图 1-31　密封排气侧 VVT 油孔

a—胶带密封区域；b—刺一个孔；c—胶带

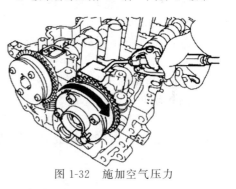

图 1-32　施加空气压力

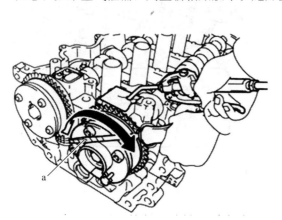

图 1-33　用螺丝刀转动排气凸轮轴正时齿轮

a—保护胶带

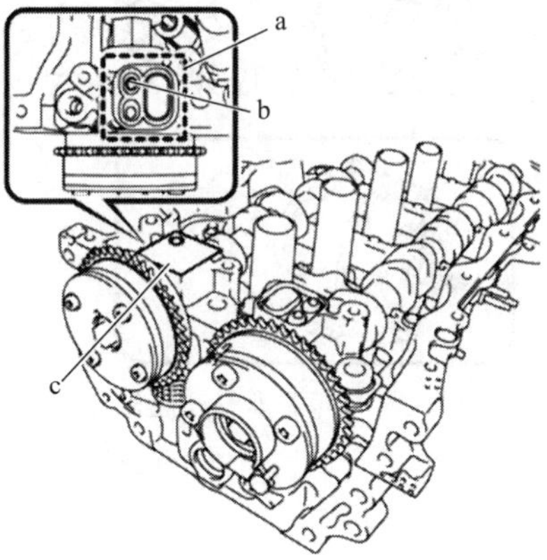

图 1-34　密封进气侧 VVT 油孔

a—胶带密封区域；b—刺一个孔；c—胶带

d. 用力将凸轮轴正时齿轮总成朝提前方向（逆时针）转动，见图 1-36。

凭借施加的空气压力，可能无需手动辅助即可使凸轮轴正时齿轮总成朝提前方向转动。

e. 在可移动范围（26.5°～28.5°）内转动凸轮轴正时齿轮总成 2 或 3 次，不要将其转到最大延迟位置。确保凸轮轴正时齿轮总成转动平稳。

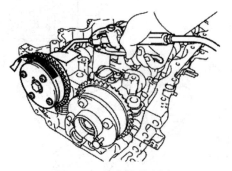

图 1-35　施加空气压力

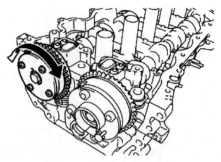

图 1-36　转动凸轮轴齿轮

f. 从凸轮轴轴承盖上拆下胶带。

⑨ 固定 2 号凸轮轴的六角部分的同时拆下螺栓，然后从 2 号凸轮轴上拆下排气凸轮轴正时齿轮总成，见图 1-37。

注意：不要拆下另外 4 个螺栓。从 2 号凸轮轴上拆下排气凸轮轴正时齿轮总成时，使其保持水平。

⑩ 拆卸凸轮轴正时齿轮总成。固定凸轮轴的六角部分的同时拆下螺栓，然后从凸轮轴上拆下凸轮轴正时齿轮总成，见图 1-38。

注意：拆下凸轮轴正时齿轮总成前，确保锁销已松开。不要拆下另外 4 个螺栓。从凸轮轴上拆下凸轮轴正时齿轮总成时，使其保持水平。

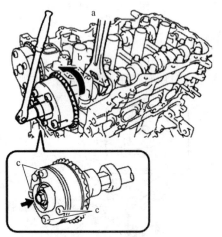

图 1-37　拆下排气凸轮轴正时齿轮
a—固定；b—转动；c—不要拆下

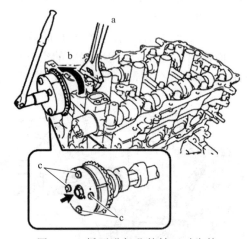

图 1-38　拆下进气凸轮轴正时齿轮
a—固定；b—转动；c—不要拆下

### 1.2.2　正时链单元安装

① 安装链条分总成。

a. 将曲轴固定在如图 1-39 所示位置（90°ATDC）。

提示：确保曲轴的正时标记位于如图 1-39 所示的位置。

b. 将凸轮轴正时齿轮总成固定在如图 1-40 所示位置（24°ATDC）。

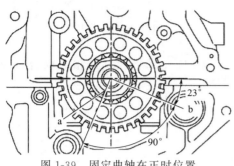

图 1-39　固定曲轴在正时位置
a—正时标记；b—TDC

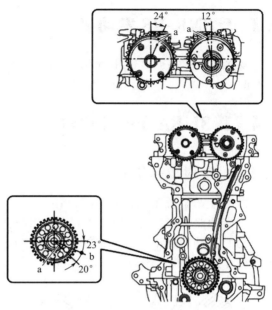

图 1-40　固定凸轮轴正时齿轮
a—正时标记；b—TDC

c. 将排气凸轮轴正时齿轮总成固定在如图 1-40 所示位置（12°BTDC）。

d. 将曲轴固定在如图 1-40 所示位置（20°ATDC）。

e. 将凸轮轴正时齿轮总成、排气凸轮轴正时齿轮总成和曲轴的正时标记与链条分总成的标记板对齐，并安装链条分总成，见图 1-41。

② 将正时链条张紧臂安装到气缸体分总成上。

③ 安装链条张紧器总成。

a. 用 2 个螺栓将链条张紧器总成安装到气缸盖分总成上。扭矩：10N·m。

b. 用 2 个螺栓将链条振动阻尼器安装到凸轮轴轴承盖上。扭矩：10N·m。

c. 从链条张紧器总成上拆下直径为 3mm（0.118in）的销。

d. 逆时针转动曲轴约 20°以将其设定至 TDC 位置。确保正时标记和标记板正确定位（图 1-42），且链条分总成牢固安装至正时链条张紧臂、正时链条导板和链条振动阻尼器处。

④ 安装正时链条盖总成。

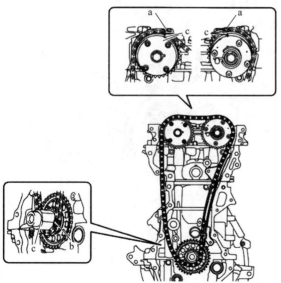

图 1-41　正时标记与标记牌对齐
a—标记板（橙色）；b—标记板（黄色）；c—正时标记

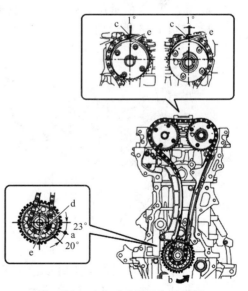

图 1-42　对齐正时标记与标记板
a—TDC；b—转动；c—标记板（橙色）；
d—标记板（黄色）；e—正时标记

## 1.3　L 6NR-FE 发动机

该款发动机的正时链单元结构和拆装步骤与 4NR-FE 发动机相同，相关内容请参考 1.2 节。

## 1.4　1.3L 8A-FE 发动机

### 1.4.1　正时皮带拆卸

① 将 1 号缸置于上止点压缩位置。

a. 转动曲轴皮带轮，把它的槽口对准好正时皮带盖的正时记号"0"，见图 1-43。

b. 检查凸轮轴正时皮带轮的"K"记号是否与轴承盖的正时记号对齐，见图 1-44。如果没有对齐，则将曲轴转动一圈（360°）。

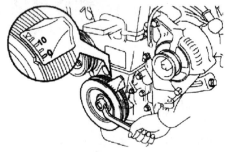

图 1-43　对准曲轴皮带轮与皮带盖上记号

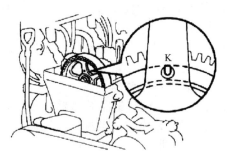

图 1-44　对齐凸轮轴皮带轮的"K"标记

② 拆下曲轴皮带轮。

a. 如图 1-45 所示用 SST 专用工具拆下皮带轮螺栓。

b. 如图 1-46 所示用 SST 专用工具拆下皮带轮。

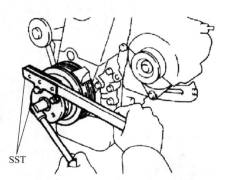

图 1-45　拆下曲轴皮带轮螺栓

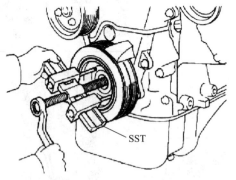

图 1-46　拆下曲轴皮带轮

③ 拆下 2 号正时链或正时皮带盖子。

④ 拆下曲轴齿轮或皮带轮盖子分总成。

⑤ 拆下正时链或皮带盖子分总成。

⑥ 拆下正时皮带导轮。

⑦ 拆下正时皮带，如果再使用正时皮带，则如图 1-47 所示，在皮带上（发动机旋转方向）画一箭头方向，在皮带轮和皮带上作记号。

    a. 松开惰轮皮带轮的安装螺栓，把皮带轮尽可能向左移动，然后暂时将其紧固。

    b. 拆下正时皮带。

⑧ 拆下火花塞孔垫片，向上弯曲通风隔音板防止垫片滑脱。使用螺丝刀取出垫片。

### 1.4.2　正时皮带安装

① 安装火花塞孔垫片。用 SST 工具和榔头将新的垫片按图 1-48 所示装入。在垫片边上涂一层薄薄的 MP 润滑脂，将通风隔音板装回原位。

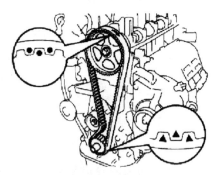

图 1-47　标记正时皮带

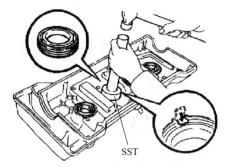

图 1-48　安装火花塞孔垫片

② 将 1 号缸置于上止点压缩位置。转动凸轮轴六角部件，将凸轮轴正时皮带轮的"K"记号与轴承盖上的正时记号对齐。使用曲轴皮带轮螺栓，转动曲轴，将曲轴正时皮带轮的正时记号与油泵对齐，见图 1-49。

③ 安装正时皮带。安装正时皮带，检查曲轴正时皮带轮和凸轮轴正时皮带轮之间的张紧力。如果再使用正时皮带，则在拆卸时作对齐记号。安装皮带时，使发动机旋转方向与箭头方向相同。

④ 检查气门正时。松开惰轮螺栓，慢慢将曲轴从上止点到上止点转动 2 圈。注意顺时针转动曲轴。如图 1-50 所示，检查每个皮带轮与正时记号对齐。如果正时记号没有对齐，则拆下正时皮带，重新安装。紧固惰轮螺栓，扭矩：37N·m。

⑤ 拆下曲轴皮带轮螺栓。

⑥ 检查正时皮带变形量。检查图 1-51 所示位置存在的皮带变形量，20N 时应为 5～6mm，如果变形量不符规范，则重新调整惰轮。

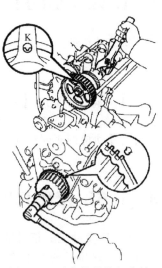

图 1-49　对齐凸轮轴与曲轴皮带轮的正时标记

⑦ 安装正时皮带导轮。安装导轮时，将杯口面向外。

⑧ 安装正时皮带盖分总成，扭矩：9.3N·m。

⑨ 安装曲轴皮带轮盖分总成，扭矩：9.3N·m。

⑩ 安装 2 号正时皮带盖，扭矩：9.3N·m。

⑪ 安装曲轴皮带轮，将皮带轮定位键与皮带轮键槽对齐，安装皮带轮，用 SST 安装皮带轮螺栓。扭矩：127N·m。

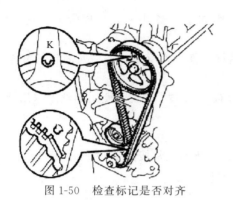
图1-50 检查标记是否对齐

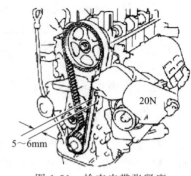
图1-51 检查皮带张紧度

## 1.5　1.5L 1NZ-FE 发动机

该款发动机的拆装和调整步骤与2NZ-FE发动机一样,相关内容请参考1.1小节。

## 1.6　1.5L 5A-FE 发动机

该款发动机的正时皮带拆装和调整与8A-FE发动机一样,相关内容请参考1.4小节。

## 1.7　1.5L 7NR-FE 发动机

该款发动机的正时链单元结构和拆装步骤与4NR-FE发动机相同,相关内容请参考1.2小节。

## 1.8　1.5L 5NR-FE 发动机

该款发动机的正时链单元结构和拆装步骤与4NR-FE相同发动机,相关内容请参考1.2小节。

## 1.9　1.6L 4ZR-FE 发动机

4ZR-FE发动机的正时链单元结构和拆装步骤与1ZR-FE发动机相同,相关内容请参考1.10小节。这里补充一下机油泵链条安装的正时调校。

① 安装1号曲轴位置传感器齿板,让"F"标记朝前,见图1-52。
② 安装链条分总成。
a. 如图1-53所示设置曲轴键。
b. 转动驱动轴,使缺口朝右。
c. 如图1-54所示,将黄色标记连杆与各齿轮的正时标记对准。
d. 链条安装在齿轮上时,将齿轮安装到曲轴和机油泵轴上。
e. 用螺母暂时拧紧机油泵驱动轴齿轮。
f. 将缓冲弹簧插入调节孔内,然后用螺栓安装链条张紧器板,见图1-55。扭矩:10N·m(102kgf·cm,7lbf·ft)。

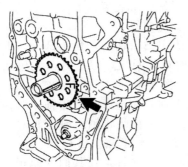
图 1-52 安装曲轴位置传感器齿板

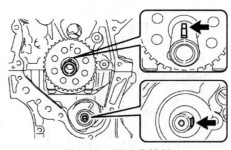
图 1-53 设置曲轴键

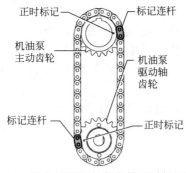
图 1-54 黄色标记板与各齿轮正时标记对准

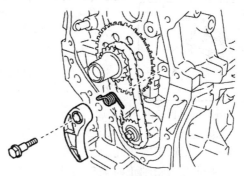
图 1-55 安装链条张紧器板

g. 将机油泵驱动轴齿轮的调节孔与机油泵的槽对准,见图 1-56。

h. 如图 1-57 所示将一根直径为 4mm 的钢条插入机油泵驱动轴齿轮的调节孔内,将齿轮锁止,然后拧紧螺母。扭矩:28N·m(286kgf·cm,21lbf·ft)。

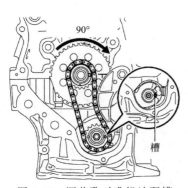
图 1-56 调节孔对准机油泵槽

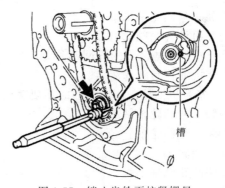
图 1-57 锁止齿轮再拧紧螺母

## 1.10　1.6L 1ZR-FE 发动机

### 1.10.1　正时链单元拆卸

① 拆卸链条张紧器滑块。
② 拆下 2 个螺栓和 1 号链条减震器。

③ 拆卸 2 号链条减震器。

④ 拆卸链条分总成。

a. 用扳手固定凸轮轴的六角头部分,并逆时针转动凸轮轴正时齿轮总成,以松开凸轮轴正时齿轮之间的链条,见图 1-58。

b. 链条松开时,将链条从凸轮轴正时齿轮总成上松开,并将其放置在凸轮轴正时齿轮总成上。提示:确保将链条从链轮上完全松开。

c. 顺时针转动凸轮轴,使其回到原来位置,并拆下链条。

⑤ 拆卸曲轴正时链轮。

⑥ 拆卸 2 号链条分总成。

⑦ 拆卸 1 号曲轴位置传感器齿板。

⑧ 拆卸曲轴正时齿轮键,用螺丝刀拆下 2 个曲轴正时齿轮键。提示:在使用螺丝刀前,用胶带缠住刀头。

⑨ 检查凸轮轴正时齿轮总成。

⑩ 检查排气凸轮轴正时齿轮总成。

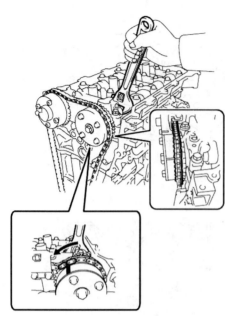

图 1-58　拆卸链条分总成

⑪ 拆卸凸轮轴正时齿轮总成。

⑫ 拆卸排气凸轮轴正时齿轮总成。

⑬ 拆卸凸轮轴轴承盖。

⑭ 拆卸凸轮轴。

⑮ 拆卸 2 号凸轮轴。

## 1.10.2　正时链单元安装顺序

① 安装 1 号凸轮轴轴承。

② 安装机油控制阀滤清器。

a. 检查并确认滤清器的筛网部分无杂质。

b. 安装机油控制阀滤清器。

注意:安装机油控制阀滤清器时不要碰到筛网。

③ 安装 2 号凸轮轴轴承。

④ 安装 2 号凸轮轴。

⑤ 安装凸轮轴。

⑥ 安装凸轮轴轴承盖。

⑦ 安装凸轮轴壳分总成。

⑧ 安装凸轮轴正时齿轮总成。

⑨ 安装排气凸轮轴正时齿轮总成。

⑩ 用塑料锤敲入 2 个曲轴正时齿轮键。提示:敲入曲轴正时齿轮键,直至其与曲轴接触。

⑪ 安装 1 号曲轴位置传感器齿板。

⑫ 安装 2 号链条分总成。

⑬ 安装曲轴正时链轮。

⑭ 用 2 个螺栓安装链条减震器。扭矩:21N·m。

⑮ 将 1 号气缸设置在 "TDC/压缩" 位置上。

a. 暂时安装曲轴皮带轮螺栓。

b. 逆时针转动曲轴，以使正时齿轮键位于顶部，见图 1-59。

c. 如图 1-60 所示，检查并确认凸轮轴正时齿轮上的正时标记对准。

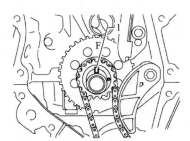

图 1-59　转动曲轴使齿轮键位于顶部
1—正时齿轮键

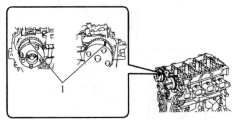

图 1-60　确认凸轮轴正时齿轮正时标记
1—正时标记

d. 拆下曲轴皮带轮螺栓。

⑯ 安装链条分总成。

a. 如图 1-61 所示，将标记板（橙色）和正时标记对准并安装链条。

提示：

- 确保使标记板位于发动机前侧。
- 凸轮轴侧的标记板为橙色。
- 不要使链条环绕在凸轮轴正时齿轮的链轮上。仅将其放置于凸轮轴正时齿轮上。
- 将链条穿过 1 号减震器。

b. 如图 1-62 所示将链条放置在曲轴上，但不要使其环绕在曲轴上。

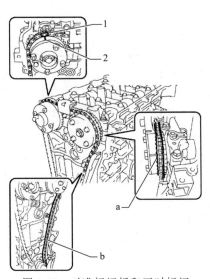

图 1-61　对准标记板和正时标记
1—标记板（橙色）；2—正时标记；a—将链条环绕在链轮上；b—将链条穿过减震器

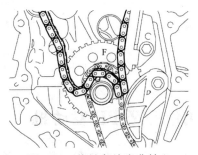

图 1-62　将链条放在曲轴上

c. 用扳手固定凸轮轴的六角头部分，并逆时针转动凸轮轴正时齿轮，以使标记板（橙色）和正时标记对准（图 1-63），然后安装链条。

确保使标记板位于发动机前侧。凸轮轴侧的标记板为橙色。

d. 用扳手固定凸轮轴的六角头部分，并顺时针转动凸轮轴正时齿轮。提示：为了张紧链条，缓慢地顺时针转动凸轮轴正时齿轮，防止链条错位。

e. 将标记板（黄色）和正时标记对准，并将链条安装至曲轴正时齿轮，见图 1-64。提示：曲轴侧的标记板为黄色。

⑰ 安装链条张紧器滑块。

⑱ 安装 2 号链条减震器。

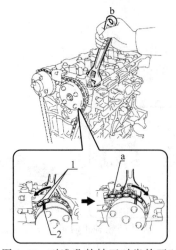
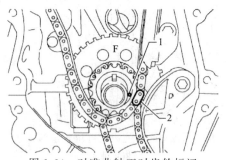

图1-63 对准凸轮轴正时齿轮正时
1—标记板（橙色）；2—正时标记；a—张紧链条；b—转动

图1-64 对准曲轴正时齿轮标记
1—正时标记；2—标记板（黄色）

⑲ 在1号气缸位于"TDC/压缩"位置时检查各正时标记，见图1-65。

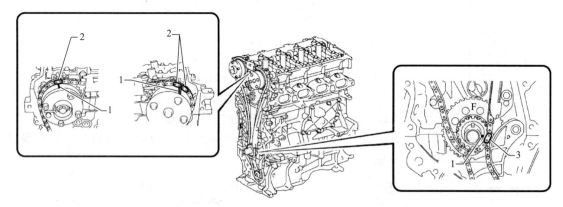

图1-65 检查正时标记与标记板是否对齐
1—正时标记；2—标记板（橙色）；3—标记板（黄色）

## 1.11　1.6L 3ZZ-FE发动机

该款发动机的正时链拆装和调整与1ZZ-FE发动机一样，相关内容请参考1.13小节。

## 1.12　1.8L 2ZR-FE发动机

该款发动机的正时链单元拆装与1ZR-FE发动机相同，相关内容请参考1.10小节。

## 1.13　1.8L 1ZZ-FE发动机

### 1.13.1　正时链条拆卸

① 拆下发动机左下盖。

② 拆下发动机右下盖。
③ 排放冷却液。
④ 拆下2号气缸盖罩。
⑤ 拆下风扇和发电机V形皮带。
⑥ 拆下叶片泵总成。
⑦ 拆下发电机总成。
⑧ 分开发动机配线。断开点火线圈连接器、PS油压开关连接器、机油控制阀连接器和曲轴位置传感器连接器。拆下螺栓和螺母放在固定的地方，把发动机配线放在一侧。
⑨ 拆下点火线圈总成。
⑩ 拆下气缸盖罩分总成。从气缸盖罩上断开燃油软管夹和2个PCV软管。拆下9个螺栓、2个密封垫圈、2个螺母、拉索支架、气缸盖罩和衬垫。
⑪ 拆下发动机右侧安装隔震垫分总成，拆下PS机油泵储液罐并把它放在一边，在千斤顶和发动机间放置木块，并设置千斤顶，然后拆下发动机安装隔震垫。
⑫ 设置1号气缸到"TDC"位置。转动曲轴皮带轮，将其凹槽和链罩上的标记"0"对齐，如图1-66所示，检查凸轮轴正时链轮和VVT正时链轮的点标记是否在正时链盖表面的一直线上。如果不在一直线上，则转动曲轴1圈并且按上面说明对齐标志。
⑬ 用专用工具拆下曲轴皮带轮，见图1-67。

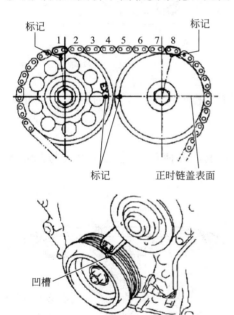

图1-66　发动机正时标志对齐

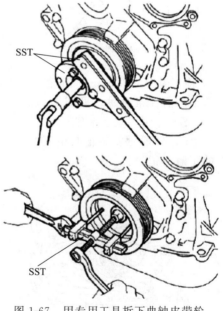

图1-67　用专用工具拆下曲轴皮带轮

⑭ 拆下V形皮带张紧器总成。
⑮ 拆下水泵总成。
⑯ 拆下横向发动机安装支架。
⑰ 拆下压缩机。
⑱ 拆下曲轴位置传感器。
⑲ 拆下1号链条张紧器总成，没有张紧器时，确保不要转动曲轴。
⑳ 拆下正时链或皮带罩分总成。
㉑ 拆下正时齿轮罩油封。

㉒ 拆下1号曲轴位置传感器片。
㉓ 拆下链条张紧器滑块。
㉔ 拆下1号链条减震器。
㉕ 拆下链条分总成。如图1-68所示用螺丝刀连同曲轴正时齿轮一起拆下正时链。链条不在链轮上，如果要转动凸轮轴，则要转动曲轴1/4圈使阀不碰到活塞。

图1-68 拆下链条分总成

### 1.13.2 正时链条安装

① 安装链条分总成。

a. 设置1号气缸到"TDC"位置。转动凸轮轴六角扳手头部，如图1-69所示对齐凸轮轴正时链轮的点标记。用曲轴皮带轮螺栓转动曲轴并向上设置曲轴上的安装键，见图1-70。

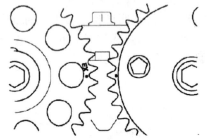

图1-69 对齐凸轮轴正时链轮上的点位　　图1-70 设置安装键

b. 安装正时链到曲轴正时链轮上，并使正时链上的黄线与曲轴正时链轮上的正时标记对齐。链条上有3条黄线，见图1-71。

c. 用SST专用工具安装链轮。

d. 如图1-72所示安装正时链到凸轮轴正时链轮上，并使正时链上的黄线与凸轮轴正时链轮上的正时标记对齐。

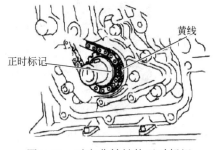

图1-71 对齐曲轴链轮正时标记　　图1-72 对齐凸轮轴链轮正时标记

② 安装1号链条减震器，扭矩：11N·m。
③ 安装链条张紧器滑块，扭矩：19N·m。
④ 安装1号曲轴位置传感器片，"F"标记向上。
⑤ 安装正时齿轮盖油封。
⑥ 安装正时链或皮带盖分总成。
⑦ 安装1号链条张紧器总成，检查O形圈是否是干净的，如图1-73所示设置挂钩。涂发动机油到链条张紧器上，并安装链条张紧器。扭矩：9.0N·m。

⑧ 安装曲轴皮带轮,将皮带轮安装键与皮带轮键槽对齐,并滑动皮带轮,用 SST 安装皮带轮螺母。扭矩:138N·m。

⑨ 逆时针转动曲轴,再从挂钩上断开柱塞锁止销(图 1-74)。

⑩ 顺时针转动曲轴,检查滑块是否已被柱塞推入,见图 1-75。如果柱塞不能弹出,则用螺丝刀或手指将滑块压入链条张紧器,这样挂钩就会与锁止销分开,柱塞也会弹出。

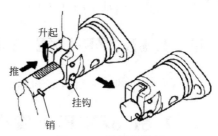

图 1-73 设置张紧器

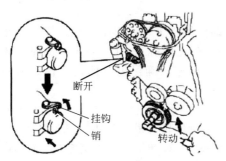

图 1-74 取出锁止销

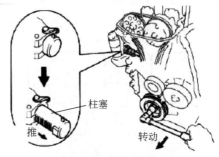

图 1-75 压紧滑块

⑪ 安装曲轴位置传感器,扭矩:9.0N·m。
⑫ 安装横置发动机安装支架,扭矩:47N·m。
⑬ 在正时链盖上放一个新的 O 形圈,用 6 个螺栓安装水泵总成。
⑭ 安装 V 形皮带张紧器总成,扭矩:螺栓 69N·m,螺母 29N·m。
⑮ 安装发动机右安装隔震垫分总成,扭矩:52N·m。
⑯ 安装气缸盖罩分总成。
⑰ 安装点火线圈,扭矩:9.0N·m。
⑱ 安装发电机总成,扭矩:12mm 六角螺栓,25N·m;14mm 六角螺栓,54N·m。
⑲ 添加冷却液。

## 1.14　1.8L 5ZR-FXE 发动机

该款发动机的正时拆装和调整与 8ZR-FXE 发动机一样,相关内容请参考 1.17 小节。

## 1.15　1.8L 7ZR-FE 发动机

该款发动机的正时链拆装和调整与 1ZR-FE、4ZR-FE 发动机相似,相关内容请参考 1.10、1.9 小节。下面为发动机 1 号气缸设置 TDC 位置的方法。

转动曲轴皮带轮直至其正时槽口(凹槽)与正时链条盖分总成的正时标记 "0" 对准。

如图 1-76 所示,检查并确认凸轮轴正时齿轮总成和排气凸轮轴正时齿轮总成的各正时标记对准。如果没

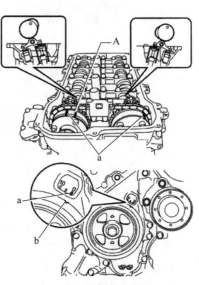

图 1-76 设定 TDC 位置
a—正时标记;b—正时槽口

有对准，则转动曲轴1圈（360°）以对准图中所示的正时标记。"A"不是正时标记。

## 1.16　1.8L 2ZR-FXE 发动机

该款发动机的正时链拆装和调整与8ZR-FXE发动机一样，相关内容请参考1.17小节。

## 1.17　1.8L 8ZR-FXE 发动机

### 1.17.1　正时链条拆卸

① 将1号气缸设定至"TDC/压缩"位置。转动曲轴皮带轮，直至其正时槽口与正时链条盖分总成的正时标记"0"对准。凸轮轴正时链轮上有3个标记。确保正时标记（长方形）位于顶部。

如图1-77所示，检查并确认凸轮轴正时链轮和凸轮轴正时齿轮总成上的正时标记朝上。

如果没有对准，则完全转动曲轴1圈（360°），并按如上所述对准正时标记。

② 拆卸曲轴皮带轮。

③ 拆卸1号链条张紧器总成。从正时链条盖分总成上拆下2个螺母、支架、1号链条张紧器总成和衬垫。在未安装1号链条张紧器总成的情况下不要转动曲轴。

④ 拆卸正时链条盖分总成。

a. 使用8mm套筒扳手，从发动机右悬置支架上拆下双头螺栓。

b. 从正时链条盖分总成上拆下3个螺栓和发动机右悬置支架。

c. 从正时链条盖分总成上拆下4个螺栓和机油滤清器支架。

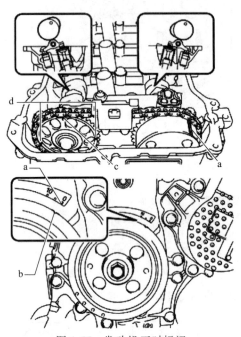

图1-77　发动机正时标记
a—正时标记；b—正时槽口；c—正时标记（长方形）；d—标记（圆形）

d. 从正时链条盖分总成上拆下2个机油滤清器支架O形圈。

e. 从正时链条盖分总成上拆下18个螺栓和密封垫圈。

f. 使用头部缠有保护胶带的螺丝刀，撬动正时链条盖分总成、气缸盖分总成、凸轮轴壳分总成、气缸体分总成和加强曲轴箱总成之间的部位，以拆下正时链条盖分总成。

小心不要损坏气缸盖分总成、凸轮轴壳分总成、气缸体分总成、加强曲轴箱总成和正时链条盖分总成的接触面。

g. 从气缸盖分总成上拆下2个O形圈。

h. 从气缸体分总成上拆下O形圈。

⑤ 拆卸发动机水泵总成，从正时链条盖分总成上拆下3个螺栓和发动机水泵总成。从发动机水泵总成上拆下衬垫。

⑥ 拆卸正时链条盖油封。

⑦ 拆卸带节温器的进水口分总成。

⑧ 拆卸带节温器的进水口分总成双头螺栓，使用"TORX"梅花套筒扳手 E6，拆下 2 个带节温器的进水口分总成双头螺栓。

⑨ 拆卸链条张紧器导板，从气缸体分总成上拆下链条张紧器导板。

⑩ 拆卸 1 号链条振动阻尼器，从气缸体分总成和气缸盖分总成上拆下 2 个螺栓和 1 号链条振动阻尼器。

⑪ 拆卸 2 号链条振动阻尼器，从凸轮轴壳分总成上拆下 2 个螺栓和 2 号链条振动阻尼器。

⑫ 拆卸链条分总成，用扳手固定凸轮轴的六角部位并逆时针转动凸轮轴正时齿轮总成，以松开凸轮轴正时齿轮总成与凸轮轴正时链轮之间的链条分总成。

链条分总成松开时，从凸轮轴正时齿轮总成上松开链条分总成，并将其置于凸轮轴正时齿轮总成上。

确保从链轮上完全松开链条分总成。

顺时针转动凸轮轴，使其回到原来位置，并拆下链条分总成，见图 1-78。

⑬ 拆卸曲轴正时链轮，从曲轴上拆下曲轴正时链轮。

⑭ 拆卸 2 号链条分总成。暂时用曲轴皮带轮固定螺栓安装曲轴皮带轮。使用 SST，固定曲轴皮带轮并拆下机油泵驱动轴齿轮螺母。拆下 SST、曲轴皮带轮固定螺栓和曲轴皮带轮。拆下螺栓、链条张紧器盖板和链条减震弹簧（图 1-79）。

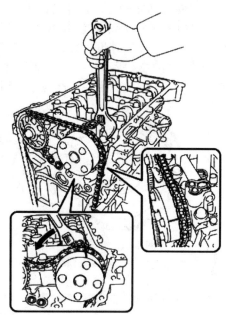

图 1-78 拆卸链条分总成

拆下机油泵主动齿轮、机油泵驱动轴齿轮和 2 号链条分总成（图 1-80）。

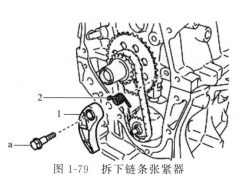

图 1-79 拆下链条张紧器
1—链条张紧器盖板；2—链条
减震弹簧；a—螺栓

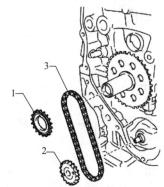

图 1-80 拆下机油泵链条分总成
1—机油泵主动齿轮；2—机油泵驱动轴齿轮；3—2 号链条分总成

⑮ 从曲轴上拆下 1 号曲轴位置信号盘。

⑯ 使用头部缠有保护胶带的螺丝刀，从曲轴上拆下 2 个曲轴正时齿轮键。

⑰ 检查凸轮轴正时齿轮总成。

⑱ 用扳手固定凸轮轴的六角部位，拆下螺栓和凸轮轴正时齿轮总成。拆下凸轮轴正时齿轮总成前，确保锁销已松开。不要拆下另外 4 个螺栓。从凸轮轴上拆下凸轮轴正时齿轮总成时，使其保持水平。

⑲ 拆卸凸轮轴正时链轮。

### 1.17.2 正时链条安装

① 用扳手固定2号凸轮轴的六角部位，并用螺栓安装凸轮轴正时链轮。扭矩：54N·m。
② 安装凸轮轴正时齿轮总成。

a. 如图1-81所示，使锁销和键槽错开，将凸轮轴正时齿轮总成和凸轮轴连接起来。不要用力推凸轮轴正时齿轮总成。否则锁销顶部可能损伤凸轮轴正时齿轮总成的安装表面。

b. 如图1-82所示，将凸轮轴正时齿轮总成轻轻推向凸轮轴，转动凸轮轴正时齿轮总成直至锁销插入键槽。不要使凸轮轴正时齿轮总成朝延迟方向（顺时针）转动。

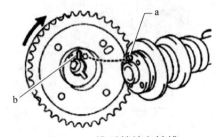

图1-81 错开锁销和键槽
a—锁销；b—键槽

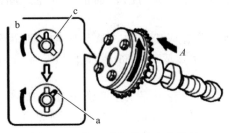

图1-82 将正时齿轮装入凸轮轴
a—键槽；b—视图A；c—锁销

c. 检查并确认凸轮轴正时齿轮总成与凸轮轴法兰之间无间隙，见图1-83。

d. 用扳手固定凸轮轴的六角部位，并用螺栓安装凸轮轴正时齿轮总成。扭矩：54N·m。

e. 检查并确认凸轮轴正时齿轮总成可朝延迟方向（顺时针）移动并锁止在最大延迟位置。

③ 使用塑料锤，敲入2个曲轴正时齿轮键。敲入曲轴正时齿轮键直至其与曲轴接触。

④ 将1号曲轴位置信号盘安装到曲轴上，使"F"标记朝前。

⑤ 安装2号链条分总成。

a. 将曲轴皮带轮固定螺栓暂时安装到曲轴上。

b. 如图1-84所示，设定曲轴正时齿轮键。逆时针转动曲轴以将正时齿轮置于9点钟方向。

c. 转动机油泵驱动轴，使平面朝上，指向12点钟方向。

d. 从曲轴上拆下曲轴皮带轮固定螺栓。

e. 如图1-85所示，将标记板（黄色）与机油泵主动齿轮和机油泵驱动轴齿轮的正时标记对准。确保2号链条分总成的标记板（黄色）背离发动机总成。

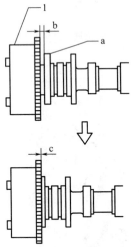

图1-83 检查有无间隙
1—凸轮轴正时齿轮总成；a—凸轮轴法兰；b—间隙；c—无间隙

f. 当2号链条分总成环绕在机油泵主动齿轮和机油泵驱动轴齿轮上时，将机油泵主动齿轮安装到曲轴上并将机油泵驱动轴齿轮暂时安装到机油泵驱动轴上。

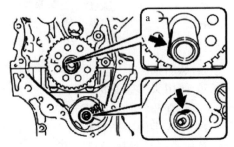

图1-84 设定曲轴正时齿轮键
a—曲轴正时齿轮键

g. 暂时安装机油泵驱动轴齿轮螺母。

h. 将链条减震弹簧安装到链条张紧器盖板上,然后用螺栓安装链条张紧器盖板。扭矩:10N·m。

i. 用曲轴皮带轮固定螺栓将曲轴皮带轮暂时安装到曲轴上。

j. 使用SST,固定曲轴皮带轮并紧固机油泵驱动轴齿轮螺母。扭矩:28N·m。

k. 拆下SST、曲轴皮带轮固定螺栓和曲轴皮带轮。

⑥ 将曲轴正时链轮安装到曲轴上。

⑦ 用2个螺栓将1号链条振动阻尼器安装到气缸盖分总成和气缸体分总成上。扭矩:21N·m。

⑧ 将1号气缸设定至"TDC/压缩"位置。

a. 将曲轴皮带轮固定螺栓暂时安装到曲轴上。

b. 顺时针转动曲轴,直至曲轴正时齿轮键朝上,见图1-86。

c. 检查并确认凸轮轴正时齿轮总成和凸轮轴正时链轮上的正时标记如图1-87所示对准。凸轮轴正时链轮上有3个标记。确保正时标记(长方形)位于顶部。

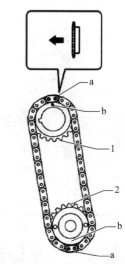

图1-85 机油泵正时链正时标记
1—机油泵主动齿轮;2—机油泵驱动轴齿轮;a—标记板(黄色);b—正时标记;箭头—发动机前部

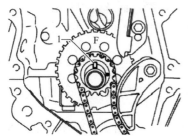

图1-86 曲轴正时齿轮键朝上
1—曲轴正时齿轮键

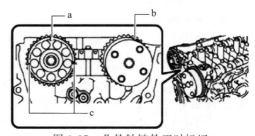

图1-87 凸轮轴链轮正时标记
a—正时标记(长方形);b—正时标记;c—标记(圆形)

⑨ 安装链条分总成。

放置链条分总成,确保使标记板朝向发动机前部。

a. 如图1-88所示,将标记板(橙色)与正时标记(长方形)对准并安装链条分总成。

• 凸轮轴正时链轮上有3个标记。确保将标记板与正时标记(长方形)对准。

• 凸轮轴侧的标记板为橙色。

• 不要使链条分总成环绕在凸轮轴正时齿轮总成的链轮上。只可将其放置在凸轮轴正时齿轮总成上。

• 将链条穿过1号链条振动阻尼器。

b. 将链条放置在曲轴上,但不要使其绕在轴上。

c. 用扳手固定凸轮轴的六角部分,并逆时针转动凸轮轴正时齿轮总成,使标记板(橙色)与

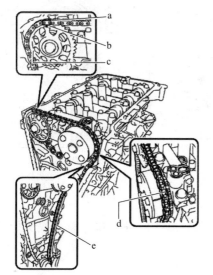

图1-88 主正时链正时标记
a—标记板(橙色);b—正时标记(长方形);c—标记(圆形);d—将链条置于链轮上;e—将链条穿过阻尼器

正时标记对准，然后安装链条分总成（图 1-89）。凸轮轴侧的标记板为橙色。

d. 用扳手固定凸轮轴的六角部分，并顺时针转动凸轮轴正时齿轮总成。为张紧链条分总成，顺时针缓慢转动凸轮轴正时齿轮总成，以防链条分总成错位。

e. 将标记板（粉色）和正时标记对准并将链条分总成安装到曲轴正时链轮上（图 1-90）。曲轴侧的标记板为粉色。

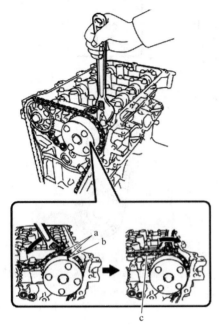

图 1-89　安装主正时链
a—标记板（橙色）；b—正时标记；c—张紧链条分总成

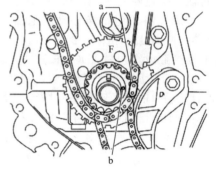

图 1-90　对齐曲轴链轮正时标记
a—标记板（粉色）；b—正时标记

⑩ 将链条张紧器导板安装到气缸体分总成上。

⑪ 检查并确认各正时标记位于"TDC/压缩"位置。凸轮轴正时链轮上有 3 个标记（图 1-91）。确保正时标记（长方形）位于顶部。

⑫ 用 2 个螺栓将 2 号链条振动阻尼器安装到凸轮轴壳分总成上（图 1-92）。扭矩：10N·m。

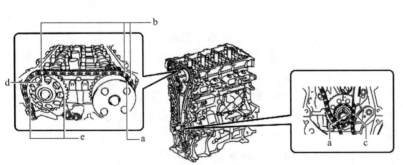

图 1-91　检查发动机正时链上止点位置
a—正时标记；b—标记板（橙色）；c—标记板（黄色或粉色）；
d—正时标记（长方形）；e—标记（圆形）

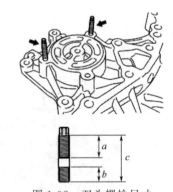

图 1-92　双头螺栓尺寸
$a$—21mm（0.827in）；$b$—9mm（0.354in）；$c$—34mm（1.34in）

⑬ 安装带节温器的进水口分总成双头螺栓。如果带节温器的进水口分总成双头螺栓变形或其螺纹损坏，则将其更换。

⑭ 安装带节温器的进水口分总成。

⑮ 将新衬垫安装到发动机水泵总成上。确保清洁接触表面。用 3 个螺栓将发动机水泵总成安装到正时链条盖分总成上。扭矩：21N·m。

⑯ 安装正时链条盖分总成。

## 1.18　2.0L 3ZR-FE 发动机

该款发动机的正时链单元拆装与1ZR-FE发动机相同，相关内容请参考1.10小节。

其正时标记与1ZR-FE发动机不同的地方为曲轴处为2节点，见图1-93。

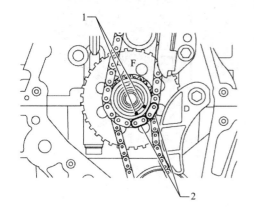

图1-93　曲轴齿轮正时标记与标记板对齐位置
1—正时标记；2—标记板（黄色）

## 1.19　2.0L 6ZR-FE 发动机

该款发动机的正时链拆装与调整和3ZR-FE发动机相同，相关内容请参考1.18小节。

其正时标记与3ZR-FE发动机不同的地方为曲轴处链节为粉色标记。另外，在此补充1号张紧器的安装方法。

① 松开棘轮爪，然后完全推入柱塞并将挂钩接合到销上以使柱塞位于图1-94所示位置。确保凸轮与柱塞的第一个齿接合，使挂钩穿过销。

② 如图1-95所示，用螺母安装新衬垫、支架和1号链条张紧器总成。如果安装1号链条张紧器总成时，挂钩从柱塞上脱开，则再次接合挂钩。扭矩：12N·m。

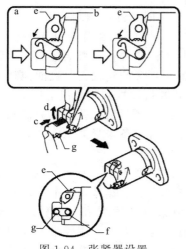

图1-94　张紧器设置
a—正确；b—错误；c—推入；d—提起；
e—凸轮；f—挂钩；g—销

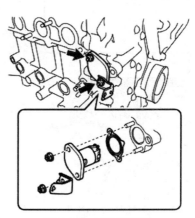

图1-95　安装张紧器

③ 如图1-96所示，逆时针轻轻转动曲轴，检查并确认挂钩松开。

④ 如图 1-97 所示，顺时针转动曲轴，检查并确认柱塞伸长。

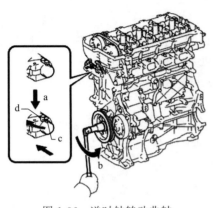

图 1-96　逆时针转动曲轴
a—松开；b—转动；c—销；d—挂钩

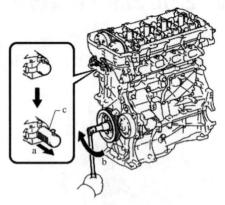

图 1-97　顺时针转动曲轴
a—柱塞伸长；b—转动；c—柱塞

## 1.20　2.0L 1AZ-FE 发动机

### 1.20.1　正时链单元拆卸

① 将 1 号气缸设定至"TDC/压缩"位置。

a. 转动曲轴皮带轮，直至正时链条盖上的槽与正时链条盖的正时标记"0"对准。

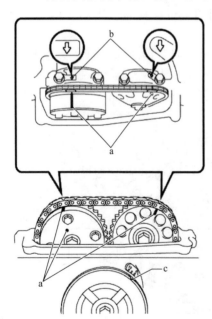

图 1-98　设定 1 号气缸到 TDC 位置
a—正时标记；b—朝前标记；c—槽

b. 如图 1-98 所示，检查并确认凸轮轴正时齿轮和链轮的各正时标记与 1 号和 2 号轴承盖上的朝前标记对准。如果没有对准，则转动曲轴皮带轮 1 周（360°），以对准图中的正时标记。

② 拆卸曲轴皮带轮。

③ 拆卸凸轮轴正时机油控制阀总成。

a. 从气缸盖上拆下螺栓和凸轮轴正时机油控制阀总成。如果没有拆下凸轮轴正时机油控制阀，则在松开气缸盖螺栓时可能会损坏凸轮轴正时机油控制阀。

b. 从凸轮轴正时机油控制阀总成上拆下 O 形圈。

④ 拆下 2 个螺母、1 号链条张紧器总成和垫片。注意：不要转动不带 1 号链条张紧器总成的曲轴。

⑤ 拆卸水泵皮带轮。

⑥ 拆卸发动机水泵总成。

a. 拆下 4 个螺栓、2 个螺母和 2 个线束夹箍支架。

b. 用螺丝刀在发动机水泵和气缸体之间撬动，然后拆下水泵。在使用螺丝刀前，用胶带缠住刀头。小心不要损坏发动机水泵和气缸体的接触面。

⑦ 从油底壳分总成上拆下油底壳排放塞和垫片。

⑧ 拆卸油底壳分总成。

a. 拆下 12 个螺栓和 2 个螺母。

b. 将油底壳密封刮刀的刃片插入曲轴箱、链条盖和油底壳之间,然后切开涂抹的密封胶并拆下油底壳分总成。注意:小心不要损坏曲轴箱、链条盖或油底壳的接触面。

⑨ 拆卸正时链条盖分总成。

⑩ 拆卸正时链条盖油封。

⑪ 拆卸1号曲轴位置传感器齿板。

⑫ 拆卸正时链条导向器。

⑬ 拆卸链条张紧器滑块。

⑭ 拆卸1号链条减震器。

⑮ 拆卸链条分总成。

⑯ 拆卸曲轴正时链轮。

⑰ 拆卸2号链条分总成。

⑱ 从曲轴上拆下2个曲轴皮带轮定位键。

## 1.20.2 正时链单元安装

① 用2个螺栓安装1号链条减震器。扭矩:9.0N·m(92kgf·cm,80lbf·in)。

② 安装链条分总成。

a. 将1号气缸设定至"TDC/压缩"位置。

• 如图1-99所示,使用凸轮轴的六角头部分和扳手旋转凸轮轴,使凸轮轴正时齿轮和凸轮轴正时链轮的正时标记与1号凸轮轴轴承盖和2号凸轮轴轴承盖的朝前标记对准。

• 检查并确认曲轴定位如图1-100所示,使曲轴键朝上。

b. 将链条安装到曲轴正时链轮上,使金色或粉色标记连杆与曲轴上的正时标记对准,见图1-101。

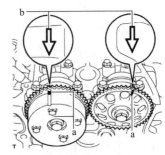

图1-99 设定1号气缸于TDC位置
a—正时标记;b—朝前标记

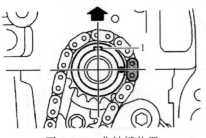

图1-100 曲轴键位置
1—曲轴键

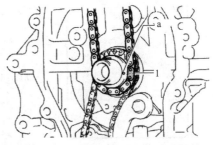

图1-101 安装链条到曲轴正时链轮
1—标记连杆;a—正时标记

c. 用SST和锤子敲入曲轴正时链轮。

d. 将金色或黄色链节与凸轮轴正时齿轮和凸轮轴正时链轮的正时标记对准,然后安装链条分总成,见图1-102。

③ 用螺栓安装链条张紧器滑块。扭矩:19N·m(194kgf·cm,14lbf·ft)。

④ 用螺栓安装正时链条导向器。扭矩:9.0N·m(92kgf·cm,80lbf·in)。

⑤ 安装1号曲轴位置传感器板,使"F"标记朝前,见图1-103。

⑥ 安装正时链条盖分总成。

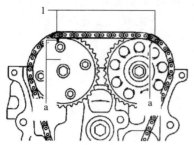

图 1-102 对准凸轮轴正时链轮标记
1—标记连杆；a—正时标记

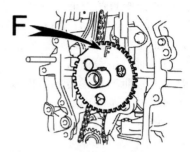

图 1-103 安装曲轴位置传感器板

## 1.21 2.0L 6AR-FSE 发动机

### 1.21.1 正时链单元拆卸

① 拆卸正时链条盖分总成。
② 拆卸正时链条盖油封。
③ 将 1 号气缸设定至"TDC/压缩"位置。
a. 暂时安装曲轴皮带轮定位螺栓。
b. 如图 1-104 所示，顺时针旋转曲轴并对准曲轴皮带轮定位键。

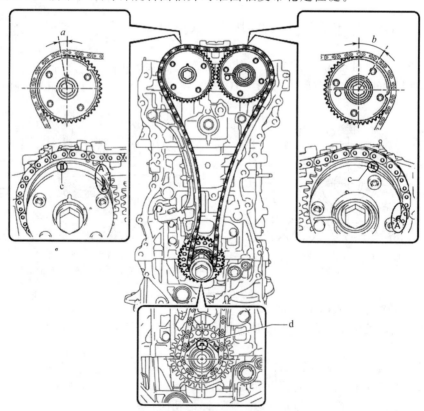

图 1-104 顺时针旋转曲轴并对准曲轴皮带轮定位键
a—约 7°；b—约 32°；c—正时标记；d—拆下曲轴皮带轮定位螺栓

c. 检查并确认排气凸轮轴正时齿轮总成和凸轮轴正时齿轮总成的正时标记在如图 1-104 所示位置。提示:"A"不是正时标记。

④ 拆下螺栓和正时链条导向器,见图 1-105。

⑤ 拆卸 1 号链条张紧器总成。

a. 使柱塞略微伸出,然后逆时针旋转挡片以松开锁。如果松开锁,则将柱塞推入 1 号链条张紧器总成,见图 1-106。

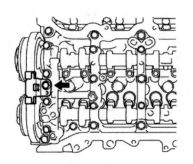

图 1-105 拆下正时链条导向器

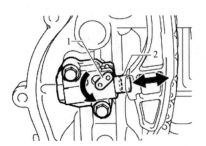

图 1-106 松开锁推入柱塞
1—挡片;2—柱塞

b. 顺时针旋转挡片以设定锁,然后将销插入挡片孔中,见图 1-107。

c. 拆下 2 个螺栓、1 号链条张紧器总成和垫片,见图 1-108。

⑥ 拆下螺栓和链条张紧器滑块,见图 1-109。

⑦ 拆下链条分总成。

⑧ 拆下 2 个螺栓和 1 号链条减震器,见图 1-110。

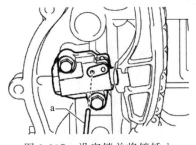

图 1-107 设定锁并将销插入
a—销

图 1-108 拆下 1 号链条张紧器

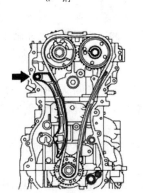

图 1-109 拆下链条张紧器滑块

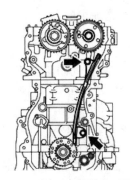

图 1-110 拆下 1 号链条减震器

⑨ 从曲轴上拆下曲轴正时链轮,见图 1-111。

⑩ 拆卸凸轮轴正时齿轮总成。

如图 1-112 所示,用扳手固定凸轮轴的六角头部分,拆下凸轮轴正时齿轮螺栓和凸轮轴正时齿轮总成。注意:不要让扳手损坏气缸盖分总成或火花塞套管;不要拆解凸轮轴正时齿轮总成。

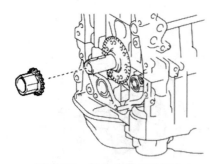

图 1-111 拆下曲轴正时链轮

图 1-112 拆下凸轮轴正时齿轮总成
a—固定;b—转动

⑪ 拆卸排气凸轮轴正时齿轮总成。

如图 1-113 所示,用扳手固定 2 号凸轮轴的六角头部分,拆下螺栓和排气凸轮轴正时齿轮总成。注意:不要让扳手损坏气缸盖分总成或火花塞套管,不要拆解排气凸轮轴正时齿轮总成。

### 1.21.2 正时链单元安装

① 安装排气凸轮轴正时齿轮总成。

a. 如图 1-114 所示,将 2 号凸轮轴的锁销与排气凸轮轴正时齿轮总成的锁销孔对准并进行安装。小心不要损坏排气凸轮轴正时齿轮总成与 2 号凸轮轴锁销的接触面。

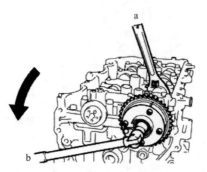

图 1-113 拆下排气凸轮轴正时齿轮
a—固定;b—转动

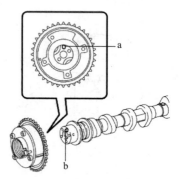

图 1-114 安装排气凸轮轴正时齿轮
a—锁销孔;b—锁销

b. 检查并确认排气凸轮轴正时齿轮总成和 2 号凸轮轴法兰之间无间隙,见图 1-115。

c. 用扳手固定 2 号凸轮轴的六角头部分,安装螺栓,见图 1-116。扭矩:85N·m(867kgf·cm,63lbf·ft)。

注意:不要让扳手损坏气缸盖分总成或火花塞套管;不要拆解排气凸轮轴正时齿轮总成。

② 安装凸轮轴正时齿轮总成。

a. 将凸轮轴的锁销和凸轮轴正时齿轮总成的锁销孔对准并进行安装,见图 1-117。小心不要损坏凸轮轴正时齿轮总成与凸轮轴锁销的接触面。

b. 如图 1-118 所示，检查并确认凸轮轴正时齿轮总成与凸轮轴（A）部位之间无间隙。

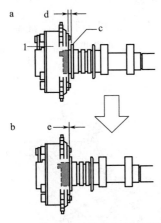

图 1-115　检查正时齿轮与法兰间间隙

1—排气凸轮轴正时齿轮总成；a—错误；b—正确；
c—2 号凸轮轴法兰；d—有间隙；e—无间隙

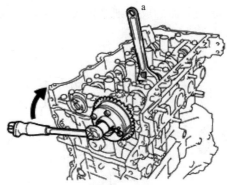

图 1-116　安装排气凸轮轴正时齿轮螺栓

a—固定；➡—转动

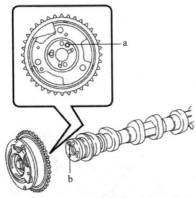

图 1-117　安装凸轮轴正时齿轮总成

a—锁销孔；b—锁销

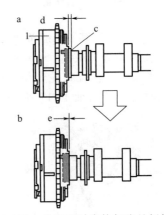

图 1-118　检查正时齿轮与法兰间间隙

1—凸轮轴正时齿轮总成；a—错误；b—正确；c—凸轮轴（A）部；d—有间隙；e—无间隙

c. 如图 1-119 所示，在凸轮轴正时齿轮螺栓各部位上涂抹发动机机油。

d. 暂时安装凸轮轴正时齿轮螺栓。提示：确保将凸轮轴正时齿轮螺栓至少拧入 3 道螺纹。

e. 如图 1-120 所示用扳手固定凸轮轴的六角头部分，紧固凸轮轴正时齿轮螺栓。扭矩：120N·m（1224kgf·cm，89lbf·ft）。

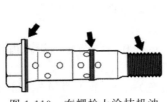

图 1-119　在螺栓上涂抹机油

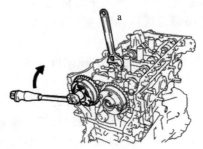

图 1-120　安装凸轮轴正时齿轮螺栓

a—固定；➡—转动

注意：不要让扳手损坏气缸盖分总成或火花塞套管；不要拆解凸轮轴正时齿轮总成。

③ 如图 1-121 所示，将曲轴正时链轮安装到曲轴上。

④ 将 50mL（3.1in³）的发动机机油添加到图 1-122 中所示的机油孔中。注意：如果拆下气门间隙调节器总成，则必须添加发动机机油；确保低压室和间隙调节器总成的油道已充满发动机机油。

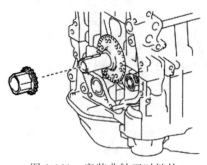
图 1-121  安装曲轴正时链轮

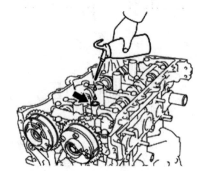
图 1-122  添加发动机机油

⑤ 用 2 个螺栓安装 1 号链条减震器，见图 1-123。扭矩：21N·m（214kgf·cm，15lbf·ft）。

⑥ 安装链条分总成。

a. 暂时安装曲轴皮带轮定位螺栓。

b. 逆时针旋转曲轴 40°以将曲轴皮带轮键置于如图 1-124 所示位置。

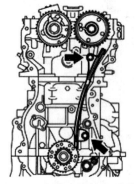
图 1-123  安装 1 号链条减震器

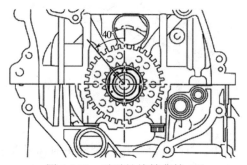
图 1-124  逆时针旋转曲轴 40°

c. 检查并确认排气凸轮轴正时齿轮总成和凸轮轴正时齿轮总成的正时标记在如图 1-125 所示位置。提示："A"不是正时标记。

d. 将链条分总成放置到排气凸轮轴正时齿轮总成、凸轮轴正时齿轮总成和曲轴正时链轮上。

提示：确保链条分总成的标记板未朝向发动机；不必将链条分总成安装到齿轮和链轮的轮齿上。

e. 如图 1-126 所示，将链条分总成的标记板（橙色）和排气凸轮轴正时齿轮总成的正时标记对准，并将链条分总成安装到排气凸轮轴正时齿轮总成上。

f. 如图 1-127 所示，将链条分总成的标记板（黄色）和曲轴正时链轮的正时标记对准，并将链条分总成安装到曲轴正时链轮上。

g. 将细绳系到曲轴正时链轮的上方以固定链条分总成，见图 1-128。

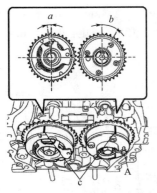

图 1-125 检查凸轮轴正时齿轮标记

a—约 7°；b—约 32°；c—正时标记

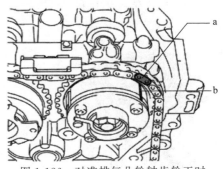

图 1-126 对准排气凸轮轴齿轮正时

a—标记板；b—正时标记

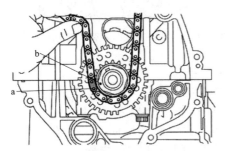

图 1-127 对准曲轴链轮正时

a—标记板；b—正时标记

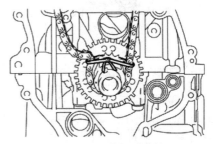

图 1-128 固定正时链

h. 如图 1-129 所示，用扳手固定凸轮轴的六角头部分并逆时针转动凸轮轴，使凸轮轴正时齿轮总成的正时标记和链条分总成的标记板（橙色）对准，然后将链条分总成安装到凸轮轴正时齿轮总成上。

提示：用扳手将凸轮轴固定到位，直到安装好 1 号链条张紧器总成。

i. 拆下曲轴正时链轮的细绳，顺时针旋转曲轴，然后松开链条分总成以便能安装链条张紧器滑块，见图 1-130。

注意：确保链条分总成牢固。

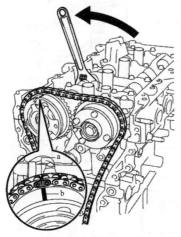

图 1-129 对准凸轮轴齿轮正时

a—标记板；b—正时标记

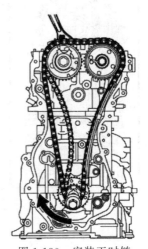

图 1-130 安装正时链

⑦ 用螺栓安装链条张紧器滑块，见图1-131。扭矩：21N·m（214kgf·cm，15lbf·ft）。

⑧ 用2个螺栓安装新垫片和1号链条张紧器总成，见图1-132。扭矩：10N·m（102kgf·cm，7lbf·ft）。

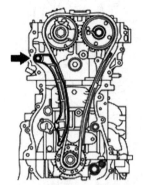

图1-131 安装张紧器滑块

图1-132 安装1号链条张紧器总成

从挡片上拆下销。

⑨ 用螺栓安装正时链条导向器，见图1-133。扭矩：21N·m（214kgf·cm，15lbf·ft）。

⑩ 将1号气缸设定至"TDC/压缩"位置。

a. 暂时安装曲轴皮带轮定位螺栓。

b. 如图1-134所示，顺时针旋转曲轴并对准曲轴皮带轮定位键。

c. 检查并确认凸轮轴正时齿轮总成和排气凸轮轴正时齿轮总成的正时标记在如图1-134所示位置。

提示："A"不是正时标记。

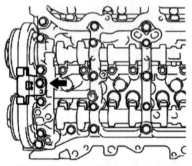

图1-133 安装正时链条导向器

⑪ 安装正时链条盖分总成。

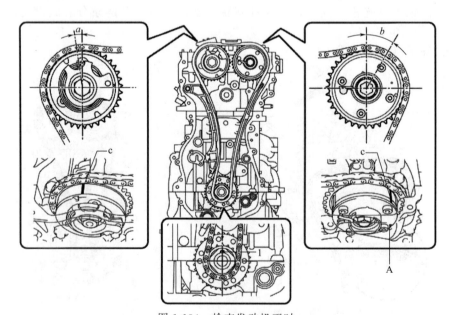

图1-134 检查发动机正时

1—曲轴皮带轮定位键；$a$—约7°；$b$—约32°；$c$—正时标记

## 1.22　2.0L 8AR-FTS 发动机

### 1.22.1　正时链单元拆解

① 将 1 号气缸设定至"TDC/压缩"位置。

a. 暂时安装曲轴皮带轮固定螺栓。

b. 顺时针转动曲轴，以使凸轮轴正时齿轮总成、排气凸轮轴正时齿轮总成上的正时标记及曲轴正时链轮的曲轴皮带轮定位键如图 1-135 所示。提示：如果正时标记未对准，则再次顺时针转动曲轴并对准正时标记。

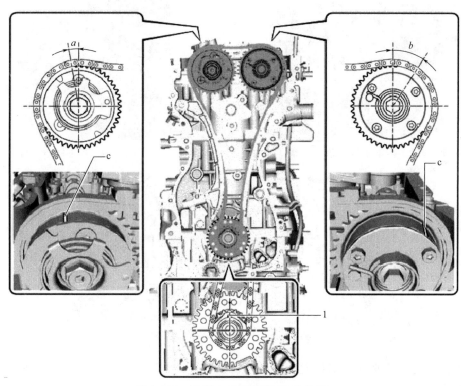

图 1-135　设定 1 号气缸到 TDC 位置
1—曲轴皮带轮定位键；a—约 7°；b—约 32°；c—正时标记

c. 拆下曲轴皮带轮固定螺栓。

② 拆卸 1 号链条张紧器总成。

a. 稍微伸出柱塞，然后逆时针转动挡片以松开锁。松开锁扣后，将柱塞推入 1 号链条张紧器总成，见图 1-136。

b. 顺时针转动挡片以固定锁，然后将销插入挡片孔，见图 1-137。

c. 拆下螺母、螺栓、1 号链条张紧器总成和衬垫，见图 1-138。

③ 拆下螺栓和正时链条导板，见图 1-139。

④ 拆下螺栓和链条张紧器导板，见图 1-140。

⑤ 拆下链条分总成。

⑥ 拆下 2 个螺栓和 1 号链条振动阻尼器，见图 1-141。

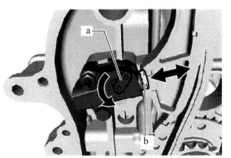

图1-136　松开锁片推入柱塞
a—挡片；b—柱塞

图1-137　插入销到锁片孔
a—销

图1-138　拆下1号链条张紧器

图1-139　拆下链条导板

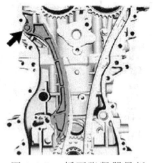

图1-140　拆下张紧器导板

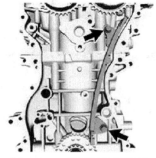

图1-141　拆下振动阻尼器

⑦ 从曲轴上拆下曲轴正时链轮，见图1-142。

⑧ 拆卸凸轮轴正时齿轮总成。

如图1-143所示用扳手固定凸轮轴的六角部位，拆下凸轮轴正时齿轮螺栓和凸轮轴正时齿轮总成。注意：不要用扳手损坏凸轮轴壳分总成或火花塞套管；不要拆解凸轮轴正时齿轮总成。

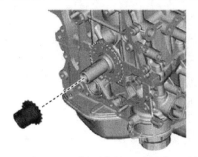

图1-142　拆下曲轴正时链轮

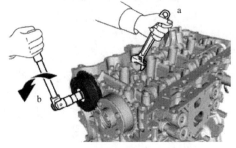

图1-143　拆下凸轮轴正时齿轮
a—固定；b—转动

⑨ 拆卸排气凸轮轴正时齿轮总成。

如图 1-144 所示用扳手固定 2 号凸轮轴的六角部位，拆下螺栓和排气凸轮轴正时齿轮总成。注意：不要用扳手损坏凸轮轴壳分总成或火花塞套管；不要拆解排气凸轮轴正时齿轮总成。

### 1.22.2 正时链单元安装

① 安装凸轮轴正时齿轮总成。提示：更换凸轮轴正时齿轮总成后，执行维修后检查。

a. 将凸轮轴的锁销与凸轮轴正时齿轮总成的锁销孔对准并将凸轮轴正时齿轮总成安装到凸轮轴上，见图 1-145。

图 1-144　拆下排气凸轮轴正时齿轮
a—固定；b—转动

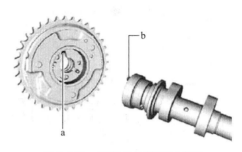

图 1-145　安装凸轮轴正时齿轮
a—锁销孔；b—锁销

b. 检查并确认凸轮轴正时齿轮总成与图中指示的凸轮轴部位（A）之间无间隙，见图 1-146。

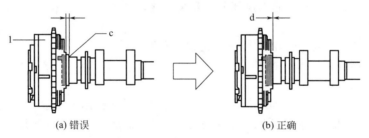

(a) 错误　　　　　　　　(b) 正确

图 1-146　检查正时齿轮与法兰间间隙
1—凸轮轴正时齿轮总成；c—凸轮轴部位（A）；d—无间隙

c. 如图 1-147 所示，在凸轮轴正时齿轮螺栓的部位涂抹发动机机油。

d. 暂时安装凸轮轴正时齿轮螺栓。提示：暂时安装凸轮轴正时齿轮螺栓时，确保旋入约 2 个螺纹。

e. 用扳手固定凸轮轴的六角部位，紧固凸轮轴正时齿轮螺栓，见图 1-148。扭矩：120N·m（1224kgf·cm，89lbf·ft）。

注意：不要用扳手损坏凸轮轴壳分总成或火花塞套管。

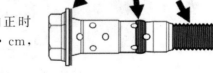

图 1-147　在螺栓上涂抹机油

② 安装排气凸轮轴正时齿轮总成。

提示：更换排气凸轮轴正时齿轮总成后，执行维修后检查。

a. 如图 1-149 所示，将 2 号凸轮轴的锁销与排气凸轮轴正时齿轮总成的锁销孔对准，并将排气凸轮轴正时齿轮总成安装到 2 号凸轮轴上。

b. 检查并确认排气凸轮轴正时齿轮总成与 2 号凸轮轴法兰之间无间隙，见图 1-150。

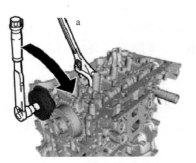

图 1-148　安装凸轮轴正时齿轮螺栓

a—固定；➡—转动

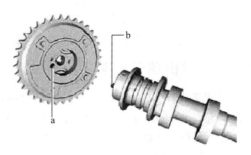

图 1-149　安装排气凸轮轴齿轮

a—锁销孔；b—锁销

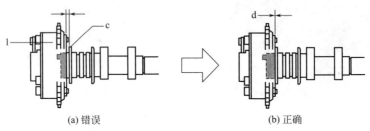

(a) 错误　　　　　　　　　(b) 正确

图 1-150　检查正时齿轮与法兰间间隙

1—排气凸轮轴正时齿轮总成；c—2 号凸轮轴法兰；d—无间隙

c. 用扳手固定 2 号凸轮轴的六角部分，安装螺栓，见图 1-151。扭矩：85N·m（867kgf·cm，63lbf·ft）。

注意：不要用扳手损坏凸轮轴壳分总成或火花塞套管。

③ 将曲轴正时链轮安装到曲轴上。

④ 加注发动机机油。

向图 1-152 中所示的油孔内加注 50mL（3.1in$^3$）的发动机机油。注意：如果拆下气门间隙调节器总成，则需加注机油；确保低压室和气门间隙调节器总成机油通道注满发动机机油。

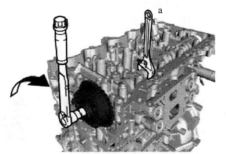

图 1-151　安装排气凸轮轴齿轮螺栓

a—固定；➡—转动

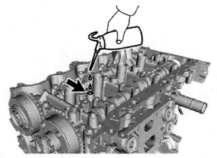

图 1-152　加油机油

⑤ 安装 1 号链条振动阻尼器。

a. 用 2 个螺栓暂时安装 1 号链条振动阻尼器。

b. 按如图 1-153 所示顺序，紧固 2 个螺栓。扭矩：21N·m（214kgf·cm，15lbf·ft）。

⑥ 安装链条分总成。

a. 暂时安装曲轴皮带轮固定螺栓。
b. 逆时针转动曲轴 40°以将曲轴皮带轮定位键置于如图 1-154 所示位置。

图 1-153　安装振动阻尼器

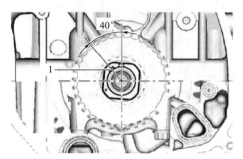

图 1-154　逆时针转动曲轴 40°
1—曲轴皮带轮定位键

c. 检查并确认凸轮轴正时齿轮总成和排气凸轮轴正时齿轮总成的正时标记位置如图 1-155 所示。
d. 将链条分总成置于凸轮轴正时齿轮总成、排气凸轮轴正时齿轮总成和曲轴正时链轮上。提示：确保链条分总成标记板未朝向发动机前部；无需将链条分总成接合到凸轮轴正时齿轮总成、排气凸轮轴正时齿轮总成和曲轴正时链轮的齿上。
e. 如图 1-156 所示，将链条分总成标记板（橙色）与排气凸轮轴正时齿轮总成的正时标记对准，并将链条分总成安装到排气凸轮轴正时齿轮总成上。
f. 如图 1-157 所示，将链条分总成的标记板（黄色）与曲轴正时链轮的正时标记对准，并将链条分总成安装到曲轴正时链轮上。
g. 将细绳系到曲轴正时链轮上，以便固定链条分总成，见图 1-158。

图 1-155　检查凸轮轴齿轮正时
a—正时标记；b—约 7°；c—约 32°

图 1-156　对准排气凸轮轴齿轮正时
a—标记板（橙色）；b—正时标记

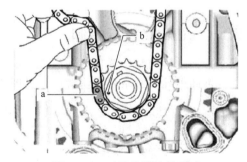

图 1-157　对准曲轴链轮正时
a—标记板（黄色）；b—正时标记

h. 用扳手固定凸轮轴的六角部位，并逆时针转动凸轮轴，将凸轮轴正时齿轮总成的正时标记与链条分总成的标记板（橙色）对准，并将链条分总成安装到凸轮轴正时齿轮总成上，见图 1-159。提示：使用扳手将凸轮轴固定到位，直至安装好 1 号链条张紧器总成。
i. 拆下曲轴正时链轮上的细绳，顺时针旋转曲轴，并松开链条分总成以便安装链条张紧器导板，见图 1-160。

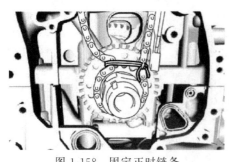

图 1-158 固定正时链条

注意：确保链条分总成固定。

⑦用螺栓安装链条张紧器导板。扭矩：21N·m（214kgf·cm，15lbf·ft）。

⑧用螺栓和螺母安装新衬垫和 1 号链条张紧器总成。扭矩：10N·m（102kgf·cm，7lbf·ft）。从挡片上拆下销。

⑨用螺栓安装正时链条导板。扭矩：21N·m（214kgf·cm，15lbf·ft）。

⑩将 1 号气缸设定至 TDC/压缩。

⑪用 4 个螺栓安装新衬垫和正时链条盖板。扭矩：10N·m（102kgf·cm，7lbf·ft）。

⑫安装正时链条盖总成。

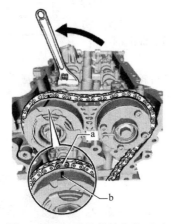

图 1-159 对准凸轮轴齿轮正时
a—标记板（橙色）；b—正时标记

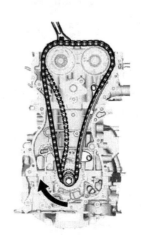

图 1-160 安装正时链

## 1.23　2.4L 2AZ-FE 发动机

### 1.23.1　正时链单元拆卸

①拆卸 1 号曲轴位置传感器齿板，见图 1-161。

②拆卸螺栓和链条张紧器滑块，见图 1-162。

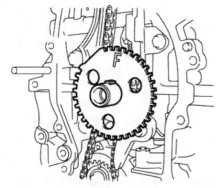

图 1-161 拆卸曲轴位置传感器板

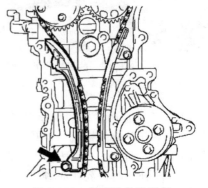

图 1-162 拆下链条张紧器

③ 拆卸 2 个螺栓和 1 号链条减震器，见图 1-163。
④ 拆卸螺栓和正时链条导向器，见图 1-164。

图 1-163 拆下链条减震器

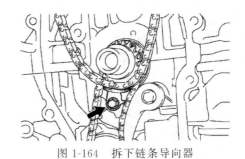

图 1-164 拆下链条导向器

⑤ 拆卸链条分总成，见图 1-165。
⑥ 拆卸曲轴正时链轮，见图 1-166。

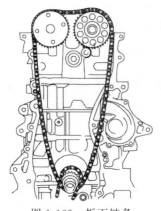

图 1-165 拆下链条

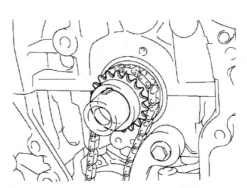

图 1-166 拆下曲轴正时链轮

⑦ 拆卸 2 号链条分总成。
a. 按逆时针方向转动曲轴 90°，使机油泵驱动轴链轮的调节孔与机油泵的槽对准，见图 1-167。
b. 将一个直径为 4mm 的销插入机油泵驱动轴链轮的调节孔内，将齿轮锁止，然后拆卸螺母，见图 1-168。

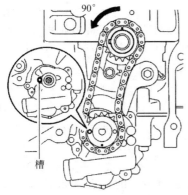

图 1-167 对齐调节孔与槽

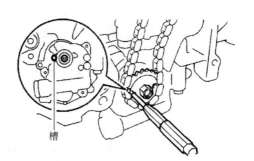

图 1-168 插入销锁止齿轮

c. 拆卸螺栓、链条张紧器板和弹簧，见图1-169。
d. 拆卸链条张紧器、机油泵从动链轮和链条。

### 1.23.2 正时链单元安装

① 安装2号链条分总成。

a. 将曲轴键置于左侧水平位置。
b. 转动驱动轴，使缺口朝上，见图1-170。

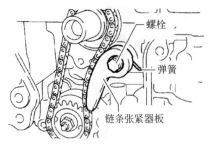

图1-169 拆下张紧器板

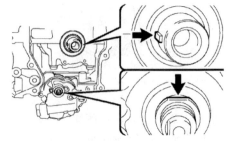

图1-170 使曲轴驱动轮缺口朝上

c. 如图1-171所示，将黄色标记连杆与各齿轮的正时标记对准。
d. 用齿轮上的链条，将链轮安装到曲轴和机油泵上。
e. 用螺母暂时拧紧机油泵驱动轴链轮。
f. 如图1-172所示，将缓冲弹簧插入调节孔内，然后用螺栓安装链条张紧器板。扭矩：12N·m（122kgf·cm，9lbf·ft）。

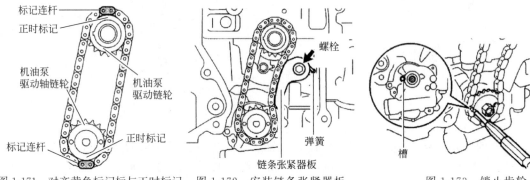

图1-171 对齐黄色标记标与正时标记　　图1-172 安装链条张紧器板　　图1-173 锁止齿轮

g. 对准机油泵驱动轴链轮的调节孔与机油泵的槽。
h. 将一个直径为4mm的销插入机油泵驱动轴齿轮的调节孔内，将齿轮锁止，然后拧紧螺母，见图1-173。扭矩：30N·m（301kgf·cm，22lbf·ft）。
i. 按顺时针方向转动曲轴90°，并将曲轴键朝上，如图1-174所示。

② 安装曲轴正时链轮，见图1-175。

③ 如图1-176所示，用2个螺栓安装1号链条减震器。扭矩：9.0N·m（92kgf·cm，80lbf·in）。

④ 安装链条分总成。

a. 将1号气缸设定为"TDC/压缩"。
- 用扳手转动凸轮轴（使用六角顶部），使凸轮轴正时齿轮的各正时标记与1号和2号轴承盖上的各正时标记均对准，如图1-177所示。

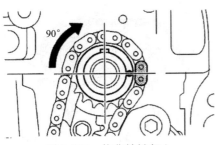

图 1-174 使曲轴键朝上

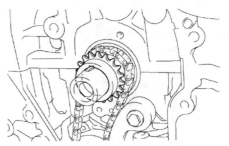

图 1-175 安装曲轴正时链轮

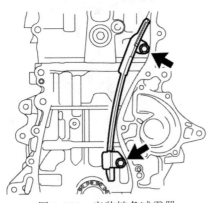

图 1-176 安装链条减震器

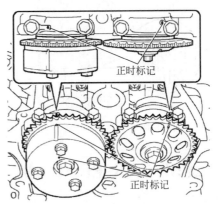

图 1-177 设定 1 号气缸到 TDC 位置

- 用曲轴皮带轮螺栓,将曲轴转动到曲轴键朝上的位置,如图 1-178 所示。

b. 将链条安装到曲轴正时链轮上,使金色或粉色标记连杆与曲轴上的正时标记对准,见图 1-179。

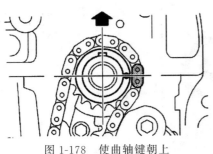

图 1-178 使曲轴键朝上

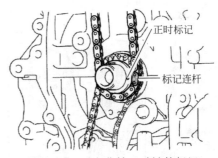

图 1-179 对齐曲轴正时链轮标记

c. 如图 1-180 所示,用 SST 和锤子敲入曲轴正时链轮。SST:09309-37010。

d. 如图 1-181 所示,将金色或黄色标记连杆对准凸轮轴正时齿轮和链轮上的各正时标记,然后安装链条。

⑤ 用螺栓安装链条张紧器滑块,见图 1-182。扭矩:19N·m(194kgf·cm,14lbf·ft)。

⑥ 用螺栓安装正时链条导向器。扭矩:9.0N·m(92kgf·cm,80lbf·in)。

⑦ 安装 1 号曲轴位置传感器齿板,让"F"标记朝上,见图 1-183。

⑧ 安装正时链条箱油封。

⑨ 安装正时链盖分总成。

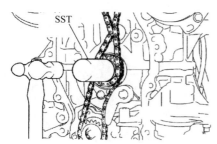

图 1-180 安装曲轴正时链轮

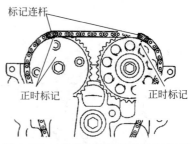

图 1-181 对齐凸轮轴链轮正时标记

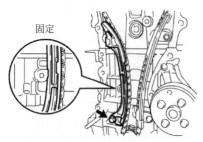

图 1-182 安装张紧器滑块

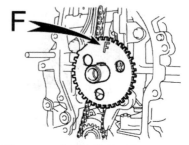

图 1-183 安装曲轴位置传感器齿板

## 1.24  2.5L 5AR-FE 发动机

### 1.24.1  正时链单元拆解

① 拆卸正时链条盖总成。
② 将1号气缸设定至"TDC/压缩"位置,提示:"A"不是正时标记。
a. 暂时安装曲轴皮带轮螺栓。
b. 顺时针旋转曲轴,使曲轴正时齿轮和凸轮轴正时齿轮上的正时标记位于如图 1-184

图 1-184 设定1号气缸到 TDC 位置
$a$—约$7°$;$b$—约$32°$;
$c$—正时标记;$d$—键

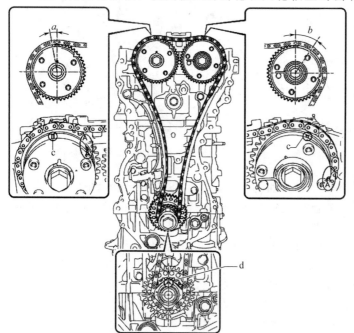

所示位置。提示：如果正时标记未对准，则再次顺时针转动曲轴并对准正时标记。

c. 拆下曲轴皮带轮螺栓。

③ 拆下螺栓和正时链条导板（图1-185）。

④ 拆卸1号链条张紧器总成。

a. 稍微伸出柱塞，然后逆时针转动挡片以松开锁扣。松开锁扣后，将柱塞推入张紧器，见图1-186。

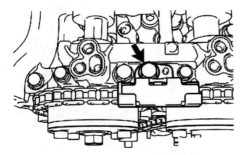

图1-185 拆下正时链条导板

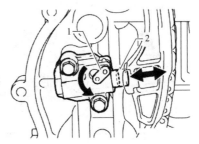

图1-186 松开锁扣推入柱塞
1—挡片；2—柱塞

b. 顺时针移动挡片以固定锁扣，然后将销插入挡片孔，见图1-187。

c. 如图1-188所示拆下2个螺栓、1号链条张紧器总成和衬垫。

⑤ 拆下螺栓和链条张紧器导板，见图1-189。

⑥ 拆卸链条分总成。

⑦ 拆下2个螺栓和1号链条振动阻尼器，见图1-190。

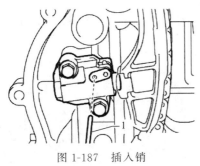

图1-187 插入销
1—销

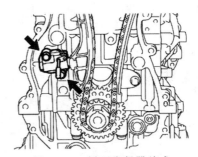

图1-188 拆下张紧器总成

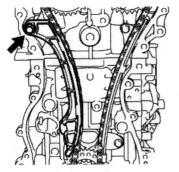

图1-189 拆下张紧器导板

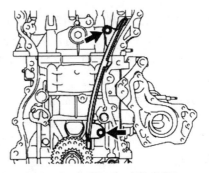

图1-190 拆下振动阻尼器

⑧ 如图 1-191 所示，用扳手固定凸轮轴的六角部分并拆下螺栓和凸轮轴正时齿轮总成。

注意：不要用扳手损坏凸轮轴壳分总成或火花塞套管；不要拆解凸轮轴正时齿轮总成。

⑨ 拆卸排气凸轮轴正时齿轮总成。

如图 1-192 所示，用扳手固定 2 号凸轮轴的六角部分并拆下螺栓和排气凸轮轴正时齿轮总成。

注意：不要用扳手损坏凸轮轴壳分总成或火花塞套管；不要拆解排气凸轮轴正时齿轮总成。

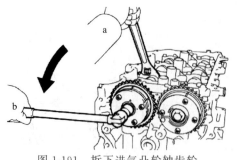 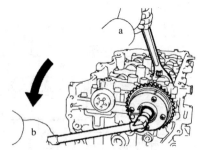

图 1-191　拆下进气凸轮轴齿轮  
a—固定；b—转动

图 1-192　拆卸排气凸轮轴齿轮  
a—固定；b—转动

⑩ 拆卸凸轮轴壳分总成。

## 1.24.2　正时链单元安装

① 安装凸轮轴正时齿轮总成。

提示：更换凸轮轴正时齿轮总成后，执行维修后检查。

a. 检查凸轮轴正时齿轮位置。如果凸轮轴正时齿轮总成未设定至提前位置，则松开锁销并重置凸轮轴正时齿轮总成，见图 1-193。

b. 将凸轮轴的锁销对准凸轮轴正时齿轮总成的锁销孔并将齿轮接合至凸轮轴，见图 1-194。

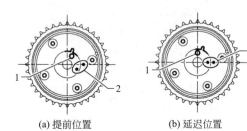 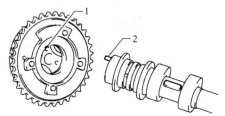

图 1-193　检查正时齿轮位置  
1—锁销孔；2—定位记号

图 1-194　将正时齿轮安装到凸轮轴  
1—销孔；2—锁销

c. 检查并确认凸轮轴正时齿轮总成和凸轮轴法兰之间没有间隙，见图 1-195。

d. 如图 1-196 所示，使用扳手固定凸轮轴的六角部分，安装螺栓。扭矩：85N·m（867kgf·cm，63lbf·ft）。注意：不要用扳手损坏凸轮轴壳分总成或火花塞套管；不要拆解凸轮轴正时齿轮总成。

② 安装排气凸轮轴正时齿轮总成。

提示：更换排气凸轮轴正时齿轮总成后，执行维修后检查。

a. 将 2 号凸轮轴的锁销对准排气凸轮轴正时齿轮总成的锁销孔并将齿轮接合至 2 号凸轮轴，见图 1-197。

b. 如图 1-198 所示，检查并确认排气凸轮轴正时齿轮总成和凸轮轴法兰之间没有间隙。

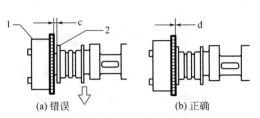
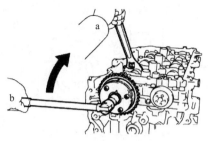

图 1-195 检查齿轮与法兰之间间隙
1—凸轮轴正时齿轮总成；2—法兰；c—间隙；d—无间隙

图 1-196 安装凸轮轴轴壳分总成
a—固定；b—转动

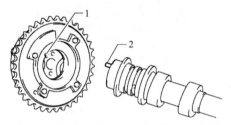
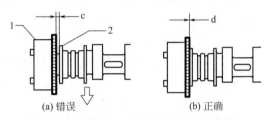

图 1-197 安装排气凸轮轴齿轮到凸轮轴
1—销孔；2—锁销

图 1-198 检查正时齿轮与法兰之间间隙
1—排气凸轮轴正时齿轮总成；2—法兰；c—间隙；d—无间隙

c. 如图 1-199 所示使用扳手固定 2 号凸轮轴的六角部分，安装螺栓。扭矩：85N·m（867kgf·cm，63lbf·ft）。注意：不要用扳手损坏凸轮轴壳分总成或火花塞套管；不要拆解排气凸轮轴正时齿轮总成。

③ 加注发动机机油。

向图 1-200 中所示的油孔内加注 50mL（3.1in$^3$）的发动机机油。注意：如果已拆下间隙调节器，则必须加注机油；确保低压室和间隙调节器的油道内充满发动机机油。

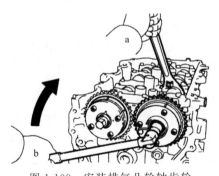
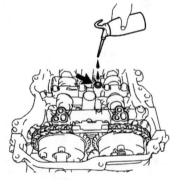

图 1-199 安装排气凸轮轴齿轮
a—固定；b—转动

图 1-200 加注发动机机油

④ 将 1 号气缸设定至"TDC/压缩"位置。

a. 暂时安装曲轴皮带轮螺栓。

b. 逆时针转动曲轴 40°以将曲轴皮带轮定位键置于图 1-201 中所示位置。

c. 检查并确认凸轮轴正时齿轮的正时标记位于如图 1-202 所示位置。提示："A"不是正时标记。

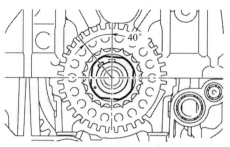

图1-201 设定1号气缸到"TDC"位置

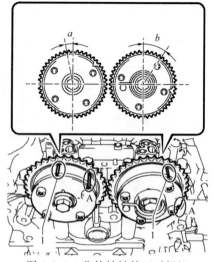

图1-202 凸轮轴链轮正时标记
1—正时标记；a—大约7°；b—大约32°

d. 拆下曲轴皮带轮螺栓。

⑤ 用2个螺栓安装1号链条振动阻尼器。扭矩：21N·m（214kgf·cm，15lbf·ft）。

⑥ 安装链条分总成。

a. 将链条置于曲轴正时齿轮和曲轴正时链轮上。提示：确保链条的标记板朝向远离发动机的一侧；无需将链条分总成安装到齿轮的齿和链轮上。

b. 如图1-203所示，将链条的标记板（橙色）对准排气凸轮轴正时齿轮总成的正时标记，并将链条分总成安装到排气凸轮轴正时齿轮总成上。

c. 如图1-204所示，将链条的标记板（黄色）对准曲轴正时链轮的正时标记并将链条分总成安装到曲轴正时链轮上。

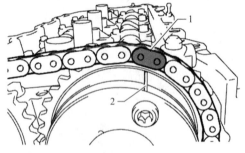

图1-203 对准排气凸轮轴正时链轮标记
1—标记板；2—正时标记

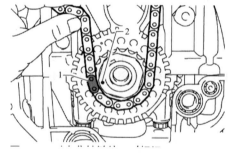

图1-204 对齐曲轴链轮正时标记
1—标记板；2—正时标记

d. 在曲轴正时链轮上方系一条细绳以固定链条，见图1-205。

e. 如图1-206所示，使用进气凸轮轴的六角部分，用扳手逆时针转动进气凸轮轴并对准凸轮轴正时齿轮总成的正时标记和链条的标记板（橙色），以将链条分总成安装到凸轮轴正时齿轮总成上。

提示：用扳手将进气凸轮轴固定到位，直至安装链条张紧器。

f. 拆下曲轴正时链轮上方的细绳，顺时针转动曲轴，并松开链条以便安装链条张紧器导板，见图1-207。注意：确保固定链条。

⑦ 用螺栓安装链条张紧器导板。扭矩：21N·m（214kgf·cm，15lbf·ft）。

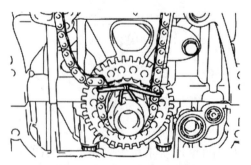

图1-205 用细绳固定链条

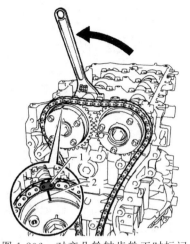 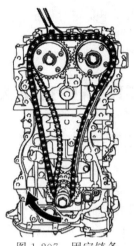

图 1-206　对齐凸轮轴齿轮正时标记　　　图 1-207　固定链条
1—标记板；2—正时标记

⑧ 安装 1 号链条张紧器总成。

a. 用 2 个螺栓安装新衬垫和 1 号链条张紧器总成。扭矩：10N·m（102kgf·cm，7lbf·ft）。

b. 从挡片上拆下销。

⑨ 用螺栓安装正时链条导板。扭矩：21N·m（214kgf·cm，15lbf·ft）。

⑩ 检查并确认 1 号气缸至"TDC/压缩"位置。

a. 暂时安装曲轴皮带轮螺栓。

b. 顺时针旋转曲轴，检查并确认曲轴正时链轮和凸轮轴正时齿轮上的正时标记位于如图 1-208 所示位置。

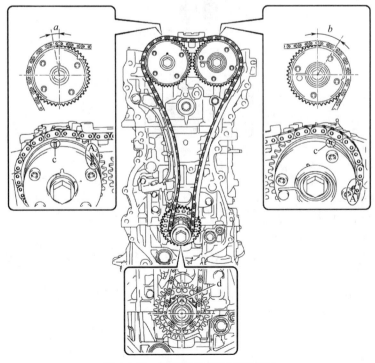

图 1-208　检查正时标记对齐情况
$a$—大约 7°；$b$—大约 32°；$c$—正时标记；$d$—键

提示:"A"不是正时标记。
c. 拆下曲轴皮带轮螺栓。
⑪ 安装正时链条盖总成。

## 1.25　2.5L 4AR-FXE 发动机

### 1.25.1　正时链单元拆卸

① 将 1 号气缸设定至"TDC/压缩"位置。

a. 暂时安装曲轴皮带轮螺栓。提示:"A"不是正时标记。

b. 顺时针旋转曲轴,使曲轴正时齿轮和凸轮轴正时齿轮的正时标记位于如图 1-209 所示位置。如果未对准正时标记,则再次顺时针旋转曲轴并对准正时标记。

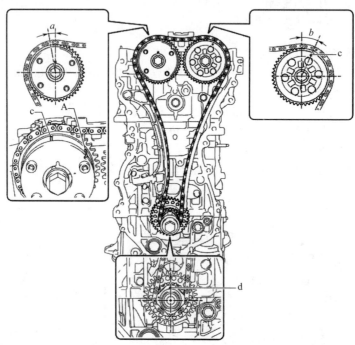

图 1-209　检查发动机正时
a—约 7°；b—约 32°；c—正时标记；d—键

c. 拆下曲轴皮带轮螺栓。
② 拆下螺栓和正时链条导向器。
③ 拆卸 1 号链条张紧器总成。

a. 使柱塞略微伸出,然后逆时针旋转挡片以松开锁。如果锁松开,则将柱塞推入张紧器。

b. 顺时针移动挡片以设定锁,然后将销插入挡片孔中。

c. 拆下 2 个螺栓、链条张紧器和垫片。
④ 拆下螺栓和链条张紧器滑块。
⑤ 拆卸链条分总成。
⑥ 拆卸 1 号链条减震器。

⑦ 拆卸凸轮轴正时齿轮总成。

用扳手固定凸轮轴的六角头部分，并拆下螺栓和凸轮轴正时齿轮。

注意：不要让扳手损坏气缸盖或火花塞套管；不要拆解凸轮轴正时齿轮。

⑧ 拆卸凸轮轴正时链轮。

用扳手固定凸轮轴的六角头部分，并拆下螺栓和凸轮轴正时链轮。

注意：不要让扳手损坏气缸盖或火花塞套管。

## 1.25.2 正时链单元安装

① 安装凸轮轴正时链轮。

用扳手固定2号凸轮轴的六角头部分，并用螺栓安装凸轮轴正时链轮。扭矩：85N·m。

注意：不要让扳手损坏气缸盖或火花塞套管。

② 安装凸轮轴正时齿轮总成。

a. 检查凸轮轴正时齿轮位置。

如果凸轮轴正时齿轮未设定到提前位置，则松开锁销并重置凸轮轴正时齿轮。

b. 对准并接合1号凸轮轴的锁销和凸轮轴正时齿轮的销孔。

c. 检查并确认凸轮轴正时齿轮和凸轮轴法兰之间无间隙。

d. 用扳手固定1号凸轮轴的六角头部分，安装螺栓。扭矩：85N·m。

注意：不要让扳手损坏气缸盖或火花塞套管，不要拆解凸轮轴正时齿轮。

③ 添加发动机机油。将50mL（3.1in³）的发动机机油添加到图1-210中所示的机油孔中。

如果已拆下间隙调节器，则必须添加机油。确保低压室和间隙调节器的油道已充满发动机机油。

④ 用2个螺栓安装链条减震器。扭矩：21N·m。

⑤ 将1号气缸设定至"TDC/压缩"位置。

a. 暂时安装曲轴皮带轮螺栓。

b. 逆时针旋转曲轴40°以将曲轴皮带轮键置于如图1-211所示位置。

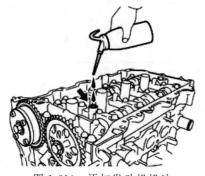

图1-210　添加发动机机油

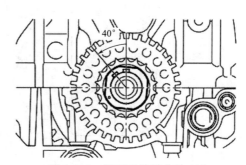

图1-211　逆时针旋转曲轴40°

c. 检查并确认凸轮轴正时齿轮的正时标记位于如图1-212所示位置。提示："A"不是正时标记。

⑥ 安装链条分总成。

a. 将链条置于凸轮轴正时齿轮和曲轴正时链轮上。

确保链条的标记板不朝向发动机。不必将链条安装到齿轮的轮齿和链轮上。

b. 将链条的标记板（黄色或金色）和凸轮轴正时链轮的正时标记对准，并将链条安装到凸轮轴正时链轮上。

c. 将链条的标记板（粉色或金色）和曲轴正时链轮的正时标记对准，并将链条安装到曲轴正时链轮上。

d. 将细绳系到曲轴正时链轮的上方以固定链条。

e. 用进气凸轮轴的六角头部分和扳手，逆时针旋转进气凸轮轴，使凸轮轴正时齿轮的正时标记和链条的标记板（黄色或金色）对准，并将链条安装到凸轮轴正时齿轮上。

用扳手将进气凸轮轴固定到位，直到链条张紧器安装完成。

f. 拆下曲轴正时链轮的细绳，顺时针旋转曲轴，然后松开链条以安装链条张紧器滑块。确保链条牢固。

⑦ 用螺栓安装链条张紧器滑块。扭矩：21N·m。

⑧ 安装1号链条张紧器总成。

a. 用2个螺栓安装新垫片和链条张紧器。扭矩：10N·m。

b. 从挡片上拆下销。

⑨ 用螺栓安装正时链条导向器。扭矩：21N·m。

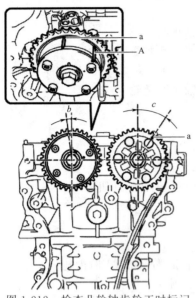

图 1-212 检查凸轮轴齿轮正时标记
a—正时标记；b—约 7°；c—约 32°

⑩ 将1号气缸设定至"TDC/压缩"位置。

a. 暂时安装曲轴皮带轮螺栓。

b. 顺时针旋转曲轴，检查并确认曲轴正时链轮和凸轮轴正时齿轮的正时标记位于如图1-213所示位置。提示："A"不是正时标记。

c. 拆下曲轴皮带轮螺栓。

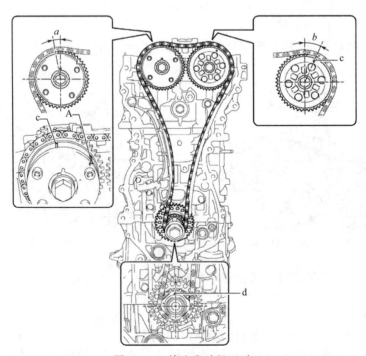

图 1-213 检查发动机正时
a—约 7°；b—约 32°；c—正时标记；d—曲轴皮带轮定位键

## 1.26　2.5L 2AR-FXE 发动机

该款发动机的正时链拆装和调整与 4AR-FXE 发动机一样，相关内容请参考 1.25 小节。

## 1.27　2.5L 5GR-FE 发动机

该款发动机的正时链结构和拆装操作与 3GR-FE 发动机相同，相关内容请参考 1.31 小节。

## 1.28　2.5L 4GR-FSE 发动机

该款发动机的正时链结构和拆装操作与 3GR-FE 发动机相同，相关内容请参考 1.31 小节。

## 1.29　2.7L 1AR-FE 发动机

### 1.29.1　正时链单元拆卸

① 拆卸正时链条盖分总成。
② 将 1 号气缸设置到"TDC/压缩"位置。
a. 暂时安装曲轴皮带轮螺栓。提示："A"并非正时标记。
b. 顺时针旋转曲轴以使曲轴正时齿轮和凸轮轴正时齿轮上的正时标记如图 1-214 中所示。如果正时标记没有对准，则再次顺时针旋转曲轴以将其对准。
c. 拆下曲轴皮带轮螺栓。

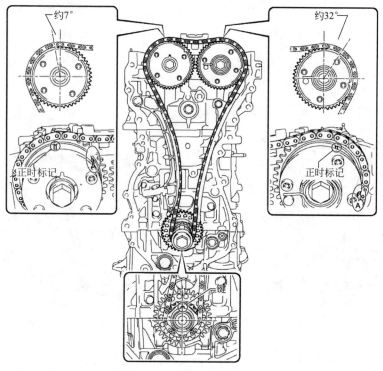

图 1-214　检查正时标记

③ 拆下螺栓和正时链条导板，见图1-215。
④ 拆卸1号链条张紧器总成。
a. 稍微伸长柱塞，然后逆时针旋转挡片并松开锁。一旦松开锁后，将柱塞推入张紧器，见图1-216。

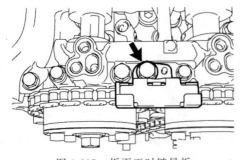

图1-215 拆下正时链导板

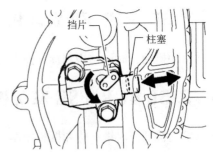

图1-216 松开锁推入柱塞

b. 顺时针移动挡片以卡紧锁，并将销插入挡片孔中，见图1-217。
c. 拆下2个螺栓、链条张紧器和衬垫，见图1-218。

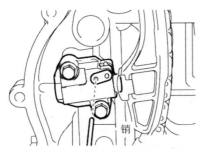

图1-217 将销插入挡片孔

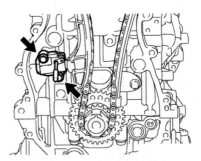

图1-218 拆下张紧器

⑤ 拆下螺栓和链条张紧器导板，见图1-219。
⑥ 拆卸链条分总成。
⑦ 拆下2个螺栓和链条振动阻尼器，见图1-220。

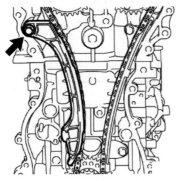

图1-219 拆下张紧器导板

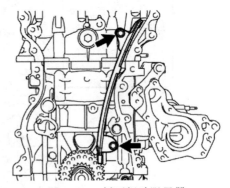

图1-220 拆下振动阻尼器

⑧ 拆卸凸轮轴正时齿轮总成。
如图1-221所示，用扳手固定凸轮轴的六角部位，并拆下螺栓和凸轮轴正时齿轮。

注意：不要让扳手损坏气缸盖或火花塞套管；不要拆解凸轮轴正时齿轮。

⑨ 拆卸排气凸轮轴正时齿轮总成。

如图 1-222 所示，用扳手固定凸轮轴的六角部位，并拆下螺栓和排气凸轮轴正时齿轮。

注意：不要让扳手损坏气缸盖或火花塞套管；不要拆解排气凸轮轴正时齿轮。

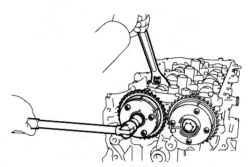

图 1-221 拆下凸轮轴正时齿轮总成

图 1-222 拆下排气凸轮轴正时齿轮

## 1.29.2 正时链单元安装

① 将 1 号气缸设置到"TDC/压缩"位置。

a. 暂时安装曲轴皮带轮螺栓。

b. 如图 1-223 所示，将曲轴逆时针转动 40°以定位曲轴皮带轮键。

c. 检查并确认凸轮轴正时齿轮的正时标记如图 1-224 所示。提示："A"并非正时标记。

图 1-223 设置 1 号气缸到 TDC 位置

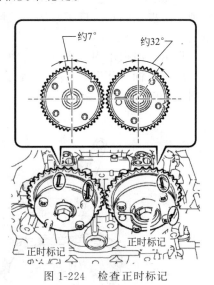

图 1-224 检查正时标记

② 用 2 个螺栓安装链条振动阻尼器，见图 1-225。扭矩：21N·m。

③ 安装链条分总成。

a. 将链条置于凸轮轴正时齿轮和曲轴正时链轮上。

确保链条的标记板远离发动机。无需将链条安装到齿轮齿和链轮齿上。

b. 如图 1-226 所示，将链条的标记板（黄色或金色）与排气凸轮轴正时齿轮的正时标记对准，并将链条安装到排气凸轮轴正时齿轮上。

c. 如图 1-227 所示，将链条的标记板（粉红色或金色）与曲轴正时链轮的正时标记对准，并将链条安装到曲轴正时链轮上。

d. 在曲轴正时链轮上系一根绳子以确保链条牢固，见图 1-228。

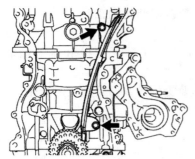

图1-225 安装振动阻尼器

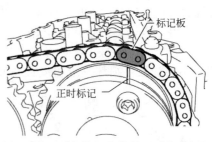

图1-226 对齐排气凸轮轴正时齿轮标记

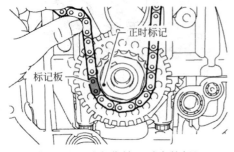

图1-227 对齐曲轴正时齿轮标记

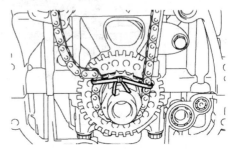

图1-228 固定正时链条到曲轴链轮

e. 如图1-229所示,使用进气凸轮轴的六角部位,用扳手逆时针转动进气凸轮轴,将凸轮轴正时齿轮的正时标记与链条的标记板(黄色或金色)对准并将链条安装到凸轮轴正时齿轮上。

提示:用扳手固定进气凸轮轴,直至安装好链条张紧器。

f. 拆下曲轴正时链轮上的绳子,顺时针转动曲轴并松开链条以安装链条张紧器导板,见图1-230。确保链条牢固。

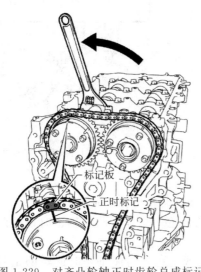

图1-229 对齐凸轮轴正时齿轮总成标记

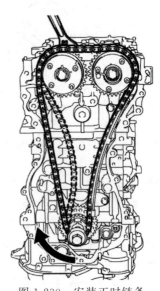

图1-230 安装正时链条

④ 用螺栓安装链条张紧器导板,见图1-231。扭矩:21N·m。

⑤ 安装1号链条张紧器总成。

a. 用2个螺栓安装新的衬垫和链条张紧器，见图1-232。扭矩：10N·m。

b. 从挡片上拆下销。

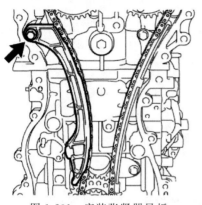

图1-231 安装张紧器导板

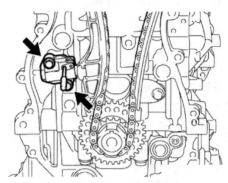

图1-232 安装张紧器

⑥ 用螺栓安装正时链条导板，见图1-233。扭矩：21N·m。

⑦ 检查并确认1号气缸位于"TDC/压缩"位置。

a. 暂时安装曲轴皮带轮螺栓。

b. 顺时针旋转曲轴，检查并确认曲轴正时链轮和凸轮轴正时齿轮上的正时标记如图1-234所示。

提示："A"并非正时标记。

c. 拆下曲轴皮带轮螺栓。

⑧ 安装正时链条盖分总成。

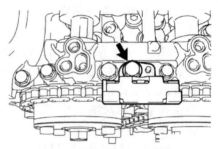

图1-233 安装链条导板

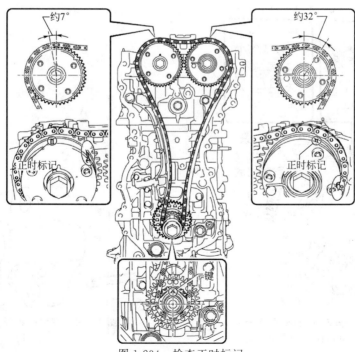

图1-234 检查正时标记

## 1.30 2.7L 2TR-FE 发动机

### 1.30.1 正时链条拆卸

① 拆卸发动机总成。
② 拆卸排气歧管 1 号隔热罩。
③ 拆卸 4 号进气管。
④ 拆卸空气开关阀总成。
⑤ 拆卸排气歧管。
⑥ 拆卸正时链条盖分总成。
⑦ 将 1 号气缸设定至"TDC/压缩"位置。
a. 暂时安装曲轴皮带轮螺栓。
b. 顺时针旋转曲轴，使曲轴正时齿轮和凸轮轴正时齿轮上的正时标记位于如图 1-235 所示位置。如果正时标记没有对准，则再次顺时针旋转曲轴并对准正时标记。
c. 拆下曲轴皮带轮螺栓。
⑧ 拆卸正时链条导板。
⑨ 拆卸 1 号链条张紧器总成，注意拆下链条张紧器时，不要旋转曲轴，链条拆下需要旋转凸轮轴时，向右旋转曲轴 90°。向上移动挡片以解除锁止，并将柱塞推入张紧器。向下移动挡片以设定锁止，并将直径为 3.0mm 的杆插入挡片孔中，见图 1-236。拆下螺栓、螺母、链条张紧器和衬垫。
⑩ 拆卸链条张紧器导板。
⑪ 拆卸 1 号链条振动阻尼器。
⑫ 拆卸链条分总成。

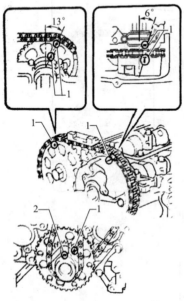

图 1-235 发动机 TDC 位置标记
1—正时标记；2—键

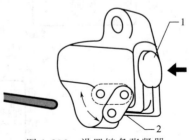

图 1-236 设置链条张紧器
1—柱塞；2—挡片

## 1.30.2 正时链条安装

① 安装1号链条振动阻尼器。扭矩：螺栓，21N·m；螺母，18N·m。

② 安装正时链条。如图1-237所示，对准标记板与链轮和齿轮上的正时标记，将链条安装到链轮和齿轮上。凸轮轴标记板为橙色，曲轴标记板为黄色。用绳固定曲轴正时链轮的链条，将绳系在链轮附近。安装链条张紧器后，必须解下绳。此绳用来防止链条跳齿。

③ 安装链条张紧器导板。扭矩：21N·m。

④ 安装1号链条张紧器总成。向上移动挡片以解除锁止，并将柱塞推入张紧器。向下移动挡片以设定锁止，并将六角扳手插入挡片孔中，用螺栓和螺母安装新衬垫和链条张紧器。扭矩：10N·m。

⑤ 安装正时链条盖分总成。

⑥ 安装排气歧管。

⑦ 安装空气开关阀总成。

⑧ 安装4号进气管。

⑨ 安装排气歧管1号隔热罩。

⑩ 安装发动机总成。

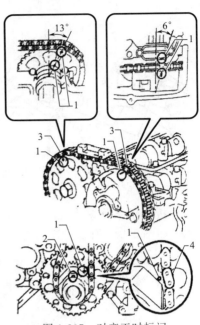

图1-237 对齐正时标记
1—正时标记；2—键；3—标记板（橙色）；4—标记板（黄色）

## 1.31 3.0L 3GR-FE 发动机

### 1.31.1 正时链单元拆解

① 将1号气缸设定至"TDC/压缩"位置。

a. 暂时安装皮带轮固定螺栓。

b. 顺时针旋转曲轴，将曲轴转角信号盘上的正时标记对准右侧缸体孔径中心线，见图1-238。

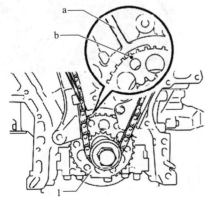

图1-238 检查正时标记
1—曲轴转角信号盘；a—中心线；b—正时标记

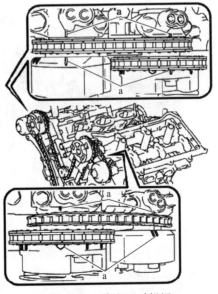

图1-239 检查正时标记
a—正时标记

c. 如图1-239所示，检查并确认凸轮轴正时齿

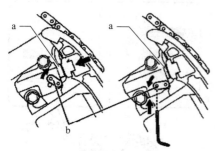

图1-240 设定锁止插入六角扳手
a—柱塞；b—挡片

轮的正时标记对准凸轮轴轴承盖的正时标记。如果标记没有对准，则顺时针转动曲轴1圈（360°），并按如上所述对准正时标记。

② 拆卸1号链条张紧器总成。

a. 向上移动挡片以解除锁止，并将柱塞推入张紧器。

b. 向下移动挡片以设定锁止，并将六角扳手插入挡片孔，见图1-240。

c. 拆下2个螺栓和1号链条张紧器总成，见图1-241。

③ 拆卸链条张紧器导板。

④ 拆卸链条分总成。

a. 如图1-242所示，逆时针转动曲轴10°以松开曲轴正时齿轮或链轮的链条。

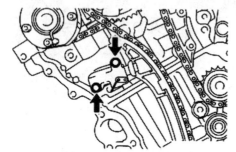

图1-241 拆下张紧器

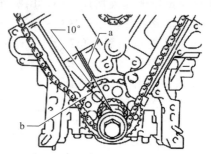

图1-242 松开正时齿轮与链条
a—中心线；b—正时标记

b. 拆下皮带轮固定螺栓。

c. 从曲轴正时齿轮或链轮上拆下链条分总成，并将其放在曲轴上，见图1-243。

d. 顺时针转动B1上的凸轮轴正时齿轮总成约60°，使其位于如图1-244所示位置。务必松开气缸组间的链条分总成。

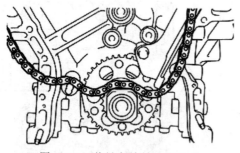

图1-243 将链条旋转于曲轴上

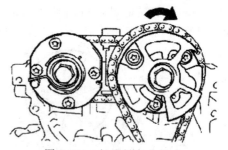

图1-244 松开链条分总成

e. 拆下链条分总成。

⑤ 使用10mm六角扳手拆下2号惰轮轴、张紧链轮总成和1号惰轮轴，见图1-245。

⑥ 拆下2个螺栓和1号链条振动阻尼器，见图1-246。

⑦ 拆下2个2号链条振动阻尼器，见图1-247。

⑧ 拆卸曲轴正时齿轮或链轮。

a. 拆下曲轴正时齿轮或链轮。

b. 从曲轴上拆下2个皮带轮定位键，见图1-248。

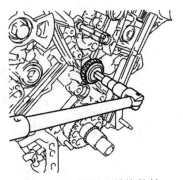

图 1-245 拆下 1 号惰轮轴

图 1-246 拆下 1 号链的振动阻尼器

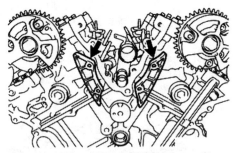

图 1-247 拆下 2 号链的振动阻尼器

图 1-248 拆下曲轴皮带轮

⑨ 拆卸凸轮轴正时齿轮和 2 号链条（B1）。

a. 如图 1-249 所示，推入 2 号链条张紧器总成的柱塞，并将直径为 1.0mm（0.0394in）的销插入孔中以将柱塞固定到位。

b. 使用 SST 固定各凸轮轴的六角部位，拧松凸轮轴正时齿轮总成和排气凸轮轴正时齿轮总成的螺栓，见图 1-250。

注意：不要拧松其他 4 个螺栓；如果 4 个螺栓中的任一螺栓松动，则用新的凸轮轴正时齿轮总成和/或排气凸轮轴正时齿轮总成更换。

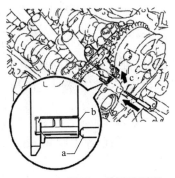

图 1-249 拆下 2 号链张紧器
a—销；b—柱塞；c—推

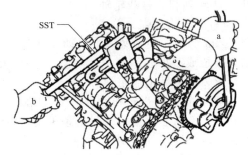

图 1-250 拧松凸轮轴正时齿轮螺栓
a—转动；b—固定

c. 将 2 个螺栓和凸轮轴正时齿轮总成连同 2 号链条一起拆下。

⑩ 拆下螺栓和 2 号链条张紧器总成，见图 1-251。

⑪ 拆卸凸轮轴轴承盖（B1）。

a. 检查并确认凸轮轴位于如图 1-252 所示部位。

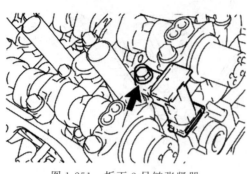

图 1-251 拆下 2 号链张紧器

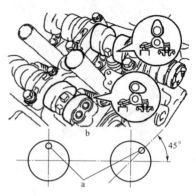

图 1-252 检查凸轮轴位置
a—锁销；b—前视图

b. 按如图 1-253 所示顺序，分步均匀地拧松并拆下 8 个轴承盖螺栓。

c. 按如图 1-254 所示顺序，分步均匀地拧松并拆下 12 个轴承盖螺栓。注意：保持凸轮轴水平的同时均匀地拧松螺栓。

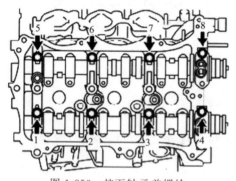

图 1-253 拧下轴承盖螺栓

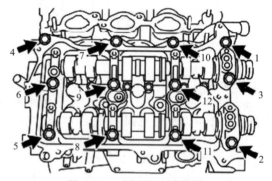

图 1-254 拆下轴承盖螺栓

d. 拆下 5 个凸轮轴轴承盖。

e. 拆下凸轮轴和 2 号凸轮轴。

⑫ 拆卸右侧凸轮轴壳分总成。

如图 1-255 所示，使用螺丝刀撬动气缸盖和右侧凸轮轴壳分总成之间的部位，以拆下右侧凸轮轴壳分总成。小心不要损坏气缸盖和右侧凸轮轴壳分总成的接触面。使用螺丝刀之前，请在螺丝刀头部缠上胶带。

⑬ 拆卸凸轮轴正时齿轮和 2 号链条（B2）。

a. 如图 1-256 所示，推入 3 号链条张紧器总成的柱塞，并将直径为 1.0mm（0.0394in）的销插入孔中以将柱塞固定到位。

b. 如图 1-257 所示，使用 SST 固定各凸轮轴的六角部位，拧松凸轮轴正时齿轮总成和排气凸轮轴正时齿轮总成的螺栓。

不要拧松其他 4 个螺栓。如果 4 个螺栓中的任一螺栓松动，则用新的凸轮轴正时齿轮总成和/或排气凸轮轴正时齿轮总成更换。

c. 将 2 个螺栓和凸轮轴正时齿轮连同 2 号链条一起拆下。

⑭ 拆卸 3 号链条张紧器总成，见图 1-258。

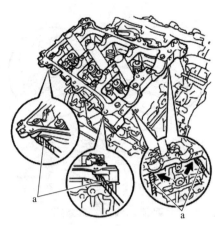

图 1-255 撬动气缸盖
a—保护胶带

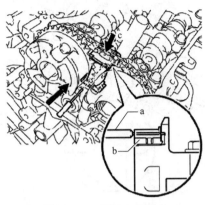

图 1-256 拆下 2 号链条
a—销；b—柱塞；c—推

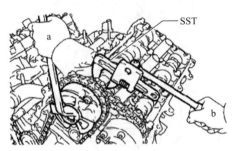

图 1-257 松开凸轮轴正时齿轮螺栓
a—转动；b—固定

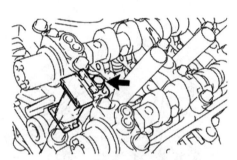

图 1-258 拆下 3 号链条张紧器

## 1.31.2 正时链单元安装

① 安装 3 号链条张紧器总成。

a. 用螺栓安装 3 号链条张紧器总成，见图 1-259。扭矩：21N·m。

b. 推入张紧器的柱塞，并将直径为 1.0mm（0.0394in）的销插入孔中以将柱塞固定到位。

② 安装凸轮轴正时齿轮和 2 号链条（B2）。

a. 如图 1-260 所示，使标记板（黄色）与凸轮轴正时齿轮总成和排气凸轮轴正时齿轮总成的正时标记对准。

b. 在螺栓螺纹和螺栓座面上涂抹一薄层发动机机油。

c. 使凸轮轴的锁销对准凸轮轴正时齿轮总成的销孔。在安装好 2 号链条分总成的情况下，安装凸轮轴正时齿轮总成和排气凸轮轴正时齿轮总成。

d. 如图 1-261 所示，使用 SST 固定各凸轮轴的六角部位，拧紧凸轮轴正时齿轮总成和排气凸轮轴正时齿轮总成的螺栓。扭矩：100N·m。

e. 从 3 号链条张紧器总成上拆下销。

③ 安装 2 号链条张紧器总成。

a. 用螺栓安装 2 号链条张紧器总成，见图 1-262。扭矩：21N·m。

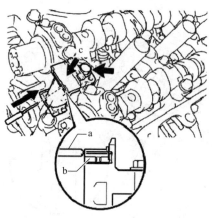

图 1-259　安装 3 号链条张紧器
a—销；b—柱塞；c—推

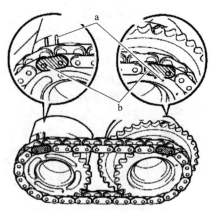

图 1-260　检查 B2 侧凸轮轴齿轮标记
a—正时标记；b—标记板（黄色）

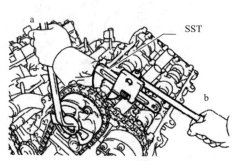

图 1-261　拧紧 B2 侧凸轮轴齿轮螺栓
a—转动；b—固定

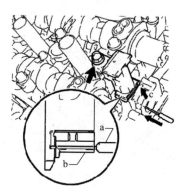

图 1-262　安装 2 号链条张紧器
a—销；b—柱塞；c—推

b. 推入 2 号链条张紧器总成的柱塞，并将直径为 1.0mm（0.0394in）的销插入孔中以将柱塞固定到位。

④ 安装凸轮轴正时齿轮和 2 号链条（B1）。

a. 如图 1-263 所示，使标记板（黄色）与凸轮轴正时齿轮总成和排气凸轮轴正时齿轮总成的正时标记对准。

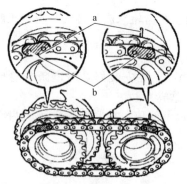

图 1-263　对准 B1 侧凸轮轴齿轮正时
a—正时标记；b—标记板（黄色）

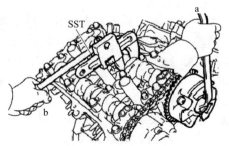

图 1-264　紧固 B1 侧凸轮轴齿轮螺栓
a—转动；b—固定

b. 在螺栓螺纹和螺栓座面上涂抹一薄层发动机机油。

c. 使凸轮轴的锁销对准凸轮轴正时齿轮总成的销孔。在安装好 2 号链条分总成的情况下，安装凸轮轴正时齿轮总成和排气凸轮轴正时齿轮总成。

d. 如图 1-264 所示，使用 SST 固定各凸轮轴的六角部位，拧紧凸轮轴正时齿轮总成和排气凸轮轴正时齿轮总成的螺栓。扭矩：100N·m。

e. 从 2 号链条张紧器总成上拆下销。

⑤ 用 2 个螺栓安装 1 号链条振动阻尼器，见图 1-265。扭矩：22.5N·m。

⑥ 安装 2 个 2 号链条振动阻尼器，见图 1-266。

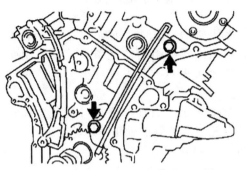

图 1-265　安装 1 号链条振动阻尼器

图 1-266　安装 2 号链振动阻尼器

⑦ 如图 1-267 所示，安装 2 个皮带轮定位键和曲轴正时齿轮或链轮。

⑧ 安装 1 号惰轮轴。

a. 在 1 号惰轮轴的滑动面上涂抹一薄层发动机机油。

b. 将 1 号惰轮轴的锁销对准气缸体的锁销槽的同时，暂时安装 1 号惰轮轴和带 2 号惰轮轴的张紧链轮总成，见图 1-268。注意：确保张紧链轮总成朝向正确的方向安装。

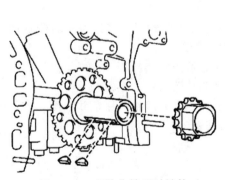

图 1-267　安装曲轴正时链轮

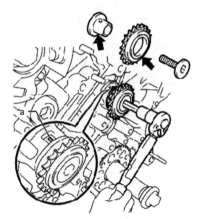

图 1-268　安装 1 号惰轮轴
a—锁销

c. 使用 10mm 六角扳手紧固 2 号惰轮轴。扭矩：60N·m。

⑨ 安装链条分总成。

a. 如图 1-269 所示，对准标记板（橙色）和正时标记并安装链条分总成。

b. 不要将链条穿过曲轴，只需将其暂时放在曲轴上，见图 1-270。

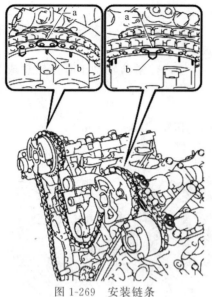

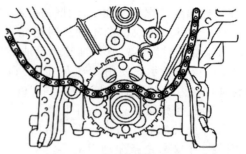

图 1-270 将链条放在曲轴上

图 1-269 安装链条
a—标记板（橙色）；b—正时标记

c. 如图 1-271 所示，逆时针转动 B1 上的凸轮轴正时齿轮总成，以紧固气缸组间的链条。重复使用张紧链轮总成时，将链条板对准紧固气缸组之间链条时板的标记。

d. 如图 1-272 所示，对准标记板（黄色）和正时标记并将链条分总成安装到曲轴正时链轮上。

e. 暂时安装皮带轮固定螺栓。

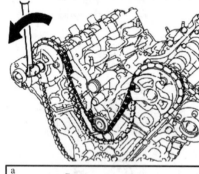

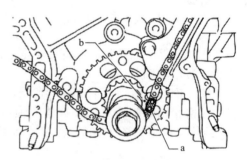

图 1-272 安装链条到曲轴链轮上
a—标记板（黄色）；b—正时标记

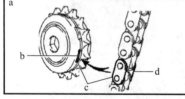

图 1-271 紧固气缸组间链条
a—重复使用张紧链轮时；b—标记；c—对准；d—链条板；➡—转动

f. 顺时针转动曲轴以将其定位至右侧缸体孔径中心线，见图 1-273。

⑩ 安装链条张紧器导板。

⑪ 安装 1 号链条张紧器总成。

a. 顺时针转动张紧器挡片，并如图 1-274 所示推入张紧器的柱塞。

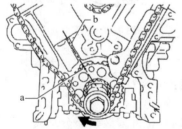

图 1-273 顺时针转动曲轴并定位
a—正时标记；b—中心线

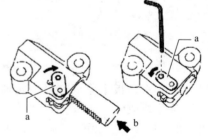

图 1-274 设置 1 号链条张紧器
a—挡片；b—推

b. 逆时针转动张紧器挡片，并将直径为1.27mm（0.05in）的销插入挡片和张紧器的孔中，以将挡片固定到位。

c. 用2个螺栓安装1号链条张紧器总成，见图1-275。扭矩：10N·m。

d. 从1号链条张紧器总成上拆下六角扳手。

⑫ 检查气门正时。

a. 检查凸轮轴正时标记。使视点与凸轮轴的中心和各凸轮轴正时齿轮上的正时标记成一条直线，以检查各正时标记。如果从其他视点检查正时标记，则气门正时看上去可能错位。

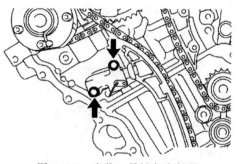

图1-275 安装1号链条张紧器

b. 检查并确认各凸轮轴正时标记都安装到如图1-276所示位置。

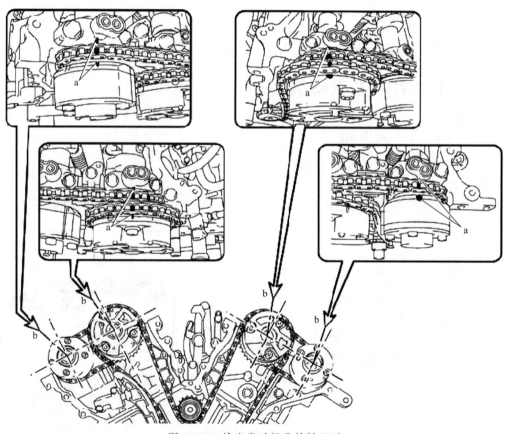

图1-276 检查发动机凸轮轴正时
a—正时标记；b—视点

进气凸轮轴：标记B、C和D在一条直线上时（图1-277），务必检查并确认标记A在正确的位置。如果从其他视点检查标记，则可能无法正确检查这些标记。

c. 如果气门正时出现偏差，则重新安装正时链条。

d. 拆下皮带轮固定螺栓。

⑬ 安装曲轴前油封。

⑭ 安装发动机水泵总成。

如图1-278所示，用7个螺栓安装新衬垫和发动机水泵总成。扭矩：11N·m。重复使用前，确保在标示为A的螺栓上涂抹黏合剂1344，或如有必要，则用新的更换。

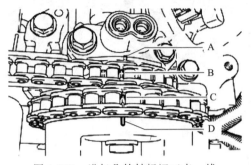

图1-277 进气凸轮轴标记三点一线

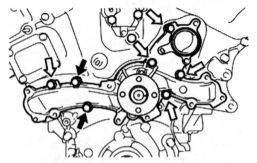

图1-278 安装新衬垫和发动机水泵总成
➡—螺栓A；⇨—除螺栓A外

⑮ 安装正时链条或正时皮带盖分总成。
⑯ 用4个螺栓安装新衬垫和正时链条盖板。扭矩：9.0N·m。

## 1.32　3.5L 2GR-FE发动机

### 1.32.1　正时链单元拆卸

① 将1号气缸设置到"TDC/压缩"位置。
a. 暂时紧固皮带轮固定螺栓。
b. 顺时针转动曲轴，以将右侧缸体孔径中心线（TDC/压缩）与曲轴转角信号盘上的正时标记对准，见图1-279。

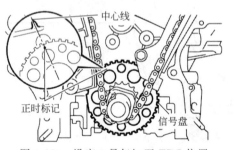

图1-279 设定1号气缸至TDC位置

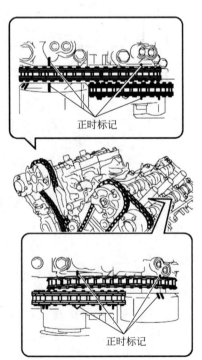

c. 如图1-280所示，检查并确认凸轮轴正时齿轮的正时标记与轴承盖的正时标记对准。如果没有对准，则顺时针转动曲轴1圈（360°），并如上所述对准正时标记。

② 拆卸1号链条张紧器总成。
a. 向上移动挡片以松开锁，并将柱塞推入张紧器。
b. 向下移动挡片以卡紧锁，并将直径为1.27mm（0.05in）的销插入挡片孔，见图1-281。
c. 拆下2个螺栓和1号链条张紧器总成，见图1-282。

图1-280 检查凸轮轴齿轮正时标记

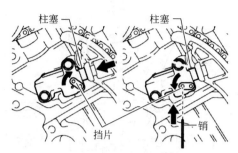
图 1-281 设置 1 号链条张紧器

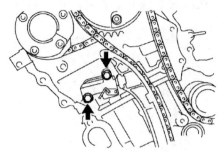
图 1-282 拆下张紧器

③ 拆卸链条张紧器导板。
④ 拆卸链条分总成。
a. 逆时针转动曲轴 10°以松开曲轴正时链轮链条，见图 1-283。
b. 拆下皮带轮固定螺栓。
c. 从曲轴正时链轮上拆下链条分总成，并将其放在曲轴上，见图 1-284。

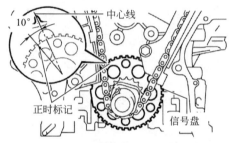
图 1-283 松开曲轴正时链轮链条

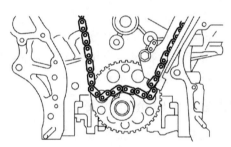
图 1-284 旋转链条至曲轴上

d. 如图 1-285 所示，顺时针旋转 B1 上的凸轮轴正时齿轮总成（约 60°），并如图 1-285 所示进行固定。务必松开气缸组间的链条分总成。
e. 拆下链条分总成。
⑤ 用 10mm 六角扳手拆下 2 号惰轮轴、张紧链轮总成和 1 号惰轮轴，见图 1-286。

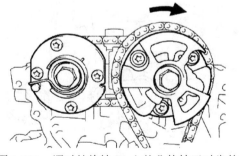
图 1-285 顺时针旋转 B1 上的凸轮轴正时齿轮

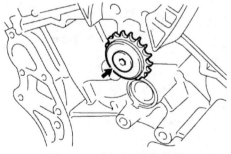
图 1-286 拆下 2 号惰轮轴

⑥ 拆下 2 个螺栓和 1 号链条振动阻尼器。
⑦ 拆下 2 个 2 号链条振动阻尼器，见图 1-287。
⑧ 拆卸曲轴正时链轮。
a. 从曲轴上拆下曲轴正时链轮。

b. 从曲轴上拆下 2 个键，见图 1-288。

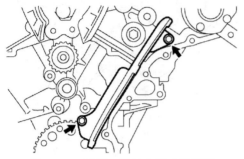

图 1-287 拆下 2 号链条振动阻尼器

图 1-288 拆下曲轴链轮

⑨ 拆卸凸轮轴正时齿轮和 2 号链条（B1）。
⑩ 拆卸 2 号链条张紧器总成。
⑪ 拆卸凸轮轴轴承盖（B1）。
⑫ 拆卸凸轮轴。
⑬ 拆卸 2 号凸轮轴。
⑭ 拆卸右侧凸轮轴壳分总成。
⑮ 拆卸凸轮轴正时齿轮和 2 号链条（B2）。
⑯ 拆卸 3 号链条张紧器总成。

### 1.32.2　正时链单元安装

① 安装 3 号链条张紧器总成。
② 安装凸轮轴正时齿轮和 2 号链条（B2）。
③ 安装 2 号链条张紧器总成。
④ 安装凸轮轴正时齿轮和 2 号链条（B1）。
⑤ 用 2 个螺栓安装 1 号链条振动阻尼器。扭矩：23N·m。
⑥ 安装 2 个 2 号链条振动阻尼器，见图 1-289。
⑦ 如图 1-290 所示，安装 2 个键和曲轴正时链轮。

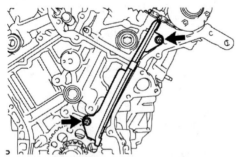

图 1-289 安装 2 号链条振动阻尼器

图 1-290 安装曲轴正时链轮

⑧ 安装张紧链轮总成。
a. 在 1 号惰轮轴的旋转表面上涂抹一薄层发动机机油。
b. 使 1 号惰轮轴的锁销与气缸体的锁销槽对准的同时，暂时安装 1 号惰轮轴和带 2 号惰轮轴的张紧链轮。注意惰轮的安装位置。

提示：检查并确认 1 号和 2 号惰轮轴上无异物。

c. 如图 1-291 所示，用 10mm 六角扳手紧固 2 号惰轮轴。扭矩：60N·m。

图 1-291　安装张紧链轮总成

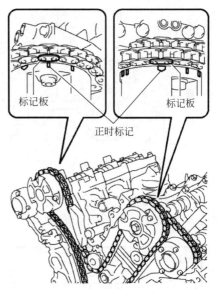

图 1-292　对准标记板和正时标记

提示：安装张紧链轮总成后，检查并确认张紧链轮运转平稳。

⑨ 安装链条分总成。

a. 如图 1-292 所示，对准标记板和正时标记，并安装链条。凸轮轴标记板为橙色。

b. 不要将链条穿过曲轴，只需暂时将其放在曲轴上。

c. 如图 1-293 所示，逆时针转动 B1 上的凸轮轴正时齿轮总成，以紧固气缸组间的链条。

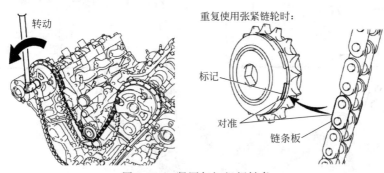

图 1-293　紧固气缸组间链条

重复使用张紧链轮总成时，将链条板与其原来所在位置的标记对准，以紧固气缸组间的链条。

d. 如图 1-294 所示，对准标记板和正时标记，并将链条安装到曲轴正时链轮上。曲轴标记板为黄色。

e. 暂时紧固皮带轮固定螺栓。

f. 如图 1-295 所示，顺时针转动曲轴，将其定位至右侧缸体孔径中心线（TDC/压缩）位置。

⑩ 安装链条张紧器导板。

a. 安装链条张紧器导板。

b. 检查并确认各凸轮轴正时标记位于如图 1-296 所示部位。

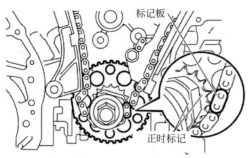

图1-294 对准曲轴正时标记

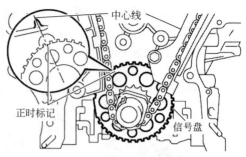

图1-295 顺时针转动曲轴并定位

进气凸轮轴：务必在标记B、C和D位于同一直线处时检查标记A。如果从其他任何观察点检查标记，则不能正确检查。

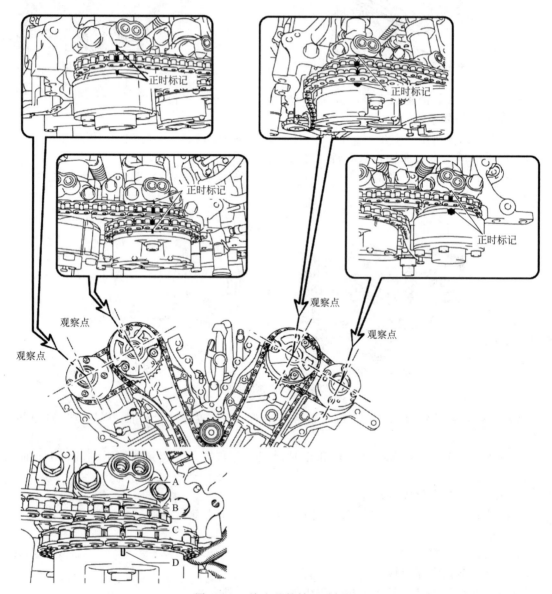

图1-296 检查凸轮轴正时标记

c. 如果气门正时错位,则重新安装正时链条。
d. 拆下皮带轮固定螺栓。

## 1.33　3.5L 2GR-FXE 发动机

该款发动机的正时拆装和调整与 2GR-FE 发动机一样,相关内容请参考 1.32 小节。

## 1.34　4.0L 1GR-FE 发动机

### 1.34.1　正时链单元拆卸

① 将 1 号气缸压缩设置到"TDC/压缩"位置。

a. 使用曲轴皮带轮固定螺栓,转动曲轴使曲轴定位键对准气缸体正时线,见图 1-297。

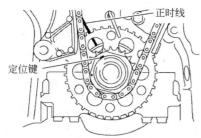

图 1-297　设置 1 号气缸到 TDC 位置

b. 检查并确认凸轮轴正时齿轮的正时标记如图 1-298 所示对准轴承盖的正时标记。

如果没有对准,则转动曲轴 1 圈（360°）,使上述正时标记对准。

② 拆卸 1 号链条张紧器总成。

在拆下链条张紧器后,切勿转动曲轴。

在拆下链条张紧器后转动凸轮轴时,先从 TDC 位置逆时针转动曲轴 40°。

a. 如图 1-299 所示,向上转动张紧器挡片时,将链条张紧器推入柱塞中。

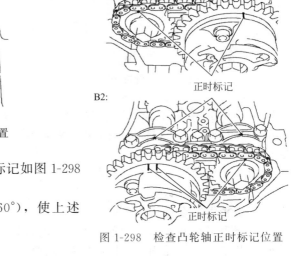

图 1-298　检查凸轮轴正时标记位置

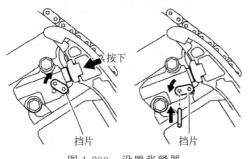

图 1-299　设置张紧器

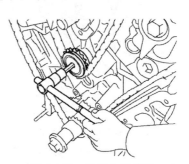

图 1-300　拆卸 1 号惰轮

b. 当向下转动张紧器挡片时,将一个直径为 3.5mm（0.138in）的销插入到挡片和张紧器孔,以固定挡片。

c. 拆下 2 个螺栓，然后拆下链条张紧器。

③ 拆卸链条张紧器导板。

④ 使用 10mm 六角扳手拆下 2 号惰轮轴、1 号惰轮和 1 号惰轮轴，见图 1-300。

⑤ 拆下 2 个 2 号链条振动阻尼器。

⑥ 拆卸链条分总成。

## 1.34.2 正时链单元安装

① 安装链条张紧器导板。

② 安装 1 号链条张紧器总成。

a. 如图 1-301 所示，顺时针转动张紧器挡片时，将张紧器推入柱塞中。

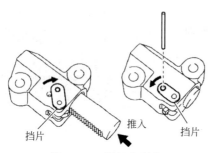

图 1-301 设置张紧器

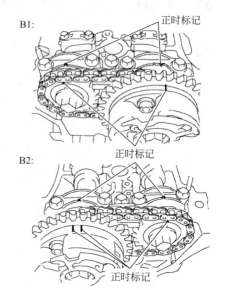

图 1-302 检查凸轮轴齿轮正时标记位置

b. 当逆时针转动张紧器挡片时，将一个直径为 3.5mm（0.138in）的销插入到挡片和张紧器孔，以固定挡片。

c. 用 2 个螺栓安装链条张紧器。扭矩：10N·m。

③ 安装链条分总成。

a. 将 1 号气缸设置到"TDC/压缩"位置。

- 对准凸轮轴正时齿轮和轴承盖的正时标记，见图 1-302。
- 使用曲轴皮带轮固定螺栓，转动曲轴使曲轴定位键对准气缸体正时线，见图 1-303。

b. 将黄色链条标记对准曲轴正时链条的正时标记，见图 1-304。

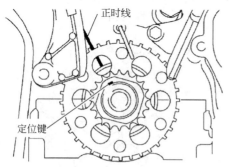

图 1-303 使曲轴定位键对准气缸体正时线

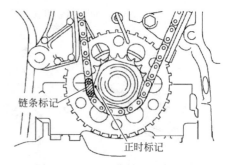

图 1-304 对准曲轴正时标记

c. 将橙色链条标记对准凸轮轴正时齿轮的正时标记，并安装链条，见图 1-305。

④ 安装 2 个 2 号链条振动阻尼器。

⑤ 安装 1 号惰轮轴。

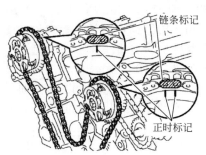

图 1-305 对准凸轮轴链轮正时标记

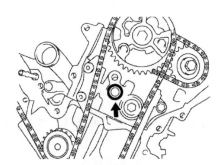

a. 在 1 号惰轮轴的旋转表面上涂抹一薄层发动机机油。

b. 使 1 号惰轮轴的锁销对准气缸体的锁销槽的同时，暂时安装 1 号惰轮轴和 2 号惰轮轴，见图 1-306。

注意：正确定位惰轮轴。

c. 用 10mm 六角扳手紧固 2 号惰轮轴。扭矩：60N·m。

d. 从链条张紧器上拆下杆。

⑥ 安装正时齿轮箱或正时链条箱油封。

⑦ 安装正时链条或正时皮带盖分总成。

a. 清除所有旧密封胶（FIPG）涂料。

切勿将机油滴在正时链条盖、气缸盖和气缸体的接触表面。

b. 如图 1-307 所示，将一个新的 O 形圈安装到气缸盖 B2 上。

c. 在图 1-308 中所示的 4 个部位上涂抹一条连续的密封胶［直径为 3～4mm（0.12～0.16in）］。

密封胶：丰田原厂黑密封胶、ThreeBond1207B 或同等产品。

图 1-306 安装 1 号惰轮轴

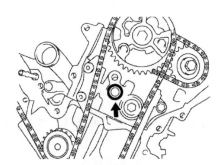

图 1-307 安装新的 O 形圈

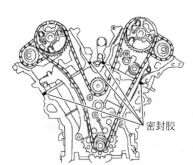

图 1-308 涂抹密封胶

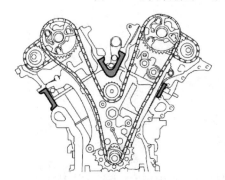

图 1-309 不能有机油的部位

d. 在安装链条盖前，保持图 1-309 中所示的气缸体和气缸盖之间的密封表面没有机油。

e. 如图 1-310 所示，在正时链条盖上涂抹一条连续的密封胶［直径为 3～4mm（0.12～0.16in）］。

密封胶的选用：

水泵部件：丰田原厂密封胶 1282B、THREEBOND1282B 或同等产品。

其他部件：丰田原厂黑密封胶、ThreeBond1207B 或同等产品。

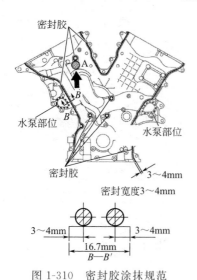

图 1-310 密封胶涂抹规范

涂抹密封胶后 3min 内安装正时链条盖。必须在安装的 15min 内紧固正时链条盖螺栓和螺母。否则，必须清除密封胶并重新涂抹。

切勿在图 1-310 中所示的 A 部位涂抹密封胶。

f. 将机油泵主动转子的键槽与曲轴正时齿轮的矩形部件对准，并将正时链条盖滑动到位，见图 1-311。

g. 用 24 个螺栓和 2 个螺母安装正时链条盖。分几个步骤均匀地紧固螺栓和螺母，见图 1-312。扭矩：23N·m。

注意不要在正时链条盖密封线以外罩住链条和导板。

各螺栓的长度如下螺栓长度：A，25mm（0.98in）；B，55mm（2.17in）。

图 1-311 安装机油泵主动转子

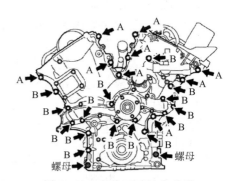

图 1-312 安装正时链室盖罩

## 1.35  4.3L 3UZ-FE 发动机

### 1.35.1  正时带单元拆卸

a. 如果打算重复使用皮带，则须检查正时皮带上的安装标记。如图 1-313 所示，通过转动曲轴，检查正时皮带上是否有 3 个安装标记。

如果安装标记已经消失，则在拆下每个零件前，在正时皮带上标记上新安装标记。

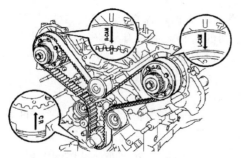

图 1-313 检查正时带上的安装标记

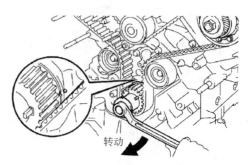

图 1-314 对准曲轴皮带轮与油泵体上的正时

b. 将1号气缸设定在大约"50°BTDC/压缩"位置。

• 使用曲轴扭转减震器螺栓，转动曲轴，以对准曲轴正时皮带轮和油泵体的正时标记，见图1-314。

• 如图1-315所示，检查凸轮轴正时皮带轮的正时标记与正时皮带板的正时标记是否对准。如果没有对准，则转动曲轴1周（360°）。

• 如图1-316所示，用曲轴扭转减震器螺栓，逆时针转动曲轴大约45°。正时皮带卸下后的曲轴减震器必须在正确的角度，以避免在后面的步骤中被损坏。

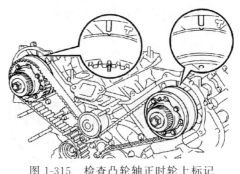

图1-315　检查凸轮轴正时轮上标记

c. 交替松开2个螺栓。然后拆除2个螺栓、皮带张紧轮和防尘套。

d. 如图1-317所示，用SST逆时针略微转动凸轮轴正时皮带轮（RH列），以放松凸轮轴正时皮带轮（RH列）和曲轴正时皮带轮之间的张力。SST：09960-10010（09962-01000、09963-00350）。

e. 将皮带从1号正时皮带惰轮上断开，并拆除皮带。

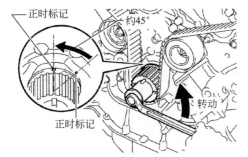

图1-316　逆时针转动曲轴大约45°

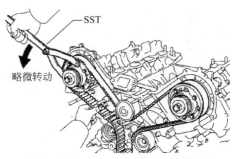

图1-317　用专用工具放松正时带张力

## 1.35.2　正时带单元安装

① 安装正时皮带。

a. 检查1号和2号皮带惰轮。

• 目视检查惰轮的密封部分是否有机油渗漏，见图1-318。如果发现漏油，则更换惰轮。

• 除去每个皮带轮上的任何机油和水渍。保持这些零件清洁。

注意：只擦拭皮带轮；不要在皮带轮上使用清洗剂。

• 使皮带上的朝前标记（箭头）朝前。

• 将皮带连接到曲轴正时皮带轮上。将皮带上的安装标记与曲轴正时皮带轮上的正时标记对准。

• 将皮带连接到2号惰轮。

• 将皮带连接到凸轮轴正时皮带轮（LH列）。将皮带上的安装标记与曲轴正时皮带轮上的正时标记对准。

• 将皮带连接到水泵皮带轮上。

• 将皮带连接到凸轮轴正时皮带轮（RH列）。将皮带上的安装标记与曲轴正时皮带轮上的正时标记对准，见图1-319。

- 将正时皮带连接到1号惰轮。

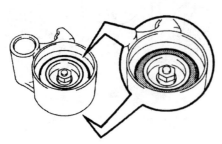

图1-318 检查惰轮密封部位

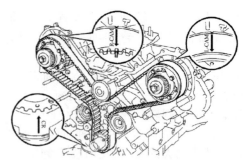

图1-319 对准皮带上的正时标记

b. 设定皮带张紧轮。
- 用压力器以981~9807N（100~1000kgf，220~2205lbf）的力将推杆慢慢压入。
- 将推杆和壳体的孔对准。将一把1.27mm六角扳手穿过孔以保持推杆的设定位置，见图1-320。
- 释放压力器。
- 将防尘套安装在皮带张紧轮上。

c. 安装皮带张紧轮。
- 用2个螺栓暂时安装皮带张紧轮。
- 交替拧紧2个螺栓。扭矩：26N·m（265kgf·cm，19lbf·ft）。
- 用钳子从皮带张紧轮上拆下1.27mm六角扳手，见图1-321。

图1-320 设定张紧轮

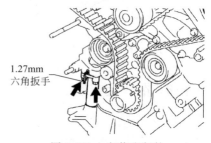

图1-321 安装张紧轮

d. 检查气门正时。
- 如图1-322所示，用曲轴扭转减震器螺栓，缓慢地将曲轴正时皮带轮从上止点到上止点转动2圈。

注意：务必顺时针转动曲轴皮带轮。

- 如图1-323所示，检查各皮带轮与正时标记是否对准。如果皮带轮和正时标记没有对准，则拆下皮带并重新安装。
- 用曲轴拆卸减震器螺栓。

② 安装1号曲轴位置传感器齿板。

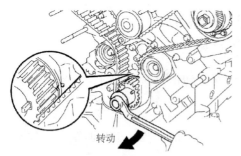

图1-322 缓慢转动曲轴

如图1-324所示，安装传感器板。注意安装方向。

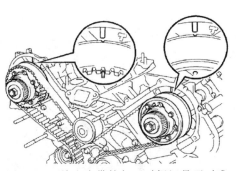

图 1-323 检查皮带轮与正时标记是否对准

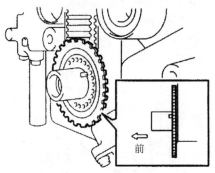

图 1-324 安装传感器齿板

## 1.36　4.6L 1UR-FE 发动机

### 1.36.1　正时链单元拆卸

① 将 1 号气缸设置到"上止点/压缩"位置。

a. 暂时紧固皮带轮固定螺栓。

b. 如图 1-325 所示，顺时针旋转曲轴，使曲轴正时齿轮上的正时标记对准凸轮轴正时齿轮。如果正时标记没有对准凸轮轴正时齿轮，则再次顺时针旋转曲轴以将其对准。

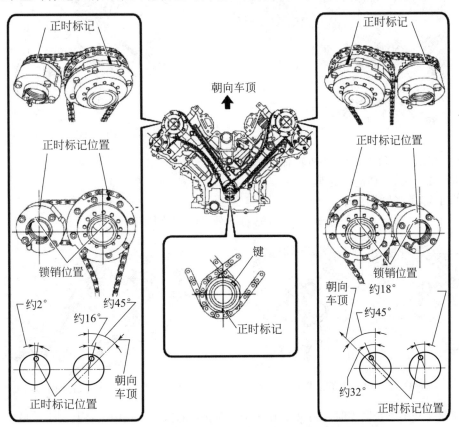

图 1-325 检查正时标记

② 拆下1号链条张紧器总成（列1）。
a. 向上移动挡片以释放锁扣，并将柱塞深深推入张紧器。
b. 向下移动挡片以卡紧锁扣，并将六角扳手插入挡片孔，见图1-326。
c. 拆下2个螺栓、链条张紧器和衬垫，见图1-327。

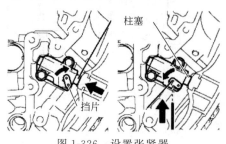

图1-326　设置张紧器

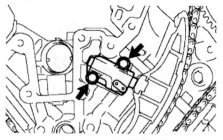

图1-327　拆下张紧器

③ 拆下链条张紧器导板（列1）。
④ 如图1-328所示，拆下2个螺栓和1号链条振动阻尼器（列1）。
⑤ 拆下链条分总成（列1）。
a. 推下3号链条张紧器时，将φ1.0mm（0.039in）的销插入孔中以将其固定，见图1-329。

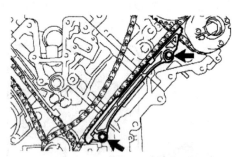

图1-328　拆下振动阻尼器

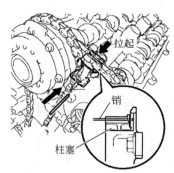

图1-329　固定3号链条张紧器

b. 用12mm六角扳手固定凸轮轴的六角部位，见图1-330。
c. 拆下2个螺栓和链条张紧器。
⑥ 拆下链条张紧器导板（列2）。
⑦ 拆下2个螺栓和1号链条振动阻尼器（列2），见图1-331。

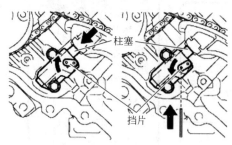

图1-330　拆下链条张紧器

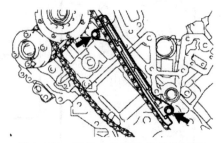

图1-331　拆下1号链条振动阻尼器

a. 拉起2号链条张紧器时，将φ1.0mm（0.039in）的销插入孔中以将其固定，见图1-332。
b. 如图1-333所示，用12mm六角扳手固定凸轮轴的六角部位并拧松螺栓。

小心不要让扳手损坏气缸盖。不要拆解凸轮轴正时齿轮。

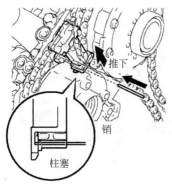

图 1-332 设置 2 号张紧器

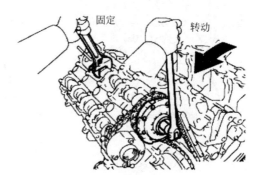

图 1-333 拧松凸轮轴螺栓

c. 用扳手固定凸轮轴的六角部位并拧松螺栓。

小心不要让扳手损坏气缸盖，见图 1-334。

d. 拆下 2 个螺栓。当 1 号和 2 号链条仍然与齿轮连接时，拆下凸轮轴正时齿轮总成、排气凸轮轴正时齿轮总成和曲轴正时链轮。

e. 从齿轮上拆下 1 号和 2 号链条。

⑧ 拆下 2 个螺栓和链条张紧器，见图 1-335。

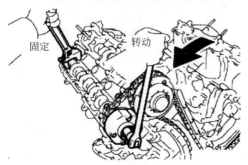

图 1-334 拧松排气凸轮轴螺栓

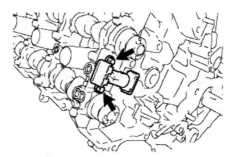

图 1-335 拆下链条张紧器

## 1.36.2 正时链单元安装

① 安装 2 号链条张紧器总成。

a. 用 2 个螺栓安装链条张紧器。扭矩：10N·m（102kgf·cm，7lbf·ft）

b. 拉起 2 号链条张紧器时，将 $\phi$1.0mm（0.039in）的销插入孔中以将其固定，见图 1-336。

② 安装链条分总成（列 2）。

a. 如图 1-337 所示，将 1 号链条的橙色标记板和凸轮轴正时齿轮的正时标记对准，并将链条连接到齿轮上。

b. 如图 1-338 所示，将 1 号链条的橙色标记板和曲轴正时齿轮的正时标记对准，并将链条连接到齿轮上。

c. 如图 1-339 所示，将 2 号链条标记板（黄色）和凸轮轴正时齿轮总成、排气凸轮轴正时齿轮总成的正时标记对准，并将 2 号链条连接到齿轮上。

将曲轴正时齿轮和排气凸轮轴齿轮总成安装到已连接到齿轮的 1 号和 2 号链条上。

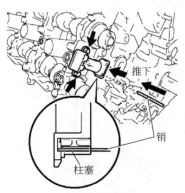

图1-336 安装2号链条张紧器

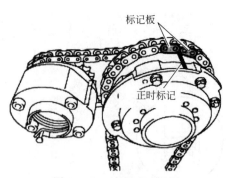

图1-337 对准正时标记

图1-338 对准曲轴正时标记

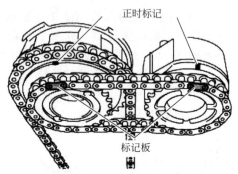

图1-339 对准凸轮轴正时标记

d. 将曲轴正时齿轮安装到曲轴上。

e. 对准并连接1号凸轮轴的锁销和凸轮轴正时齿轮总成的销孔。

f. 用2号凸轮轴的六角部位将2号凸轮轴的锁销和排气凸轮轴正时齿轮总成的销孔对准并连接。

g. 从2号链条张紧器上拆下销。

③ 安装1号链条振动阻尼器（列2）。

用2个螺栓安装振动阻尼器，见图1-340。扭矩：21N·m。

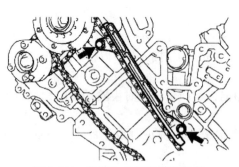

图1-340 安装1号链振动阻尼器

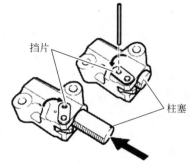

图1-341 设置张紧器

④ 安装链条张紧器导板（列2）。

提示：如果因链条的张力而无法安装链条张紧器导板，则用凸轮轴的六角部位松开链条后再进行安装。

⑤ 安装1号链条张紧器总成（列2）。

a. 向上移动挡片以释放锁扣，并将柱塞深深推入张紧器。

b. 向下移动挡片以卡紧锁扣，并将六角扳手插入挡片孔，见图1-341。

c. 用2个螺栓安装链条张紧器，见图1-342。扭矩：10N·m。

d. 从链条张紧器上拆下六角扳手。

⑥ 安装3号链条张紧器总成。

a. 用2个螺栓安装链条张紧器。扭矩：10N·m。

b. 推下2号链条张紧器时，将φ1.0mm（0.039in）的销插入孔中以将其固定，见图1-343。

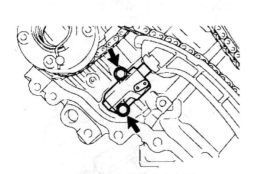 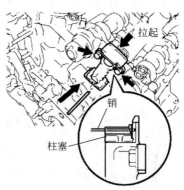

图1-342 安装链条张紧器　　　　图1-343 安装3号链条张紧器

⑦ 安装链条分总成（列1）。

a. 如图1-344所示，将1号链条的橙色标记板和凸轮轴正时齿轮的正时标记对准，并将链条连接到齿轮上。

b. 如图1-345所示，将1号链条的橙色标记板和曲轴正时齿轮的正时标记对准，并将链条连接到齿轮上。

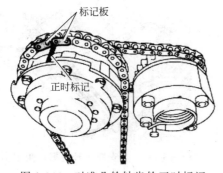 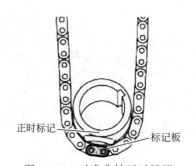

图1-344 对准凸轮轴齿轮正时标记　　　　图1-345 对准曲轴正时标记

c. 如图1-346所示，将2号链条标记板（黄色）和凸轮轴正时齿轮总成、排气凸轮轴正时齿轮总成的正时标记对准，并将2号链条连接到齿轮上。

提示：将曲轴正时齿轮和排气凸轮轴齿轮总成安装到已连接到齿轮的1号和2号链条上。

d. 将曲轴正时齿轮安装到曲轴上。

e. 对准并连接3号凸轮轴的锁销和凸轮轴正时齿轮总成的销孔。

f. 用4号凸轮轴的六角部位将4号凸轮轴的锁销和排气凸轮轴正时齿轮总成的销孔对准并连接。

如果因1号链条的松动而使齿轮正时标记变位，则用凸轮轴的六角部位固定3号凸轮轴直到将1号链条张紧器安装完为止。

g. 从2号链条张紧器上拆下销。

⑧ 安装链条张紧器导板（列1）。

提示：如果因链条的张力而无法安装链条张紧器导板，则用凸轮轴的六角部位松开链条并安装链条张紧器。

⑨ 安装1号链条张紧器总成（列1）。

a. 向上移动挡片以释放锁扣，并将柱塞深深推入张紧器。

b. 向下移动挡片以卡紧锁扣，并将六角扳手插入挡片孔，见图1-347。

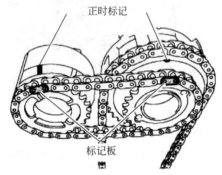

图1-346 对准凸轮轴正时标高

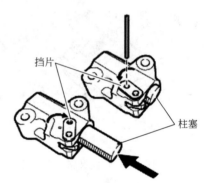

图1-347 设置1号链张紧器

c. 用2个螺栓安装新衬垫和链条张紧器，见图1-348。扭矩：10N·m。

⑩ 安装1号链条振动阻尼器（列1）。

a. 用2个螺栓安装振动阻尼器，见图1-349。扭矩：21N·m。

b. 从1号链条张紧器上拆下六角扳手。

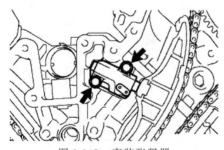

图1-348 安装张紧器

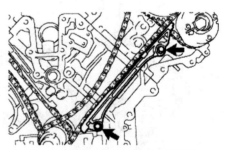

图1-349 安装1号链振动阻尼器

⑪ 紧固凸轮轴正时齿轮总成。

a. 列1：

- 用扳手固定3号凸轮轴的六角部位。
- 如图1-350所示，用12mm六角套筒扳手、1个新螺栓紧固凸轮轴正时齿轮总成。扭矩：79N·m。
- 用扳手固定4号凸轮轴的六角部位，并用螺栓紧固排气凸轮轴正时齿轮总成，见图1-351。扭矩：100N·m（1020kgf·cm，74lbf·ft）。

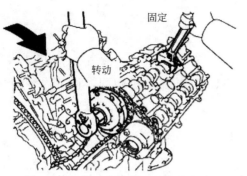

图 1-350　紧固凸轮轴正时齿轮总成

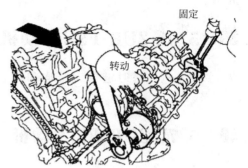

图 1-351　紧固排气凸轮轴正时齿轮总成

b. 列 2：
- 用扳手固定 1 号凸轮轴的六角部位。
- 如图 1-352 所示用 12mm 六角套筒扳手、1 个新螺栓紧固凸轮轴正时齿轮总成。扭矩：79N·m（806kgf·cm，58lbf·ft）。

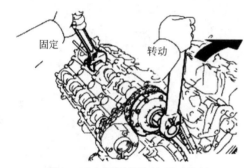

图 1-352　紧固凸轮轴正时齿轮

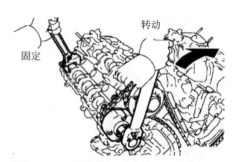

图 1-353　紧固排气凸轮轴正时齿轮总成

- 如图 1-353 所示，用扳手固定 2 号凸轮轴的六角部位，并用螺栓紧固排气凸轮轴正时齿轮总成。扭矩：100N·m（1020kgf·cm，74lbf·ft）。

⑫ 检查 1 号气缸是否设置到"上止点/压缩"位置。
　a. 暂时安装曲轴皮带轮螺栓。
　b. 顺时针旋转曲轴，检查并确认曲轴正时齿轮和凸轮轴正时齿轮上的正时标记如图 1-325 中所示。
　c. 拆下曲轴皮带轮螺栓。
⑬ 安装正时链条盖分总成。

## 1.37　4.7L 2UZ-FE 发动机

该款发动机的正时链单元结构和拆装维修与 3UZ-FE 发动机相同，相关内容请参考 1.35 小节。

## 1.38　5.0L 2UR-FE 发动机

该款发动机的正时链单元结构和拆装维修与 1UR-FE 发动机相同，相关内容请参考

1.36 小节。

## 1.39　5.0L 2UR-FSE 发动机

该款发动机的正时链单元结构和拆装维修与 1UR-FE 发动机相同，相关内容请参考 1.36 小节。

## 1.40　5.7L 3UR-FE 发动机

该款发动机的正时链单元结构和拆装维修与 1UR-FE 发动机相同，相关内容请参考 1.36 小节。

 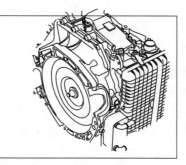 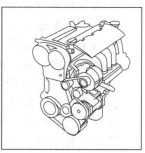

# 第 2 章 本田-讴歌汽车发动机

## 2.1　1.2L L12A3/1.3L L13A3/1.5L L15A1 L15A2 发动机

该系列发动机的正时链拆卸和安装与 L13Z1、L15A7 发动机一样,相关内容请参考 2.2 小节。

## 2.2　1.3L L13Z1/1.5L L15A7 发动机

### 2.2.1　正时链条拆卸

① 拆下缸盖罩。

② 使 1 号活塞在上止点（TDC）位置。凸轮轴链轮上的"UP"标记 A 应在顶部,并且凸轮轴链轮上的 TDC 凹槽 B 应与气缸盖的顶部边缘对准,见图 2-1。

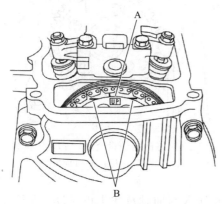

图 2-1　1 号活塞在上止点（TDC）位置
A—"UP"标记；B—TDC 凹槽

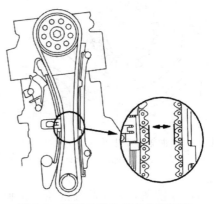

图 2-2　测量凸轮轴链条分离间距

③ 拆下右前轮。
④ 拆下右侧挡泥板。
⑤ 松开水泵皮带轮安装螺栓。

⑥ 拆下传动皮带。
⑦ 拆下水泵皮带轮。
⑧ 拆下曲轴皮带轮。
⑨ 拆下传动皮带自动张紧器。
⑩ 拆下空调管路托架安装螺栓。
⑪ 在油底壳下放置一个千斤顶和木块，以支撑发动机。
⑫ 拆下搭铁电缆，然后拆下发动机侧支座/托架总成。
⑬ 拆下链条箱。
⑭ 如图 2-2 所示，测量凸轮链条分离间距。如果间距小于维修极限，更换凸轮链条和凸轮链条张紧器。

标准间距：19mm（0.75in）。维修极限：15mm（0.59in）。
⑮ 在凸轮链条张紧器滑块的滑动表面上涂抹新的发动机机油。
⑯ 用螺丝刀夹住凸轮链条张紧器滑块，然后拆下螺栓，并松开螺栓。
⑰ 拆下凸轮链条张紧器滑块。
⑱ 拆下凸轮链条张紧器和凸轮链条导板。
⑲ 拆下凸轮链条。

## 2.2.2 正时链条安装

① 将曲轴置于上止点（TDC）位置。将曲轴链轮上的 TDC 标记 A 与机油泵上的指针 B 对准，见图 2-3。
② 拆下曲轴链轮。
③ 将凸轮轴设定到 TDC 位置。凸轮轴链轮上的"UP"标记 A 应在顶部，并且凸轮轴链轮上的 TDC 凹槽 B 应与气缸盖的顶部边缘对准，见图 2-4。

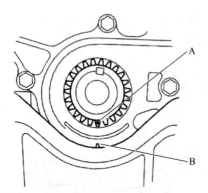

图 2-3 将曲轴置于上止点（TDC）位置
A—TDC 标记；B—指针

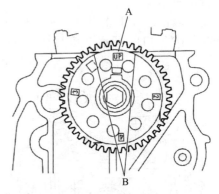

图 2-4 将凸轮轴设定到"TDC"位置
A—"UP"标记；B—TDC 凹槽

④ 将凸轮链条安装在曲轴链轮上，使涂色的链节 A 与曲轴链轮上的 TDC 标记 B 对准，见图 2-5，然后将曲轴链轮安装到曲轴上。
⑤ L15A7 发动机：将凸轮链条安装到凸轮轴链轮上，使指针 A 与三个涂色链节 B 对准，如图 2-6 所示。
⑥ L13Z1 发动机：将凸轮链条安装到凸轮轴链轮上，使指针 A 对准两个涂色链节 B 的中间，如图 2-7 所示。
⑦ 安装凸轮链条张紧器 A 和凸轮链条导板 B，见图 2-8。

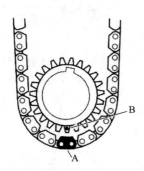

图 2-5 对准曲轴链轮标记
A—涂色的链节；B—TDC 标记

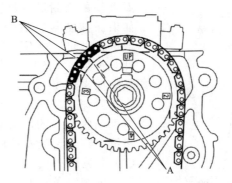

图 2-6 L15A7 发动机凸轮轴链轮标记
A—指针；B—涂色链节

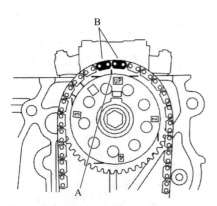

图 2-7 L13Z1 发动机凸轮轴链轮标记
A—指针；B—涂色链节

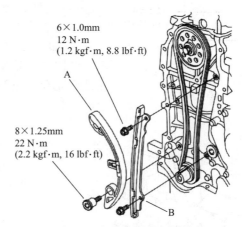

图 2-8 安装张紧器与导板
A—凸轮链条张紧器；B—凸轮链条导板

⑧ 安装凸轮链条张紧器滑块，并松松地紧固螺栓。
⑨ 在凸轮链条张紧器滑块 A 的滑动表面上涂抹新的发动机机油，见图 2-9。
⑩ 顺时针转动凸轮链条张紧器滑块以压紧凸轮链条张紧器，安装剩余的螺栓，然后紧固螺栓。
⑪ 检查链条箱油封是否损坏。如果油封损坏，则更换链条箱油封。
⑫ 将所有旧的密封胶从链条箱接合面、螺栓和螺栓孔上清除。
⑬ 清洁并风干链条箱接合面。
⑭ 在链条箱的发动机气缸体接合面和螺栓孔的内螺纹上均匀地涂抹密封胶（P/N 08C70-K0234M、08C70K0334M 或 08C70-X0331S）。沿虚线 A 涂抹约 2.5mm（0.098in）钢圈直径的密封胶，见图 2-10。
⑮ 在链条箱的油底壳接合面和螺栓孔的内螺纹上均匀地涂抹密封胶（P/N 08C70-K0234M、08C70-K0334M、08C70-X0331S）。沿虚线 A 涂抹约 2.5mm（0.098in）钢圈直径的密封胶。在阴影区域 B 涂抹约 5.0mm（0.20in）钢

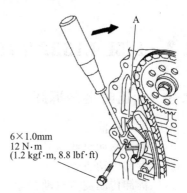

图 2-9 安装张紧器滑块
A—凸轮链条张紧器滑块

圈直径的密封胶，见图 2-11。如果涂抹密封胶后经过 5min 或更长时间，则不要安装零部件。否则，清除旧的残胶后重新涂抹密封胶。

⑯ 将链条箱 A 的边缘固定到油底壳 B 的边缘上，然后将链条箱安装到发动机气缸体 C 上，见图 2-12。

安装链条箱时，切勿将底面滑到油底壳安装表面上。在加注发动机机油前，至少等待 30min。安装链条箱后，至少 3h 内不要运行发动机。

⑰ 如图 2-13、图 2-14 所示，紧固铰链箱安装螺栓。清除油底壳和链条箱接合部位多余的密封胶。

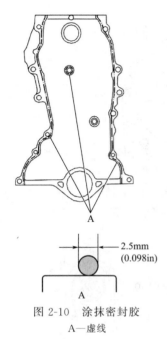

图 2-10 涂抹密封胶
A—虚线

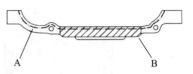

图 2-11 涂抹密封胶部件
A—虚线；B—阴影区域

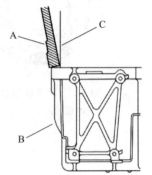

图 2-12 安装链条箱与油底壳
A—链条箱；B—油底壳；
C—发动机气缸体

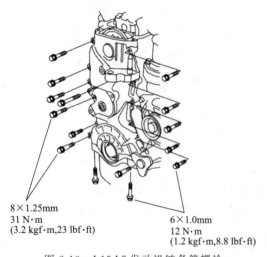

图 2-13 L15A7 发动机链条箱螺栓

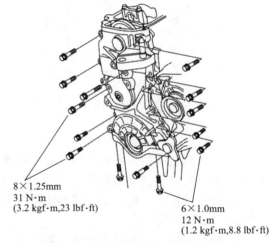

图 2-14 L13Z1 发动机链条箱紧固螺栓

## 2.3　1.5L L15B2/L15B3 发动机

### 2.3.1　正时链条拆卸

① 拆卸右前轮。
② 拆卸发动机底盖。
③ 拆卸传动皮带。
④ 拆卸传动皮带自动张紧器。
⑤ 拆卸曲轴皮带轮。

⑥ 拆卸发动机侧支座。

⑦ 断开摇臂机油压力开关插接器：断开插接器 A。CVT：断开插接器 B。拆下线束夹 C 和搭铁电缆 D，见图 2-15。

⑧ 拆卸摇臂机油控制阀。

⑨ 拆卸气缸盖罩。

⑩ 拆卸凸轮轴链条箱。

⑪ 松松地安装曲轴皮带轮。逆时针转动曲轴以压缩凸轮轴链条自动张紧器。逆时针旋转曲轴以将锁止器 A 上的孔和凸轮轴链条自动张紧器 B 对齐，然后将直径为 1.2mm（0.047in）的销 C 插入到孔中。顺时针转动曲轴以固定销。

如果锁止器上的孔和凸轮轴链条自动张紧器未对齐，则继续再次逆时针旋转曲轴，直至对齐，然后安装销。拆下凸轮轴链条自动张紧器，见图 2-16。拆下曲轴皮带轮。

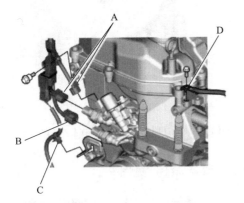

图 2-15　断开电插头与接地线
A、B—插接器；C—线束夹；D—搭铁电缆

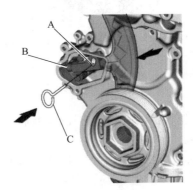

图 2-16　拆下张紧器
A—锁止器；B—凸轮轴链条自动张紧器；C—销

⑫ 拆卸凸轮轴链条上部导向器。

⑬ 拆下凸轮轴链条导向器和凸轮轴链条张紧器臂。

⑭ 拆卸凸轮轴链条。

## 2.3.2　正时链条安装

① 上止点（曲轴测）上的 1 号活塞。将凸轮轴设置到上止点（TDC）。将曲轴链轮上的 TDC 标记 A 与油泵上的指针 B 对齐。拆下曲轴链轮，见图 2-17。

② 将直径为 5mm（0.20in）的销插入凸轮轴维修孔中，见图 2-18。

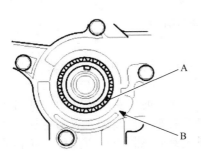

图 2-17　对齐曲轴链轮与油泵正时标记
A—TDC 标记；B—指针

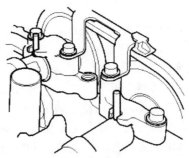

图 2-18　在凸轮轴维修中插入钢销

③ 将凸轮轴链条安装到曲轴链轮上，有颜色的链节 A 与曲轴链轮上的标记 B 对齐，见图 2-19。

将凸轮轴链条安装到 VTC 作动器链轮，有颜色的链节 A 与 VTC 作动器链轮上的标记 B 对齐，见图 2-20。

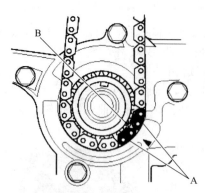 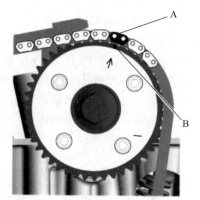

图 2-19　对齐曲轴链轮与正时链标记　　　图 2-20　对齐进气凸轮轴链轮与正时链标记
A—有颜色的链节；B—标记　　　　　　　　A—有颜色的链节；B—标记

将凸轮轴链条安装到排气凸轮轴，有颜色的链节 A 与排气凸轮轴链轮上的标记 B 对齐，见图 2-21。

④ 安装凸轮轴链条导向器 A 和凸轮轴链条张紧器臂 B，见图 2-22。

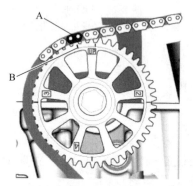 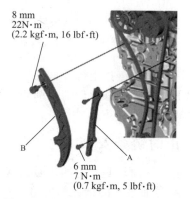

图 2-21　对齐排气凸轮轴链轮与正时链标记　　图 2-22　安装链条导轨与张紧器臂
A—有颜色的链节；B—标记　　　　　　　　　A—凸轮轴链条导向器；B—凸轮轴链条张紧器臂

⑤ 将直径为 5mm（0.20in）的销从凸轮轴维修孔中拆下。

⑥ 安装凸轮轴链条导向器，见图 2-23。

⑦ 更换凸轮轴链条时，压缩凸轮轴链条自动张紧器。将在拆卸期间安装的销 A 从凸轮轴链条自动张紧器上拆下。逆时针转动片 B 以释放锁止，然后压下杆 C，并将第一个凸轮 D 设置到齿条 E 的第一个边缘。将直径为 1.2mm（0.047in）的销插回孔 F 中，见图 2-24。注意：如果未按照描述设置凸轮轴链条自动张紧器，则凸轮轴链条自动张紧器将损坏。

安装凸轮轴链条自动张紧器。顺时针旋转凸轮轴链条张紧器滑块以压缩凸轮轴链条张紧器，并安装其余螺栓，然后将螺栓拧至规定扭矩，见图 2-25。将销从凸轮轴链条自动张紧器上拆下。

图 2-23 安装链条导向器

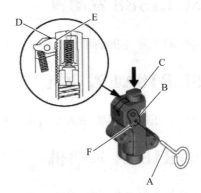

图 2-24 设置正时链张紧器
A—销；B—片；C—杆；D—凸轮；E—齿条；F—孔

⑧ 安装凸轮轴链条箱。
⑨ 安装气缸盖罩。
⑩ 安装摇臂机油控制阀。
⑪ 连接插接器（摇臂机油压力开关）：连接插接器 A。CVT：连接插接器 B。安装线束夹 C 和搭铁电缆 D，见图 2-26。

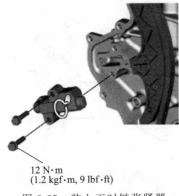

图 2-25 装上正时链张紧器

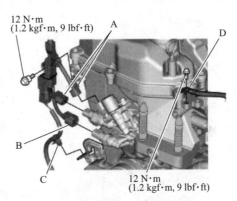

图 2-26 安装电插头与接地线
A，B—插接器；C—线束夹；D—搭铁电缆

⑫ 安装发动机侧支座。
⑬ 安装曲轴皮带轮。
⑭ 安装发动机底盖。
⑮ 安装传动皮带自动张紧器。
⑯ 安装传动皮带。
⑰ 安装右前轮。

## 2.4　1.5L L15B5 发动机

该款发动机的正时链拆装和调整与 L15B3 发动机一样，相关内容请参考 2.3 小节。

## 2.5　1.5L L15B8 发动机

该款发动机的正时链拆装和调整与 L15B3 发动机一样，相关内容请参考 2.3 小节。

## 2.6　1.8L R18A1 发动机

该款发动机的正时链拆装和调整与 R20Z4 发动机一样，相关内容请参考 2.17 小节。

## 2.7　1.8L R18ZA 发动机

该款发动机的正时链拆装和调整与 R18Z2 发动机一样，相关内容请参考 2.8 小节。

## 2.8　1.8L R18Z2 发动机

该款发动机的正时链拆装和调整与 R20Z4 发动机一样，相关内容请参考 2.17 小节。设定正时标记不同的地方如下。

将曲轴置于上止点（TDC）。将曲轴链轮上的 TDC 标记 A 与发动机气缸体上的指针 B 对准，见图 2-27。

将凸轮轴链条安装在曲轴链轮上，使涂色的链节 A 与曲轴链轮上的标记 B 对准，见图 2-28。

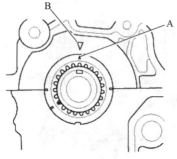

图 2-27　曲轴 TDC 设定位置
A—TDC 标记；B—指针

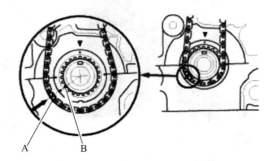

图 2-28　曲轴链轮正时标记
A—涂色的链节；B—标记

## 2.9　1.8L R18Z5 发动机

该款发动机的正时链拆装和调整与 R20Z4 发动机一样，相关内容请参考 2.17 小节。

## 2.10　1.8L R18Z6 发动机

该款发动机的正时链拆装和调整与 R18Z2 发动机一样，相关内容请参考 2.8 小节。

## 2.11　1.8L R18Z7/R18Z8 发动机

该款发动机的正时链拆装和调整与 R20Z4 发动机一样，相关内容请参考 2.17 小节。

## 2.12　2.0L R20A1 发动机

该款发动机的正时链拆装和调整与 R20Z4 发动机一样，相关内容请参考 2.17 小节。

## 2.13　2.0L R20A3 发动机

该款发动机的正时链拆装和调整与 R20Z4 发动机一样，相关内容请参考 2.17 小节。

## 2.14　2.0L R20A4 发动机

该款发动机的正时链拆装和调整与 R20Z4 发动机一样，相关内容请参考 2.17 小节。

## 2.15　2.0L R20A6 发动机

该款发动机的正时链拆装和调整与 R20Z4 发动机一样，相关内容请参考 2.17 小节。

## 2.16　2.0L R20A7 发动机

该款发动机的正时链拆装和调整与 R20Z4 发动机一样，相关内容请参考 2.17 小节。

## 2.17　2.0L R20Z4 发动机

### 2.17.1　正时链条拆卸

① 将 1 号活塞设置在上止点位置（曲轴侧）。转动曲轴使其白色标记 A 与指针 B 对齐，见图 2-29。

② 拆卸气缸盖罩。

③ 检查上止点（TDC）位置的 1 号活塞。凸轮轴链轮上的 "UP" 标记 A 应在顶部，并且凸轮轴链轮上的 TDC 凹槽 B 应与气缸盖的顶部边缘对齐，见图 2-30。注意：如果标记未对准，则转动曲轴 360°，并重新检查凸轮轴皮带轮标记。

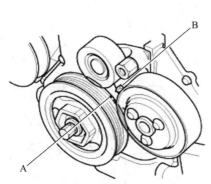

图 2-29　对齐曲轴白色标记与指针
A—白色标记；B—指针

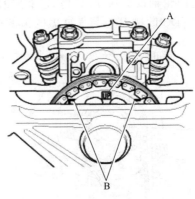

图 2-30　检查发动机 TDC 位置
A—"UP" 标记；B—TDC 凹槽

④ 拆卸右前轮。
⑤ 拆卸发动机底盖。
⑥ 拆卸传动皮带自动张紧器。
⑦ 拆卸曲轴皮带轮。
⑧ 拆卸发动机侧支座。
⑨ 断开 PCV 软管，拆卸机油泵。
⑩ 测量凸轮轴链条自动张紧器体和张紧器连杆平面部分底部之间的张紧器连杆长度。如果长度超出维修极限，则更换凸轮轴链条。张紧器连杆长度维修极限为 14.5mm（0.571in），见图 2-31。
⑪ 松松地安装曲轴皮带轮。逆时针旋转曲轴，以压缩凸轮轴链条自动张紧器。逆时针旋转曲轴以便对齐锁 A 和凸轮轴链条自动张紧器 B 上的孔。将直径为 1.0mm（0.039in）的销 C 插入孔中（图 2-32）。顺时针转动曲轴以固定销。注意：如果未对齐锁和凸轮轴链条自动张紧器的孔，则继续逆时针旋转曲轴直至孔对齐，然后安装销。拆下凸轮轴链条自动张紧器。拆下曲轴皮带轮。

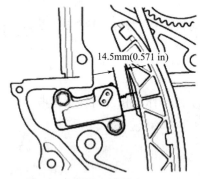

图 2-31　测量张紧器连杆长度

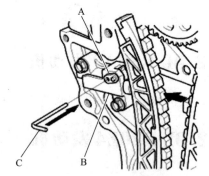

图 2-32　插入直销锁定张紧器以便拆下
A—锁；B—凸轮轴链条自动张紧器；C—销

⑫ 拆下凸轮轴链条导板和凸轮轴链条张紧器臂。拆卸凸轮轴链条。

## 2.17.2　正时链条安装

① 将曲轴置于上止点（TDC）位置。将曲轴链轮上的 TDC 标记 A 与发动机气缸体上的指针 B 对准，见图 2-33。
② 将凸轮轴设定到 TDC 位置。凸轮轴链轮上的"UP"标记 A 应在顶部，并且凸轮轴链轮上的 TDC 凹槽 B 应与气缸盖的顶部边缘对齐，见图 2-34。

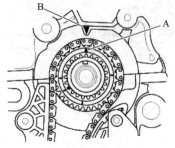

图 2-33　将曲轴置于 TDC 位置
A—TDC 标记；B—指针

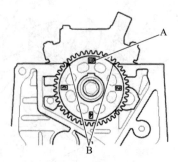

图 2-34　凸轮轴正时位置
A—"UP"标记；B—TDC 凹槽

③ 将凸轮轴链条安装在曲轴链轮上，使涂色的链节 A 与曲轴链轮上的标记 B 对准，见图 2-35。

将凸轮轴链条安装在凸轮轴链轮上，使彩色链节 A 与凸轮轴链轮上的标记 B 对准，见图 2-36。

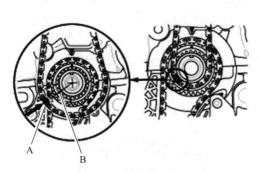

图 2-35　曲轴链轮与正时链正时标记
A—涂色的链节；B—标记

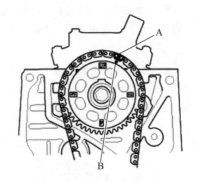

图 2-36　凸轮轴链轮与正时链正时标记
A—彩色链节；B—标记

④ 安装凸轮轴链条张紧器臂和凸轮轴链条导板，见图 2-37。

⑤ 更换凸轮轴链条时，压缩凸轮轴链条自动张紧器。从拆卸过程中安装的凸轮轴链条自动张紧器上拆下销 A。逆时针转动板 B 解除锁止状态，然后压下杆 C，将第一个凸轮 D 固定在齿条 E 第一边缘位置。将直径为 1.0mm（0.039in）的销插回到孔 F 中，见图 2-38。注意：如果没有如上所述放置凸轮轴链条自动张紧器，则将会损坏凸轮轴链条自动张紧器。

⑥ 安装凸轮轴链条自动张紧器。从凸轮轴链条自动张紧器上拆下销，见图 2-39。

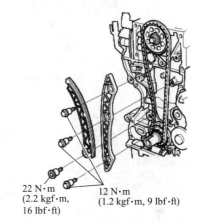

图 2-37　安装导轨与张紧器臂

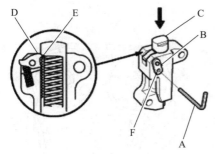

图 2-38　设置张紧器
A—销；B—板；C—杆；D—凸轮；E—齿条；F—孔

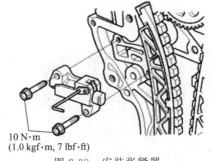

图 2-39　安装张紧器

## 2.18　2.0L R20Z8 发动机

该款发动机的正时拆装和调整与 R20Z4 发动机一样，相关内容请参考 2.17 小节。

## 2.19 2.0L K20A7/K20A8、2.4L K24A4 发动机

该系列发动机的正时拆装和调整与 K24W5 发动机一样，相关内容参考 2.28 小节。简要介绍一下这 3 款发动机 TDC 设定与正时标记对位。

① 将曲轴置于上止点（TDC）位置，使曲轴链轮上的 TDC 标记 A 与气缸体上的指针 B 对齐，见图 2-40。

② 将凸轮轴置于 TDC 位置。可变气门正时控制 VTC 作动器上的冲孔标记 A、排气凸轮轴链轮上的冲孔标记 B 应位于顶端。对准 VTC 作动器和排气凸轮轴链轮上的 TDC 标记 C，见图 2-41。

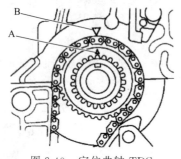

图 2-40　定位曲轴 TDC
A—TDC 标记；B—指针

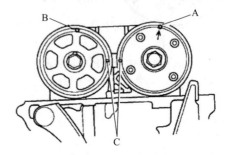

图 2-41　定位凸轮轴链轮 TDC
A，B—冲孔标记

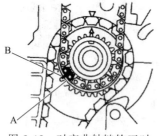

图 2-42　对齐曲轴链轮正时
A—色片；B—标记

③ 将正时链安装在曲轴链轮上，色片 A 要对准曲轴链轮上的标记 B，见图 2-42。

④ 在 VTC 作动器和排气凸轮轴链轮上安装正时链，同时使冲孔标记 A 对准两块色片 B（K20A7/K20A8 型发动机），见图 2-43。

⑤ 将冲孔标记 A 与两块色片 B 的中心对准，将正时链安装到 VTC 作动器和排气凸轮轴链轮上（K24A4 型发动机），见图 2-44。

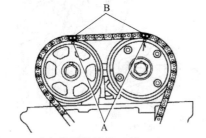

图 2-43　对齐凸轮轴链轮正时（K20A7/K20A8）
A—冲孔标记；B—色片

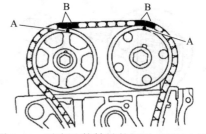

图 2-44　对齐凸轮轴链轮正时（K24A4）
A—冲孔标记；B—色片

## 2.20　2.4L K24A6 发动机

该款发动机的正时拆装和调整与 K24A4 发动机一样，相关内容请参考 2.19 小节。

## 2.21　2.4L K24V4 发动机

该款发动机的正时拆装和调整与 K24W5 发动机一样，相关内容请参考 2.28 小节。

## 2.22　2.4L K24V6 发动机

该款发动机的正时拆装和调整与 K24W5 发动机一样，相关内容请参考 2.28 小节。

## 2.23　2.4L K24Y5 发动机

该款发动机的正时拆装和调整与 K24A4 发动机一样，相关内容请参考 2.19 小节。

## 2.24　2.4L K24Z1 发动机

该款发动机的正时拆装和调整与 K24A4 发动机一样，相关内容请参考 2.19 小节。

## 2.25　2.4L K24Z2/K24Z3 发动机

该款发动机的正时拆装和调整与 K24W5 发动机一样，相关内容请参考 2.28 小节。

## 2.26　2.4L K24Z3/K24Z5 发动机

该款发动机的正时拆装和调整与 K24A4 发动机一样，相关内容请参考 2.19 小节。

## 2.27　2.4L K24Z8 发动机

该款发动机的正时拆装和调整与 K24A4 发动机一样，相关内容请参考 2.19 小节。

## 2.28　2.4L K24W5 发动机

### 2.28.1　正时链条拆卸

注意：使凸轮轴链条远离磁场。
① 拆卸右前轮。
② 拆卸发动机底盖。
③ 拆卸气缸盖罩。
④ 1 号活塞上止点位置设置（曲轴侧），转动曲轴使其白色标记 A 与指针 B 对齐，见图 2-45。
⑤ 1 号活塞上止点位置设置（凸轮轴侧），使 1 号活塞在上止点（TDC）位置。VTC 作动器上的冲印标记 A 和排气凸轮轴链轮上的冲印标记 B 应该在顶部。对准 VTC 作动器和排气凸轮轴链轮上的 TDC 标记 C，见图 2-46。

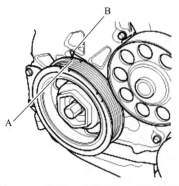 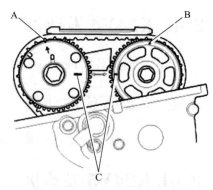

图 2-45 设置 1 号活塞于 TDC 位置　　　图 2-46 进排气凸轮轴链轮上标记对齐
A—白色标记；B—指针　　　　　　　　A，B—冲孔标记；C—TDC 标记

⑥ 拆卸 VTC 机油控制电磁阀。
⑦ 拆卸摇臂机油控制阀。
⑧ 拆卸曲轴皮带轮。
⑨ 拆卸发动机侧支座。
⑩ 拆下凸轮轴链条箱 A 和隔垫 B。拆卸凸轮轴链条箱，见图 2-47。
⑪ 松松地安装曲轴皮带轮。逆时针旋转曲轴，以压缩凸轮轴链条自动张紧器。逆时针旋转曲轴以便对齐锁 A 和凸轮轴链条自动张紧器 B 上的孔，然后将直径为 1.2mm（0.047in）的销 C 插入孔中。顺时针转动曲轴以固定销。注意：如果未对齐锁和凸轮轴链条自动张紧器的孔，则继续逆时针旋转曲轴直至孔对齐，然后安装销。拆下凸轮轴链条自动张紧器，见图 2-48。

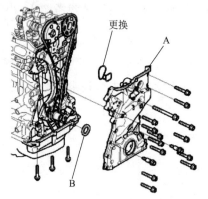 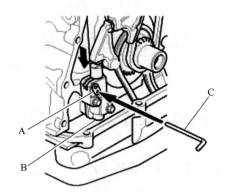

图 2-47 拆卸正时链罩盖　　　　　　　图 2-48 设置张紧器并拆下
A—凸轮轴链条箱；B—隔垫　　　　　A—锁；B—凸轮轴链条自动张紧器；C—销

⑫ 凸轮轴链条导板 B—拆卸。
⑬ 拆卸凸轮轴链条导板、张紧器子臂和张紧器臂。
⑭ 拆卸凸轮轴链条。

## 2.28.2　正时链条安装

注意：执行该程序前，逆时针转动 VTC 作动器，检查并确认 VTC 作动器锁止。如果未锁止，则顺时针转动 VTC 作动器直至停止，然后重新检查。如果仍然未锁止，则更换

VTC 作动器。

① 1 号活塞上止点位置设置（曲轴侧）。将曲轴置于上止点（TDC），曲轴链轮上的 TDC 标记 A 与发动机气缸体上的指针 B 对准，见图 2-49。

② 1 号活塞上止点位置设置（凸轮轴侧）。将凸轮轴设置在上止点位置，VTC 作动器上的冲印标记 A 和排气凸轮轴链轮上的冲印标记 B 应该在顶部。对准 VTC 作动器和排气凸轮轴链轮上的 TDC 标记 C，见图 2-46。

③ 将凸轮轴链条安装在曲轴链轮上，使涂色的链节 A 与曲轴链轮上的标记 B 对准（图 2-50）。

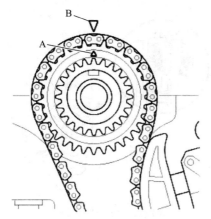

图 2-49 曲轴链轮与缸体 TDC 标记对齐
A—TDC 标记；B—指针

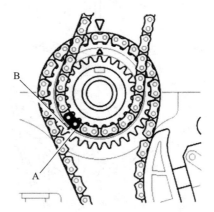

图 2-50 曲轴链轮与正时链标记对齐
A—链节；B—标记

将凸轮轴链条安装在 VTC 作动器和排气凸轮轴链轮上，使冲印标记 A 与两个涂色的链节 B 的中心对准，见图 2-51。

④ 安装凸轮轴链条导板、张紧器子臂和张紧器臂，见图 2-52。

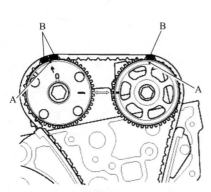

图 2-51 凸轮轴链轮与正时链标记对齐
A—冲印标记；B—涂色的链节

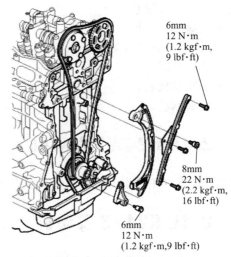

图 2-52 安装导板与张紧器臂

⑤ 安装凸轮轴链条导板，见图 2-53。

⑥ 更换凸轮轴链条时，压缩凸轮轴链条自动张紧器。从拆卸过程中安装的凸轮轴链

条自动张紧器上拆下销 A。逆时针转动板 B 解除锁止状态，然后压下杆 C，将第一个凸轮 D 固定在齿条 E 第一边缘位置。将直径为 1.2mm（0.047in）的销插回到孔 F 中，见图 2-54。

注意：如果没有如上所述放置凸轮轴链条自动张紧器，则将会损坏凸轮轴链条自动张紧器。

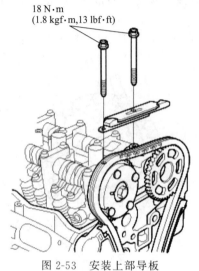

图 2-53 安装上部导板

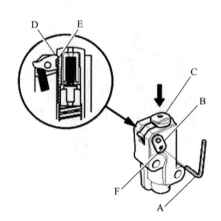

图 2-54 设置张紧器
A—销；B—板；C—杆；D—凸轮；E—齿条；F—孔

⑦ 安装凸轮轴链条自动张紧器。从凸轮轴链条自动张紧器上拆下销，见图 2-55。

⑧ 安装凸轮轴链条箱。

⑨ 安装发动机侧支座。

⑩ 安装曲轴皮带轮。

⑪ 安装摇臂机油控制阀。

⑫ 安装 VTC 机油控制电磁阀。

⑬ 安装气缸盖罩。

⑭ 安装发动机底盖。

⑮ 安装右前轮。

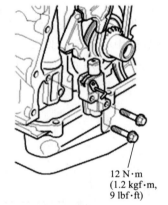

图 2-55 安装张紧器

## 2.29　2.4L K24W7 发动机

该款发动机的正时带拆装和调整与 K24W5 发动机一样，相关内容请参考 2.28 小节。

## 2.30　2.4L K24Y3 发动机

该款发动机的正时带拆装和调整与 K24W5 发动机一样，相关内容请参考 2.28 小节。

## 2.31　3.0L J30A4 发动机

该款发动机的正时带拆装和调整与 J30A5 发动机一样，相关内容请参考 2.32 小节。

## 2.32　3.0L J30A5 发动机

### 2.32.1　正时皮带拆卸

① 拆卸右前轮。
② 拆卸发动机底盖。
③ 将1号活塞设置在上止点位置（曲轴侧），转动曲轴，使曲轴皮带轮上的白色标记A与指针B对齐，未使用其他指针C，见图2-56。
④ 将1号活塞设置在上止点位置（凸轮侧），检查并确认前凸轮轴皮带轮上的1号活塞上止点（TDC）标记A与前上盖的指针B对齐，见图2-57。如果标记未对准，则转动曲轴360°，并重新检查凸轮轴皮带轮标记。

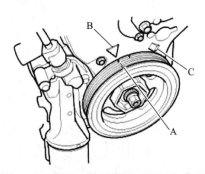 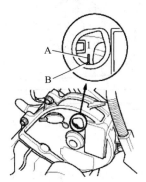

图2-56　设置1号活塞于"TDC"位置　　图2-57　凸轮轴皮带轮标记与前上盖打针对齐
A—白色标记；B—指针；C—其他指针　　　　A—TDC标记；B—指针

⑤ 拆卸传动皮带自动张紧器。
⑥ 拆卸曲轴皮带轮。
⑦ 在油底壳下放置一个千斤顶和木块，以举升和支撑发动机。
⑧ 拆卸发动机侧支座托架上半部分。
⑨ 拆卸上盖。
⑩ 拆卸下盖。
⑪ 将一个蓄电池夹紧螺栓从蓄电池托架上拆下，然后如图2-58所示打磨其末端。
如图2-59所示，紧固蓄电池夹紧螺栓，以将正时皮带调节器固定在其当前位置。用手紧固，切勿使用扳手。
⑫ 拆卸正时皮带导向板。

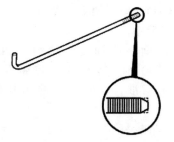 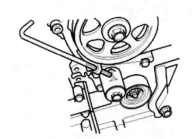

图2-58　取下一个蓄电池夹紧螺栓　　图2-59　用夹紧螺栓固定正时皮带调节器

⑬ 拆卸发动机侧支座托架下半部分。
⑭ 拆下惰轮螺栓和惰轮。废弃惰轮螺栓。拆卸正时皮带。

### 2.32.2 正时皮带安装

注意以下步骤用于安装用过的正时皮带。清理正时皮带轮、正时皮带导向板和上下盖。

① 将1号活塞设置在上止点位置（曲轴侧），通过将正时皮带驱动轮齿上的TDC标记A对准机油泵上的指针B，将正时皮带驱动轮设定到上止点（TDC）处，见图2-60。

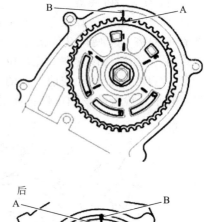

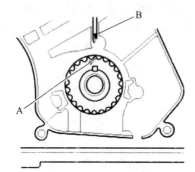

图2-60　驱动轮TDC标记对齐油泵上指针
A—TDC标记；B—指针

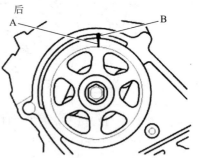

② 将1号活塞设置在上止点位置（凸轮侧），通过将凸轮轴皮带轮上的TDC标记A对准后盖上的指针B，将凸轮轴皮带轮设定到TDC位置（图2-61）。

③ 用一个新的惰轮螺栓松松地安装惰轮，使惰轮能移动但不会脱落。

图2-61　凸轮轴皮带轮标记对准后盖指针
A—TDC标记；B—指针

④ 如果正时皮带自动张紧器已展开但不能安装正时皮带，则执行正时皮带自动张紧器安装程序。从驱动轮开始，按逆时针顺序安装正时皮带（图2-62）。安装时，小心不要损坏正时皮带。

⑤ 紧固惰轮螺栓，力矩：45N·m。
⑥ 拆卸蓄电池夹紧螺栓。
⑦ 安装发动机侧支座托架下半部分。

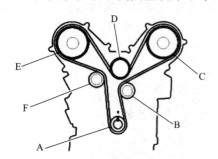

⑧ 安装正时皮带导向板。
⑨ 安装正时罩下盖。
⑩ 安装正时罩上盖。
⑪ 安装发动机侧支座托架上半部分。
⑫ 安装曲轴皮带轮。
⑬ 顺时针方向旋转曲轴皮带轮约6圈，以将正时皮带定位在皮带轮上。转动曲轴皮带轮，使其白色标记A与指针B对准。注意：未使用其他指针C，见图2-56。

图2-62　安装正时皮带
A—驱动轮；B—惰轮；C—前凸轮轴皮带轮；D—水泵皮带轮；E—后凸轮轴皮带轮；F—调节皮带轮

检查凸轮轴皮带轮标记，见图2-63。注意：如果标记未对齐，则旋转曲轴360°，并重新检查凸轮轴皮带轮标记，如果凸轮轴皮带轮标记在 TDC 位置，则转至传动皮带自动张紧器安装；如果凸轮轴皮带轮标记不在 TDC 位置，则拆下正时皮带并重新安装正时皮带。

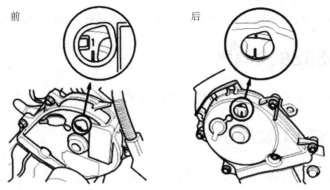

图 2-63　凸轮轴皮带轮标记位置

⑭ 安装传动皮带自动张紧器。
⑮ 安装发动机底盖。
⑯ 安装右前轮。
⑰ 清除/学习 CKP 模式。

## 2.33　3.0L J30A7 发动机

该发动机的正时皮带拆装和调整与 J30A5 发动机一样，相关内容请参考 2.32 小节。

## 2.34　3.0L J30Y1 发动机

该款发动机的正时皮带拆装和调整与 J30A5 发动机一样，相关内容请参考 2.32 小节。

## 2.35　3.2L J32A3 发动机

该款发动机的正时皮带拆装和调整与 J30A5 发动机一样，相关内容请参考 2.32 小节。

## 2.36　3.5L J35A8 发动机

该款发动机的正时皮带拆装和调整与 J30A5 发动机一样，相关内容请参考 2.32 小节。

## 2.37　3.5L J35Y4 发动机

该款发动机的正时皮带拆装和调整与 J30A5 发动机一样，相关内容请参考 2.32 小节。

## 2.38　3.5L J35Y5 发动机

该款发动机的正时皮带拆装和调整与 J30A5 发动机一样，相关内容请参考 2.32 小节。

## 2.39　3.5L J35Z2 发动机

该款发动机的正时皮带拆装和调整与 J30A5 发动机一样，相关内容请参考 2.32 小节。

## 2.40　3.5L J35Z6 发动机

该款发动机的正时皮带拆装和调整与 J30A5 发动机一样，相关内容请参考 2.32 小节。

## 2.41　3.7L J37A1 发动机

该款发动机的正时皮带拆装和调整与 J30A5 发动机一样，相关内容请参考 2.32 小节。

## 2.42　3.7L J37A2 发动机

该款发动机的正时皮带拆装和调整与 J30A5 发动机一样，相关内容请参考 2.32 小节。

## 2.43　3.7L J37A5 发动机

该款发动机的正时皮带拆装和调整与 J30A5 发动机一样，相关内容请参考 2.32 小节。

# 第 3 章

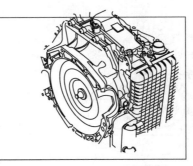
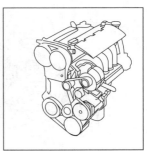

# 日产-英菲尼迪汽车发动机

## 3.1 1.2L HR12DE 发动机

HR12DE 发动机的正时链拆装步骤和方法与 HR16DE 相似，这里只简略介绍不同的地方，其他未提到的内容请参考 3.3 节。

### 3.1.1 正时链拆卸设置

按以下步骤将第 1 缸设定在压缩行程的上止点。

① 顺时针转动曲轴皮带轮 2 并使"TDC"标记（无漆）A 与前盖上的正时指示器 1 对准，见图 3-1。

② 检查并确认每个凸轮轴链轮上的匹配标记都定位在如图 3-2、图 3-3 所示的位置。

a. 带阀门正时控制。

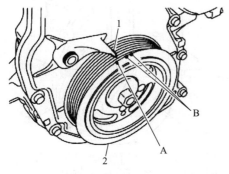
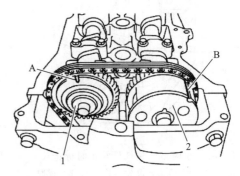

图 3-1 曲轴皮带轮 TDC 位置设置
1—正时指示器；2—曲轴皮带轮；A—"TDC"标记（无漆）；B—白色油漆标记（不用于维修）

图 3-2 凸轮轴链轮标记位置
1—凸轮轴链轮（排气）；2—凸轮轴链轮（进气）；A—匹配标记（压印）；B—匹配标记（外周压印线）

b. 不带阀门正时控制。

c. 若非如此，则再将曲轴皮带轮转动一圈，使匹配标记在图 3-4 中所示的位置。

③ 确认 1 号气缸的凸轮前端是处于图 3-4 中所示的位置。

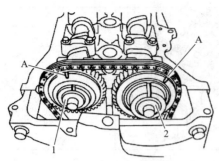

图 3-3 凸轮轴链轮正时标记
1—凸轮轴链轮（排气）；2—凸轮轴链轮
（进气）；A—匹配标记（压印）

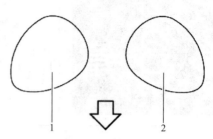

图 3-4 凸轮轴凸轮位置
1—凸轮轴（排气）；2—凸轮轴
（进气）；箭头—缸盖侧

## 3.1.2 正时链条安装

图 3-5 中所示为已安装的部件、正时链条和相对应链轮匹配标记之间的关系。
按图 3-6 所示步骤安装正时链条。

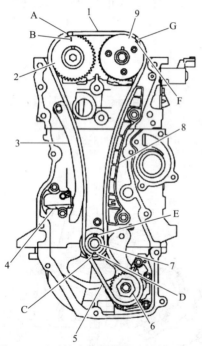

图 3-5 正时链安装部件与正时标记位置
1—正时链条；2—凸轮轴链轮（排气）；3—正时链条松弛侧链条导轨；4—链条张紧器（适用于正时链条）；5—油泵驱动链条；6—油泵链轮；7—曲轴链轮；8—正时链条张紧侧链条导轨；9—凸轮轴链轮（进气）；A—黄色链节（带阀门正时控制）或蓝色链节（不带阀门正时控制）；B—匹配标记（压印）；C—橙色链节；D—匹配标记（压印）；E—曲轴键（垂直向上）；F—带阀门正时控制匹配标记（外周压印线）；不带阀门正时控制匹配标记（压印）；G—黄色链节（带阀门正时控制）或蓝色链节（不带阀门正时控制）

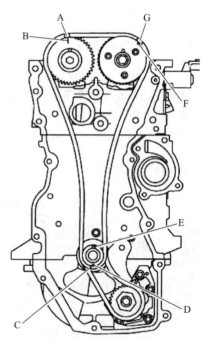

图 3-6 正时链安装正时标记
A—黄色链节（带阀门正时控制）或蓝色链节（不带阀门正时控制）；B—匹配标记（压印）；C—橙色链节；D—匹配标记（压印）；E—曲轴键（垂直向上）；F—匹配标记［外周压印线）（带阀门正时控制）］，匹配标记［（压印）（不带阀门正时控制）］；G—黄色链节（带阀门正时控制）或蓝色链节（不带阀门正时控制）

以上为带阀门正时控制分解图示例。

对齐每个链轮和正时链条上的匹配标记来进行安装。如果匹配标记没有对齐，则请稍微转动凸轮轴来修正位置。

注意在配合标记对齐后，请用一手扶住使它们保持对齐。为避免错齿，在前盖安装前，切勿转动曲轴和凸轮轴。

## 3.2　1.5L HR15DE 发动机

该款发动机的正时链单元拆装与 HR12DE 发动机一样，只是凸轮轴链轮对齐正时链链节标记为蓝色链节。相关内容请参考 3.1 节。

## 3.3　1.6L HR16DE 发动机

### 3.3.1　正时链条拆卸

① 拆下前车轮（右）。
② 拆下前翼子板保护板（右侧）。
③ 排放发动机机油。注意：在发动机冷却后执行此步骤。
④ 拆下以下零件。
a. 摇臂盖。
b. 驱动带。
c. 水泵皮带轮。
⑤ 使用变速箱千斤顶支撑发动机的底部，然后拆下发动机底座支架和隔垫（右）。
⑥ 按以下步骤将第 1 缸设定在压缩行程的上止点。

a. 顺时针转动曲轴皮带轮 2，并将 TDC 标记（非油漆记号）A 对准前盖上的正时标记 1，见图 3-7。

b. 检查并确认每个凸轮轴链轮上的匹配标记都定位在如图 3-8 所示的位置。若非如此，则再将曲轴皮带轮转动一圈，使匹配标记在图中所示的位置。

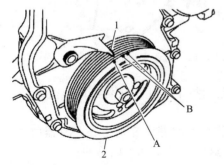

图 3-7　设置 TDC 位置
1—正时标记；2—曲轴皮带轮；A—"TDC"标记（非油漆记号）；B—白色油漆标记（不用于维修）

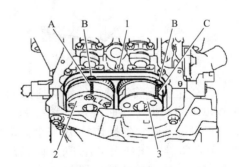

图 3-8　凸轮轴正时标记位置
1—正时链条；2—凸轮轴链轮（排气）；3—凸轮轴链轮（进气）；A—匹配标记（外槽）；B—粉红色链节；C—匹配标记（外槽）

⑦ 按照以下步骤拆下曲轴皮带轮。
a. 使用皮带轮固定器（通用维修工具）A 固定曲轴皮带轮 1。

b. 如图 3-9 所示，松开并拉出曲轴皮带轮螺栓。注意切勿拆下装配螺栓，因为它们将用作皮带轮拔具（SST：KV11103000）的支撑点。

c. 如图 3-10 所示，在曲轴皮带轮的 M6 螺纹孔内安装皮带轮拔具（SST：KV11103000）A，然后拆下曲轴皮带轮。

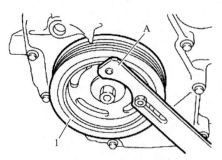 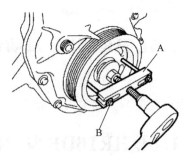

图 3-9　松开曲轴皮带轮螺栓　　　　图 3-10　拆下曲轴皮带轮
1—曲轴皮带轮；A—皮带轮固定器　　　A—皮带轮拔具；B—M6 螺栓

⑧ 按以下步骤拆下前盖。

a. 按照图 3-11 中所示 15～1 的顺序松开螺栓。

b. 撬开图 3-12 所示位置（箭头）来切开液态密封胶，然后拆下前盖。

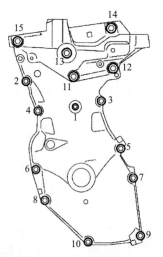 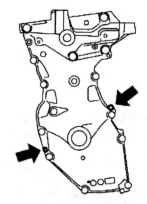

图 3-11　取下前盖螺栓　　　　图 3-12　前盖密封胶切开位置

⑨ 从前盖上拆下前油封。使用合适的工具将其举起后拆下。注意切勿损坏前盖。

⑩ 按以下步骤拆下正时链条张紧器 1。

a. 将正时链条张紧器操作杆 A 完全往下推，然后将柱塞 C 推入正时链条张紧器内。将链条张紧器操作杆完全往下推即可释放凸耳 B。这样，柱塞就可以移动。

b. 拉起杆，使它的孔的位置与主体上的孔的位置对齐。

• 将操作杆孔与主体孔的位置对齐时，柱塞就会被固定。

• 当柱塞棘齿的凸起部分和凸耳彼此相对时，两个孔的位置并没有对齐。此时，请稍微移动栓塞来使它们正确啮合并对齐这些孔。

c. 将限位销 D 通过操作杆插入主体的孔中，然后将操作杆固定在上方位置。图 3-13 所示为使用 2.5mm（0.098in）六角扳手的范例。

d. 拆下正时链条张紧器。

⑪ 拆下正时链条张紧侧链条导轨和正时链条松弛侧链条导轨。

⑫ 拆下正时链条。朝凸轮轴链轮（排气侧）拉动正时链条的松弛部分，然后拆下正时链条并从凸轮轴链轮（排气侧）侧开始拆下。注意在正时链条拆下时，切勿旋转曲轴或凸轮轴，因为这会导致气门和活塞之间相互碰撞。

⑬ 按以下步骤，拆下与曲轴链轮和油泵驱动相关的零件。

a. 如图3-14所示，拆下油泵驱动链条张紧器1，将其从轴B和弹簧固定孔A上拉出。

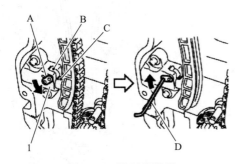

图3-13 拆下张紧器
1—正时链条张紧器；A—正时链条张紧器操作杆；B—凸耳；C—柱塞；D—限位销

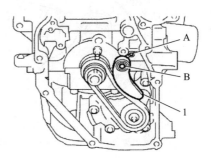

图3-14 拆下油泵链条张紧器
1—油泵驱动链条张紧器；A—弹簧固定孔；B—轴

b. 用TORX套筒来固定油泵轴的顶部（尺寸：E8），然后松开油泵链轮螺母并将其拆下。

c. 同时拆下曲轴链轮、油泵驱动链条和油泵链轮。

## 3.3.2 正时链条安装

图3-15所示为已安装的部件、正时链条和相对应链轮匹配标记之间的关系。

① 按以下步骤安装与曲轴链轮和油泵驱动相关的部件。

a. 同时安装曲轴链轮1、油泵驱动链条2和油泵链轮3。安装曲轴链轮，使其无效齿轮部分A朝向发动机背面，见图3-16。安装油泵链轮，使它的凸起面朝向发动机前方。与油泵驱动相关的零件上没有匹配标记。

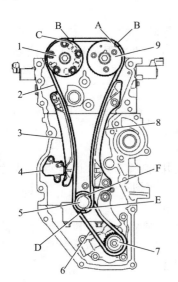

图3-15 正时链部件与正时标记位置
1—凸轮轴链轮（排气）；2—正时链条；3—正时链条松弛侧链条导轨；4—正时链条张紧器；5—曲轴链轮；6—油泵驱动链条；7—油泵链轮；8—正时链条张紧侧链条导轨；9—凸轮轴链轮（进气）；A—匹配标记（外槽）；B—粉红色链节；C—匹配标记（外槽）；D—橙色链节；E—匹配标记（压印）；F—曲轴键（垂直向上）

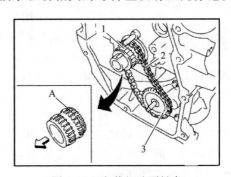

图3-16 安装机油泵链条
1—曲轴链轮；2—油泵驱动链条；3—油泵链轮；A—无效齿轮部分

b. 用 TORX 套筒固定油泵轴的顶部（尺寸：E8），然后拧紧油泵链轮螺母。

c. 安装机油泵驱动链条张紧器 1。将弹簧装入缸体前侧表面的固定孔 A 的同时将本体插入轴 B 内，见图 3-17。安装后检查张力是否施加在油泵驱动链条上。

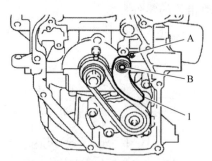

图 3-17　安装机油泵驱动链张紧器
1—油泵驱动链条张紧器；A—固定孔；B—轴

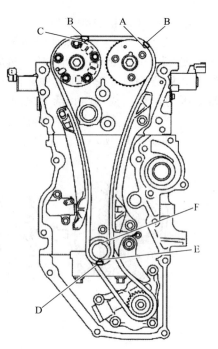

图 3-18　正时链安装标记
A—匹配标记（外槽）；B—粉红色链节；C—匹配标记（外槽）；D—橙色链节；E—匹配标记（压印）；F—曲轴键（垂直向上）

② 按以下步骤安装正时链条。

对齐每个链轮和正时链条上的匹配标记来进行安装。如果匹配标记没有对齐，则请稍微转动凸轮轴来修正位置。在匹配标记对齐后，请用一手扶住使它们保持对齐，见图 3-18。为避免错齿，在前盖安装前，切勿转动曲轴和凸轮轴。

③ 安装正时链条张紧侧链条导轨和正时链条松弛侧链条导轨。

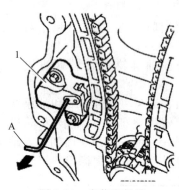

图 3-19　安装张紧器
1—正时链条张紧器；A—限位销

④ 安装正时链条张紧器 1。使用限位销 A 将柱塞固定在完全压缩的位置，然后安装。安装正时链条张紧器后，用力拉出限位销，见图 3-19。

⑤ 再次检查正时链条和每个链轮的匹配标记位置。

⑥ 将前油封安装到前盖上。

⑦ 按以下步骤安装前盖。

a. 使用胶管挤压器（通用维修工具）以连续点状的方式涂抹液态密封胶到前盖上，如图 3-20 所示。涂抹正品密封胶（TB 1217H）或同等产品。

b. 使用胶管挤压器（通用维修工具）以连续点状的方式涂抹液态密封胶到前盖上，如图 3-21 所示。涂抹正品密封胶（TB 1217H）或同等产品。

c. 按如图 3-22 所示的数字顺序拧紧螺栓。

d. 拧紧所有螺栓后，按图 3-22 所示 1~15 的顺序将螺栓再次拧紧至规定扭矩。注意务必将溢出到表面的过多液态密封胶擦干净。

⑧ 通过对齐曲轴链轮键插入曲轴皮带轮。

在用塑料锤装上曲轴皮带轮时，请轻敲它的中心部位（非四周位置）。注意安装时请保护前油封唇缘部分避免任何损坏。

⑨ 按以下步骤拧紧曲轴皮带轮螺栓。用皮带轮固定器（通用维修工具）固定曲轴皮带轮，并拧紧曲轴皮带轮螺栓（图 3-23）。

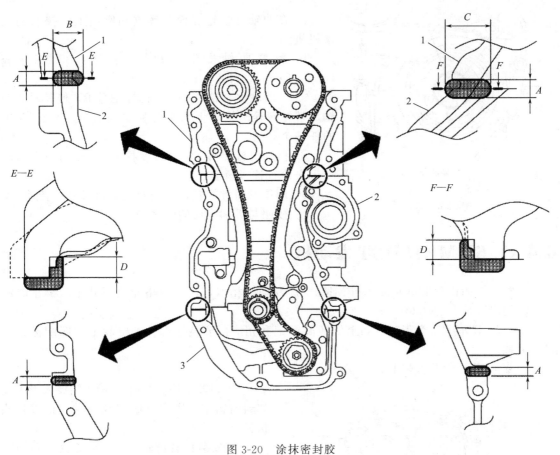

图 3-20　涂抹密封胶

1—缸盖；2—缸体；3—油底壳（上部）；$A—\phi 5mm$（0.20in）；
$B—11mm$（0.43in）；$C—13mm$（0.51in）；$D—6mm$（0.24in）

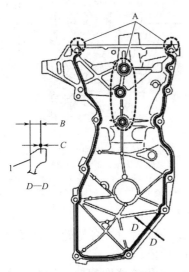

图 3-21　前盖边缘涂抹区

1—前盖边缘；$A$—液态密封胶涂抹区；$B—4.0～5.6mm$
（0.157～0.220in）；$C$—液态密封胶涂抹区域
$[\phi 3.0～4.0mm$（0.118～0.157in）$]$

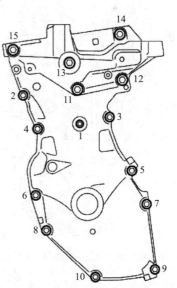

图 3-22　前盖螺栓拧紧顺序

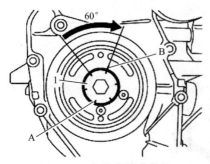

图 3-23 安装曲轴皮带轮
A—角度标记；B—油漆记号；
1—曲轴皮带轮螺栓凸缘

a. 在曲轴皮带轮螺栓的螺纹和座面上涂抹新的发动机机油。

b. 拧紧曲轴皮带轮螺栓。扭矩：35.0N·m（3.6kgf·m，26lbf·ft）。

c. 在曲轴皮带轮上作一个油漆记号 B，使其对齐曲轴皮带轮螺栓凸缘 1 上六个容易识别的角度标记 A 中的任一个。

d. 再顺时针旋转 60°（角度拧紧）。移动一个角度标记来检查拧紧角度。

⑩ 用手顺时针旋转，检查曲轴是否可灵活转动。

⑪ 按照与拆卸相反的顺序安装。

## 3.4　1.6T MR16DDT 发动机

该发动机的正时链单元拆装与 MR20DE 发动机相似，这里简略介绍下其正时链正时配对，其他内容请参考 3.6 一节。

图 3-24 显示了每个正时链条上的匹配标记和相应的安装了部件的链轮上的匹配标记之间的关系。

① 检查曲轴键是否朝上。

② 如果拆下张紧导板（前盖侧），则将其安装到前盖上。注意根据声音或感觉检查接头状况。

③ 安装曲轴链轮 2、油泵链轮 3 和油泵驱动链条 1，见图 3-25。

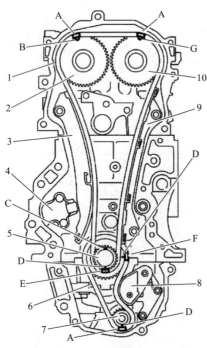

图 3-24 发动机正时链部件与正时标记位置
1—正时链条；2—凸轮轴链轮（排气）；3—松弛侧链条导轨；4—正时链条张紧器；5—曲轴链轮；6—油泵驱动链条；7—油泵链轮；8—油泵驱动链条张紧器；9—张紧侧链条导轨；10—凸轮轴链轮（进气）；A—匹配标记（深蓝色链节）；B—匹配标记（外槽）；C—曲轴键位置（垂直朝上）；D—匹配标记（印记）；E—匹配标记（白色链节）；F—匹配标记（黄色链节）；G—匹配标记（外槽）

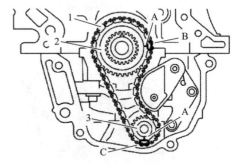

图 3-25 机油泵驱动链安装
1—油泵驱动链条；2—曲轴链轮；3—油泵链轮；
A—匹配标记（印记）；B—匹配标记（黄色链节）；C—匹配标记（深蓝色链节）

a. 安装时对齐各链轮和油泵驱动链条上的匹配标记。

b. 如果这些匹配标记没有对齐，则略微转动油泵轴以修正位置。

注意安装油泵驱动链条后，再次检查各链轮的匹配标记位置。

④ 抓住油泵轴的 WAF 部分 [WAF：10mm (0.39in)]A，然后拧紧机油泵轴链轮螺栓，见图 3-26。

注意抓住油泵轴的 WAF 部分。切勿通过拧紧油泵驱动链条来松开油泵轴链轮螺栓。

⑤ 安装油泵链条张紧器 1，见图 3-27。

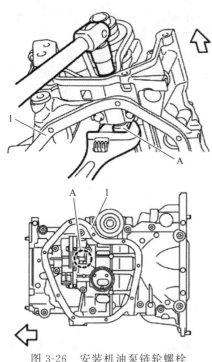

图 3-26 安装机油泵链轮螺栓
1—油底壳（上）；A—WAF 部分；箭头—发动机前端

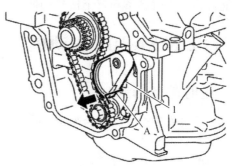

图 3-27 安装机油泵驱动链条张紧器
1—油泵链条张紧器；A—限位销

a. 用限位销 A 将油泵张紧器面固定在完全压缩位置，然后安装。

b. 安装油泵链条张紧器后，用力（箭头）拉出限位销。

c. 重新检查油泵驱动链条和每个链轮的匹配标记位置。

⑥ 对齐各链轮匹配标记与正时链条的匹配标记，见图 3-28。如果这些匹配标记没有对齐，则抓住六角形部分略微转动凸轮轴以修正位置。安装正时链条后，再次检查各链轮和正时链条的匹配标记位置。

⑦ 安装松弛导轨 2 和张紧侧链条导轨 3，见图 3-29。

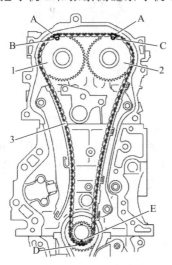

图 3-28 正时链条安装
1—凸轮轴链轮（排气）；2—凸轮轴链轮（进气）；3—正时链条；A—匹配标记（深蓝色链节）；B—匹配标记（外槽）；C—匹配标记（外槽）；D—匹配标记（白色链节）；E—匹配标记（印记）

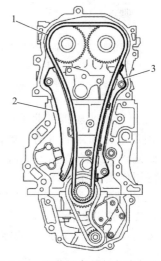

图 3-29 安装链条导轨与张紧器臂
1—正时链条；2—松弛导轨；3—张紧侧链条导轨

⑧ 安装正时链条张紧器。用限位销将柱塞固定在完全压缩位置，然后安装。在安装正时链条张紧器后，用力拉出限位销。注意将张紧器安装在凸轮侧后，拉出锁止销。发动机没有安装张紧器的，如果拉出锁止销则栓塞会跳出，所以切勿使用张紧器（如果使用了，则栓塞将不平滑移动）。重复使用凸轮侧的张紧器：安装后，向栓塞尖端拉起并移动棘齿卡子并将张紧器平行放置在栓塞的外槽。

⑨ 重新检查正时链条和每个链轮的匹配标记位置。

## 3.5　1.8L MRA8DE 发动机

### 3.5.1　正时链条拆卸

① 将发动机安装至发动机台架上。
② 排放发动机机油。
③ 拆卸进气歧管和摇臂盖。
④ 按以下步骤将 1 号气缸置于压缩行程的上止点。

a. 顺时针旋转曲轴皮带轮 1，并将 TDC 标记（非油漆记号）B 对准前盖上的正时标记 A，见图 3-30。

b. 同时，检查 1 号气缸的凸轮突起是否位于如图 3-31 所示的位置（箭头）。如果没有，则按如图所示转动曲轴皮带轮一圈（360°）并对齐。

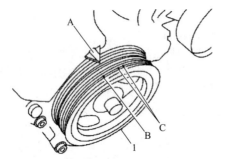 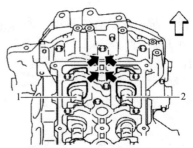

图 3-30　曲轴皮带轮 TDC 标记
1—曲轴皮带轮；A—正时标记；B—TDC 标记（非油漆记号）；C—白色油漆标记（不用于维修）

图 3-31　凸轮轴凸轮位置
1—凸轮轴（进气）；2—凸轮轴（排气）；
⇧—发动机前端

⑤ 按照以下步骤拆下曲轴皮带轮。

a. 用皮带轮固定器（通用维修工具）A 固定曲轴皮带轮 1，松开曲轴皮带轮螺栓，并使螺栓座面偏离其原始位置 10mm（0.39in），见图 3-32。注意切勿拆下曲轴皮带轮螺栓，因为它们将用作皮带轮拔具（SST：KV11103000）的支撑点。

b. 将皮带轮拔具（SST：KV11103000）A 装在曲轴皮带轮 1 上的 M6 螺纹孔中，然后拆下曲轴皮带轮，见图 3-33。

⑥ 拆下油底壳（下部）。如果曲轴链轮和机油泵驱动部件没有拆下，则不需要执行该步骤。

⑦ 拆下进气门正时控制电磁阀和排气门正时控制电磁阀。

⑧ 拆下驱动皮带自动张紧器。

⑨ 按以下步骤拆下前盖。

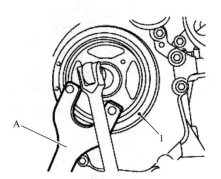

图 3-32　松开曲轴皮带轮螺栓
1—曲轴皮带轮；A—皮带轮固定器

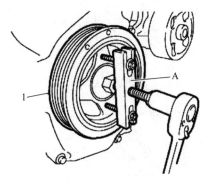

图 3-33　拆下曲轴皮带轮
1—曲轴皮带轮；A—皮带轮拔具

a. 按如图 3-34 所示的相反顺序松开装配螺栓。

b. 撬开图 3-35 所示位置（箭头）来切割液态密封胶，然后拆下前盖。注意不要损坏配合面。相较于过去的类型，它在出货时涂抹有黏性更大的液态密封胶，所以不可以将它从图示位置以外的位置强制拆下。

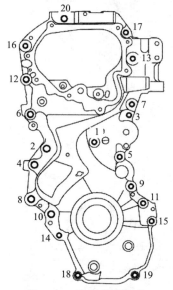

图 3-34　拆下前盖螺栓

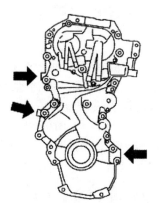

图 3-35　切开前盖密封胶

⑩ 从前盖上拆下前油封。注意切勿损坏前盖。用螺丝刀撬起前油封。

⑪ 必要时，拆下气门正时控制盖。按如图 3-36 所示的相反顺序松开装配螺栓。拆卸时，请忽略顺序编号 1。

⑫ 按以下步骤拆下正时链条张紧器。

a. 按下正时链条张紧器柱塞后将铁丝 A（例如，卡子）插入顶部凹槽。插入一根铁丝（例如，卡子）以牢固固定正时链条张紧器柱塞，见图 3-37。

b. 拆下正时链条张紧器 1。

⑬ 拆下松弛侧链条导轨 2、张紧侧链条导轨 3 和正时链条 1，见图 3-38。注意：拆卸正时链条后，切勿分别转动各曲轴或凸轮轴。这会导致气门和活塞之间相互碰撞。如果很难拆下正时链条，则在拆下正时链条前先拆下凸轮轴链轮（排气）。

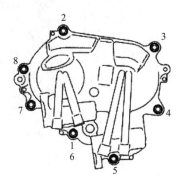

图 3-36　气门正时控制盖螺栓

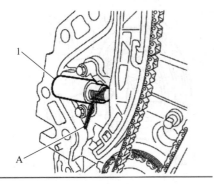

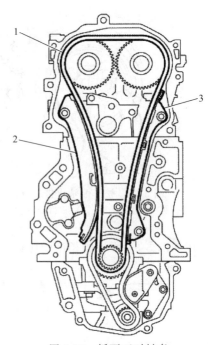

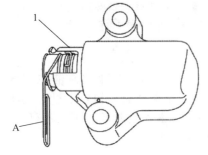

图 3-37 拆下张紧器

1—正时链条张紧器；A—铁丝

图 3-38 拆下正时链条

1—正时链条；2—松弛侧链条导轨；3—张紧侧链条导轨

⑭ 按以下步骤拆下曲轴链轮和机油泵驱动部件。

a. 按所示的方向按下油泵驱动链条张紧器 1。

b. 在主体孔 B 内插入限位器销 A。

c. 拆下油泵链条张紧器，见图 3-39。如果操作杆上的孔和张紧器主体上的孔没有对齐，则请稍微移动机油泵链条张紧器松弛侧链条导轨对齐这些孔。

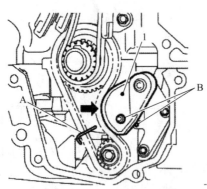

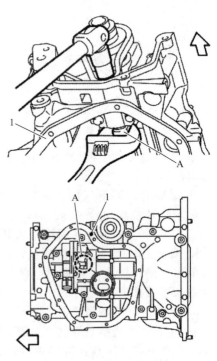

图 3-39 拆下油泵链条张紧器

1—油泵驱动链条张紧器；A—限位器销；B—主体孔

d. 抓住机油泵轴的 WAF 部分 [WAF：10mm (0.39in)] A，然后松开机油泵链轮螺栓并将其拆下，见图 3-40。

图 3-40 拆卸机油泵轴

1—油底壳（上部）；A—WAF 部分；箭头—发动机前端

注意用WAF部分固定油泵轴。切勿通过拧紧油泵驱动链条来松开油泵链轮螺栓。

## 3.5.2 正时链条安装

注意：切勿重复使用O形圈。图3-41所示为已安装的部件、正时链条和相对应链轮匹配标记之间的关系。

① 检查曲轴键是否朝上。

② 安装油泵驱动链条1、曲轴链轮2、油泵链轮3，见图3-42。通过对齐各链轮和油泵驱动链条上的匹配标记进行安装。如果这些匹配标记没有对齐，则请稍微转动油泵轴以修正位置。注意安装油泵驱动链条后，检查各链轮的匹配标记位置。

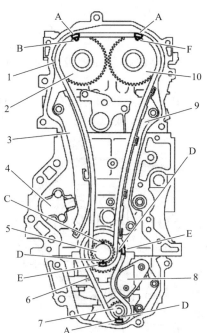

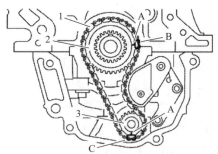

图3-42 安装油泵驱动链
1—油泵驱动链条；2—曲轴链轮；3—油泵链轮；
A—匹配标记（印记）；B—匹配标记（铜链节）；
C—匹配标记（深蓝色链节）

图3-41 正时链安装部件与正时标记位置
1—正时链条；2—凸轮轴链轮（排气）；3—松弛导轨；4—正时链条张紧器；5—曲轴链轮；6—油泵驱动链条；7—油泵链轮；8—油泵驱动链条张紧器；9—张紧导轨；10—凸轮轴链轮（进气）；A—匹配标记（深蓝色链节）；B—匹配标记（外槽）；C—曲轴键位置（垂直朝上）；D—匹配标记（印记）；E—匹配标记（铜链节）；F—匹配标记（外槽）

③ 抓住油泵轴的WAF部分[WAF：10mm(0.39in)]，然后拧紧油泵轴链轮螺栓。

注意用WAF部分固定油泵轴。切勿通过拧紧油泵驱动链条来松开油泵轴链轮螺栓。

④ 安装机油泵链条张紧器1，见图3-43。用限位销A将油泵张紧器面固定在完全压缩位置，然后安装。安装油泵链条张紧器后，用力（箭头）拉出限位销。再次检查油泵驱动链条和各链轮的匹配标记位置。

⑤ 对齐各链轮匹配标记与正时链条的匹配标记，见图3-44。

如果这些匹配标记没有对齐，则请抓住六角形部位稍微转动凸轮轴以修正位置。

注意安装正时链条后，再次检查各链轮和正时链条的匹配标记位置。

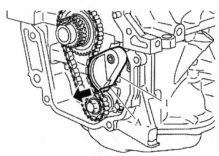

图3-43 安装机油泵链条张紧器
1—机油泵链条张紧器；A—限位销

⑥ 安装松弛侧链条导轨和张紧侧链条导轨。

⑦ 安装正时链条张紧器。用限位销将柱塞固定在完全压缩位置，然后安装。安装正时链条张紧器后，用力拉出限位销。注意将张紧器安装在凸轮侧后，拉出锁止销。如果拉出锁止销后栓塞跳出且张紧器未安装到发动机上，切勿使

用张紧器（如果使用，则栓塞不会平滑移动。）重复使用凸轮侧的张紧器：安装后，向栓塞的尖端拉起并移动棘轮夹，并将张紧器定位在与柱塞槽平行的位置。

⑧ 再次检查正时链条和每个链轮的匹配标记位置。

⑨ 安装前油封。

⑩ 按以下步骤安装前盖。

a. 如已拆下，则安装气门正时控制盖。

• 将VTC油滤清器安装到气门正时控制盖上。

注意压装到网格顶端。切勿重复使用VTC油滤清器。废弃曾掉落在地板上的VTC油滤清器，请使用新品。

• 如图3-45所示，使用胶管挤压器（通用维修工具）以连续点状的方式在气门正时控制盖上涂抹液态密封胶E。涂抹密封胶时，始端与终端应重叠5mm或以上。

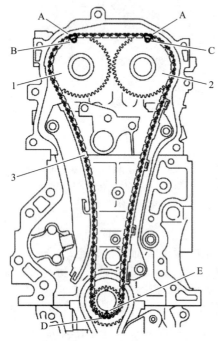

图3-44 正时链匹配标记

1—凸轮轴链轮（排气）；2—凸轮轴链轮（进气）；3—正时链条；A—匹配标记（深蓝色链节）；B—匹配标记（外槽）；C—匹配标记（外槽）；D—匹配标记（铜链节）；E—匹配标记（印记）

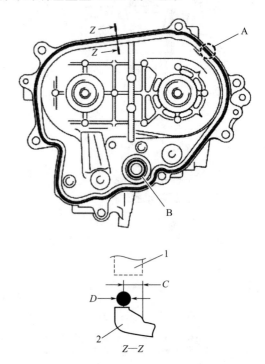

图3-45 密封气门正时控制盖

1—前盖；2—气门正时控制盖；A—密封胶涂抹的始端和终端；B—液态密封胶涂抹区；C—4.0～5.6mm（0.157～0.220in）；D—$\phi$3.4～4.4mm（0.134～0.173in）

图3-46 拧紧螺栓

• 按照图3-46中所示数字的顺序拧紧装配螺栓。分两步拧紧1号螺栓。顺序编号6为第2步。

b. 将新O形圈安装到缸体上。注意：务必对齐O形圈。

c. 如图3-47所示，使用胶管挤压器（通用维修工具）以连续点状的方式在前盖上涂抹液态密封胶。请使用原装密封胶或同等产品。

d. 检查正时链条和各链轮的匹配标记是否仍然对齐。然后安装前盖。注意检查缸体上的O形圈安装是否正确。小心不要因与曲轴的前端干涉而损坏前油封。

e. 安装前盖，并按图 3-48 所示的数字顺序拧紧装配螺栓。有关螺栓的安装位置，请参见下列内容。注意应在涂抹液态密封胶后的 5min 内进行安装。

f. 拧紧所有螺栓后，按如图 3-48 所示的数字顺序重新拧紧至规定扭矩。

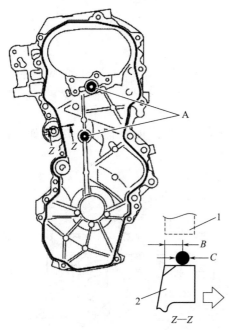

图 3-47 前盖上涂抹密封胶

1—缸盖；2—前盖；A—液态密封胶涂抹区；B—4.0～5.6mm（0.157～0.220in）；C—$\phi$3.4～4.4mm（0.134～0.173in）；箭头—发动机外侧

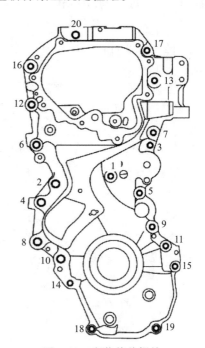

图 3-48 安装前盖螺栓

M6 螺栓：1 号。M10 螺栓：6、7、12、20 号。M12 螺栓：2、4、8、10 号。M8 螺栓：除了上述情况外的螺栓。

注意：务必擦除溢出的多余液态密封胶。

⑪ 按以下步骤安装曲轴皮带轮。

a. 在用塑料锤装上曲轴皮带轮时，请轻敲它的中心部位（非四周位置）。注意切勿损坏前油封唇部分。

b. 使用皮带轮固定器（通用维修工具）固定曲轴皮带轮。

c. 在曲轴皮带轮螺栓的螺纹和座面上涂抹新的发动机机油。

d. 拧紧曲轴皮带轮螺栓。扭矩：29.4N·m（3.0kgf·m，22lbf·ft）。

e. 在曲轴皮带轮 2 上作一个油漆标记 B，此标记需对齐曲轴皮带轮螺栓凸缘 1 上六个容易识别的角度标记 A 中的任意一个。

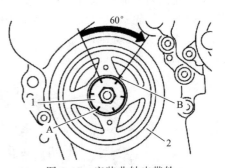

图 3-49 安装曲轴皮带轮

A—角度标记；B—油漆记号；1—曲轴皮带轮螺栓凸缘；2—曲轴皮带轮

f. 再顺时针旋转 60°（角度拧紧）。移动一个角度标记来检查拧紧角度，见图 3-49。

g. 顺时针转动曲轴检查是否可顺滑转动。

⑫ 按照与拆卸相反的顺序安装其他零件。

## 3.6　2.0L MR20DE 发动机

### 3.6.1　正时链条拆卸

① 拆下摇臂盖。
② 排放发动机机油。注意：在发动机冷却后执行此步骤。
③ 拆下驱动皮带。
④ 按以下步骤将 1 号气缸置于压缩行程的上止点。

a. 顺时针旋转曲轴皮带轮 1，并将 TDC 标记（非油漆记号）B 对准前盖上的正时标记 A，见图 3-50。

b. 同时，检查 1 号气缸的凸轮突起是否位于如图 3-51 所示的位置（箭头）。如果没有，则按如图 3-51 所示转动曲轴皮带轮一圈（360°）并对齐。

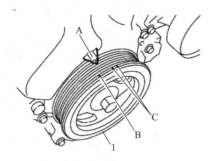

图 3-50　对准 TDC 标记
1—曲轴皮带轮；A—正时标记；B—TDC 标记（非油漆记号）；C—白色油漆标记（不用于维修）

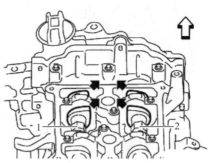

图 3-51　凸轮轴凸轮位置
1—凸轮轴（进气）；2—凸轮轴（排气）；⇧—发动机前端

⑤ 按照以下步骤拆下曲轴皮带轮。

a. 用皮带轮固定器 A（通用维修工具）固定曲轴皮带轮 1，松开曲轴皮带轮螺栓，并使螺栓座面偏离其原始位置 10mm（0.39in），见图 3-52。切勿拆下曲轴皮带轮螺栓，因为它们将用作皮带轮拔具（SST：KV11103000）的支撑点。

b. 将皮带轮拔具 A（SST：KV11103000）装在曲轴皮带轮 1 上的 M6 螺纹孔中，然后拆下曲轴皮带轮，见图 3-53。

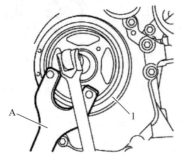

图 3-52　松开曲轴皮带轮螺栓
1—曲轴皮带轮；A—皮带轮固定器

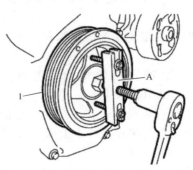

图 3-53　拆下曲轴皮带轮
1—曲轴皮带轮；A—皮带轮拔具

⑥拆下排气管前段。

⑦拆下后扭矩连杆。

⑧拆下油底壳（下部）。注意：如果曲轴链轮和平衡单元部件没有拆下，则不需要该步骤。

⑨用变速箱千斤顶支撑发动机底部，然后拆下发动机底座支架（右侧）和发动机底座隔垫（右侧）。

⑩拆下进气门正时控制电磁阀。

⑪拆下驱动皮带自动张紧器。

⑫按以下步骤拆下前盖。

a. 按照图3-54中所示22～1的顺序松开装配螺栓。

b. 撬开图3-55所示位置（箭头）来切割液态密封胶，然后拆下前盖。小心不要损坏配合面。相较于过去的类型，它在出货时涂抹有黏性更大的液态密封胶，所以不可以将它从图3-55所示位置以外的位置强制拆下。

⑬从前盖上拆下前油封。小心切勿损坏前盖。用螺丝刀撬起前油封。

⑭按以下步骤拆下正时链条张紧器。

a. 按下正时链条张紧器柱塞。

b. 将限位销A插入主体孔内，然后按下柱塞并固定它。使用直径大约为1.5mm（0.059in）的硬金属销作为限位器销。

c. 拆下正时链条张紧器1，见图3-56。

⑮拆下松弛侧链条导轨2、张紧侧链条导轨3和正时链条1，见图3-57。拆卸正时链条后，切勿分别转动各曲轴或凸轮轴，因为这会导致气门和活塞之间相互碰撞。

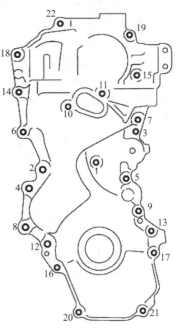

图3-54 前盖螺栓拆卸顺序

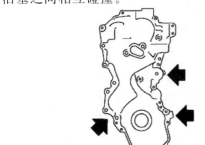

图3-55 切开密封胶位置

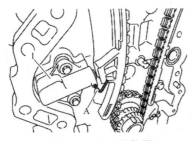

图3-56 拆下张紧器

1—正时链条张紧器；A—限位销

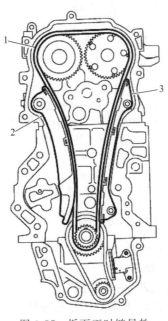

图3-57 拆下正时链导轨

1—正时链条；2—松弛侧链条导轨；3—张紧侧链条导轨

⑯ 用下列步骤拆下曲轴链轮和平衡单元驱动部件。

a. 在图 3-58 所示方向按下限位器凸耳 A，朝平衡单元正时链条张紧器 1 方向推动平衡单元正时链条松弛侧链条导轨。平衡单元正时链条松弛侧链条导轨通过按下限位器凸耳松开。随后可以移动平衡单元正时链条松弛侧链条导轨。

b. 在张紧器主体孔 C 内插入限位器销 D，以固定平衡单元正时链条松弛侧链条导轨。用直径约为 1.2mm（0.047in）的硬金属销作为限位销。

c. 拆下平衡单元正时链条张紧器。当无法使杆上的孔和张紧器主体上的孔对齐时，略微移动平衡单元正时链条松弛侧链条导轨来对齐这些孔。

d. 抓住平衡轴的 WAF 部分[WAF：19mm（0.75in）]，然后松开平衡单元链轮螺栓。注意用 WAF 部分固定平衡单元轴。切勿通过拧紧平衡单元驱动链条来松开平衡单元链轮螺栓。

e. 作为一组拆下曲轴链轮、平衡单元链轮和平衡单元正时链条，见图 3-59。

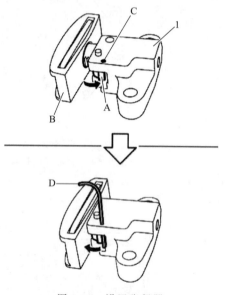 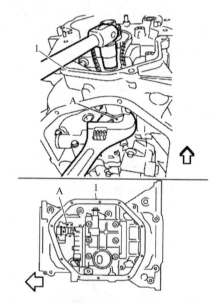

图 3-58　设置张紧器
1—平衡单元正时链条张紧器；A—限位器凸耳；
B—平衡单元正时链条松弛侧链条导轨；
C—张紧器主体孔；D—限位器销

图 3-59　拆下平衡单元链轮与正时链条
1—油底壳（上部）；A—平衡轴的 WAF
部分；箭头—发动机前端

⑰ 如果需要，则从前盖上拆下张紧侧链条导轨（前盖侧）。

## 3.6.2　正时链条安装

注意切勿重复使用 O 形圈。图 3-60 中所示为已安装的部件、正时链条和相对应链轮匹配标记之间的关系。

① 检查曲轴键是否朝上。

② 如果拆下张紧侧链条导轨（前盖侧），则将其安装到前盖上。根据声音或感觉检查接头状况。

③ 安装曲轴链轮 2，平衡单元链轮 3 和平衡单元正时链条 1，见图 3-61。

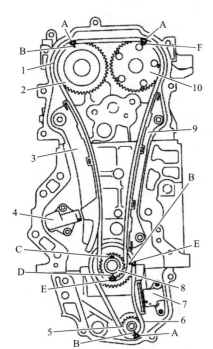

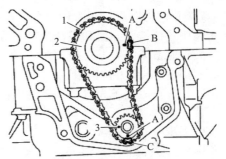

图 3-61 安装平衡轴驱动链
1—平衡单元正时链条；2—曲轴链轮；3—平衡单元链轮；A—匹配标记（印记）；B—匹配标记（橙色链节）；C—匹配标记（深蓝色链节）

安装时对齐各链轮和平衡单元正时链条上的匹配标记。如果这些匹配标记没有对齐，则略微转动平衡轴以修正位置。安装平衡单元正时链条后，检查各链轮的匹配标记位置。

④ 抓住平衡单元轴的 WAF 部分 [WAF：19mm（0.75in）]，然后拧紧平衡轴链轮螺栓。注意用 WAF 部分固定平衡单元轴。切勿通过拧紧平衡单元正时链条来松开平衡轴链轮螺栓。

⑤ 安装平衡单元正时链条张紧器 1。使用限位销将柱塞固定在完全压缩的位置，然后安装。安装平衡单元正时链条张紧器后，拉出（箭头）限位销 A，见

图 3-60 正时链单元部件与正时标记位置
1—正时链条；2—凸轮轴链轮（排气）；3—松弛侧链条导轨；4—正时链条张紧器；5—平衡单元链轮；6—平衡单元正时链条；7—平衡单元正时链条张紧器；8—曲轴链轮；9—张紧侧链条导轨；10—凸轮轴链轮（进气）；A—匹配标记（深蓝色链节）；B—匹配标记（印记）；C—曲轴键位置（垂直朝上）；D—匹配标记（印记）；E—匹配标记（橙色链节）；F—匹配标记（外槽*）[*：凸轮轴链轮（进气）内有两个外槽，较宽的一个是匹配标记]

图 3-62。再次检查平衡单元正时链条和各链轮的匹配标记位置。

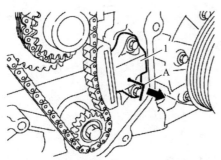

图 3-62 安装平衡单元正时链张紧器
1—平衡单元正时链条张紧器；A—限位销

⑥ 对齐各链轮匹配标记与正时链条的匹配标记，见图 3-63。

如果这些匹配标记没有对齐，则请抓住六边形部位稍微转动凸轮轴以修正位置。

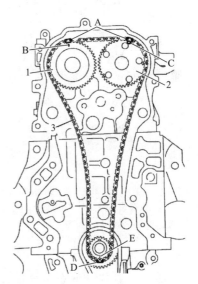

图 3-63 对齐正时链与各链轮正时标记
1—凸轮轴链轮（排气）；2—凸轮轴链轮（进气）；3—正时链条；A—匹配标记（深蓝色链节）；B—匹配标记（印记）；C—匹配标记（外槽*）；[*：凸轮轴链轮（进气）内有两个外槽，较宽的一个是匹配标记] D—匹配标记（橙色链节）；E—匹配标记（印记）；

注意安装正时链条后，再次检查各链轮和正时链条的匹配标记位置。

⑦ 安装张紧侧链条导轨和松弛侧链条导轨。

⑧ 安装正时链条张紧器。使用限位销将柱塞固定在完全压缩的位置，然后安装。安装正时链条张紧器后，用力拉出限位销。

⑨ 再次检查正时链条和每个链轮的匹配标记位置。

⑩ 安装前油封。

⑪ 按以下步骤安装前盖。

a. 将新O形圈安装到缸体上。注意切勿重复使用O形圈。务必对齐O形圈。

b. 如图3-64所示，使用胶管挤压器（通用维修工具）以连续点状的方式在前盖上涂抹液态密封胶。请使用正品液态密封胶或同等产品。

c. 检查正时链条和各链轮的匹配标记是否仍然对齐。然后安装前盖。

注意检查缸体上的O形圈安装是否正确。小心不要因与曲轴的前端干涉而损坏前油封。

d. 检查正时链条和各链轮的匹配标记是否仍然对齐。然后安装前盖。注意检查缸体上的O形圈安装是否正确。小心不要因与曲轴的前端干涉而损坏前油封。

e. 安装前盖，并按图3-65中所示1～22的顺序拧紧装配螺栓。

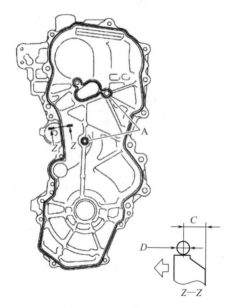

图3-64 涂抹密封胶

A—液态密封胶涂抹区；C—4.0～5.6mm（0.157～0.220in）；D—φ3.4～4.4mm（0.134～0.173in）；箭头—发动机外侧

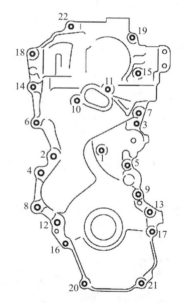

图3-65 安装前盖螺栓顺序

M6 螺栓：1号。M10 螺栓：6、7、10、11、14号。M12 螺栓：2、4、8、12号。M8 螺栓：除上述情况外的螺栓。

注意：应在涂抹液态密封胶后的5min内进行安装。

f. 拧紧所有螺栓后，按如图3-65所示的数字顺序重新拧紧至规定扭矩。注意务必擦除溢出的多余液态密封胶。

⑫ 按以下步骤安装曲轴皮带轮。

a. 在用塑料锤装上曲轴皮带轮时，请轻敲它的中心部位（非四周位置）。切勿损坏前油封唇部分。

b. 使用皮带轮固定器（通用维修工具）固定曲轴皮带轮。

c. 在曲轴皮带轮螺栓的螺纹和座面上涂抹新的发动机机油。

d. 拧紧曲轴皮带轮螺栓。规定扭矩：68.6N·m（7.0kgf·m，51lbf·ft）。

e. 完全松开。

f. 拧紧曲轴皮带轮螺栓。规定扭矩：29.4N·m（3.0kgf·m，22lbf·ft）。

g. 在曲轴皮带轮2上作一个油漆标记B，此标记需对齐曲轴皮带轮螺栓凸缘1上六个容易识别的角度标记A中的任一个，如图3-66所示。

h. 再顺时针旋转60°（角度拧紧）。移动一个角度标记来检查拧紧角度（图3-66）。

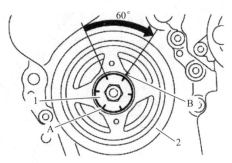

图3-66 安装曲轴皮带轮
1—曲轴皮带轮螺栓凸缘；2—曲轴皮带轮；
A—角度标记；B—油漆标记

i. 顺时针转动曲轴检查是否可顺滑转动。

⑬ 按照与拆卸相反的顺序安装其他零件。

## 3.7  2.0L MR20DD 发动机

该发动机的正时链拆装和调整与MR20DE发动机一样，只不过其机油泵驱动链和曲轴链轮的匹配标记是白色链节，相关内容请参考3.6小节。

## 3.8  2.0L QR20DE 发动机

该发动机的正时链拆装和调整与QR25DE发动机一样，相关内容请参考3.9小节。

## 3.9  2.5L QR25DE 发动机

### 3.9.1  正时链条拆卸

① 拆下PCV软管、进气歧管、点火线圈、驱动皮带、驱动皮带自动张紧器。

② 拆卸发动机底座支架（右）。

③ 拆下摇臂盖。

④ 拆下油底壳（下部）。

⑤ 拆下油底壳（上）和机油集滤器。

⑥ 拆下气门正时控制盖，见图3-67。切勿松开气门正时控制盖背部的螺钉A。

⑦ 从前盖将凸轮轴链轮之间的链条导板拉出。

⑧ 按以下步骤将1号气缸置于压缩行程的上止点。

a. 顺时针旋转曲轴皮带轮1，并将TDC标记B对准前盖上的正时标记A，见图3-68。

b. 同时，检查凸轮轴链轮的配合标记是否在图3-69所示位置。如果不对照的话，就再转动曲轴皮带轮一次，使匹配标记A与图3-69所示位置一致。

⑨ 按照以下步骤拆下曲轴皮带轮。

a. 用皮带轮固定器（通用维修工具）A固定曲轴皮带轮1，松开曲轴皮带轮螺栓，并使螺栓座面偏离其原始位置10mm（0.39in），见图3-70。

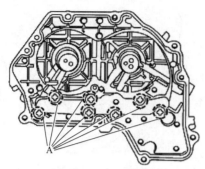

图 3-67 不用拆下的螺钉
A—螺钉

图 3-68 设置 TDC 位置
1—曲轴皮带轮；A—正时标记；B—TDC 标记；
C—油漆标记（不用于维修）

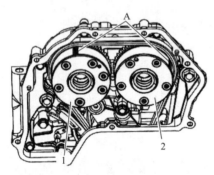

图 3-69 凸轮轴链轮正时位置
1—凸轮轴链轮（进气）；2—凸轮轴链轮（排气）；A—匹配标记

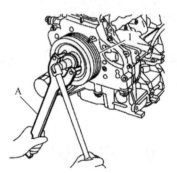

图 3-70 松开曲轴皮带轮螺栓
1—曲轴皮带轮；A—皮带轮固定器

b. 将皮带轮拔具（SST：KV11103000）A 置于曲轴皮带轮的 M6 螺纹孔处，然后拆下曲轴皮带轮，见图 3-71。

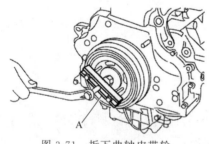

图 3-71 拆下曲轴皮带轮
A—皮带轮拔具

⑩ 按以下步骤拆下前盖。

a. 按如图 3-72 所示数字的相反顺序松开并拆卸装配螺栓。

⑪ 如果前油封需要更换，则用合适的工具将其夹起并拆下。小心切勿损坏前盖。

⑫ 用下列步骤拆下正时链条和凸轮轴链轮。

a. 按下链条张紧器柱塞。将限位销 A 插入链条张紧器体

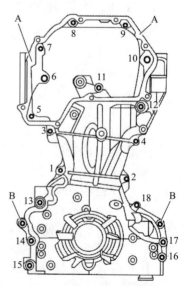

图 3-72 前盖螺栓拆卸顺序
A—定位销；B—定位销孔

上的孔以固定链条张紧器柱塞并拆下链条张紧器1（图3-73）。使用直径大约为0.5mm（0.02in）的硬金属销作为限位销。

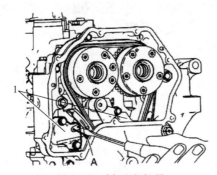

图3-73　拆下张紧器
1—链条张紧器；A—限位销

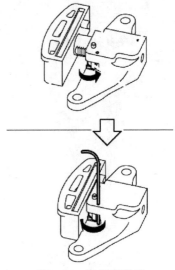

图3-74　设置张紧器

b. 用扳手固定凸轮轴的六边形部分。松开凸轮轴链轮装配螺栓并拆下正时链条和凸轮轴链轮。在拆下正时链条时，切勿旋转曲轴或凸轮轴，因为这会导致气门和活塞之间相互碰撞。

⑬ 拆下正时链条松弛侧链条导轨，正时链条张紧侧链条导轨和油泵驱动隔套。

⑭ 按照以下步骤拆下平衡单元正时链条张紧器。

a. 在图3-74所示方向按下限位器凸耳，朝正时链条张紧器（对于油泵）方向推动正时链条松弛侧链条导轨。通过按下限位器凸耳松开松弛侧链条导轨。这样便可以移动松弛侧链条导轨。

b. 在张紧器主体孔内插入限位器销，以固定正时链条松弛侧链条导轨。用直径约为1.2mm（0.047in）的硬金属销作为限位销。

c. 拆下平衡单元正时链条张紧器。当无法对齐杆上的孔和张紧器主体上的孔时，略微移动松弛侧链条导轨与孔对齐。

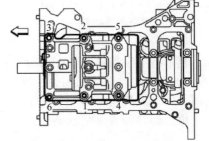

图3-75　松开平衡单元螺栓

⑮ 拆下平衡单元正时链条和曲轴链轮。

⑯ 按如图3-75所示数字的相反顺序松开装配螺栓，并拆下平衡单元。切勿分解平衡单元。

注意：使用TORX套筒（尺寸为E14）。

## 3.9.2　正时链条安装

注意切勿重复使用O形圈。图3-76显示了每个正时链条上的匹配标记和相应的安装了部件的链轮上的匹配标记之间的关系。

① 检查曲轴键是否朝上。

② 采用以下步骤按图3-75所示数字顺序拧紧装配螺栓，并安装平衡单元。注意：如果重复使用装配螺栓，则在安装之前必须检查其外径。

a. 在螺纹和固定螺栓的底面上涂抹新的发动机机油。

b. 拧紧1~5号螺栓。规定扭矩：42.0N·m（4.3kgf·m，35lbf·ft）。

c. 拧紧6号螺栓。规定扭矩：36.0N·m（3.7kgf·m，27lbf·ft）。

d. 顺时针拧紧1~5号螺栓120°（定角度拧紧）。注意使用角度扳手（SST：KV10112100）A

检查拧紧角度。切勿靠目视检查作出判断。

e. 再顺时针旋转6号螺栓90°（定角度拧紧）。

f. 完全松开所有螺栓。注意：在这一步骤中，按如图3-75所示数字的相反顺序松开螺栓。

g. 重复步骤b~e。

③ 安装曲轴链轮1和平衡单元正时链条2，见图3-77。检查曲轴链轮是否位于缸体和曲轴链轮C结合顶部的装配标记A上。安装时对齐各链轮和平衡单元正时链条上的匹配标记。

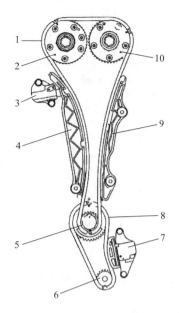

图3-76 正时链部件与正时标记
1—正时链条；2—凸轮轴链轮（进气）；3—链条张紧器；4—正时链条松弛侧链条导轨；5—曲轴链轮；6—平衡单元链轮；7—平衡单元链条张紧器；8—平衡单元正时链条；9—正时链条张紧侧链条导轨；10—凸轮轴链轮（排气）

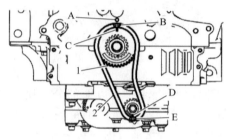

图3-77 平衡单元正时链安装
1—曲轴链轮；2—平衡单元正时链条；A—装配标记；B—匹配标记（黄色）；C—曲轴链轮；D—匹配标记；E—匹配标记（蓝色）

④ 安装平衡单元正时链条张紧器。小心切勿使各链轮和正时链条的匹配标记滑动。安装后，确认匹配标记未滑动，然后拆下限位销并松开张紧器套筒。

⑤ 安装正时链条和相关零件。进行安装时，使每个链轮和正时链条上的匹配标记对齐，见图3-78。安装链条张紧器前后，再次检查匹配标记是否没有滑动。安装链条张紧器后，拆下限位销并检查张紧器是否移动自如。

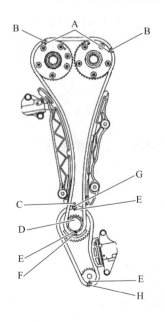

图3-78 正时链安装部件位置与标记
A—匹配标记（外槽）；B—粉红色链节；C—匹配标记（耳状）；D—曲轴键；E—匹配标记（压印）；F—橙色链节；G—黄色链节；H—蓝色连杆

注意在以下操作中，配合标记对准后，用手将其固定从而保持其对准状态。为避免错齿，在前盖安装前，切勿转动曲轴和凸轮轴。安装链条张紧器前，可以改变各链轮上正时链条匹配标记的位置以便对齐。

⑥ 在前盖上安装前油封。

⑦ 按以下步骤安装前盖，注意切勿重复使用 O 形圈。

a. 在缸盖和缸体上安装 O 形圈。

b. 使用胶管挤压器（通用维修工具）以连续点状的方式涂抹液态密封胶到前盖上，如图 3-79 所示。

请使用正品液态密封胶或同等产品。位置不同，应用说明也不同。

$C$—2.6～3.6mm（0.102～0.142in）；$D$—$\phi$3.4～4.4mm（0.134～0.173in）；$F$—35.7mm（1.406in），在此区域内涂抹液态密封胶 $\phi$6.0～7.0mm（0.236～0.275in）；$G$—179.6mm（7.07in）；$H$—35.5mm（1.398in）；$I$—31.3mm（1.232in），在此区域内涂抹液态密封胶 $\phi$6.0～7.0mm（0.236～0.275in）

c. 检查正时链条和各链轮的匹配标记是否仍然对齐。然后安装前盖。注意不要因与曲轴的前端干涉而损坏前油封。

d. 按照图 3-80 所示数字的顺序拧紧装配螺栓。

e. 拧紧所有螺栓后，按如图 3-80 所示数字的顺序重新拧紧至规定扭矩。

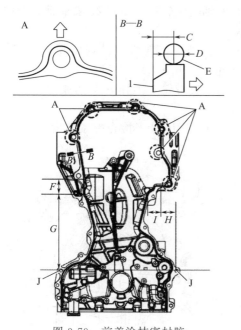
图 3-79　前盖涂抹密封胶
1—前盖；A—在螺栓孔外侧涂抹液态密封胶；E—液态密封胶；J—定位销孔；箭头—发动机外侧

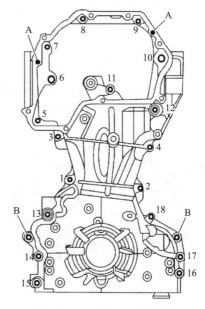
图 3-80　前盖螺栓拧紧顺序
A—定位销；B—定位销孔

注意务必擦干净溢出到表面的液态密封胶以固定油底壳。

拧紧扭矩：M10 螺栓，49.0N·m（5.0kgf·m，36lbf·ft）；M6 螺栓，12.7N·m（1.3kgf·m，9lbf·ft）。

⑧ 在凸轮轴链轮之间安装链条导轨。

⑨ 按如下步骤拆卸气门正时控制盖。

a. 如拆卸了气门正时控制电磁阀，则将其安装至气门正时控制盖上。

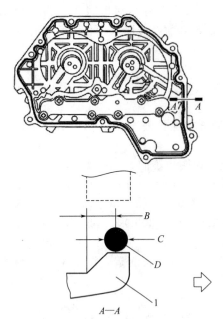

图 3-81 气门正时控制盖上密封胶
1—气门正时控制盖；$B$—4.3~5.3mm
(0.169~0.208in)；$C$—$\phi$3.4~4.4mm
(0.134~0.173in)；$D$—液态密封胶；
箭头—发动机外侧

b. 将新的油环安装在气门正时控制盖背部的凸轮轴链轮（进气）插入点上。

c. 将新 O 形圈安装到前盖上。

d. 如图 3-81 所示，使用胶管挤压器（通用维修工具）以连续点状的方式在气门正时控制盖上涂抹液态密封胶 D。

请使用正品液态密封胶或同等产品。注意应在涂抹液态密封胶后的 5min 内进行安装。切勿重复使用 O 形圈。

e. 按照图 3-82 所示数字的顺序拧紧装配螺栓。

⑩ 通过对齐曲轴键插入曲轴皮带轮。在用塑料锤装上曲轴皮带轮时，请轻敲它的中心部位（非四周位置）。注意安装时请保护前油封唇缘部分避免受到任何损坏。

⑪ 拧紧曲轴皮带轮螺栓。用皮带轮固定器（通用维修工具）固定曲轴皮带轮，并拧紧曲轴皮带轮螺栓。按以下步骤执行定角度拧紧。

a. 在曲轴皮带轮螺栓的螺纹和座面上涂抹新的发动机机油。

b. 拧紧曲轴皮带轮螺栓。规定扭矩：42.1N·m（4.3kgf·m，31lbf·ft）。

c. 在曲轴皮带轮 2 上作一个油漆标记 A，使其与螺栓法兰上六个容易识别的角度标记都匹配。

d. 再顺时针旋转 60°（角度拧紧）。移动一个角度标记 B 来检查拧紧角度，见图 3-83。

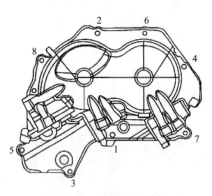

图 3-82 螺栓拧紧顺序

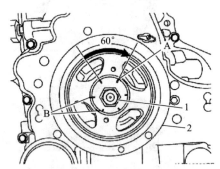

图 3-83 安装曲轴皮带轮
1—曲轴皮带轮螺栓；2—曲轴皮带轮；
A—油漆标记；B—角度标记

⑫ 按照与拆卸相反的顺序安装所有拆下的零件。

## 3.10　2.3L VQ23DE 发动机

该发动机正时链拆装和调整与 VQ35DE 发动机相同，相关内容请参考 3.13 小节。

## 3.11 2.4L KA24DE 发动机

### 3.11.1 下正时链条安装

① 安装曲轴链轮、油泵驱动齿轮和甩油盘,见图 3-84。确保曲轴链轮的配合标记朝着发动机前面。

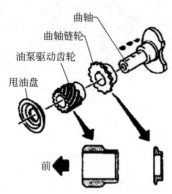

图 3-84 安装曲轴链轮

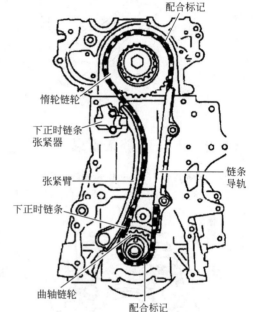

图 3-85 下正时链安装标记

② 如图 3-85 所示,按照配合标记和拆卸时作的油漆标记,安装惰轮链轮和下正时链条。注意不要损坏缸盖衬垫。

③ 安装链条导轨和链条张紧臂。

④ 安装下链条张紧器,拆下固定活塞到张紧器上的销子。

⑤ 安装前盖。使用刮刀或其他合适的工具清除缸体和前盖配合面上所有原来的液体衬垫的痕迹。在前盖上安装新的前油封,见图 3-86、图 3-87。在前盖上连续涂抹液体衬垫。使用纯正的液体衬垫或同类产品。确保安装新的前油封。在缸盖衬垫表面上涂抹液体衬垫。安装发动机前盖。安装机油集滤器和油底壳。

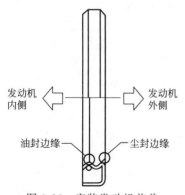

图 3-86 安装发动机前盖

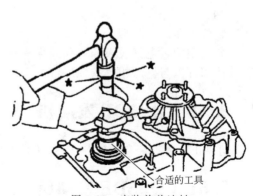

图 3-87 安装前盖油封

⑥ 安装油泵和分电器驱动轴。如图 3-88 所示,确保分电器驱动轴的平面端朝向发动机,否则将导致分电器不能正常工作。

⑦ 安装曲轴皮带轮、空调压缩机和惰轮皮带轮支架。
⑧ 安装惰轮链轮和螺栓，见图 3-89。

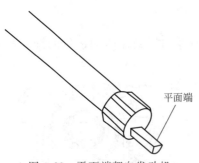

图 3-88 平面端朝向发动机

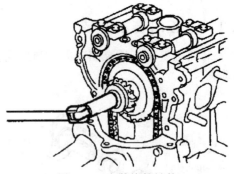

图 3-89 安装惰轮链轮

## 3.11.2 上正时链条安装

① 安装下正时链条和惰轮链轮。
② 安装上正时链条和链轮，参照拆卸时作的油漆参考标记，见图 3-90。

③ 安装链条张紧器。拆下固定张紧装置活塞到张紧器孔内的销子。

④ 安装凸轮轴链轮盖。使用刮刀或其他合适的工具清除缸体和凸轮轴链轮盖配合面上所有原来的液体衬垫的痕迹。在盖上连续涂抹液体衬垫。在缸盖衬垫表面上涂抹液体衬垫。使用纯正的液体衬垫或同类产品。注意不要损坏缸盖衬垫。当安装凸轮轴链轮盖时，注意不要让上正时链条脱落。

⑤ 安装摇臂室衬垫。在缸盖上和凸轮轴链轮盖上涂抹液体衬垫。

⑥ 安装摇臂室盖。按照编号顺序拧紧螺栓。

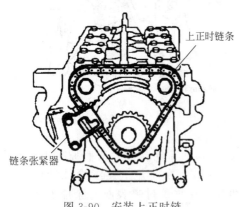

图 3-90 安装上正时链

扭矩：8～11N·m。

⑦ 安装分电器。
⑧ 安装真空管、电气线束插头和线束夹子。
⑨ 其他部件以与拆卸相反的顺序进行安装。

## 3.12 2.5L VQ25DE 发动机

该发动机正时链拆装和调整与 VQ35DE 发动机相同，相关内容请参考 3.13 小节。

## 3.13 3.5L VQ35DE 发动机

### 3.13.1 正时链条拆卸

① 拆卸进气歧管总管、摇臂盖（气缸侧体 1 和 2）、油底壳（上和下）、机油集滤器，驱

动皮带、惰轮皮带轮和支架。

② 从前正时链条箱上拆卸它们的支架来分离发动机线束。

③ 拆下凸轮轴链轮盖。

按如图 3-91 所示的相反顺序松开装配螺栓。注意：轴在内部与凸轮轴链轮（进气）中心孔相连，拆卸时请保持其水平直至完全断开。

④ 如图 3-92 所示，使 1 号气缸位于压缩冲程上止点。

a. 顺时针旋转曲轴皮带轮将正时标记（无色槽沟线）（箭头）对准正时指示器。

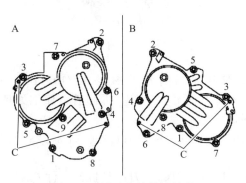

图 3-91 拆下凸轮轴链轮盖
A—气缸侧体 1；B—气缸侧体 2；C—定位销孔

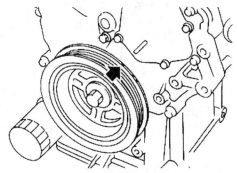

图 3-92 设置 TDC 位置

b. 确认 1 号气缸（气缸侧体 1 发动机前端）上的进气和排气凸轮前端在图 3-93 中所示位置上。如果没有，则请按如图 3-92 所示旋转曲轴一圈（360°）并对齐。

⑤ 如下所述拆下曲轴皮带轮。

a. 用皮带轮夹具（通用维修工具）A 固定曲轴。

b. 松开曲轴皮带轮螺栓，并确定离开螺栓原位 10mm（0.39in）的螺栓座表面。注意：切勿拆卸曲轴皮带轮螺栓，因为它还能用于支撑合适的拔具，见图 3-94。

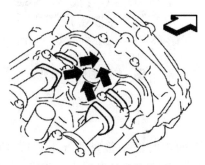

图 3-93 凸轮轴凸轮位置

图 3-94 松开曲轴皮带轮螺栓
1—曲轴皮带轮；A—皮带轮夹具

c. 在曲轴皮带轮孔上放置合适的拔具，并拉出曲轴皮带轮，见图 3-95。注意：切勿将合适的拔具放置在曲轴皮带轮上，否则会损坏内缓冲器。

⑥ 如下所述拆卸前正时链条箱。

a. 按如图 3-96 所示数字的相反顺序松开装配螺栓。

b. 如图 3-97 所示，将合适的工具 A 插入前正时链条箱顶部的槽口。

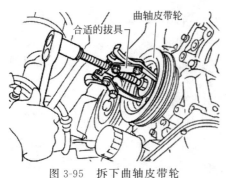

图 3-95 拆下曲轴皮带轮

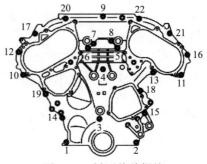

图 3-96 拆下前盖螺栓

c. 如图 3-97 所示,通过移动工具将箱撬开。使用密封刮刀[SST:KV10111100(J-37228)]切割密封胶,以便拆卸。注意:切勿使用螺丝刀或类似工具。拆卸后,仔细处理前正时链条箱,使之不会因负载而翘起、倾斜或弯曲。

⑦ 从前正时链条箱上拆下水泵盖。使用密封刮刀[SST:KV10111100(J-37228)]切割密封胶,以便拆卸。

⑧ 使用合适的工具从前正时链条箱上拆下前油封。使用螺丝刀进行拆卸。注意不要损坏前正时链条箱。

⑨ 从后正时链条箱上拆下 O 形圈 1,见图 3-98。

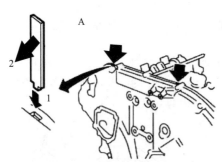

图 3-97 切开前盖密封胶
A—合适的撬动工具;1—插入方向;2—撬动方向

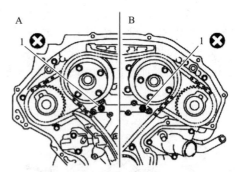

图 3-98 拆下后正时链箱 O 形圈
1—O 形圈;A—气缸体 1;B—气缸体 2;✖—每次解体后需要更换

⑩ 如下所述拆卸正时链条张紧器(主)。

a. 拆下下装配螺栓 A。

b. 慢慢松开上装配螺栓 B,然后转动装配螺栓上的正时链条张紧器(主)1,使柱塞 C 完全伸出。即使柱塞完全伸出,它也不会从正时链条张紧器(主)上掉下,见图 3-99。

c. 拆卸上装配螺栓,然后拆卸正时链条张紧器(主)。

⑪ 拆下内链条导轨、张紧侧链条导轨和松紧导杆。拆卸正时链条(主)后可以拆卸张紧导板。注意:拆卸正时链条张紧器(主)后,不要分别旋转曲轴和凸轮轴,否则气门会碰撞活塞盖。

⑫ 拆卸正时链条(主)和曲轴链轮。

⑬ 如下所述拆下正时链条(副)和凸轮轴链轮。

a. 在气缸侧体 1 和气缸侧体 2 正时链条张紧器(副)1 上安装合适的定位销 B。使用直径大约 0.5mm(0.02in)的硬金属销作为限位销,见图 3-100。

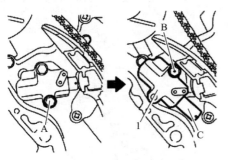
图3-99 拆下链条张紧器
1—正时链条张紧器（主）；A—下装配螺栓；
B—上装配螺栓；C—柱塞

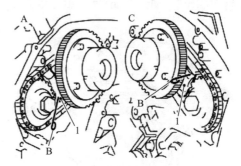
图3-100 拆下副张紧器
1—正时链条张紧器（副）；A—气缸侧体1；
B—定位销；C—气缸侧体2

b. 拆下凸轮轴链轮（进气和排气）装配螺栓。使用扳手固定凸轮轴的六边形部分来松开装配螺栓。注意：切勿松开装配螺栓，而固定凸轮轴六边形以外的其他部分或张紧正时链条。

c. 将正时链条（副）与凸轮轴链轮一起拆卸。稍微转动凸轮轴固定正时链条张紧器（副）侧的正时链条松紧度。

将0.5mm（0.020in）厚的金属或树脂板插入正时链条和正时链条张紧器柱塞（导板）E之间。从导管槽沟松开正时链条，将正时链条（副）2与凸轮轴链轮一起拆卸，见图3-101。

拆卸正时链条（副）时小心柱塞不要脱落，因为正时链条张紧器（副）的柱塞会在操作时移动，导致固定限位器销脱落。凸轮轴链轮（进气）是用于正时链条（主）和正时链条（副）的二合一结构链轮。如图3-101所示是气缸侧体1的示例。

当处理凸轮轴链轮（进气）时，请注意以下事项：小心操作，避免震动凸轮轴链轮；切勿分解；如图3-102所示，切勿松开螺栓A。

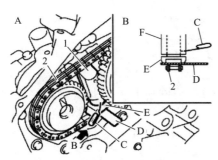
图3-101 拆下副正时链与凸轮轴链轮
1—正时链条张紧器（副）；2—正时链条（副）；A—气缸体1；
B—视图B；C—限位器销；D—板；E—正时链条张紧器柱塞
（导板）；F—正时链条张紧器（主体）

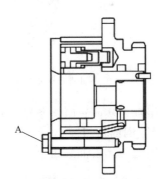
图3-102 螺栓位置
A—螺栓

⑭ 拆卸水泵。
⑮ 拆下油泵。
⑯ 如下所述拆下后正时链条箱。
a. 按如图3-103所示数字的相反顺序松开并拆卸装配螺栓。
b. 用油封刮刀切割密封胶，并拆下后正时链条箱。注意：切勿拆卸机油管路的板金属盖 1，见图 3-104。拆卸后，小心处理后正时链条箱，使之不会因负载而翘起、倾斜或弯曲。

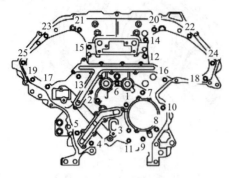

图 3-103 拆下后正时链条箱螺栓

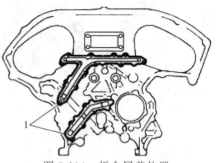

图 3-104 板金属盖位置
1—板金属盖

⑰ 如有需要，则从正时链条箱（后）拆卸燃油温度传感器。

⑱ 从缸体上拆下 O 形圈。

⑲ 如有必要，则如下所述从缸盖上拆下正时链条张紧器（副）。

a. 拆下凸轮轴支架（1 号）。

b. 拆下已装好限位器销 B 的正时链条张紧器（副）1，见图 3-105。

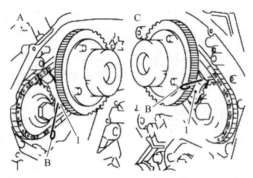

图 3-105 拆下副正时链张紧器
1—正时链条张紧器（副）；A—气缸体 1；B—限位器销；C—气缸体 2

⑳ 使用刮刀从前正时链条箱和对面的配合面上清除所有旧密封胶遗留痕迹。从螺栓孔和螺纹上清除旧的密封胶。

㉑ 使用刮刀除去油泵盖上的所有旧密封胶。

## 3.13.2 正时链条安装

注意切勿重复使用 O 形圈。图 3-106 显示了每个正时链条上的匹配标记和相应的安装了部件的链轮上的匹配标记之间的关系。

① 如果已拆卸，则请按如下所述将正时链条张紧器（副）安装到缸盖上。安装已装有限位器销和新 O 形圈的正时链条张紧器（副）。

② 安装 1 号凸轮轴支架。

③ 测量凸轮轴支架（1 号）和缸盖前端高度的差值。标准：-0.14～0.14mm（-0.0055～0.0055in）。测量单个气缸侧体的两个位置（进气侧和排气侧），见图 3-107。如果测量值超过标准，则请重新安装凸轮轴支架（1 号）。

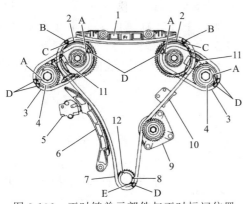

图 3-106 正时链单元部件与正时标记位置
1—内链条导轨；2—凸轮轴链轮（进气）；3—正时链条（副）；4—凸轮轴链轮（排气）；5—正时链条张紧器（主）；6—松弛侧链条导轨；7—正时链条（主）；8—曲轴链轮；9—水泵；10—张紧侧链条导轨；11—正时链条张紧器（副）；12—曲轴键；A—匹配标记；B—匹配标记（粉色链节）；C—匹配标记（冲孔）；D—匹配标记（橙色）；E—匹配标记（有缺口）

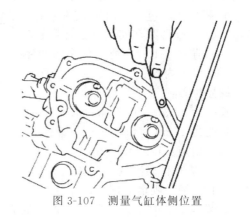

图 3-107 测量气缸体侧位置

④ 如下所述安装后正时链条箱。将新O形圈安装到缸体上。注意切勿重复使用O形圈。

a. 如图 3-108 所示，用管路压缩机（通用维修工具）在后正时链条箱背面涂抹密封胶。使用原装 RTV 硅密封胶或同等产品。注意参照图 3-108 中所示的"A"，彻底擦净接触到发

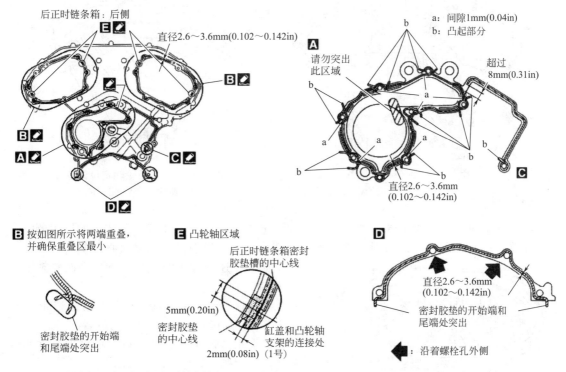

图 3-108 在正时链条箱上涂抹密封胶

动机冷冻液的部分密封胶。在水泵和缸盖的安装位置全面涂抹密封胶。

b. 将后正时链条箱对准缸体上的定位销（气缸侧体1和气缸侧体2），并安装后正时链条箱。确认O形圈在安装到缸体和缸盖时已固定到位。

c. 按照图3-109中所示数字的顺序拧紧装配螺栓。有两种类型的装配螺栓。有关螺栓位置请参见以下内容。

螺栓位置：

长度为20mm（0.79in）的螺栓：1~3，6~10。

长度为16mm（0.63in）的螺栓：除了以上情况外。

规定扭矩：12.7N·m（1.3kgf·m，9lbf·ft）。

d. 拧紧所有螺栓后，按如图3-109所示的数字顺序重新拧紧它们至规定扭矩。如果密封胶上有污渍，则请立即清洗干净。

e. 安装后正时链条箱后，检查油底壳（上）安装表面以下零件之间的表面高度差。标准：后正时链条箱至缸体的距离为-0.24~0.14mm（-0.009~0.006in）。如果不在标准范围内，则重复安装步骤。

⑤ 安装水泵。

⑥ 安装油泵。

⑦ 确认定位销A和曲轴键1如图3-110所示定位（1号气缸处于压缩上止点）。如果凸轮轴没有停在如图所示的位置，则对于凸轮前端的放置，通常是将凸轮轴按图中相同的方向放置。

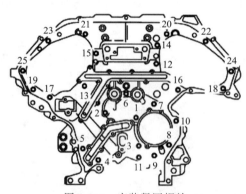

图3-109 安装紧固螺栓

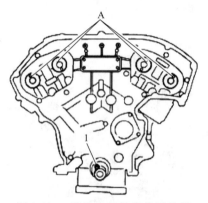

图3-110 确认凸轮轴定位销位置
1—曲轴键；A—定位销

凸轮轴定位销：在每个气缸侧体的缸盖面朝上侧。曲轴键：在气缸侧体1的缸盖侧。

注意：小直径侧的孔必须用作进气侧定位销孔，不要识别错（忽略大直径侧）。

⑧ 如下所述安装正时链条（副）和凸轮轴链轮（进气和排气）。

注意正时链条和链轮之间的匹配标记很易错位。安装时重复确认所有匹配标记位置。

a. 按下正时链条张紧器（副）的柱塞，并用限位器销（A）保持按下状态，见图3-111。

b. 安装正时链条（副）1和凸轮轴链轮（进气和排气）。图3-112所示为气缸侧体1（后视图）。

将正时链条（副）（橙色链节）上的匹配标记对准凸轮轴链轮（进气和排气）（冲孔）上的标记，

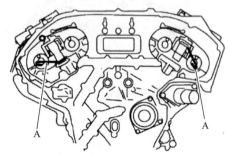

图3-111 用限位器销保持张紧器柱塞
A—限位器销

并进行安装。

凸轮轴链轮（进气）的匹配标记位于凸轮轴链轮（副）的背面。有两种类型的匹配标记，圆形的和椭圆形的。它们应分别用于气缸侧体 1 和气缸侧体 2。

气缸侧体 1：使用圆形的匹配标记。

气缸侧体 2：使用椭圆形的匹配标记。

对齐凸轮轴上定位销与链轮上的槽或孔，并安装。在进气侧，将凸轮轴前端的定位销对准凸轮轴链轮背面的定位销孔，并进行安装。在排气侧，将凸轮轴前端的定位销对准凸轮轴链轮上的定位销孔，并进行安装。

如果每个配合标记的位置和每个定位销的位置在配合零件上不匹配，则请用扳手或同等工具握住凸轮轴的六边形部位进行微调。

凸轮轴链轮的装配螺栓必须在下一步中拧紧。用手拧紧它们足以避免定位销错位。

安装时和安装后很难通过目视检查匹配标记的错位。要使匹配更容易，请提前用油漆在链轮齿的顶部和延伸管路上做配合标记 A，见图 3-113。

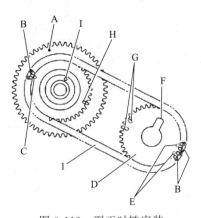

图 3-112 副正时链安装
1—正时链条（副）；A—凸轮轴链轮（进气）背面；B—橙色链节；C—匹配标记（圆圈）；D—凸轮轴链轮（排气）背面；E—匹配标记（前面上的 2 个圆圈）；F—定位销槽；G—匹配标记（前面上的 2 个椭圆）；H—匹配标记（椭圆）；I—定位销孔

c. 确认配合标记已对齐后，拧紧凸轮轴链轮装配螺栓。用扳手固定凸轮轴的六角部分，以拧紧装配螺栓。

d. 从正时链条张紧器（副）1 上拉出限位器销 B，见图 3-114。

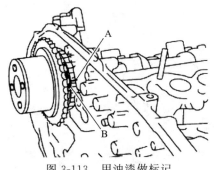

图 3-113 用油漆做标记
A—配合标记；B—匹配标记（橙色链节）

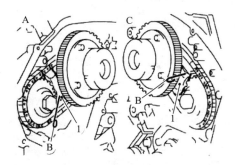

图 3-114 安装限位器销
1—正时链条张紧器（副）；A—气缸体 1；B—限位器销；C—气缸体 2

⑨ 安装张紧导板。

⑩ 按如下所述安装正时链条（主）。

a. 安装曲轴链轮 1。确认曲轴链轮上的配合标记朝向发动机前端，见图 3-115。

b. 安装正时链条（主）。安装正时链条（主），使凸轮轴链轮（进气）1 上的匹配标记（冲孔）B 与正时链条上的粉色链节 A 对齐，同时曲轴链轮 2 上的匹配标记（冲孔）C 与正时链条上的橙色链节 D 对齐，如图 3-116 所示。

当很难将正时链条（主）的配合标记对准每个链轮时，请使用扳手握住六边形部分慢慢转动凸轮轴使其与配合标记对齐。定位时，小心避免正时链条（副）的配合标记定位发生错位。

图 3-115 曲轴链轮标记
1—曲轴链轮；A—曲轴侧；B—发动机前端；C—匹配标记（前侧）

⑪ 安装内链条导轨和松紧导杆。注意切勿过度拧紧松弛侧链条导轨装配螺栓。把装配螺栓拧紧到规定扭矩时，螺栓座下面出现缝隙是正常的。

⑫ 按照以下步骤安装正时链条张紧器（主）。

a. 向上拉出柱塞限位器凸耳 A（或向下转动杆）以拆卸柱塞棘齿 D 上的限位器凸耳。柱塞限位器凸耳和杆 C 是同步的。

b. 向张紧器中压入柱塞。

c. 使柱塞限位器凸耳与棘齿端啮合，在完全压紧的位置按住柱塞。

d. 从杆孔中将销 E 插入张紧器孔 B 中以固定杆。杆零件和限位器是同步的。因此，在这种情况下可固定柱塞。图 3-117 所示是使用直径为 1.2mm（0.047in）的细改锥作为限位销。

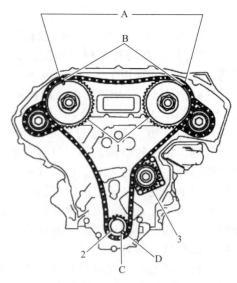

图 3-116 主正时链安装
1—凸轮轴链轮（进气）；2—曲轴链轮；3—水泵
A—粉色链节；B,C—匹配标记（冲孔）；D—橙色链节

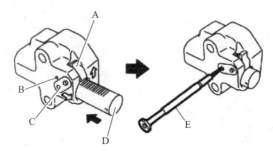

图 3-117 设置张紧器
A—柱塞限位器凸耳；B—张紧器孔；C—杆；D—柱塞棘齿；E—销

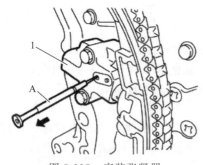

图 3-118 安装张紧器
1—正时链条张紧器（主）；A—限位销

e. 安装正时链条张紧器（主）1。彻底清除正时链条张紧器（主）背面和安装表面上的污垢及异物。

f. 安装后将限位销 A 拉出，然后松开柱塞，见图 3-118。

⑬ 再次确认每个链轮和各正时链条上的配合标记都没有错位。

⑭ 将新 O 形圈安装到后正时链条箱上。切勿重复使用 O 形圈。

⑮ 将新的前油封安装到前正时链条箱上。在油封唇和防尘封唇上涂抹新发动机机油。安装时如图 3-119 所示确定每个密封唇的方向。

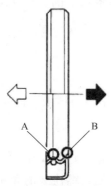

图 3-119 前油封安装位置
A—油封唇；B—防尘封唇；白箭头—发动机内部；黑箭头—发动机外部

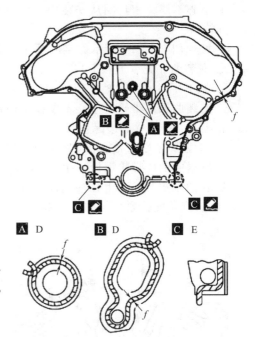

图 3-120 涂装密封胶
D—螺栓孔；E—凸起部分；$f$—$\phi 2.6 \sim 3.6mm$（$0.102 \sim 0.142in$）

使用适当的冲头［外径：60mm（2.36in）］，压下固定油封，直至与前正时链条箱端面齐平。确认箍簧到位，密封唇还未翻转。

⑯ 如下所述安装前正时链条箱。

a. 如图 3-120 所示，用管路压缩机（通用维修工具）在前正时链条箱背面涂抹连续的密封胶滴。使用原装 RTV 硅密封胶或同等产品。

b. 安装前正时链条箱，使它的定位销孔适合后正时链条箱上的定位销。

c. 按照如图 3-121 所示的数字顺序拧紧装配螺栓到规定扭矩。

有两种类型的装配螺栓。有关螺栓位置请参见以下内容。

M8 螺栓：1，2［紧固力矩：28.4N·m（2.9kgf·m，21lbf·ft）］。

M6 螺栓：除了上述情况外［紧固力矩：12.7N·m（1.3kgf·m，9lbf·ft）］。

d. 拧紧所有螺栓后，按如图 3-121 所示的数字顺序重新拧紧它们至规定扭矩。注意务必清除油底壳（上）配合面上泄漏出的多余的密封胶。

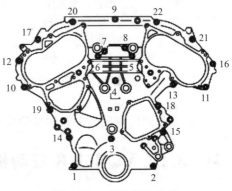

图 3-121 安装紧固螺栓

e. 安装前正时链条箱后，检查油底壳（上）安装表面以下零件之间的表面高度差。如果不在标准范围内，则重复安装步骤。标准：前正时链条箱到后正时链条箱的距离为－0.14～0.14mm（－0.006～0.006in）。

⑰ 在前正时链条箱上安装水泵盖。用管压缩器（通用维修工具）将密封胶连续地涂抹到水泵盖。使用原装 RTV 硅密封胶或同等产品。密封胶涂抹的直径为 $\phi 2.3 \sim 3.3mm$（$0.091 \sim 0.130in$）。

⑱ 按如下所述安装进气凸轮轴链轮。

a. 将新密封圈安装到轴槽沟中。

b. 在前正时链条箱上安装凸轮轴链轮。需对齐进气侧凸轮链轮轴中心孔才可插入。小心将密封圈安装到轴槽。

c. 小心不要将密封圈从安装槽沟中移开，将前正时链条箱上的定位销对准孔来安装进凸轮链轮盖。

d. 按照图3-122中所示数字的顺序拧紧装配螺栓。

⑲ 安装油底壳（上和下）。

⑳ 如下所述安装曲轴皮带轮。

a. 安装曲轴皮带轮，小心不要损坏前油封。注意：使用塑料锤敲下固定曲轴皮带轮时，请敲击其中央位置（非边缘位置）。

b. 用皮带轮夹具（通用维修工具）固定曲轴。

c. 拧紧曲轴皮带轮螺栓。扭矩：44.1N·m（4.5kgf·m，33lbf·ft）。

d. 在曲轴皮带轮1上作一个油漆标记A，它与曲轴皮带轮螺栓2的角标记B对齐。拧紧螺栓90°（角度拧紧），见图3-123。

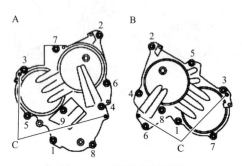

图3-122　螺栓拧紧顺序
A—气缸侧体1；B—气缸侧体2；C—定位销孔

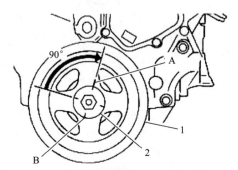

图3-123　安装曲轴皮带轮
1—曲轴皮带轮；2—曲轴皮带轮螺栓；
A—油漆标记；B—角标记

㉑ 沿正常方向旋转曲轴皮带轮（从发动机前端查看时是顺时针方向）确认其转动灵活。

㉒ 此步骤之后按照与拆卸相反的顺序安装。

## 3.14　3.5L VQ35HR 发动机

该款发动机正时链拆装和调整与VQ35DE发动机一样，相关内容请参考3.13小节。

## 3.15　3.7L VQ37VHR 发动机

该款发动机正时链拆装和调整与VQ35DE发动机一样，相关内容请参考3.13小节。

## 3.16　5.0L VK50VE 发动机

该款发动机正时拆装和调整与VK56VD发动机相似，其正时链部件和标记如图3-124所示。

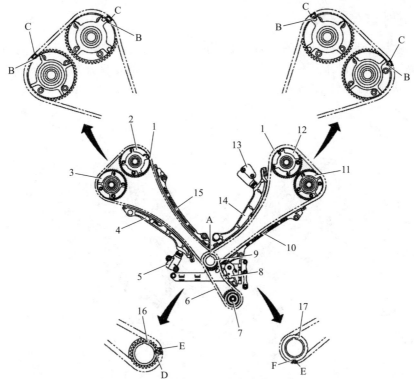

图 3-124 发动机正时部件与标记位置

1—正时链；2—凸轮轴链轮（INT）（气缸侧体 2）；3—凸轮轴链轮（EXH）（气缸侧体 2）；4—张紧导轨（气缸侧体 2）；5—正时链张紧器（气缸侧体 2）；6—油泵传动链；7—油泵链轮（油泵侧）；8—油泵传动链张紧器；9—油泵链轮（曲轴侧）；10—凸轮导向（组 1）；11—凸轮轴链轮（EXH）（气缸侧体 1）；12—凸轮轴链轮（INT）（组 1）；13—正时链张紧器（组 1）；14—松弛侧导向器（气缸侧体 1）；15—松弛侧导向器（气缸侧体 2）；16—曲轴链轮（气缸侧体 2 侧）；17—曲轴链轮（组 1 侧）；A—曲轴键；B—匹配标记（外槽）；C—匹配标记（铜链节）；D—匹配标记（冲孔）；E—匹配标记（黄色链节）；F—匹配标记（带凹槽）

## 3.17　5.6L VK56DE 发动机

### 3.17.1　1号气缸"TDC/压缩"上止点位置设定

① 顺时针旋转曲轴皮带轮以对齐前盖上带正时指示器的 TDC 识别槽口（无漆），见图 3-125。

② 此时，确保 1 号气缸（气缸侧体 1 前眉）的进气和排气凸轮突起表面朝外。如果该点不朝外，则再转动曲轴皮带轮一次，见图 3-126。

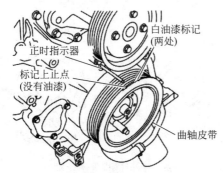

图 3-125　曲轴皮带轮 TDC 标记对齐

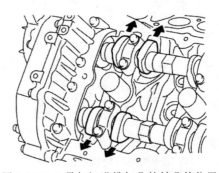

图 3-126　1 号气缸进排气凸轮轴凸轮位置

## 3.17.2 正时链条安装

图 3-127 显示了每个正时链条上的匹配标记和相应的安装了部件的链轮上的匹配标记之间的关系。要安装正时链条和相关零件，从气缸侧体 2 上的零件开始。因为安装气缸侧体 1 上的零件的步骤与气缸侧体 2 相同，所以略去。

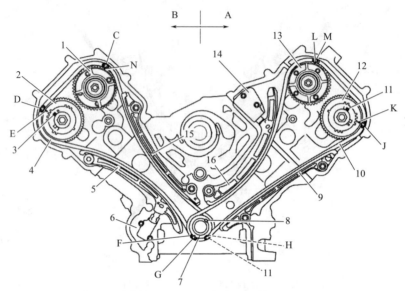

图 3-127 正时部件与标记位置
1—进气凸轮轴链轮（气缸侧体 2）；2—排气凸轮轴链轮（气缸侧体 2）；3—凸轮轴定位销（气缸侧体 2）；4—正时链条（气缸侧体 2）；5—正时链条松弛导轨（气缸侧体 2）；6—链条张紧器（气缸侧体 2）；7—曲轴链轮；8—曲轴键；9—正时链条张紧导板（气缸侧体 1）；10—正时链条（气缸侧体 1）；11—凸轮轴定位销（气缸侧体 1）；12—排气凸轮轴链轮（气缸侧体 1）；13—进气凸轮轴链轮（气缸侧体 1）；14—链条张紧器（气缸侧体 1）；15—正时链条张紧导板（气缸侧体 2）；16—正时链条松弛导轨（气缸侧体 1）；A—气缸侧体 1；B—气缸侧体 2；C—定位标记（链节颜色：蓝色）；D—定位标记（链节颜色：蓝色）；E—定位标记（识别标记）；F—气缸侧体 1 定位标记（槽口）；G—气缸侧体 1 定位标记（链节颜色：铜色）；H—气缸侧体 2 定位标记（链节颜色：铜色）；J—定位标记（链节颜色：蓝色）；K—定位标记（识别标记）；L—定位标记（识别标记）；M—定位标记（链节颜色：蓝色）；N—定位标记（识别标记）

① 确保曲轴键、凸轮轴定位销（气缸侧体 2）和凸轮轴定位销（气缸侧体 1）面向如图 3-128 所示方向。

② 安装凸轮轴链轮。根据气缸侧体选择性地使用定位销的槽口安装进气凸轮轴链轮 A 和排气凸轮轴链轮 B（用于两个排气缸侧体的普通零件）。使用槽口标记"R"标记气缸侧体 2，并使用"L"标记气缸侧体 1，见图 3-129。用和拆卸相同的方式锁止凸轮轴的六角形部分，并拧紧螺栓。

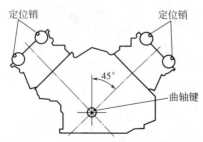

图 3-128 曲轴键与凸轮轴定位销位置

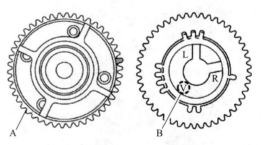

图 3-129 标记进排气凸轮轴链轮
A—进气凸轮轴链轮；B—排气凸轮轴链轮

③ 安装两个气缸侧体的曲轴链轮。安装曲轴链轮（气缸侧体 1）B 和曲轴链轮（气缸侧体 2）C 以使其法兰侧 A（无齿的较大直径侧）朝向如图 3-130 所示方向。使用相同零件，但是朝向不同。

④ 安装正时链条和相关零件。安装时对齐每个链轮和正时链条的定位标记。安装正时链条张紧器前，可以改变各链轮上正时链条和每个链轮定位标记的位置。对齐定位标记后，用手将其抓住从而保持其对准状态。检查表面上的标记在正确侧安装松弛侧链条导轨和张紧侧链条导轨。安装带已用限位销锁止的柱塞的链条张紧器。

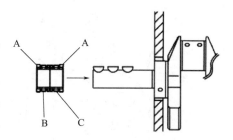

图 3-130 安装曲轴链轮

A—曲轴链轮（法兰侧）；B—曲轴链轮（气缸侧体 1）；C—曲轴链轮（气缸侧体 2）

注意：安装正时链条张紧器前后，都应确保正时链条上的定位标记没有超出标记的位置。安装正时链条张紧器后，拆下限位销以松开张紧器。确保张紧器已被松开。请勿移动曲轴或凸轮轴直至已安装前盖，以避免遗漏正时链条的链节。

⑤ 安装气缸侧体 1 上的正时链条和相关零件，方法跟安装气缸侧体 2 的相同。

⑥ 安装机油泵。

⑦ 按如下步骤，安装油泵驱动隔套：安装时使机油泵驱动隔套前缘上的前标记朝向发动机前端。根据曲轴键和油泵内转子的两个平面的方向插入机油泵驱动隔套，见图 3-131。如果位置关系不允许被插入，则旋转油泵内转子至可插入机油泵驱动隔套。

⑧ 使用合适的工具安装前油封。注意切勿划伤或摩擦油封圆周。

⑨ 安装链条张紧器盖。请使用正品液态密封胶或同等产品。

⑩ 如下所述安装前盖：将新 O 形圈安装到缸体上；切勿重复使用 O 形圈；按照图 3-132 中所示涂抹密封胶；请使用正品液态密封胶或同等产品；再次检查正时链条和各链轮上的正时定位标记是否对齐；然后安装前盖。

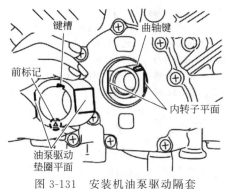

图 3-131 安装机油泵驱动隔套

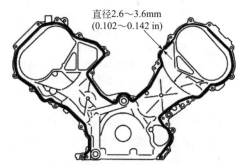

图 3-132 涂抹密封胶部位

## 3.18　5.6L VK56VD 发动机

安装正时链条时，注意切勿重复使用 O 形圈。

图 3-133 显示了每个正时链条上的匹配标记和相应的安装了部件的链轮上的匹配标记之间的关系。带有标识记号（"R"或"L"）的零件应根据标记安装在对应气缸侧体上：进气凸轮轴链轮、排气凸轮轴链轮、张紧侧链条导轨、松弛侧链条导轨。

要安装正时链条和相关零件，从气缸侧体 2 上的零件开始。因为安装气缸侧体 1 上的零

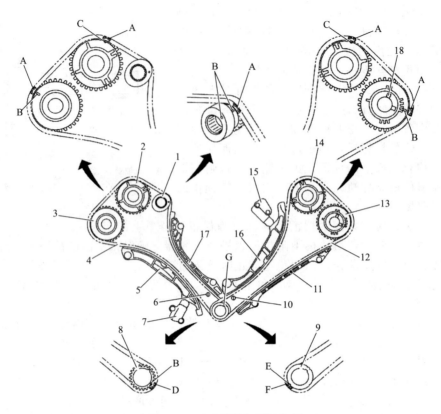

图 3-133 正时部件与标记位置

1—高压燃油泵凸轮轴;2—进气凸轮轴链轮(气缸侧体2);3—排气凸轮轴链轮(气缸侧体2);4—正时链条(气缸侧体2);5—松弛侧链条导轨(气缸侧体2);6—链条机油喷嘴(气缸侧体2);7—正时链条张紧器(气缸侧体2);8—曲轴链轮(气缸侧体2侧);9—曲轴链轮(气缸侧体1侧);10—链条机油喷嘴(气缸侧体1);11—张紧侧链条导轨(气缸侧体1);12—正时链条(气缸侧体1);13—排气凸轮轴链轮(气缸侧体1);14—进气凸轮轴链轮(气缸侧体1);15—正时链条张紧器(气缸侧体1);16—松弛侧链条导轨(气缸侧体1);17—张紧侧链条导轨(气缸侧体2);18—定位销;A—匹配标记(铜链节);B—匹配标记(冲孔);C—匹配标记(外槽);D—匹配标记(白色链节);E—匹配标记(有缺口);F—匹配标记(黄色链节);G—曲轴键

件的步骤与气缸侧体2相同,所以略去。

① 确认各凸轮轴的曲轴键1和定位销A如图3-134所示定位。若凸轮轴没有停在如图所示的位置,则对于凸轮前端的放置,通常是将凸轮轴按与图中相同的方向放置。

凸轮轴定位销:在每个气缸侧体的缸盖面朝上侧。曲轴键:在气缸侧体1的缸盖面朝上侧。

② 安装凸轮轴链轮(进气和排气)。检查表面上的标记以安装在正确侧。排气侧:使用扳手固定排气凸轮轴的六边形部分来拧紧装配螺栓。进气侧:使用扳手拧紧装配螺栓,固定驱动轴的六边形部分(位于1号轴颈和2号轴颈之间)。

③ 安装高压燃油泵凸轮轴。

④ 按如下所述安装正时链条。

a. 安装两个气缸侧体的曲轴链轮。安装各曲轴链轮,使其法兰侧(无齿的较大直径侧)A朝向如图3-135所示方向。使用相同零件,但是朝向不同。

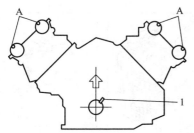

图 3-134　曲轴键与凸轮轴定位销位置
1—曲轴键；A—定位销

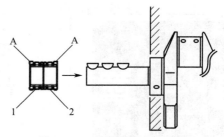

图 3-135　曲轴链轮安装方向
1—曲轴链轮（气缸侧体 1 侧）；2—曲轴链轮
（气缸侧体 2 侧）；A—曲轴链轮（法兰侧）

b. 安装正时链条。

气缸侧体 2：如图 3-136 所示，安装正时链条时，使凸轮轴链轮上的匹配标记（凹点）B 和匹配标记（外槽）C 对准正时链条的铜链节 A，同时曲轴链轮上的匹配标记（凹点）B 对准正时链条的黄色链节 D。

气缸侧体 1：如图 3-136 所示，安装正时链条时，使凸轮轴链轮上的匹配标记（凹点）B 和匹配标记（外槽）C 对准正时链条的铜链节 A，同时曲轴链轮上的匹配标记（槽口）E 对准正时链条的黄色链节 D。

⑤ 检查表面上的标记 A，在正确侧安装松弛侧链条导轨和张紧侧链条导轨（图 3-137）。切勿过度拧紧松弛侧链条导轨装配螺栓 2（图 3-138）。把装配螺栓拧紧到规定扭矩时，螺栓座下面出现缝隙 A 是正常的（图 3-138）。

⑥ 按如下所述安装正时链条张紧器：用限位销将柱塞固定在完全压缩位置；彻底清除正时链条张紧器背面和安装表面上的污垢及异物；安装后将限位销拉出，然后松开柱塞。

⑦ 再次确认链轮和正时链条上的匹配标记都没有错位。

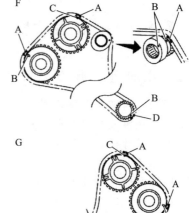

图 3-136　正时链条安装
A—铜链节；B—匹配标记（凹点）；C—匹配标记（外槽）；D—黄色链节；E—匹配标记（槽口）；F—气缸侧体 2；G—气缸侧体 1

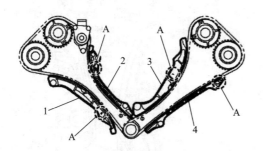

图 3-137　安装导轨
1—松弛侧链条导轨（气缸侧体 2）；2—张紧侧链条导轨（气缸侧体 2）；3—松弛侧链条导轨（气缸侧体 1）；4—张紧侧链条导轨（气缸侧体 1）；A—标记

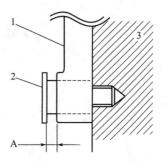

图 3-138　导轨固定螺栓
1—松弛侧链条导轨；2—螺栓；3—缸体；A—缝隙

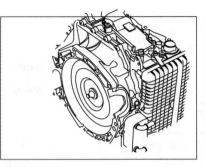
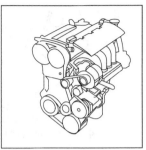

# 第 4 章 三菱汽车发动机

## 4.1　1.6L 4A92 发动机

### 4.1.1　正时链条拆卸

① 拆卸正时链条张紧器总成。
② 拆卸张紧器拉杆总成。
③ 拆卸链导槽总成。
④ 拆卸正时链条。
⑤ 拆卸凸轮轴链轮螺栓。
⑥ 拆卸凸轮轴链轮。
⑦ 拆卸 VVT 链轮螺栓。
⑧ 拆卸 VVT 链轮。

以上步骤所拆卸部件如图 4-1 所示。

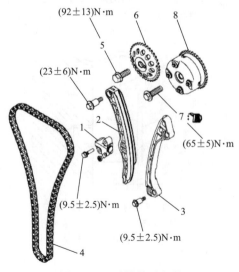

图 4-1　正时链单元部件

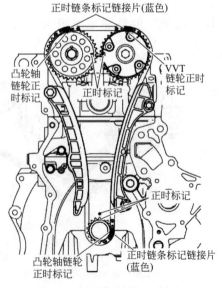

图 4-2　对准各链轮正时标记

## 4.1.2 正时链条安装

① 设置正时链条时使与链条中另外两条蓝色连杆分开的那条蓝色连杆位于曲轴侧,见图4-2。
② 将正时链条安装到曲轴链轮上,使蓝色链节与链轮上的标记对齐,见图4-3。
③ 将链条安装到VVT链轮上,使蓝色链节与链轮上的标记对齐,见图4-4。

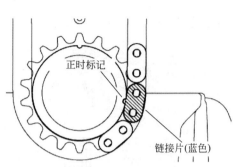

图4-3 对准曲轴链轮与正时链标记

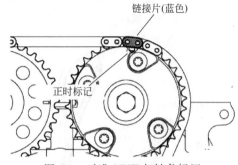

图4-4 对准VVT与链条标记

④ 将链条安装到凸轮轴链轮上,使蓝色链节与链轮上的标记对齐,见图4-5。

进行此操作时,用一个或两个齿转动VVT链轮或凸轮轴链轮,然后使蓝色链节与标记对齐。

⑤ 确保3对正时标记全部对齐。
⑥ 安装链条导槽和张紧器拉杆。

a. 压入正时链条张紧器的柱塞时,如图4-6所示,将插入销子以锁住柱塞。

b. 将正时链条张紧器安装到气缸体上,拧紧正时链条张紧器螺栓至规定扭矩(9.5±2.5)N·m。

c. 从张紧器上拆下销子,见图4-7。正时链条应用张紧器拉杆张紧。

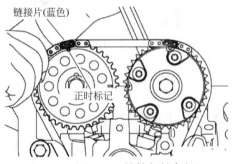

图4-5 对准VVT链轮与链条标记

图4-6 压入张紧器柱塞

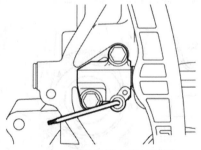

图4-7 从张紧器上拆下销子

## 4.2 2.0L 4J11/2.4L 4J12发动机

### 4.2.1 正时链单元拆卸步骤

① 拆卸正时链条张紧器。

将平头螺丝刀插入正时链条张紧器的分离孔,以分开锁栓。用手推动张紧器拉杆,将正

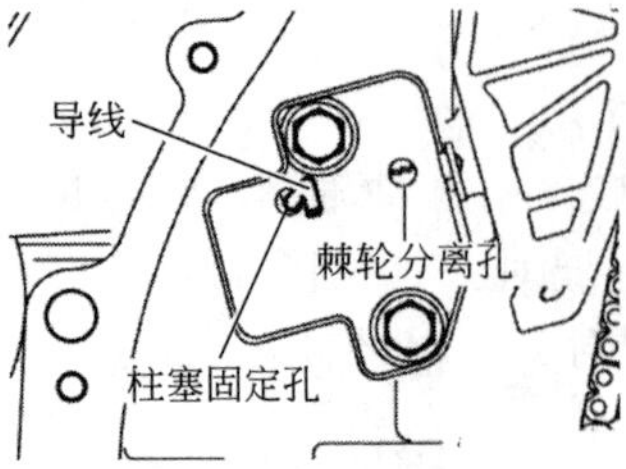

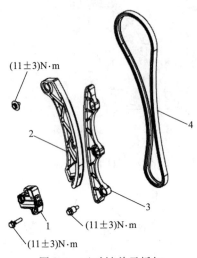

图4-8 拆下张紧器

时链条张紧器柱塞推到底。然后,将φ1.5mm的高碳钢丝(钢琴丝或类似物体)或六角扳手(1.5mm)插入柱塞装配孔,见图4-8。

② 拆卸张紧器拉杆。
③ 拆卸正时链导槽。
④ 拆卸正时链。

以上步骤所拆卸部件见图4-9。

图4-9 正时链单元拆卸

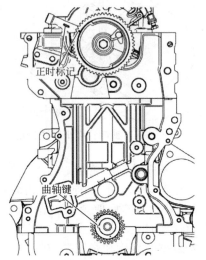

图4-10 对齐曲轴与凸轮轴链轮正时标记

## 4.2.2 正时链条安装

① 将摇臂轴支架的正时标记与VVT链轮的一个圆形正时标记对齐,见图4-10。
② 将曲轴链轮键与图4-10所示位置对齐。
③ 使曲轴链轮的正时标记与循环正时链上的链接片(橙色)对齐,见图4-11。

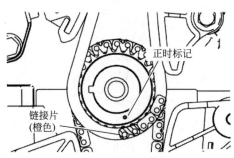

图4-11 对齐曲轴链轮正时标记

④ 将三个蓝色链接片的中心链接片与VVT链轮的正时标记对齐,然后安装正时链,见图4-12。
⑤ 确保每个链轮的正时标记在两个位置上都能与正时链的链接片对齐。
⑥ 将正时链导板安装到气缸体上,并拧紧至规定扭矩(11±3)N·m。

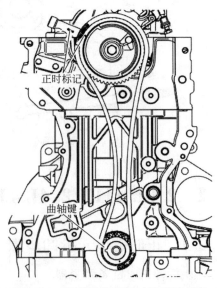

图4-12 检查链轮与正时链标记对齐

⑦ 将张紧器拉杆安装到气缸体上，并拧紧至规定扭矩（11±3）N·m。安装正时链导板和张紧器拉杆。

⑧ 从正时链条张紧器上拆下 ϕ1.5mm 高碳钢丝（钢琴丝或类似物体）或六角扳手（1.5mm）。这可使正时链条张紧器的柱塞推动张紧器拉杆，以使正时链张紧。

## 4.3 2.0L 4B11/2.4L 4B12 发动机

### 4.3.1 正时链条拆卸

① 拆卸链条上部导槽。
② 拆卸正时链条张紧器。
③ 拆卸张紧器拉杆。
④ 拆卸正时链导槽。
⑤ 拆卸正时链。
⑥ 拆卸机油喷嘴。
⑦ 拆卸排气 VVT 链轮螺栓。
⑧ 拆卸排气 VVT 链轮总成。
⑨ 拆卸进气 VVT 链轮螺栓。
⑩ 拆卸进气 VVT 链轮总成。
以上步骤所拆部件如图 4-13 所示。

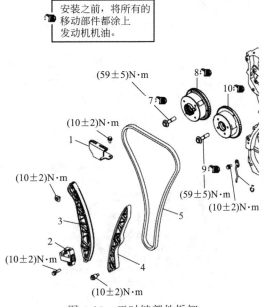

图 4-13 正时链部件拆卸

### 4.3.2 正时链安装

① 对正 VVT 链轮的正时标记，见图 4-14。
② 将曲轴链轮键与图 4-14 所示位置对齐。
③ 将链接片（橙色）与排气 VVT 链轮的正时标记对齐，然后闭合正时链，见图 4-15。

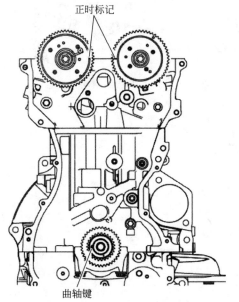

图 4-14 对准链轮的正时标记

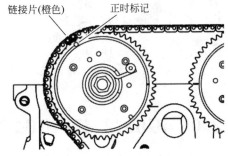

图 4-15 对准排气 VVT 链轮与正时链标记

④ 将链接片（蓝色）与进气 VVT 链轮的正时标记对齐，以闭合正时链。将进气 VVT 链轮转动一个或两个齿，以使其与正时标记对齐，见图 4-16。

⑤ 使曲轴链轮的正时标记与链接片（蓝色）对齐，以闭合正时链。由于正时链松弛，应将其固定住，以防正时标记脱离链接片，见图 4-17。

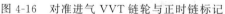
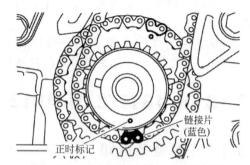

图 4-16 对准进气 VVT 链轮与正时链标记　　图 4-17 对准曲轴链轮与正时链标记

⑥ 确保每个链轮的正时标记在三个位置上都能与正时链的链接片对齐，见图 4-18。
⑦ 安装正时链导槽和张紧器拉杆。
⑧ 将正时链条张紧器安装到气缸体上，并拧紧至规定力矩（10±2）N·m。
⑨ 从正时链条张紧器上拆下 $\phi1.5mm$ 高碳钢丝（钢琴丝或类似物体）或六角扳手（1.5mm）。这可使正时链条张紧器的柱塞推动张紧器拉杆，以使正时链张紧，见图 4-19。

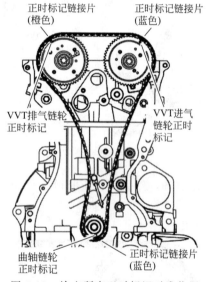
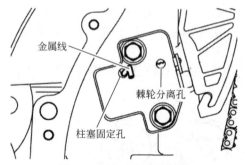

图 4-18 检查所有正时标记对准位置　　图 4-19 拆下张紧器钢丝

## 4.4　2.0L 4G63/2.4L 4G64 发动机

与 4G69 发动机一样，相关内容请参考 4.6 小节。

## 4.5　2.4L 4G69 发动机

### 4.5.1　正时皮带拆卸步骤

① 拆卸插接器支架。
② 拆卸正时带前上盖。

③ 拆卸正时带前下盖。
④ 拆卸正时带。
拆下的正时带、链轮和张紧器必须清洗或浸在溶剂中，因为皮带上的水或机油会大大缩短其寿命。如果受到污染，则更换零件。如果所有零部件上都有水或机油，则检查前壳体油封、凸轮轴油封和水泵是否泄漏。

a. 为了重新安装，标记皮带的运转方向，见图 4-20。
b. 松开张紧轮螺栓，然后拆下正时带。
⑤ 拆卸张紧轮。
⑥ 拆卸张紧器臂。
⑦ 拆卸自动张紧器。
⑧ 拆卸张紧装置皮带轮。
⑨ 拆卸支架。
⑩ 拆卸曲轴位置传感器。
⑪ 拆卸机油泵链轮。
a. 拆下气缸体左侧上的旋塞。
b. 将飞利浦螺丝刀［刀柄直径 8mm（0.3in）］通过塞孔插入，已锁止左侧的平衡轴，见图 4-21。

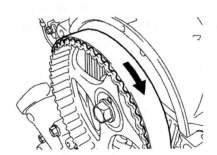

图 4-20　标记正时带转向方向

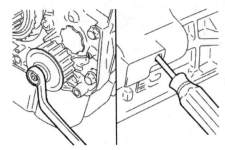

图 4-21　锁止平衡轴

c. 松开螺母，然后拆下机油泵链轮。
⑫ 拆卸曲轴螺栓。

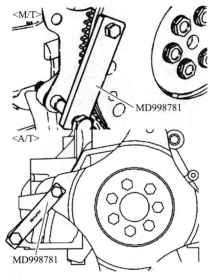

a. 安装专用工具 MD998781，以固定驱动盘或飞轮，见图 4-22。
b. 松开并拆下曲轴螺栓和垫圈。
⑬ 拆卸曲轴皮带轮垫圈。
⑭ 拆卸曲轴链轮。
a. 如图 4-23 所示，安装专用工具 MD998778。

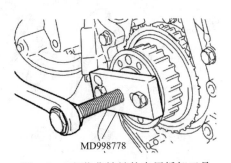

图 4-22　安装专用工具固定飞轮　　图 4-23　安装曲轴链轮专用拆卸工具

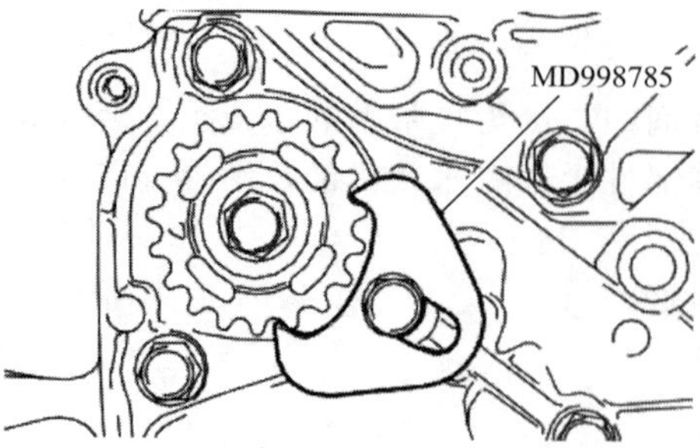

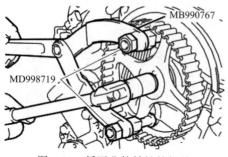

图 4-24 拆下平衡轴链轮

b. 拧入专用工具的中央螺栓以拆下曲轴链轮。

⑮ 拆卸曲轴感应盘。

⑯ 拆卸张紧器。

⑰ 拆卸正时带。

⑱ 拆卸平衡轴链轮。

a. 如图 4-24 所示，安装专用工具 MD998785，以防止平衡轴链轮一起转动。

b. 松开螺栓并拆下链轮。

⑲ 拆卸间隔环。

⑳ 拆卸曲轴链轮。

㉑ 拆卸曲轴键。

㉒ 拆卸发电机支架。

㉓ 拆卸发动机支架托架。

㉔ 拆卸正时带后盖。

㉕ 拆卸凸轮轴链轮螺栓。

㉖ 拆卸凸轮轴链轮。

a. 用专用工具 MB990767 和 MD998719 固定凸轮轴链轮的同时，松开凸轮轴链轮螺栓，见图 4-25。

b. 拆卸凸轮轴链轮。

图 4-25 拆下凸轮轴链轮螺栓

以上步骤所拆部件位置如图 4-26 所示。

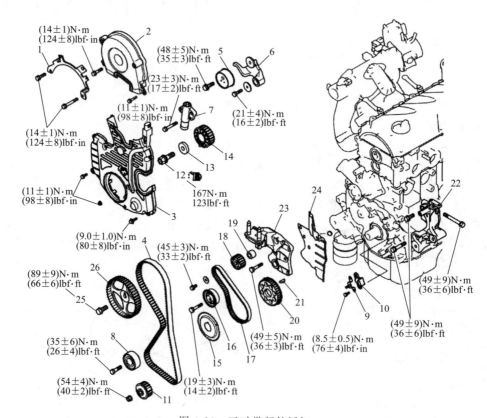

图 4-26 正时带部件拆卸

## 4.5.2 正时带的安装

① 将曲轴链轮和平衡轴链轮上的正时标记与前壳体上的标记对齐，见图 4-27。
② 将正时带安装到曲轴链轮和平衡轴链轮上。在张力侧应无松弛。
③ 确保张紧轮中央和螺栓中央的位置如图 4-28 所示。

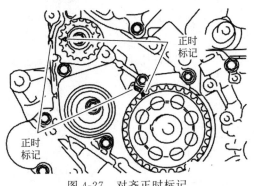

图 4-27 对齐正时标记

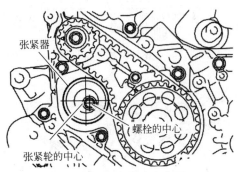

图 4-28 张紧轮中央位置

④ 用手指给正时带的张紧侧施加足够的张力的同时，按箭头的方向移动张紧器，见图 4-29。在此情况下，拧紧螺栓固定张紧器。拧紧螺栓时，小心防止张紧轮轴与螺栓一起转动。如果轴下螺栓一起转动，则皮带将过度张紧。

拧紧扭矩：(19±3)N·m ［(14±2)lbf·in］。

⑤ 检查确认链轮上的正时标记与前壳体上的正时标记对齐。
⑥ 如图 4-30 所示，用食指压正时带的中心。螺栓必须偏离 8～12mm（0.31～0.47in）。

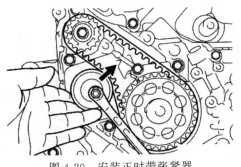

图 4-29 安装正时带张紧器

图 4-30 测试正时带张紧度

## 4.5.3 正时带安装

① 对齐凸轮轴链轮上的正时标记与气门室盖上的正时标记，见图 4-31。
② 对齐凸轮轴链轮上的正时标记与前壳体上的正时标记，见图 4-32。
③ 对齐机油泵链轮上的正时标记与匹配标记，见图 4-33。
④ 拆下气缸体上的火花塞，然后将飞利浦螺丝刀［刀柄直径 8mm（0.3in）］通过孔插入，见图 4-34。

如果螺丝刀能插入至少 60mm（2.4in），则正时标记已正确对齐。

如果螺丝刀的插入深度仅为 20～25mm（0.8～0.9in），则将机油泵链轮转一圈，并重新对齐正时标记，然后检查确认螺丝刀能插入至少 60mm（2.4in）。正时带完全安装好之前，让螺丝刀一直插在里面。

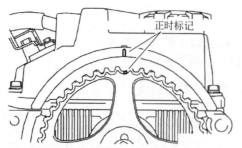

图 4-31　对齐凸轮轴链轮与气门室盖上标记

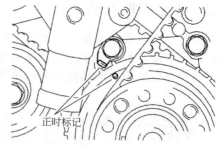

图 4-32　对齐凸轮轴链轮与前壳体上标记

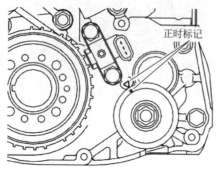

图 4-33　对齐机油泵链轮与壳体上的标记

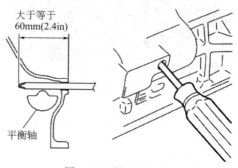

图 4-34　插入螺丝刀

⑤ 安装自动张紧器。

如果自动张紧器杆完全伸出，则如下所述重新安装。

a. 用软嘴虎钳夹住自动张紧器，见图 4-35。

b. 用虎钳逐渐地压入杆，直至杆上的定位孔 A 与油缸上的定位孔 B 对齐，见图 4-36。

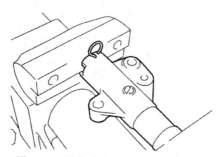

图 4-35　用软嘴虎钳夹住自动张紧器

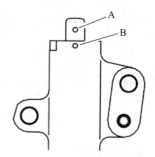

图 4-36　对齐 A、B 两孔

c. 将一条钢丝 [直径 1.4mm（0.055in）] 插入定位孔中。该自动张紧器定位钢针将在正时带的校正中用到。

d. 从虎钳上松开自动张紧器。让安装的钢丝留在自动张紧器中。

e. 将自动张紧器安装到前壳体上并拧紧至规定力矩，见图 4-37。

拧紧扭矩：(23±3)N·m [(17±2)lbf·in]

⑥ 如图 4-38 所示，安装专用工具 MD998738 并拧入工具到插在自动张紧器中的钢丝能轻轻移动的位置。

⑦ 依次安装曲轴链轮、机油泵链轮、张紧装置皮带轮、凸轮轴链轮和张紧轮上的正时带。

图 4-37 安装张紧器到发动机上

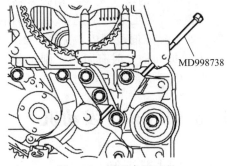

图 4-38 插入专用工具

⑧ 沿图 4-39 所示箭头方向升起张紧轮,然后拧紧中央螺栓。
⑨ 检查确认所有的正时标记对齐。
⑩ 拆下步骤④中插入的螺丝刀,然后安装火花塞。
⑪ 逆时针转动曲轴 1/4 圈。然后顺时针转动,直至正时标记再次对齐。
⑫ 将专用工具 MD998767、套筒扳手和扭矩扳手安装到张紧轮上,然后松开张紧轮的中央螺栓。

注意:使用测量范围为 0~5.0N·m(0~44lbf·in)的扭矩扳手。

⑬ 用扭矩扳手拧紧至 3.5N·m(31lbf·in)。
⑭ 用专用工具 MD998767 和扭矩扳手固定张紧轮,将中央螺栓拧紧至规定扭矩,见图 4-40。
拧紧扭矩:(48±5)N·m[(35±3)lbf·in]。

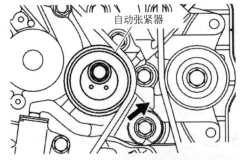

图 4-39 升起张紧轮并紧固螺栓

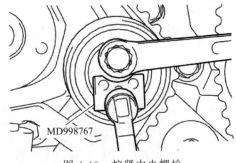

图 4-40 拧紧中央螺栓

⑮ 拉出安装时插在自动张紧器中的钢丝,然后用手拆下专用工具 MD998738,见图 4-41。
⑯ 顺时针转动曲轴两圈。等待 15min,然后进行以下的检查步骤。

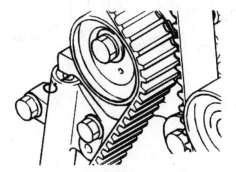

图 4-41 拉出张紧器上的钢丝

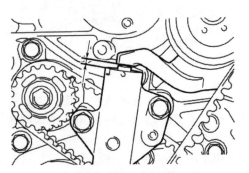

图 4-42 检查张紧器柱塞凸出范围

⑰ 检查固定钢丝（安装自动张紧器时插入的）能否无阻碍地拆下。钢丝能毫无阻力地拆下，则表示皮带已有合适的张力。因而拆下钢丝。在此情况下，检查确认自动张紧器杆的凸出部分处于标准值范围内，见图 4-42。标准值：3.8～4.5mm（0.15～0.18in）。

⑱ 如果拆卸钢丝时有阻力，则重复之前的步骤⑪～⑯，直至测量杆自动张紧器杆的凸出部分处于标准值范围内。

## 4.6　3.0L 6B31 发动机

### 4.6.1　正时带拆卸

① 拆卸正时带前部上盖，右侧。
② 拆卸正时带前部上盖，左侧。
③ 拆卸正时带前盖下部。
④ 拆卸发动机支架，右侧。
⑤ 拆卸曲轴角度传感器盖。
⑥ 拆卸曲轴角度传感器。
⑦ 拆卸 O 形圈。
⑧ 拆卸自动张紧器。

拆下自动张紧器的上部紧固螺栓。慢慢松开自动张紧器的下部紧固螺栓。将自动张紧器推杆从张紧器臂上拆下，倾斜自动张紧器到挡块位置。拆下自动张紧器的下部紧固螺栓，见图 4-43。

⑨ 拆卸正时带。

拆下正时带前，将凸轮轴链轮和曲轴链轮的标记与压缩冲程的上死点处的"No.1"对齐。

水或机油会大大缩短正时带的寿命，因此要使拆下的正时带和链轮避免沾上机油和水。不要将零件浸入到清洗剂中。

如图 4-44 所示，将正时带的运动方向作上标记，以便重新安装时参考。

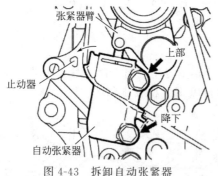

图 4-43　拆卸自动张紧器

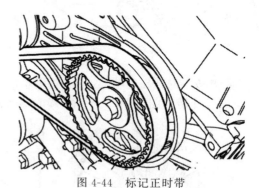

图 4-44　标记正时带

如果零件上沾有机油或水，那么要检查前壳体油封、凸轮轴油封和水泵是否泄漏。拆下正时带后，不要转动曲轴链轮和凸轮轴链轮。

⑩ 拆卸张紧器臂。
⑪ 拆卸张紧装置皮带轮。

因为内六角螺栓的六角形孔很浅，所以要将工具插牢并小心操作不要损坏六角形孔。

使用对面宽度为 8mm 的六角形扳手拆卸张紧装置皮带轮。

⑫ 拆卸曲轴链轮。

⑬ 拆卸键。

⑭ 拆卸凸轮轴链轮螺栓。

使用专用工具叉头固定器（MB990767）和销（MD998719）以防止凸轮轴链轮转动，然后松开凸轮轴链轮螺栓，见图4-45。

⑮ 拆卸凸轮轴链轮。

⑯ 拆卸正时带后盖。

以上步骤拆卸部件位置如图4-46所示。

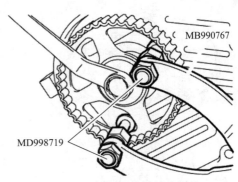

图 4-45　拆卸凸轮轴链轮螺栓

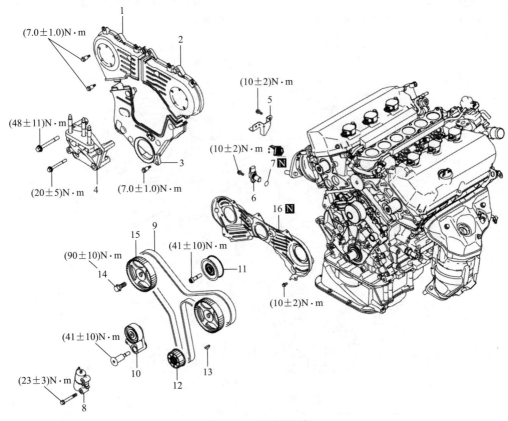

图 4-46　正时带拆卸

N—不可重复使用

## 4.6.2　正时皮带安装

① 检查曲轴链轮和凸轮轴链轮的标记是否与压缩冲程的上死点处的"No.1"对齐，见图4-47。如果没对齐，那么再次对齐标记，注意气门和柱塞是否干涉。

② 按以下顺序安装每个链轮上的正时带。

a. 安装曲轴链轮上的正时带，然后安装水泵驱动皮带轮上的正时带，同时将正时带拉紧以防止松弛。

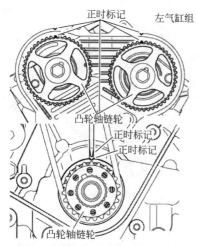

图4-47 检查正时标记是否对齐

b. 将左气缸组凸轮轴链轮的正时标记对齐。
c. 将正时带安装到张紧装置皮带轮上,同时减小松弛度。
d. 将正时带安装到右气缸组的凸轮轴链轮上。
e. 将正时带安装到张紧器驱动皮带轮上。
③ 查看所有链轮的正时标记是否对齐,见图4-48。
④ 使用专用工具曲轴扳手(MD998716)逆时针转动曲轴四分之一圈。然后再顺时针转回来以验证所有的正时标记对齐,见图4-49。
⑤ 拉出自动张紧器销。
⑥ 顺时针转动曲轴两圈,不去动它大约5min。
⑦ 检查自动张紧器推杆的伸出量是否在标准值范围内(图4-50)。标准值:9.1~13.4mm。

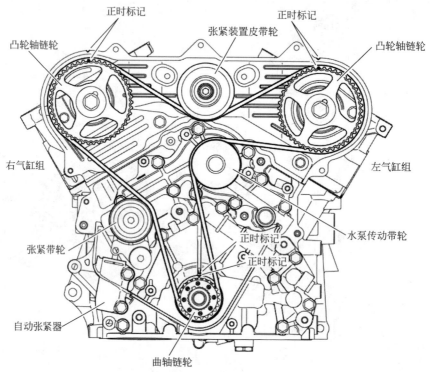

图4-48 检查各个链轮的正时标记

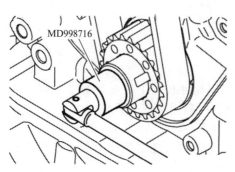

图4-49 使用专用工具转动曲轴

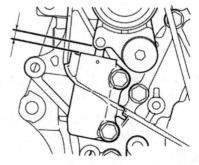

图4-50 检查自动张紧器推杆伸出量

## 4.7 3.0L 6G72发动机

### 4.7.1 正时链条拆卸

① 使用专用工具曲轴链轮垫圈（MD998769）顺时针转动曲轴，见图4-51，使各正时标记对准并将第1缸调节到压缩上死点，见图4-52。

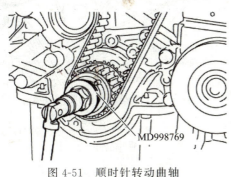

图4-51 顺时针转动曲轴

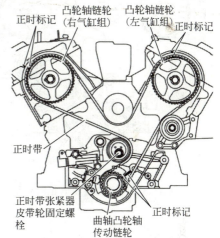

图4-52 检查正时标记对准

② 如果要重复使用正时带，则在皮带的平坦侧用粉笔画一个箭头，指明顺时针方向。

③ 松开正时带张紧器皮带轮固定螺栓，然后拆下正时带。

### 4.7.2 正时链条安装

将右气缸组凸轮轴链轮正时标记与气缸盖"R"标记一侧的正时标记对齐。

① 如图4-53所示，将凸轮轴链轮上的正时标记与气门室盖上的正时标记对正，以及将曲轴凸轮轴传动链轮上的正时标记与缸体上的正时标记对齐。

② 按照下列步骤安装正时带，以使正时带中各个链轮和皮带轮之间没有挠度。

　a. 安装曲轴凸轮轴传动链轮。
　b. 安装正时带张紧装置皮带轮。
　c. 安装凸轮轴链轮（左气缸组）。
　d. 安装水泵皮带轮。
　e. 安装凸轮轴链轮（右气缸组）。
　f. 安装正时带张紧器皮带轮。

③ 逆时针转动凸轮轴链轮（右气缸组），直到张紧侧的正时带被拉紧。再次检查所有正时标记，见图4-54。

④ 使用专用工具张紧轮套筒扳手（MD998767）将正时带张紧器皮带轮推入正时带，然后临时拧紧固定螺栓，见图4-55。

⑤ 使用专用工具曲轴链轮隔圈（MD998769）先逆时针转动曲轴1/4圈，然后再顺时针转动，直到对齐正时标记，见图4-56。

拧紧固定螺栓时，注意不要使正时带张紧器皮带轮随螺栓转动。

⑥ 松开正时带张紧器皮带轮的固定螺栓。如图4-57所示，使用专用工具（MD998767）和扭矩扳手向正时带施加张紧力矩。然后将固定螺栓拧紧至规定扭矩，见图4-57。标准值：4.4N·m（正时带张紧力矩）。张紧轮固定螺栓的拧紧扭矩：(48±6)N·m。

⑦ 拆下插入正时带张紧器调节器的定位销,见图4-58。

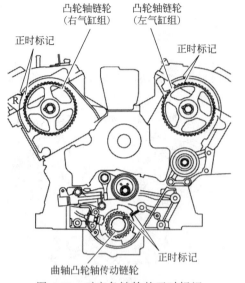

图4-53 对齐各链轮的正时标记

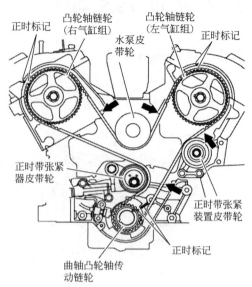

图4-54 检查各链轮正时标记

图4-55 将张紧皮带轮推入正时带

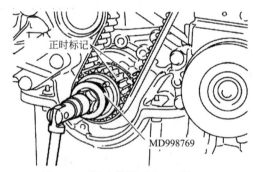

图4-56 转动曲轴对齐正时标记

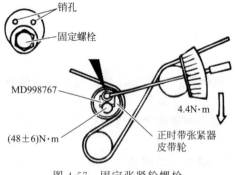

图4-57 固定张紧轮螺栓

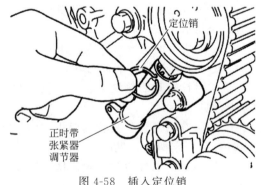

图4-58 插入定位销

⑧ 顺时针转动曲轴两次以对齐正时标记。

⑨ 至少等待5min,然后检查确认正时带张紧器调节器推杆的伸出量处于标准值范围内,见图4-59。标准值($A$):4.8~5.5mm。

⑩ 如果未处于标准值范围内,则重复步骤①~⑧中的操作。
⑪ 再次检查链轮的正时标记是否对齐。

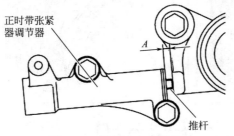

图 4-59 检查柱塞伸出量

## 4.8 3.8L 6G75 发动机

与 6G72 发动机一样,相关内容请参考 4.7 小节。

# 第 5 章

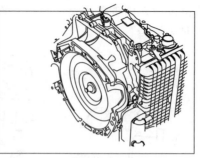
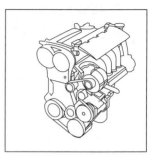

# 马自达汽车发动机

## 5.1　1.3L ZJ/1.5L ZY/1.6L Z6 发动机

### 5.1.1　正时链条的组装顺序

按图 5-1 所示顺序进行组装。

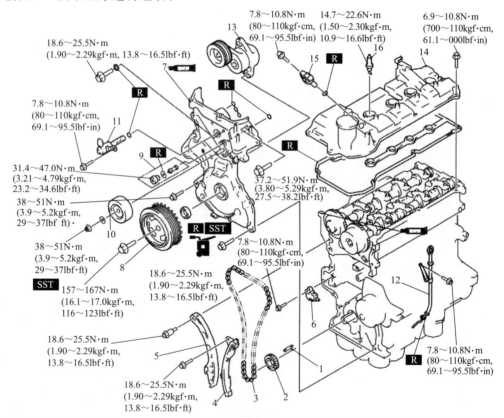

图 5-1　发动机正时链组装

1—滑块；2—曲轴链轮；3—正时链条；4—正时链条导向装置；5—正时链条张紧器臂；6—正时链条张紧器；7—发动机前罩；8—曲轴皮带轮；9—OCV 机油滤清器、塞子；10—惰轮；11—OCV；12—油位计管道；13—驱动带自动张紧器；14—气缸盖罩；15—CMP 传感器；16—火花塞

## 5.1.2 正时链条安装说明

① 将曲轴链轮的键槽与正时标记对齐,然后将1号气缸定位到TDC处,见图5-2。
② 对齐凸轮轴链轮上的正时标记,从而使它们形成一条直线,并且与气缸盖上水平面对齐,见图5-3。
③ 安装正时链条。
④ 安装正时链条导向装置和正时链条张紧器臂。
⑤ 安装链条调节器,然后拆下被用于固定的金属丝或纸夹。在安装新链条张紧器时,拆下已安装的止动器,见图5-4。
⑥ 检查正时链条是否存在松弛,然后再次检查各链轮是否被定位在正确的位置。
⑦ 通过将曲轴顺时针旋转两次检查气门正时。

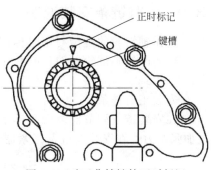

图 5-2 对正曲轴链轮正时标记

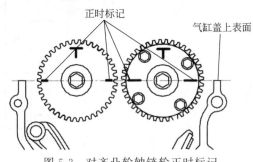

图 5-3 对齐凸轮轴链轮正时标记

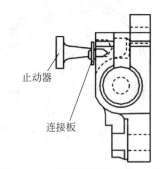

图 5-4 安装张紧器并拔出止动器

## 5.2 1.5L SKYACTIV-G 发动机

与 2.0L SKYACTIV-G 发动机一样,相关内容请参考 5.5 小节。

## 5.3 1.6L MZR1.6/2.0L MZR2.0 发动机

### 5.3.1 正时链条的拆卸

① 顺时针旋转曲轴,将曲轴链轮的键槽与正时标记对齐,然后将1号气缸定位到TDC处,见图5-5。

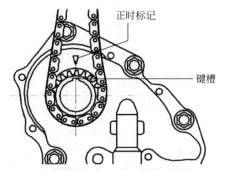

图 5-5 顺时针转动曲轴对准正时标记

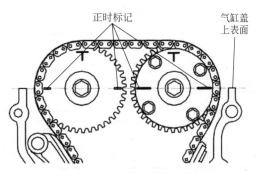

图 5-6 对正凸轮轴链轮上正时标记

② 对齐凸轮轴链轮上的正时标记,从而使它们形成一条直线,并且与气缸盖上水平面对齐,见图 5-6。

③ 拆下正时链条。

### 5.3.2 正时链条安装说明

① 将曲轴链轮的键槽与正时标记对齐,然后将 1 号气缸定位到 TDC 处,见图 5-7。

② 对齐凸轮轴链轮上的正时标记,从而使它们形成一条直线,并且与气缸盖上水平面对齐,见图 5-6。

③ 安装正时链条。

④ 在安装链条调节器之后,拆下被安装在链条张紧器上的金属丝或纸夹,并向正时链条施加张紧力。在安装新链条张紧器时,拆下已安装的止动器,见图 5-8。

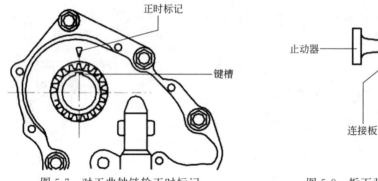

图 5-7 对正曲轴链轮正时标记　　　图 5-8 拆下张紧器止动器

⑤ 确认正时链条上不存在松弛,然后确认各链轮再次被定位在正确的位置。

⑥ 将曲轴顺时针旋转两次,然后检查气门正时。

## 5.4　1.8L/L8 2.0L/LF 2.3L/L3 2.5L/L5 发动机

### 5.4.1 正时链条单元组装顺序

如图 5-9 所示,按表 5-1 中的顺序进行组装。

表 5-1　正时链单元安装顺序

| 安装顺序 | 组装部件 | 安装顺序 | 组装部件 |
| --- | --- | --- | --- |
| 1 | 曲轴链轮 | 11 | 凸轮轴链轮,可变气门正时执行器(带可变气门正时机构) |
| 2 | 油泵链条 | 12 | 前油封 |
| 3 | 机油泵链轮 | 13 | 发动机前罩 |
| 4 | 机油泵链条导向装置(若装有) | 14 | 驱动带惰轮(不带拉伸式 A/C 传动皮带) |
| 5 | 机油泵链条张紧器 | 15 | 水泵皮带轮 |
| 6 | 密封圈(若装有) | 16 | 曲轴皮带轮 |
| 7 | 正时链条 | 17 | 曲轴皮带轮锁定螺栓 |
| 8 | 链条导板 | 18 | 气缸盖罩 |
| 9 | 张紧臂 | 19 | 火花塞 |
| 10 | 链条张紧器 | 20 | 油尺(如装有) |

第5章 马自达汽车发动机

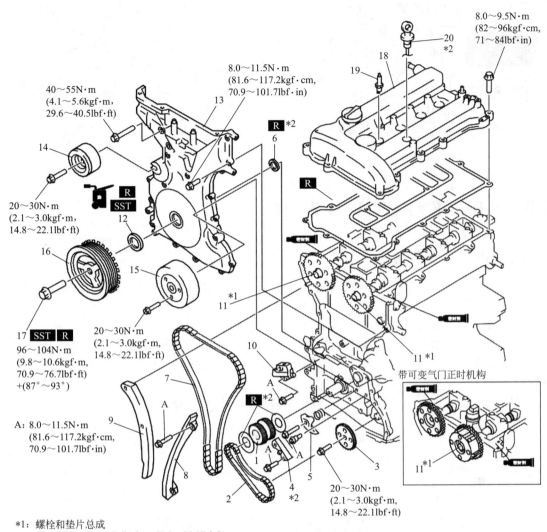

*1：螺栓和垫片总成
　　69～75N·m(7.1～7.6kgf·m，50.9～55.3lbf·ft)
　　带垫片螺栓
　　89～95N·m(9.1～9.6kgf·m，65.7～70.0lbf·ft)
*2：若有安装

图 5-9　正时链单元部件

## 5.4.2　正时链条安装说明

① 将 SST 安装至凸轮轴，如图 5-10 所示，然后把凸轮轴的位置与 TDC 对齐。

② 拆下气缸体的下盲塞。

③ 按图 5-11 中所示安装 SST。

④ 顺时针转动曲轴以使曲轴位于 1 号气缸的 TDC 位置。

⑤ 安装正时链条。

⑥ 安装链条张紧器并拆下定位线，见图 5-12。

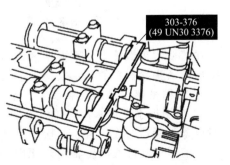

图 5-10　安装专用工具到凸轮轴

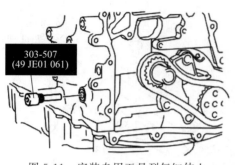
图 5-11 安装专用工具到气缸体上

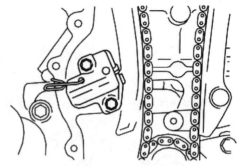
图 5-12 安装张紧器

## 5.5 2.0L SKYACTIV-G 发动机

### 5.5.1 正时链条拆卸

① 穿过发动机前罩上的维修孔固定正时链条张紧器臂以释放正时链条上的张力，减小正时链条上的张力。

② 拆下发动机前罩上的维修孔上的盲塞（上和下），见图 5-13。

③ 将一个 M6 螺栓［螺纹至端末的长度为 35～60mm（1.4～2.3in）］插入维修孔的上部，拧紧直到它触碰到张紧器臂，然后拧松约 180°（固定螺栓，使它在张紧臂略微靠前的位置）。

当它插入约 20mm（0.79in）时，螺栓触碰到张紧器臂，见图 5-14。

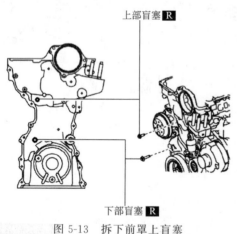
图 5-13 拆下前罩上盲塞

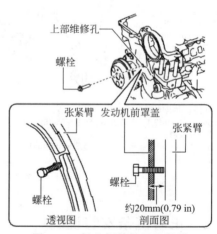
图 5-14 插入螺栓触及张紧臂

在铸造六角螺栓上使用扳手固定排气凸轮轴，如图 5-15 所示，前后移动几次。这样可以排出链条张紧器里的油，以便于下面的维修操作。

④ 将精密螺丝刀插入维修孔下部。

⑤ 当用扳手夹住六角形铸件沿箭头方向前后移动排气凸轮轴时，请用精密螺丝刀按下正时链条张紧器的连接板，并松开对柱塞的锁定，见图 5-16。

当前后移动排气凸轮轴时，正时链条推动链条张紧器中的柱塞，使得连接板的作业更容易。

⑥ 释放柱塞锁紧装置，顺时针转动排气凸轮轴，直到正时链条松动，见图5-17。

⑦ 链条松动以后，拧紧维修孔上部的 M6 螺栓，这样螺栓就又插入了约 5mm（0.2in）以固定张紧器臂。

如果螺栓不能插入约 5mm（0.2in），那么链条张紧器的柱塞锁紧装置可能不会释放，或链条可能不是足够松动。将螺栓恢复至原来的位置，从第④步开始重新进行操作。

通过顺时针旋转排气凸轮轴，正时链条推动张紧器臂，同时筋的位置偏离了。整个张紧器臂可以通过让螺栓钩住偏离筋来固定。

⑧ 固定张紧器臂后，拆下链条导板（1号）。

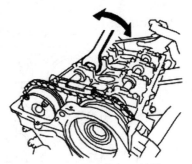

图 5-15 转动排气凸轮轴

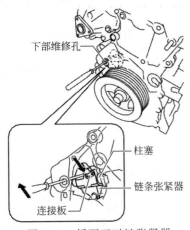

图 5-16 拆下正时链张紧器

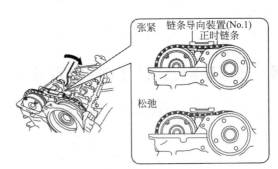

图 5-17 松弛正时链

## 5.5.2 正时链条安装

① 安装链条导向装置（No.1）。
② 拆下张紧器臂上的紧固螺栓，向正时链条施加压力。
③ 将曲轴顺时针旋转两圈，然后确认气门正时是正确的，见图5-18～图5-21。

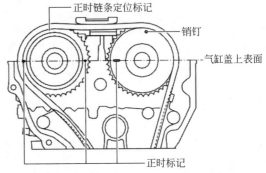

图 5-18 1.5L 发动机凸轮轴侧正时标记　　　图 5-19 2.0L 发动机凸轮轴侧正时标记

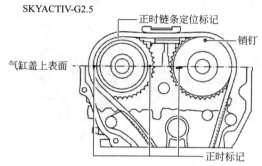

图 5-20　2.5L 发动机凸轮轴侧正时标记　　图 5-21　曲轴侧正时标记

说明：

a. SKYACTIV-G 1.5 发动机和 SKYACTIV-G 2.5 发动机的正时标记不与气缸盖的上表面完全平行。

b. 如果气门正时不正确，则拆下发动机前罩，重新安装正时链条到每个链轮。

④ 安装发动机前罩上的维修孔上的盲塞（上和下）。

拧紧扭矩：上，8～11N·m（82～112kgf·cm，71～97lbf·in）；下，17～23N·m（1.8～2.3kgf·m，13～16lbf·ft）。

## 5.6　2.5L SKYACTIV-G 发动机

与 2.0L SKYACTIV-G 发动机一样，相关内容请参考 5.3 小节。

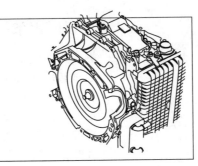
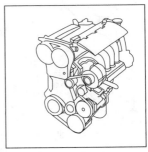

# 第6章 铃木汽车发动机

## 6.1 1.0L K10B 发动机

该发动机正时链拆装和调整与 K14B 发动机一样，相关内容请参考 6.4 小节。

## 6.2 1.2L K12B 发动机

该发动机正时链拆装和调整与 K14B 发动机一样，相关内容请参考 6.4 小节。

## 6.3 1.3L M13A 发动机

该发动机正时链拆装和调整与 M16A 发动机一样，相关内容请参考 6.6 小节。

## 6.4 1.4L K14B 发动机

### 6.4.1 正时链标记位置

拆卸正时链条后，切勿以高于图 6-1 所示的独立程度（$a$、$b$）转动曲轴和凸轮轴。如果转动，那么活塞和气门以及气门之间就会产生干扰，并且与活塞和气门相关的零件也会损坏。

$a$ 为曲轴允许的转动范围。通过曲轴上的键，在从顶部到左右两侧 90°的范围内转动。

$b$ 为凸轮轴（IN 和 EX）允许的转动范围。通过凸轮轴正时链轮上的标记，从气缸盖上的缺口到左右两侧 15°的范围内转动。

如果要在正时链条拆除的情况下转动凸轮轴，则在将曲轴顺时针转动 30°～90°后按照图 6-2 所示旋转凸轮轴。

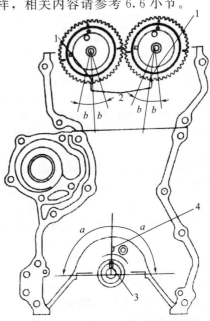

图 6-1 正时链标记与部件活动范围
1—凸轮轴上的配合标记；2—气缸盖上的缺口；
3—键；4—气缸体上的缺口；$a$—90°；$b$—15°

## 6.4.2 正时链条拆卸

① 拆卸正时链盖。
② 通过转动曲轴分别将进气和排气凸轮轴正时链轮标记 1 与气缸盖的缺口 2 对准,并将曲轴链轮键 3 与气缸体 4 的缺口对准。
③ 拆卸正时链条张紧器调节器 5。
④ 拆卸正时链条张紧器 6。
⑤ 拆卸正时链条导向器 7。

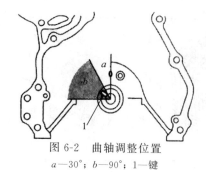

图 6-2 曲轴调整位置
$a$—30°;$b$—90°;1—键

⑥ 拆卸带曲轴正时链轮 9 的正时链条 8。
以上所述拆卸部件见图 6-3。

## 6.4.3 正时链条安装

① 如图 6-4 所示,检查进气和排气凸轮轴正时链条上的配合标记 1 是否与气缸盖上的缺口 2 匹配。设置键 3 并转动曲轴使键与气缸体上的缺口 4 对准。

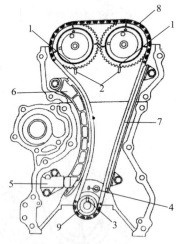

图 6-3 拆卸部件顺序
1—正时链轮标记;2—气缸盖缺口;3—曲轴链轮键;4—气缸体;5—正时链条张紧器调节器;6—正时链条张紧器;7—正时链条导向器;8—正时链条;9—曲轴正时链轮

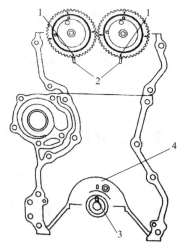

图 6-4 对齐各配合标记
1—配合标记;2—气缸盖缺口;3—键;4—气缸体缺口

② 如图 6-5 所示,通过对准正时链条的深蓝色板 1 和凸轮轴正时链轮的三角标记 2 来安装正时链条。通过将正时链条的镀金层 3 与曲轴正时链轮上的圆形标记 4 对准来将曲轴正时链轮安装到正时链条上。然后将装备有链条的曲轴正时链轮安装到曲轴上。
③ 将发动机机油涂抹到正时链条导板 1 的滑动表面并进行安装(图 6-6)。螺栓 a 扭矩:11N·m。
④ 将发动机机油涂抹到链条张紧器 2 的滑动表面上,并安装链条张紧器和隔圈(图 6-6)。螺栓 b 扭矩:25N·m。
⑤ 检查进气和排气凸轮轴正时链轮上的三角标记是否与正时链条上的标记相匹配,曲轴正时链轮上的配合标记是否与正时链条上的标记相匹配。
⑥ 按照箭头方向转动张紧器调节装置 2 来拧入柱塞 1,并安装固定器 3(直径为 1.4mm

的钢丝或类似材料）将柱塞固定到位，见图 6-7。使用固定器安装正时链条调节器。拧紧调节器螺栓，然后将固定器从链条张紧器调节器上拆除。

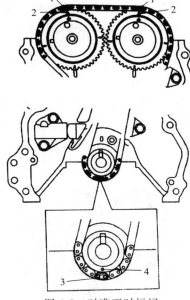

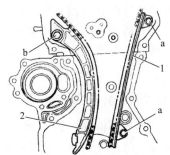

图 6-6　安装导轨和张紧臂
1—正时链条导板；2—链条张紧器；a，b—螺栓

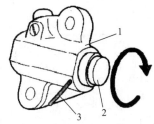

图 6-5　对准正时标记
1—深蓝色板；2—三角标记；
3—镀金层；4—圆形标记

图 6-7　设置并安装张紧器
1—柱塞；2—张紧器调节装置；3—固定器

⑦ 如图 6-8 所示，将发动机机油涂抹到正时链条上，然后将曲轴顺时针旋转 2 圈，检查进气和排气凸轮轴正时链轮上的配合标记 1 是否与气缸盖上的缺口 2 匹配，键 3 是否与气缸体上的缺口 4 匹配。如果各个标记链条和配合标记没有匹配，则调节各个链轮和正时链条。

⑧ 安装正时链盖和曲轴皮带轮。
⑨ 拆卸气缸盖罩。
⑩ 安装上、下油底壳。

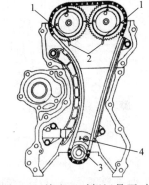

图 6-8　检查正时标记是否对齐
1—配合标记；2—气缸盖缺口；
3—键；4—气缸体缺口

## 6.5　1.5L M15A 发动机

该发动机正时链拆装和调整与 M16A 发动机一样，相关内容请参考 6.6 小节。

## 6.6　1.6L M16A 发动机

### 6.6.1　正时链条拆卸

① 拆卸正时链条盖。
② 转动曲轴，使进、排气凸轮轴正时链轮上的标记 1 分别与气缸头上的刻痕 2 对齐。
③ 拆卸正时链条张紧调节器总成 3。
④ 拆卸正时链条张紧器 4。

⑤ 拆卸正时链条1号导板5。
⑥ 拆卸正时链条6及曲轴正时链轮7。

以上所述部件位置见图6-9。

注意：正时链条拆卸后，不要转动曲轴和凸轮轴超出"安装"部分所允许的转动范围。如果超出，则活塞与气门、气门与气门之间会发生干涉，活塞相关的零部件和气门可能会损坏。

### 6.6.2 正时链条安装

注意：正时链条拆卸后，不要转动曲轴和凸轮轴超出下图中 $a$、$b$ 所指范围。如果超出，则活塞与气门、气门与气门之间会发生干涉，活塞相关的零部件及气门可能会损坏。

① 如图6-10所示，检查进、排气凸轮轴链轮上的标记1与气缸头上的刻痕2对齐。安装键3，并旋转曲轴使键位于曲轴的上方。

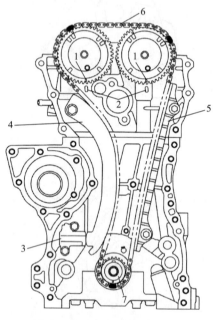
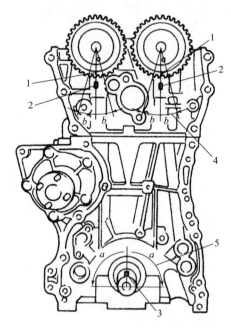

图6-9 正时链部件拆卸顺序
1—标记；2—刻痕；3—正时链条张紧调节器总成；
4—正时链条张紧器；5—正时链条1号导板；
6—正时链条；7—曲轴正时链轮

图6-10 对准链轮与缸体标记
1—标记；2—刻痕；3—键；4—凸轮轴（进、排气）允许
转动范围（凸轮轴链轮上的标记应该在气缸头上的刻痕
左右两侧15°范围内）；5—曲轴允许转动范围（曲
轴上的键应该在最上方左右两侧90°范围内）

② 安装链条时，应将链条上的深蓝色板1与凸轮轴链轮上的标记2对齐，然后对齐深蓝色板3与链轮上的三角标记4，见图6-11。

③ 将曲轴正时链轮装配至链条上，并对齐链条上的金色板5与曲轴正时链轮上的标记6，然后一同安装至曲轴上，见图6-11。

针对适配VVT组件的机型：对准正时链条深蓝色板1与凸轮轴正时链轮上的三角标记2，安装正时链条，如图6-12所示。对准正时链条的金属板3与曲轴正时链轮上的圆形标记4，将曲轴正时链轮装到正时链条上。然后将装配有正时链的曲轴正时链轮安装到曲轴上。

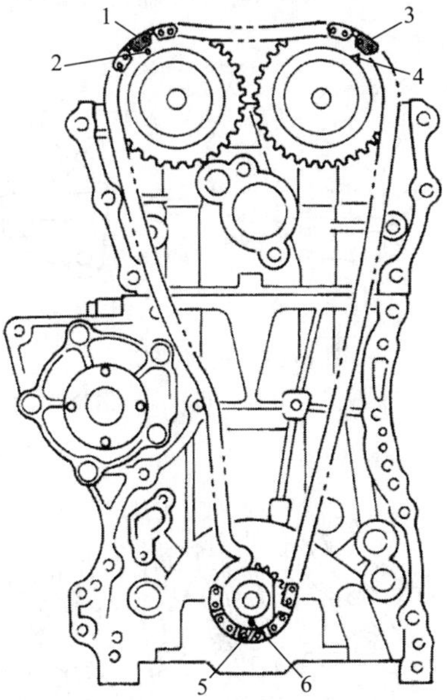

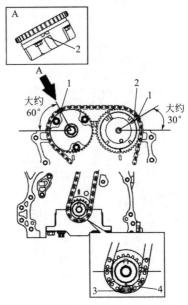

图 6-11　对准正时链与链轮标记（无 VVT）

1,3—深蓝色板；2—凸轮轴链轮上的标记；4—三角标记；5—金色板；6—曲轴正时链轮上的标记

图 6-12　对准正时链标记（VVT 机型）

1—深蓝色板；2—三角标记；3—金属板；4—圆形标记

④ 在正时链条1号导板1的工作面涂上发动机机油，如图6-13所示进行安装。按规定扭矩拧紧螺栓。正时链条1号导板螺栓a的拧紧扭矩为9N·m。

⑤ 在链条张紧器1的工作面涂上发动机机油，然后安装链条张紧器和衬套。按规定扭矩拧紧螺栓。链条张紧器螺栓a的拧紧扭矩为22N·m，见图6-14。

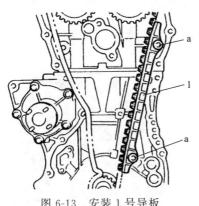

图 6-13　安装1号导板

1—正时链条1号导板；a—螺栓

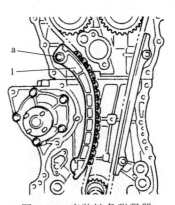

图 6-14　安装链条张紧器

1—链条张紧器；a—螺栓

⑥ 检查进、排气凸轮轴链轮上的标记1是否与正时链条上的深蓝色板2对齐，以及曲轴正时链轮上的标记3是否与正时链条上的金色板4对齐，见图6-15。配备VVT组件机型见图6-12。

⑦ 按箭头方向将正时链条张紧调节器的顶杆1压入调节器2内，然后插入保持器3（金属丝），将顶杆卡住，见图6-16。

⑧ 连同保持器2一起安装正时链条张紧调节器总成1。按规定扭矩拧紧螺栓，然后从正

时链条张紧调节器总成上拆卸保持器，见图6-17。正时链条张紧调节器螺栓a的拧紧扭矩为11N·m。

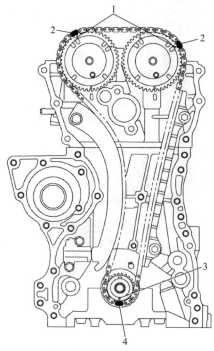

图6-15 对准正时链条标记
1—进、排气凸轮轴链轮上的标记；2—深蓝色板；
3—曲轴正时链轮上的标记；4—金色板

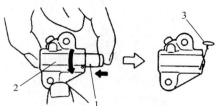

图6-16 设置张紧器
1—顶杆；2—调节器；3—保持器

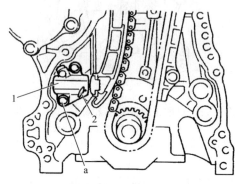

图6-17 安装张紧器
1—正时链条张紧调节器总成；
2—保持器；a—螺栓

⑨ 在正时链条涂上发动机机油，顺时针旋转曲轴2周，检查进、排气凸轮轴链轮上的标记1与气缸头上的标记2是否对齐，以及键3是否如图6-18所示位于曲轴的正上方。如果正时链条上的标记与相应标记没有对齐，则重新调整链轮和正时链条。

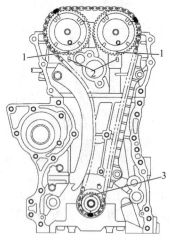

图6-18 检查正时
1—进、排气凸轮轴链轮上的标记；
2—气缸头上的标记；3—键

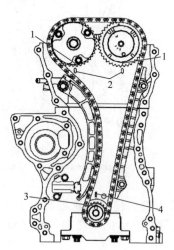

图6-19 检查正时（VVT机型）
1—配合标记；2—气缸盖上的切口；
3—键；4—缸体上的切口

针对 VVT 机型：向正时链条上涂机油，然后顺时针转动曲轴 2 圈，检查进气和排气凸轮轴正时链轮上的配合标记 1 是否与气缸盖上的切口 2 对准，键 3 是否与缸体上的切口 4 对准，见图 6-19。如果链条上的标记与各配合标记没有对准，则调节各链轮和正时链条。

⑩ 安装正时链条盖。

## 6.7　1.6LG-INNOTEC 发动机

该发动机正时链拆装和调整与配 VVT 正时控制阀的 M16A 发动机相似，与之有区别的是曲轴键朝上位没有缸体切口标志（图 6-20），相关内容请参考 6.6 小节。

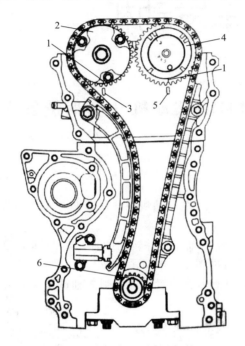

图 6-20　发动机正时链部件
1—装配标记；2—VVT 执行器；3—气缸盖凹槽；4—排气凸轮轴正时链轮；5—气缸盖凹槽；6—曲轴链轮键

 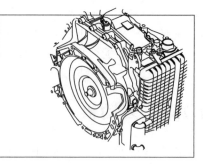 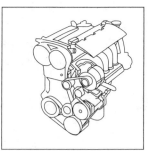

# 第 7 章 斯巴鲁汽车发动机

## 7.1 2.0L/2.5L H4DO 发动机（正时链条）

### 7.1.1 正时链条拆卸

① 拆卸右侧正时链条。

注意：更换单个零件时，必须在发动机总成已装载在车上时操作。

a. 拆下链罩。

b. 使用 ST（18252AA000 曲轴座）并转动曲轴，将曲轴链轮、右进气凸轮轴链轮和右排气凸轮轴链轮的定位标记对准图 7-1 中所示的位置。

如果定位标记与图 7-1 中所示的位置对准，则曲轴键位于 6 点钟位置。

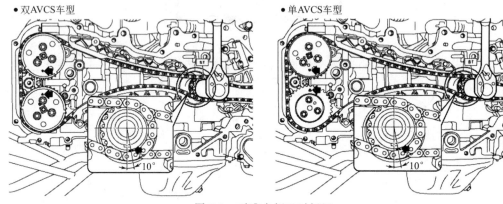

图 7-1 对准右侧正时标记

c. 按下右链条张紧器杆，将 2.5mm（0.098in）直径的限位器销或 2.5mm 直径的六角头扳手插入右链条张紧器的限位器销孔中，固定柱塞 A，见图 7-2。

d. 拆下右链条张紧器，然后拆下右链条张紧器杆。

e. 拆下右链条导向装置，然后拆下右正时链条。

如果未安装右正时链条，则右进气凸轮轴和右排气凸轮轴保持在零升程位置。凸轮轴上的所有凸轮均不会压下滚子摇臂（进气门和排气门）。此情况下，所有气门保持没有升起的状态。

右正时链条拆下的情况下,可独立旋转右进气凸轮轴和右排气凸轮轴。当进气门和排气门同时上升时,气门头会相互接触,可能导致气门挺杆弯曲。不要将其转至零升程范围(可用手轻微转动的范围)以外。

为避免与左侧混淆,请按顺序保管拆下的零件。

② 拆卸左侧正时链条。

a. 拆下右侧正时链条。

b. 使用 ST(18252AA000 曲轴座)并转动曲轴,将曲轴键、左进气凸轮轴链轮和左排气凸轮轴链轮的定位标记对准图 7-3 中所示的位置。

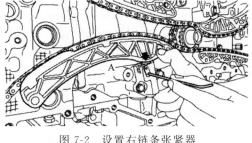

图 7-2 设置右链条张紧器
A—柱塞

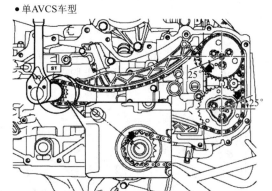

图 7-3 左侧正时链标记对准

c. 按下左链条张紧器杆,将 1.3mm(0.05in)直径的限位器销或 1.3mm 直径的六角头扳手插入左链条张紧器的限位器销孔中,固定柱塞 A,见图 7-4。

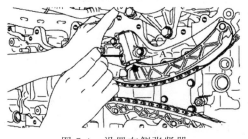

图 7-4 设置左侧张紧器
A—柱塞

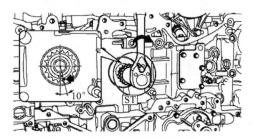

图 7-5 将曲轴顺时针转动约 200°

d. 拆下左链条张紧器,然后拆下左链条张紧器杆。

e. 拆下缸体(左)的 O 形圈。

f. 拆下左链条导向装置,然后拆下左正时链条。

如果未安装左正时链条,则左排气凸轮轴保持在零升程位置。左排气凸轮轴上的所有凸轮均不会压下滚子摇臂(排气门)。此情况下,排气门保持没有升起的状态。

左进气凸轮轴保持在升起位置。左进气凸轮轴上的所有凸轮均压下滚子摇臂(进气门)。此情况下,进气门保持升起的状态。

左正时链条拆下的情况下，可独立旋转左进气凸轮轴和右排气凸轮轴。当转动左排气凸轮轴时，气门头会相互接触，可能导致气门挺杆弯曲，如上所述。不要将左排气凸轮轴转至零升程范围（可用手轻微转动的范围）以外。

1号活塞和4号活塞位于TDC附近。如果转动左进气凸轮轴，则气门和活塞可能会接触，从而导致气门挺杆弯曲。此时不要转动左进气凸轮轴。

为避免与右侧混淆，请按顺序保管拆下的零件。

③ 使用ST（18252AA000曲轴座）并将曲轴顺时针转动约200°，使曲轴链轮的定位标记对准图7-5中所示的位置。

需要执行此步骤将所有活塞移至气缸中间位置，防止气门和活塞相互接触。

切勿逆时针转动，因为气门和活塞可能会接触。顺时针转动曲轴链轮定位标记到图7-5中所示位置附近后，只有在精确调整定位标记时，才可逆时针转动。

④ 使用ST（ST1—18355AA000 皮带轮扳手；ST2—18334AA020 皮带轮扳手销套）并将左进气凸轮轴链轮转动约180°，使左进气凸轮轴链轮的定位标记对准图7-6中所示的位置（零升程位置）。

如此操作后，当进气门和排气门同时上升时，气门头会相互接触，可能导致气门挺杆弯曲。不要将左进气凸轮轴和左排气凸轮轴转至零升程范围（可用手轻微转动的范围）以外。

小心进行操作，因为ST易于脱落。

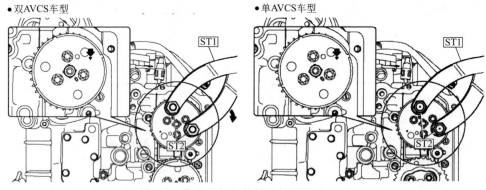

图7-6 将左进气凸轮轴链轮转动约180°

## 7.1.2 正时链条安装

① 安装左侧正时链条。

注意在安装过程中不要让异物进入组装的部件，也不要让异物落在上面。在正时链条的所有部件上涂抹机油。

a. 准备安装左链条张紧器。

• 按箭头方向移动连接板A以压入柱塞B，见图7-7。

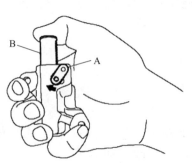

图7-7 压下张紧器柱塞
A—连接板；B—柱塞

• 用1.3mm（0.05in）直径的限位器销或1.3mm直径的六角头扳手插入限位器销孔，固定柱塞。

如果连接板上的限位器销孔和链条张紧器上的限位器销孔没有对准，则检查柱塞齿条A的首个槽口是否与限位器齿B啮合。如果没有啮合，则稍稍缩回柱塞以使柱塞齿条A的首个槽口与限位器齿B啮合，见

图 7-8。

b. 检查曲轴链轮是否位于图 7-9 中所示的位置。如果未对准，则使用 ST（18252AA000 曲轴座）转动曲轴以将曲轴链轮定位标记对准图 7-9 中所示的位置。

需要执行此步骤以防气门和活塞在下一步中相互接触。

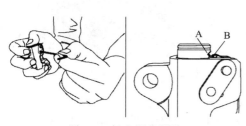

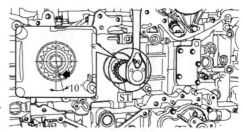

图 7-8　插入限位器销
A—柱塞齿条；B—限位器齿

图 7-9　检查曲轴链轮位置

c. 使用 ST（ST1—18355AA000 皮带轮扳手；ST2—18334AA020 皮带轮扳手销套）并转动左进气凸轮轴链轮，将定位标记对准图 7-10 中所示的位置。

当进气门和排气门同时上升时，气门头会相互接触，可能导致气门挺杆弯曲。请勿转动左排气凸轮轴。

小心进行操作，因为 ST 易于脱落。

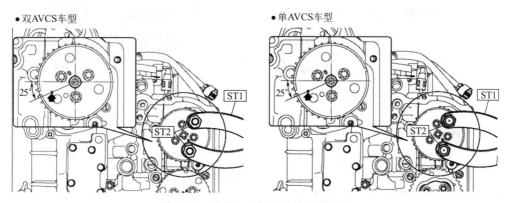

图 7-10　对准左进气凸轮轴链轮标记

d. 使用 ST（18252AA000 曲轴座）并将曲轴逆时针转动约 200°，使曲轴键的定位标记对准图 7-11 中所示的位置。

切勿顺时针转动，因为气门和活塞可能会接触。逆时针转动曲轴把键带到图 7-11 中所示位置附近后，只有在精确调整键位置时，才可顺时针转动。

e. 将左排气凸轮轴链轮的定位标记对准图 7-12 中所示的位置。

为防止气门损坏，请仅在零升程范围（可用手轻微转动的范围）内转动左排气凸轮轴链轮。

f. 安装左正时链条和左正时链条导向装置。

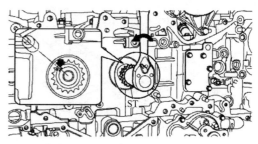

图 7-11　将曲轴逆时针转动约 200°

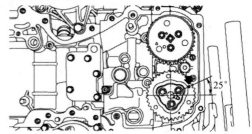

图 7-12 对准左排气凸轮轴链轮标记

- 把正时链条标记（蓝色）与曲轴链轮的定位标记相匹配，见图 7-13。
- 将正时链条标记（粉色）与左进气凸轮轴链轮的正时标记位置相匹配，见图 7-13。
- 将正时链条标记（粉色）与左排气凸轮轴链轮的正时标记位置相匹配，见图 7-13。
- 安装左正时链条导向装置。拧紧扭矩：6.4N·m（0.7kgf·m，4.7lbf·ft）。

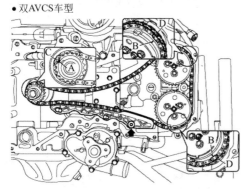 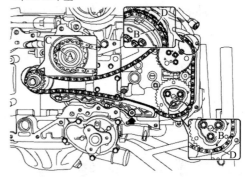

图 7-13　安装左正时链条与导向装置
A—定位标记；B—正时标记；C—蓝色；D—粉色

g. 将 O 形圈安装到缸体（左）内。注意：使用新 O 形圈，见图 7-14。
h. 安装左链条张紧器杆和左链条张紧器。拧紧扭矩：6.4N·m（0.7kgf·m，4.7lbf·ft）。
i. 从左链条张紧器中拉出限位器销。
注意：请在拉出限位器销之前确认下列项目。
正时链条标记（蓝色）与曲轴链轮的定位标记相匹配。
正时链条标记（粉色）与左进气凸轮轴链轮的正时标记位置相匹配。
正时链条标记（粉色）与左排气凸轮轴链轮的正时标记位置相匹配。
如果不能拆下限位器销，则按图 7-15 所示抬起左链条张紧器杆进行拆下。

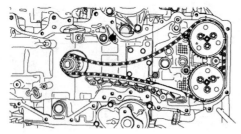 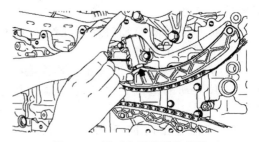

图 7-14　安装新的 O 形圈　　　　图 7-15　拆下张紧器限位器销

j. 使用 ST（18252AA000 曲轴座）顺时针转动曲轴，并确保没有异常状况。

注意：始终确保执行此确认。

k. 使用 ST（18252AA000 曲轴座）并转动曲轴，将曲轴链轮、左进气凸轮轴链轮和左排气凸轮轴链轮的定位标记对准图 7-16 中所示的位置。

如果定位标记与图 7-16 中所示的位置对准，则曲轴键位于 6 点钟位置。

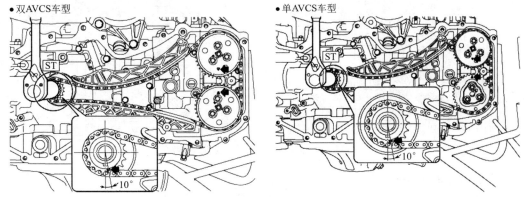

图 7-16　对准左侧正时标记

l. 安装右正时链条。

② 安装右侧正时链条。

注意在安装过程中不要让异物进入组装的部件，也不要让异物落在上面。

在正时链条的所有部件上涂抹机油。

a. 安装左正时链条。

b. 准备安装右链条张紧器。

- 按箭头方向移动连接板 A 以压入柱塞 B，见图 7-7。
- 用 2.5mm（0.098in）直径的限位器销或 2.5mm 直径的六角头扳手插入限位器销孔，固定柱塞。

如果连接板上的限位器销孔和链条张紧器上的限位器销孔没有对准，则检查柱塞齿条 A 的首个槽口是否与限位器齿 B 啮合。如果没有啮合，则稍稍缩回柱塞以使柱塞齿条 A 的首个槽口与限位器齿 B 啮合，见图 7-8。

c. 确保曲轴链轮、进气凸轮轴链轮（左）和排气凸轮轴链轮（左）的定位标记对准如图 7-17 所示的位置。

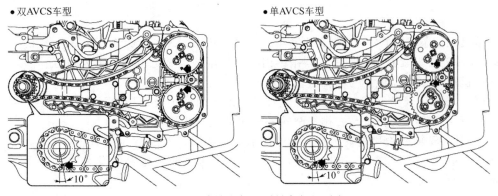

图 7-17　确认左侧正时链各标记对齐

d. 将右进气凸轮轴链轮和右排气凸轮轴链轮的定位标记对准图 7-18 中所示的位置。

为防止气门损坏，请仅在零升程范围（可用手轻微转动的范围）内转动右进气凸轮轴链轮和右排气凸轮轴链轮。

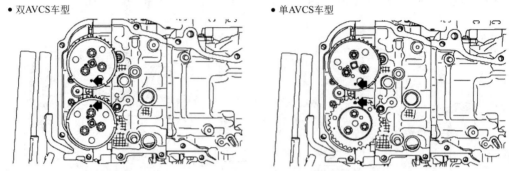

图 7-18　右侧凸轮轴定位标记对准

e. 安装右正时链条和右正时链条导向装置。
- 把正时链条标记（蓝色）与曲轴链轮的定位标记相匹配，见图 7-19。
- 将正时链条标记（粉色）与右进气凸轮轴链轮的正时标记位置相匹配，见图 7-19。
- 将正时链条标记（粉色）与右排气凸轮轴链轮的正时标记位置相匹配，见图 7-19。
- 安装右正时链条导向装置。拧紧扭矩：6.4N·m（0.7kgf·m，4.7lbf·ft）。

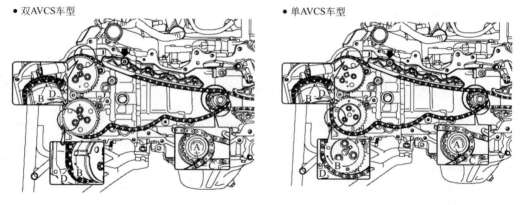

图 7-19　右侧正时标记对准
A—定位标记；B—正时标记；C—蓝色；D—粉色

f. 安装右链条张紧器杆和右链条张紧器。拧紧扭矩：6.4N·m（0.7kgf·m，4.7lbf·ft）。
g. 从右链条张紧器中拉出限位器销。请在拉出限位器销之前确认下列项目。

正时链条标记（蓝色）与曲轴链轮的定位标记相匹配。

正时链条标记（粉色）与右进气凸轮轴链轮的正时标记位置相匹配。

正时链条标记（粉色）与右排气凸轮轴链轮的正时标记位置相匹配。

③ 确保凸轮轴链轮和曲轴链轮的定位标记对准如图 7-20 所示的位置。

④ 使用 ST（18252AA000 曲轴座），顺时针转动曲轴，并确保没有异常状况。注意：始终确保执行此确认。

⑤ 安装链罩。

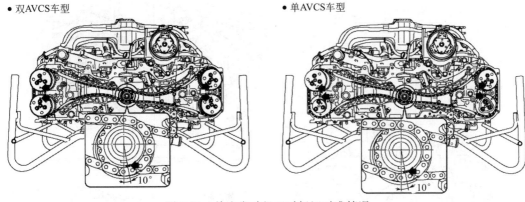

图 7-20 检查发动机正时标记对准情况

## 7.2 2.0T H4DOTC 发动机（正时链条）

此款发动机正时链拆装及调整与 2.0L 发动机一样，相关内容请参考 7.1 小节。

## 7.3 2.0T H4DOTC 发动机（正时皮带）

### 7.3.1 正时皮带拆卸

更换单个零件时，必须在发动机已装载在车上时操作。

在已装载发动机的车上执行操作时，还必须拆下/安装下列零件：散热器主风扇电机总成、散热器辅助风扇电机总成。

当执行将发动机安装至车身的工作时，请用纸板或厚布保护散热器。

① 拆卸正时皮带。

a. 拆下曲轴皮带轮。

b. 拆下正时皮带罩。

c. 拆下正时皮带导向装置（MT 车型）。

d. 如果正时皮带上的定位标记和箭头标记（其指示旋转方向）变模糊了，则再按拆下正时皮带之前的步骤做新的标记。

• 使用 ST（499987500 曲轴座）转动曲轴，并将曲轴链轮、进气凸轮轴链轮（左）、排气凸轮轴链轮（左）、进气凸轮轴链轮（右）和排气凸轮轴链轮（右）上的定位标记与机油泵上的标记和正时皮带罩上的槽对齐。

• 使用白色油漆，在相关曲轴链轮和凸轮轴链轮中的正时皮带上作定位或箭头标记，见图 7-21。

e. 拆下皮带惰轮。

f. 拆下正时皮带。

拆下正时皮带后，切勿旋转进气和排气链轮。如果凸轮轴链轮旋转，则进气和排气门会卡在一起并且使气门杆弯曲。

② 拆卸自动皮带张紧度调节器总成和皮带惰轮。

a. 如图 7-22 所示，拆下皮带惰轮 A 和 B。

b. 如图 7-23 所示，拆下皮带 2 号惰轮。

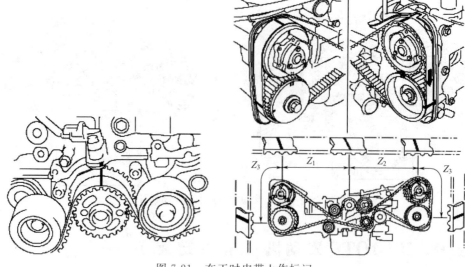

图 7-21 在正时皮带上作标记
$Z_1$—54.5 齿；$Z_2$—51 齿；$Z_3$—28 齿

c. 如图 7-24 所示，拆下自动皮带张紧度调节器总成。

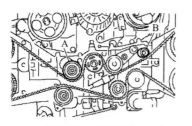

图 7-22 拆下惰轮
A，B—皮带惰轮

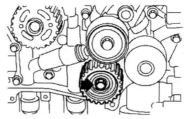

图 7-23 拆下 2 号惰轮

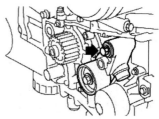

图 7-24 拆下张紧器总成

## 7.3.2 正时皮带安装

① 安装自动皮带张紧度调节器总成和皮带惰轮。

a. 自动皮带张紧度调节器总成的安装准备如下：
- 必须使用垂直式压具向下移动调节器杆。
- 请勿使用横向型台钳。
- 垂直推调节器杆。
- 逐渐压入调节器杆，估计需 3min 以上。
- 请勿使压力超过 9807N（1000kgf，2205lbf）。
- 将调节器杆推至气缸端面。不过，不要将调节器杆压到气缸端面以下。否则可能会损坏气缸。
- 直到限位器销完全插入才能释放压力。
- 将自动皮带张紧度调节器总成安装到垂直压具上。
- 用 165N（16.8kgf，37.1lbf）以上的压力慢慢地向下按压调节器杆，直到调节器杆与气缸中的限位器销孔对准，见图 7-25。
- 用 2mm（0.08in）直径的限位器销或 2mm（标称）直径的六角头扳手插入气缸内限

位器销孔，固定调节器杆，见图7-26。

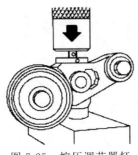

图7-25 按压调节器杆

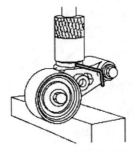

图7-26 插入限位器销

b. 安装自动皮带张紧度调节器总成。拧紧扭矩：39N·m（4.0kgf·m，28.8lbf·ft）。
c. 安装皮带2号惰轮。拧紧扭矩：39N·m（4.0kgf·m，28.8lbf·ft）。
d. 安装皮带惰轮。拧紧扭矩：39N·m（4.0kgf·m，28.8lbf·ft），见图7-27。
安装如图7-28所示惰轮，拧紧扭矩：25N·m（2.5kgf·m，18.4lbf·ft）。

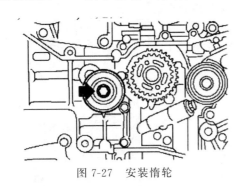

图7-27 安装惰轮　　　　　　　　图7-28 安装惰轮

② 安装正时皮带。
a. 做好自动皮带张紧度调节器总成的安装准备。
b. 将曲轴链轮上的标记B与机油泵上的标记A对准，见图7-29。
c. 将排气凸轮轴链轮（右）上的单线标记B与正时皮带罩上的槽A对齐，见图7-30。

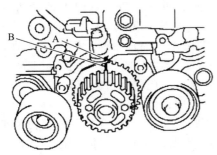

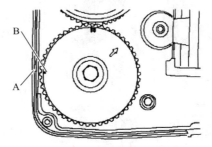

图7-29 曲轴链轮标记与机油泵标记对准　　图7-30 对准排气凸轮轴链轮标记
A—机油泵上的标记；B—曲轴链轮上的标记　　A—槽；B—单线标记

d. 将进气凸轮轴链轮（右）上的单线标记B与正时皮带罩上的槽A对齐。确保进气和排气凸轮轴链轮上的双线标记C对准，见图7-31。
e. 如图7-32所示，通过逆时针转动链轮（从发动机前部观察）将排气凸轮轴链轮（左）

上单线标记 B 与正时皮带罩上的槽 A 对齐。

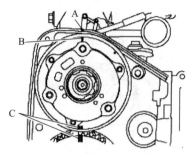

图 7-31 对准进气凸轮轴标记
A—槽；B—单线标记；C—双线标记

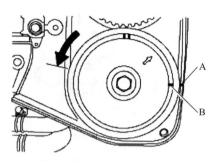

图 7-32 逆时针转动链轮
A—槽；B—单线标记

f. 如图 7-33 所示，通过顺时针转动链轮（从发动机前部观察）将进气凸轮轴链轮（左）上单线标记 B 与正时皮带罩上的槽 A 对齐。确保进气和排气凸轮轴链轮上的双线标记 C 对准。

g. 确保凸轮轴和曲轴链轮定位正确。DOHC 发动机的进气和排气凸轮轴可在正时皮带拆下的情况下独立旋转。从图 7-34 中可看出，如果进气和排气门同时升起，则气门头将相互干涉，从而导致气门弯曲。

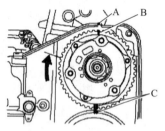

图 7-33 顺时针转动链轮
A—槽；B—单线标记；C—双线标记

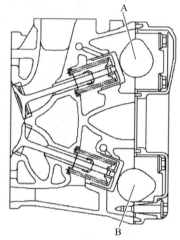

图 7-34 凸轮轴凸轮指向
A—进气凸轮轴；B—排气凸轮轴

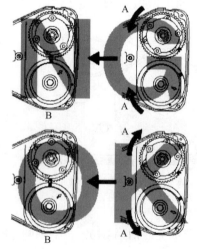

图 7-35 凸轮轴旋转正确方向
A—旋转方向；B—正时皮带安装位置

在未安装正时皮带时，四个凸轮轴固定在"零升程"位置，此处凸轮轴上的所有凸轮不向下推动进气排气门（此情况下，所有气门保持没有升起的状态）。

旋转凸轮轴以安装正时皮带时，固定凸轮轴（左）的 2 号进气凸轮和 4 号排气凸轮以向下推动其对应的气门（在这种情况下，这些气门将保持升起状态）。固定凸轮轴（右）以使其凸轮不向下推气门。

必须将凸轮轴（左）从"零升程"位置转到正时皮带尽可能以最小角度安装的位置，以防止进气和排气门头相互干涉。

请勿将凸轮轴按图 7-35 中上图所示方向旋转。这样做可能导致进气和排气门同时上升，从而导致气门头相互干涉。

h. 按图 7-36 中所示的字母顺序将正时皮带上的定位转变，并与链轮上的标记对准。对准标记时，请正确放置正时皮带，并安装正时皮带。
- 如果正时皮带滑过1个以上的齿，则气门与活塞可能相互碰撞。
- 确保皮带旋转的方向正确。

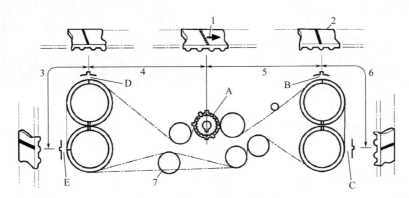

图 7-36 正时皮带的正确齿位
1—箭头记号；2—正时皮带；3—28齿；4—54.5齿；5—51齿；6—28齿；7—将其装入端部

i. 安装皮带惰轮（图7-37）。拧紧扭矩：39N·m（4.0kgf·m，28.8lbf·ft）。确保正时皮带和链轮上的标记对准。

j. 确保正时皮带和链轮上的标记对齐后，从张紧器调节器上拆下限位器销。

k. 安装正时皮带导向装置（MT车型）。
- 暂时拧紧固定正时皮带导向装置的螺栓。

在安装正时皮带导向装置前，清洁2号正时皮带罩的正时皮带导向装置安装螺栓孔。

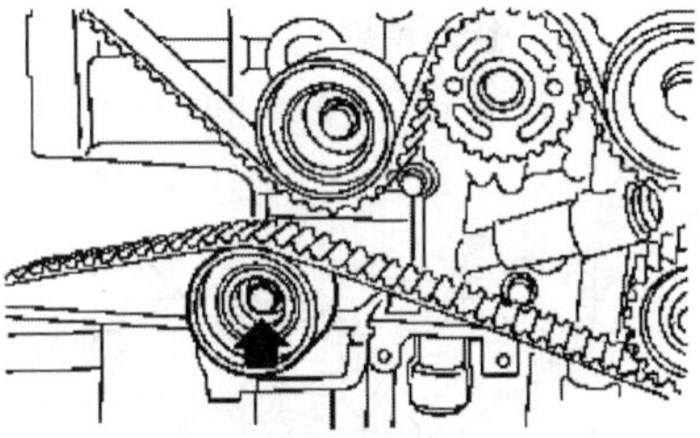

在凸轮轴链轮上的正时皮带导向装置安装螺栓的螺纹处涂抹密封胶（重新使用螺栓时）。密封胶型号为 THREE BOND 1324（零件号为 004403042）。

图 7-37 安装惰轮

- 用塞尺调整正时皮带与正时皮带导向装置之间的间隙并固定。间隙：(1.0±0.5)mm[(0.039±0.020)in]。

l. 安装正时皮带罩。

m. 安装曲轴皮带轮。

## 7.4　2.0L H4SO 发动机（正时皮带）

### 7.4.1　正时皮带安装

① 做好安装皮带张紧度自动调节器总成的准备。
② 安装正时皮带。

a. 使用ST1（专用工具1）旋转2号凸轮轴齿形带带轮，然后使用ST2（专用工具2）旋转1号凸轮轴齿形带带轮，使得它们的定位标记A位于顶部（图7-38）。ST1（专用工具1）：18231AA010 凸轮轴齿形带带轮扳手。注意：也可使用凸轮轴齿形带带轮扳手（499207100）。ST2（专用工具2）：499207400 凸轮轴齿形带带轮扳手。

b. 当正时皮带上的定位标记B和齿形带带轮上的标记A对齐时，安放好正时皮带（图7-39）。

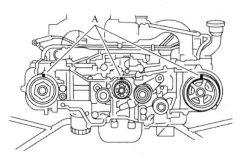

图 7-38 安装曲轴与凸轮轴带轮
A—定位标记

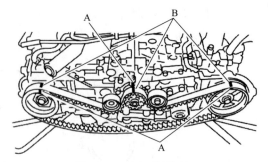

图 7-39 对齐正时标记
A—齿形带带轮上的标记；B—正时皮带上的定位标记

③ 安装 2 号皮带惰轮。拧紧力矩：39N·m。

④ 确保正时皮带上的标记和凸轮轴齿形带带轮上的标记对齐后，从皮带张紧度调节器上拆下限位销（图 7-40）。

⑤ 安装正时皮带导向装置（手动变速器车型）。

a. 暂时拧紧固定螺栓。

b. 使用厚薄规检查并调整正时皮带和正时皮带导向装置之间的间隙（图 7-41）。间隙：$(1.0 \pm 0.5)$mm [$(0.039 \pm 0.020)$ in]。

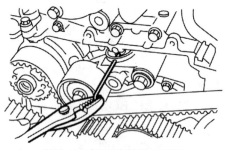

图 7-40 拆下张紧器固定销

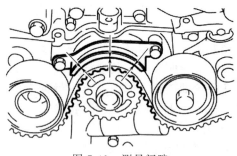

图 7-41 测量间隙

c. 拧紧固定螺栓。拧紧力矩：9.75N·m。

⑥ 安装皮带罩。

⑦ 安装曲轴皮带轮。

⑧ 安装 V 形带。

## 7.4.2 正时皮带拆卸

① 正时皮带。

a. 拆下 V 形带。

b. 拆下曲轴皮带轮。

c. 拆下皮带罩。

d. 拆下正时皮带导向装置（手动变速器车型）。

e. 若正时皮带上的定位标记 a 或箭头标记（指示旋转方向）已褪去，在拆下正时皮带前先按如下程序在皮带上画上新的记号。

• 使用 ST（专用工具）旋转曲轴。对准齿形带带轮上的标记 a 与气缸体切口 b，确保右侧凸轮轴齿形带带轮标记 c，凸轮盖和气缸盖装配面 d 或左侧凸轮轴齿形带带轮标记 e 和皮带罩切口 f 已调整恰当（图 7-42）。ST（专用工具）：499987500 曲轴套筒。

图 7-42　对齐标志

a—齿形带带轮标记；b—气缸体切口；c—右侧凸轮轴齿形带带轮标记；
d—装配面；e—左侧凸轮轴齿形带带轮标记；f—皮带罩切口

- 使用白色油漆，根据曲轴齿形带带轮和凸轮轴齿形带带轮位置，在正时皮带上画上对齐标记或箭头标记（图 7-43、图 7-44）。规定数据：$Z_1$ 为 46.8 齿长度；$Z_2$ 为 43.7 齿长度。

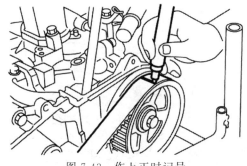

图 7-43　作上正时记号

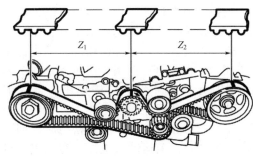

图 7-44　齿长数据

f. 拆下 2 号皮带惰轮。

g. 拆下正时皮带。

② 拆卸皮带惰轮和皮带张紧度自动调节器总成。

a. 拆下 1 号皮带惰轮。

b. 拆下皮带张紧度自动调节器总成。

## 7.5　2.5L H4SO 发动机（正时皮带）

一条正时皮带驱动四支凸轮轴（每个气缸组上的进气及排气凸轮）。该皮带还可透过其无齿端驱动水泵。正时皮带部件组成与装配标记位置如图 7-45 所示。

这时皮带的锯齿具有特别设计的圆形齿形，有助于减少操作时的噪声。正时皮带由强力弹性芯线、耐磨帆布及耐热橡胶材料所制成。

皮带张力液压自动调整器总能使皮带处于特定张力范围。因此，无需做任何手动调整皮带张力的动作。

曲轴链轮上的活塞位置记号对准气缸体上的正时记号时，1 号活塞便处于上止点。曲轴链轮上的活塞位置记号对准皮带盖上的正时记号时，1 号活塞便处于压缩行程上止点。

皮带张力自动调节器系由一个张力器装置与一个支架组成。它自动维持正时皮带张力于

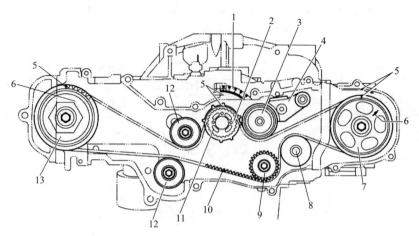

图 7-45 正时皮带部件与标记位置

1—正时指示器（作为曲轴皮带盘正时记号）；2—活塞位置记号；3—皮带张力盘；4—皮带张力自动调整器；5—校正记号；6—活塞位置记号；7—左凸轮轴链轮；8—水泵皮带盘；9—2 号惰轮；10—正时皮带；11—曲轴链轮；12—惰轮；13—右凸轮轴链轮

特定水平，使皮带准确传递动力、降低工作噪声、延长皮带使用寿命。

张力器装置的缸体装有调整杆、摩擦环、柱塞弹簧、回复弹簧、定位钢珠等，其内部结构见图 7-46。皮带张力自动调整器可透过张力器装置的调整杆之推力产生的杠杆作用，给皮带以张力。其详细作业程序如下所述。

正时皮带张力动作：皮带松弛时，回复弹簧推动调节器杆向前运动；机油储存室里的机油被柱塞弹簧加压至特定水平时，可推开定位钢珠，流入油压室，如此可保持恒定压力；调节器杆产生的推力 $F$ 给张力器支架施加一个逆时钟方向扭力，使皮带盘末端朝相同方向转动；如此便给正时皮带施加了张力 $P_b$。

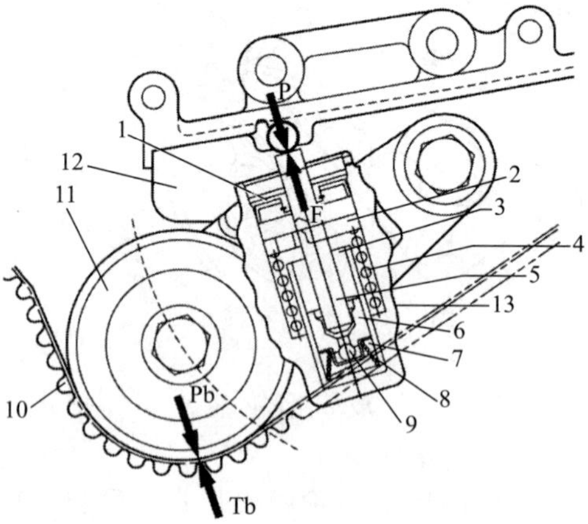

图 7-46 皮带张紧器结构

1—油封；2—摩擦环；3—机油储存室；4—回复弹簧；5—调整杆；6—柱塞；7—油压室；8—柱塞弹簧；9—止回阀钢珠；10—正时皮带；11—皮带张力盘；12—张力器支架；13—缸体

正时皮带张力平衡动作：皮带张力盘使用压力 $P_b$ 推动正时皮带时，正时皮带的反作用力 $T_b$ 在调整杆推力作用点上产生反作用力 $P$；此作用力 $P$ 推动调节器杆，直至与推力 $F$ 及油压室内的油压之和平衡；因此，正时皮带张力便保持恒定。

过应力修正作用：若正时皮带张力过大，则会导致压力 $P$ 超过推力 $F$，油压室内的矽油会逐渐流回机油储存室，直至作用力 $P$ 重新与推力 $F$ 平衡；因此正时皮带张力随时会保持在规定水平。

## 7.6　2.5T H4DOTC 发动机（正时皮带）

一条正时皮带驱动四支凸轮轴（每个气缸组上的进气及排气凸轮）。该皮带还可透过其无齿端驱动水泵。

这时皮带的锯齿具有特别设计的圆形齿形，有助于减少操作时的噪声。正时皮带由强力弹性芯线、耐磨帆布及耐热橡胶材料所制成。正时组成部件与装配标记位置见图7-47。

皮带张力液压自动调整器总能使皮带处于特定张力范围。因此，无需做任何手动调整皮带张力的动作。

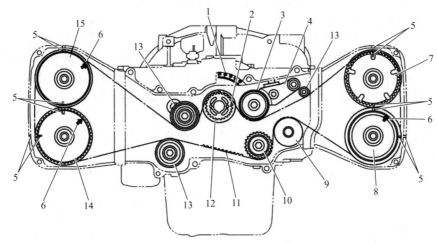

图7-47 正时皮带部件与标记位置

1—正时指示器（作为曲轴皮带盘正时记号）；2—活塞位置记号；3—皮带张力盘；4—皮带张力自动调整器总成；5—校正记号；6—活塞位置记号；7—左进气凸轮轴链轮；8—左排气凸轮轴链轮；9—水泵皮带盘；10—2号惰轮；11—正时皮带；12—曲轴链轮；13—惰轮；14—右排气凸轮轴链轮；15—右进气凸轮轴链轮

曲轴链轮上的活塞位置标记对准气缸体上的标记时，1号活塞便处于上止点（TDC）。凸轮轴链轮上的活塞位置标记直接面朝上时，1号活塞便处于压缩行程的上止点（TDC）。

## 7.7　3.0L H6DO 发动机（正时链条）

### 7.7.1　正时链条总成拆卸

① 拆下曲轴皮带轮。
② 拆下前链条罩。
③ 拆下右侧链条张紧器。注意不要露出柱塞A，见图7-48。
④ 拆下链条导向装置（右侧：凸轮轴之间）。
⑤ 拆下链条导向装置（右侧）。
⑥ 拆下右侧链条张紧器控制杆。
⑦ 拆下右侧正时链条。
⑧ 拆下左侧链条张紧器。注意不要露出柱塞。
⑨ 拆下左侧链条张紧器控制杆。
⑩ 拆下链条导向装置（左侧：凸轮轴之间）。
⑪ 拆下链条导向装置（左侧）。
⑫ 拆下链条导向装置（中间）。
⑬ 拆下惰轮链轮（上侧）。
⑭ 拆下左侧正时链条。
⑮ 拆下惰轮链轮（下侧）。

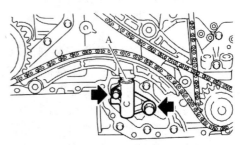

图7-48 拆卸右侧张紧器
A—柱塞

## 7.7.2 正时链条安装

注意：安装过程中，小心不要让异物进入装配部件或沾在装配部件上。安装时，在链条导向装置、链条张紧器控制杆和惰轮链轮上涂上发动机机油。

① 做好链条张紧器安装的准备。

a. 将螺钉、弹簧销和张紧杆插入张紧器体中。

b. 当将张紧器压紧在橡胶垫上时，扭动张紧器以缩短张紧杆。然后将细销插入张紧杆和张紧器体之间的孔以保持缩短的长度。注意在橡胶垫上或其他防滑材料上操作。

② 使用ST（专用工具），如图7-49所示，将曲轴链轮上的"Top mark"（上标记）对准9点钟的位置。ST（专用工具）：18252AA000 曲轴套筒。

③ 使用ST（专用工具），如图7-50所示，将排气凸轮轴链轮上的键槽对准12点钟的位置。

图7-49 对准曲轴链轮标志

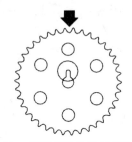
图7-50 对准排气凸轮轴链轮标记

④ 如图7-51所示，对准进气凸轮轴链轮。

⑤ 顺时针旋转曲轴链轮，将"Top mark"（上标记）对准12点钟位置（一缸活塞处于上止点位置）。注意：在安装正时链条完毕前，不要旋转曲轴和凸轮轴链轮。

⑥ 安装惰轮链轮（下侧）。拧紧力矩：69N·m。

⑦ 安装左侧正时链条。

a. 将曲轴链轮上的正时标记B对准左侧正时链条上的标记A，见图7-52。

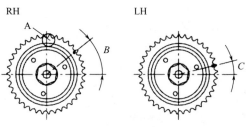
图7-51 对准进气凸轮轴链轮标志
A—上标记；B—40°；C—15°

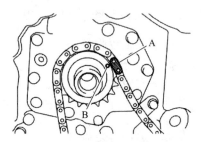
图7-52 对准曲轴链轮正时标记
A—金色；B—标记

b. 将左侧正时链条依次安装到惰轮链轮（下侧）、水泵、排气凸轮轴链轮（左侧）和进气凸轮轴链轮（左侧）上。注意检查正时链条上的标记A和凸轮轴链轮上的标记B的对齐方式与曲轴链轮的对齐方式是否一致，见图7-53。

c. 安装惰轮链轮（上侧）。拧紧力矩：69N·m。

d. 安装链条导向装置（左侧：凸轮轴之间）。拧紧扭矩：6.4N·m。注意使用新的安装螺栓。

e. 安装链条导向装置（左侧）。拧紧扭矩：16N·m。

f. 安装链条张紧器控制杆（左侧）。拧紧扭矩：16N·m。

g. 安装链条张紧器（左侧）。拧紧扭矩：16N·m。

⑧ 安装正时链条（右侧）。

a. 将惰轮链轮（下侧）上的左右侧正时链条标记对齐，见图7-54。

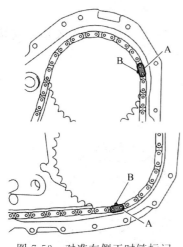

图 7-53 对准左侧正时链标记
A—蓝色；B—标记

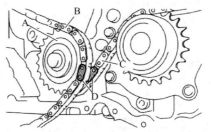

图 7-54 对准下侧惰轮链轮正时标记
A—惰轮链轮（下侧）；B—正时链条（右侧）；
C—正时链条（左侧）；D—蓝色

b. 如图7-55所示，将正时链条（右侧）依次安装到进气凸轮轴链轮（右侧）和排气凸轮轴链轮（右侧）上。注意检查正时链条上的标记A和凸轮轴链轮上的标记B的对齐方式与曲轴链轮的对齐方式是否一致。

c. 如图7-56所示安装链条导向装置（右侧）。

d. 安装链条张紧器控制杆（右侧）。拧紧扭矩：16N·m。

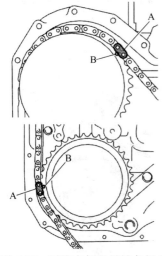

图 7-55 对准右侧正时链条标记
A—正时链条上的标记；
B—凸轮轴链轮上的标记

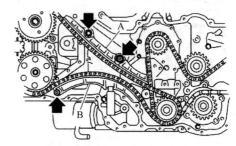

图 7-56 安装右侧正时链导向装置
A—正时链条导向轨；B—正时链条张紧轨

e. 安装链条导向装置（右侧：凸轮轴之间）。拧紧扭矩：6.4N·m。注意使用新的安装螺栓。

f. 安装链条张紧器（右侧）。拧紧扭矩：16N·m。

g. 调节右侧和中间的链条导向装置之间的间隙，使得间隙在 8.4～8.6mm（0.331～0.339in）之间。安装链条导向装置中间。拧紧扭矩：7.8N·m。注意使用新的安装螺栓。

h. 检查链轮和正时链条上的每个标记是否都已对齐，然后从链条张紧器中拔出止动销。

## 7.8 3.6L H6DO 发动机（正时链条）

安装正时链条总成时，注意在安装过程中不要让异物进入组装的部件，也不要让异物落在上面。在正时链条的所有部件上涂抹机油。

① 准备安装链条张紧器。

a. 将螺钉、弹簧销和柱塞插入张紧器体。

b. 当用手从上方握持链条张紧器时，逆时针转动橡胶垫。除去柱塞头与橡胶垫之间接触表面上的润滑脂，以免滑动。

c. 将限位器销插入链条张紧器体的孔内。

② 将机油泵轴顶销的位置对准 6 点钟位置，如图 7-57 所示。

③ 使用 ST，将曲轴链轮上的"向上标记"与 9 点钟位置对齐，如图 7-58 所示。

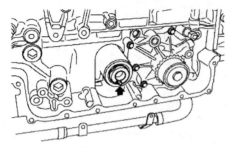
图 7-57　机油泵轴顶销的位置对准 6 点钟位置

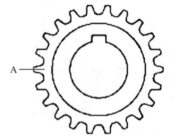
图 7-58　曲轴链轮标记对 9 点钟位置
A—顶标记

④ 将进气凸轮轴链轮与 12 点钟位置对齐，如图 7-59 所示。

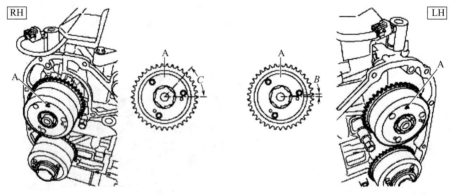
图 7-59　进气凸轮轴链轮与 12 点钟位置对齐
A—将标记（向上标记）位置与 12 点钟位置对齐；B—6°；C—47°

⑤ 将排气凸轮轴链轮与 12 点钟位置对齐，如图 7-60 所示。

⑥ 使用 ST，将曲轴链轮上的"向上标记"与 12 点钟位置对齐，如图 7-61 所示。1 号

图 7-60　排气凸轮轴链轮与 12 点钟位置对齐
A—将标记（向上标记）位置与 12 点钟位置对齐；B—5.5°；C—3.5°

活塞定位于 TDC 位置。在完成正时链条的安装前，不要转动曲轴和凸轮轴链轮。此时，曲轴链轮键在 3 点钟位置。

⑦ 安装链条导向装置（主）。拧紧扭矩：16N·m。

⑧ 安装惰轮链轮和正时链条（主）。

a. 把正时链条标记（金色）与惰轮链轮的正时标记位置相匹配。

b. 把惰轮链轮正时标记与 6 点钟位置对齐，然后安装惰轮链轮和正时链条。

c. 确保正时链条标记（金色）位于曲轴链轮上的 12 点钟位置，见图 7-62。

图 7-61 曲轴链轮上的"向上标记"与 12 点钟位置对齐
A—顶标记

d. 使用 ST，锁住惰轮链轮，并安装惰轮链轮螺栓。拧紧扭矩：120N·m。
ST1：18355AA000 皮带轮扳手。ST2：18334AA000 皮带轮扳手销套。

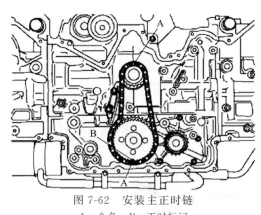

图 7-62 安装主正时链
A—金色；B—正时标记

⑨ 安装链条张紧器杆（主）。拧紧扭矩：16N·m。

⑩ 安装链条张紧器（主）并拉出限位器销。拧紧扭矩：16N·m。

⑪ 安装链条导向装置（左）。拧紧扭矩：16N·m。

⑫ 安装链条导向装置（左：凸轮之间）。拧紧扭矩：6.4N·m。

⑬ 安装正时链条（左）。

a. 如图 7-63 所示，将进气凸轮轴链轮（左）的正时标记与正时链条标记（蓝色）相匹配。

b. 将排气凸轮轴链轮（左）的正时标记与正时链条标记（蓝色）相匹配（图 7-64）。

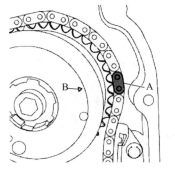

图 7-63 对准左进气凸轮轴链轮标记
A—蓝色；B—正时标记

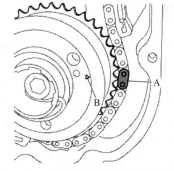

图 7-64 对准左排气凸轮轴链轮标志
A—蓝色；B—正时标记

c. 将正时链条安装到水泵链轮。

d. 使惰轮链轮的正时标记与正时链条标记（金色）相匹配（图 7-65）。

⑭ 安装链条张紧器杆（左）。拧紧扭矩：16N·m。

⑮ 安装链条张紧器（左）并拉出限位器销。请确保在链条张紧器壳体的侧面装有螺栓。拧紧扭矩：16N·m。

⑯ 安装链条导向装置（右）。拧紧扭矩：16N·m。

⑰ 安装链条导向装置（右：凸轮之间）。拧紧扭矩：6.4N·m。
⑱ 安装正时链条（右）。
a. 将进气凸轮轴链轮（右）的正时标记与正时链条标记（蓝色）相匹配（图7-66）。

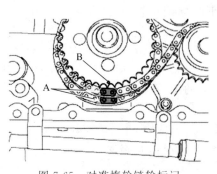

图7-65 对准惰轮链轮标记
A—金色；B—正时标记

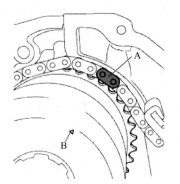

图7-66 对准右进气凸轮轴链轮标记
A—蓝色；B—正时标记

b. 将排气凸轮轴链轮（右）的正时标记与正时链条标记（蓝色）相匹配（图7-67）。
c. 使惰轮链轮的正时标记与正时链条标记（金色）相匹配（图7-68）。

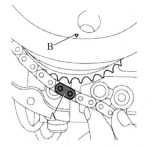

图7-67 对准右排气凸轮轴链轮标志
A—蓝色；B—正时标记

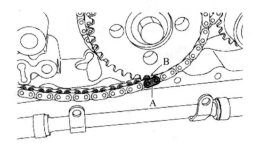

图7-68 对准惰轮链轮标记
A—金色；B—正时标记

⑲ 安装链条张紧器杆（右）。拧紧扭矩：16N·m。
⑳ 安装链条张紧器（右）并拉出限位器销。拧紧扭矩：16N·m。
㉑ 安装后，进行下列确认。始终确保执行此确认。
a. 请确保惰轮链轮的正时标记与三个正时链条标记（金色）对齐。
b. 确保曲轴链轮上的12点钟位置与正时链条（主）标记（金色）对齐。
c. 请确保左侧凸轮轴链轮正时标记与正时链条标记（蓝色）对齐。
d. 请确保右侧凸轮轴链轮正时标记与正时链条标记（蓝色）对齐。
e. 确保所有螺栓都拧紧至规定的扭矩。
㉒ 使用ST，朝发动机转动方向旋转曲轴，并确保没有异常状况。始终确保执行此确认。
㉓ 安装链罩。
㉔ 安装曲轴皮带轮。
㉕ 安装V形带。
㉖ 加注机油。
㉗ 请确保链罩配合面无漏油。
㉘ 安装散热器。

 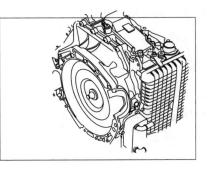 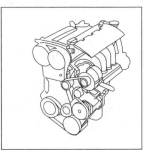

# 现代-起亚汽车发动机

## 8.1　1.4L G4FA/1.6L G4FC 发动机

### 8.1.1　正时链条拆卸

① 顺时针旋转曲轴皮带轮，并对齐凹槽和正时链条盖的正时标记，见图 8-1。

图 8-1　对齐凹槽和正时链条盖的正时标记

② 拧下曲轴螺栓和曲轴皮带轮。
③ 拆卸正时链条盖。
④ 对齐凸轮轴链轮正时标记和气缸盖的上表面，将 1 号气缸设置在 TDC 位置。此刻检查曲轴的定位销是否朝向发动机上方。对齐凸轮轴链轮（进气与排气 2 个链轮）和曲轴链轮的正时标记，在正时链（3 处）作标记，见图 8-2。

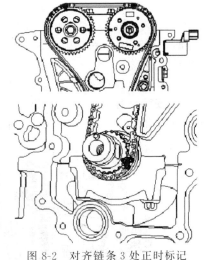

图 8-2　对齐链条 3 处正时标记

⑤ 拆卸液压张紧器 A。拆卸张紧器前，在上止点用销通过孔 B 来固定张紧器的活塞，见图 8-3。

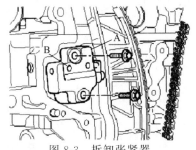

图 8-3　拆卸张紧器
A—液压张紧器；B—孔

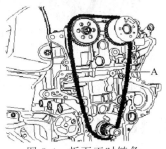

图 8-4　拆下正时链条
A—正时链条

⑥ 拆卸正时链条张紧器臂和导轨。
⑦ 拆卸正时链条 A，见图 8-4。

### 8.1.2 正时链条安装

① 如图 8-5 所示，曲轴的定位销设置在约距垂直中心线 3°。
② 对齐曲轴链轮正时标记和气缸盖的上表面，将 1 号气缸设置在 TDC 位置。
③ 安装新 O 形环 A，位置见图 8-6。

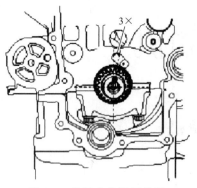

图 8-5 曲轴定位设置位置

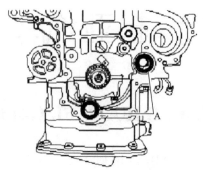

图 8-6 安装新的 O 形圈
A—O 形环

④ 安装正时链条导轨 A 和正时链条 B，见图 8-7。规定扭矩：9.8~11.8N·m。安装正时链时，对齐链轮和链条的正时标记。顺序：曲轴链轮→正时链导轨→进气凸轮轴链轮→排气凸轮轴链轮。
⑤ 安装链条张紧器臂。规定扭矩：9.8~11.8N·m。
⑥ 安装液压张紧器 A，拆卸销 B，见图 8-8。规定扭矩：9.8~11.8N·m，重新检查曲轴和凸轮轴上的上止点（TDC）标记。

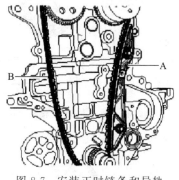

图 8-7 安装正时链条和导轨
A—导轨；B—正时链条

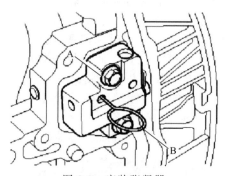

图 8-8 安装张紧器
A—液压张紧器；B—销

⑦ 安装正时链条盖。

## 8.2　1.4L G4EA 发动机

该发动机正时带拆装和调整与 G4GB 发动机相似，相关内容请参考 8.8 小节。

## 8.3　1.5L G4EC 发动机

该发动机正时带拆装和调整与 G4GB 发动机相似，相关内容请参考 8.8 小节。

## 8.4　1.6L G4FG 发动机

该发动机正时带拆装和调整与 G4FC 发动机相同，相关内容请参考 8.1 小节。

## 8.5　1.6L G4FD 发动机

该发动机正时带拆装和调整与 G4FC 发动机相同，相关内容请参考 8.1 小节。

## 8.6　1.6L G4ED 发动机

该发动机正时带拆装和调整与 G4GB 发动机相似，相关内容请参考 8.8 小节。

## 8.7　1.8L/G4NB/2.0L G4NA 发动机

### 8.7.1　正时链条拆卸

① 拆卸气缸盖罩。
② 将 1 号气缸设置在压缩冲程 TDC（上止点）位置。
a. 转动曲轴皮带轮，并对齐凹槽和正时链条盖的正时标记，见图 8-9。
b. 如图 8-10 所示，检查进气和排气 CVVT 链轮的 TDC 标记是否与气缸盖表面平齐。如果没有，则将曲轴转动 1 圈（360°）。不要逆时针转动曲轴皮带轮。

图 8-9　设置曲轴皮带轮 TDC 位置

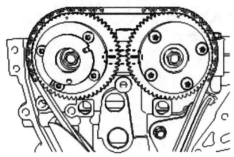

图 8-10　凸轮轴链轮正时对齐

③ 拆卸正时链条盖。
④ 拆卸正时链条张紧器。不建议再次使用拆卸的张紧器。如果需要再次使用张紧器，则如图 8-11 所示将柱塞 A 尽可能地推进到张紧器内，并在孔中插入固定销，使柱塞处于收缩位置，见图 8-11、图 8-12。
⑤ 拆卸正时链条张紧器臂。
⑥ 拆卸正时链条。

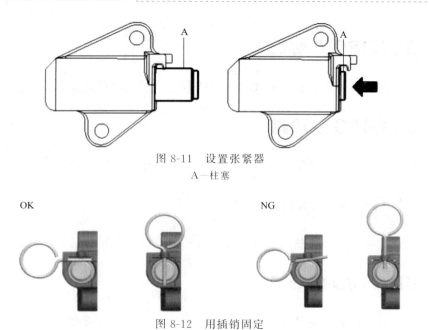

图 8-11　设置张紧器

A—柱塞

图 8-12　用插销固定

⑦ 拆卸正时链条导轨。

## 8.7.2　正时链条安装

① 拆卸正时链条后,检查进气和排气 CVVT 链轮 TDC 标记是否偏离 TDC 位置（2～3 个齿），见图 8-13。

② 以进气 CVVT 链轮偏离 TDC 位置的相同角度,从 TDC 位置（与发动机垂直线顺时针方向约 3°）顺时针旋转曲轴链轮 2～3 个齿,见图 8-14。

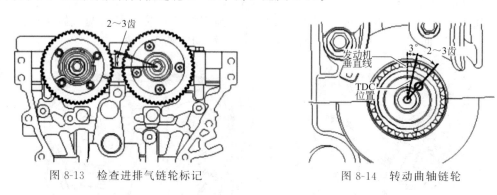

图 8-13　检查进排气链轮标记　　　　图 8-14　转动曲轴链轮

③ 安装正时链条导轨。规定扭矩:18.6～22.6N·m。

④ 安装正时链条张紧器臂。规定扭矩:18.6～22.6N·m。

⑤ 安装正时链条。安装顺序:曲轴链轮→正时链条导轨→进气 CVVT 链轮→排气 CVVT 链轮。

a. 在曲轴链轮和进气 CVVT 链轮之间不松弛地安装正时链条。安装正时链条时应匹配各链轮的正时标记与正时链条的正时标记（有色连杆）,见图 8-15。

b. 顺时针转动 CVVT 总成时,在排气 CVVT 链轮上不松弛地安装正时链条。安装正时链条时,应匹配排气 CVVT 链轮的正时标记与正时链条的正时标记（有色链环）。在排气 CVVT 链轮上压下正时链条链环,以防止链轮旋转,见图 8-16。

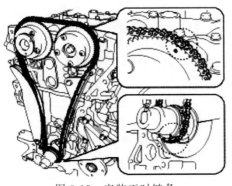

图 8-15 安装正时链条

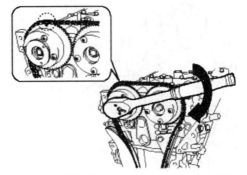

图 8-16 安装排气 CVVT 链轮侧正时链条

⑥ 安装正时链条自动张紧器并拆卸止动销。规定扭矩：9.8~11.8N·m。

再次安装张紧器时，如图 8-17 所示，将张紧器臂 A 尽可能地向着张紧器压住，拆卸固定销后，检查张紧器柱塞释放状态。将张紧器臂 A 最大限度地向张紧器方向压住时，张紧器臂 A 与张紧器壳体 B 之间应相互不干扰，见图 8-17。

⑦ 沿规定方向（从前看为顺时针）转动曲轴 2 圈后，确认进气和排气 CVVT 链轮的 TDC 标记对正气缸盖顶面。

⑧ 按拆卸时的相反顺序安装其他部件。

a. 重新填充发动机机油。

b. 清洁蓄电池接线柱和导线端子并安装。

c. 检查燃油是否泄漏。装配燃油管路后，将点火开关置于"ON"位置（不要启动发动机），使燃油泵运转约 2s，向燃油管路加压。重复上述操作 2~3 次，检查任意燃油管路是否泄漏。

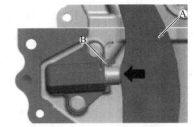

图 8-17 检查张紧器
A—张紧器臂；B—张紧器壳体

## 8.8　1.8L G4GB 发动机

### 8.8.1　正时皮带拆卸

① 转动曲轴皮带轮，将它的槽对准正时皮带盖的正时标记"T"。一定要顺时针转动曲轴，见图 8-18。

② 拆卸曲轴皮带轮螺栓和曲轴皮带轮。拆卸皮带轮时，拆卸起动机并固定 SST（09231-2B100），见图 8-19。

图 8-18 对准曲轴皮带轮的上止点标记

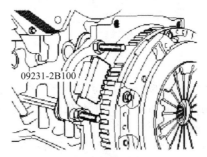

图 8-19 固定飞轮

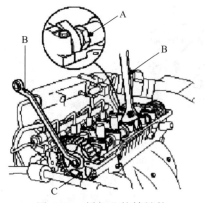

图 8-20 拆卸凸轮轴链轮
A—六角部分；B—扳手；C—凸轮轴链轮

③ 拆卸曲轴凸缘。
④ 拆卸 5 个螺栓和正时皮带下部盖。
⑤ 拆卸正时皮带拉紧器和正时皮带。
⑥ 拆卸螺栓和正时皮带惰轮。
⑦ 拆卸曲轴链轮。
⑧ 拆卸气缸盖罩。
a. 拆卸火花塞导线。
b. 拆卸 PCV（曲轴箱强制通风）软管和通气软管。
c. 从气缸盖罩上拆卸加速踏板拉线。
d. 拆卸螺栓和气缸盖罩。
⑨ 拆卸凸轮轴链轮。用扳手 B 固定凸轮轴的六角部分 A，拆卸螺栓和凸轮轴链轮 C，见图 8-20。

### 8.8.2 正时皮带安装

① 安装凸轮轴链轮，按规定扭矩拧紧螺栓。
a. 暂时安装凸轮轴链轮螺栓。
b. 用扳手固定凸轮轴的六角部分，拆卸螺栓和凸轮轴链轮。凸轮轴链轮螺栓规定扭矩：98.1～117.7N·m。
② 安装气缸盖罩。
a. 安装气缸盖罩和 12 个螺栓。拧紧扭矩：7.8～9.8N·m。
b. 安装 PCV 软管和通气软管。
c. 在气缸盖罩上安装加速踏板拉线。
d. 安装火花塞高压线。
③ 安装曲轴链轮。
④ 在 No.1 活塞位于上止点和其压缩行程处时，对正凸轮轴链轮 A 和曲轴链轮 B 的正时标记，见图 8-21、图 8-22。

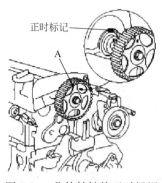

图 8-21 凸轮轴链轮正时标记
A—凸轮轴链轮

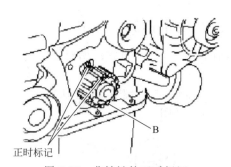

图 8-22 曲轴链轮正时标记
B—曲轴链轮

⑤ 安装惰轮，按规定扭矩拧紧螺栓。惰轮皮带轮螺栓规定扭矩：42.2～53.9N·m。
⑥ 使用平垫圈暂时安装正时皮带张紧器。
⑦ 安装皮带，以免每个轴中央部分松弛。安装正时皮带时，按照下列程序进行：曲轴链轮 A→惰轮 B→凸轮轴链轮 C→正时皮带张紧器 D，见图 8-23。
⑧ 暂时使用中央螺栓安装张紧器皮带轮以便在皮带上附加张力。

⑨ 调整正时皮带张力。

a. 顺时针旋转曲轴（前视）角度等于曲轴链轮 A 的两个齿角度（18°），见图 8-24。

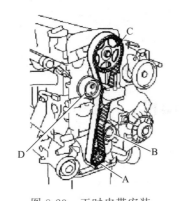

图 8-23 正时皮带安装

A—曲轴链轮；B—惰轮；C—凸轮轴链轮；D—正时皮带张紧器

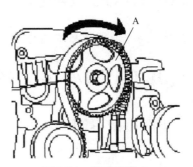

图 8-24 调整张紧力

A—曲轴链轮

b. 使用六角扳手，按照顺时针方向在正时皮带上应用张力，以便受拉部分的皮带不松弛。

c. 拧紧张紧器螺栓。拧紧扭矩：42.2~53.9N·m。

d. 重新检查皮带张力。当用约 20N（2kgf，5lbf）的力水平推动正时皮带张力时，正时皮带端隙约为 4~6mm（0.16~0.24in），见图 8-25。

e. 正时皮带张力测量程序（通过声波张力规）按顺时针方向转动曲轴，把第一活塞设置在上止点（TDC）位置，按逆时针方向转动曲轴至 69°（4 个轮齿），然后利用自由振动的方法测量受拉部分跨度（图 8-25 的箭头方向）中央的皮带张力。

- 按逆时针方向转动曲轴时，确定一次转动曲轴。
- 在安装正时皮带、调整张力和测量张力过程中，必须拆卸火花塞。

如下表中：

$S$：测量的皮带跨度。

$M$：皮带的单位重量。

$W$：皮带宽度。

$T$：皮带张力。

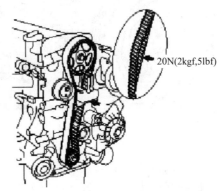

图 8-25 检查正时带张紧力

| 项目 | 规格 | 项目 | 规格 |
| --- | --- | --- | --- |
| $S$/mm | 270 | $T$/N | 75~105 |
| $M$/[gf/(m·mm)] | 4.5 | $T$/kgf | 7.6~10.7 |
| $W$/mm | 25.4 | | |

⑩ 按正常方向（顺时针）转动曲轴 2 圈，重新排列曲轴链轮和凸轮轴链轮正时标记。

⑪ 使用 5 个螺栓安装正时皮带下盖。正时皮带盖螺栓规定扭矩：7.8~9.8N·m。

⑫ 安装法兰和曲轴皮带轮。确定曲轴链轮销与皮带轮小空相吻合。

曲轴皮带轮螺栓规定扭矩：156.9~166.7N·m。

安装皮带轮时，拆卸起动机并固定SST（09231-2B100）。

⑬ 使用4个螺栓安装正时皮带上盖。拧紧扭矩：7.8～9.8N·m。

## 8.9　2.0L G4GC 发动机

该发动机正时皮带拆装和调整与G4GB发动机一样，相关内容请参考8.8小节。

## 8.10　2.0L G4KD/2.4L G4KE 发动机

### 8.10.1　正时链条拆卸

① 分离蓄电池负极端子。

② 拆卸发动机盖。

③ 拆卸右前车轮。

④ 拆卸底盖（参考本章的发动机和变速器）。

⑤ 转动曲轴皮带轮并对正曲轴皮带轮凹槽与正时链盖的正时标记，设置1号气缸的活塞到压缩行程的上止点，见图8-26。

⑥ 排放发动机油，设置千斤顶至油底壳。在千斤顶和发动机油底壳之间放置木块。

⑦ 分离搭铁线，拆卸发动机装配支撑架。

⑧ 逆时针转动驱动皮带张紧器后拆卸驱动皮带。

⑨ 从支架上分离动力转向油泵。

⑩ 拆卸惰轮和驱动皮带张紧器皮带轮。张紧器皮带轮螺栓有左螺纹。

⑪ 拆卸水泵皮带轮、曲轴皮带轮和发动机支架。安装或拆卸曲轴减震皮带轮时，有两种固定飞轮齿圈的方法。

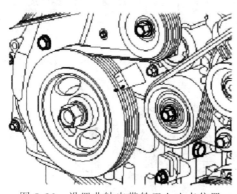

图8-26　设置曲轴皮带轮于上止点位置

拆卸起动机后，安装SST（09231-3K000）固定齿圈，见图8-27。

拆卸防尘盖后，安装SST（09231-3D100），以固定飞轮齿圈。

a. 在梯形架的底部拆卸防尘盖A，拧下2个变速器固定螺栓B，见图8-28。

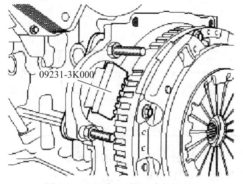

图8-27　固定飞轮的专用工具

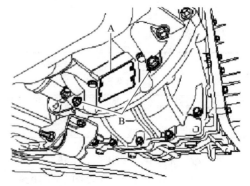

图8-28　拆卸底部防尘盖
A—防尘盖；B—螺栓

b. 调整支架螺母 A 的长度,以便支架 B 的前板放进飞轮齿圈 C 齿内。

c. 调整连杆 D 的角度,以便 2 个变速器固定螺栓固定到原来固定孔内,见图 8-29。

d. 使用 2 个变速器固定螺栓和垫圈安装 SST(09231-3D100)。牢固地拧紧支架的螺栓和螺母,见图 8-30。

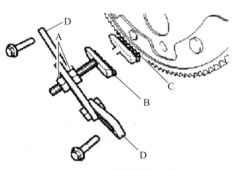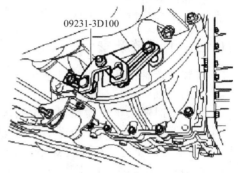

图 8-29 安装固定支架　　　　　　　　图 8-30 固定飞轮
A—螺母;B—支架;C—飞轮齿圈;D—连杆

⑫ 拆卸压缩机下部螺栓和支架。

⑬ 拆卸油底壳。使用 SST(油底壳拆卸工具,09215-3C000)时,注意不要损坏气缸体和油底壳的接触面。不要将 SST 作为撬棍使用。固定工具到位置上(垫圈线),用小锤子轻敲。

⑭ 分离动力转向油压开关连接器和排气 OCV 连接器。

⑮ 拆卸通气软管。

⑯ 分离 PCV 软管。

⑰ 分离点火线圈连接器并且拆卸点火线圈。

⑱ 拆卸气缸盖罩。

⑲ 在正时链条盖和气缸体之间轻轻撬,拆卸正时链条盖。注意不要损坏气缸体、气缸盖和正时链条盖的接触表面。

⑳ 曲轴键应与主轴承盖的接合面对齐。这样就将 1 号气缸的活塞置于压缩冲程的上止点。

拆卸正时链前,根据链轮的位置给正时链做识别标记,因为 TDC(上止点)的链条上的识别标记可能被抹掉,见图 8-31。

㉑ 压缩正时链条张紧器后,安装固定销,见图 8-32。

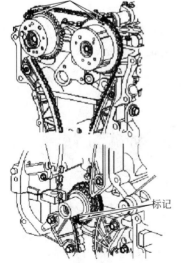

图 8-31 凸轮轴与曲轴链轮和正时链正时标记　　　　图 8-32 设置张紧器

㉒ 拆卸正时链条张紧器和正时链条张紧器臂。
㉓ 拆卸正时链条。
㉔ 拆卸正时链条导轨。
㉕ 拆卸正时链条机油喷嘴。
㉖ 拆卸曲轴链轮。
㉗ 拆卸平衡轴链（油泵链）。

### 8.10.2 正时链条安装

① 安装平衡轴链条（油泵链条）。
② 安装曲轴链轮。
③ 安装正时链条机油喷嘴。规定扭矩：7.8～9.8N·m。
④ 设置曲轴，以便曲轴的键 A 与主轴承盖的接合表面对齐，见图 8-33。安装进气和排气凸轮轴总成，以便进气和排气 CVVT 链轮的 TDC 标记 B 与气缸盖的顶面对齐，见图 8-34。如果这样，则 1 号缸活塞位于压缩行程的上止点。

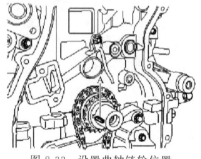
图 8-33 设置曲轴链轮位置
A—键

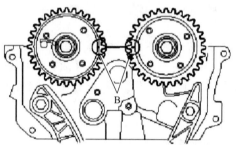
图 8-34 正时链轮正时标记对准
B—TDC 标记

⑤ 安装正时链条导轨。规定扭矩：9.8～11.8N·m。
⑥ 安装正时链条。为使链条不在各轴（凸轮轴，曲轴）之间松弛，按下列顺序安装正时链：曲轴链轮 A→正时链条导轨 B→进气 CVVT 总成 C→排气 CVVT 总成 D，见图 8-35。安装正时链条时，每个链轮的正时标记应与正时链条的正时标记（颜色链）对正。
⑦ 安装正时链条张紧器臂。规定扭矩：9.8～11.8N·m。
⑧ 安装正时链自动张紧器，拆卸固定销。规定扭矩：9.8～11.8N·m。
⑨ 按规定方向（顺时针方向）旋转曲轴 2 圈后，确认正时标记 A 对齐（图 8-36）。

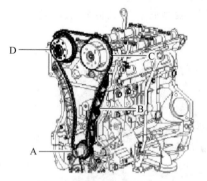
图 8-35 正时链安装顺序
A—曲轴链轮；B—正时链条导轨；C—进气 CVVT 总成；D—排气 CVVT 总成

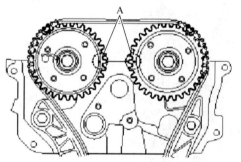
图 8-36 确认正时标记是否对齐
A—正时标记

⑩ 安装正时链条盖。

a. 使用衬垫刮刀,清除衬垫表面上的所有旧衬垫材料。

b. 在链条盖和相对部件(气缸盖、气缸体和梯形架)上的密封胶不能沾上发动机机油等。

c. 装配正时链条盖前,应在气缸盖和气缸体之间的缝隙之间涂抹液体密封胶 Loctite 5900H 或 THREEBOND 1217H。涂抹密封胶后 5min 内装配部件。密封胶宽度:2.5mm(0.10in)。

d. 应在正时链盖上涂抹液体密封胶 Loctite 5900H 或 THREE BOND 1217H。涂抹密封胶后在 5min 内装配部件。应不间断地涂抹密封胶。密封胶宽度:3.0mm(0.12in)。

e. 为了精确装配正时链条盖,参考使用气缸体上的定位销和正时链条盖上的孔。

规定扭矩:M6×25,7.8~9.8N·m;M6×28,18.6~22.5N·m。

f. 装配 30min 后,再运转发动机或执行压力测试。

⑪ 安装油底壳。

a. 使用衬垫刮刀清除衬垫表面上的所有旧的密封物。

b. 装配油底壳前,在油底壳上涂抹液体密封胶 Loctite 5900H 或 THREEBOND 1217H。涂抹密封胶后,在 5min 内装配部件。密封胶宽度:2.5mm(0.10in)。涂抹密封胶时,不要让密封胶进入油底壳的内部。在螺栓孔的内部螺纹上涂抹一层密封胶,避免油泄漏。

c. 安装油底壳。均匀地拧紧各螺栓。

规定扭矩:M9,30.4~34.3N·m;M6,9.8~11.8N·m。

d. 装配后,至少等待 30min 后,注入发动机机油。

⑫ 使用 SST 安装曲轴前油封,见图 8-37。

⑬ 安装水泵皮带轮、曲轴皮带轮和发动机支架。

规定扭矩:

水泵皮带轮:7.8~9.8N·m。

曲轴皮带轮:166.6~176.4N·m。

支架螺栓:M10 螺栓,39.2~44.1N·m;M8 螺栓,19.6~24.5N·m。

⑭ 安装气门室罩。

a. 装配气缸盖罩前,清除正时链盖和气缸盖之间上部区域的硬化密封胶。

b. 涂抹密封胶(Loctite 5900H)后,5min 内装配部件。密封胶宽度:2.5mm(0.1in)。

c. 装配 30min 后,再运转发动机或执行压力测试。

d. 按下列方法拧紧气缸盖罩螺栓。规定扭矩:第一步,3.9~5.9N·m;第二步,7.8~9.8N·m。顺序见图 8-38。

切勿再次使用气缸盖罩衬垫。

⑮ 安装通气软管。

⑯ 连接 PCV 软管。

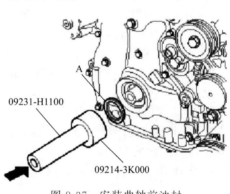

图 8-37 安装曲轴前油封
A—曲轴前油封

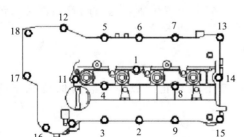

图 8-38 气缸盖螺栓拧紧顺序

⑰ 安装点火线圈并连接点火线圈连接器。
⑱ 连接动力转向油压开关连接器和排气 OCV 连接器。
⑲ 安装驱动皮带张紧器。规定扭矩：53.9~63.7N·m。
⑳ 安装惰轮和张紧器皮带轮。张紧器皮带轮螺栓有左螺纹。规定扭矩：53.9~63.7N·m。
㉑ 安装动力转向油泵。
㉒ 安装空调压缩机支架。规定扭矩：19.6~23.5N·m。
㉓ 拧紧空气压缩机下部螺栓。规定扭矩：20.0~32.9N·m。
㉔ 安装驱动皮带。

安装顺序：曲轴皮带轮→空调皮带轮→交流发电机皮带轮→惰轮→动力转向泵皮带轮→惰轮→水泵皮带轮→张紧器皮带轮。

逆时针转动自动张紧器。转动张紧器时，在自动张紧器上安装驱动皮带，然后释放张紧器。

㉕ 安装发动机装配支撑架并连接搭铁线。规定扭矩：78.5~98.1N·m。
㉖ 安装底盖。
㉗ 安装前右车轮。规定扭矩：88.3~107.9N·m。
㉘ 安装发动机盖。
㉙ 连接蓄电池负极端子。规定扭矩：4.0~6.0N·m。

重新注入发动机机油。

用砂纸清洁蓄电池接线柱和导线端子。装配后，为防止腐蚀涂抹润滑脂。

检查燃油是否泄漏：

a. 装配燃油管路后，将点火开关置于"ON"位置（不要启动发动机）使燃油泵运转约 2s，并加压燃油管路。

b. 重复上述操作 2 次或 3 次，在燃油管路的任一点检查是否有燃油泄漏。

把发动机冷却水重新注入散热器和储液箱内。

从冷却系统放气：

a. 启动发动机并运转它，直到它暖机为止（直到散热器风扇工作 3 次或 4 次）。

b. 停止发动机，让其冷却。检查散热器内的液面，若有需要则添加冷却液。这样做将清除冷却系统内的空气。

c. 牢固地盖上散热器盖，然后再次运转发动机并检查是否泄漏。

## 8.11 2.0L G4GF 发动机

### 8.11.1 正时皮带拆卸

顺时针方向旋转曲轴对准正时标记让一缸活塞在压缩上止点位置，这时凸轮轴正时凸轮轴正时标记也要与气缸盖上的标记一致，凸轮轴齿轮定位销朝上面。

① 拆卸曲轴皮带轮、水泵轮和皮带。
② 拆卸正时皮带罩。
③ 拆卸自动张紧器。若再使用正时皮带则在皮带上做标记，以便安装时保持原来的方向。
④ 拆卸正时皮带。
⑤ 拆卸凸轮轴。使用工具时要注意别让气缸盖和正时齿轮产生损坏。
⑥ 拆卸机油泵正时齿轮螺母时，先将气缸体左侧塞头拆除后使用直径为 8mm（0.3in）

的螺丝刀插入 60mm（2.36in）以上，以便固定左侧平衡轴，见图 8-39。

⑦ 拆卸机油泵正时齿轮螺母后拆卸正时齿轮。

⑧ 松开右侧平衡轴正时齿轮螺栓。

⑨ 拆卸张紧器"B"后拆卸正时皮带"B"。拆卸正时皮带后不许插入钳子松开螺栓。

⑩ 在曲轴上拆卸正时齿轮"B"，见图 8-40。

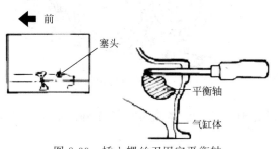

图 8-39　插入螺丝刀固定平衡轴

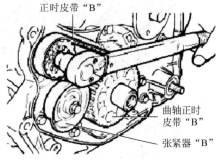

图 8-40　拆下正时齿轮"B"

## 8.11.2　发动机正时皮带安装

① 安装曲轴正时齿轮"B"。法兰盘方向不正确时有可能使皮带受损，应注意。

② 垫外侧加一层机油后安装在右侧时，确认平衡轴是否如图 8-41 所示的方向安装。

③ 安装右侧平衡轴正时齿轮以后用手拧紧螺栓，见图 8-41。

④ 对准各正时齿轮上的正时标记和前壳上的标记，见图 8-42。

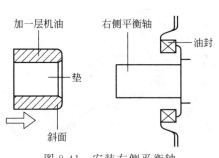

图 8-41　安装右侧平衡轴

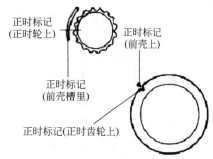

图 8-42　对正正时标记

⑤ 安装正时皮带"B"时张力不要松动。张紧器"B"安装在安装螺栓左侧的皮带轮及发动机前方皮带轮法兰盘上。提高张紧器"B"使张力侧皮带"B"绷紧，然后拧紧张紧器"B"固定螺栓，见图 8-43。

⑥ 拧紧螺栓时，若轴一起旋转则皮带会过渡绷紧，所以应注意避免轴一起旋转。

⑦ 检查正时标记是否一致。

⑧ 检测皮带张力（图 8-44）。

方法 1：在张力侧皮带中间用手指向箭头方向摁时检测皮带弯曲度是否在规定值内。

方法 2：使用张力测示器检测张力。

皮带弯曲程度：5～7mm（0.20～0.28in）。

SPAN 长度：139mm（5.47in）。

压力：0.42kgf/cm$^2$（42kPa）。

扭矩：50～100N·m。

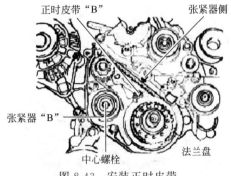

图 8-43　安装正时皮带

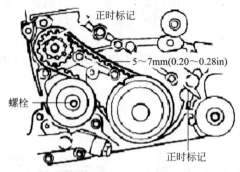

图 8-44　检测皮带张紧度

⑨ 按如图 8-45 所示方向安装法兰盘及曲轴正时齿轮。法兰盘方向不正确时有可能使皮带受损，应注意。

⑩ 安装垫及正时齿轮时按规定扭矩拧紧螺栓。规定扭矩：110～130N·m。

⑪ 气缸体左侧塞孔插入螺丝刀固定平衡轴。

⑫ 安装机油泵正时齿轮，按规定扭矩拧紧螺母。规定扭矩：50～60N·m。

⑬ 安装凸轮轴正时齿轮，按规定扭矩拧紧螺栓。规定扭矩：80～100N·m。

⑭ 安装自动张紧器。应插入自动张紧器固定销。自动张紧器推杆过度突出时用以下方法改正自动张紧器。

a. 自动张紧器底部有塞头时使用平垫和软垫夹住张紧器。

b. 慢慢夹紧虎钳子对上缸筒和推杆孔，见图 8-46。

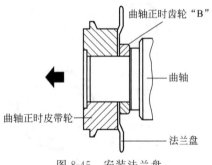

图 8-45　安装法兰盘

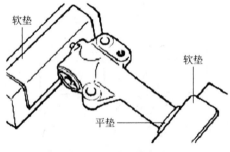

图 8-46　设置张紧器

c. 塞入定位销。在安装过程中不要拔出定位销。

⑮ 在张紧臂上安装张紧轮并用规定扭矩拧紧螺栓。

⑯ 旋转正时齿轮使定位销朝上。然后对准摇臂轴正时标记和两个正时齿轮上的正时标记。安装正时皮带前凸轮轴正时齿轮和气缸盖正时标记不一致时，不论哪个方向都不要旋转两个齿数以上。非要旋转两个齿数以上时，先把曲轴正时齿轮逆时针方向旋转两个齿数，再旋转凸轮轴正时齿轮。进、排气凸轮轴正时齿轮使用同样的部件，根据排气量确认识别标记，见图 8-47。

⑰ 对准曲轴正时齿轮正时标记。

⑱ 对准机油泵正时齿轮正时标记，见图 8-48。

⑲ 在张紧轮和曲轴正时齿轮上安装正时皮带，并用左手抓紧张紧轮上的正时皮带。

⑳ 用右手拉正时皮带并安装在机油泵正时齿轮上。

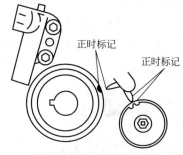

图 8-47 正时标记位置　　图 8-48 机油泵正时标记

㉑ 将正时皮带安装在惰轮上。
㉒ 将正时皮带安装在进气正时齿轮上。
㉓ 旋转进排气凸轮轴正时齿轮对准正时标记。
㉔ 在张紧轮上安装上皮带后拔出自动张紧器固定销。
㉕ 旋转曲轴检查正时标记是否正确,见图 8-49。
㉖ 拆卸自动张紧器定位销。
㉗ 曲轴顺时针方向旋转两周等待 15min 后检测间隙 A(张紧器臂和自动张紧器距离)。规定值:6~9mm(0.24~0.35in)。检测位置见图 8-50。

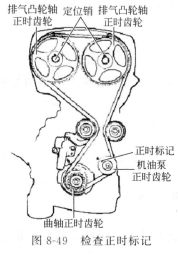
图 8-49 检查正时标记

图 8-50 检查间隙 A

㉘ 安装正时皮带下部和上部罩。

## 8.12　2.4L G4KC 发动机

其正时链拆装和调整与 G4KD 发动机一样,相关内容请参考 8.10 小节。

## 8.13　2.7L G6BA 发动机

### 8.13.1　正时皮带拆卸

① 拆卸发动机盖。

② 拆卸右前轮。

③ 拆卸 2 个螺栓和右侧盖。

④ 转动曲轴皮带轮，并对齐曲轴皮带轮的导槽与正时皮带盖的正时标记"T"。一定要顺时针转动曲轴，见图 8-51。

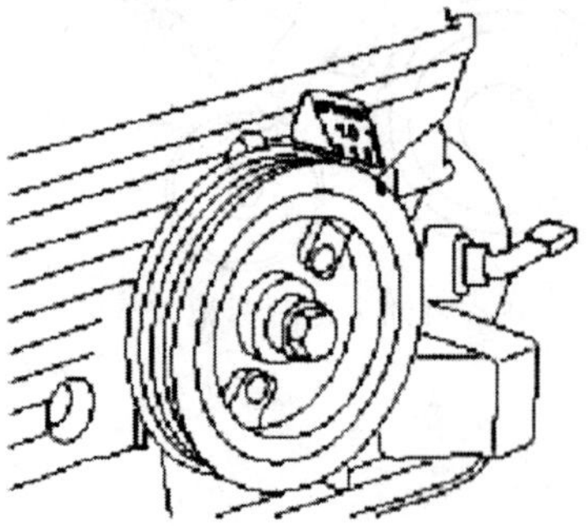

⑤ 拆卸传动皮带和皮带张紧器。

⑥ 拆卸发动机装配支架。

a. 将千斤顶安装到发动机机油底壳。在千斤顶和发动机机油底壳之间放置木块。

b. 拆卸 2 个螺栓、2 个螺母和发动机装配支架。

⑦ 拆卸动力转向泵。

⑧ 拆卸 7 个螺栓和正时皮带上盖。

⑨ 拆卸曲轴皮带轮螺栓和曲轴皮带轮。

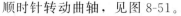

图 8-51 设置曲轴皮带轮于 TDC 位置

⑩ 拆卸传动皮带惰轮。

⑪ 拆卸 4 个螺栓和正时皮带下盖。

⑫ 拆卸发动机支撑支架。

⑬ 检查凸轮轴正时皮带轮和气缸盖罩的正时标记是否对齐。若没有对齐，则将曲轴旋转 1 圈（360°）。

⑭ 拆卸正时皮带张紧器。交替拧下 2 个螺栓，拆卸张紧器。

⑮ 拆卸正时皮带。如果再次使用正时皮带，则应在皮带上做箭头指示旋转方向，确保安装皮带时保持原来的方向。

⑯ 拆除张紧器皮带轮和正时皮带惰轮。

⑰ 拆卸曲轴正时皮带齿轮。

⑱ 拆卸凸轮轴皮带齿轮。用扳手固定凸轮轴六角头部位并拆卸螺栓和凸轮轴链轮。使用扳手时小心不要损坏气缸盖和气门挺杆。

## 8.13.2 正时皮带安装

① 安装曲轴正时齿轮。曲轴正时齿轮安装键导槽与皮带轮安装键对齐地安装曲轴正时齿轮。

② 安装凸轮轴正时齿轮并将螺栓拧紧至规定扭矩。

a. 暂时安装凸轮轴正时齿轮螺栓。

b. 用扳手固定凸轮轴六角头部位，并拧紧凸轮轴正时齿轮螺栓。凸轮轴链轮螺栓规定扭矩：90～110N·m。

③ 安装惰轮和张紧器皮带轮。惰轮螺栓规定扭矩：50～60N·m。张紧器臂固定螺栓规定扭矩：35～55N·m。

将惰轮插入并安装到水泵凸台上的滚子销上。

④ 在将 1 号活塞放在上止点即它的压缩冲程时，对齐凸轮轴正时齿轮和曲轴正时齿轮的正时标记，见图 8-52。

⑤ 定位正时皮带张紧器。

a. 使用压床，缓慢地压进推杆。

b. 对齐推杆和外壳孔，通过孔用定位销来固定推杆。

c. 释放压床。

⑥ 安装正时皮带张紧器。

a. 暂时用 2 个螺栓安装张紧器。

b. 交替拧紧 2 个螺栓。规定扭矩：20～27N·m。

⑦ 安装正时皮带。

a. 除去正时齿轮上的油和水，使它们保持干净。

b. 按下列顺序安装正时皮带：曲轴正时齿轮 A→惰轮 B→左侧凸轮轴正时齿轮 C→水泵皮带轮 D→右侧凸轮轴正时齿轮 E→张紧轮 F，见图 8-53。

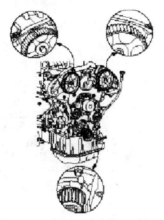

图 8-52　检查正时皮带正时标记

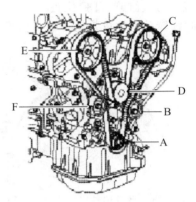

图 8-53　正时皮带安装顺序
A—曲轴正时齿轮；B—惰轮；C—左侧凸轮轴正时齿轮；
D—水泵皮带轮；E—右侧凸轮轴正时齿轮；F—张紧轮

⑧ 拆卸张紧器上的定位销。

⑨ 检查正时皮带张紧器。

a. 按顺时针方向旋转曲轴 2 圈，5min 后在 TDC（1 号压缩行程）处，测量自动张紧器的推杆伸出长度。

b. 推杆伸出长度应是 7～9mm（0.27～0.31in），见图 8-54。

⑩ 如图 8-55 所示，安装发动机支撑支架 A。

规定扭矩：$B$ 为 60～70N·m，$C$ 为 15～22N·m。

⑪ 用 4 个螺栓安装正时皮带下盖。

正时皮带外壳螺栓规定扭矩：10～12N·m。

⑫ 安装传动皮带惰轮。

惰轮螺栓规定扭矩：35～55N·m。

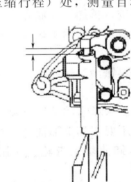

图 8-54　检查张紧器柱塞伸出长度

⑬ 安装曲轴皮带轮。确定曲轴链轮销钉与皮带轮内的小孔相吻合。

曲轴皮带轮螺栓规定扭矩：180～190N·m。

⑭ 用 7 个螺栓安装正时皮带上盖。

⑮ 安装动力转向泵。

⑯ 安装传动皮带张紧器和传动皮带。

⑰ 安装发动机装配支架。

用 2 个螺母和 2 个螺栓安装发动机装配支架。规定扭矩：60～80N·m。

⑱ 用 2 个螺栓安装右侧盖。

⑲ 安装右前轮。

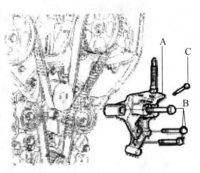

图 8-55　安装发动机支撑支架

⑳ 安装发动机盖。

## 8.14  3.8L G6DA 发动机

### 8.14.1  正时链条拆卸

① 设置 1 号气缸到 TDC 位置。

a. 顺时针转动曲轴皮带轮并对齐凹槽和下部正时链盖的正时标记"T", 见图 8-56。

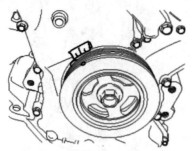

图 8-56  转动曲轴皮带轮设置 TDC 位置

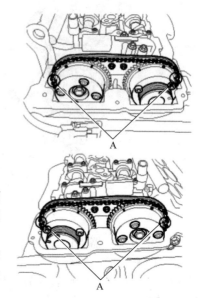

图 8-57  对齐凸轮轴链轮正时标记
A—标记

b. 检查凸轮轴正时链轮的标记 A 是否与气缸盖表面对齐, 见图 8-57。如果不对齐, 则顺时针转动曲轴一圈 (360°)。不要逆时针方向旋转发动机。

② 如图 8-58 所示, 拆卸下油底壳 A。在上油底壳和下油底壳之间插入 SST (09215-3C000) 的刀口, 除掉涂抹的密封胶, 拆卸下油底壳。

按照箭头方向用锤敲打, 将 SST 插入到油底壳和梯形架之间。

用塑料锤沿着油底壳 2/3 以上边缘周围箭头所示的方向敲打 SST 后, 从梯形架上将其拆下。

不要在未敲击的情况下突然翻转专用工具, 因为这可能导致专用工具的损坏。

小心不要损坏上部油底壳和下部油底壳的接触面。

③ 拆卸曲轴皮带轮。使用如图 8-59 所示工具 SST (09231-3M100) 拆卸曲轴皮带轮螺栓。

④ 从正时链盖上拆卸冷却水管。

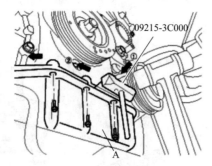

图 8-58  用专用工具拆下油底壳
A—油底壳

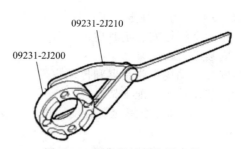

图 8-59  拆卸螺栓用专用工具

⑤ 拆卸正时链盖。小心不要损伤气缸体的接触面、气缸盖和正时链条盖。由于正时链上的 TDC（上止点）识别标记能被抹掉，因此在拆卸正时链前，根据链轮位置，用标记标明右、左正时链，见图 8-60。

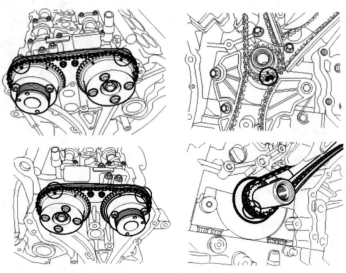

图 8-60　正时链条上正时标识

⑥ 拆卸油泵链盖。
⑦ 拆卸油泵链张紧器总成。
⑧ 拆卸油泵链导轨。
⑨ 压缩右正时链张紧器后，安装定位销。
⑩ 拆卸右正时链自动张紧器和右正时链张紧器臂。
⑪ 拆卸右正时链导轨和右正时链。
⑫ 拆卸油泵链轮和油泵链。
⑬ 拆卸曲轴链轮（O/P 和右凸轮轴驱动）。
⑭ 压缩左正时链张紧器后，安装定位销。
⑮ 拆卸左正时链自动张紧器和左正时链张紧器臂。
⑯ 拆卸左正时链导轨和左正时链。
⑰ 拆卸曲轴链轮（左凸轮轴驱动）。
⑱ 拆卸张紧器适配器总成。

## 8.14.2　正时链条安装

① 曲轴的键 A 应与正时链盖的正时标记 B 对准。这样 1 号气缸的活塞位于压缩上止点，见图 8-61。
② 安装张紧器适配器总成 A，见图 8-62。
③ 安装曲轴链轮（左凸轮轴驱动）。
④ 安装左正时链 B 和左正时链导轨 A，见图 8-63。规定扭矩：19.6～24.5N·m。

为了在每个轴（凸轮、曲轴）之间无松弛安装正时链条，按如下顺序进行安装：曲轴链轮→正时

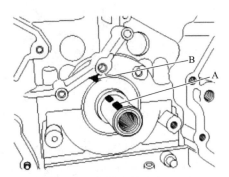

图 8-61　曲轴的键应与正时
链盖的正时标记对准
A—键；B—正时标记

链导轨→排气凸轮轴链轮→进气凸轮轴链轮。安装正时链时，每个链轮的正时标记应与正时链的正时标记（颜色标记）相匹配，见图 8-64。

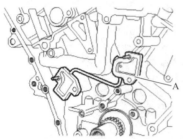

图 8-62　安装适配器 A
A—张紧器适配器总成

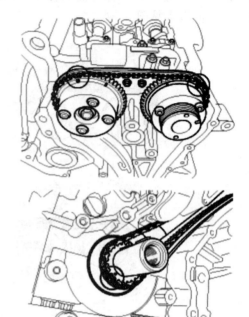

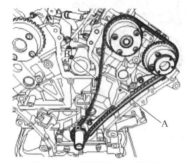

图 8-63　安装左正时链条
A—左正时链导轨；B—左正时链

图 8-64　对准左正时链正时标记

⑤ 安装左正时链张紧器臂 B 和左正时自动张紧器 A。见图 8-65。规定扭矩：A，9.8～11.8N·m；B，18.6～21.6N·m。

⑥ 安装曲轴链轮（O/P 和右凸轮轴驱动）。

⑦ 安装油泵链轮 A 和油泵链 B，见图 8-66。规定扭矩：18.6～21.6N·m。

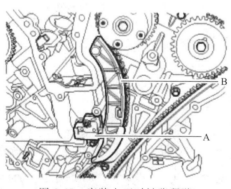

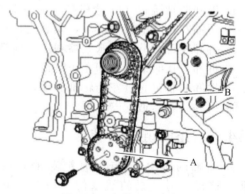

图 8-65　安装左正时链张紧臂
A—左正时自动张紧器；B—左正时链张紧器臂

图 8-66　安装油泵链条
A—油泵链轮；B—油泵链

⑧ 安装右正时链 B 和右正时链导轨 A，见图 8-67。规定扭矩：19.6～24.5N·m。

为了在每个轴（凸轮、曲轴）之间无松弛安装正时链条，按如下顺序进行安装：曲轴链轮→正时链导轨→进气凸轮轴链轮→排气凸轮轴链轮。安装正时链时，每个链轮的正时标记应与正时链的正时标记（颜色标记）相匹配，见图 8-68。

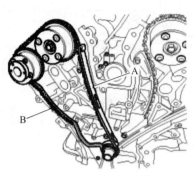

图 8-67 安装右正时链条
A—右正时链导轨；B—右正时链

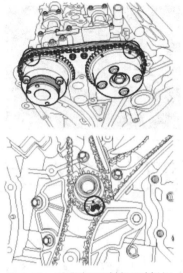

图 8-68 对准右正时链正时标记

⑨ 安装右正时链张紧器臂 B 和右正时自动张紧器 A，见图 8-69。规定扭矩：A，9.8～11.8N·m；B，18.6～21.6N·m。

⑩ 安装油泵链导轨 A，见图 8-70。规定扭矩：9.8～11.8N·m。

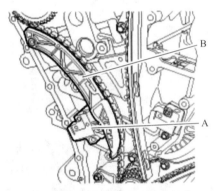

图 8-69 安装右张紧器与张紧臂
A—右正时自动张紧器；B—右正时链张紧器臂

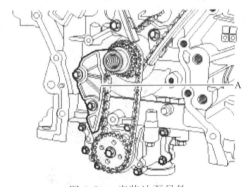

图 8-70 安装油泵导轨
A—油泵链导轨

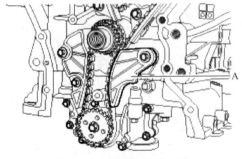

图 8-71 安装油泵张紧器
A—油泵链张紧器总成

⑪ 安装油泵链张紧器总成 A，见图 8-71。规定扭矩：9.8～11.8N·m。

⑫ 拉出液压张紧轮的定位销（左侧和右侧）。

⑬ 安装油泵链盖。规定扭矩：9.8～11.8N·m。

⑭ 按照规定方向（前看顺时针）转动曲轴 2 圈后，确认正时标记。一直按顺时针方向旋转曲轴。将油压储存在正时链张紧器内之前，逆时针转动曲轴会导致链与链轮齿分开。

⑮ 安装正时链条盖。

# 第 9 章 双龙汽车发动机

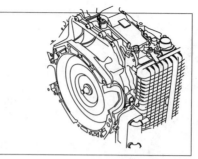
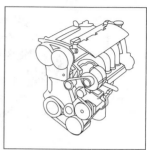

## 9.1 2.0T D20D 柴油发动机

### 9.1.1 正时链单元部件与正时标记位置

正时链单元部件位置见图 9-1，正时标记分布如图 9-2 所示。

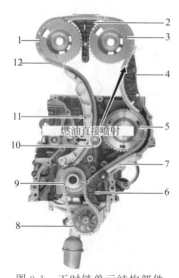

图 9-1 正时链单元结构部件
1—排气凸轮轴链轮；2—上导轨板；3—进气凸轮轴链轮；4—夹紧导轨板；5—高压泵链轮；6—下导轨板；7—机油泵张紧器；8—机油泵链轮；9—曲轴链轮；10—喷嘴；11—张紧器导轨板；12—链条张紧器

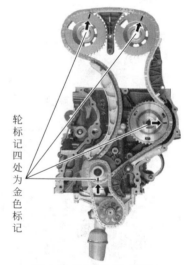

图 9-2 正时链正时标记

正时标记说明：检查链条上的标记（金色标记）；用两个连续的标记联符标记一点，并对齐曲轴链轮上的标记（△）；对齐一个标记联符和各凸轮轴链轮（进气和排气）标记（△）；对齐另一个标记联符和高压泵链轮标记（△）。

### 9.1.2 正时链条拆卸

① 拆卸气缸盖总成。

② 拆卸油底壳。
③ 使用滑动锤，拆卸链条导轨板。
④ 拆卸链条盖，见图9-3。
⑤ 拆卸机油泵驱动链条。
⑥ 使用螺丝刀推动回位弹簧，拆卸上导轨板。
⑦ 拆卸下导轨板。
⑧ 拆卸机油泵传动链条，见图9-4。
⑨ 拆卸张紧器导轨板，见图9-5。
⑩ 拆卸正时链条，见图9-6。

图9-3 拆卸正时链盖

图9-4 拆卸机油泵传动链条

图9-5 拆卸正时链导轨

### 9.1.3 正时链条安装

① 拉动正时链条越过气缸盖，安装上导轨板，见图9-7。注意确定上导轨板的凸面面向前方。小心不要改变高压泵的正时点。

图9-6 拆卸正时链条

图9-7 安装上导轨板

② 安装进气和排气凸轮轴链轮、正时链条。注意使链轮螺栓拉伸超过0.9mm。用新品更换。总要首先安装进气凸轮轴链轮，见图9-8。规定扭矩：25N·m+90°。

　a. 确定安装的上导轨板方向正确。
　b. 确定正时链条稳固坐落在导轨板上，见图9-9。
③ 检查确定对齐凸轮轴链轮和正时链条上的标记，见图9-10、图9-11。
④ 安装链条张紧器，见图9-12。注意确定EGR钢衬垫安装适当。规定扭矩：(65±5)N·m。

图 9-8 安装凸轮轴链轮螺栓

图 9-9 确定上导轨板安装位置正确

图 9-10 对齐凸轮轴上的正时标记

图 9-11 确定高压泵链轮上正时标记

⑤ 旋转曲轴皮带轮两圈,确定曲轴皮带轮上的 OT 标记和凸轮轴皮带轮上的 OT 标记对齐,见图 9-13。注意:如果标记没有对齐,则重新安装气缸盖。

⑥ 安装气缸盖罩和高压泵外壳。注意:安装高压泵时,在螺栓螺纹上涂抹密封胶。

图 9-12 安装张紧器

图 9-13 对齐 OT 标记

## 9.2 2.7T D27DT 柴油发动机

### 9.2.1 正时链单元部件与正时标记位置

正时链单元部件位置见图 9-14,正时标记如图 9-15 所示。

正时标记说明:检查链条上的标记(金色标记);用两个连续的标记联符标记一点,并对齐曲轴链轮上的标记(△);对齐一个标记联符和各凸轮轴链轮(进气和排气)标记

(△)；对齐另一个标记联符和高压泵链轮标记（△）。

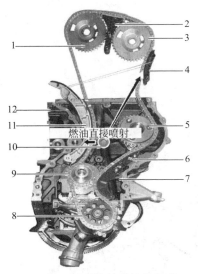

图 9-14 正时链单元结构部件

1—排气凸轮轴链轮；2—上导轨板；3—进气凸轮轴链轮；4—夹紧导轨板；5—高压泵链轮；6—下导轨板；7—机油泵张紧器；8—机油泵链轮；9—曲轴链轮；10—喷嘴；11—张紧器导轨板；12—链条张紧器

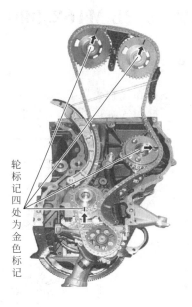

图 9-15 正时链正时标记

## 9.2.2 正时链条拆装

① 拆卸气缸盖总成。
② 拆卸油底壳。
③ 使用滑动锤，拆卸链条导轨板。
④ 拆卸链条盖，见图 9-16。
⑤ 拆卸机油泵驱动链条。
⑥ 使用螺丝刀推动回位弹簧，拆卸上导轨板。
⑦ 拆卸下导轨板。
⑧ 拆卸机油泵传动链条，见图 9-17。
⑨ 拆卸张紧器导轨板。

图 9-16 拆卸正时链盖

图 9-17 拆卸机油泵传动链条

⑩ 拆卸正时链条。
⑪ 按拆卸时的相反顺序安装。

## 9.3　3.2L M162.990 发动机

### 9.3.1　正时检查

① 拆卸气缸盖罩。
② 拆卸气缸盖前盖，见图 9-18。

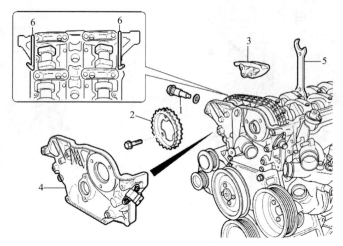

图 9-18　气缸盖前盖部件
1—正时链张紧轮总成；2—排气凸轮轴链轮；3—上导轨；4—气缸盖前盖；
5—扳手；6—定位销 A9917 0012B (DW 110-120)

③ 转动曲轴，把1号气缸活塞定位在 TDC（OT）位置上，见图 9-19。当减震器上的 OT 标记与正时齿轮箱盖上的标记对齐时，进、排气凸轮中央倾斜面朝上。这样进、排气凸轮轴调整孔将与气缸盖上表面在3点钟、9点钟方向对齐。

④ 按下列步骤检查正时。检查进气凸轮轴调整孔是否定位在3点钟方向，排气凸轮轴调整孔是否定位在9点钟方向，分别把调整孔与气缸盖上表面对齐，见图 9-20。在这种情况下，检查减震器上的 OT 标记是否与正时齿轮箱上的标记对齐。

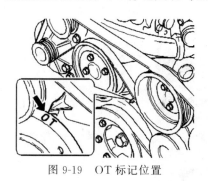

图 9-19　OT 标记位置

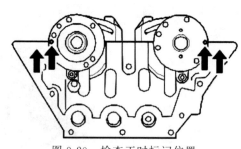

图 9-20　检查正时标记位置

### 9.3.2　正时调整

① 把1号气缸定位在 BTDC 30°的位置上。
② 拆卸正时链张紧轮。

③ 拆卸排气凸轮轴链轮。
④ 把进、排气凸轮轴调整孔与气缸盖上表面对齐。
a. 进气侧：3 点钟方向。
b. 排气侧：9 点钟方向。
⑤ 把进、排气凸轮轴上的孔与气缸盖上的孔对齐。
⑥ 固定进、排气凸轮轴。
⑦ 转动曲轴，把 1 号气缸活塞定位在 TDC（OT）位置。
⑧ 把正时链安装到进气凸轮轴链轮上。注意：必须把正时链放在齿轮箱盖里的导轨上。
⑨ 把正时链安装到排气凸轮轴链轮上，并将它安装到凸轮轴上。
规定扭矩：第一步，18～22N·m（13～16lbf·ft）；第二步，90°±5°。
链轮螺栓只能使用一次。因此，应更换新螺栓。
⑩ 安装正时链张紧轮。规定扭矩：螺塞，40N·m（30lbf·ft）；张紧轮总成，72～88N·m（53～65lbf·ft）。
⑪ 检查凸轮轴正时。

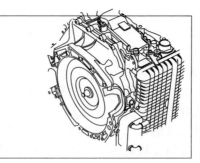
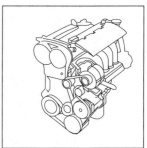

# 大众-奥迪-斯柯达汽车发动机

## 10.1 1.2T CYAA 发动机

该发动机正时链单元拆装和调整与 CSSA/CSTA/DBVA 发动机一样，相关内容请参考 10.6 小节。

## 10.2 1.2T CBZB 发动机

### 10.2.1 发动机正时检查

必备的专用工具、检测仪器以及辅助工具：锁定销 T10414；扭力扳手 VAG1331；紧固销 T10340。

① 拧出用于固定冷却液管的螺栓。
② 拧出紧固螺栓并取下冷却液管支架。
③ 如图 10-1 所示，拧出气缸体上的螺旋塞（箭头）。
④ 如图 10-2 所示，在气缸体中拧入紧固销 T10340 直至限位位置。如果紧固销 T10340 无法拧至限位位置，则表明曲轴位置不正确！

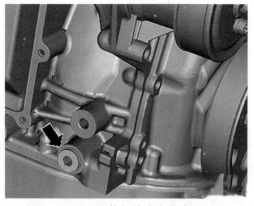

图 10-1 取出缸体螺旋塞安装专用工具

图 10-2 安装正时工具

这种情况下请进行如下操作。
a. 拧出紧固销。
b. 沿发动机运转方向将曲轴继续旋转1/4圈（90°）。
c. 在气缸体中拧入紧固销T10340直至限位位置。
d. 以30N·m的力矩拧紧紧固销T10340。
e. 沿发动机运转方向将曲轴旋转至限位位置。用紧固销T10340沿发动机转动方向卡止曲轴。

⑤ 从单向阀上拔下两根软管。
⑥ 拧出紧固螺栓，并从气缸盖罩中拔出单向阀。凸轮轴凹槽（箭头）必须位于图10-3所示位置。
⑦ 在气缸盖罩中装入锁定销T10414，直至限位位置，见图10-4。

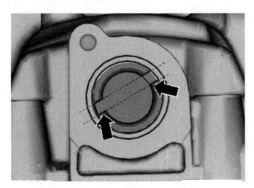

图10-3　凸轮轴凹槽位置

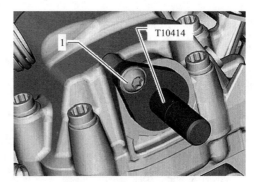

图10-4　安装锁定销工具
1—锁定销固定螺栓

如果锁定销T10414无法插入到凸轮轴开口的限位位置，则表明正时不正确且必须调整。

如果锁定销T10414可以推入气缸盖罩的限位位置，则表明正时正常。

⑧ 拆下锁定销T10414和紧固销T10340。其他组装工作大体上与拆卸顺序相反。

## 10.2.2　发动机正时调整

必备的专用工具、检测仪器以及辅助工具：锁定销T10414；紧固销T10340；扭力扳手VAS 6583；扭力扳手VAG 1332；固定工具T10172；密封剂D 176 501 A1；2个双头螺栓M6×70（例如螺栓头被锯开的螺栓）。

① 排出发动机冷却系统和增压空气冷却系统中的冷却液。
② 打开弹簧卡箍并拔下冷却液软管1和2。
③ 按压冷却液软管下方的锁止件3并向上拉软管。
以上部件见图10-5。
④ 向后放下冷却液软管。
⑤ 从单向阀上拔下两根软管1。
⑥ 拧出紧固螺栓2，并从气缸盖罩中拔出单向阀，见图10-6。
⑦ 拧出正时罩盖1上的所有紧固螺栓。
⑧ 取下正时罩盖。
⑨ 拧出用于固定冷却液管4的螺栓3。
⑩ 拧出紧固螺栓2并取下冷却液管支架1。以上部件见图10-7。

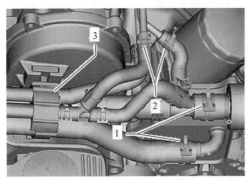
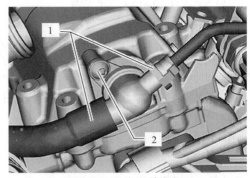

图 10-5　放松冷却液软管
1,2—冷却液软管；3—锁止件

图 10-6　取出单向阀
1—软管；2—紧固螺栓

⑪ 拧出气缸体上的螺旋塞。

⑫ 在气缸体中拧入紧固销 T10340 直至限位位置。

⑬ 沿发动机运转方向将曲轴旋转至限位位置。如果紧固销 T10340 无法拧至限位位置，则表明曲轴位置不正确！这种情况下请进行如下操作。

a. 拧出紧固销。

b. 沿发动机运转方向将曲轴继续旋转 1/4 圈（90°）。

c. 在气缸体中拧入紧固销 T10340 直至限位位置。

d. 以 30N·m 的力矩拧紧紧固销 T10340。

e. 沿发动机运转方向将曲轴旋转至限位位置。

⑭ 用紧固销 T10340 沿发动机转动方向卡止曲轴。

⑮ 从机油泵上拔下盖板。

⑯ 拧出正时链的链条张紧器（箭头），见图 10-8。

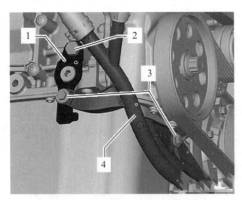
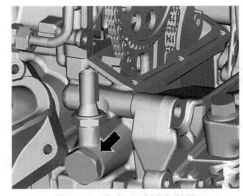

图 10-7　取下冷却液管支架
1—正时罩盖；2—紧固螺栓；3—螺栓；4—冷却液管

图 10-8　取出正时链张紧器

⑰ 松开凸轮轴齿轮的紧固螺栓。

⑱ 用固定工具 T10172 固定住凸轮轴齿轮。

⑲ 一同取下凸轮轴齿轮和紧固螺栓。

⑳ 如图 10-9 所示，正时链 1 置于正时罩盖内的浇铸凸耳（箭头）上。

提示：正时罩盖内侧的浇铸凸耳可防止正时罩盖滑落。

㉑ 将凸轮轴齿轮安装到凸轮轴上，并以 50N·m 的扭矩拧紧紧固螺栓。提示以 50N·m 的

扭矩拧紧凸轮轴齿轮，以便可以如下所述将凸轮轴旋转入位。

㉒ 用固定工具 T10172 固定住凸轮轴齿轮。

㉓ 接着逆着发动机运转方向将曲轴往回旋转 1/4 圈（90°）。提示：在接下来调整凸轮轴时，逆着发动机运转方向旋转曲轴会损坏气门。

㉔ 旋转凸轮轴，直至凹槽（箭头）位于图 10-3 中所示位置。

㉕ 在气缸盖罩中装入锁定销 T10414，直至限位位置。

㉖ 用力拧紧紧固锁定销固定螺栓。

㉗ 沿发动机运转方向将曲轴旋转至限位位置。

㉘ 拆下凸轮轴齿轮。

㉙ 用固定工具 T10172 固定住凸轮轴齿轮。

㉚ 用安装工具 T10118 抬高正时链，见图 10-10。

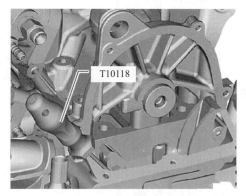

图 10-9　链条放置位置
1—正时链

图 10-10　抬高正时链

㉛ 如图 10-11 所示，正时链 1 置于链轮 2 上。正时链必须贴紧滑轨 3 区域并略微张紧。用力拧紧凸轮轴齿轮的新紧固螺栓。必须将正时链置于张紧轨中间。

㉜ 以 60N·m 的扭矩拧紧链条张紧器。

㉝ 以 50N·m 的扭矩拧紧凸轮轴链轮螺栓 1（图 10-12）。提示：在操作步骤结束时检查正时后，再将紧固螺栓继续旋转 1/4 圈（90°）。

㉞ 同时用固定工具 T10172 固定住凸轮轴齿轮，见图 10-12。

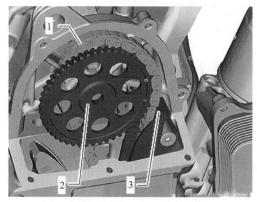
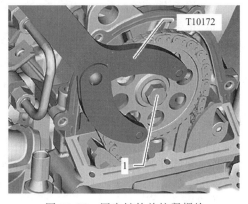

图 10-11　安装正时链到凸轮轴链轮
1—正时链；2—链轮；3—滑轨

图 10-12　固定链轮并拧紧螺栓
1—螺栓

㉟ 从凸轮轴中取出锁定销 T10414。
㊱ 从气缸体上拧出紧固销 T10340。
㊲ 沿发动机运转方向将曲轴旋转 2 圈。
㊳ 在气缸体中拧入紧固销 T10340 直至限位位置。
㊴ 沿发动机运转方向将曲轴旋转至限位位置。如果锁定销 T10414 可以插入凸轮轴中，则表明正时正常。如果正时不正常则重复调整正时。
㊵ 紧固螺栓继续旋转 1/4 圈（90°）。
㊶ 同时用固定工具 T10172 固定住凸轮轴齿轮。
㊷ 拆下锁定销 T10414 和紧固销 T10340。
㊸ 安装上部正时罩盖。
㊹ 安装单向阀。紧固螺栓的拧紧扭矩：8N·m。
㊺ 插上软管。
㊻ 安装缸体螺旋塞。拧紧扭矩：30N·m。
㊼ 加注冷却液。
其他组装工作大体上与拆卸顺序相反。

## 10.3　1.4T CFBA 发动机

### 10.3.1　正时链单元拆卸

① 关闭点火开关及所有用电器，拔出点火钥匙。
② 排放冷却液。
③ 拆下发动机罩。
④ 松开弹簧卡箍，将进气软管从废气涡轮增压器的管接头上拔下。
⑤ 拆卸空气滤清器，将进气软管和空气滤清器一起拆下。
⑥ 脱开压力管上的软管，并打开线束固定夹。
⑦ 从下部拔出冷却液管上的冷却液软管并松开气缸体上冷却液管的固定螺栓。
⑧ 从上部脱开冷却液管上的软管连接并从凸轮轴箱上拧下冷却液管的固定螺栓，拆下冷却液管。
⑨ 旋出凸轮轴后部端盖的固定螺栓，并取下端盖。
⑩ 拆下 1 号气缸的火花塞。为此使用起拔器 T10094A 和火花塞扳手。
⑪ 将千分表适配接头 T10170 拧入火花塞螺纹孔至极限位置。
⑫ 将带加长件 T10170/1 的千分表 VAS 6079 安装到千分表适配接头中至极限位置，并拧紧夹紧螺母。
⑬ 将曲轴朝发动机运转方向转到 1 号气缸的上止点位置。记下千分表指针的位置。
⑭ 凸轮轴上的孔必须处于图 10-13 所示的位置。必要时，将曲轴再旋转一圈（360°）。
提示：如果曲轴转动超过上止点 0.01mm，则将曲轴逆着发动机运转方向再转动约 45°；接着将曲轴朝发动机运转方向转动到 1 号气缸上止点位置。1 号气缸上止点允许的偏差：0.01mm。
⑮ 如图 10-14 所示，将凸轮轴固定件 T10171A 插入到凸轮轴开口中，直到极限位置。定位销（箭头 1）必须嵌入孔（箭头 2）中。必须可以从上方看到标记"TOP"（箭头 3）。

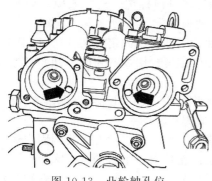

图 10-13 凸轮轴孔位

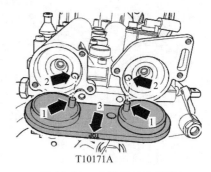

图 10-14 专用工具的使用

⑯ 在相应的孔中用手拧入一个螺栓 M6，固定凸轮轴固定件 T10171 A，不要拧紧。
⑰ 拆卸正时齿轮箱罩。
⑱ 从机油泵上拔出盖板 1。
⑲ 用记号笔标记正时链 3 的运转方向。注意：凸轮轴调节器的紧固螺栓 2 为左旋螺纹。
⑳ 用固定支架 T10172 固定凸轮轴正时齿轮 5，松开螺栓 2 和 4，如图 10-15 所示。
㉑ 如图 10-16 所示，沿箭头方向压张紧轨，并用定位销 T40011 固定链条张紧器的活塞。

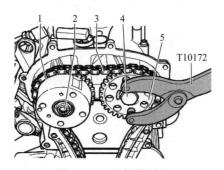

图 10-15 凸轮轴拆卸
1—盖板；2,4—螺栓；3—正时链；5—凸轮轴正时齿轮

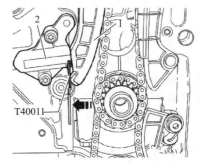

图 10-16 拆卸张紧器图
1—张紧轨；2—链条张紧器

㉒ 将凸轮轴调节器和正时链一起取下。
㉓ 用固定支架 T10172 固定机油泵的链轮并松开紧固螺栓。
㉔ 将固定销上的张紧弹簧用一把螺丝刀撬出并取出张紧弹簧。
㉕ 旋出紧固螺栓并取下链条张紧器。
㉖ 用记号笔标记机油泵驱动链的运转方向。
㉗ 拧下链轮的紧固螺栓并将链轮连同机油泵驱动链一起取下。

## 10.3.2 正时链单元安装

说明：曲轴必须位于 1 号气缸的上止点位置。

① 如图 10-17 所示，沿箭头方向推链轮直到曲轴轴颈的极限位置。注意：与链轮铸在一起的凸缘必须插入曲轴轴颈的凹槽中。
② 用记号笔标记链轮和气缸体、曲轴的位置。
③ 将机油泵驱动链放到链轮上并同时将链轮放到机油泵的驱动轴上。提示：注意机油

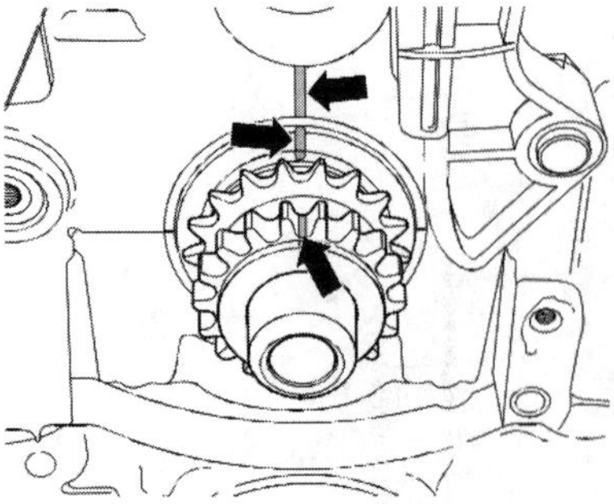

泵驱动链上的运转方向标记。机油泵驱动轮只在一个位置与机油泵驱动轴匹配。

④ 将机油泵驱动轴用固定支架 T10172 固定。

⑤ 将新的固定螺栓用 20N·m 的扭矩拧紧并继续转动 1/4 圈（90°）。

⑥ 将链条张紧器安装到机油泵驱动链上并用 15N·m 的扭矩拧紧紧固螺栓。

⑦ 将张紧弹簧用一把螺丝刀安装到固定销上。

⑧ 用手给链轮拧上一个新的紧固螺栓。

图 10-17 对正曲轴正时标记

⑨ 将正时链装到曲轴链轮、排气凸轮轴链轮和凸轮轴调节器上，并用手给凸轮轴调节器拧上一个新的紧固螺栓。

注意正时链上的运转方向标记。导向套安装在进气凸轮轴和凸轮轴调节器之间。凸轮轴调节器的紧固螺栓为左旋螺纹。

⑩ 安装链条张紧器并用 9N·m 的扭矩拧紧紧固螺栓。

⑪ 从链条张紧器中拔出定位销 T40011，张紧正时链。

⑫ 检查曲轴链轮和气缸体上的标记，它们必须相互重叠。

⑬ 用 40N·m 的扭矩拧紧紧固螺栓，并用 50N·m 的扭矩拧紧螺栓（使用固定支架 T10172）。

检查过配气相位后，继续转动 1/4 圈（90°）拧紧紧固螺栓。凸轮轴调节器的紧固螺栓为左旋螺纹。

⑭ 拧下螺栓并将凸轮轴固定件 T10171 A 从凸轮轴箱上取下。

⑮ 检查配气相位。

⑯ 将凸轮轴正时齿轮用固定支架 T10172 固定，并用一把刚性扳手将紧固螺栓（左旋螺纹）继续转动 1/4 圈（90°）。

提示：凸轮轴调节器的紧固螺栓为左旋螺纹。在拧紧螺栓时，凸轮轴正时齿轮不允许转动。

⑰ 安装机油泵齿轮盖板。

⑱ 安装正时齿轮箱罩。

⑲ 安装油底壳。

⑳ 安装曲轴皮带轮。

㉑ 安装多楔皮带。

## 10.4　1.4T BLG/BMY 发动机

BLG 发动机正时单元结构、拆装步骤与 CFBA 发动机一样，相关内容请参考 10.3 小节。

## 10.5　1.4T CHPB/CPTA 发动机

### 10.5.1　正时皮带单元拆卸

① 排出冷却液。

② 松开软管夹圈，拆下空气导流管。

③ 脱开空气导游管上的电插头。

④ 用松脱工具 T10527 和 T10527/1 松开空气导流管卡子。
⑤ 取下空气导流管。
⑥ 按压解锁按钮，拆下至活性炭罐的软管。
⑦ 拧出螺栓，取下曲轴箱排气软管。
⑧ 拧出螺栓，将冷却液调节器盖压向侧面。
⑨ 如有必要，则露出冷却液软管。
⑩ 露出电导线束。
⑪ 拧出螺栓，取下冷却液泵齿形皮带的齿形皮带护罩。
⑫ 拧出螺栓（箭头），取下端盖 1，见图 10-18。
⑬ 露出支架 3 上的软管（图 10-19）。
⑭ 旋出螺栓 2。
⑮ 松开夹子（箭头），取下上部齿形皮带护罩 1，见图 10-19。

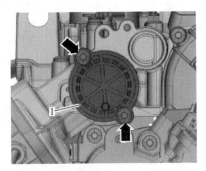 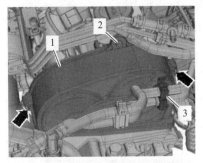

图 10-18　取下端盖
1—端盖

图 10-19　取下上部齿形皮带护罩
1—上部齿形皮带护罩；2—螺栓；3—支架

齿形皮带沾油会有使发动机损坏的危险。为收集溢出的发动机油，将一块抹布放在下面。
⑯ 拧出箭头所示处螺栓，见图 10-20。
⑰ 为了拧下全部螺栓，沿发动机转动方向通过皮带盘/减震器转动曲轴。
⑱ 取下排气凸轮轴的凸轮轴调节器的端盖。
⑲ 按以下方式将曲轴转到上止点位置。
拧出气缸体上上止点孔的螺旋塞。如图 10-21 所示，将固定螺栓 T10340 拧入气缸体到极限位置，并用 30N·m 的扭矩拧紧。沿发动机转动方向转动曲轴到限位位置。
⑳ 现在固定螺栓紧贴在曲轴曲柄臂上。

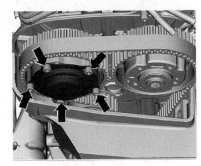 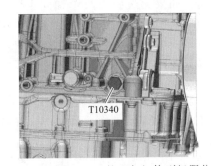

图 10-20　拧出紧固螺栓

图 10-21　将 T10340 拧入气缸体到极限位置

提示：固定螺栓 T10340 只在发动机运转方向上卡住曲轴。

如果固定螺栓 T10340 不能拧入到极限位置，则说明曲轴未处于正确位置。当出现这种情况时可采取下列办法：拧出固定螺栓，将曲轴沿发动机运转方向转动 90°，将固定螺栓 T10340 拧入气缸体到极限位置，并用 30N·m 的扭矩拧紧。继续沿发动机转动方向转动曲轴到极限位置。

㉑ 如图 10-22 所示，对于两个凸轮轴来说，现在变速箱侧不对称布置的凹槽必须朝上（上部和下部箭头）。

㉒ 对于排气凸轮轴 A 来说，可通过冷却液泵驱动轮内的开口接触到凹槽（上部箭头）。

㉓ 对于进气凸轮轴 E 来说，可直接接触到凹槽（下部箭头）。

㉔ 如果凸轮轴不处于所述位置，则拧出固定螺栓 T10340，然后继续转动曲轴一圈并使其转到上止点位置。

说明：凸轮轴固定装置 T10494 必须很容易插入；不允许通过工具敲入凸轮轴固定装置。

㉕ 如果凸轮轴不处于所述位置，则将凸轮轴固定装置 T10494 插入凸轮轴内至限位位置，然后用手拧紧螺栓，见图 10-23。

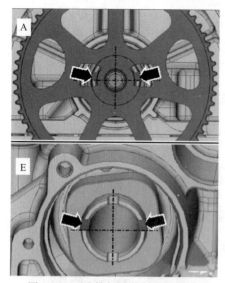

图 10-22　进排气凸轮轴齿轮位置
A—排气凸轮轴；E—进气凸轮轴

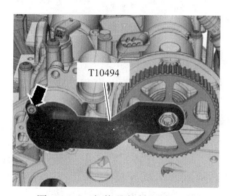

图 10-23　安装凸轮轴固定工具

说明：如果无法插入凸轮轴固定装置 T10494，则如图 10-24 所示用装配工具 T10487 压到齿形皮带上，同时将凸轮轴固定装置 T10494 插入凸轮轴内至限位位置，然后用手拧紧螺栓。

㉖ 拆卸多楔带轮。

小心别损坏密封面。凸轮轴固定装置 T10504 不允许作为固定支架使用。

㉗ 拧出进气侧凸轮轴正时齿轮上的螺旋塞 1，为此使用固定支架 T10172 及适配接头 T10172/1，见图 10-25。

㉘ 如图 10-26 所示，将螺栓 1、2 松开约一圈，为此使用固定支架 T10172 及适配接头 T10172/1。

㉙ 拆卸皮带盘。

图 10-24　用工具 T10487 压到齿形皮带上

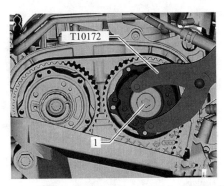
图 10-25 拧出进气凸轮轴正时齿轮螺旋塞
1—螺旋塞

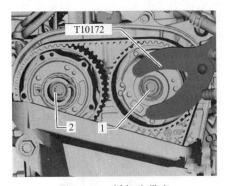
图 10-26 拆卸皮带盘
1、2—螺栓

㉚ 拧下紧固螺栓，取下下部齿形皮带护罩。
㉛ 将开口度 30 的环形扳手 T10499 装载张紧轮的偏心轮 2 上。
㉜ 将螺栓 1 用开口度 13 的工具头 T10500 松开。
㉝ 用环形扳手 SW 30（T10499）松开偏心件 2 上的张紧辊，见图 10-27。

已使用过的齿形皮带如果颠倒了转动方向会导致损坏。在拆卸齿形皮带之前，用粉笔或记号笔记下转动方向，以方便重新安装。

㉞ 取下齿形皮带。
㉟ 取下曲轴正时皮带轮。

## 10.5.2 正时带单元安装

安装说明：更换拧紧时需要继续旋转一个角度的螺栓。螺旋塞的 O 形环如有损坏需要更换。

① 检查凸轮轴和曲轴的上止点位置。
② 已将凸轮轴固定装置 T10504 用止动销 T10504/1 安装在凸轮轴外壳上。

小心凸轮轴有损坏的危险。凸轮轴固定装置 T10494 不允许作为固定支架使用。

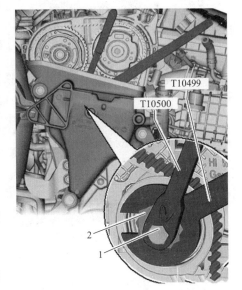
图 10-27 用专用工具拆卸张紧轮

③ 将固定螺栓 T10340 拧入气缸体中极限位置，并用 30N·m 的扭矩拧紧。
④ 曲轴已沿发动机转动方向放置到固定螺栓 T10340 上的上止点位置。

小心凸轮轴有损坏的危险。凸轮轴固定装置 T10504 不允许作为固定支架使用。

⑤ 更换凸轮轴正时齿轮螺栓，松动时拧入。凸轮轴正时齿轮必须能在凸轮轴上转动，同时不允许倾斜。
⑥ 张紧辊的钢板凸耳必须嵌入气缸盖的铸造凹槽中，如图 10-28 所示。
⑦ 将曲轴正时皮带轮装到曲轴上。多楔带轮与曲轴正时皮带轮之间的接触面必须涂抹无机油和油脂。曲轴正时皮带轮上的铣削面必须涂抹靠在曲轴轴颈上的铣削面上，见图 10-29。
⑧ 按照图 10-30 所示顺序安装齿形皮带。
⑨ 安装齿形皮带护罩下部。
⑩ 安装皮带盘。

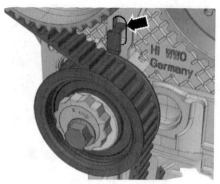

图 10-28 安装张紧辊的钢板凸耳

图 10-29 曲轴正时轮安装位置

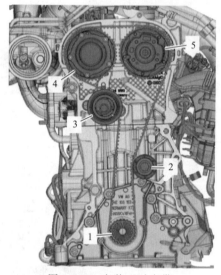

图 10-30 安装正时皮带
1—曲轴齿形带轮；2—张紧轮；3—排气侧凸轮轴正时齿轮；
4—带凸轮轴调节器的进气侧凸轮轴正时齿轮；5—导向辊

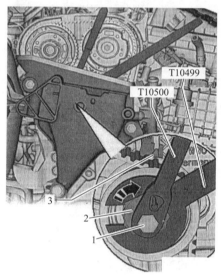

图 10-31 调整张紧轮的偏心轮
1—螺栓；2—偏心轮；3—调节指针

⑪ 如图 10-31 所示，将张紧轮的偏心轮 2 用环形扳手 SW 30（T10499）向箭头方向转动，直至调节指针 3 位于调节窗右侧约 10mm。

⑫ 转回偏心轮，使调节指针准确位于调节窗内。

注意拧紧扭矩错误有导致发动机损坏的危险。拧紧时必须使用扭矩扳手 VAS 6583！在扭矩扳手 VAS 6583 上调节拧紧力矩时，必须将开口度 13 的工具头 T10500 上的规定刻度尺寸转入扭矩扳手内。

⑬ 使偏心轮保持在这个位置并拧紧螺栓 1，为此使用开口度 13 的工具头 T10500 及扭矩扳手 VAS 6583。

提示：如果继续转动了发动机或发动机曾运行，则可能导致调节指针 3 相对调节窗的位置略微偏离。这种情况不影响齿形皮带张紧。

小心凸轮轴有损坏的危险。凸轮轴固定装置 T10504 不允许作为固定支架使用。

⑭ 用 50N·m 的力矩预拧紧螺栓 1，为此使用固定支架 T10172 及适配接头 T10172/1。

⑮ 拧出固定螺栓 T10340。

⑯ 拧出螺栓，取下凸轮轴固定装置 T10494。

⑰ 检查配气相位。

a. 将曲轴沿发动机转动方向转动。

b. 将固定螺栓 T10340 拧入气缸体到极限位置，并用 30N·m 的力矩拧紧。

c. 继续沿发动机转动方向转动曲轴到限位位置。现在固定螺栓紧贴在曲轴曲柄臂上。

固定螺栓 T10340 只在发动机运转方向上卡住曲轴。凸轮轴固定装置 T10494 必须很容易装入。不允许通过工具敲入凸轮轴固定装置。

d. 将凸轮轴固定装置 T10494 插入凸轮轴内至限位位置，然后通过螺栓用手拧紧。

如果无法插入凸轮轴固定装置 T10494，则用装配工具 T10487 压到齿形皮带上，同时将凸轮轴固定装置 T10494 插入凸轮轴内至限位位置，然后用手拧紧螺栓。

如果无法装入凸轮轴固定装置 T10494，则说明配气相位不正常。

e. 再次调节配气相位。

如果能够装入凸轮轴固定装置 T10494，则说明配气相位正常。

f. 拧出固定螺栓 T10340。

g. 拧出螺栓，取下凸轮轴固定装置 T10494。

⑱ 用最终拧紧扭矩拧紧螺栓 1，为此使用固定支架 T10172 及适配接头 T10172/1。

⑲ 拧紧螺旋塞 1，为此使用固定支架 T10172 及适配接头 T10172/2 及适配接头 T10172/1。

⑳ 最后检查是否取下了固定螺栓 T10340 和凸轮轴固定装置 T10494。

㉑ 其他组装以倒序进行，同时要注意已用过的冷却液不可再用。

㉒ 加注冷却液。

## 10.6  1.4T CSSA/CSTA/DBVA 发动机

与 CPTA 型发动机相同，相关内容请参考 10.4 小节。

## 10.7  1.4T CZDA 发动机

与 CPTA 型发动机相同，相关内容请参考 10.4 小节。

## 10.8  1.4T CMSB/CTKA/CTHD 发动机

与 CFBA 型发动机相同，相关内容请参考 10.4 小节。

## 10.9  1.4L CKAA/DAHA 发动机

### 10.9.1  正时链单元拆解

① 拆卸空气滤清器壳体。

② 排放冷却液。

③ 脱开线束固定卡子。旋出左右两个螺栓，取下冷却液泵正时齿形皮带盖罩。

④ 旋出螺栓，拆下凸轮轴密封盖。

⑤ 对于 New Santana（全新桑塔纳），旋出螺栓 A～D，将节温器盖罩 1 放置一旁，见

图 10-32。

对于 2013 款 New Lavida（新朗逸）、Gran Lavida（朗行）、Cross Lavida（朗境）、New Polo（波罗），松开弹簧卡箍，拔下软管 1 和 2。旋出螺栓 A~D，拆下节温器盖罩 3，见图 10-33。

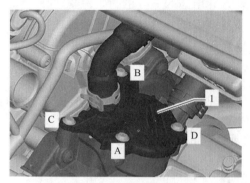

图 10-32　拆下节温器盖罩（一）
1—节温器盖罩；A~D—螺栓

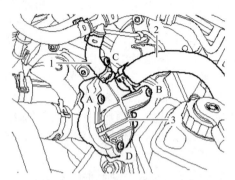

图 10-33　拆下节温器盖罩（二）
1,2—软管；3—节温器盖罩；A~D—螺栓

⑥ 将曲轴转到 1 缸上止点位置。

a. 旋出气缸体上止点孔的锁定螺栓。

b. 将定位销 T10340 或 CT10340 以 30N·m 的力矩拧到气缸体上并拧到底。

c. 将曲轴沿发动机转动方向转动，至限位位置。

现在，定位销 T10340 或 CT10340 位于曲轴侧壁，见图 10-34。提示：定位销 T10340 或 CT10340 只在发动机转动方向上锁定曲轴。

⑦ 如果定位销 T10340 或 CT10340 没有拧到限位位置，则曲轴就不位于 1 缸上止点位置。这时进行如下操作。

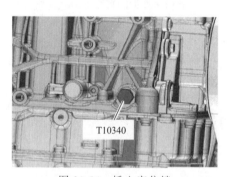

图 10-34　插入定位销

a. 旋出定位销。

b. 顺时针旋转曲轴，使曲轴转过 1 缸上止点位置 270°左右。

c. 将定位销 T10340 或 CT10340 以 30N·m 的扭矩拧到气缸体上并拧到底。

d. 将曲轴沿发动机转动方向再次转动，直到转不动为止。

e. 如图 10-35 所示，变速箱侧的两个凸轮轴上，每个凸轮轴上各有两个不对称的槽（箭头）。在排气凸轮轴上，可以通过冷却液泵齿形皮带轮上的孔进入凸轮轴上两个不对称的槽（箭头）。

⑧ 使用定位扳手 T10172 或 CT10172 和适配器 T10172/2 或 CT10172/2 转动进、排气凸轮轴齿形皮带轮。凸轮轴上有两个对称卡槽，两个非对称卡槽。在上止点位置时，非对称卡槽必须位于假想的水平中心线以上。

⑨ 凸轮轴位置不在描述位置时，旋松定位销 T10340 或 CT10340，并再转动曲轴，直至到达上止点位置。凸轮轴固定工具 CT10477 必须能很容易放入安装位置。不能使用冲击工具安装凸轮轴固定工具。

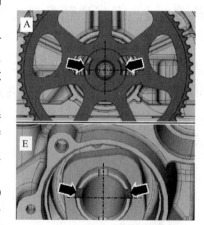

图 10-35　发动机正时标记位置
A—排气侧；E—进气侧

⑩ 凸轮轴在描述状态时，凸轮轴固定工具 CT10477 插到凸轮轴不对称的槽内，并用螺栓拧紧。

⑪ 拆卸曲轴皮带轮。

⑫ 旋出螺栓，取下正时齿形皮带下部盖罩。

⑬ 松开固定卡子3，脱开燃油供油管和活性碳罐电磁阀连接管［适用于 New Santana（全新桑塔纳）、New Polo（波罗）］。

⑭ 松开固定卡子3，脱开燃油供油管［适用于 2013 款 New Lavida（新朗逸）、Gran Lavida（朗行）、Cross Lavida（朗境）］。旋出螺栓2。松开固定卡子（箭头），取下正时齿形皮带上部盖板1，如图 10-36 所示。当心凸轮轴损坏，凸轮轴固定工具 CT10477 禁止作为固定支架使用。

⑮ 使用定位扳手 T10172 或 CT10172 和适配器 T10172/2 或 CT10172/2 旋出进气侧凸轮轴齿形皮带轮的锁定螺栓。

⑯ 使用定位扳手 T10172 或 CT10172 和适配器 T10172/2 或 CT10172/2 旋松螺栓1和2，旋松一圈，见图 10-37。

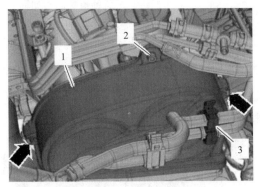

图 10-36　拆卸正时罩盖上部
1—正时齿形皮带上部盖板；2—螺栓；3—固定卡子

图 10-37　拆卸凸轮轴齿轮紧固螺栓
1，2—螺栓

⑰ 使用 30mm 特殊扳手 T10499 或 CT10499 固定偏心轮上的张紧轮，松开螺栓。

⑱ 将正时齿形皮带从凸轮轴上脱开。

注意：正时齿形皮带运行时，使其在相反方向运行会导致设备损坏危险。拆卸正时齿形皮带时，用粉笔或记号笔标出其运行方向，用于重新安装。

⑲ 取下正时齿形皮带。

⑳ 取下正时齿形皮带轮。

## 10.9.2　正时带单元安装

拧紧扭矩提示：更换需要进一步旋转而拧紧的螺栓。锁定螺栓的 O 形圈如有损坏需要更换。

① 检查曲轴和凸轮轴的上止点位置。

② 将凸轮轴固定工具 CT10477 安装在凸轮轴箱上，见图 10-38。

③ 将定位销 T10340 或 CT10340 以 30N·m 的扭矩拧到气缸体并拧到底。

④ 将曲轴沿发动机转动方向转动，至限位位置。

⑤ 更换凸轮轴齿形皮带轮螺栓，并将其拧上，但不要拧紧。

⑥ 凸轮轴齿形皮带轮还要在凸轮轴上转动，但要防止其倾翻。

⑦ 张紧轮的凸耳必须啮合在气缸盖的铸造孔上。
⑧ 将正时齿形皮带轮装到曲轴上。必须保证曲轴皮带轮和正时齿形皮带轮的接触面无油脂。
⑨ 正时齿形皮带轮铣切面（箭头）必须放在曲轴销铣切面上（图10-39）。

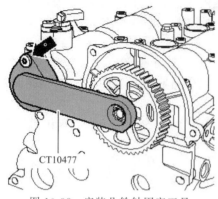

图10-38 安装凸轮轴固定工具

图10-39 对齐正时齿轮与曲轴齿轮的铣切面

⑩ 如图10-40所示，按照给出的顺序放置正时齿形皮带。
⑪ 安装正时齿形皮带下部盖罩。
⑫ 安装曲轴皮带轮。
⑬ 如图10-41所示，沿箭头方向转动30mm特殊扳手T10499或CT10499（即转动张紧轮偏心轮2），直到设置指示针3位于设置窗右侧10mm处。

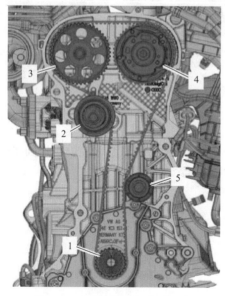

图10-40 正时带单元安装顺序
1—正时齿形皮带轮；2—张紧轮；3—排气凸轮轴齿形皮带轮；
4—带调节器的进气凸轮轴齿形皮带轮；5—导向轮

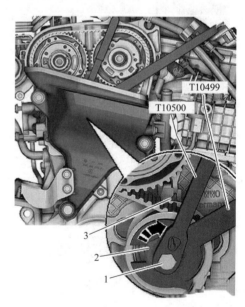

图10-41 设置正时张紧轮
1—螺栓；2—张紧轮偏心轮；3—指示针

⑭ 偏心轮向回位方向转动，直到设置指示针正好位于设置窗口。
⑮ 偏心轮保持在该位置并拧紧螺栓1，使用13mm特殊环形扳手T10500或CT10500。

提示：发动机继续转动或继续运行时，设置指示针 3 位置和设置窗口之间的距离很容易出现偏差。这对正时齿形皮带张紧没有影响。

⑯ 使用带适配器 T10172/2 或 CT10172/2 的定位扳手 T10172 或 CT10172 以 50N·m 的扭矩拧紧凸轮轴齿轮紧固螺栓。

⑰ 旋出定位销 T10340 或 CT10340。

⑱ 旋出固定工具螺栓，取出凸轮轴固定工具 CT10477。

### 10.9.3 正时检查

① 将曲轴沿发动机转动方向转 2 圈。

② 将定位销 T10340 或 CT10340 以 30N·m 的扭矩拧到气缸体上并拧到底。

③ 将曲轴沿发动机转动方向继续转动，直到限位位置。

④ 现在，定位销 T10340 或 CT10340 位于曲轴侧壁。定位销 T10340 或 CT10340 只在发动机转动方向上锁定曲轴。

凸轮轴固定工具 CT10477 必须能够很容易地安装。不能使用冲击工具安装凸轮轴固定工具 CT10477。

⑤ 将凸轮轴固定工具 CT10477 插入到凸轮轴止点，用力拧紧螺栓。

⑥ 如果凸轮轴固定工具 CT10477 无法安装，则配气相位不合格，需重新调整配气相位。

⑦ 如果凸轮轴固定工具 CT10477 能够安装，则配气相位合格。

⑧ 旋出定位销 T10340 或 CT10340。

⑨ 旋出固定工具螺栓，取出凸轮轴固定工具 CT10477。

⑩ 使用带适配器 T10172/2 或 CT10172/2 的定位扳手 T10172 或 CT10172 以 50N·m 的力矩拧紧两个调节器螺栓。

⑪ 使用带适配器 T10172/2 或 CT10172/2 的定位扳手 T10172 或 CT10172 拧紧凸轮轴齿形皮带轮的锁定螺栓。

⑫ 最后检查是否已将定位销 T10340 或 CT10340 和凸轮轴固定工具 CT10477 拆卸。

安装以拆卸的相反顺序进行。

## 10.10　1.4L CDDA 发动机

该发动机正时带拆装和调整与 CDEA 发动机一样，相关内容请参考 10.17 小节。

## 10.11　1.4L CLPA 发动机

该发动机正时带拆装和调整与 CDEA 发动机一样，相关内容请参考 10.17 小节。

## 10.12　1.6L CPDA/CSRA 发动机

该发动机正时皮带拆装和调整与 CKAA 发动机相同，相关内容请参考 10.9 小节。

## 10.13　1.6L BJH 发动机

该发动机正时带拆装和调整与 BWH 发动机一样，相关内容请参考 10.14 小节。

## 10.14 1.6L BWH/BWG 发动机

### 10.14.1 正时皮带拆卸

① 拆下发动机罩。
② 拆下多楔带并取出定位芯棒。
③ 拆下转向助力油储液罐,并保持管路连接。
④ 拆下冷却液补偿罐放置一旁,并保持管路连接。
⑤ 拆下多楔皮带张紧轮。
⑥ 拆下齿形皮带上部护罩。
⑦ 用支撑工具10-222A在安装位置支撑住发动机。
⑧ 拆下曲轴多楔皮带轮。
⑨ 将发动机支架下部螺栓旋出。
⑩ 旋出总成支承/发动机支架的紧固螺栓并将总成支承拆下。
⑪ 用支撑工具10-222A将发动机吊起,直到能将发动机支架上部的两个螺栓松开并旋出为止。
⑫ 向上取出发动机支架。
⑬ 拆下齿形皮带护罩中段和下段。
⑭ 如图10-42所示,转动曲轴带动凸轮轴正时齿轮转至1号缸上止点处(凸轮轴正时齿轮的标记必须与齿形皮带后护罩的标记平齐)。
⑮ 标记齿形皮带的传动方向。

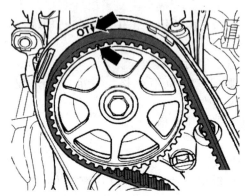

图10-42 设置发动机1缸于上止点位置

⑯ 松开张紧轮并取下齿形皮带。
⑰ 然后将曲轴略微向反方向旋转。

### 10.14.2 正时皮带安装

提醒:如果曲轴停在1号缸上止点处,则在转动凸轮轴时会损坏气门/活塞头;发动机最高只允许有手温的温度。

① 将齿形皮带安装到曲轴正时齿轮和冷却液泵上(注意转动方向)。
② 安装齿形皮带护罩的中部和下部。
③ 用新螺栓安装曲轴多楔皮带轮。拧紧扭矩:10N·m+90°(1/4圈)。
④ 如图10-43所示,将曲轴置于1号缸上止点处。标记(箭头所示)必须对准。
⑤ 将齿形皮带安装到张紧轮和凸轮轴正时齿轮上(凸轮轴正时齿轮的标记必须与齿形皮带后护罩的标记平齐)。注意气缸盖中张紧轮的正确安装位置如图10-44所示。
⑥ 张紧齿形皮带(沿箭头方向逆时针转动双孔螺母扳手T10020直至指针2位于切口1上)。
⑦ 重复这个步骤(拉紧齿形皮带)5次,直到齿形皮带到位,如图10-45所示。
⑧ 用20N·m的扭矩拧紧固定螺母。

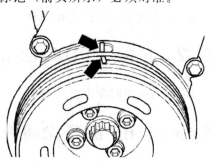

图10-43 将曲轴置于上止点位置

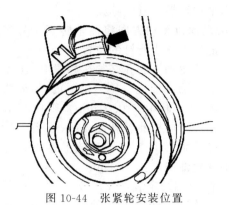
图10-44 张紧轮安装位置

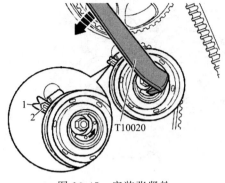
图10-45 安装张紧轮
1—切口；2—指针

⑨ 将曲轴沿发动机旋转方向继续转动两圈，直至发动机再次停到1号缸上止点处。曲轴旋转过程中的最后45°（1/8圈）不能中断。

⑩ 再次检查齿形皮带是否张紧。标准：指针和切口对准。

⑪ 再次检查曲轴和凸轮轴是否在1号缸上止点处。

⑫ 如果标记无法对齐，则重复以上工作步骤以张紧齿形皮带。

⑬ 如果这些标记对齐，则将发动机支架从上部安装到气缸体上并以45N·m+90°的扭矩拧紧上部的两个螺栓。

⑭ 将发动机降下至安装位置。

⑮ 安装下部螺栓并以45N·m+90°的扭矩拧紧螺栓。

⑯ 将发动机侧总成支承在车身和发动机支架上拧紧。

⑰ 取下支撑工具10-222A。

其他安装步骤大体按照和拆卸相反的顺序进行。

## 10.15　1.6L CLRA 发动机

CLRA发动机正时链结构和拆装步骤与CDFA相同，相关内容请参考10.16一节。

## 10.16　1.6L CDFA 发动机

### 10.16.1　正时链单元拆卸

① 旋出发动机盖罩的固定螺栓，取下盖罩。

② 按压卡口，从进气导管上脱开进气软管。

③ 拆卸弹簧夹箍并拔下进气软管。

④ 旋出凸轮轴后部密封盖罩的固定螺栓，取下密封盖罩。

⑤ 拆卸1号气缸的带功率输出级的点火线圈。

⑥ 拆卸第1缸的火花塞。

⑦ 将千分表适配接头T10170旋到火花塞螺纹孔至极限位置。

⑧ 将带加长件T10170/1的千分表VAS 6079安装到千分表适配接头中至极限位置，并拧紧夹紧螺母。千分表的凸台和千分表适配接头T10170的第一个螺纹对齐，这样才能保证

千分表的量程足够大。

⑨ 沿发动机转动方向将曲轴转到1号气缸的上止点。记住千分表指针的位置。

提示：凸轮轴上的孔必须在如图10-46所示位置，否则将曲轴再旋转一圈（360°）。如果曲轴转动的位置超过了上止点0.01mm，则应当沿发动机转动的相反方向把曲轴转回45°。接着沿发动机转动方向将曲轴转到1号气缸的上止点。与1号气缸上止点允许偏差：0.01mm。

⑩ 把凸轮轴固定装置T10171A装入凸轮轴开口中至极限位置。防松销必须嵌入孔中。必须能够从上方看到标记"TOP"。

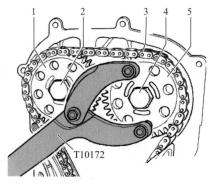

图10-46 凸轮轴上孔位位置

⑪ 用手装入1个M6螺栓（不要拧紧）来固定凸轮轴固定装置T10171A。
⑫ 拆卸正时齿轮箱罩。
⑬ 拆下机油泵链轮罩盖。
⑭ 用手按压张紧轨，并用定位销T40011固定链条张紧器的活塞。
⑮ 用彩色记号笔标出正时链条3的转动方向。
⑯ 用固定支架T10172固定凸轮轴正时链轮5。
⑰ 松开螺栓2和4。取下凸轮轴链轮1和正时链条3，如图10-47所示。
⑱ 用固定支架T10172固定住机油泵的链轮，同时松开紧固螺栓。
⑲ 用螺丝刀在螺栓处拨开张紧弹簧。
⑳ 旋出紧固螺栓并取下链条张紧器。
㉑ 用彩色笔标明机油泵驱动链的转动方向。
㉒ 如图10-48所示，旋出链轮1的紧固螺栓并取下链轮1和3以及机油泵驱动链2。

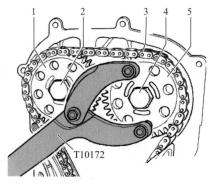 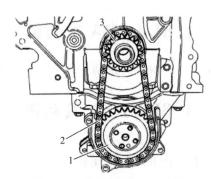

图10-47 正时链拆卸图
1—凸轮轴链轮；2,4—螺栓；3—正时链条；5—凸轮轴正时链轮

图10-48 拆卸机油泵驱动链
1,3—链轮；2—机油泵驱动链

## 10.16.2 正时链单元安装

注意：拆卸前曲轴必须位于1号缸上止点位置。

① 将链轮推到曲轴轴颈上。
② 用彩笔标明链轮、曲轴和气缸体的相对位置。链轮上的凸起必须插入曲轴轴颈的键槽中，如图10-49所示。

③ 将机油泵的驱动链装到链轮上，同时将机油泵链轮装到机油泵的驱动轴上。注意机油泵驱动链的转动方向标记。机油泵链轮在机油泵驱动轴上的安装位置只有一个，见图10-49。

④ 用固定支架 T10172 固定住机油泵链轮。

⑤ 安装新的固定螺栓。拧紧扭矩：20N·m＋1/4 圈（90°）。

⑥ 将链条张紧器安装到机油泵驱动链上，并安装固定螺栓。拧紧扭矩：15N·m。

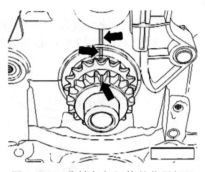

图 10-49　曲轴与气缸体的位置标记

⑦ 用螺丝刀将张紧弹簧卡入螺栓上。注意不要旋转曲轴。

⑧ 用手将新的固定螺栓拧紧，固定链轮。

⑨ 将正时链条放到曲轴链轮、凸轮轴链轮上，并用新的固定螺栓固定，用手拧紧。注意正时链条的转动标记。

⑩ 安装链条张紧器并将固定螺栓用9N·m的扭矩拧紧。

⑪ 从链条张紧器中拔出防松销 T40011，从而张紧正时链条。注意曲轴链轮和气缸体上的标记，它们必须对齐。

⑫ 如图10-47所示，用固定支架 T10172 将凸轮轴链轮 1 和 5 固定在此位置上，接着用50N·m的扭矩拧紧螺栓 2 和 4。

⑬ 旋出螺栓，并取下凸轮轴固定装置 T10171A。

⑭ 检查配气相位。

⑮ 用固定支架 T10172 把持住凸轮轴链轮，将两个固定螺栓继续旋转 1/4 圈（90°）。

⑯ 安装机油泵轮的盖罩。

⑰ 安装正时齿轮箱罩。

其他的安装以与拆卸相反的顺序进行。

## 10.17　1.6L CDEA/CFNA/CPJA/CLSA 发动机

该系列发动机正时链拆装步骤与 CDFA 发动机相同，相关内容请参考 10.16 节。这里补充发动机正时检查与调整方法。

### 10.17.1　发动机正时检查

所需要的专用工具和维修设备：火花塞扳手 Hazet 4766-1；扭矩扳手 Hazet 6290-1 CT；百分表 V/35.1；拔出器 Hazet 1849-7 或拔出器 T10094；千分表适配器 T10170；凸轮轴夹具 T10171A。

① 拆卸空气滤清器。

② 拆下凸轮轴侧面密封盖罩。

③ 拆下气缸1的火花塞。为此，使用拔出器 Hazet 1849-7 或拔出器 T10094 和火花塞扳手 Hazet 4766-1。

④ 如图10-50所示，将千分表适配器 T10170 旋入火花塞的孔中至极限位置。百分表1的凸台（箭头 A）和千分表适配器 T10170 的第一个螺纹（箭头 B）对齐，这样才能保证千分表/百分表的量程足够大。

⑤ 旋入百分表 V/35.1 和加长件 T10170/1 至极限位置，并用锁止螺母锁定在该位

置上。

⑥ 沿发动机转动方向将曲轴转到气缸 1 的上止点位置。记住百分表上小指针的位置。凸轮轴中的孔（箭头）必须如图 10-51 所示对准。否则将曲轴再旋转一圈（360°）。

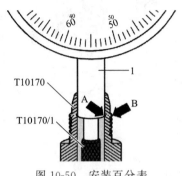

图 10-50　安装百分表
1—百分表

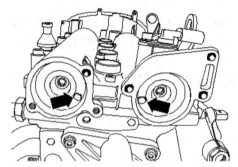

图 10-51　凸轮轴中孔对准位置

如果曲轴转动的位置超过了上止点 0.01mm，则应当沿发动机转动的相反方向把曲轴转回 45 度。接着沿发动机转动方向将曲轴转到气缸 1 的上止点位置。与气缸 1 上止点的允许偏差：±0.01mm。

⑦ 把凸轮轴夹具 T10171A 装入凸轮轴开口中至极限位置。防松销（箭头 1）必须嵌入孔（箭头 2）中。必须能够从上面看到标记"TOP"（箭头 3），见图 10-52。

如果不能把凸轮轴夹具 T10171A 装入凸轮轴开口中至极限位置，则气门正时不正确，必须重新进行调整。

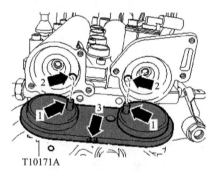

图 10-52　安装凸轮轴夹具

如果能够把凸轮轴夹具 T10171A 装入凸轮轴开口中至极限位置，则表示气门正时正常。

其余的安装以拆卸的相反顺序进行，安装过程中要注意下列事项：更换凸轮轴侧面盖罩密封圈时，应当在安装前用机油浸润。

## 10.17.2　发动机正时调整

所需要的专用工具和维修设备：百分表 V/35.1；拔出器 Hazet 1849-7 或拔出器 T10094；千分表适配器 T10170；凸轮轴夹具 T10171A；定位扳手 T10172；防松销 T40011；扳手 3415；火花塞扳手 Hazet 4766-1；扭矩扳手 Hazet 6290-1 CT。

① 拆卸气门正时壳体。

② 随后要旋转曲轴，应重新装入轴承套、曲轴皮带轮 2、曲轴螺栓 3，用扳手 3415 固定皮带轮，拧紧曲轴螺栓，见图 10-53。

③ 拆下 1 号气缸的火花塞。为此，使用拔出器 Hazet 1849-7 或拔出器 T10094 和火花塞扳手 Hazet 4766-1。

④ 将千分表适配器 T10170 旋入火花塞的孔中至极限位置。百分表的凸台和千分表适配器 T10170 的第一个螺纹对齐，这样才能保证千分表、百分表的量程足够大。

⑤ 旋入百分表 V/35.1 和加长件 T10170/1 至极限位置，并用锁止螺母锁定在该位置上。

⑥ 沿发动机转动方向将曲轴转到1号气缸的上止点。记住千分表、百分表上小指针的位置。

⑦ 接着沿发动机旋转方向旋转曲轴45°。

⑧ 沿箭头方向按压张紧导轨1并用防松销T40011锁定活塞（图10-53）。

⑨ 用彩色记号笔标出正时链条3的转动方向（图10-54）。

⑩ 旋出螺栓2和4，并拆下带正时链条3的正时齿轮。拆卸时，用定位扳手T10172固定链轮。

⑪ 重新安装正时齿轮1和5。使用新的凸轮轴正时齿轮固定螺栓。

⑫ 重新装入螺栓2和4，并拧紧至50N·m扭矩（用定位扳手T10172固定链轮）。

以上部件见图10-54。

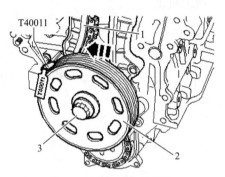

图10-53 安装曲轴螺栓
1—张紧导轨；2—曲轴皮带轮；3—曲轴螺栓

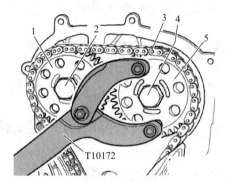

图10-54 安装凸轮轴链轮螺栓
1,5—正时齿轮；2,4—螺栓；3—正时链条

⑬ 旋转进气和排气凸轮轴直至能够将凸轮轴夹具T10171A推入凸轮轴孔中至极限位置。防松销（箭头1）必须嵌入孔（箭头2）中。必须能够从上面看到标记"TOP"（箭头3）。转动时不允许轴向推动凸轮轴。

⑭ 用手装入一个M6螺栓（不要拧紧）来固定凸轮轴夹具T10171A。

⑮ 旋出凸轮轴正时齿轮螺栓。拆卸时，必须使用定位扳手T10172。不允许将凸轮轴夹具T10171A用作止动工具。

⑯ 拆下一个凸轮轴正时齿轮。

⑰ 把正时链条放在正时齿轮上，注意链条的转动方向，并再一次安装凸轮轴正时齿轮。

⑱ 拧紧新的凸轮轴螺栓直至凸轮轴正时齿轮仍然能够被凸轮轴转动为止。

⑲ 通过拆下防松销T40011张紧正时链条。

⑳ 沿发动机转动方向将曲轴转到1号气缸的上止点。与1号气缸上止点的允许偏差：±0.01mm。

如果曲轴转动的位置超过了上止点0.01mm，则应当沿发动机转动的相反方向把曲轴转回45°。接着沿发动机转动方向将曲轴转到1号气缸的上止点位置。

㉑ 用定位扳手T10172将凸轮轴正时齿轮固定在此位置上，接着拧紧螺栓至50N·m。拧紧凸轮轴螺栓时不允许转动曲轴，并且两侧的正时链条都应当处于张紧状态。

㉒ 拆下凸轮轴夹具T10171A。

㉓ 沿发动机转动方向旋转曲轴两圈至1号气缸的上止点位置。与1号气缸上止点的允许偏差：±0.01mm。

㉔ 把凸轮轴夹具T10171A装入凸轮轴开口中至极限位置。如果不能安装凸轮轴夹具T10171A；则重复调整操作。

㉕ 如果能够安装凸轮轴夹具 T10171A，则拆下凸轮轴夹具 T10171A，用定位扳手 T10172 固定凸轮轴正时齿轮，并用一把坚硬的扳手继续拧紧螺栓 2 和 4 90°（1/4 圈）。拧紧时不允许旋转凸轮轴正时齿轮。

㉖ 再一次沿发动机转动方向旋转曲轴两圈至 1 号气缸的上止点。与 1 号气缸上止点的允许偏差：±0.01mm。

㉗ 把凸轮轴夹具 T10171A 装入凸轮轴开口中至极限位置。如果不能安装凸轮轴夹具 T10171A 凸轮轴夹具，则重复调整操作。

㉘ 其余的安装以拆卸的相反顺序进行，安装过程中要注意下列事项。

a. 安装气门正时壳体。

b. 安装多楔皮带。

c. 更换凸轮轴侧面盖罩密封圈时，应当在安装前用机油浸润。

## 10.18　1.8T CUFA 发动机

与 2.0T CRHA 发动机相似，相关内容请参考 10.34 小节。

## 10.19　1.8L AGN/BAF 发动机

### 10.19.1　正时皮带拆卸

① 拆下发动机盖罩。

② 拆下隔音板。

③ 拆下右大灯。

④ 对于带涡轮增压器的车，拆下涡轮增压器和增压空气冷却器之间的空气导管。

⑤ 拆下多楔皮带。

⑥ 拆下多楔皮带张紧器。

⑦ 发动机已装好时，将曲轴置于 1 号缸上止点（手动变速箱的车），位置见图 10-55。将曲轴置于 1 号缸上止点（自动变速箱的车）位置，见图 10-56。

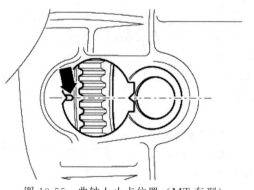

图 10-55　曲轴上止点位置（MT 车型）

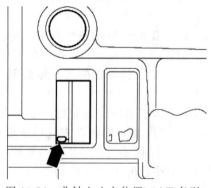

图 10-56　曲轴上止点位置（AT 车型）

发动机已拆下时，将减震器置于 1 号缸上止点位置，如图 10-57 中箭头所示。

⑧ 松开冷却液膨胀罐的螺栓并将其放在一边。

⑨ 松开助力制动补偿罐螺栓并将其放在一边。

⑩ 拔下活性炭罐及节气门单元上的真空管。
⑪ 拆下齿形皮带上护罩。
⑫ 对于带涡轮增压器的车，装上 10-222A 及 10-222A/1；将 3180 装到右侧并拧紧到缸体上，轻轻吊起发动机。

对于 AGN/BAF 发动机，装上 10-222A 和 10-222A/1；将 T10013 装到右侧并拧到缸体上，轻轻吊起发动机；取下 T10013 时，须用一螺丝刀稍稍抬起加固板。
⑬ 拧下总成支座/发动机支架、总成支座/车身等紧固螺栓，拆下总成支座总成。
⑭ 拆下减震器/皮带轮。
⑮ 拆下齿形皮带中部及下部护罩。
⑯ 标出齿形皮带旋转方向。
⑰ 将 T10092 拧入齿形皮带张紧器。
⑱ 有时在张紧高压活塞前须用尖嘴钳子或钢丝校正（活塞上的孔与壳体上孔应对齐）。
⑲ 张紧高压活塞，直到它可以用 T40011 固定为止，见图 10-58。

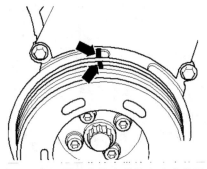

图 10-57 设置曲轴皮带轮上止点位置

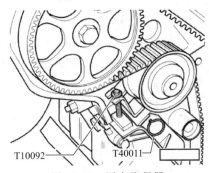

图 10-58 固定张紧器

⑳ 取下齿形皮带。
㉑ 将曲轴向反方向转动少许。

## 10.19.2 正时皮带安装

安装说明：转动凸轮轴时，曲轴不可位于上止点位置，否则会损坏气门/活塞顶。
齿形皮带已拆下时：
① 对齐凸轮轴和气缸盖罩上的标记，见图 10-59。
② 将齿形皮带放到曲轴正时齿轮上（注意旋转方向）。
③ 将发动机支架装到缸体上。拧紧扭矩：45N·m。安装发动机支架前，先将螺栓装到发动机支架上。
④ 装上齿形皮带下护罩（紧固螺栓涂 D000600A2 后再拧上）。拧紧扭矩：10N·m。
⑤ 用一个螺栓固定减震器/皮带轮。
⑥ 将曲轴置于 1 号缸上止点位置。
⑦ 将齿形皮带装到水泵、张紧轮和凸轮轴正时齿轮上。
⑧ 张紧齿形皮带。

只从凸轮轴正时齿轮上取下齿形皮带时：
① 对齐凸轮轴正时齿轮和气缸盖上的标记。

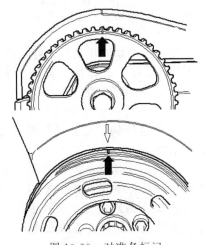

图 10-59 对准各标记

② 将曲轴置于1号缸上止点位置。
③ 将齿形皮带装到凸轮轴正时齿轮上。
④ 张紧齿形皮带，为此要拔出T40011并拧下T10092。
⑤ 将曲轴转两圈，检查凸轮轴及曲轴上标记是否与参考点对齐。
⑥ 安装减震器/皮带轮（拧紧扭矩：25N·m）。
⑦ 装上齿形皮带上部护罩（紧固螺栓涂D000600A2后拧入）。拧紧扭矩：10N·m。
⑧ 装上齿形皮带上部护罩。
⑨ 装上多楔皮带张紧器（拧紧扭矩为25N·m）。
⑩ 装上多楔皮带。

## 10.20　1.8L BPL发动机

### 10.20.1　正时皮带单元拆卸

① 拆下发动机塑料罩盖。
② 拆下车辆底部隔音垫和右侧挡泥板。
③ 拆下右侧增压空气冷却器的下部增压管路。
④ 拆卸带筋三角皮带。
⑤ 拆下带筋三角皮带张紧轮。

发动机已安装：曲轴位于1号缸上止点位置，如图10-60所示。

发动机已拆下：皮带轮/减震器位于1号缸上止点位置，如图10-61所示。

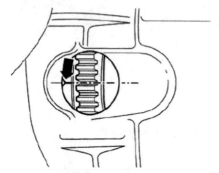 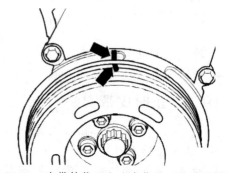

图10-60　曲轴置于上止点位置（发动机安装）　　图10-61　皮带轮位于上止点位置（发动机拆下）

提示：开始拆卸之前最好放掉冷却液。拆下冷却液储液罐固定螺钉、冷却液管路夹箍，拔下插头连接，拆卸小支架固定螺栓，取下小支架。拆卸管路固定螺栓，移开冷却液管路。

⑥ 拆下齿形皮带上部护罩。
⑦ 安装支撑装置10-222A。
⑧ 将螺杆钩子安装到右侧吊环中并略微预紧。松开车身上的发动机支架固定螺栓和机组支承螺栓。
⑨ 将固定螺栓从发动机支架中拧出。将支架T10014拧到气缸体上冷却液泵上方的螺纹孔中，取下吊环拆下皮带盘/减震器。
⑩ 拆下齿形皮带下部和中部护罩。用一把内六角扳手插入张紧轮中的固定架内并按压张紧装置，直到可通过插入锁止工具将张紧装置锁定到凹槽中。
⑪ 将固定螺母从张紧轮上拧下。

⑫ 松开齿形皮带时拧出张紧装置的固定螺栓,并将张紧装置拆下。

⑬ 取下齿形皮带。然后将曲轴略微向反方向旋转。

### 10.20.2 正时带单元安装

① 把齿轮轴正时齿轮上的标记与气缸盖罩上的标记对齐。发动机已安装：曲轴位于1号缸上止点位置。如图10-62所示。

发动机已拆下：减震器位于1号缸上止点位置,如图10-61所示。

② 将偏心件用回转工具小心地顺时针转动。

③ 将齿形皮带安装到曲轴齿轮上（注意转动方向）。

④ 将齿形皮带安装到冷却液泵、张紧轮和凸轮轴正时齿轮上。

⑤ 安装齿形皮带的张紧装置。

⑥ 将偏心件用回转工具逆时针转动,直到锁止工具可无应力地取下。

⑦ 接着让张紧装置在其反作用力的作用下顺时针松开（此时偏心件的凸起朝挡块移动）,直至达到尺寸 $a$,尺寸 $a$ 标准值为 $(4\pm1)$ mm,如图10-63所示。

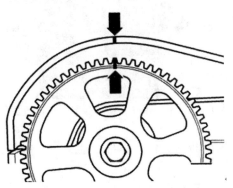

图10-62　设置曲轴于上止点位置

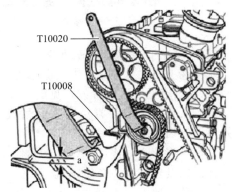

图10-63　用回转工具转动偏心件

⑧ 将张紧辊保持在这个位置上并以 25N·m 拧紧。

⑨ 安装齿形皮带中部和下部护罩。先将发动机支架安装到气缸体上,然后将螺栓以 45N·m 拧紧。

⑩ 安装皮带盘/减震器。

⑪ 安装车身上的发动机支架固定螺栓和机组支承螺栓。

## 10.21　1.8T BYJ/BYE 发动机

该款发动机正时链结构和拆装步骤与 CEAA 发动机相同,相关内容请参考 10.26 节。

## 10.22　1.8T CYYA 发动机

该款发动机正时链结构和拆装步骤与 CUJA 发动机相同,相关内容请参考 10.43 节。

## 10.23　1.8T CYGA 发动机

该款发动机正时链结构和拆装步骤与 CUJA 发动机相同,相关内容请参考 10.43 节。

## 10.24　1.8T CJEE 发动机

该发动机正时链拆装和调整与 CUJA 发动机一样，相关内容请参考 10.43 节。这里补充正时链长度检查方法。

① 拆卸前隔音垫。

② 取下密封塞（箭头），见图 10-64。

图 10-64　取下密封塞

图 10-65　检查张紧器活塞齿数

③ 沿发动机转动方向转动减震器，直至链条张紧器活塞沿箭头方向（图 10-64）最大限度伸出。

④ 数出可见的活塞齿数，见图 10-65。

提示：可见齿数是指位于张紧器壳体右侧的（箭头）所有的齿（图 10-64）。

如可见齿数为 6 或更少，则调整链条长度：车辆诊断测试仪、引导功能、01—链条长度诊断匹配以及删除故障存储记忆。

如可见齿数为 7 或更多，则更换凸轮轴正时链。如可见齿数为 6 或低于 6，则不可更换正时链。

## 10.25　1.8T CEDA 发动机

### 10.25.1　正时带拆卸

① 关闭点火开关，断开蓄电池接地连接。

② 排放冷却液。

③ 拆下进气歧管。

④ 拆下多楔皮带。

⑤ 旋出固定螺栓，取下多楔皮带张紧器。

⑥ 拆下空气滤清器护罩。

⑦ 拔下下列连接插头：在活性碳罐电磁阀上的；在空气质量流量计上的；在增压压力限制电磁阀 N75 上的。

⑧ 旋出螺栓，拔下软管，拆下空气滤清器壳体。

⑨ 拆下气缸盖罩。

⑩ 拆下机油滤清器支架上部的通风管。

⑪ 旋出机油供油管固定螺栓。

⑫ 旋出废气涡轮增压器和排气歧管的连接螺栓 3。
⑬ 松开气缸盖上所有管路，并放置一旁。
⑭ 松开法兰上的卡夹，拔下气缸盖后面接热交换器的冷却液软管。
⑮ 拆下齿形皮带护罩。
⑯ 拆下齿形皮带。

### 10.25.2 正时带安装

① 安装前，将曲轴置于 1 号缸上止点位置（箭头），然后逆时针旋转 45°（图 10-66）。
② 将废气涡轮增压器支架螺栓拧松两圈，以免安装气缸盖时产生内应力。
③ 装上气缸盖衬垫。注意气缸体上的定位销。气缸盖衬垫的安装位置标记从进气一侧应能看见备件号。
④ 安装气缸盖，并用手旋入气缸盖螺栓。
⑤ 按如图 10-67 所示 1~10 的顺序分两步拧紧气缸盖螺栓：第一步，以 40N·m 的扭矩拧紧；第二步，用刚性扳手再拧紧 180°。

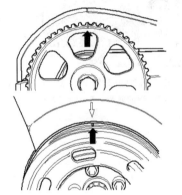

图 10-66　置发动机 1 号缸于上止点位置

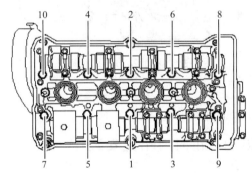

图 10-67　气缸盖螺栓拧紧顺序

⑥ 安装气缸盖罩。
⑦ 安装齿形皮带。
⑧ 安装齿形皮带护罩。
其他部件以与拆卸相反的顺序安装。

## 10.26　1.8T CEAA 发动机

### 10.26.1　正时链单元拆卸

① 用拆卸工具 CT 10352/1 拆下控制阀。控制阀是左旋螺纹。
② 旋出螺栓，并取下轴承座。
③ 用止动工具 T10355 将减震盘/皮带轮旋转到上止点位置。注意：减震盘/皮带轮上的切口必须与正时链下部盖板的箭头标记相对。凸轮轴上的标记 1 必须指向上方，如图 10-68 所示。
④ 拆下正时链下部盖板。
⑤ 按压机油泵链条张紧器上的张紧弹簧，并用定位销 T40011 锁定，拆卸机油泵链条张紧器。

⑥ 从曲轴链轮上取下机油泵链条。
⑦ 使用定位销 T40011 插入链条张紧器上锁定片的孔中，稍稍撬开链轮张紧器的锁块，同时按压凸轮轴链条导向夹板，并用定位销 T40011 锁定，如图 10-69 所示。
⑧ 旋出链条张紧器固定螺栓 3，取下链条张紧器。
⑨ 旋出导向螺栓 1 和 2，取下凸轮轴正时链导向夹板。

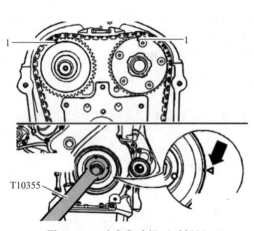

图 10-68　对准发动机正时标记
1—标记

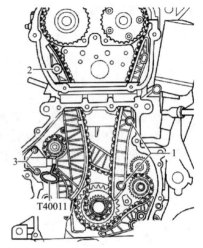

图 10-69　拆卸正时链张紧器和导向板
1,2—导向螺栓；3—固定螺栓

⑩ 取下凸轮轴正时链。

### 10.26.2　正时链单元安装

① 拆卸油气分离器。
② 松开弹簧卡箍，拔下供油管。
③ 旋出燃油管锁紧螺母。
④ 拔下插头。
⑤ 旋出螺栓。

图 10-70　对准凸轮轴正时标记

⑥ 取下机械式单活塞高压泵。
⑦ 旋出螺栓，取下真空泵。
⑧ 撬出凸轮轴密封盖。
⑨ 安装 TSI 发动机进气凸轮轴调整工具 SVW 9002 和 TSI 发动机排气凸轮轴调整工具 SVW 9001，用螺栓固定 TSI 发动机排气凸轮轴调整工具 SVW 9001。注意：以下工作步骤必须在一个工作程序内完成，因此需要 2 名人员进行操作。凸轮轴正时链上的有色链节必须对准凸轮轴链轮上的标记。
⑩ 将凸轮轴正时链放到排气凸轮轴上，使凸轮轴正时链上的有色链节对准排气凸轮轴链轮上的标记，如图 10-70 所示。
⑪ 转动 TSI 发动机进气凸轮轴调整工具 SVW 9002，使凸轮轴正时链上的有色链节对准进气凸轮轴链

轮上的标记。

⑫ 同时转动 TSI 发动机排气凸轮轴调整工具 SVW 9001 和 TSI 发动机进气凸轮轴调整工具 SVW 9002，使正时链上的有色链节对准曲轴链轮上的标记。凸轮轴正时链上的有色链节对准曲轴链轮上的标记后，将 TSI 发动机排气凸轮轴调整工具 SVW 9001 和 TSI 发动机进气凸轮轴调整工具 SVW 9002 把持住再进行下一步操作。

⑬ 安装凸轮轴正时链的导向夹板，拧紧两个导向螺栓，安装链条张紧器的固定螺栓，取下定位销 T40011。

⑭ 松开并取下 TSI 发动机排气凸轮轴调整工具 SVW 9001 和 TSI 发动机进气凸轮轴调整工具 SVW 9002。

⑮ 安装轴承座，并用螺栓固定。

⑯ 安装正时链下部盖板。

⑰ 安装正时链上部盖板。

⑱ 安装多楔皮带张紧装置。

⑲ 安装发动机支架。

### 10.26.3 平衡轴正时链单元的拆装

① 拆卸凸轮轴正时链。

② 旋出平衡轴正时链的链条张紧器螺栓 1。

③ 旋出导向螺栓 2、3 和 4，如图 10-71 所示。

④ 取下平衡轴正时链。

⑤ 旋转中间链轮/进气凸轮轴的平衡轴，如图 10-72 所示，使进气凸轮轴的平衡轴上的标记位于中间链轮上的标记之间。

⑥ 安装平衡轴正时链，如图 10-73 所示，使平衡轴正时链上的有色链节分别对准曲轴链轮上的标记和进/排气凸轮轴的平衡轴链轮上的标记。

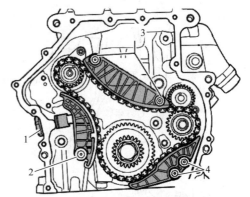

图 10-71 拆卸平衡轴正时链张紧器与导向轨
1—链条张紧器螺栓；2～4—导向螺栓

⑦ 安装平衡轴正时链的导向夹板，旋入导向螺栓并固定。

⑧ 安装链条张紧器。

⑨ 再次检查中间链轮/进气凸轮轴的平衡轴上的标记。

⑩ 再次检查平衡轴正时链的标记。其余的安装以拆卸的相反顺序进行。

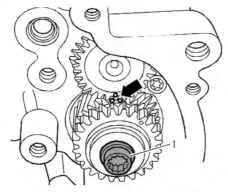

图 10-72 设置平衡轴安装标记
1—螺栓

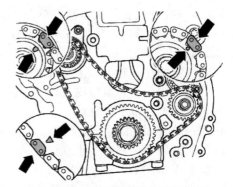

图 10-73 对准平衡轴正时链标记

## 10.27　1.8T AWL/BGC 发动机

### 10.27.1　正时皮带单元拆解

在就车维修的情况下照以下步骤拆卸。
① 拆下发动机盖罩。
② 拆下多楔皮带及其张紧器。
③ 用工具1固定黏液风扇皮带轮，用内六角扳手2拧下螺栓，见图10-74。
④ 从轴承上取下黏液风扇。
⑤ 拆下齿形皮带上护罩。
⑥ 标出齿形皮带旋转方向。
⑦ 如图10-75所示，用曲轮齿形皮带轮中央螺栓按发动机旋转方向将曲轴置于1号缸上止点标记。

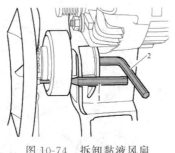

图10-74　拆卸黏液风扇
1—工具；2—内六角扳手

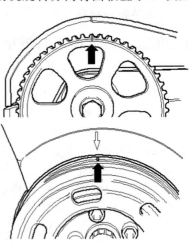

图10-75　发动机1号缸上止点标记

⑧ 拧下减震器螺栓。
⑨ 拧下齿形皮带下、中护罩螺栓。
⑩ 将螺纹杆M5×45拧入齿形皮带张紧器，用大垫片将六角螺母拧到螺纹杆上。
⑪ 压紧张紧器的压力活塞，直到可用T40011固定活塞。
⑫ 拆下齿形皮带。

### 10.27.2　正时皮带单元安装

安装及调整配气相位的步骤简单介绍如下，相关部件与图示请参考拆卸部分。
注意：即使维修时，仅从凸轮轴皮带轮上脱开齿形皮带，也须按下述调整齿形皮带；转动凸轮轴时，任何一缸中曲轴都不应在上止点位置，否则会损坏气门/活塞顶。
① 将凸轮轴皮带轮上标记与气缸盖罩上标记对齐。
② 将齿形皮带装到曲轴皮带轮上（注意旋转方向）。
③ 装上齿形皮带下护罩。
④ 用一螺栓固定减震器/皮带轮（注意定位）。
⑤ 将曲轴置于1号缸上止点位置。
⑥ 装上齿形皮带，顺序按"水泵—张紧轮—凸轮轴皮带轮"。
⑦ 拉出T40011以松开齿形皮带张紧器活塞。拧下螺纹杆。
⑧ 用曲轴齿形皮带轮中央螺栓将曲轴沿发动机旋转方向转两圈，检查一下凸轮轴和曲

轴标记是否与参考点对齐。

⑨ 安装减震器/皮带轮。

⑩ 安装齿形皮带中、上护罩。

⑪ 安装多楔皮带和多楔皮带张紧器。

⑫ 安装黏液风扇。

⑬ 安装锁支架。

拧紧扭矩：齿形皮带下护罩与缸体，10N·m；齿形皮带中护罩与缸体，10N·m；减震器/皮带轮与曲轴，401N·m；多楔皮带张紧器与支架，23N·m。

## 10.28　2.0T BPJ/BYK 发动机

### 10.28.1　正时皮带单元拆卸

提示：在拆卸齿形皮带前用粉笔或记号笔记下转动方向；用过的皮带转动方向相反时会导致损坏。

① 拉下发动机盖板。

② 打开冷却液补偿罐的端盖。

③ 松开快速接头并取下隔音垫。

④ 排出冷却液。

⑤ 将前围支架置于维护位置。

⑥ 分离冷却液管。

提示：在拆卸多楔带之前用粉笔或记号笔记下转动方向；用过的皮带转动方向相反时会导致损坏。

⑦ 标出多楔带的转动方向。

⑧ 松开多楔带时转动多楔带的皮带张紧缓冲器。

⑨ 用定位芯棒 T40098 卡住张紧元件。

⑩ 取下多楔带。

⑪ 转动曲轴使凸轮轴正时齿轮位于上止点的标记上。凸轮轴正时齿轮的标记必须与齿形皮带护罩的箭头齐平，如图 10-76 所示。

⑫ 拆下减震器/皮带盘。

⑬ 拧出齿形皮带护罩下部部件的螺栓。

⑭ 拧出齿形皮带护罩的其他螺栓，并将齿形皮带护罩从发动机上取下。

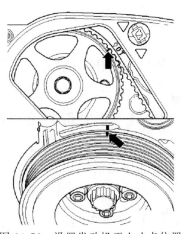

图 10-76　设置发动机于上止点位置

⑮ 标出齿形皮带的转动方向。

⑯ 松开张紧轮并取下齿形皮带。

⑰ 然后将曲轴略微向反方向旋转。

### 10.28.2　发动机正时皮带单元安装

提示：转动凸轮轴时曲轴不允许停在上止点位置；气门/活塞顶有损坏危险；发动机最多只允许温热。

① 将齿形皮带放在曲轴齿轮上（注意转动方向）。

② 将齿形皮带护罩下部部件用两个下部螺栓固定住。

③ 用新螺栓安装上减震器/皮带盘。
④ 将曲轴和凸轮轴置于1号气缸的上止点位置。
⑤ 将齿形皮带按"张紧轮—凸轮轴正时齿轮—冷却液泵—导向轮"的顺序装上。
提示：注意气缸盖中张紧轮的正确安装位置。
⑥ 张紧齿形皮带。为此用内六角扳手卡在偏心轮上向右转，直至切口位于凸缘之上。
⑦ 重新松开齿形皮带。
⑧ 现在张紧齿形皮带，直至切口对准凸缘。
⑨ 拧紧固定螺母。
⑩ 将曲轴沿发动机旋转方向继续转动两圈，直至发动机再次停到上止点上。重要的是，必须不停顿地旋转最后的45°（1/8圈）。
⑪ 再次检查齿形皮带是否张紧。标准值：凸缘和切口位于相对的位置。
⑫ 如果标记无法对齐，则再次检查配气相位。
⑬ 如果这些标记对齐，则重复进行配气相位的调整。
⑭ 安装齿形皮带护罩。
⑮ 安装曲轴皮带轮。
⑯ 安装多楔带。
⑰ 加注冷却液。
⑱ 安装前围支架及加装件。
⑲ 让扭矩支承的挡块通过自重放置在扭矩支承的橡胶缓冲器上，并拧紧螺栓。
⑳ 安装前保险杠罩。
㉑ 检查大灯调整情况。
㉒ 安装隔音垫。
㉓ 安装发动机盖板。

## 10.29　2.0L BJZ/CGZA 发动机

### 10.29.1　正时带单元拆卸

① 拆下发动机罩盖。
② 拆下多楔皮带。
③ 拆下多楔皮带张紧器。

④ 拆下冷却液储液罐（冷却液软管保持连接状态）。
⑤ 拆下齿形皮带上部护罩。
⑥ 如图10-77所示，安装支撑装置10-222A与底座10-222A/1和辅助挂钩10-222A/20。
⑦ 通过调整螺杆10-222A/11对发动机进行预紧。
⑧ 转动曲轴使凸轮轴正时齿轮位于1号缸上止点的标记上，凸轮轴正时齿轮的标记必须与气缸盖护罩上的箭头对齐，见图10-78。
⑨ 旋出螺栓，拆下发动机侧机组支承。
⑩ 举升车辆。

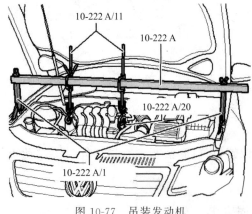

图 10-77　吊装发动机

⑪ 拆下发动机底部隔音垫。
⑫ 从发动机底部拆下发动机支架的螺栓。
⑬ 降下车辆。
⑭ 拆下发动机支架的螺栓，并将其向上取出。
为了松开发动机支架的前部螺栓，必须用支撑装置略微抬高发动机。
⑮ 拆下带减震器的多楔皮带轮。
⑯ 拆下齿形皮带中部和下部护罩。
⑰ 标记齿形皮带的传动方向。
⑱ 松开张紧轮并取下齿形皮带。
⑲ 然后将曲轴略微向反方向旋转。

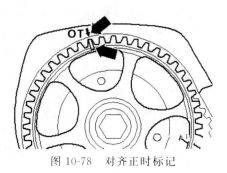

图 10-78　对齐正时标记

## 10.29.2　正时皮带单元安装

提示：在转动凸轮轴时，不允许将曲轴停在上止点，否则气门/活塞顶部有损坏的危险。
① 将齿形皮带安装到曲轴正时皮带轮和冷却液泵上（注意转动方向）。
② 如图 10-79 所示，将凸轮轴正时齿轮上的标记和气缸盖护罩上的标记调节到互相重合。
③ 安装齿形皮带中部和下部护罩。
④ 用新螺栓安装带减震器的多楔皮带轮到曲轴上（注意正确安装位置）。拧紧扭矩：10N·m+90°（继续旋转 1/4 圈）。
⑤ 将曲轴置于 1 号缸的上止点位置。即保证带减震器多楔皮带轮上标记与齿形皮带下部护罩上的标记重合，如图 10-80 中的箭头所示。

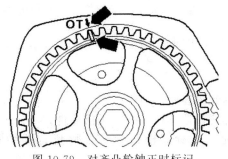

图 10-79　对齐凸轮轴正时标记

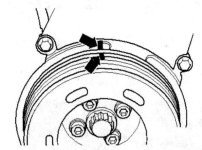

图 10-80　曲轴置于 1 号缸上止点位置

⑥ 将齿形皮带安装到张紧轮和凸轮轴正时齿轮上。
注意气缸盖中张紧轮的正确安装位置。

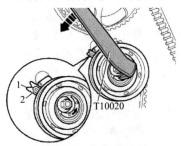

图 10-81　安装张紧轮
1—切口；2—指针

⑦ 张紧齿形皮带。为此使用双孔螺母扳手 T10020 沿箭头方向调整张紧轮，直至指针 2 对准切口 1（齿形皮带张紧），见图 10-81。
⑧ 用 20N·m 的扭矩拧紧固定螺母。
⑨ 将曲轴沿发动机旋转方向连续转动两圈，直至曲轴再次停到 1 缸的上止点上。此时注意，最后旋转的 45°（1/8 圈）不能中断。
⑩ 再次检查齿形皮带是否张紧。标准：指针和切口对准。

⑪ 再次检查曲轴和凸轮轴是否在 1 号缸的上止点位置。
⑫ 如果标记无法对齐，则重复以上工作步骤安装齿形皮带。
如果这些标记对齐，则继续进行以下步骤。
⑬ 将发动机支架从上部装到气缸体上，并以 45N·m 的力矩拧紧上部的两个螺栓。
⑭ 将发动机降下至安装位置。
⑮ 安装发动机支架下部螺栓，并以 45N·m 的扭矩拧紧。
⑯ 安装发动机侧机组支承的固定螺栓。
⑰ 取下支撑装置 10-222A 与底座 10-222A/1 和 10-222A/20。
⑱ 安装齿形皮带护罩上部件。
⑲ 安装多楔皮带。
⑳ 安装发动机底部隔音垫。
㉑ 安装冷却液储液罐。
㉒ 安装发动机盖罩。

## 10.30　2.0T CGMA 发动机

CGMA 发动机与 CEAA 发动机的正时链结构和拆装相同，相关内容请参考 10.26 节。

## 10.31　2.0T CJKA 发动机

该发动机与 CBLA 发动机的正时链结构和拆装一样，相关内容请参考 10.32 小节。

## 10.32　2.0T CBLA 发动机

该发动机与 CEAA 发动机的正时链结构和拆装相同，相关内容请参考 10.26 节。这里补充发动机正时的检查方法。

① 拆卸正时链上部盖板。

图 10-82　发动机上止点标记
1—凸轮轴的标记

② 拆卸隔音垫。
③ 拆下右前车轮轮罩外板前部件。
④ 旋出螺栓，松开卡箍，脱开右侧增压空气管路。
⑤ 沿发动机运转方向将减震器下部转动至上止点（箭头）位置处，见图 10-82。

使用带开口宽度为 24 的套筒扳手接头的棘轮转动带减震器的多楔皮带轮。每次都要沿发动机运转方向将带减震器的多楔皮带轮置于上止点位置处。不得通过往回转来校准上止点位置。带减震器的多楔皮带轮切口必须与正时链下部盖板上的箭头标记相对（用镜子）。凸轮轴的标记 1 必须指向上方。

⑥ 如图 10-83 所示，测量棱外边缘 A 与进气凸轮轴标记 B 之间的距离。额定值：61～64mm。
⑦ 如果达到等值，则测量如图 10-84 所示进气凸轮轴标记 B 与排气凸轮轴标记 C 之间的距离。额定

值：124～126mm。提示：轮齿错位与额定值相差约 6mm。如果确定轮齿错位，则必须重新安装正时链。

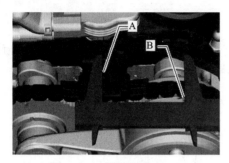

图 10-83　测量距离（一）
A—棱外边缘；B—进气凸轮轴标记

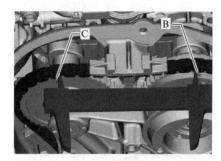

图 10-84　测量距离（二）
B—进气凸轮轴标记；C—排气凸轮轴标记

## 10.33　2.0L CENA 发动机

该发动机与 BWH 发动机的正时链结构和拆装相同，相关内容请参考 10.14 节。

## 10.34　2.0T CRHA 发动机

该发动机正时拆装和调整与 CBLA 发动机一样，相关内容请参考 10.32 小节。

## 10.35　2.0T CDZA 发动机

该发动机正时拆装和调整与 CBLA 发动机相同，相关内容请参考 10.32 节。

## 10.36　2.0L BNL/BFF 发动机

### 10.36.1　正时皮带拆装

所需要的专用工具和维修设备：扳手 V159；扭力扳手 Hazet 6290-1 CT（5～50N·m）
拆卸步骤如下。
① 将锁支架调整到维修位置。
② 拆下多楔皮带。
③ 拆下用于多楔皮带的张紧件。
④ 拆下齿形皮带上部护罩。
⑤ 转动曲轴将凸轮轴的链轮调整到 1 号气缸的上止点位置。凸轮轴链轮上的标记必须对准齿形皮带护罩上的箭头，如图 10-85 所示。
⑥ 标记齿形皮带的传动方向。
⑦ 拆下减震盘/皮带轮。
⑧ 安装齿形皮带中部和下部护罩。
⑨ 松开张紧器与取下齿形皮带。

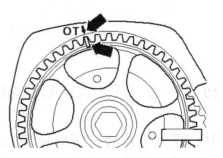

图 10-85　对准凸轮轴链轮记号

⑩ 向后稍微转动曲轴。

安装说明：不允许活塞位于上止点位置；以拆卸相反的顺序安装。

### 10.36.2 调整气门正时

注意：在转动凸轮轴时，曲轴一定不可位于上止点，否则有可能损坏气门/活塞顶部。

① 如图10-86所示，将凸轮轴上的标记与齿形皮带罩上的标记排成一条直线。
② 安装齿形皮带中部和下部护罩。
③ 安装减震盘、皮带轮。拧紧扭矩：25N·m。
④ 将曲轴转到1号气缸的上止点位置，见图10-87。

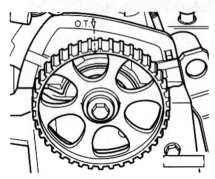
图10-86 对正凸轮轴链轮标记

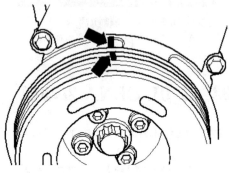
图10-87 曲轴设置为上止点

⑤ 将齿形皮带放在张紧轮和凸轮轴链轮上。
⑥ 张紧齿形皮带：发动机温度不能太高，应可以用手触摸。在张紧齿形皮带前用一把扳手V159转动偏心轮上的张紧轮，并且在两个方向上各转5次，每次都要完全转到挡块位置。

如图10-88所示，张紧齿形皮带。张紧时，用扳手V159向左按箭头方向转动偏心轮到挡块。然后松开齿形皮带直至槽口1与标记2对准（用镜子）。将固定螺母拧紧到20N·m的扭矩。

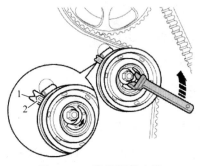
图10-88 张紧齿形皮带
1—槽口；2—标记

⑦ 将发动机调到1号气缸的上止点位置。
⑧ 现在沿发动机旋转方向旋转曲轴两遍，直至曲轴再次位于1号气缸的上止点位置。在此操作中重要的是，最后的45°（1/8圈）要连续不停地转动。
⑨ 再次检查齿形皮带张紧度。标准：标记与槽口对准。

⑩ 安装齿形皮带上部护罩。
⑪ 安装用于多楔皮带的张紧件。拧紧扭矩：25N·m。
⑫ 安装多楔皮带。

## 10.37 2.0T CADA/CAEB/CDNB/CDNC 发动机

### 10.37.1 发动机正时链单元拆卸步骤

① 拆卸正时链上盖板。注意：控制阀为左旋螺纹。

② 如图 10-89 所示，用拆卸工具 T10352/1 沿箭头方向拆卸。
③ 拧下螺栓，取下轴承桥。
对于采用混合动力驱动的车辆：
a. 拧出螺栓 1，然后将扭矩支撑从横梁 3 中取出。
b. 露出横梁上的电导线。
c. 拧出螺栓 2，取下横梁，见图 10-90。

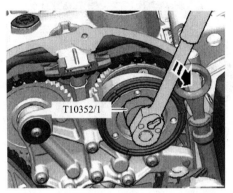

图 10-89 用拆卸工具 T10352/1 拆卸

图 10-90 取下横梁
1,2—螺栓；3—横梁

④ 用固定支架 T10355 将减震器转入上止点（箭头）位置。减震器缺口必须对准正时链下盖板上的箭头标记，如图 10-91 所示。凸轮轴标记 1 必须指向上方，如图 10-92 所示。

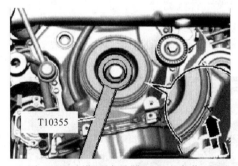

图 10-91 设置减震器于上止点位置

图 10-92 设置凸轮轴于上止点位置
1—凸轮轴标记

⑤ 拆卸正时链下盖板。
⑥ 将机油泵链条张紧器压入并用定位销 T40011 锁定，见图 10-93。
⑦ 拆卸机油泵链条张紧器。
⑧ 取下机油泵链条张紧器并拧出螺栓。
取决于型号，可能安装有 2 个不同的链条张紧器。
型号 1：
a. 拧入装配杆 T40243。
b. 抬高链条张紧器的锁定楔，为此应沿箭头方向 1 用划线针或合适的螺丝刀插入并固定在链条张紧器的孔中。
c. 将装配杆 T40243 沿箭头方向 2 缓慢地按压并

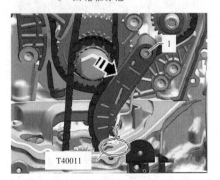

图 10-93 将机油泵链条
张紧器压入并用定位销
1—机油泵链条张紧器

固定，如图 10-94 所示。

　　d. 用定位销 T40011 固定链条张紧器，见图 10-95。

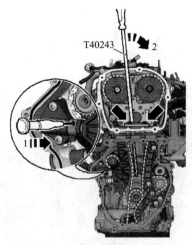
图 10-94　将装配杆固定

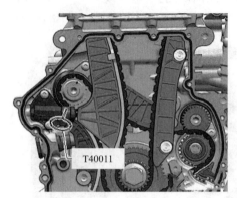
图 10-95　用定位销固定链条张紧器

型号 2：

　　a. 拧入装配杆 T40243。

　　b. 将链条张紧器的卡环 1 压到一起并固定。

　　c. 将装配杆 T40243 沿箭头方向缓慢地按压并固定，如图 10-96 所示。

　　d. 用插入定位工具 T40267 固定链条张紧器，见图 10-97。

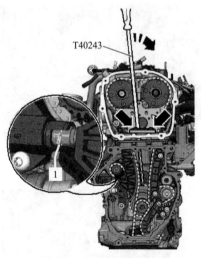
图 10-96　将装配杆固定
1—卡环

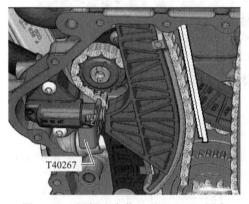
图 10-97　用插入定位工具 T40267 固定

　　⑨ 拆卸装配杆 T40243。

　　⑩ 将凸轮轴固定装置 T40271/2 拧到气缸盖上，沿箭头方向 2 推入链轮啮合齿中，必要时用扳手沿箭头方向 1 拧转进气凸轮轴，如图 10-98 所示。

　　⑪ 拆卸正时链张紧轨 2，见图 10-99。

　　⑫ 将凸轮轴固定装置 T40271/1 拧到气缸盖上。

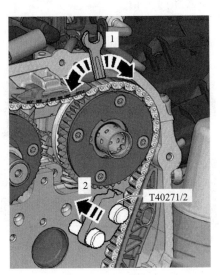

图 10-98 安装凸轮轴固定装置

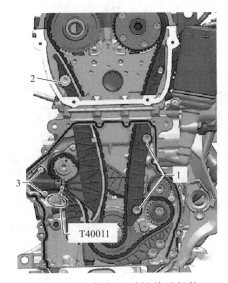

图 10-99 拆卸正时链单元部件
1—导轨固定螺栓；2—张紧轨固定螺栓；3—张紧器固定螺栓

⑬ 用扳手旋转排气凸轮轴，然后将凸轮轴固定装置 T40271 推入链轮的啮合齿。

⑭ 用螺丝刀打开卡子，拆下上部滑轨，将滑轨向前推开，见图 10-100。

⑮ 拆卸凸轮轴正时链滑轨 1，见图 10-99。

⑯ 取下正时链。

## 10.37.2 正时链单元安装

提示：下面的步骤必须一次完成，为此需要另外一个人协助；正时链的彩色链节必须定位在链轮的标记上，如图 10-101 所示；固定住扳手，直至张紧轨装好。

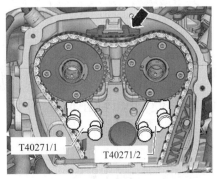

图 10-100 拆下上部滑轨

① 将正时链放到进气凸轮轴上。
② 将正时链置于排气凸轮轴上。
③ 将正时链放到曲轴上并固定。
④ 安装凸轮轴正时链滑轨并拧紧螺栓。
⑤ 安装上部滑轨。
⑥ 旋转排气凸轮轴，将凸轮轴固定装置 T40271/1 从链轮的啮合齿中推出并松开凸轮轴。
⑦ 拆卸凸轮轴固定装置 T40271/1。
⑧ 安装正时链张紧轨并拧紧螺栓。
⑨ 旋转进气凸轮轴，将凸轮轴固定装置 T40271/2 推出链轮的啮合齿中并松开凸轮轴。
⑩ 拆卸凸轮轴固定装置 T40271/2。
⑪ 检查有颜色的链节与标记的位置。

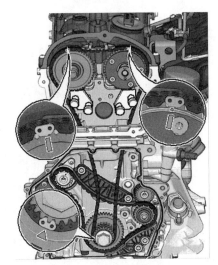

图 10-101 正时链的彩色链节必须定位好

⑫ 安装油泵和链条张紧器的驱动链。拧紧螺栓并去除固定销 T40011。
⑬ 拧入并拧紧螺栓，见图 10-102。
⑭ 套上轴承桥并用手拧紧螺栓，见图 10-103。

图 10-102　拧紧螺栓

图 10-103　套上轴承桥

⑮ 根据型号的不同，取下定位销 T40011 或插入定位工具 T40267。
⑯ 拧紧用于轴承桥的螺栓。
⑰ 安装控制阀。

其余的组装工作以相反的顺序进行。同时要注意下列事项。
安装正时链下部盖板。
安装正时链上部盖板。
对于采用混合动力驱动的车辆：安装扭矩支撑和横梁。
以下适用于所有车辆：取消维护位置；安装防撞梁和前保险杠罩。

### 10.37.3　平衡轴正时链拆装

拆装步骤按如下进行。
① 拆卸正时链上盖板。
② 拆卸正时链下盖板。
③ 拆卸凸轮轴正时链。
④ 拆卸凸轮轴正时链滑轨。
⑤ 拆卸凸轮轴正时链的链条张紧器。
⑥ 拆卸平衡轴正时链的链条张紧器。
⑦ 拆卸张紧轨。
⑧ 拆卸滑轨。
⑨ 拆卸滑轨。
以上部件见图 10-104。
⑩ 取下正时链。

安装步骤按如下进行。
① 将中间轴齿轮/平衡轴转至标记，如图 10-105 所示。
提示：正时链的彩色链节必须定位在链轮的标记上。
② 放上正时链，正时链的彩色链节必须定位在链轮的标记上，如图 10-106 所示。
③ 安装正时链滑轨并拧紧螺栓 4。
④ 安装正时链滑轨并拧紧螺栓 3。

图 10-104 拆下张紧轨与滑轨
1—链条张紧器；2,3,4—螺栓

图 10-105 对准中间轴齿轮对正标记
1—拆装固定螺栓

⑤ 安装正时链张紧轨并拧紧螺栓 2。
⑥ 涂防松剂后安装正时链的链条张紧器 1，如图 10-104 所示。
⑦ 再次检查是否正确调整。检查中间轴齿轮/平衡轴的标记。
后续组装大体上以与拆卸相反的顺序进行。
⑧ 安装凸轮轴正时链。
⑨ 安装正时链下盖板。
⑩ 安装正时链上盖板。
⑪ 安装多楔带张紧装置。
⑫ 安装多楔带。

## 10.37.4 正时检查

① 拆卸正时链上部盖板。
② 拆卸隔音垫。
③ 将减震器上的曲轴用带有套筒扳手的工具头 SW24 沿发动机转动方向转动，直至箭头所示的标记几乎位于上方，如图 10-107 所示。

图 10-106 定位正时链安装标记

图 10-107 转动曲轴对准标记

④ 从 1 号气缸上拆下火花塞。
⑤ 将千分表适配器 T10170/A 拧入到火花塞螺纹内，一直到底。

⑥ 插入千分表 VAS 6079 和延长件 T10170A/1 到底，用锁紧螺母夹紧，见图 10-108。

⑦ 将曲轴缓慢地沿发动机转动方向旋转至指针最大的极限位置。如果达到了指针最大极限位置（指针转折点），则活塞位于上止点位置。

为转动减震器，使用棘轮和套筒扳手的工具头 SW24。如果曲轴转到上止点位置上，则必须将曲轴再次沿发动机转动方向转动 2 圈。请勿逆发动机转动方向转动发动机。

⑧ 测量从左侧外边缘棱边 1 到进气凸轮轴上的标记 2 的距离，见图 10-109。标准值：61～64mm。

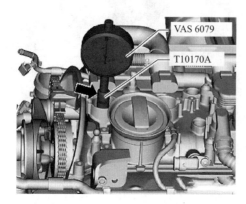

图 10-108　安装千分表

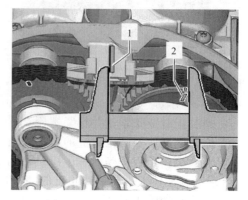

图 10-109　测量进气侧标准值
1—左侧外边缘棱边；2—进气凸轮轴上的标记

⑨ 如果已达到标准值，则测量排气凸轮轴上的标记 3 和进气凸轮轴上的标记 4 之间的距离，见图 10-110。标准值：124～126mm。

一个齿的偏差意味着和标准值偏差约 6mm。如果确认有偏差，则重新铺放正时链。减震器缺口必须对准正时链下盖板上的标记，如图 10-111 所示。

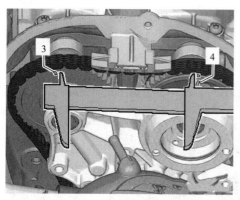

图 10-110　测量排气侧标准值
3—排气凸轮轴上的标记；4—进气凸轮轴上的标记

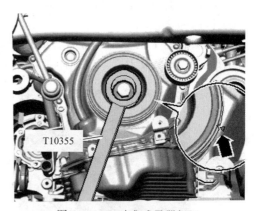

图 10-111　对准减震器标记

## 10.38　2.0T CGMA/CPSA/CRHA/CCZC 发动机

该发动机正时链单元结构和拆装操作与 CADA 发动机相同，相关内容请参考 10.37 节。

## 10.39　2.0T CCZC 发动机

该发动机正时链单元结构和拆装操作与 CADA 发动机相同，相关内容请参考 10.37 节。

## 10.40　2.0T CCZB 发动机

该发动机正时链单元结构和拆装操作与 CADA 发动机相同，相关内容请参考 10.37 节。

## 10.41　2.0T CRHA 发动机

该发动机正时链单元结构和拆装操作与 CADA 发动机相同，相关内容请参考 10.37 节。

## 10.42　2.0T CVJA 发动机

### 10.42.1　正时链拆装

此处步骤和方法与 CUJA 发动机一样，相关内容请参考 10.43 节。

### 10.42.2　发动机正时检查

所需要的专用工具和维修设备：千分表组件 4 部分 VAS 6341；千分表适配接头 T10170A。

① 拆卸正时链上部盖板。

② 拆卸隔音垫。

③ 用扳手 SW21T40263、适配接头 T40314 和套筒扳手 SW24 通过减震器沿发动机运转方向转动曲轴，直到标记（箭头）几乎在上部，见图 10-112。

图 10-112　凸轮轴链轮标记朝上

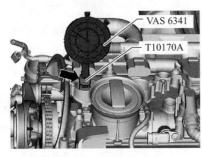

图 10-113　插入百分表

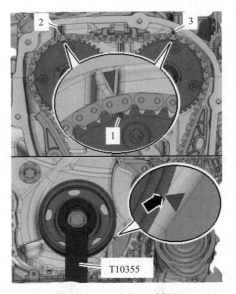

图 10-114　对齐正时标记
1—凸轮轴链轮的标记；2,3—气缸盖上的标记

④ 拆卸1号气缸的火花塞。

⑤ 将千分表适配接头 T10170/A 拧入火花塞螺纹内至极限位置。

⑥ 将千分表组件4部分 VAS 6341 中的千分表用加长件 T10170A/1 插入到极限位置，用锁紧螺母（箭头）固定住，见图 10-113。

⑦ 沿发动机转动方向缓慢转动曲轴，直到达到最大指针偏向角。在指针达到极限部位（指针返回点）时，活塞位于上止点位置。

⑧ 如果曲轴转到上止点位置上方，则将曲轴再次沿发动机转动方向转动2圈。请勿逆发动机转动方向转动发动机。

减震器缺口必须对准正时链下盖板上的标记（箭头）。凸轮轴链轮的标记1必须对准气缸盖上的标记2和3。标记位置见图 10-114。

## 10.43　2.0T CUJA/CUHA 发动机

### 10.43.1　检测发动机正时

所需要的专用工具和维修设备：千分表组件4部分 VAS 6341；千分表适配接头 T10170 A。

图 10-115　转动曲轴对正标记

① 拆卸正时链上部盖板。

② 拆卸隔音垫。

③ 用套筒扳手的工具头 SW24 或固定支架 T10355 沿发动机转动方向旋转减震器上的曲轴，直至标记（箭头）几乎位于上方，见图 10-115。

④ 拆卸1号气缸的火花塞。

⑤ 将千分表适配器 T10170/A 拧入火花塞螺纹，直至限位位置。

⑥ 用加强件 T10170A/1 将千分表四件套 VAS 6341 中的千分表插入到极限位置，然后用锁紧螺母固定住。

⑦ 沿发动机转动方向缓慢地转动曲轴，直至指针转到最大限位位置。如果未达到指针最大限位位置（指针返回点），则活塞位于上止点位置。为转动减震器，使用棘轮和套筒扳手工具头 SW24，或者固定支架 T10355。如果曲轴转到上止点位置上，则必须将曲轴再次沿发动机转动方向转动2圈。请勿逆发动机转动方向转动发动机。

气缸盖上带有标记：减震器缺口必须对准正时链下盖板上的标记（箭头）。凸轮轴链轮上的标记1必须与气缸盖上的标记2和3对齐，见图 10-116。

若气缸盖上无标记，则减震器上的缺口和正时链下方盖板上的标记必须相互对着；凸轮轴链轮上标记1必须指向上，见图 10-117。

⑧ 如图 10-118 所示，测量从棱边1到排气凸轮轴链轮标记2之间的距离。标准值：74～77mm。

⑨ 如果达到标准值，则测量排气凸轮轴链轮上的标记3和进气凸轮轴链轮上标记4之间的距离。标准值：124～127mm。提示：一个齿的偏差意味着和标准值偏差约6mm。如果确认有偏差，则重新铺放正时链，见图 10-119。

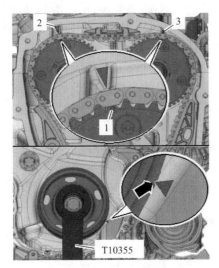

图 10-116 对准气缸盖标记

1—凸轮轴链轮上的标记；2,3—气缸盖上的标记

图 10-117 气缸盖无标记的对齐方法

1—标记

图 10-118 测量距离（一）

1—棱边；2—排气凸轮轴链轮标记

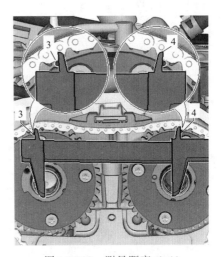

图 10-119 测量距离（二）

3—排气凸轮轴链轮上的标记；4—进气凸轮轴链轮上的标记

## 10.43.2 正时链条拆卸

拆卸和安装凸轮轴正时链所需要的专用工具和维修设备：拆卸工具 T10352；固定支架 T10355；定位销 T40011；装配杆 T40243；插入定位工具 T40267；凸轮轴固定装置 T40271；装配工具 T40266。

① 拆卸正时链上部盖板。当心控制阀有左旋螺纹。

② 用拆卸工具 T10352/2 沿箭头方向拆卸左侧和右侧控制阀，见图 10-120。

③ 拧下螺栓，取下轴承桥。

④ 用固定支架 T10355 将减震器转入上止点位

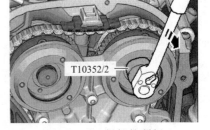

图 10-120 拆卸控制阀

置。减震器缺口必须对准正时链下盖板上的标记（箭头）。凸轮轴标记 1 必须指向上，见图 10-121。

⑤ 拆卸正时链下部盖板。
⑥ 按压机油泵的链条张紧器张紧卡箍并用定位销 T40011 卡住。
⑦ 拆卸机油泵链条张紧器。
⑧ 拧出缸体螺栓并拧入装配杆 T40243。
⑨ 压紧并固定链条张紧器的卡环 1。
⑩ 如图 10-122 所示，沿箭头方向缓慢地按压并固定装配杆 T40243。
⑪ 用插入定位工具 T40267 固定链条张紧器。
⑫ 拆卸装配杆 T40243。
⑬ 将凸轮轴固定装置 T40271/2 拧到气缸盖上并沿箭头方向 2 推入链轮的啮合齿中，必要时用装配工具 T40266 沿箭头方向 1 转动进气凸轮轴，见图 10-123。

图 10-121 设置发动机上止点位置
1—凸轮轴标记

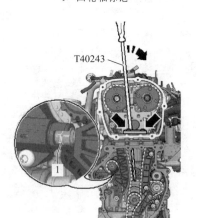

图 10-122 安装装配杆
1—卡环

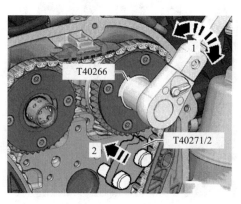

图 10-123 装配专用工具

⑭ 将凸轮轴固定装置 T40271/1 拧到气缸盖上。
接下来的工作步骤需要有另一位机工协助。
⑮ 将排气凸轮轴用装配工具 T40266 沿箭头方向 A 固定。拧出螺栓 1，将张紧轨 2 向下推。
⑯ 将排气凸轮轴顺时针箭头方向 A 继续旋转，直到凸轮轴固定装置 T40271/1 能够沿箭头方向 B 推入链轮啮合齿（箭头 C），见图 10-124。
⑰ 拆卸滑轨，为此用螺丝刀打开卡子，然后将滑轨向前推开。
⑱ 拧下螺栓，拆下链条张紧器。
⑲ 拧出螺栓，拆下滑轨。
⑳ 将凸轮轴正时链从凸轮轴齿轮上取下并挂到凸轮轴的销轴上。
㉑ 拆卸平衡轴正时链的链条张紧器。

㉒ 拧出螺栓。拆卸张紧轨以及滑轨。
㉓ 如图 10-125 所示，松开夹紧螺栓 A，拧出夹紧螺栓 B。
㉔ 取出三级链轮，同时卸下机油泵驱动装置的正时链。

图 10-124　安装固定装置
1—螺栓；2—张紧轨

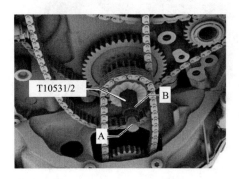

图 10-125　取出三级链轮
A，B—夹紧螺栓

㉕ 取下凸轮轴正时链和平衡轴驱动链。

## 10.43.3　正时链条安装

① 检查曲轴的上止点，曲轴的平端（箭头）必须水平，见图 10-126。
② 用防水销钉将标记标注到气缸体 1 上。
③ 用防水记号笔在三级链轮的齿 1 上做标记 2，见图 10-127。

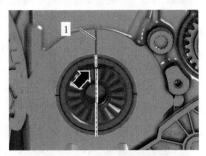

图 10-126　曲轴上止点位置
1—气缸体

图 10-127　标记三级链轮标记
1—齿；2—标记

④ 如图 10-128 所示，将中间齿轮和平衡轴转至标记（箭头），螺栓 1 不得松开。链条的彩色链节必须定位在链轮的标记上。无需理会可能存在的附加彩色链节的位置。
⑤ 放上平衡轴驱动链，将彩色链节（箭头）定位到链轮的标记上，见图 10-129。
⑥ 安装滑轨 1 并拧紧螺栓（箭头），见图 10-130。
⑦ 将带彩色链节（箭头）的凸轮轴正时链挂到凸轮轴销轴上，见图 10-131。
⑧ 将机油泵驱动装置的正时链放到三级链轮上。
⑨ 如图 10-132 所示，沿箭头方向将三级链轮向发动机侧翻转并在曲轴上固定。标记必须相对。
　　a. 将夹紧螺栓 T10531/2 拧入曲轴并用手拧紧，见图 10-133 中上图。
　　b. 装上旋转工具 T10531/3，见图 10-133 中下图。用手拧上带肩螺母 T10531/4。用 SW32 的开口扳手略微来回移动旋转工具，同时再拧紧带肩螺母，直到链轮牢固地装到曲轴啮合齿上。现在才拧紧夹紧螺栓 A。

图 10-128 调整中间齿轮位置
1—螺栓

图 10-129 安装平衡轴链条

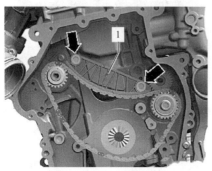

图 10-130 安装滑轨
1—滑轨

图 10-131 将正时链条挂上凸轮轴链轮

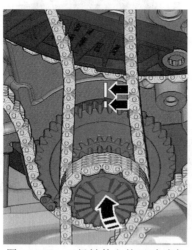

图 10-132 三级链轮上的正时对齐

图 10-133 安装曲轴螺栓
A—夹紧螺栓

⑩ 将平衡轴驱动链的彩色链节（箭头）定位在三级链轮的标记上。安装张紧轨 1 和滑轨 2。拧紧螺栓 3，见图 10-134。

⑪ 安装链条张紧器。

⑫ 再次检查调整情况，彩色链节（箭头）必须对准链轮的标记，见图 10-135。

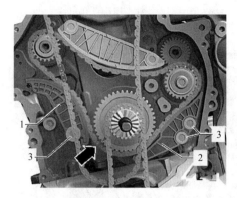

图 10-134　安装滑轨与张紧轨
1—张紧轨；2—滑轨；3—螺栓

图 10-135　检查链条标记是否对准

⑬ 将凸轮轴正时链放到进气凸轮轴上，排气凸轮轴放到曲轴上。将彩色链节（箭头）定位到链轮的标记上，见图 10-136。

⑭ 安装滑轨 2 并拧紧螺栓 1，见图 10-137。

图 10-136　对准正时标记

图 10-137　安装滑轨
1—螺栓；2—滑轨

⑮ 安装上部滑轨 1，见图 10-138。

接下来的工作步骤需要有另一位机工协助。

⑯ 将排气凸轮轴用装配工具 T40266 沿箭头方向 A 略微转动，并将凸轮轴固定装置 T40271/1 从链轮的啮合齿中沿箭头方向 B 推出，见图 10-139 中上图。

⑰ 将凸轮轴沿箭头方向 C 松开，直到正时链紧贴到滑轨 1 上。将凸轮轴固定在这个位置，拧上张紧轨 2 并拧紧螺栓 3，见图 10-139 中下图。

⑱ 安装链条张紧器并拧紧螺栓。

⑲ 用装配工具 T40266 沿箭头方向 1 转动进气凸轮轴，沿箭头方向 2 从链轮的啮合齿中推出凸轮

图 10-138　安装上部滑轨
1—上部滑轨

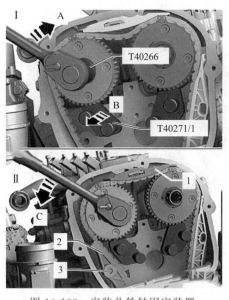

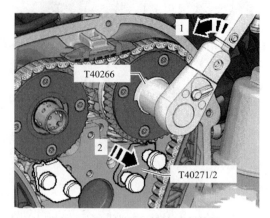

轴固定装置 T40271/2 并松开凸轮轴。

⑳ 拆卸凸轮轴固定装置 T40271/2，见图 10-140。

图 10-140　拆下凸轮轴固定装置

㉑ 检查调整情况，彩色链节（箭头）必须对准链轮的标记，见图 10-141。

㉒ 安装链条张紧器 2 并拧紧螺栓 1。拆下定位销 T40011，钢丝夹必须在开口中（箭头）紧贴油底壳上部件，见图 10-142。

㉓ 拧入并拧紧 2 个凸轮轴盖处缸体螺栓。

㉔ 如图 10-143 所示，用发动机机油润滑开孔（箭头）。提示：不是每个轴承桥上都装有夹紧套 1。

图 10-139　安装凸轮轴固定装置

1—滑轨；2—张紧轨；3—螺栓

图 10-141　检查正时链正时标记

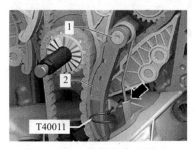

图 10-142　安装链条张紧器

1—螺栓；2—链条张紧器

图 10-143　润滑开孔

1—夹紧套

㉕ 套上轴承桥并用手拧紧螺栓。

㉖ 拆除张紧器上插入定位工具 T40267。

㉗ 拧紧用于轴承桥的螺栓。

㉘ 安装控制阀。

㉙ 将发动机沿发动机转动方向旋转两次。提示：根据传动比，彩色链节在发动机转动之后不再相一致。

其他安装以拆卸的相反顺序进行，安装过程中请注意以下事项。

取下将旋转工具并安装正时链的下部盖板。在安装减震器后才能用继续旋转角度拧紧螺栓 1 和 4，见图 10-144。在安装减震器时，必须再次拧出螺栓。

完成链条传动装置的操作后须调整链条长度：在引导功能中选择"01-链条长度诊断匹配→车辆诊断测试器"。

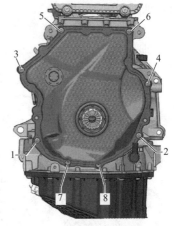

图 10-144　安装正时链正部盖板
1~8—正时链下部盖板固定螺栓

## 10.44　2.0T CNCD/CNCE 发动机

该发动机正时链拆装和调整与 CUJA 发动机一样，相关内容请参考 10.43 小节。

## 10.45　2.0T CYPA 发动机

该发动机正时链拆装和调整与 CUJA 发动机一样，相关内容请参考 10.43 小节。

## 10.46　2.4L APS 发动机

### 10.46.1　正时皮带的拆卸

① 先拆下发动机罩盖，见图 10-145。
② 拆下隔音罩，如图 10-146 所示。
③ 拆卸前保险杠。
④ 锁定支架在维修位置。
⑤ 拆装多楔皮带。
⑥ 松开齿形皮带护罩两边的卡箍并取下护罩。

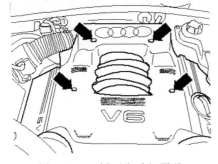

图 10-145　拆下发动机罩盖

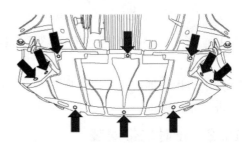

图 10-146　拆下隔音罩

⑦ 如图 10-147 所示，用手将发动机转至上止点位置。标记 A 和 B 应对齐。
⑧ 检查凸轮轴位置。凸轮轴链轮固定板上较大的孔应在里面对齐，否则，将曲轴再转

一圈，见图 10-148。

⑨ 拆下缸体左侧的堵塞。

⑩ 曲轴上的上止点钻孔应能见到或摸到，该钻孔在堵塞孔后面。

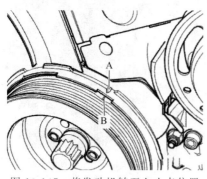

图 10-147　将发动机转至上止点位置

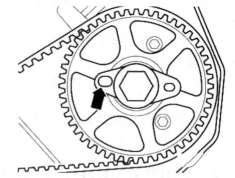

图 10-148　链轮固定板上较大的孔应在里面对齐

⑪ 将专用工具 3242 装到堵塞孔处并拧紧，见图 10-149。

⑫ 拆下多楔皮带张紧器。

⑬ 拆下齿形皮带中部和右部护罩。

在齿形皮带上标出旋转方向，重新安装时，若方向不对，则皮带会断裂。齿形皮带张紧元件具有油液阻尼性，故可施加一恒定压力，慢慢将其压缩。

⑭ 如图 10-150 所示，用内六角扳手（8mm）按箭头方向转动齿形皮带张紧轮 1，一直转到张紧杆 2 压住张紧元件 3 并能将 $\phi 2mm$ 的弹簧销装入孔和柱塞内。

⑮ 插入弹簧销，松开齿形皮带张紧轮。

⑯ 拆下减震器。

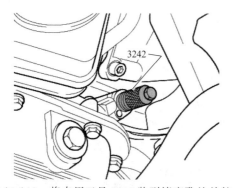

图 10-149　将专用工具 3242 装到堵塞孔处并拧紧

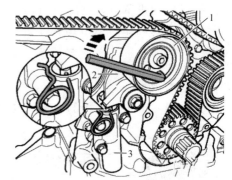

图 10-150　设置张紧轮

⑰ 拆下多楔皮带惰轮（箭头所示），见图 10-151。

⑱ 拆下齿形皮带。

### 10.46.2　正时皮带安装

① 将专用工具 3391 装到两凸轮轴固定板上，见图 10-152。

② 松开凸轮轴上的两个螺栓并拧出约 5 圈。

③ 取下专用工具 3391。

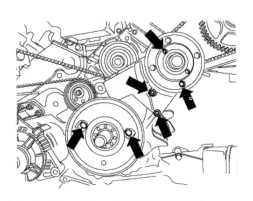

图 10-151 拆下多楔皮带惰轮

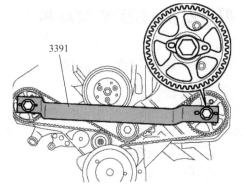

图 10-152 将工具 3391 装到两凸轮轴固定板上

④ 用专用工具 T40001 拧下两下凸轮轴正时齿轮，见图 10-153。
⑤ 再次将带固定板的凸轮轴正时齿轮装上并拧紧。
注意必须保证凸轮轴正时齿轮在锥面上能动但不能倾斜。
⑥ 按图 10-154 所示，将齿形皮带装到正时齿轮上。
⑦ 装上专用工具 3391。

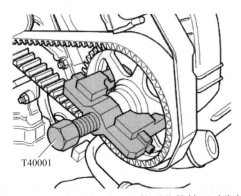

图 10-153 用工具 T40001 拧下凸轮轴正时齿轮

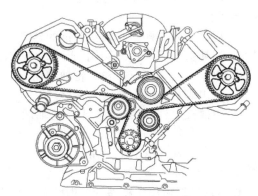

图 10-154 安装正时带

⑧ 用 8mm 内六角扳手按顺时针方向拧齿形皮带张紧轮 1，拧至可取出弹簧销。
⑨ 启动发动机前，按下述步骤对张紧轮预张紧。
a. 将力矩扳手放入张紧轮的内六角内。
b. 按张紧方向用 15N·m 扭矩转张紧轮，对其预张紧。
各处部件拧紧扭矩如下表所示。

| 部件名称 | 拧紧扭矩标准值 | 部件名称 | 拧紧扭矩标准值 |
| --- | --- | --- | --- |
| 齿形皮带轮与凸轮轴 | 55N·m | 曲轴皮带轮 | 20N·m |
| 惰轮 | 45N·m | 齿形皮带张紧元件 | 10N·m |
| 齿形皮带张紧轮 | 20N·m | 曲轴中央螺栓① | 200N·m+180°② |

① 必须更换中央螺栓。
② 可分两步拧，每步 90°。

## 10.47 2.4L BDW 发动机

### 10.47.1 正时链单元拆装

拆卸过程如下。

提示：在下面的操作中凸轮轴正时链保留在发动机上；如果要拆卸整个凸轮轴正时链，则必须拆卸正时链下部盖板。

① 拆下气缸盖罩。
② 拆卸左右正时链的盖板。
③ 插入适配接头 T40058 的导向销，使大直径的一端指向发动机，小直径的一端指向适配接头。
④ 用适配接头 T40058 沿发动机旋转方向转动曲轴到上止点。凸轮轴里的螺纹孔必须指向上面。
⑤ 将凸轮轴固定装置 T40070 安装到两个气缸盖上，并用 20N·m 的扭矩拧紧螺栓。如果对着气缸盖螺栓的孔仍是空的，则说明凸轮轴固定装置 T40070 安装正确。
⑥ 从气缸体上旋出螺旋塞。
⑦ 以 10N·m 的扭矩将固定螺栓 T40069 拧入孔中，必要时稍微来回转动曲轴，以便完全对准螺栓。
⑧ 用颜色将左侧凸轮轴正时链的转动方向做好标记。
⑨ 用插接套件 T10035 旋出凸轮轴调节器和凸轮轴链轮的螺栓。
⑩ 取下凸轮轴调节器和凸轮轴链轮。
⑪ 旋出螺栓并取下链条张紧器。
⑫ 用插接套件 T10035 旋出凸轮轴调节器和凸轮轴链轮的螺栓。
⑬ 取下凸轮轴调节器和凸轮轴链轮。
⑭ 旋出螺栓并取下链条张紧器。

安装过程如下。

提示：更换需用角度器拧紧的螺栓、密封圈和密封件；在转动凸轮轴时不允许有气缸停在上止点位置；气门/活塞顶有损坏危险；安装前提为控制机构驱动链已安装；曲轴已用固定螺栓 T40069 固定在上止点位置；凸轮轴固定装置 T40070 已安装在两个气缸盖上，并用 20N·m 的扭矩拧紧。

① 首先彻底松开左、右凸轮轴正时链链条张紧器的滑轨。链条张紧器的活塞必须完全伸出，由此打开止动锁紧机构。为此必须已拆下了链条张紧器。

提示：如果张紧件已经从链条张紧器中取出，那么请注意安装位置，张紧件的外壳底板（带油孔）指向链条张紧器，张紧件活塞指向张紧轨。

② 将左、右侧凸轮轴正时链链条张紧器的滑轨向内按压至极限位置，用定位销 T40071 卡住链条张紧器。
③ 必要时清洁两个链条张紧器内的滤油网。
④ 将一个新的密封条从后部安装到链条张紧器上。
⑤ 将链条张紧器安装在气缸盖左侧并装上凸轮轴正时链。
⑥ 拧紧螺栓。
⑦ 更换凸轮轴螺栓。
⑧ 将凸轮轴正时链置于驱动轮、凸轮轴链轮和凸轮轴调节器上，然后拧松螺栓。凸轮

轴链轮和凸轮轴调节器必须在凸轮轴上还能旋转并且不得翻转。

⑨ 拔下定位销 T40071。
⑩ 将链条张紧器安装在气缸盖右侧并装上凸轮轴正时链。
⑪ 拧紧螺栓。
⑫ 更换凸轮轴螺栓。
⑬ 将凸轮轴正时链置于驱动轮、凸轮轴链轮和凸轮轴调节器上，然后拧松螺栓。凸轮轴链轮和凸轮轴调节器必须在凸轮轴上还能旋转并且不得翻转。
⑭ 拔下定位销 T40071。
⑮ 将夹具 T10172 及销子 T10172/2 安装在左侧进气凸轮轴调节器上。
⑯ 按压夹具，使凸轮轴正时链保持预张紧。
⑰ 同时将凸轮轴螺栓用工具头 T10035 和扭矩扳手预拧紧。拧紧扭矩：40N·m。
⑱ 此外在进气凸轮轴上保持预张紧并预拧紧排气凸轮轴上的螺栓。拧紧扭矩：40N·m。
⑲ 将气缸盖左侧上的凸轮轴螺栓最终拧紧。拧紧扭矩：80N·m+继续旋转 90°（1/4 圈）。
⑳ 将双孔螺母扳手 3212 安放在右侧排气凸轮轴链轮上。
㉑ 按压夹具，使凸轮轴正时链保持预张紧。
㉒ 同时将凸轮轴螺栓用工具头 T10035 和扭矩扳手预拧紧。拧紧扭矩：40N·m。
㉓ 此外在排气凸轮轴上保持预张紧并预拧紧进气凸轮轴上的螺栓。拧紧扭矩：40N·m。
㉔ 将气缸盖右侧上的凸轮轴螺栓最终拧紧。拧紧扭矩：80N·m+继续旋转 90°（1/4 圈）。
㉕ 拆除两个气缸盖上的凸轮轴固定装置 T40070。
㉖ 取下固定螺栓 T40069。
㉗ 沿发动机转动方向将曲轴用适配接头 T40058 转动 2 圈，直至曲轴重新到达上止点。

提示：如无意间转过了上止点位置，则重新将曲轴转回约 30°并重新转到上止点位置。凸轮轴里的螺纹孔必须指向上面。

㉘ 将凸轮轴固定装置 T40070 安装到两个气缸盖上，并用 20N·m 的力矩拧紧螺栓。如果对着气缸盖螺栓的孔仍是空的，则说明凸轮轴固定装置 T40070 安装正确。
㉙ 将固定螺栓 T40069 直接拧入孔内。固定螺栓 T40069 必须卡入曲轴的固定孔里，否则再次调整。
㉚ 拆除两个气缸盖上的凸轮轴固定装置。
㉛ 拆除固定螺钉。
㉜ 将上止点标记的螺旋塞带着新密封环旋入气缸体中。
㉝ 安装正时链左、右盖板。
㉞ 安装气缸盖罩。

## 10.47.2　发动机控制机构驱动链单元拆卸与安装

拆卸步骤如下。

① 拆卸变速箱。注意：为执行下一步的工作过程，必须确保前围支架已安装且扭矩支承拧紧。
② 带有手动变速箱的汽车，拆下离合器压板。
③ 带有 multitronic 变速箱的汽车，拆下减震单元。
④ 将旧油收集和抽吸装置 VAG 1782 置于发动机下面。
⑤ 排放发动机机油。
⑥ 拆卸左右正时链的盖板。
⑦ 拆卸正时链下部盖板。

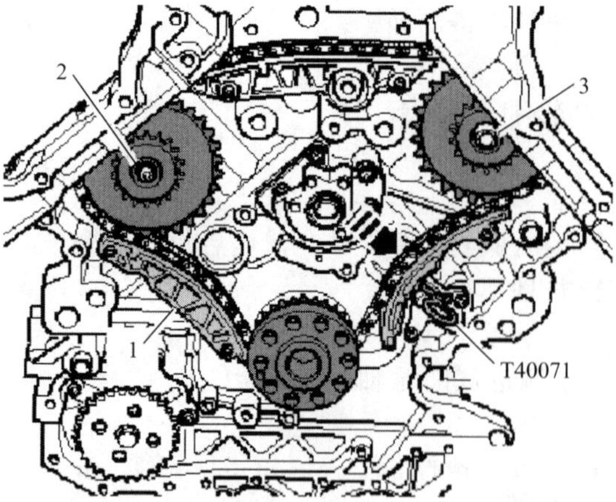

⑧ 从凸轮轴上拆下凸轮轴正时链。
⑨ 拆下油泵和平衡轴驱动链。
⑩ 向按压驱动链张紧器的滑轨并用定位销 T40071 卡住链条张紧器。
⑪ 用颜色标记凸轮轴正时链的转动方向。
⑫ 旋出螺栓 2 和 3 并取下链轮及传动链和滑轨 1，如图 10-155 所示。

安装步骤如下。
① 曲轴已用固定螺栓 T40069 固定在上止点位置。
提示：在安装时将所有电缆扎带重新绑扎到同一部位。
② 先安装左凸轮轴正时链链轮。

图 10-155 取下凸轮轴链轮、传动链和滑轨
1—滑轨；2、3—螺栓

③ 安装滑轨及已放入的传动链。
④ 现在安装右凸轮轴正时链链轮。
⑤ 按压传动链张紧器的滑轨并将定位销 T40071 从链条张紧器中拔出。
⑥ 安装油泵和平衡轴链条。
⑦ 安装凸轮轴正时链。
⑧ 安装正时链下部盖板。
⑨ 安装正时链左、右盖板。
⑩ 带有手动变速箱的汽车，安装双质飞轮。带有 multitronic 变速箱的汽车，安装飞轮。
⑪ 安装变速箱。
⑫ 添加发动机机油并检查机油油位。

## 10.48　2.5L CLXA 发动机

该发动机正时链的拆装和调整步骤及方法与 CCEA 发动机相同，相关内容请参考 10.52 小节。

## 10.49　2.5L CLXB 发动机

该发动机正时链拆装和调整与 CTDB 发动机一样，相关内容请参考 10.56 小节。

## 10.50　2.5L CVBA 发动机

该发动机正时链拆装和调整与 CALA 发动机一样，相关内容请参考 10.64 小节。

## 10.51　2.8L ATX 发动机

与 APS 发动机相同，相关内容请参考 10.46 小节。

## 10.52　2.8L CCEA/BDX 发动机

### 10.52.1　正时链单元拆装

提示：在下面的描述中，凸轮轴正时链保留在发动机上。
① 拆下左右侧气缸盖罩。
② 拆卸正时链左侧和右侧盖板。
③ 插入适配接头 T40058 的导向销，使大直径一端指向发动机，小直径一端指向适配接头，见图 10-156。
④ 用适配接头 T40058 沿发动机旋转方向转动曲轴到上止点位置，见图 10-157。如图 10-158 所示凸轮轴里的螺纹孔必须指向上面。

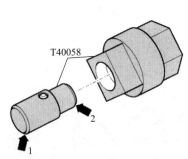
图 10-156　插入适配接头 T40058 的导向销

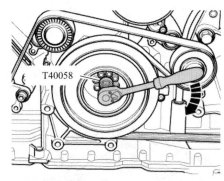
图 10-157　用适配接头 T40058 沿发动机旋转方向转动

⑤ 如图 10-159 所示，将凸轮轴固定装置 T40133 安装到两个气缸盖上，并用 25N·m 的扭矩拧紧螺栓。

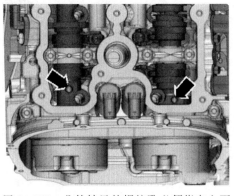
图 10-158　凸轮轴里的螺纹孔必须指向上面

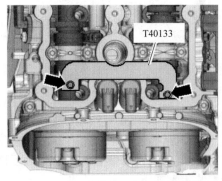
图 10-159　将凸轮轴固定装置安装到气缸盖

⑥ 将用于上止点标记的螺旋塞从油底壳上部件中拧出，见图 10-160。
⑦ 用 20N·m 的扭矩将固定螺钉 T40069 拧入孔里（图 10-161），必要时稍微来回转动曲轴，以便完全对准螺栓。
⑧ 如图 10-162 所示，用螺丝刀向内按压左侧凸轮轴正时链链条张紧器的滑轨，一直到极限位置，用定位销 T40071 卡住链条张紧器。提示：链条张紧器以油减震，因此必须缓慢地均匀用力压紧。

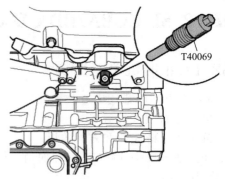

图 10-160　取出上止点标记的螺旋塞　　　图 10-161　将固定螺钉 T40069 拧入孔里

⑨ 用螺丝刀向内按压右侧凸轮轴正时链链条张紧器的滑轨，一直到极限位置，用定位销 T40071 卡住链条张紧器。提示：链条张紧器以油减震，因此必须缓慢地均匀用力压紧。注意密封面有损坏的危险。在松开凸轮轴调节器的螺栓时，绝对不能将凸轮轴固定装置 T40133 用作固定支架。

⑩ 若要卡住相关的凸轮轴调节器，则安装固定支架 T10172 和销子 T10172/2，然后用工具头 T10035 松开，见图 10-163。

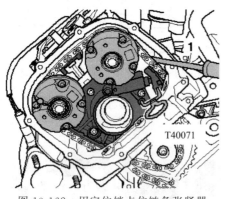
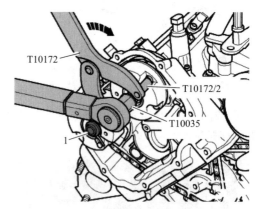

图 10-162　用定位销卡住链条张紧器　　　图 10-163　安装固定支架和销子
　　　　　　　　　　　　　　　　　　　　　　　1—凸轮轴调节器螺栓

⑪ 用颜色标记凸轮轴调节器的安装位置，以便重新安装。
⑫ 旋出左侧气缸盖上的螺栓，取下两个凸轮轴调节器。
⑬ 用颜色标记凸轮轴调节器的安装位置，以便重新安装。
⑭ 旋出右侧气缸盖上的螺栓，取下两凸轮轴调节器。
安装步骤如下。
控制机构驱动链已安装。曲轴已用固定螺栓 T40069 固定在上止点位置。凸轮轴固定装置 T40133 已安装在两个气缸盖上，并用 25N·m 的扭矩拧紧。

在以下工作步骤中安装凸轮轴调节器时，如图 10-164 所示，必须使凹槽 1 和 4 与调节窗口（磨削面）2 和 3 相对。提示：根据拆卸时做好的标记，重新装上左侧气缸盖上的凸轮轴调节器。

① 将左侧凸轮轴正时链安装在驱动链轮和凸轮轴调节器上并松松地拧入螺栓。
两个凸轮轴调节器必须在凸轮轴上还能旋转并且不得翻转。

② 拔下定位销 T40071。提示：根据拆卸时做好的标记，重新装上右侧气缸盖上的凸轮轴调节器。

③ 将右侧凸轮轴正时链安装在驱动链轮和凸轮轴调节器上并松松地拧入螺栓。两个凸轮轴调节器必须在凸轮轴上还能旋转并且不得翻转。

④ 拔下定位销 T40071。

⑤ 将固定支架 T10172 及销子 T10172/2 安装在左侧进气凸轮轴调节器上。

⑥ 另外一位协助者按住固定支架，将凸轮轴正时链保持在预紧状态。

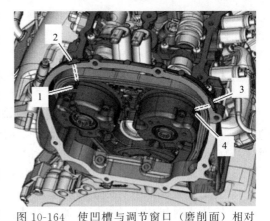

图 10-164　使凹槽与调节窗口（磨削面）相对
1,4—凹槽；2,3—调节窗口（磨削面）

⑦ 在凸轮轴调节器仍旧保持预紧期间，按如下方式拧紧螺栓：用 80N·m 的扭矩预紧进气凸轮轴上的螺栓和排气凸轮轴上的螺栓。

⑧ 将固定支架 T10172 及销子 T10172/2 安装在右侧排气凸轮轴调节器上。

⑨ 另外一位协助者按住固定支架，将凸轮轴正时链保持在预紧状态。

⑩ 在凸轮轴调节器仍旧保持预紧期间，按如下方式拧紧螺栓：用 80N·m 的扭矩预紧排气凸轮轴上的螺栓和进气凸轮轴上的螺栓。

⑪ 将凸轮轴固定装置 T40133 从两个气缸盖上取下。

⑫ 按如下方式拧紧左侧气缸盖上的凸轮轴调节器的螺栓：用最终拧紧扭矩拧紧进气凸轮轴上的螺栓和排气凸轮轴上的螺栓。

⑬ 按如下方式拧紧右侧气缸盖上的凸轮轴调节器的螺栓：用最终拧紧扭矩拧紧进气凸轮轴上的螺栓排气凸轮轴上的螺栓。

⑭ 取下固定螺栓 T40069。

⑮ 沿发动机转动方向将曲轴连同适配接头 T40058 转动 2 圈，直至曲轴重新到达上止点。

提示：如果无意间转过了上止点，则必须将曲轴再次转回约 30°并重新转到上止点；凸轮轴里的螺纹孔必须指向上面。

⑯ 将凸轮轴固定装置 T40133 安装到两个气缸盖上，并用 25N·m 的扭矩拧紧螺栓。将固定螺栓 T40069 直接拧入孔内。固定螺栓 T40069 必须卡入曲轴的固定孔里，否则再次调整。

⑰ 拆除两个气缸盖上的凸轮轴固定装置。

⑱ 拆除固定螺钉。

⑲ 安装正时链左侧和右侧盖板。

⑳ 安装气缸盖罩。

## 10.52.2　发动机驱动链单元拆卸与安装

拆卸步骤如下：

① 将旧油收集和抽吸装置 V.A.G 1782 置于发动机下面并排出发动机机油。

② 拆下变速箱。

③ 带有手动变速箱的汽车，拆下离合器压板。

带有 multitronic 变速箱的汽车，拆下减震单元。

带有自动变速箱 09L 的汽车，拆卸从动盘。

④ 拆下左右侧气缸盖罩。
⑤ 拆卸正时链左侧和右侧盖板。
⑥ 拆卸进气管上部件。
⑦ 拆卸机油滤清器壳。
⑧ 拆下正时链下部盖板。
⑨ 将凸轮轴正时链从凸轮轴上取下。对用过的凸轮轴正时链，转动方向相反时有损坏的危险。为了便于重新安装左侧和右侧凸轮轴正时链，用彩色箭头标记记下转动方向。不得通过冲窝、刻槽等对凸轮轴正时链作标记。
⑩ 拆除定位销 T40071，并取下左侧凸轮轴正时链。
⑪ 旋出螺栓并取下右侧链条张紧器。
⑫ 按压正时机构驱动链张紧器的滑轨，并用定位销 T40071 卡住链条张紧器。
⑬ 松开驱动链轮螺栓约 1 圈。
⑭ 将驱动链轮和轴承螺栓略微翻到一侧，向上取出右侧凸轮轴正时链。
安装步骤如下。
如果张紧件已被从链条张紧器中取出，那么请注意安装位置：壳体底部的孔指向链条张紧器，活塞指向张紧轨道。更新拧紧时需要继续旋转一个角度的螺栓。
① 将左侧凸轮轴正时链放到拆卸时记下的标记上。
② 向下按压左侧凸轮轴正时链张紧器的滑轨，并用定位销 T40071 卡住链条张紧器。将右侧凸轮轴正时链穿到驱动链轮轴承螺栓上，同时注意拆卸时记下的标记。
③ 拧紧轴承螺栓的螺栓。
④ 拆除定位销 T40071。
⑤ 在右侧气缸盖上安装链条张紧器，并放上凸轮轴正时链。
⑥ 拧紧螺栓。
其他安装以拆卸的相反顺序进行。
⑦ 将凸轮轴正时链放到凸轮轴上。
⑧ 安装正时链下部盖板。
⑨ 安装变速箱侧曲轴轴密封环。
⑩ 安装机油滤清器壳。
⑪ 安装进气管上部件。
⑫ 安装正时链左侧和右侧盖板。
⑬ 安装气缸盖罩。
⑭ 带有手动变速箱的汽车，安装双质飞轮。
带有 multitronic 变速箱的汽车，安装飞轮。
带有自动变速箱 09L 的汽车，安装从动盘。
⑮ 安装变速箱。
⑯ 添加发动机机油并检查机油油位。

## 10.52.3　控制机构驱动链拆装

拆卸步骤如下。
① 拆下变速箱。
② 带有手动变速箱的汽车，拆下离合器压板。
带有 multitronic 变速箱的汽车，拆下减震单元。
带有自动变速箱 09L 的汽车，拆卸从动盘。

③ 将旧油收集和抽吸装置 V.A.G 1782 置于发动机下面并排出发动机机油。
④ 拆卸正时链左侧和右侧盖板。
⑤ 拆下正时链下部盖板。
⑥ 将凸轮轴正时链从凸轮轴上取下。
⑦ 拆卸取力器驱动链。
⑧ 按压驱动链链条张紧器的滑轨，并用定位销 T40071 卡住链条张紧器。对用过的驱动链，转动方向相反时有损坏的危险。为重新安装驱动链，用彩色箭头标记记下转动方向。不得通过冲窝、刻槽等对驱动链作标记。
⑨ 拧出螺栓并取下滑轨。
⑩ 旋出螺栓并取下链条张紧器。
⑪ 取下控制机构的驱动链。
安装以倒序进行。
提示：所有拧紧时需要继续旋转一个角度的螺栓需要更换。
① 根据拆卸时记下的标记把控制机构驱动链放到驱动链轮上。
② 安装滑轨并拧紧螺栓。
③ 安装链条张紧器并拧紧螺栓。
④ 按压驱动链链条张紧器的滑轨，把定位销 T40071 从链条张紧器中拔出。
⑤ 安装取力器驱动链。
⑥ 将凸轮轴正时链放到凸轮轴上。
⑦ 安装正时链下部盖板。
⑧ 安装正时链左侧和右侧盖板。
⑨ 带有手动变速箱的汽车，安装双质飞轮。
带有 multitronic 变速箱的汽车，安装飞轮。
带有自动变速箱 09L 的汽车，安装从动盘。
⑩ 安装变速箱。
⑪ 添加发动机机油并检查机油油位。

## 10.52.4　拆卸和安装取力器驱动链

① 拆下变速箱。
② 带有手动变速箱的汽车，拆下离合器压板。
带有 multitronic 变速箱的汽车，拆下减震单元。
带有自动变速箱 09L 的汽车，拆卸从动盘。
③ 将旧油收集和抽吸装置 V.A.G 1782 置于发动机下面并排出发动机机油。
④ 拆卸正时链下部盖板。
注意：将垫片放在螺栓头下面，以使驱动链不被螺栓夹住。
⑤ 在曲轴后部用双质飞轮的 2 个旧螺栓安装扳手 T40049，见图 10-165。
⑥ 将用于上止点标记的螺旋塞从油底壳上部件中拧出，见图 10-166。
⑦ 沿发动机转动方向将曲轴转到点火时刻上止点位置。
⑧ 如图 10-167 所示，用 20N·m 的力矩将固定螺钉 T40069 拧入孔里，必要时稍微来回转动曲轴，以便完全对准螺栓。
⑨ 按压链条张紧器的滑轨并用定位销 T40071 卡住链条张紧器。注意：对用过的驱动链，转动方向相反时有损坏的危险。为重新安装驱动链，用彩色箭头标记记下转动方向。不得通过冲窝、刻槽等对驱动链作标记。

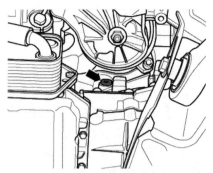

图10-165 用2个旧螺栓安装扳手T40049　　图10-166 拧出上止点标记的螺旋塞

⑩ 旋出螺栓3并取下平衡轴链轮。
⑪ 旋出螺栓1和2并取下链条张紧器及链子，如图10-168所示。

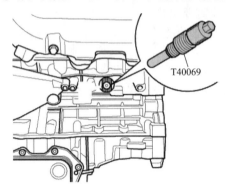

图10-167 将固定螺钉T40069拧入孔里　　图10-168 旋出螺栓并取下平衡轴链轮
1～3—螺栓

安装过程如下。
① 将曲轴用固定螺栓T40069固定在上止点位置。
② 安装链条张紧器及链条和平衡轴链轮。
③ 为防止割伤，用绝缘带包住直径为8mm的钻头的尖端和切割刃。
④ 用直径为8mm的钻头2将平衡轴固定在上止点位置。平衡轴链轮中的长孔必须相对于平衡轴螺纹孔处于中间位置。必要时将链条移动一个齿，如图10-169所示。
⑤ 拧紧链轮张紧器的螺栓。
⑥ 松松地拧入链轮的螺栓1和3。链轮必须在平衡轴上还能转动并且不得翻转。
⑦ 拔出定位销T40071以松开链条张紧器。
⑧ 用螺丝刀按箭头方向按压链条张紧器的滑轨，并同时拧紧链轮螺栓1和3，如图10-169所示。
⑨ 从平衡轴上拉出钻头。
⑩ 其他安装以拆卸的相反顺序进行，安装过程中请注意以下事项。

a. 安装正时链下部盖板。
b. 安装正时链左侧和右侧盖板。
c. 安装变速箱侧曲轴轴密封环。
d. 带有手动变速箱的汽车，安装双质飞轮和离合器压板。

带有multitronic变速箱的汽车，安装飞轮和

图10-169 将平衡轴固定在上止点位置
1,3—螺栓；2—钻头

减震器单元。

带有自动变速箱 09L 的汽车，安装从动盘。

e. 安装变速箱。

f. 添加发动机机油并检查机油油位。

## 10.53　2.8L CHVA 发动机

该发动机正时拆装和调整与 CLXA 发动机一样，相关内容请参考 10.48 小节。

## 10.54　2.8L CNYA/CNYB 发动机

该发动机正时拆装和调整与 CTDB 发动机一样，相关内容请参考 10.56 小节。

## 10.55　2.8L BBG 发动机

拆卸、安装和张紧齿形皮带所需要的专用工具和维修设备：拉具 3032；定位销 3242；凸轮固定轴工具 3391；销子 T40011；扭矩扳手 Hazet 6290-1CT（5～60N·m）；扭矩扳手 Hazet 6292-1CT（40～200N·m）。

### 10.55.1　正时皮带拆卸

在进行维修工作时，特别是在发动机舱内进行工作时，由于内部空间的限制，要特别注意以下事项：必须按照原来的走向和位置布置所有的管路（例如，燃油管、液压管路、活性碳过滤系统、冷却液、制冷剂、制动液以及真空管和软管），保证与所有的运动部件和发热部件有足够的间隙。

① 拆卸隔音板。

② 拆卸前保险杠。

③ 将锁支架置于维修位置。

④ 拆卸和组装多楔皮带和张紧元件。

⑤ 将曲轴转动到第 3 缸上止点位置。齿形皮带护罩上的标记 A 必须与减震盘/皮带轮上的缺口 B 对齐，见图 10-170。

⑥ 检查凸轮轴链轮的位置。固定板上的大孔（箭头）必须与内侧的相对应的孔对齐，见图 10-171。如果大孔位于外侧，则必须将曲轴转一圈。

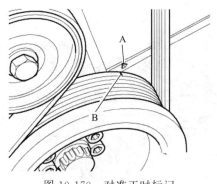

图 10-170　对准正时标记
A—标记；B—缺口

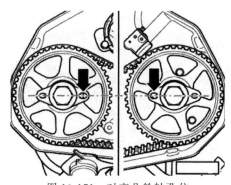

图 10-171　对齐凸轮轴孔位

⑦ 从气缸左侧拆卸密封塞。曲轴的上止点孔必须能够通过密封塞孔看见（或感觉到）。

⑧ 如图10-172所示，将定位销3242旋入到孔中，使得曲轴被固定而不能转动。

⑨ 拆卸齿形皮带中间和右侧齿形皮带。

⑩ 拆卸曲轴减震器。

⑪ 拆卸风扇保持架以及减震盘/皮带轮上齿形皮带防护装置。

⑫ 用六角键按照箭头方向转动齿形皮带张紧轮1（图10-173）。当张紧杆2压下齿形皮带张紧装置3使得罩壳上的孔和活塞上的孔相互对齐时，用销子T40011固定张紧装置。

⑬ 在张紧之前用钳子对准压力活塞。齿形皮带张紧装置是用机油缓冲的，因此只能缓慢地压下。使用销子T40011固定张紧元件，见图10-173。

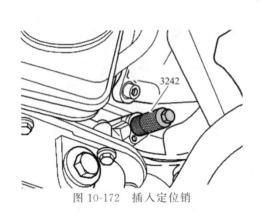

图10-172 插入定位销

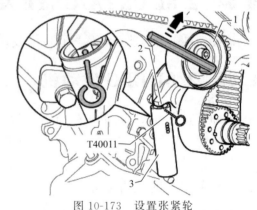

图10-173 设置张紧轮

1—齿形皮带张紧轮；2—张紧杆；3—齿形皮带张紧装置

⑭ 标记齿形皮带上的（传动方向）。

⑮ 取下齿形皮带。

## 10.55.2 正时皮带安装

① 拆卸凸轮轴链轮的紧固螺栓并取下固定板。

② 将一个M10的螺栓旋入到孔中，用以固定拉具3032。

③ 用拉具3032松开凸轮轴链轮。然后使用固定螺栓。可以在凸轮轴的斜面上转动凸轮轴链轮。

④ 按照图10-174所示布置齿形皮带。对于使用过的齿形皮带，要注意转动方向。

⑤ 安装凸轮固定轴工具3391，见图10-175。

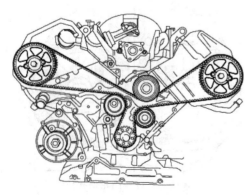

图10-174 安装正时皮带

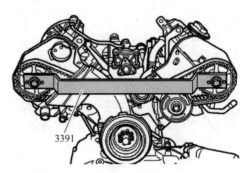

图10-175 安装凸轮轴固定工具

⑥ 张紧齿形皮带。
⑦ 使用六角键尽可能地向右侧转动张紧轮，使得销子 T40011 可以从张紧装置中拉出。
⑧ 将扭矩扳手 Hazet 6290-1 CT 安装到张紧轮上的内六角中，并向张紧的方向以 15N·m 的扭矩固定。
⑨ 将张紧轮拧紧到 22N·m 的扭矩。
⑩ 张紧齿形皮带后将凸轮轴链轮拧紧到 55N·m 的扭矩。
⑪ 拆卸定位销 3242。

其余的安装以拆卸的相反顺序进行。

## 10.56　3.0T CTDB/CTDA 发动机

在下面的描述中，凸轮轴正时链保留在发动机上。即使你只在一个气缸盖上实施工作，也必须在两个气缸列上均进行以下工作步骤。

拆卸步骤如下。
① 拆卸正时链左侧和右侧盖板。
② 拆卸左右侧气缸盖罩。
③ 拆卸隔音垫。
④ 按下面方式插入适配接头 T40058 的导向销：大直径一端指向发动机，小直径一端指向适配接头。
⑤ 用适配接头 T40058 和弯曲的环形扳手沿发动机转动方向将曲轴转动到上止点位置。转动发动机，使左侧（沿行驶方向）减震器上的小缺口 1 与气缸体和梯形架之间的外壳接合线 2 相对，见图 10-176。这样稍后就可以方便地拧入固定螺栓 T40069。减震器上的标记仅仅是辅助工具。只有拧入固定螺栓 T40069 后，才能达到准确的上止点位置。

如图 10-177 所示，所有凸轮轴上的螺纹孔（箭头）都必须朝上。当凸轮轴不在所述的位置时，将曲轴继续旋转一圈，然后再次转到"上止点"位置。

图 10-176　设置上止点位置
1—小缺口；2—外壳接合线

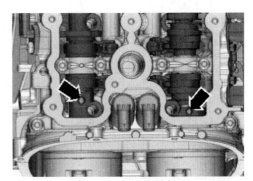

图 10-177　螺纹孔朝上

⑥ 对于气缸列 1（右），将凸轮轴固定装置 T40133/1 安装到气缸盖上，如图 10-178 所示，然后用 25N·m 的扭矩拧紧。

对于气缸列 2（左），将凸轮轴固定装置 T40133/2 安装到气缸盖上，然后用 25N·m 的扭矩拧紧，见图 10-179。

⑦ 两个气缸列的后续操作如下。
a. 将用于曲轴上止点标记的螺旋塞（箭头）从气缸体中拧出，见图 10-180。

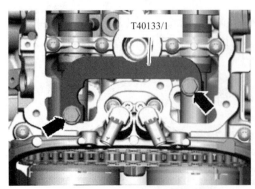
图 10-178 安装凸轮轴固定工具

图 10-179 安装凸轮轴固定工具

b. 如图 10-181 所示，将固定螺栓 T40069 用 20N·m 的力矩拧入孔中；必要时稍微来回转动曲轴 1，以便完全对准螺栓。

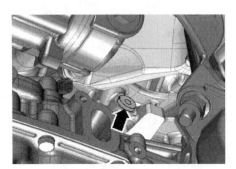
图 10-180 拔出上止点螺纹塞

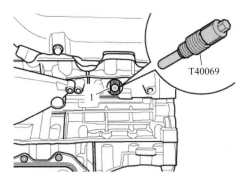
图 10-181 安装曲轴正时工具
1—曲轴

⑧ 气缸列 1（右）。

a. 如图 10-182 所示，用一把螺丝刀 1 向内按压右侧凸轮轴正时链链条张紧器的滑轨到极限位置，用定位销 T40071 卡住链条张紧器。链条张紧器以油减震，因此必须缓慢地均匀用力压紧。

松开凸轮轴调节器或凸轮轴链轮螺栓时，绝不允许将凸轮轴固定装置 T40133 用作固定支架。

b. 为卡住相关的凸轮轴调节器，安装扳手 T40297 与环形扳手 2。

c. 松开进气侧凸轮轴调节器的螺栓 1。

d. 松开排气侧凸轮轴调节器螺栓 3，为此同样要用扳手 T40297 顶住，见图 10-183。为了避免小零件通过正时链箱开口意外落入发动机内，请用干净的抹布遮住开口。

e. 用颜色标记凸轮轴调节器的安装位置，以便重新安装。

f. 拧出螺栓，取下两个凸轮轴调节器。

⑨ 以同样的方法拆卸气缸列 2（左）的两个凸轮轴调节器。

安装步骤如下。

更新拧紧时需要继续旋转一个角度的螺栓。在旋转凸轮轴时，活塞不允许停在上止点位置。

控制机构驱动链已安装。

① 将曲轴用固定螺栓 T40069 固定在上止点位置。

图 10-182　设置张紧器
1—螺丝刀

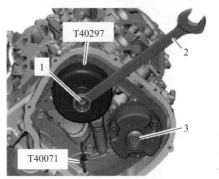

图 10-183　松开排气侧凸轮轴调节器螺栓
1,3—螺栓；2—环形扳手

② 将凸轮轴固定装置 T40133/1 在气缸列 1（右侧）上用 25N·m 的扭矩拧紧。
③ 将凸轮轴固定装置 T40133/2 在气缸列 2（左侧）上用 25N·m 的扭矩拧紧。
④ 气缸列 1（右）。
在执行以下工作步骤时，才允许如下所述安装凸轮轴调节器。
a. 按照拆卸时所做标记重新安装凸轮轴调节器。
b. 凸轮轴调节器内的凹槽 1 或 4 必须正对着所涉及的调节窗口 2 或 3，见图 10-184。
c. 按照拆卸时所做标记重新安装凸轮轴调节器。
d. 将凸轮轴正时链放到驱动链轮和凸轮轴调节器上，并松松地拧入螺栓。两个凸轮轴调节器必须在凸轮轴上还能旋转并且不得翻转。
e. 拆除定位销 T40071。
⑤ 以同样的方法安装气缸列 2（左）凸轮轴调节器。
⑥ 气缸列 1（右）。
a. 将扳手 T40297 装到排气凸轮轴调节器上。
b. 将扭矩扳手 V.A.G 1332 用插入工具 V.A.G 1332/9 安装到扳手 T40297 上，见图 10-185。
c. 让另一位机械师用 40N·m 的力矩沿箭头方向预紧凸轮轴调节器。
d. 在凸轮轴调节器仍旧保持预紧期间，按如下方式拧紧螺栓。

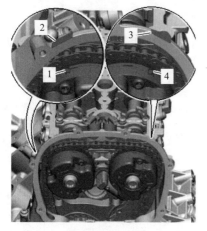

图 10-184　凸轮轴调节器安装位置
1,4—凹槽；2,3—调节窗口

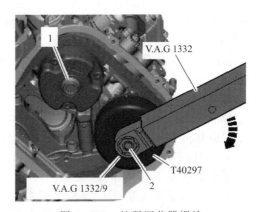

图 10-185　拧紧调节器螺栓

安装至凸轮轴上的拧紧扭矩：60N·m。

e. 取下扳手 T40297。

f. 拆除凸轮轴固定装置 T40133/1。

⑦ 以同样方法拧紧气缸列2（左）调节器螺栓。

⑧ 拧紧左右侧气缸盖上的凸轮轴调节器螺栓。

⑨ 取下固定螺栓 T40069。

⑩ 将曲轴用适配接头 T40058 和弯曲的环形扳手沿发动机转动方向转动2圈，直至曲轴重新到达上止点位置。如果意外转过了上止点位置，则必须将曲轴再次转回约30°，重新转到上止点位置。

⑪ 对于气缸列1（右），将凸轮轴固定装置 T40133/1 安装在气缸盖上并拧紧。拧紧扭矩：25N·m。

对于气缸列2（左），将凸轮轴固定装置 T40133/2 安装在气缸盖上并拧紧。拧紧扭矩：25N·m。

⑫ 将固定螺栓 T40069 直接拧入孔内。固定螺栓 T40069 必须卡入曲轴1的固定孔里，否则再次调整。

⑬ 拆除两个气缸盖上的凸轮轴固定装置。

⑭ 取下固定螺栓。

其他安装以拆卸的相反顺序进行。

## 10.57　3.0T CHMA 发动机

该发动机正时链拆装和调整与 CTDB 发动机一样，相关内容请参考 10.56 小节。

## 10.58　3.0T CREC/CREG 发动机

该发动机正时链拆装和调整与 CTDB 发动机一样，相关内容请参考 10.56 小节。

## 10.59　3.0L BBG 发动机

### 10.59.1　正时皮带拆卸

在拆卸多楔带之前用粉笔或记号笔记下转动方向。对一条已用过的皮带而言，转动方向装反会导致损坏。

① 如图10-186所示，旋出螺栓1～12，然后取下齿形皮带盖板。

② 用一个软管夹3094夹死冷却液软管。

③ 从冷却液补偿罐上拔下冷却液软管，并封闭开口。

④ 拧下冷却液补偿罐并脱开冷却液补偿罐下部的冷却液不足显示开关 F66 的电插头。

⑤ 将冷却液补偿罐与连接的冷却液软管置于一侧。

⑥ 从前围板上的 T 形管接头上拔下真空软管。

⑦ 旋出螺栓拆下空气导管。

⑧ 拆下空气质量流量计 G70 的电插头。

⑨ 拆下空气导向软管，为此应打开软管卡箍和夹子。

⑩ 打开夹子并取下空气滤清器壳上部件。

⑪ 旋出螺栓拔下二次空气管上的软管。
⑫ 向上从油底壳上部件中拉出机油尺导向管，然后向前翻转。
⑬ 旋出右侧气缸盖罩上的螺栓，脱开电插头，用起拔器 T40039 拔出点火线圈。
⑭ 拔下曲轴箱排气软管。
⑮ 如图 10-187 所示，按 12～1 的顺序旋出右侧气缸盖罩上的螺栓，然后取下气缸盖罩。

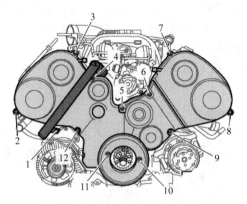

图 10-186 取下正时皮带罩盖
1～12—螺栓

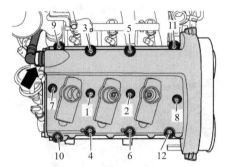

图 10-187 拆下右侧气缸盖罩

⑯ 以同样方法拆下左侧气缸盖罩。
⑰ 转动发动机，直至 3 号气缸（右侧气缸列）进气和排气凸轮轴上的凸轮（箭头）均匀指向上方，见图 10-188。只允许在曲轴上按发动机旋转方向（顺时针）转动发动机。为转动发动机，将工具安装在曲轴中心螺栓上。
⑱ 如图 10-189 所示，将夹具 T40030 装到右侧气缸盖凸轮轴上。来回略微转动曲轴，使得夹具 T40030 的卡槽可以正确卡到凸轮轴上。

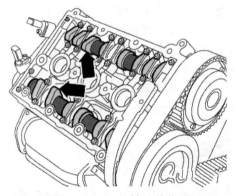

图 10-188 凸轮轴凸轮位置

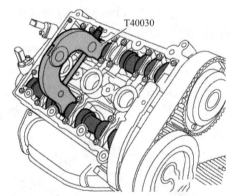

图 10-189 装入凸轮轴固定工具

⑲ 用螺杆（拧紧力矩最大为 10N·m）张开夹具 T40030，直至其无间隙地装入。
⑳ 以同样的方式将夹具 T40030 安装到左侧气缸盖上。
㉑ 松开快速接头并取下隔音垫。
㉒ 拧下气缸体上止点标记的密封塞。
㉓ 必要时略微来回转动曲轴，把固定螺钉 T40026 拧入拆下的密封塞的开孔内，并拧紧，见图 10-190。用一块抹布收集流出的机油。

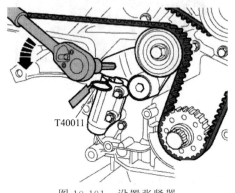

图 10-190 安装上止点固定销

㉔ 将所有凸轮轴齿轮上盖罩的卡环用螺丝刀撬出。

㉕ 松开凸轮轴齿轮的螺栓。将螺栓稍稍拧入。

㉖ 用一把 8mm 内六角扳手沿箭头方向转动齿形皮带张紧辊，直到张紧杠杆把张紧件压紧，锁止杆 T40011 可以插入活塞和外壳的孔中，见图 10-191。齿形皮带张紧件以油减震，因此必须缓慢地均匀用力压紧。标记齿形皮带的传动方向。皮带转动方向装反会导致损坏。

㉗ 松开偏心辊的螺栓（箭头），见图 10-192。

㉘ 拆下齿形皮带。

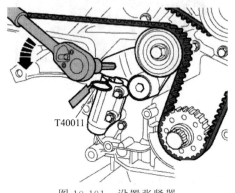

图 10-191 设置张紧器

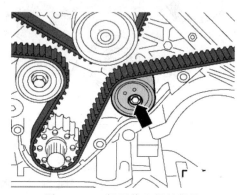

图 10-192 松开偏心辊的螺栓

## 10.59.2 正时皮带安装（调整配气相位）

前提：凸轮轴已用夹具 T40030 锁定；曲轴已用固定螺钉 T40026 锁定；凸轮轴齿轮已松开；更新密封件、O 形环和自锁式螺栓；用符合标准的软管夹圈锁死所有软管连接；在转动凸轮轴时不允许有气缸停在上止点位置，否则气门/活塞顶有损坏危险。

① 用螺栓拧紧凸轮轴齿轮 1~4，直至其刚好还能转动且不倾斜为止。如图 10-193 所示放上齿形皮带。为进行准确的配气相位调整，所有齿形带轮上的齿形皮带必须精确贴紧前边缘。

② 将偏心辊 1 用双孔螺母扳手 3387 顺时针转动，直至双孔螺母扳手的手柄准确位于冷却液泵轮 2 的中心线上方。在此位置上固定双孔螺母扳手，用 45N·m 的扭矩拧紧螺栓 3，见图 10-194。

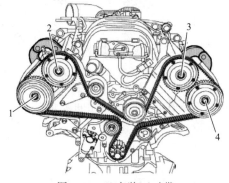

图 10-193 安装正时带
1~4—凸轮轴齿轮

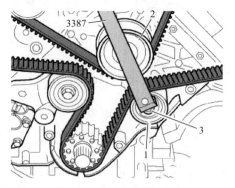

图 10-194 安装偏心辊
1—偏心辊；2—冷却液泵轮；3—螺栓

③ 把扭矩扳手 V.A.G 1331 垂直装到张紧杆的内六角扳手上。以 45N·m 的扭矩沿箭头方向预紧齿形皮带（图 10-195）。

④ 如图 10-195 所示，用 8mm 内六角扳手沿箭头方向按压齿形皮带张紧轮，直至锁止杆 T40011 可自由拉出。

⑤ 把扭矩扳手 V.A.G 1331 垂直装到张紧杆的内六角扳手上。以 25N·m 的扭矩沿箭头方向转动，将齿形皮带张紧（图 10-195）。

⑥ 在左侧气缸列上，将工具头 T40028 安装在排气凸轮轴的凸轮轴调节器上。以 10N·m 的力矩沿箭头方向顺时针转动凸轮轴调节器的转子，直至到达极限位置，见图 10-196。

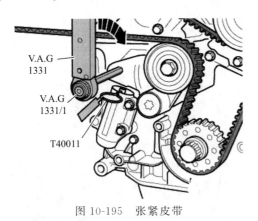
图 10-195　张紧皮带

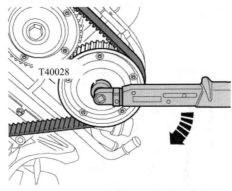
图 10-196　安装排气凸轮轴调节器

⑦ 以 10N·m 的扭矩顺时针转动右侧气缸列上凸轮轴调节器的转子，直至到达极限位置。

⑧ 用 100N·m 的扭矩拧紧凸轮轴齿轮。

⑨ 把盖罩用新的 O 形环装到凸轮轴齿轮上，并用卡环固定。

⑩ 取下夹具 T40030。

⑪ 取下固定螺钉 T10026，将上止点标记密封塞和新的 O 形环拧入气缸体。

其他安装以拆卸的相反顺序进行。

## 10.60　3.0L CNGA 发动机

### 10.60.1　正时检查

① 拆卸护板。

② 拆卸进气歧管上部件。

③ 拆下气缸盖罩。

④ 如图 10-197 所示，沿发动机运转方向转动曲轴，转至 1 号气缸的上止点标记处。

⑤ 如图 10-198 所示，1 号气缸的凸轮 A 必须相对。

⑥ 在两个轴槽中插入凸轮轴尺 T10068A，见图 10-199。

由于凸轮轴调节器功能受限，有可能无法精确地水平放置凸轮轴的凹槽，因此，必要时用开口扳手来回小幅度地转动凸轮轴，如图 10-200 中箭头所示，从而装入凸轮轴尺 T10068A。

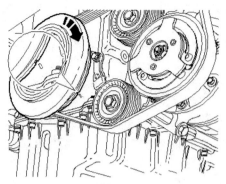

图 10-197 曲轴转到上止点位置

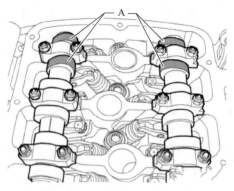

图 10-198 1号气缸凸轮相对

A—凸轮

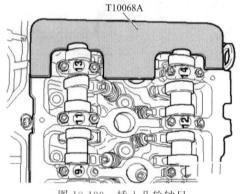

图 10-199 插入凸轮轴尺

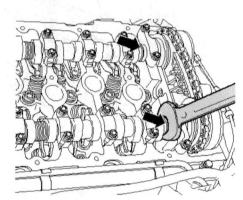

图 10-200 使用扳手小幅调整

参照配气机构壳体上的标记来检查凸轮轴调节器的调节标记：

如图 10-201 所示，凸轮轴调节器上的箭头标记须与配气机构壳体最右侧的切口对齐。

标记"32A"和切口的位置稍有错开是允许的。无需注意铜色链环的位置。

⑦ 凸轮轴调节器的标记之间的距离必须刚好等于凸轮轴正时链 16 个滚子的长度，见图 10-202。如果标记不一致，则调整正时。如果标记一致，则继续以下步骤。

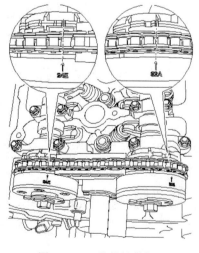

图 10-201 凸轮链轮标记

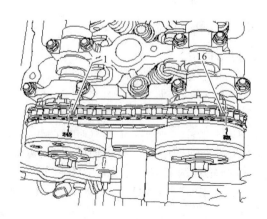

图 10-202 标记之间距离

⑧ 安装气缸盖罩。
⑨ 安装进气歧管上部件。

FSI 发动机配气机构壳体上的标记如图 10-203 所示。

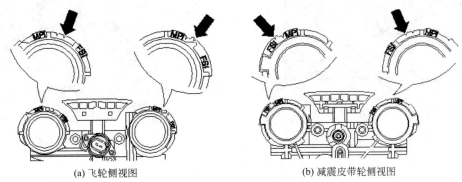

(a) 飞轮侧视图　　　　　　(b) 减震皮带轮侧视图

图 10-203　配气机构壳体上标记

切口（箭头）是凸轮轴调节器标记的参考点（图 10-201）。

## 10.60.2　正时链拆卸

① 拆下气缸盖罩。
② 沿发动机运转方向转动曲轴，转至 1 号缸上止点标记处。
③ 将气缸盖内的凸轮轴置于 1 号缸上止点处，1 号缸的凸轮必须相对。
④ 拆下凸轮轴正时链上部盖板。
⑤ 在两个凸轮轴端部槽中插入凸轮轴尺 T10068A。

由于凸轮轴调节器功能受限，有可能无法精确地水平放置凸轮轴的凹槽，因此，必要时用开口扳手来回小幅度地转动凸轮轴，从而装入凸轮轴尺 T10068A。

⑥ 拆下凸轮轴正时链下部盖板。
⑦ 将发动机转至减震皮带轮上的调节标记处。传动链轮磨平的轮齿（箭头 A）必须与轴瓦接缝对齐；中间轴链轮的小圆孔必须与后部凸缘对齐（箭头 B），如图 10-204 所示。
⑧ 拆下凸轮轴正时链的链条张紧器。
⑨ 用记号笔标记正时链的运转方向。
⑩ 如图 10-205 所示，松开固定螺栓 5，取下张紧器导轨 4。松开固定螺栓 3 和 1，取下导轨 2。
⑪ 用开口扳手固定相应要松开的凸轮轴。提示：此时不得插入凸轮轴尺 T10068A。

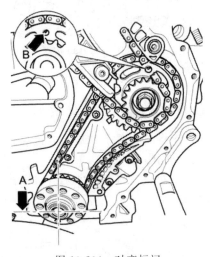

图 10-204　对齐标记

⑫ 如图 10-206 所示，松开调节器螺栓 1 和 2。将调节器 4 和 5 连同正时链 3 一起取下。
⑬ 用记号笔标记机油泵正时链的转动方向。
⑭ 如图 10-207 所示松开链轮固定螺栓 1。
⑮ 旋出链条张紧器的固定螺栓，取下张紧器。
⑯ 旋出链轮固定螺栓 1，取下链轮（图 10-207）。
⑰ 取下链条 1 和导轨 2，见图 10-208。

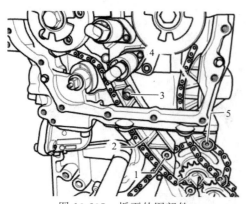

图 10-205 拆下外围部件

1,3,5—固定螺栓；2,4—张紧器导轨

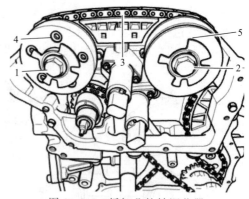

图 10-206 拆卸凸轮轴调节器

1,2—螺栓；3—正时链；4,5—调节器

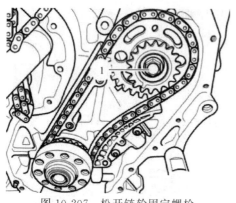

图 10-207 松开链轮固定螺栓

1—链轮固定螺栓

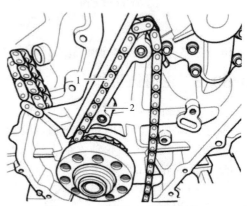

图 10-208 拆下正时链和导轨

1—链条；2—导轨

## 10.60.3 正时链安装

① 将曲轴置于1号缸上止点位置，此时传动链上的磨平轮齿（箭头）必须与轴瓦接缝对齐，见图10-209。

② 安装导轨的两个无凸肩螺栓2。拧紧力矩：10N·m。如图10-210所示，将导轨1插到螺栓2上。

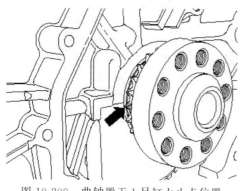

图 10-209 曲轴置于1号缸上止点位置

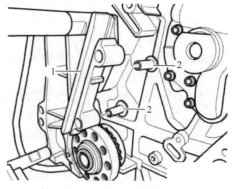

图 10-210 安装导轨

1—导轨；2—螺栓

③ 将机油泵轴 1 的平面侧（箭头）与标记 2 对齐放置，见图 10-211。
④ 将正时链插入导轨中，并装在曲轴上。提示：按标记的转动方向安装链条。
⑤ 将链条装到链轮上。
⑥ 将链轮装到正时处，使链轮的小圆孔对准机油泵上的标记，如图 10-212 中箭头 B 所示。

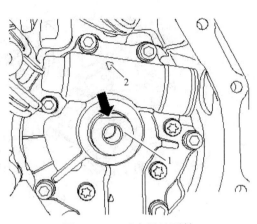

图 10-211　对齐机油泵轴
1—机油泵轴；2—标记

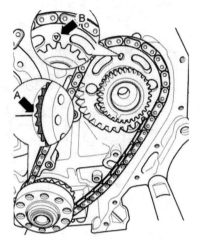

图 10-212　对齐机油泵上标记

⑦ 将链轮装到机油泵轴上。导轨中的正时链条应笔直地伸展至机油泵轴上。传动链轮的磨平轮齿必须与轴瓦接缝（箭头 A）对齐；机油泵链轮小圆孔必须与后部标记（箭头 B）对齐（图 10-212）。
⑧ 如果无法装入链轮，则略微转动机油泵。
⑨ 安装链条张紧器。
⑩ 将张紧轨压向链条张紧器并用通用轴销 1 锁定，见图 10-213。
⑪ 安装链条张紧器，并以 8N·m 的扭矩拧紧固定螺栓。
⑫ 拉出轴销 1（图 10-213）。曲轴不允许转动。
⑬ 将气缸盖内的凸轮轴置于 1 号缸上止点位置。
⑭ 1 号气缸的凸轮 A 必须相对，见图 10-214。

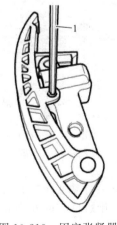

图 10-213　固定张紧器

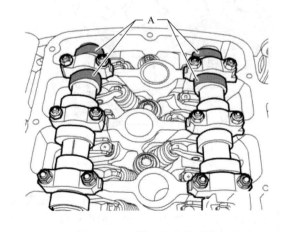

图 10-214　第 1 缸凸轮对齐

⑮ 在两个凸轮轴端部槽中插入凸轮轴尺 T10068A。

⑯ 必要时用开口扳手小幅度地转动凸轮轴。

⑰ 用调节工具 T10363 固定高压泵传动链轮的位置，如图 10-215 所示，高压泵传动凸轮上的标记 A 必须位于上部。

⑱ 如图 10-216 中箭头所示，用螺栓固定。由于凸轮轴调节器与凸轮之间有定位销，因此只能在同一个位置安装。按标记的转动方向安装链条。

 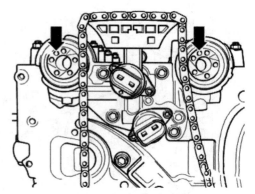

图 10-215　固定高压泵传动链轮　　　　　　　图 10-216　用螺栓固定
A—标记

⑲ 先将进气凸轮轴安装到正时链上，然后一起装到进气凸轮轴上。

⑳ 拧紧调节器固定螺栓 1，见图 10-217。

同时注意下列事项：连接高压泵传动链的正时链不得"下垂"。因此装在凸轮轴调节器上的正时链必须处于"绷紧"状态，才可拧紧螺栓。

㉑ 如图 10-218 所示，凸轮轴调节器的标记"24E"上方的箭头标记 1 必须和配气机构壳体右侧切口 2 对齐。

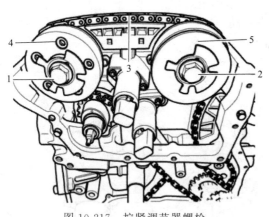 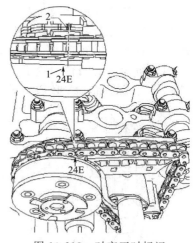

图 10-217　拧紧调节器螺栓　　　　　　　　　图 10-218　对齐正时标记
1、2—调节器螺栓；3—正时链；4、5—调节器　　　1—箭头标记；2—切口

㉒ 如图 10-219 所示，安装导轨 2，拧上固定螺栓 1 和 3。安装导轨 4，拧上固定螺栓 5。

㉓ 然后从图 10-220 所示的箭头标记 1 和切口 2 对齐的轮齿开始自右向左在正时链上数 16 个滚子。用记号笔标记。

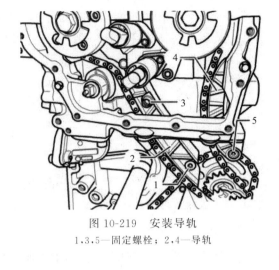

图 10-219 安装导轨
1、3、5—固定螺栓;2、4—导轨

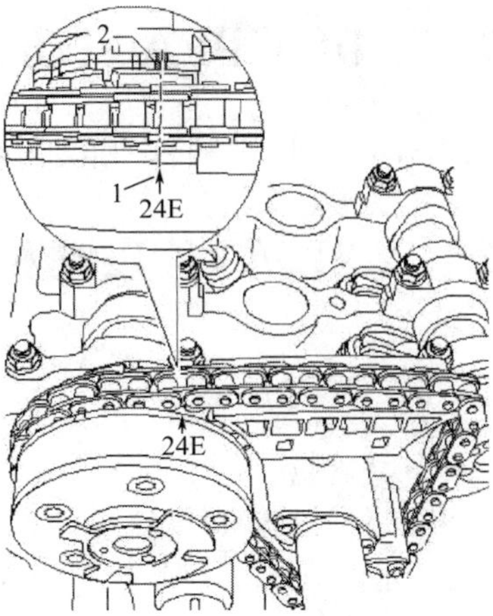

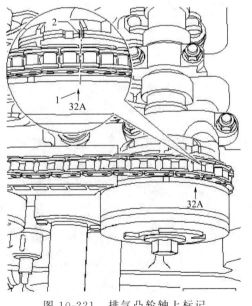

图 10-220 标记滚子数量

凸轮轴调节器锁止在"静止状态",因此在调整正时时不能旋转传感器。如果"静止状态"下的锁止装置没有卡入锁定,则必须用手将调节器沿两个方向转动至锁止。如不能锁止则更换凸轮轴调节器。

㉔ 将排气凸轮轴调节器"32A"置入凸轮轴正时链内,齿轮的箭头标记"24E"和"32A"之间必须有之前数出的 16 个滚子。

㉕ 先将排气凸轮轴调节器装到凸轮轴正时链上,接着装到凸轮轴上。

㉖ 拧紧排气调节器固定螺栓。

同时注意下列事项:凸轮轴调节器的标记"32A"上方的箭头标记 1 必须和配气机构壳体右侧切口 2 对齐。配气机构壳体上的标记见图 10-221。

排气凸轮调节器必须轻轻地安装到排气凸轮轴上,并拧紧。标记"32A"和切口位置稍有错开是允许的。

㉗ 拆下高压泵轴上的调节工具 T10363。

㉘ 取出凸轮轴调节工具 T10363。

㉙ 安装张紧器导轨,拧紧固定螺栓。

㉚ 安装正时链条张紧器。拧紧扭矩:50N·m。

㉛ 将发动机沿运转方向转 2 圈,并检测正时。

㉜ 用开口扳手固定相应凸轮轴。

㉝ 以 60N·m 的拧紧扭矩拧紧进气和排气凸轮轴调节器的新螺栓,并继续旋转 1/4 圈(90°)。此时不可插入凸轮轴尺 T10068A。必须更换链轮的所有紧固螺栓。

其他安装步骤以拆卸的倒序进行。

图 10-221 排气凸轮轴上标记
1—箭头标记;2—切口

## 10.61　3.0L CPFA 发动机

与 CNGA 发动机相同，相关内容请参考 10.60 小节。

## 10.62　3.2L AXZ 发动机

### 10.62.1　正时检查

① 拆下减震盘。
② 将减震器的固定螺栓上的曲轴沿发动机运转方向转至 1 号气缸上止点标记处，如图 10-222 所示。
③ 将锁支架置于维护位置。
④ 拆下进气管和气缸盖罩。
⑤ 如图 10-223 所示，凸轮轴尺 T10068A 必须能插入两个轴槽中。如果凸轮轴尺无法插入，则继续沿发动机运转方向转动曲轴。

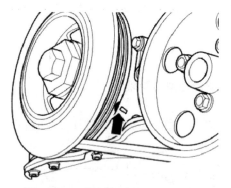

图 10-222　设置发动机于 TDC 位置

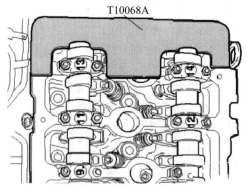

图 10-223　插入曲轴定位专用工具

提示：如果凸轮轴尺还无法插入，则沿发动机运转方向转动曲轴，直到它超过 1 号气缸上止点位置约 5mm 处（取决于传动链的公差）。

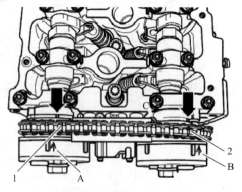

图 10-224　检查凸轮轴调节器的调整标记
1,2—凸轮轴调节器轮齿；A,B—凸轮轴调节器上的标记；C—正时齿轮箱

⑥ 用正时齿轮箱上的标记检查凸轮轴调节器的调整标记：凸轮轴调节器上的标记 A 和 B 必须与正时齿轮箱 C 的切口对齐。凸轮轴调节器轮齿 1 与轮齿 2 之间的距离必须刚好等于凸轮轴滚子链 16 个滚子的长度，如图 10-224 所示。

说明：FSI 发动机正时齿轮箱上的标记如图 10-225 所示。箭头所指切口是凸轮轴调节器上标记的参考点。

⑦ 如果标记无法对齐，则调整配气相位。

⑧ 如果这些标记对齐，则安装气缸盖罩和进气管。

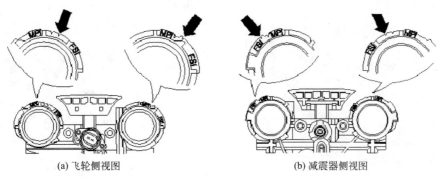

(a) 飞轮侧视图　　　　　　　　(b) 减震器侧视图

图 10-225　正时齿轮箱上的标记

## 10.62.2　正时调整

说明：安装滚子链，只有在发动机已拆卸的情况下才能进行工作。

① 安装带有油泵驱动装置张紧导轨的滚子链和链条张紧器。

② 首先将曲轴置于 1 号气缸的上止点。为此必须将传动齿轮上磨平的轮齿与轴承分开缝对齐，如图 10-226 所示。

③ 安装滑轨的两个无凸肩螺栓，并用 10N·m 的扭矩拧紧。

④ 现在将机油泵轴 1 平面的一侧平行于标记 2 放置到机油泵上，如图 10-227 所示。

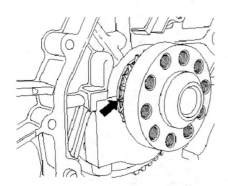
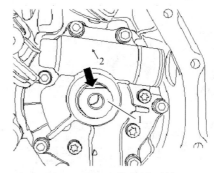

图 10-226　将曲轴置于 1 号气缸的上止点　　　图 10-227　安装机油泵轴
1—机油泵轴；2—标记

提示：对于已经使用过的滚子链，注意其转动方向标记。

⑤ 将滑轨 3 插到两个已经拧紧的螺栓上。现在将传动链 2 装到曲轴齿轮和传动齿轮 1 上，并将它们连同拉直的链条 2 一起插到机油泵轴上。传动齿轮 1 上的标记 4 必须与机油泵上的标记一致，如图 10-228 所示。

⑥ 用一把小螺丝刀松开链条张紧器 5 中的固定销。将夹紧杆与链条张紧器按压在一起，并将它用螺栓固定在气缸体上，如图 10-228 所示。

⑦ 如果气缸盖还没装上，则现在就将其安装上。

⑧ 凸轮轴尺 T10068A 必须插在两个轴槽中。

⑨ 现在将凸轮轴和高压泵的传动链从上穿过气缸盖或气缸盖密封件上的开口。

⑩ 将装上链条的小传动齿轮放入凹槽中并用手拧紧，如图 10-229 所示。

⑪ 用固定夹具 T10069 锁定减震器。

⑫ 现在用一个新的紧固螺栓将机油泵轴上的两个链轮以 40N·m 的扭矩拧紧固定，接着继续转动 1/4 圈（90°）。请注意：必须更换链轮的所有紧固螺栓。

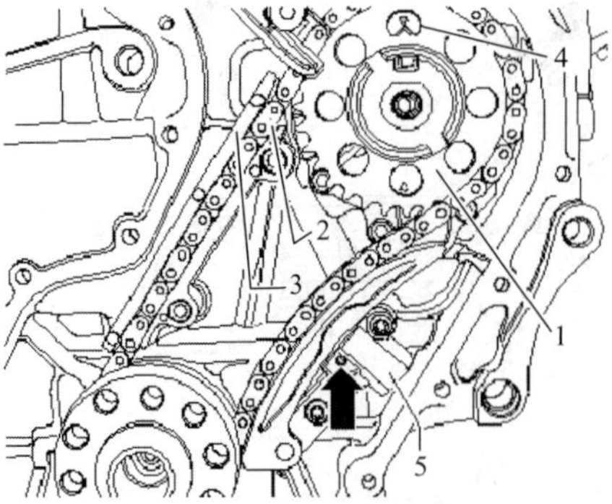

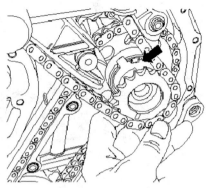

图10-228 安装正时链和滑轨
1—传动齿轮；2—传动链；3—滑轨；4—标记；5—链条张紧器

图10-229 安装小传动齿轮

安装凸轮轴和高压泵的传动链。

⑬ 将滑轨2穿过气缸盖的开口，并用紧固螺栓1和3拧紧。

⑭ 装入张紧轨4，并用轴承螺栓5将其固定在气缸体上，如图10-230所示。

⑮ 用干净的发动机机油浸润传动齿轮内的滚针轴承内侧2，并将其连同装上的链条一起放入轴承座中，注意切口朝上，链条"绷紧"在滑轨上并随之转动，现在推入支座轴3，如图10-231所示。

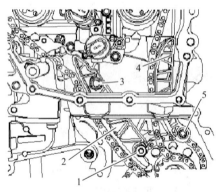

图10-230 安装滑轨和张紧轨
1,3—紧固螺栓；2—滑轨；4—张紧轨；5—轴承螺栓

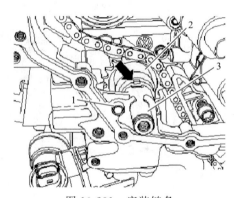

图10-231 安装链条
1—定位套；2—滚动轴承内侧；3—支座轴

⑯ 注意，定位套1已安上。它只用于固定调整工具T10332。

⑰ 现在用调整工具T10332固定传动齿轮的位置。首先按以下步骤安装进气凸轮轴的调节器。

提示：两个凸轮轴调节器（标识：进气侧上的"24E"和排气侧的"32A"），由于只有一个定位销，因此只能固定在凸轮轴的定位件的一个位置上，如图10-232所示。

⑱ 在还没有安装进气凸轮轴调节器前，将调节器上的脉冲信号轮1向右转动到极限位置，并将调节器固定在该位置，如图10-233所示。必须轻轻地将调节器连同"绷紧"装上的凸轮轴滚子链一起套上进气凸轮轴上并用手拧紧。

注意：连接高压泵传动齿轮的凸轮轴滚子链不得"下垂"。

⑲ 凸轮轴调节器的标记"24E"上的箭头标记1必须和正时齿轮箱的切口2对齐，如图10-234所示。

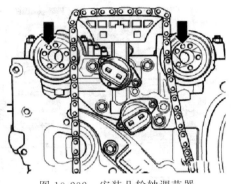

图 10-232 安装凸轮轴调节器

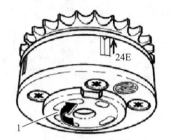

图 10-233 转动脉冲信号轮到极限
1—脉冲信号轮

⑳ 现在从与箭头标记 1 和切口 2 对齐的轮齿开始向右在正时链上数 16 个滚子。用记号笔标记这些滚子,如图 10-235 所示。

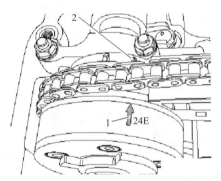

图 10-234 对齐凸轮轴调节器 24E 的对齐标志
1—箭头标记;2—切口

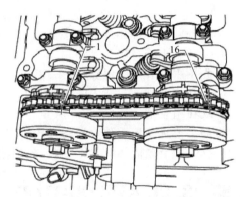

图 10-235 标记正时链位置
1—箭头标记;2—切口

提示:排气凸轮轴调节器锁定在"静止状态",因此在调整配气相位时,脉冲信号轮无法旋转;如果没有锁定在"静止状态",则必须用手将调节器在两个方向进行转动直到其锁定;如果无法成功,则更换凸轮轴调节器。

㉑ 现在将轮齿在箭头标记 1 处的排气凸轮轴调节器"32A"装入凸轮轴滚子链,使之前所数的 16 个滚子在标记"24E"和"32A"之间,并且标记 1 和 2 对齐,如图 10-236 所示。

㉒ 排气凸轮轴调节器必须轻轻地插到排气凸轮轴上并可用手拧紧。

㉓ 将调整工具 T10332 从支座轴中拉出。

㉔ 取出凸轮轴尺 T10068A。

㉕ 安装凸轮轴滚子链的链条张紧器并以 40N·m 的力矩拧紧。

㉖ 再次检查调整情况。

㉗ 用一把开口扳手 SW27 固定相应要拧紧的凸轮轴。

提示:此时不允许插入凸轮轴尺 T10068A。注意:必须更换链轮所有的紧固螺栓。

㉘ 将用于固定进气和出气凸轮轴调节器 4 和 2 的新的紧固螺栓 3,用 60N·m 的扭矩拧紧并旋转 1/4 圈(90°),如图 10-237 所示。

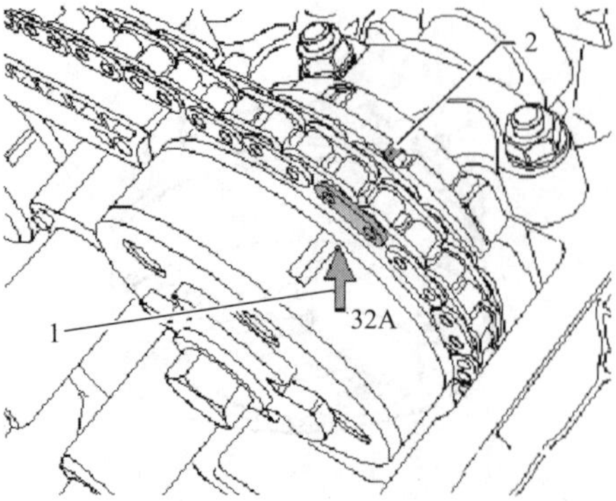

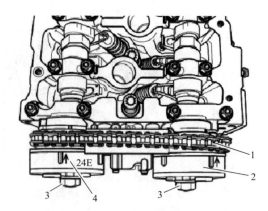

图 10-236 对齐凸轮轴调节器的标志  
1,2—标记

图 10-237 用新的螺栓紧固凸轮轴调节器  
1—正时链；2,4—凸轮轴调节器；3—调节器螺栓

㉙ 现在可以按以下方式安装密封法兰，先在气缸体/气缸盖的边角上喷上一段密封剂 D176501，将气缸盖密封件中的 3 毫米的孔填满。

㉚ 将密封剂 D176501 涂到密封法兰干净的密封面上。注意气缸体内的定位销。

㉛ 立即装上密封法兰。

㉜ 先用手安装紧固螺栓，然后以 10N·m 的力矩拧紧。

㉝ 现在将曲轴油封装入密封法兰中。

㉞ 现在组装油底壳。

㉟ 如果要更换覆盖件内的密封环，则用密封剂 D176501 涂抹气缸盖覆盖件的密封面。

㊱ 拧入所有紧固螺栓并以 8N·m 的扭矩拧紧，安装覆盖件。

## 10.63　3.2L AUK/BKH/BYU 发动机

该款发动机拆装操作流程和方法与 CCEA 发动机相同，相关内容请参考 10.52 小节。

## 10.64　3.2L CALA 发动机

### 10.64.1　正时链单元拆卸

提示：进行以下拆卸步骤时，凸轮轴正时链保留在发动机上。

① 拆卸左、右侧气缸盖罩。

② 拆卸正时链左侧和右侧盖板。

③ 拆卸隔音垫。

④ 不带冷却液继续循环泵 V51 的车辆。

a. 旋出螺栓以及螺母，并取下前围支架左侧支撑件。

b. 将旧油收集和抽吸装置 V.A.G1782 置于发动机下。

c. 旋出螺栓，将油冷却器和相连的冷却液软管绑到旁边。

对于带冷却液继续循环泵-V51-的车辆，拆卸冷却液继续循环泵 V51。

⑤ 按下面方式插入适配接头 T40058 的导向销：大直径一端指向发动机，小直径一端指向适配接头。

⑥ 用适配接头 T40058 沿发动机运转方向转动曲轴到上止点。

⑦ 将上止点标记螺旋塞（箭头）从气缸体上拧出，如图 10-238 所示。

提示：安装好发动机后，很难找到曲轴的固定孔，因此转动发动机，使左侧行驶方向内的减震器上的小缺口 1 与气缸体和梯形架之间的外壳接合线 2 相对，这样就可以方便地拧入固定螺栓 T40069；减震器上的标记仅仅是辅助工具，只有拧入固定螺栓 T40069 后，才能达到准确的上止点位置，如图 10-239 所示。

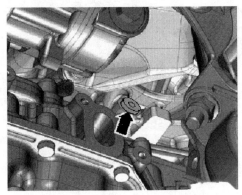

图 10-238　拔出上止点螺旋塞

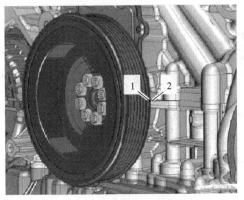

图 10-239　减震器辅助对齐
1—小缺口；2—外壳接合线

凸轮轴里的螺纹孔必须指向上面。以 20N·m 的扭矩将固定螺栓 T40069 拧入孔中，必要时稍微来回转动曲轴，以便完全对准螺栓。

⑧ 将凸轮轴固定装置 T40133 安装在两个气缸盖上，并以 25N·m 的扭矩拧紧螺栓，如图 10-240 所示。

提示：图 10-240 是左侧气缸盖的示意图。

⑨ 用一把螺丝刀向内按压左侧凸轮轴正时链链条张紧器的滑轨到极限位置，用定位销 T40071 卡住链条张紧器。提示：链条张紧器以油减震，因此必须缓慢地均匀用力压紧。

⑩ 用一把螺丝刀向内按压右侧凸轮轴正时链链条张紧器的滑轨到极限位置，用定位销 T40071 卡住链条张紧器。提示：链条张紧器以油减震，因此必须缓慢地均匀用力压紧。

⑪ 若要卡住相关的凸轮轴调节器，则安装固定支架 T10172 和销子 T10172/2，然后用工具头 T10035 松开。

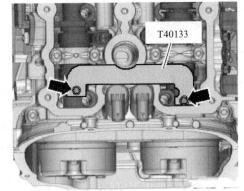

图 10-240　安装凸轮轴固定工具

⑫ 用颜色标记凸轮轴调节器的安装位置，以便重新安装。

⑬ 旋出左侧气缸盖上的螺栓，取下两个凸轮轴调节器。

⑭ 用颜色标记凸轮轴调节器的安装位置，以便重新安装。

⑮ 旋出右侧气缸盖上的螺栓，取下两个凸轮轴调节器。

## 10.64.2　正时链单元安装

更换拧紧时需要继续旋转一个角度的螺栓。更换用于上止点标记的螺旋塞 O 形环。

控制机构驱动链已安装。曲轴已用固定螺栓 T40069 固定在上止点位置，如图 10-241 所示。

凸轮轴固定装置 T40133 已安装在两个气缸盖上，并已用 25N·m 的力矩拧紧。

提示：图 10-242 是左侧气缸盖的示意图。在以下工作步骤中安装凸轮轴调节器时，必须使凹槽 1 和 4 与调节窗口（磨削面）2 和 3 相对，如图 10-242 所示。

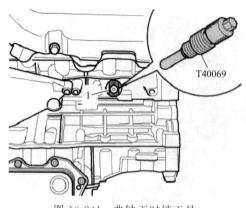

图 10-241　曲轴正时销工具
1—旋转塞O形环

图 10-242　对准凸轮轴调节器安装位置
1,4—凹槽；2,3—调节窗口（磨削面）

根据拆卸时做好的标记，重新装上左侧气缸盖上的凸轮轴调节器。

① 将左侧凸轮轴正时链安装在驱动链轮和凸轮轴调节器上并松松地拧入螺栓。两个凸轮轴调节器必须在凸轮轴上还能旋转并且不得翻转。

② 拆除定位销 T40071。提示：根据拆卸时做好的标记，重新装上右侧气缸盖上的凸轮轴调节器。

③ 将右侧凸轮轴正时链安装在驱动链轮和凸轮轴调节器上并松松地拧入螺栓。两个凸轮轴调节器必须在凸轮轴上还能旋转并且不得翻转。

④ 拆除定位销 T40071。

⑤ 将固定支架 T10172 和销子 T10172/2 安装到左侧进气凸轮轴调节器上。

⑥ 另外一位协助者按住固定支架，将凸轮轴正时链保持在预紧力上。

⑦ 在凸轮轴调节器仍旧保持预紧期间，按如下方式拧紧螺栓：用 80N·m 的扭矩预紧进气凸轮轴上的螺栓和排气凸轮轴上的螺栓。

⑧ 将固定支架 T10172 和销子 T10172/2 安装到右侧排气凸轮轴调节器上。

⑨ 另外一位协助者按住固定支架，将凸轮轴正时链保持在预紧力上。

⑩ 在凸轮轴调节器仍旧保持预紧期间，按如下方式拧紧螺栓：用 80N·m 的扭矩预紧排气凸轮轴上的螺栓和进气凸轮轴上的螺栓。

⑪ 将凸轮轴固定装置 T40133 从两个气缸盖上取下。

⑫ 按如下方式拧紧左侧气缸盖上的凸轮轴调节器螺栓：用最终拧紧扭矩拧紧进气凸轮轴上的螺栓和排气凸轮轴上的螺栓。

⑬ 按如下方式拧紧右侧气缸盖上的凸轮轴调节器螺栓：用最终拧紧扭矩拧紧进气凸轮轴上的螺栓和排气凸轮轴上的螺栓。

⑭ 取下固定螺栓 T40069。

⑮ 沿发动机转动方向将曲轴及适配器 T40058 转动 2 圈，直至曲轴重新达到上止点。

提示：如果无意间转过了上止点，则必须将曲轴再次转回约 30°并重新转到上止点；凸轮轴里的螺纹孔必须指向上面。

⑯ 将凸轮轴固定装置 T40133 安装在两个气缸盖上，并以 25N·m 的扭矩拧紧螺栓。

⑰ 将固定螺栓 T40069 直接拧入孔内。固定螺栓 T40069 必须卡入曲轴的固定孔里，否则再次调整。

⑱ 拆除两个气缸盖上的凸轮轴固定装置。

⑲ 取下固定螺栓 T40069。

⑳ 其他安装以拆卸的相反顺序进行。

a. 安装正时链左侧和右侧盖板。

b. 安装气缸盖罩。

c. 安装冷却液继续循环泵 V51。

d. 安装机油冷却器。

e. 安装前围支架支撑件。

f. 安装前部隔音垫。

## 10.64.3 凸轮轴正时链拆卸与安装

拆卸步骤如下。

拆卸时变速箱已拆卸。

① 拆下正时链下部盖板。

② 将凸轮轴正时链从凸轮轴上取下。

对用过的凸轮轴正时链，转动方向相反时有损坏的危险。为了便于重新安装左侧和右侧凸轮轴正时链，用彩色箭头标记记下转动方向。不得通过冲窝、刻槽等对凸轮轴正时链作标记。

③ 拆除定位销 T40071，并取下左侧凸轮轴正时链。

④ 旋出螺栓并取下右侧链条张紧器。

⑤ 按压正时机构驱动链张紧器的滑轨，并用定位销 T40071 卡住链条张紧器，如图 10-243 所示。

⑥ 松开驱动链轮螺栓约 1 圈。

⑦ 将驱动链轮和轴承螺栓略微翻到一侧，向上取出右侧凸轮轴正时链。

安装步骤如下。

提示：如果张紧件已被从链条张紧器中取出，那么请注意安装位置，壳体底部的孔指向链条张紧器，活塞指向张紧轨道；更换拧紧时需要继续旋转一个角度的螺栓。

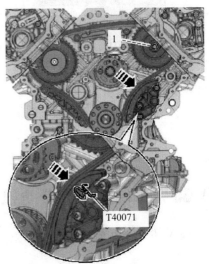

图 10-243 用定位销锁定张紧器
1—螺栓

① 将左侧凸轮轴正时链放到拆卸时记下的标记上。

② 向下按压左侧凸轮轴正时链张紧器的滑轨，并用定位销 T40071 卡住链条张紧器。

③ 将右侧凸轮轴正时链穿到驱动链轮轴承螺栓上，同时注意拆卸时记下的标记。

④ 拧紧轴承的螺栓 1（图 10-241）。

⑤ 拆除定位销 T40071。

⑥ 在右侧气缸盖上安装链条张紧器，并放上凸轮轴正时链。

⑦ 拧紧螺栓。

其他安装以拆卸的相反顺序进行。

⑧ 将凸轮轴正时链放到凸轮轴上。
⑨ 安装正时链下部盖板。
⑩ 加注发动机机油并检测发动机机油油位。

### 10.64.4 控制机械驱动链拆卸与安装

拆卸步骤如下。

拆卸时变速箱已拆卸。

① 拆下正时链下部盖板。
② 将凸轮轴正时链从凸轮轴上取下。
③ 拆卸取力器驱动链。
④ 按压驱动链链条张紧器的滑轨，并用定位销 T40071 卡住链条张紧器。为重新安装驱动链，用彩色箭头标记记下转动方向。不得通过冲窝、刻槽等对驱动链作标记。
⑤ 旋出螺栓 1 并取下滑轨。
⑥ 旋出螺栓 2 并取下链条张紧器。
⑦ 取下控制机构驱动链，如图 10-244 所示。

安装步骤如下。

安装以倒序进行，同时要注意更换拧紧时需要继续旋转一个角度的螺栓。

① 根据拆卸时记下的标记把控制机构驱动链放到驱动链轮上。
② 安装滑轨并拧紧螺栓。
③ 安装链条张紧器并拧紧螺栓。
④ 按压传动链张紧器的滑轨并将定位销 T40071 从链条张紧器中拔出。
⑤ 安装取力器驱动链。
⑥ 将凸轮轴正时链放到凸轮轴上。

图 10-244 拆卸控制驱动链、滑板与导轨
1,2—螺栓

⑦ 安装正时链下部盖板。
⑧ 加注发动机机油并检测发动机机油油位。

## 10.65 3.6L BLV 发动机

BLV 发动机正时链拆装和调整与 AXZ 发动机一样，相关内容请参考 10.62 小节。

## 10.66 3.6L CMVA 发动机

该发动机正时拆装和调整与 CNGA 发动机相同，相关内容请参考 10.60 小节。

## 10.67 4.0T CWUB/CWUC 发动机

### 10.67.1 凸轮轴正时链拆卸

所需要的专用工具和维修设备：扭矩扳手 V.A.G 1332；工具头 V.A.G 1332/9；2 个定位销

T40071；扳手 SW 21T40263；凸轮轴固定装置 T40264；钥匙 T40269；旋转工具 T40272；

提示：在进行下面的步骤中，凸轮轴正时链保留在发动机上。

① 拆卸正时链的相关盖板。

② 气缸列 1（右）。

a. 将右摆动半轴从变速箱法兰轴上拧下。

b. 拧出螺栓取下右侧隔热板。

c. 拧出螺栓，取出右侧摆动半轴的隔热板。

d. 拆下空气滤清器滤芯。

e. 从活性碳罐装置上脱开软管，为此要松开软管卡箍。

f. 脱开活性炭罐电磁阀 N80 上的电插头。

g. 拧出螺栓，拧下螺母和螺栓，露出布线并压向一侧。

h. 拧出双螺栓，取下防护板。

i. 露出废气涡轮增压器真空执行元件上的软管。

j. 拔下真空软管。不要拔出球头。

k. 脱开电插头，并将电导线束压向一侧。

l. 在右侧凸轮轴外壳上通过向左旋转松开并取下密封塞。

气缸列 2（左）。

a. 拆卸气缸 7 的点火线圈。

b. 在左侧凸轮轴外壳上通过向左旋转松开并取下密封塞。

③ 奥迪 S6/RS6/RS7，拆卸冷却液散热器及风扇罩；奥迪 S7，拆卸风扇罩。

④ 将旋转工具 T40272 插到扳手 SW 21 T40263 上。

⑤ 将适配接头插到减震器螺栓上。

⑥ 如图 10-245 所示，旋转工具 T40272 上的半圆形铣槽（箭头 A）必须指向减振器半圆形的铣槽（箭头 B）。提示：无需注意旋转工具 T40272 上的缺口。

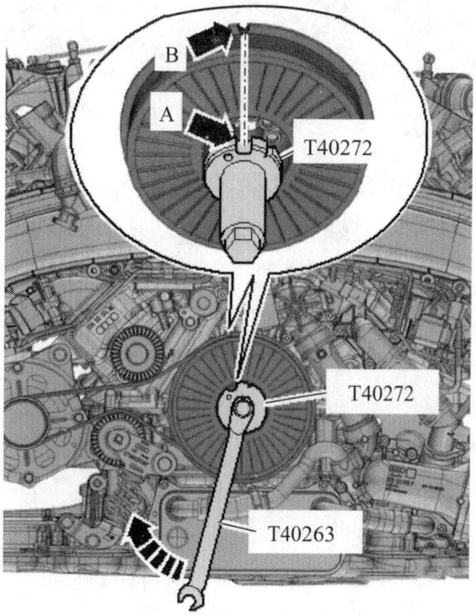

⑦ 将曲轴沿发动机运转方向转动到上止点位置。通过之前在凸轮轴外壳中用密封塞密封的孔必须可以看见凸轮轴中的螺纹孔（箭头），见图 10-246。图示以右侧凸轮轴外壳为例。如果无法看见螺纹孔，则将曲轴继续旋转一圈。

⑧ 气缸列 1（右）。

如图 10-247 所示，将凸轮轴固定装置 T40264/1 装到右侧气缸盖上并拧紧，为此必要时略微来回转动曲轴。拧紧扭矩 12N·m。

气缸列 2（左）。

如图 10-248 所示，将凸轮轴固定装置 T40264/2 装到左侧气缸盖上并拧紧，为此必要时略微来回转动曲轴。拧紧扭矩 12N·m。

⑨ 如图 10-249 所示，将凸轮轴固定装置 T40264/3 通过减震器中的孔手动拧入气缸体中至贴紧，为此必要时略微来回转动曲轴。

⑩ 气缸列 1（右）。

用一把螺丝刀向内按压右侧凸轮轴正时链链条张紧器的滑轨到极限位置，用定位销 T40071 卡住链条张紧器。提示：链条张紧器以油减震，因此必须缓慢地均匀用力压紧。

图 10-245　旋转工具调整减震器

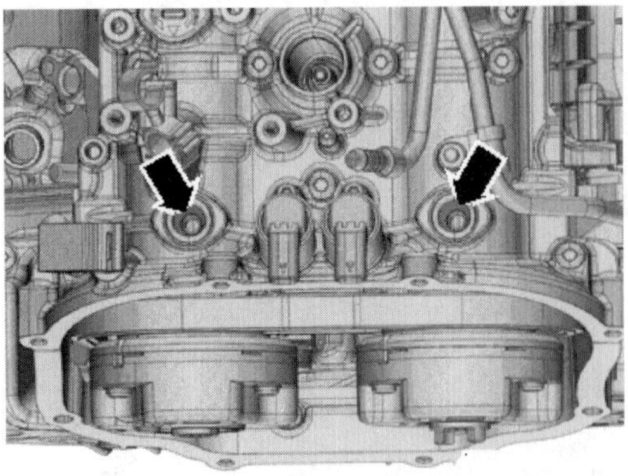

图 10-246 设置发动机到上止点位置

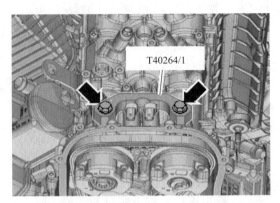

图 10-247 安装右气缸列凸轮轴固定

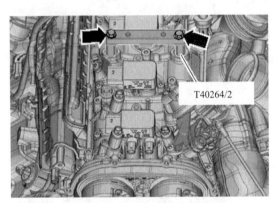

图 10-248 安装左气缸列凸轮轴固定

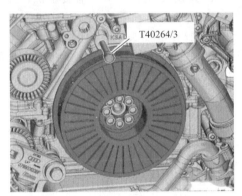

图 10-249 安装凸轮轴固定装置

气缸列 2（左）。

用一把螺丝刀向内按压左侧凸轮轴正时链链条张紧器的滑轨到极限位置，用定位销 T40071 卡住链条张紧器。

⑪ 松开凸轮轴调节器或凸轮轴链轮的螺栓时，绝对不允许将凸轮轴固定装置 T40264/1 和 T40264/2 作为固定支架使用。将扳手 T40269 顶在涉及的凸轮轴调节器上，然后松开螺栓。

⑫ 用颜色标记凸轮轴调节器的安装位置，以便重新安装。为了避免小零件通过正时链箱开口意外落入发动机内，请用干净的抹布遮住开口。

⑬ 气缸列 1（右）。

a. 拧出螺栓，取下两个凸轮轴调节器。

b. 将凸轮轴正时链放到滑块上。

气缸列 2（左）。

a. 拧出螺栓，取下两个凸轮轴调节器。

b. 将凸轮轴正时链放到滑块上。

### 10.67.2　凸轮轴正时链安装

更换所有拧紧时需要继续旋转一个角度的螺栓。用标准型软管卡箍固定所有软管连接。

准备工作：控制机构驱动链已安装，曲轴已用凸轮轴固定装置 T40264/3 卡止在上止点位置；用 12N·m 的力矩拧紧左侧气缸盖上的凸轮轴固定装置 T40264/2 和右侧气缸盖上的凸轮轴固定装置 T40264/1。

在执行以下工作步骤时，才允许如下所述安装凸轮轴调节器。

① 气缸列 1（右）。

a. 按照拆卸时所做标记重新安装凸轮轴调节器。凸轮轴调节器内的凹槽 1 或 4 必须正对着所涉及的调节窗口 2 或 3，见图 10-250。

b. 按照拆卸时所做标记重新安装凸轮轴调节器。

c. 将凸轮轴正时链放到驱动链轮和凸轮轴调节器上，并松松地拧入螺栓。两个凸轮轴调节器必须在凸轮轴上还能旋转并且不得翻转。

d. 拆除张紧器定位销 T40071。

以同样方法处理气缸列 2（左）。

② 气缸列 1（右）。

a. 将扳手 T40269 装到进气凸轮轴调节器上。

b. 将扭矩扳手 V.A.G 1332 用插入工具 V.A.G 1332/9 安装到扳手 T40269 上，见图 10-251。

c. 让另一位机械师用 40N·m 的力矩沿箭头方向预紧凸轮轴调节器（图 10-251）。

d. 在凸轮轴调节器仍旧保持预紧期间，按如下方式拧紧螺栓：拧紧至凸轮轴上的力矩为 60N·m。

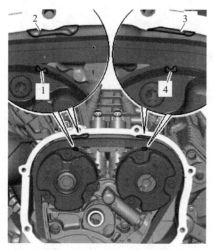

图 10-250　按所做标记安装调节器
1,4—凹槽；2,3—调节窗口

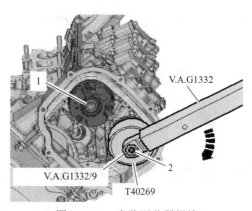

图 10-251　安装调节器螺栓

e. 取下扳手 T40269。

f. 拆除凸轮轴固定装置 T40264/1。

以同样方法处理气缸列 2（左）。

③ 拧紧左右侧气缸盖上的凸轮轴调节器螺栓。

④ 拆除凸轮轴固定装置 T40264/3。

⑤ 将曲轴用扳手 SW 21 T40263 和旋转工具 T40272 沿发动机转动方向转动两圈，直至曲轴重新转动至上止点位置。提示：如果意外转过了上止点位置，则必须将曲轴再次转回约 30°，重新转到上止点位置。凸轮轴里的螺纹孔必须指向上面。

⑥ 气缸列 1（右）。

将凸轮轴固定装置 T40264/1 装到右侧气缸盖上并拧紧。拧紧扭矩：12N·m。

气缸列 2（左）。
将凸轮轴固定装置 T40264/2 装到左侧气缸盖上并拧紧。拧紧扭矩：12N·m。
⑦ 将凸轮轴固定装置 T40264/3 通过减震器中的孔手动拧入气缸体中至贴紧。凸轮轴固定装置 T40264/3 必须卡入气缸体的固定孔内，否则要重新调整。
⑧ 拆除凸轮轴固定装置 T40264/1 和 T40264/2。
⑨ 拆除凸轮轴固定装置 T40264/3。
其他安装以拆卸的相反顺序进行。

## 10.68　4.0T CTGE/CTGA 发动机

该款发动机正时链单元结构和拆装步骤与 CWUB 发动机相同，相关内容请参考 10.67 小节。

## 10.69　4.2L BGH 发动机

该款发动机正时链单元结构和拆装步骤与 BBG 发动机相同，相关内容请参考 10.59 小节。

## 10.70　4.2L BVJ 发动机

该款发动机正时链单元结构和拆装步骤与 CCEA 发动机相同，相关内容请参考 10.52 小节。

## 10.71　4.2L BAT 发动机

该款发动机正时链单元结构和拆装步骤与 CCEA 发动机相同，相关内容请参考 10.52 小节。

## 10.72　4.2L CFSA 发动机

该款发动机正时链单元结构和拆装步骤与 CCEA 发动机相同，相关内容请参考 10.52 小节。

## 10.73　6.3L CTNA 发动机

### 10.73.1　凸轮轴正时链拆卸

所需要的专用工具和维修设备：固定螺栓 3242；定位销 T03006；凸轮轴尺 T10068 A；固定支架 T10172 及销子 T10172/1。
① 拆卸变速箱。
② 拆卸定位盘。
③ 拆卸左右侧气缸盖罩。
④ 将曲轴用固定支架 T10172 和销子 T10172/1 沿发动机转动方向（箭头）转到上止点

位置，见图10-252。

减震器上的标记2必须位于壳体接缝1的对面，见图10-253。

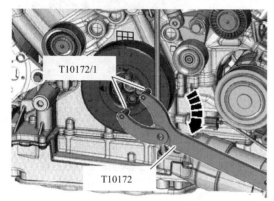

图10-252　顺时针转动曲轴

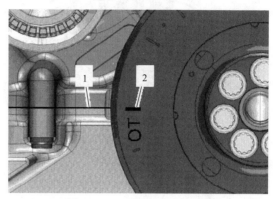

图10-253　减震器标记位置

同时凸轮轴尺T10068 A在两个气缸盖上都必须能插入两个轴槽内。凸轮轴尺T10068 A仅用于将凸轮轴固定在上止点位置，见图10-254。必须将开口扳手SW24作为固定支架卡在凸轮轴的六角段上。

⑤ 必要时将曲轴继续转动1圈。如有必要，则用开口扳手SW24略微来回转动凸轮轴。此时凸轮轴尺T10068 A不允许处于插入状态。

⑥ 如图10-255所示，将上止点标记螺旋塞（箭头）从气缸体上拧出。

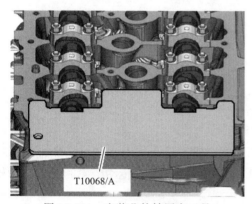

图10-254　安装凸轮轴固定工具

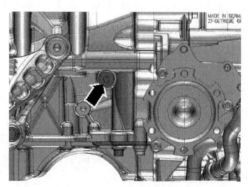

图10-255　拆下标记螺旋塞

⑦ 以20N·m的扭矩把固定螺栓3242拧入孔内，见图10-256。

⑧ 拆卸正时链的所有盖板。对于用过的凸轮轴正时链，转动方向相反时有损坏的危险。为了便于重新安装，要用箭头标记标出凸轮轴正时链的转动方向和对应关系，为此要用彩色进行标记，见图10-257。

⑨ 松开气缸列2（左侧）的凸轮轴正时链时，应将张紧杠杆沿箭头方向转动（图10-258）。

⑩ 用定位销T03006锁定链条张紧器的活塞，见图10-258。

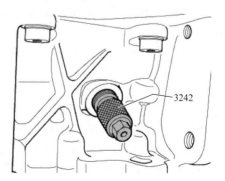

图10-256　安装固定螺栓

图10-257　标记正时链方向　　　　　图10-258　设置张紧器

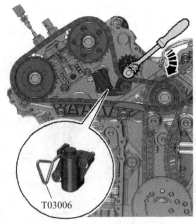

⑪ 旋出凸轮轴调节器螺栓，为此要用开口扳手 SW24 对进气凸轮轴的六角段进行固定。
⑫ 拆下进气凸轮轴调节器。
⑬ 取下气缸列 2（左侧）的凸轮轴正时链。
⑭ 松开气缸列 1（右侧）的凸轮轴正时链时，应将张紧杠杆沿发动机转动方向转动。
⑮ 用定位销 T03006 锁定链条张紧器的活塞，为此要将滑轨略微抬起。
⑯ 旋出螺栓并取下滑轨。
⑰ 旋出凸轮轴调节器螺栓，为此要用开口扳手 SW24 对排气凸轮轴的六角段进行固定。
⑱ 拆下排气凸轮轴调节器。
⑲ 取下气缸列 1（右侧）的凸轮轴正时链。

### 10.73.2　凸轮轴正时链安装

准备工作：两根凸轮轴已用凸轮轴尺 T10068A 固定在上止点位置；曲轴已用固定螺栓 3242 固定在上止点位置；控制机构驱动链已安装。

所有拧紧时需要继续旋转一个角度的螺栓需要更换。

① 气缸列 1（右）。

a. 首先按照拆卸时所作的标记，将气缸列 1（右侧）的凸轮轴正时链装到凸轮轴传动链轮上，然后通过进气凸轮轴调节器拉紧。凸轮轴正时链不得在凸轮轴传动链轮和进气凸轮轴调节器之间出现下垂。

b. 将排气凸轮轴调节器装入凸轮轴正时链，并套到排气凸轮轴上。排气凸轮轴调节器中的固定销必须嵌入排气凸轮轴的配合孔内。凸轮轴正时链不得在凸轮轴调节器之间出现下垂。

c. 拧紧排气凸轮轴调节器的螺栓，为此要用开口扳手 SW24 对排气凸轮轴的六角段进行固定。

d. 将张紧杠杆沿发动机转动方向转动，并拔出定位销 T03006，以松脱链条张紧器。

气缸列 2（左）。

a. 首先按照拆卸时所作的标记，将气缸列 2（左侧）的凸轮轴正时链装到凸轮轴传动链轮上，然后通过排气凸轮轴调节器 1 拉紧（图 10-259）。凸轮轴正时链不得在凸轮轴传动链轮和排气凸轮轴调节器之间出现下垂，如图 10-259 中箭头所示。

b. 将进气凸轮轴调节器 1 装入凸轮轴正时链，并套到进气凸轮轴 2 上；进气凸轮轴调节器中的固定销必须嵌入进气凸轮轴的配合孔内，见图 10-260。凸轮轴正时链不得在凸轮轴调节器之间出现下垂。

第10章 大众-奥迪-斯柯达汽车发动机

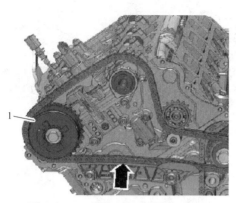

图 10-259 安装左侧凸轮轴正时链
1—排气凸轮轴调节器

图 10-260 安装进气凸轮轴调节器
1—进气凸轮轴调节器；2—进气凸轮轴

c. 拧紧进气凸轮轴调节器3的螺栓1，为此要用开口扳手SW24（图10-261中数字2所示）对进气凸轮轴的六角段进行固定，见图10-261。

d. 将张紧杠杆沿箭头方向转动，并拔出定位销T03006，以松脱链条张紧器，见图10-262。

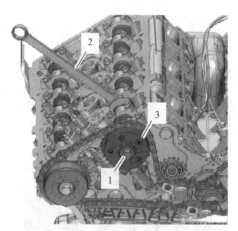

图 10-261 调节安装凸轮轴调节器
1—螺栓；2—开口扳手SW24；3—进气凸轮轴调节器

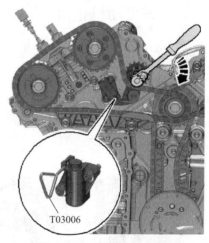

图 10-262 安装右侧张紧器

② 拆除两个气缸盖上的凸轮轴尺T10068A。

③ 取下固定螺栓3242。

④ 将曲轴沿发动机转动方向转动2圈。减震器上的标记必须位于壳体接缝的对面。

⑤ 以20N·m的力矩把固定螺栓3242拧入孔内。凸轮轴尺T10068A必须能插入两个凸轮轴的两个轴槽内。

如有必要，则用开口扳手SW24略微来回转动凸轮轴。此时凸轮轴尺T10068A不允许处于插入状态。

⑥ 拆除两个气缸盖上的凸轮轴尺T10068A。

⑦ 取下固定螺栓3242。

⑧ 拧紧上止点标记螺旋塞。

其他安装以拆卸的相反顺序进行。

 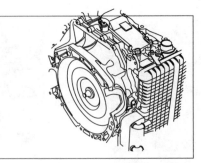 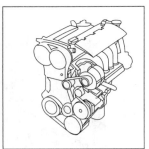

# 第11章 宝马汽车发动机

## 11.1 N13发动机

### 11.1.1 检查发动机正时

① 将曲轴旋到中心螺栓上。用专用工具0496709定位曲轴,见图11-1。在修理过程中不要取下专用工具0496709。

② 检查VANOS调整装置的锁止件。沿旋转方向旋转六角段中的凸轮轴。如果凸轮轴与调整装置动力连接,则调整装置联锁在原位置。如果不与凸轮轴建立牢固的连接,则说明调整装置损坏。当进气凸轮轴的标记IN和排气凸轮轴的标记EX朝上时,说明两根凸轮轴处于正确的安装位置,见图11-2。

图11-1 用专用工具定位曲轴　　图11-2 凸轮轴标记字母朝上
　　　　　　　　　　　　　　IN—进气凸轮轴的标记；EX—排气凸轮轴的标记

③ 进气凸轮轴E的位置向左倾斜,指向上部外侧,见图11-3。
④ 排气凸轮轴A的位置向右倾斜,指向上部外侧,见图11-4。
⑤ 松开部分蓄电池正极导线。松开链条张紧器1,见图11-5。随时准备好抹布,松开螺栓连接之后,会流出少量机油,确保不要有油流到皮带传动上。安装说明：必须在链条张紧器装配时安装一个新密封环。
⑥ 将专用工具119340旋入到气缸盖中,见图11-6。用专用工具009460将正时链预紧至0.6N·m的扭矩。

图 11-3　进气凸轮轴的位置向左倾斜
E—进气凸轮轴

图 11-4　排气凸轮轴的位置向右倾斜
A—排气凸轮轴

图 11-5　松开链条张紧器
1—链条张紧器

图 11-6　将专用工具 119340 旋入到气缸盖中

⑦ 将排气专用工具 117440 松松地安放到排气凸轮轴双平面段（定位），见图 11-7。利用塞尺 1 确定空气间隙。若排气凸轮轴上的测量值小于 1.6mm，则说明配气相位正常。

⑧ 将排气专用工具 117440 松松地安放到排气凸轮轴双平面段（定位），见图 11-8。利用塞尺 1 确定空气间隙。进气凸轮轴上的测量值小于 3.0mm，配气相位正常。

图 11-7　用专用工具定位排气凸轮轴
1—塞尺

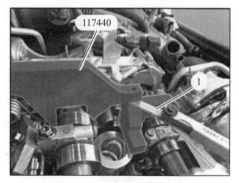

图 11-8　用专用工具定位排气凸轮轴
1—塞尺

⑨ 拆下专用工具 119340。没有专用工具 119340 或链条张紧器时不要转动发动机，正时链可能跳过进气凸轮轴的齿轮。

⑩ 注意旋转方向（朝正时机构侧观看时，旋转方向始终是顺时针方向）。发动机不允许往回旋转，否则检查调整值会出错。

## 11.1.2 调整发动机正时

① 将曲轴旋到中心螺栓上。推入专用工具 0496709 并卡住曲轴。

② 要打开凸轮轴上的中心螺栓 1 和 2 时，安装专用工具 117440。如果无法定位调节量规，则在松开中心螺栓时必须用一把开口扳手固定凸轮轴。松开中心螺栓 1 和 2，见图 11-9。

③ 将专用工具 117440 定位在排气凸轮轴的双平面段上，若有必要，则使用专用工具 322100 扭转。

将专用工具 117440 用螺栓 1 固定在气缸盖上，见图 11-10。

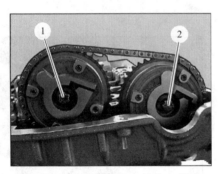

图 11-9 松开凸轮轴上的中心螺栓
1,2—中心螺栓

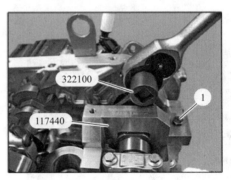

图 11-10 安装专用工具 117440
1—螺栓

④ 将专用工具 117440 定位在进气凸轮轴的双平面段上，若有必要，则使用专用工具 322100 扭转。

将专用工具 117440 用螺栓 1 固定在气缸盖上，见图 11-11。

⑤ 链条张紧器用专用工具 322100 松开（准备好抹布），见图 11-5。

⑥ 进气凸轮轴的零件名称 IN 和排气凸轮轴的零件名称 EX 朝上，见图 11-12。两个进气和排气凸轮轴具有三个已加工的表面，因此能够安装专用工具 117440。第四个表面是未加工的，并作为半月形部位执行。

图 11-11 安装专用工具 117440
1—螺栓

图 11-12 凸轮轴上的标识朝上
IN—进气凸轮轴的零件名称；EX—排气凸轮轴的零件名称

⑦ 排气凸轮轴 A 的凸轮向右倾斜，指向上部，见图 11-4。

⑧ 进气凸轮轴 E 的凸轮向左倾斜，指向上部，见图 11-3。

⑨ 将专用工具119340旋入气缸盖，见图11-6。用专用工具009460将正时链预紧至0.6N·m的扭矩。
⑩ 用专用工具009120或电子扭力扳手固定中心螺栓1，见图11-13。
⑪ 用专用工具009120或电子扭力扳手固定中心螺栓1，见图11-14。

图11-13　固定中心螺栓
1—中心螺栓

图11-14　固定中心螺栓
1—中心螺栓

⑫ 拆卸所有专用工具。转动两次发动机。再次检查配气相位。装配好发动机。

## 11.2　N16发动机

该发动机正时检查和调整方法与N13发动机一样，相关内容请参考11.1小节。

## 11.3　N20/N26发动机

### 11.3.1　发动机正时检查

需要的准备工作：拆下上部纯空气管道，拆下火花塞；拆下气缸盖罩；拆下前部和后部机组防护板。

① 拆下密封盖1。将中心螺栓上的曲轴转到上死点位置。将专用工具2219548推入标定孔并固定曲轴，见图11-15。当用专用工具2219548在正确的标定孔上固定好飞轮时，就不能再通过中心螺栓转动发动机。

② 沿箭头方向用螺丝起子拆下密封盖1，见图11-16。

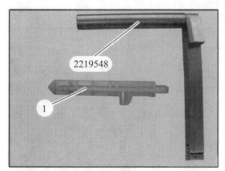

图11-15　用专用工具固定曲轴
1—密封盖

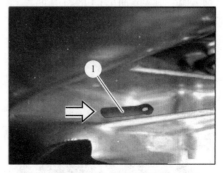

图11-16　拆下密封盖
1—密封盖

③ 专用工具 2219548 只能固定在飞轮 1 上规定的位置（参见箭头），见图 11-17。

④ 安装说明：用机油浸润较容易拆卸和安装的专用工具 2219548。用专用工具 2219548 通过标定孔固定曲轴，见图 11-18。

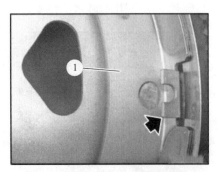 

图 11-17　用专用工具固定飞轮
1—飞轮

图 11-18　通过标定孔固定曲轴

⑤ 提示：专用工具为 2212831；将专用工具 1 与专用工具 4 固定在气缸盖上，见图 11-19。

⑥ 将专用工具 1 用螺栓 2 固定在气缸盖上，见图 11-20。

图 11-19　固定专用工具
1,4—专用工具

图 11-20　用螺栓固定专用工具
1—专用工具；2—螺栓

⑦ 将专用工具 3 无凹口地固定在排气凸轮轴的双平面段上。在 1 号气缸上的点火上死点位置中，排气凸轮轴的凸轮倾斜指向上部，见图 11-21。

⑧ 将专用工具 2 有凹口地固定在进气凸轮轴的双平面段上。在 1 号气缸处于点火上死点位置时，进气凸轮轴的凸轮斜着向上部，见图 11-22。

图 11-21　专用工具固定在排气凸轮轴双平面上
3—专用工具

图 11-22　专用工具固定在进气凸轮轴双平面上
2—专用工具

⑨ 将凸轮轴传感器齿盘量规 1 安装在气缸盖上（图 11-23）。检查凸轮轴传感器齿盘的调整情况。专用工具：2212830。

⑩ 使用销子 1 沿箭头方向定位排气凸轮轴的凸轮轴传感器齿盘；使用销子 2 沿箭头方向定位进气凸轮轴的凸轮轴传感器齿盘，见图 11-24。安装说明：如果错误调整了凸轮轴传感器齿盘，则必须松开中心螺栓。

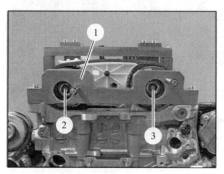

图 11-23　安装凸轮轴传感器齿盘量规
1—凸轮轴传感器齿盘量规；2,3—中心螺栓

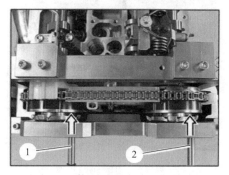

图 11-24　使用销子定位凸轮轴齿盘
1,2—销子

⑪ 如果专用工具 2219548 由于活动困难而无法取下，则可借助于尖嘴钳（弯头）1 通过转动及拉动动作将其取出，见图 11-25。

⑫ 如有必要，则调整配气相位。装配好发动机。

## 11.3.2　发动机正时调整

需要的准备工作：拆下气缸盖罩；检查配气相位。

① 在 1 号气缸处于点火上死点位置时，进气凸轮轴的凸轮斜着指向上部，将专用工具测尺 2 定位在进气凸轮轴的双平面段上，见图 11-22。专用工具：2212831。

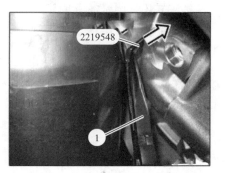

图 11-25　使用弯头尖嘴钳
1—尖嘴钳（弯头）

② 在 1 号气缸处于点火上死点位置时，排气凸轮轴的凸轮斜着指向上部，见图 11-21。

③ 进气、排气凸轮轴 1 上的标记"E"和"A"以及零件号码可以从上方读取，见图 11-26。

④ 将承桥 1 固定在气缸盖上，见图 11-27。将测尺 2 和 3 固定在承桥 1 上。

图 11-26　进气、排气凸轮轴零件号码可以读取
1—进气、排气凸轮轴

图 11-27　安装承桥在气缸盖上
1—承桥；2,3—测尺

⑤ 松开和固定中心螺栓时，务必进行螺栓连接。用螺栓 5 固定测尺 2，见图 11-28。

⑥ 松开和固定中心螺栓时，务必进行螺栓连接。为了固定螺栓 7，必须拆除螺栓 6。用螺栓 7 固定测尺，见图 11-29。

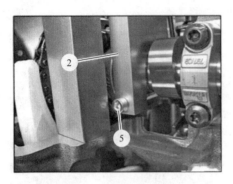

图 11-28　用螺栓固定测尺
2—测尺；5—螺栓

图 11-29　用螺栓固定测尺
6,7—螺栓

⑦ VANOS 调整装置的中心螺栓 2 和 3 只能使用专用工具松开。如果不能安装该专用工具，则必须支承在各个凸轮轴的双平面段上（有损坏危险）。松开中心螺栓 2 和 3，见图 11-23。

⑧ 松开真空罐 1 并将其置于一侧，松开链条张紧器 2，见图 11-30。随时准备好抹布，在松开螺栓后会流出少量的发动机油，确保发动机油不会流到皮带传动机构上。安装说明：更新密封环。

⑨ 转动凸轮轴传感器齿盘，直到定位销 1 和 2 对准调节量规为止，见图 11-24。固定凸轮轴传感器齿盘。

⑩ 使用专用工具 119340 和 009250 将正时链预紧至 0.6N·m 的扭矩，见图 11-31。

图 11-30　松开链条张紧器
1—真空罐；2—链条张紧器

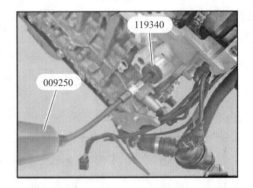

图 11-31　预紧正时链

⑪ 仅可使用专用工具固定进气调整装置的中心螺栓 1，见图 11-32。

⑫ 仅可使用专用工具固定排气调整装置的中心螺栓 1，见图 11-33。

⑬ 拆卸所有专用工具。沿发动机旋转方向转动发动机中心螺栓两次并检查配气相位。装配好发动机。

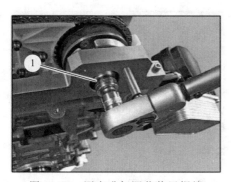

图 11-32　固定进气调节装置螺栓
1—中心螺栓

图 11-33　固定排气凸轮轴调整装置螺栓
1—中心螺栓

## 11.4　N40/N45 发动机

### 11.4.1　发动机正时检查

需要的准备工作：拆下气缸盖罩；拆下所有火花塞。

① 松开螺栓1，松脱油管2，见图11-34。
② 按照旋转方向在中心螺栓上转动曲轴，直到第1缸处于点火上止点位置。

对于进气凸轮轴：

为锁定凸轮轴，双平面段的上侧为圆形，下面为直平面，见图11-35。在第1缸点火上死点位置时，气缸头双平面段上的圆形面朝向上。

图 11-34　取下油管
1—螺栓；2—油管

图 11-35　调节上止点位置（进气凸轮轴）

对于排气凸轮轴：

为锁定凸轮轴，双平面段的上侧为圆形，下面为直平面，见图11-36。在第1缸点火上死点位置时，气缸头双平面段上的圆形面朝向上。附加区别：在第1缸点火上死点位置时，凹口1朝向排气侧。

③ 对于N40发动机：上死点位置的标定孔在启动马达下方的进气侧，为更容易够着，松脱标定孔区域内的电缆，并压至一侧；旋转发动机的中心螺栓，用专用工具119190将飞轮固定在第1缸点火上死点位置处，见图11-37。

图 11-36 调节上止点位置（排气凸轮轴）
1—凹口

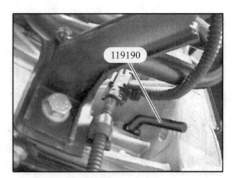

图 11-37 固定飞轮在上止点位置

对于 N45 发动机：上死点位置的标定孔在启动马达下方的进气侧，为更容易够着，松脱标定孔区域内的电缆，并压至一侧；在中心螺栓处旋转发动机，用专用工具 115120 将飞轮固定在第 1 缸点火上死点位置，见图 11-38。

④ 对于带自动变速箱的发动机，上死点位置标定孔 1 前方有一个很大的孔 2，容易和标定孔混淆，见图 11-39。如果飞轮是用专用工具 119190 固定在正确的孔 1 中，则发动机在中心螺栓处就不能再移动。

图 11-38 固定飞轮在上止点位置

图 11-39 注意定位标定孔位置
1—上死点位置标定孔；2—很大的孔

关闭发动机时，进气和排气调整装置一般都锁定在起始位置。

少数情况下，无法达到起始位置，而凸轮轴仍可在调整装置的调整范围内旋转。

为避免配气相位的调整有误，必须检查调整装置的锁止件，如有必要，则旋转凸轮轴进行联锁。

⑤ 检查起始位置上的进气调整装置的锁止件：把住进气凸轮轴的六角段 1，并尝试小心地逆着旋转方向旋转进气凸轮轴，见图 11-40；如果进气凸轮轴和进气调整装置间不存在固定连接，则逆旋转方向旋转进气凸轮轴至限位；如果进气凸轮轴与进气调整装置正时连接，则进气调整装置联锁在起始位置。

⑥ 检查起始位置上的排气调整装置锁止件：把住排气凸轮轴的六角段 1，并尝试小心地沿着旋转方向旋转排气凸轮轴，见图 11-41；如果排气凸轮轴和排气调整装置之间不存在固定连接，则沿旋转方向旋转排气凸轮轴至限位；如果排气凸轮轴与排气调整装置正时连接，则排气调整装置联锁在起始位置。

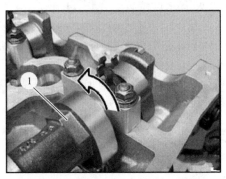

图 11-40　检查进气调整装置的锁止件
1—进气凸轮轴的六角段

图 11-41　检查排气调整装置锁止件
1—排气凸轮轴的六角段

⑦ 凸轮轴的进气或排气调整装置难以联锁。若调整装置损坏，则必须更新。将专用工具 117252 安装到进气凸轮轴上，检查配气相位的调整，见图 11-42。提示：当专用工具 117252 无间隙地紧靠气缸盖安装或高出进气侧小于 0.5mm 时，配气相位调节正确。

⑧ 将专用工具 117253 反向旋转。将专用工具 117251 安装到排气凸轮轴上，检查配气相位的调整，见图 11-43。提示：当专用工具 117251 无间隙地紧靠气缸盖安装或高出进气侧小于 1.0mm 时，配气相位调节正确。如有必要，则调整凸轮轴的配气相位。

图 11-42　安装专用工具到进气凸轮轴

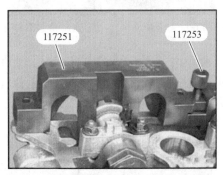

图 11-43　安装专用工具到排气凸轮轴

⑨ 夹上油管，装入螺栓，并拧紧。
⑩ 拆下所有专用工具。装配好发动机。

## 11.4.2　发动机正时调整

需要的准备工作：检查凸轮轴的配气相位。
① 对于进气凸轮轴：
为锁定凸轮轴，双平面段的上侧为圆形，下面为直平面。在第 1 缸点火上死点位置时，气缸头双平面段上的圆形面朝向上，见图 11-35。

对于排气凸轮轴：
为锁定凸轮轴，双平面段的上侧为圆形，下面为直平面。在第 1 缸点火上死点位置时，气缸头双平面段上的圆形面朝向上。附加区别：在第 1 缸点火上死点位置时，凹口 1 朝向排气侧，见图 11-36。

提示：上死点位置的标定孔在启动马达下方的进气侧，为更容易够着，松脱标定孔区域内的电缆，并压至一侧。

② 用专用工具 119190 将发动机固定在第 1 缸点火上死点位置，见图 11-37。

③ 对于带自动变速箱的发动机，上死点位置标定孔 1 前方有一个很大的孔 2，容易和标定孔混淆，见图 11-39。如果飞轮是用专用工具 119190 固定在正确的孔 1 中，则发动机在中心螺栓处就不能再移动。

④ 松开排气和进气调整装置的螺栓，接着将其重新安装至无间隙即可，见图 11-44。

⑤ 将专用工具 117252 安装在进气凸轮轴上，并校正进气凸轮轴，使专用工具 117252 无间隙地安装在气缸盖上，见图 11-42。

⑥ 将专用工具 117251 装到排气凸轮轴上。将专用工具 117253 反向旋转。用专用工具 117251 固定住进气凸轮轴，使其无间隙地安装在气缸盖上，见图 11-43。

⑦ 装入螺栓，并将专用工具 117251 在气缸盖上拧紧，见图 11-45。

图 11-44　松开进排气凸轮轴调整装置螺栓

图 11-45　安装专用工具螺栓

⑧ 将专用工具 117253 手动拧紧，直至紧靠在专用工具 117252 上。装入螺栓，并将专用工具 117252 在气缸盖上拧紧，见图 11-46。

⑨ 拆下链条张紧器柱塞，见图 11-47。

图 11-46　手动拧紧专用工具

图 11-47　拆下张紧器柱塞

⑩ 将专用工具 119340 装入气缸盖，如图 11-48 所示，手动装上张紧导轨的调整螺钉，但正时链尚不要预紧。

⑪ 更新排气和进气调整装置的螺栓。安装进气和进气调整装置的新螺栓，并安装至无间隙即可，见图 11-44。

⑫ 如图 11-49 所示，安装专用工具 117260，将脉冲信号齿固定孔与专用工具 117260 上的定位销对齐。

⑬ 用专用工具 117260 固定脉冲信号齿。将专用工具 117260 装在气缸盖上，见图 11-50。

第11章 宝马汽车发动机

⑭ 将排气调整装置的螺栓1松开半圈。将进气调整装置的螺栓2松开半圈。将套筒扳手安装到螺栓1和2上,并手动调节安装至无间隙即可,见图11-51。

图11-48 安装专用工具进气缸盖

图11-49 安装专用工具117260

图11-50 用专用工具固定脉冲信号齿轮

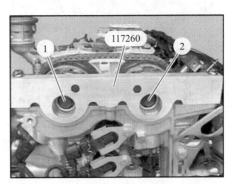

图11-51 安装凸轮轴调整装置螺栓
1,2—螺栓

⑮ 转动调整螺钉并用专用工具009250或普通的扭力扳手以0.6N·m预紧张紧导轨,见图11-52。

⑯ 拧紧排气调整装置的螺栓。

⑰ 拧紧进气调整装置的螺栓。

⑱ 拆下专用工具117260,见图11-50。

⑲ 松开并拆下专用工具119340,见图11-48。

⑳ 进行下面所述的配气相位检测时必须将原装链条张紧器装入,见图11-47。

㉑ 当专用工具117252无间隙地紧靠气缸盖安装或高出进气侧小于0.5mm时,配气相位调节正确。当专用工具117251无间隙地紧靠气缸盖安装或高出进气侧小于1.0mm时,配气相位调节正确。

㉒ 拆下所有专用工具。装配好发动机。

图11-52 预紧张紧导轨

## 11.5 N42/N46发动机

该系列发动机正时检查和调整方法与N40发动机一样,相关内容请参考11.4小节。

## 11.6 N43 发动机

### 11.6.1 发动机正时检查

需要的准备工作：拆下所有火花塞；拆下气缸盖罩。

① 按照旋转方向在中心螺栓上转动曲轴，直到第 1 缸处于点火上死点位置，见图 11-53。

进气凸轮轴：在第 1 缸处于点火上死点位置时，进气凸轮轴的凸轮倾斜朝内。

排气凸轮轴：在第 1 缸处于点火上死点位置时，排气凸轮轴的凸轮倾斜朝内。

② 上死点位置的标定孔在启动马达下方的进气侧，为更容易够着，松脱标定孔区域内的电缆，并压至一侧。在中心螺栓上旋转发动机，并用专用工具 115120 将飞轮固定在第 1 缸点火上死点位置处，见图 11-54。

图 11-53 凸轮轴处于上止点位置

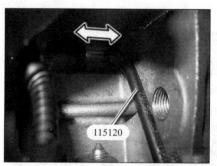

图 11-54 上止点标定孔位置

③ 对于带自动变速箱的发动机，在上死点的标定孔略前面处有一个大孔，不能将这个孔与标定孔混淆。如果已在正确的孔中用专用工具 115120 固定飞轮，则发动机的中心螺栓就不再移动，见图 11-55。

关闭发动机时，进气和排气调整装置一般都锁定在起始位置。为避免配气相位的调整有误，必须检查调整装置的锁止件，如有必要，则旋转凸轮轴进行联锁。

④ 检查起始位置上的锁止件：安装在凸轮轴的双平面段上，并尝试小心地沿旋转方向旋转凸轮轴。如果凸轮轴和调整装置之间不存在固定连接，则沿旋转方向将凸轮轴转至极限位置，见图 11-56。如果凸轮轴与调整装置动力传递连接，则调整装置联锁在原位置。

图 11-55 用专用工具固定飞轮

图 11-56 调整凸轮轴（N46T 型发动机）

如果凸轮轴的进气或排气调整装置无法如上所述进行联锁，则调整装置肯定损坏，必须更新。

⑤ 将专用工具 118692 用专用工具 118693 固定在气缸盖上，见图 11-57。当专用工具 118691 无间隙地平放在气缸盖上或比进气侧高出小于 0.5mm 时，说明配气相位调节正确。当专用工具 118691 无间隙地平放在气缸盖上或比进气侧高出小于 1.0mm 时，说明配气相位调节正确。

## 11.6.2 发动机正时调整

需要的准备工作：检查凸轮轴的配气相位。

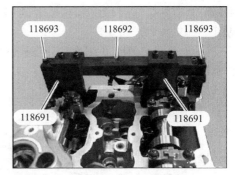

图 11-57　专用工具安装于气缸盖上

① 松开排气和进气调整装置的螺栓，接着将其重新安装至无间隙即可，见图 11-58。

② 将专用工具 118692 用专用工具 118693 固定在气缸盖上，见图 11-57。将专用工具 118691 定位在进气凸轮轴和排气凸轮轴的双平面段上。如果无法定位专用工具 118691，则可以将凸轮轴的双平面段旋转到正确位置。

③ 拆下链条张紧器 1，见图 11-59。

图 11-58　松开进排气调整装置螺栓（N46T 型发动机）

图 11-59　拆下链条张紧器
1—链条张紧器

④ 将专用工具 119340 装入气缸盖，如图 11-60 所示，手动装上张紧导轨的调整螺钉，但正时链尚不要预紧。

⑤ 将脉冲信号齿的固定孔与专用工具 118711 上的定位销对齐并固定。将专用工具 118711 用专用工具 118712 组装到气缸盖上，见图 11-61。

图 11-60　安装专用工具到气缸盖上（N46T 型发动机）

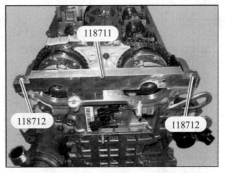

图 11-61　安装专用工具到气缸盖上

⑥ 安装说明：更新进气和排气调整装置的螺栓。安装进气和排气调整装置的新螺栓，

并无间隙地贴紧。将排气调整装置的螺栓 1 松开半圈。将进气调整装置的螺栓 2 松开半圈，见图 11-62。

⑦ 转动调整螺钉并用专用工具 009250 或普通的扭力扳手以 0.6N·m 的预紧力预紧张紧导轨，见图 11-63。

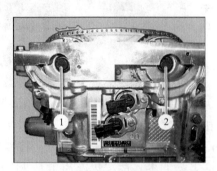

图 11-62 安装进排气调整装置螺栓
1—排气调整装置的螺栓；2—进气调整装置的螺栓

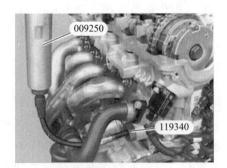

图 11-63 预紧张紧器

⑧ 中心螺栓只可用专用工具 118690 固定。固定排气调整装置的中心螺栓 1 和进气调整装置的中心螺栓 2，见图 11-62。

⑨ 拆下所有专用工具。

⑩ 沿旋转方向将发动机的中心螺栓旋转两圈，直至发动机重新达到第 1 缸点火上止点位置。重新固定飞轮。

⑪ 当专用工具 118691 无间隙地平放在气缸盖上时，说明配气相位已正确调整。允许公差在进气侧为凸起 0.5mm，在排气侧为凸起 1.0mm。

⑫ 装配好发动机。

## 11.7 N47 发动机

### 11.7.1 发动机正时检查

需要的准备工作：拆下气缸盖罩。

① 用专用工具 116480 将发动机旋转到第 1 缸点火上死点位置，见图 11-64。注意：发动机不得沿着与传动方向相反的方向转动。

② 拆下正时齿轮室盖上的护罩。用专用工具 116480 在中心螺栓处旋转发动机。在第 1 缸点火上死点位置上用专用工具 115320 卡住曲轴，见图 11-65。

图 11-64 设置第 1 缸上止点位置

图 11-65 用专用工具卡住曲轴

③ 第 1 缸进气凸轮轴 E 的凸轮倾斜朝上；第 1 缸排气凸轮轴 A 的凸轮向左倾斜并指向外部，见图 11-66。

④ 排气侧凸轮轴齿轮 A 上的标记必须与进气侧凸轮轴齿轮 E 上的标记一致，见图 11-67。

图 11-66　凸轮轴凸轮位置
A—排气凸轮轴；E—进气凸轮轴

图 11-67　进、排气侧齿轮标记一致
A—排气侧凸轮轴齿轮；E—进气侧凸轮轴齿轮

⑤ 将专用工具 118760 安放到排气凸轮轴上。专用工具 118760 必须无间隙地平放在气缸盖上，见图 11-68。如有必要，调整凸轮轴的配气相位。

⑥ 装配好发动机。

注意：在启动发动机前去除专用工具 115320。

## 11.7.2　发动机正时调整

需要的准备工作：拆下气缸盖罩。

① 用专用工具 116480 在中心螺栓处旋转发动机，见图 11-64。发动机不得沿着与传动方向相反的方向转动。

② 拆下正时齿轮箱盖上的护罩。在第 1 缸点火上死点位置上用专用工具 115320 卡住曲轴，见图 11-65。

③ 必须能够从上部读取排气凸轮轴 A 和进气凸轮轴 E 的分类号，见图 11-69。

图 11-68　安装专用工具到气缸盖上

图 11-69　凸轮轴分类号可见
A—排气凸轮轴；E—进气凸轮轴

④ 第一缸进气凸轮轴 E 的凸轮倾斜朝上。第一缸排气凸轮轴 A 的凸轮向左倾斜并指向外部，见图 11-66。

⑤ 排气凸轮轴驱动齿轮 A 上的标记必须与进气凸轮轴驱动齿轮 E 上的标记一致，见图 11-67。如果标记不一致，则必须拆下排气凸轮轴。

⑥ 从外向内松开轴承盖 A1～A5 的所有螺栓，向上拆下排气凸轮轴，见图 11-70。将所

有部件有序地放置在专用工具 114480 上。

⑦ 松开链条张紧器 1，见图 11-71。

图 11-70　拆下排气凸轮轴
A1～A5—轴承盖

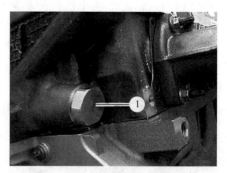

图 11-71　松开链条张紧器
1—链条张紧器

图 11-72　拆下凸轮轴正时齿轮
1—凸轮轴螺栓

⑧ 拆下凸轮轴螺栓 1 并拆下凸轮轴正时齿轮，见图 11-72。

⑨ 定位进气凸轮轴。安装说明：注意凸轮推杆的安装位置。装入排气凸轮轴，令两个标记对齐，见图 11-67。

⑩ 从内向外拧紧所有轴承盖 A1～A5，见图 11-70。

⑪ 将凸轮轴正时齿轮与正时链安放在进气凸轮轴上，使螺栓 1 位于长孔中部，装入螺栓 1；用 10N·m 的力矩接合螺栓 1；将螺栓 1 重新松开 90°，见图 11-72。

⑫ 装入链条张紧器 1，位置见图 11-71。

⑬ 将专用工具 118760 安放到排气凸轮轴上。专用工具 118760 必须无间隙地平放在气缸盖上，见图 11-68。

⑭ 拧紧螺栓 1，位置见图 11-72。

⑮ 将发动机用专用工具 116480 沿旋转方向转动两圈，直到处于第 1 缸点火上死点位置，见图 11-64。检查凸轮轴调整情况。注意不要反向旋转发动机。

⑯ 装配好发动机。将发动机转动两次。检查配气相位。注意在发动机试运转前必须去除专用工具 115320。

## 11.8　N51 发动机

### 11.8.1　发动机正时检查

需要的准备工作：拆下气缸盖罩；拆下前部发动机底部护板。

① 沿箭头方向拆除锁止件 1，见图 11-73。安装说明：向外安装带孔的锁止件 1。

② 将中心螺栓上的曲轴转到上死点位置。沿箭头方向推入专用工具 110300，并卡住曲轴，见图 11-74。注意：对于带自动变速箱的发动机，在上死点的标定孔略前面处有一个大孔，不能将这个孔与标定孔混淆。如果飞轮是用专用工具 110300 固定在正确的孔处，则发

动机的中心螺栓就不再移动。

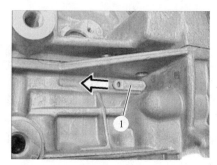

图 11-73 拆除锁止件
1—锁止件

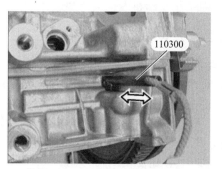

图 11-74 用专用工具卡住曲轴

③ 如果在凸轮轴 1 上，能从上方读到分类号 2，则配气相位便是正确的，见图 11-75。
④ 在第 1 缸处于点火上死点位置时，第 1 缸上进气凸轮轴 1 的凸轮斜着向上，见图 11-76。

图 11-75 凸轮轴上方可见分类号
1—凸轮轴；2—分类号

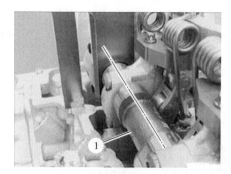

图 11-76 进气凸轮轴的凸轮斜着向上
1—进气凸轮轴

⑤ 在第 1 缸处于点火上死点位置时，第 6 缸上排气凸轮轴 3 的凸轮斜着向下，滚轮拖杆 1 将不被操纵，见图 11-77。如果在已安装的发动机上检查了配气相位，则凸轮轴位置就只能用镜子进行检查
⑥ 用螺栓 1 将专用工具 114283 固定在气缸盖上。在进气侧垫上专用工具 114282。将专用工具 114281 安装在进气和排气凸轮轴上，见图 11-78。

图 11-77 排气凸轮轴的凸轮斜着向下
1—滚轮拖杆；2—凸轮轴固定座；3—排气凸轮轴

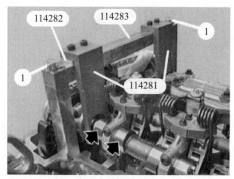

图 11-78 安装专用工具到气缸盖上
1—螺栓

⑦ 如有必要，调整配气相位。

⑧ 装配好发动机。

### 11.8.2 发动机正时调整

需要的准备工作：拆下气缸盖罩。

① 如图 11-73 所示，沿箭头方向拆除锁止件 1。安装说明：向外安装带孔的锁止件 1。

② 将中心螺栓上的曲轴转到上死点位置。如图 11-74 所示，沿箭头方向推入专用工具 110300，并卡住曲轴。注意：对于带自动变速箱的发动机，在上死点的标定孔略前面处有一个大孔，不能将这个孔与标定孔混淆。如果飞轮是用专用工具 110300 固定在正确的孔处，则发动机的中心螺栓就不再移动。

③ 在第 1 缸处于点火上死点位置时，进气凸轮轴 1 的凸轮斜着向上，见图 11-76。

④ 进气和排气凸轮轴 1 双平面段上的分类号 2 向上，见图 11-75。

⑤ 在第 1 缸处于点火上死点位置时，第 6 缸上排气凸轮轴 3 的凸轮斜着向下，见图 11-77。如果在已安装的发动机上调整了配气相位，则凸轮轴位置就只能用镜子进行检查。

⑥ 要打开凸轮轴上的中心螺栓，应装上专用工具 114283、114281 和 114282，见图 11-78。

⑦ 松开中心螺栓 1。中心螺栓 1 只能用专用工具 114280 松开，见图 11-79。松开链条张紧器 2（准备好抹布）。

⑧ 沿箭头方向转动脉冲信号齿 2，直到专用工具 114290 上的定位销 1 一致。沿箭头方向将专用工具 114290 推入，见图 11-80。

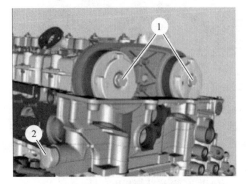

图 11-79　松开凸轮轴调整装置中心螺栓
1—中心螺栓；2—链条张紧器

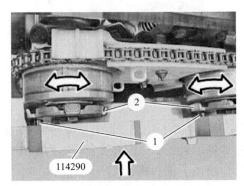

图 11-80　转动脉冲信号齿轮
1—定位销；2—脉冲信号齿

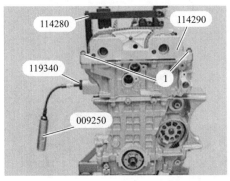

图 11-81　安装专用工具到发动机上
1—螺栓

⑨ 用螺栓 1 固定专用工具 114290（图 11-81）。将专用工具 119340 旋入气缸盖。用专用工具 009250 对正时链预紧至 0.6N·m 的扭矩。用专用工具 009120 将调整装置的两个中心螺栓固定到凸轮轴上。

⑩ 装配好发动机。

## 11.9　N52T 发动机

该发动机正时检查和调整与 N51 发动机一样，相关内容请参考 11.8 小节。

## 11.10 N53发动机

### 11.10.1 发动机正时检查

关闭发动机时，进气和排气调整装置一般都锁定在起始位置。为避免配气相位的调整有误，必须检查调整装置的锁止件，如有必要，则旋转凸轮轴进行联锁。

需要的准备工作：拆下气缸盖罩；拆下前部发动机底部护板。

① 沿箭头方向拆卸锁止件1，见图11-82。安装说明：向外部安装带孔的锁止件1。

② 将中心螺栓上的曲轴转到上死点位置。沿箭头方向推入专用工具110300，并卡住曲轴，见图11-83。对于带自动变速箱的发动机，在上死点的标定孔前不远处有一个大孔，不能将这个孔与标定孔混淆。如果飞轮是用专用工具110300固定在正确的孔处，则发动机的中心螺栓就不再移动。

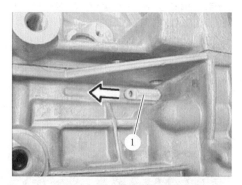

图11-82 拆卸锁止件
1—锁止件

图11-83 用专用工具卡住曲轴

③ 在第1缸点火上死点位置上，第6缸上的进气凸轮轴1凸轮斜着向下。在第6缸点火上死点位置上，第1缸上的排气凸轮轴2凸轮斜着向下。不要操纵凸轮推杆。如果在已安装的发动机上检查配气相位，则凸轮轴位置就只能用镜子进行检查，见图11-84。

④ 用螺栓1将专用工具114283固定在气缸盖上。将专用工具114281安装在进气和排气凸轮轴上，见图11-85。如果无法套上专用工具114281，则必须调整配气相位。

图11-84 凸轮轴在上止点位置
1—进气凸轮轴；2—排气凸轮轴

图11-85 安装专用工具到气缸盖上
1,2—螺栓

⑤ 拆卸所有专用工具。

⑥ 装配好发动机。

### 11.10.2 发动机正时调整

注意：在打开凸轮轴上的中心螺栓时，在后部固定住凸轮轴的六角段。

需要的准备工作：拆下气缸盖罩。

① 如图11-82所示，沿箭头方向拆除锁止件1。安装说明：向外安装带孔的锁止件1。

② 将中心螺栓上的曲轴转到上死点位置。如图11-83所示，沿箭头方向推入专用工具110300，并卡住曲轴。对于带自动变速箱的发动机，在上死点的标定孔前不远处有一个大孔，不能将这个孔与标定孔混淆。如果飞轮是用专用工具110300固定在正确的孔处，则发动机的中心螺栓就不再移动。

③ 用螺栓1安装专用工具114283。专用工具将114281安装到专用工具114283上，见图11-85。如果无法安装专用工具114281，则必须在凸轮轴上的后部六角段上扭转凸轮轴。

④ 在第1缸点火上死点位置上，第6缸上的排气凸轮轴2和进气凸轮轴1的凸轮斜着向下，见图11-84。如果在已安装的发动机上调整了配气相位，则凸轮轴位置就只能用镜子进行检查。

⑤ 松开排气凸轮轴的中心螺栓1（图11-86）。安装说明：更新螺栓1。松开进气凸轮轴的中心螺栓2。安装说明：更新螺栓2。

⑥ 扭转脉冲信号齿，直至专用工具118520上的定位销对齐。将专用工具118520推上气缸盖。专用工具118520用螺栓1和2固定，见图11-87。提示：M6×45螺栓1和2带有防遗失平垫圈。

图11-86 松开凸轮轴中心螺栓
1—排气凸轮轴的中心螺栓；2—进气凸轮轴的中心螺栓

图11-87 安装专用工具到气缸盖上
1,2—螺栓

⑦ 拆下链条张紧器1。将专用工具119340旋入气缸盖。用专用工具009250将正时链预紧至0.6N·m的扭矩。将中心螺栓2和3用专用工具009120拧紧，见图11-88。

⑧ 拆下所有专用工具。

⑨ 装配好发动机。

### 11.11 N54 N54T 发动机

该系列发动机正时检查和调整与N53发动机一样，相关内容请参考11.10小节。

图11-88 安装专用工具到气缸盖并拧紧中心螺栓
1—链条张紧器；2,3—中心螺栓

## 11.12　N55发动机

### 11.12.1　发动机正时检查

关闭发动机时，进气和排气调整装置一般都锁定在起始位置。为避免配气相位的调整有误，必须检查调整装置的锁止件，如有必要，则旋转凸轮轴进行联锁。

为了在进气凸轮轴的双平面段上定位专用工具114281，可以触碰第1缸节气门复位弹簧。

对专用工具114281按照下列说明进行修整。

检测气缸1中间杠杆上节气门复位弹簧的灵活性。修整专用工具114281。

如图11-89所示，专用工具114281上的倒角在50mm长和8.5mm宽的区域进行修整。

将专用工具114281上的倒角修正为8.5mm（图11-90）。

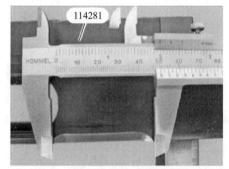

图11-89　倒角为50mm

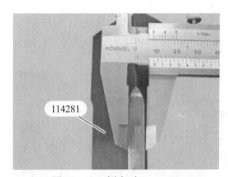

图11-90　倒角为8.5mm

需要的准备工作：拆下气缸盖罩、机组防护板、集风罩。

① 如图11-91所示，沿箭头方向拆卸锁止件1。安装说明：向外部安装带孔的锁止件1。

② 将中心螺栓上的曲轴转到上死点位置。将专用工具110300沿箭头方向推入标定孔并固定曲轴，见图11-92。注意：当用专用工具110300在正确的标定孔上固定好飞轮时，就不能再通过中心螺栓移动发动机。

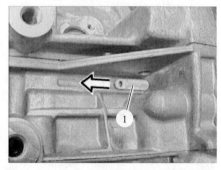

图11-91　拆下锁止件
1—锁止件

图11-92　插入专用工具

③ 装配自动变速箱的车辆只能在飞轮1上预先规定的位置进行修整，如图11-93中箭头所示。

④ 在第 1 缸处于点火上死点位置时，进气凸轮轴 1 的凸轮斜着向上部，见图 11-94。

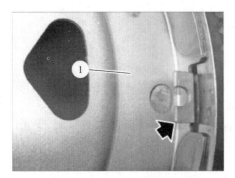

图 11-93　自动变速器车型

图 11-94　进气凸轮轴凸轮向上
1—进气凸轮轴

⑤ 在第 1 缸处于点火上死点位置时，排气凸轮轴 1 的凸轮斜着向上部，见图 11-95。

⑥ 如图 11-96 所示，当进气和排气凸轮轴上的零件号码或读取射码编号 1 朝上时，说明配气相位正确。

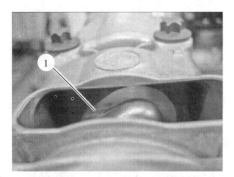

图 11-95　排气凸轮轴凸轮位置
1—排气凸轮轴

图 11-96　射码编号朝上
1—射码编号

⑦ 将专用工具 114285 用螺栓 1 固定在气缸盖上（图 11-97）。将专用工具 114282 垫到进气凸轮轴侧下面。将修整过的专用工具 114281 放入进气凸轮轴。将专用工具 114281 放入排气凸轮轴上。

⑧ 当专用工具 114281 面向进气侧略微立起时，排气凸轮轴的配气相位正确，见图 11-98。

图 11-97　安装专用工具到气缸盖
1—螺栓

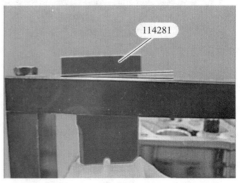

图 11-98　专用工具安装位置

⑨ 当专用工具 114281 面向进气侧略微立起时，进气凸轮轴的配气相位正确，见图 11-99。
⑩ 将专用工具 114281 手动沿箭头方向旋转至极限位置。两个连滚必须都放置在专用工具 114285 上，见图 11-100。

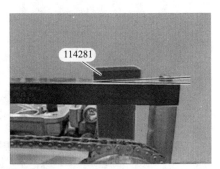

图 11-99　专用工具位置

图 11-100　手动旋转专用工具到极限

⑪ 如有必要，则调整配气相位。
⑫ 装配好发动机。

### 11.12.2　调整正时

为了在进气凸轮轴的双平面段上定位专用工具 114281，可以触碰第 1 缸节气门复位弹簧。将专用工具 114281 按照以下说明进行修整。

需要的准备工作：拆下气缸盖罩；检查配气相位。

① 当第 1 缸处于点火上死点位置时，第 1 缸上进气凸轮轴 1 的凸轮倾斜朝上部，见图 11-94。
② 在第 1 缸处于点火上死点位置时，排气凸轮轴 1 的凸轮斜着向上部，见图 11-95。
③ 进气和排气凸轮轴上的零件号码朝上部，见图 11-96。
④ 将专用工具 114285 用螺栓 1 固定在气缸盖上。将专用工具 114282 垫到进气凸轮轴侧下面。将修整过的专用工具 114281 安装在进气凸轮轴。将专用工具 114281 安装在排气凸轮轴上，见图 11-97。
⑤ VANOS 调整装置的中心螺栓 1 和 2 只能使用专用工具 114280 松开。松开中心螺栓 1 和 2，见图 11-101。
⑥ 松开链条张紧器 1，见图 11-102。随时准备好抹布，在松开螺栓后会流出少量的发动机油，确保发动机油不会流到皮带传动机构上。安装说明：更新密封环。

图 11-101　松开 VANOS 装置中心螺栓
1、2—中心螺栓

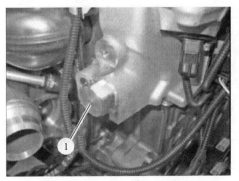

图 11-102　松开链条张紧器

⑦ 如图 11-103 所示，沿箭头方向扭转多极传感轮 2，直到专用工具 114290 上的定位销 1 一致。沿箭头方向将专用工具 114290 推入。

⑧ 使用螺栓固定专用工具 114290。安装说明：更换两个中心螺栓。旋入两个中心螺栓。将两个中心螺栓旋转 90°。将专用工具 119340 旋入气缸盖，见图 11-104。

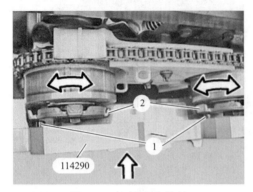

图 11-103　插入定位销
1—定位销；2—多极传感轮

图 11-104　安装专用工具

⑨ 如图 11-105 所示，使用专用工具 119340 和 009250 将正时链预紧至 0.6N·m 的扭矩。

⑩ 进气调整装置的中心螺栓必须使用专用工具 009120 固定，见图 11-106。

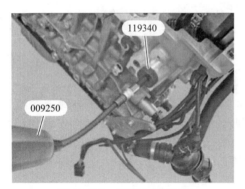

图 11-105　安装专用工具

图 11-106　固定进气调整装置中心螺栓

⑪ 排气调整装置的中心螺栓必须使用专用工具 009120 固定，见图 11-107。

⑫ 拆卸所有专用工具。

⑬ 沿发动机旋转方向转动发动机中心螺栓两次并检查配气相位。

⑭ 装配好发动机。

## 11.13　N57 发动机

该发动机正时检查和调整与 N47 系列发动机一样，相关内容请参考 11.7 小节。

图 11-107　固定排气调整装置中心螺栓

## 11.14 N62/N62T 发动机

### 11.14.1 右侧凸轮轴正时检查（第 1~4 气缸）

需要的准备工作：拆下右偏心轴的调整马达、右气缸盖罩、第 1~4 气缸侧的所有火花塞，如有必要，则拆下集风罩。

① 螺栓 1 是一个专用螺栓，不允许用一个普通的 M8 螺栓进行替换。松开螺栓 1。将机油管 3 从夹子 2 上松脱并拆下，见图 11-108。

② 按照旋转方向在中心螺栓上转动曲轴，直到第 1 缸处于点火上死点位置。在点火上止点位置时，第 1 气缸排气凸轮轴的凸轮斜着朝上。进气凸轮轴的凸轮斜着朝下。

图 11-108　拆下机油管道
1—螺栓；2—夹子；3—机油管

图 11-109　上止点位置凸轮位置

③ 上死点位置的标定孔位于正时齿轮箱盖前部。旋转发动机的中心螺栓，并用专用工具 119190 将扭振减震器固定在第 1 气缸的点火上止点位置，见图 11-110。

④ 关闭发动机时，进气和排气调整装置一般都锁定在起始位置。少数情况下，无法达到起始位置，而凸轮轴仍可在调整装置的调整范围内旋转。为避免配气相位的调整有误，必须检查调整装置的锁止件，如有必要，则旋转凸轮轴进行联锁。

检查起始位置上的进气调整装置的锁止件：在六角段上安装进气凸轮轴，并尝试小心地逆着旋转方向旋转进气凸轮轴，见图 11-111。

图 11-110　固定减震器于上止点位置

图 11-111　逆向旋转进气凸轮轴

如果进气凸轮轴和进气调整装置间不存在固定连接，则逆旋转方向旋转进气凸轮轴至限位。

如果进气凸轮轴与进气调整装置正时连接，则进气调整装置联锁在起始位置。

⑤ 检查起始位置上的排气调整装置锁止件：在六角段上安装排气凸轮轴，并尝试小心地沿着旋转方向旋转排气凸轮轴，见图11-112。

如果排气凸轮轴和排气调整装置之间不存在固定连接，则沿旋转方向旋转排气凸轮轴至限位。

如果排气凸轮轴与排气调整装置正时连接，则排气调整装置联锁在起始位置。

⑥ 如果凸轮轴的进气或排气调整装置无法如上所述进行联锁，则调整装置肯定损坏，必须更新。

将专用工具119461安装在进气凸轮轴上，检查配气相位调整，见图11-113。

当专用工具119461无间隙地紧靠气缸盖安装或高出进气侧小于0.5mm时，则配气相位调节正确。

图11-112 顺时针放置排气凸轮轴

图11-113 安装专用工具到进气凸轮轴

图11-114 安装专用工具到排气凸轮轴

⑦ 将专用工具119462安装在排气凸轮轴上，检查配气相位调整，见图11-114。当专用工具119462无间隙地紧靠气缸盖安装或高出进气侧小于0.5mm时，则配气相位调节正确。

如有必要，则调整右侧凸轮轴的配气相位。

⑧ 拆下所有专用工具。

⑨ 螺栓1是一个专用螺栓，不允许用一个普通的M8螺栓进行替换。将机油管3卡入夹子2中。装入螺栓1并拧紧，见图11-108。

⑩ 装配好发动机。

## 11.14.2 右侧凸轮轴正时调整（第1~4气缸）

① 拆下右正时齿轮箱盖。

② 在松开螺栓时应在六角段处固定住凸轮轴。松开排气和进气调整装置的螺栓（图11-115）。

③ 准备专用工具组119460固定凸轮轴（图11-116）。

专用工具119461用来固定进气凸轮轴。

专用工具119462用来固定排气凸轮轴。

专用工具119463为带螺栓的支架。

图 11-115　松开凸轮轴调整装置螺栓

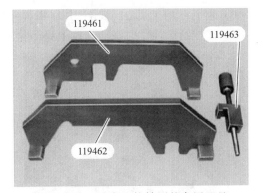

图 11-116　固定凸轮轴用的专用工具

④ 将专用工具 119461 安装在进气凸轮轴上，并校正进气凸轮轴，使专用工具 119461 无间隙地安装在气缸盖上，见图 11-117。

⑤ 装上专用工具 119463，并将螺栓 1 固定在机油管螺纹内，用手拧紧，见图 11-118。

图 11-117　安装专用工具到进气凸轮轴

图 11-118　安装专用工具
1—螺栓

⑥ 在拧紧螺栓 1 时在六角段上将凸轮轴固定。

拧紧进气调整装置的螺栓 1，见图 11-119。

⑦ 松开螺栓 1，将专用工具 119463 和 119461 从进气凸轮轴上拆下，见图 11-118。

⑧ 将专用工具 119462 安装在排气凸轮轴上，并校正排气凸轮轴，使专用工具 119462 无间隙地安装在气缸盖上，见图 11-120。

图 11-119　拧紧进气调整装置螺栓
1—螺栓

图 11-120　安装专用工具到排气凸轮轴

⑨ 装上专用工具 119463，并将螺栓 1 固定在机油管螺纹内，用手拧紧，见图 11-121。
⑩ 在拧紧螺栓 2 时在六角段上将凸轮轴固定。拧紧排气调整装置的螺栓 2，见图 11-122。

图 11-121 装上固定工具
1—螺栓

图 11-122 调整排气凸轮轴螺栓
2—螺栓

⑪ 松开螺栓 1，将专用工具 119463 和 119462 从排气凸轮轴上拆下，见图 11-121。
⑫ 拆下专用工具 119190。两次沿旋转方向旋转发动机的中心螺栓，直至发动机重新达到第 1 缸点火上止点位置。将减震器用专用工具 119190 固定在第 1 缸的点火上死点位置，见图 11-110。
⑬ 将专用工具 119461 安装在进气凸轮轴上，检查配气相位调整。当专用工具 119461 无间隙地紧靠气缸盖安装或高出排气侧小于 0.5mm 时，则配气相位调节正确，见图 11-117。
⑭ 将专用工具 119461 从进气凸轮轴上拆下。
⑮ 将专用工具 119462 安装在排气凸轮轴上，检查配气相位调整。当专用工具 119462 无间隙地紧靠气缸盖安装或高出排气侧小于 0.5mm 时，则配气相位调节正确，见图 11-120。
⑯ 拆下所有专用工具。
⑰ 装配好发动机。

## 11.14.3 检测左侧凸轮轴正时（第 5~8 气缸）

需要的准备工作：拆下左偏心轴的调整马达、左气缸盖罩、第 5~8 气缸侧的所有火花塞；如有必要拆下集风罩。

① 螺栓 1 为一专用螺栓，不得用一个普通的 M8 螺栓进行替换。松开螺栓 1。将机油管 3 从夹子 2 上松脱并拆下，见图 11-123。
② 按照旋转方向在中心螺栓上转动曲轴，直到第 1 缸处于点火上死点位置。在第 1 气缸处于点火上止点位置时，第 5 气缸上的进气和排气凸轮轴的凸轮如图所示斜着朝上，见图 11-124。

图 11-123 松开机油管道
1—螺栓；2—夹子；3—机油管

图 11-124 第 5 气缸进、排气凸轮轴位置

③ 上死点位置的标定孔位于正时齿轮箱盖前部。旋转发动机的中心螺栓，并用专用工具119190将扭振减震器固定在1气缸的点火上止点位置，见图11-110。

④ 关闭发动机时，进气和排气调整装置一般都锁定在起始位置。少数情况下，无法达到起始位置，而凸轮轴仍可在调整装置的调整范围内旋转。

为避免配气相位的调整有误，必须检查调整装置的锁止件，如有必要，则旋转凸轮轴进行联锁。

检查起始位置上的进气调整装置的锁止件：在六角段上安装进气凸轮轴，并尝试小心地逆着旋转方向旋转进气凸轮轴（图11-125）。

如果进气凸轮轴和进气调整装置间不存在固定连接，则逆旋转方向旋转进气凸轮轴至限位。如果进气凸轮轴与进气调整装置正时连接，则进气调整装置联锁在起始位置。

⑤ 检查起始位置上的排气调整装置锁止件：在六角段上安装排气凸轮轴，并尝试小心地沿着旋转方向旋转排气凸轮轴（图11-126）。

如果排气凸轮轴和排气调整装置之间不存在固定连接，则沿旋转方向旋转排气凸轮轴至限位。如果排气凸轮轴与排气调整装置正时连接，则排气调整装置联锁在起始位置。

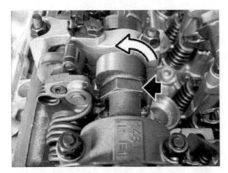

图11-125　逆时针旋转进气调整装置

图11-126　沿旋转方向转动排气凸轮轴

如果凸轮轴的进气或排气调整装置无法如上所述进行联锁，则调整装置肯定损坏，必须更新。

⑥ 将专用工具119461安装在进气凸轮轴上，检查配气相位调整。当专用工具119461无间隙地紧靠气缸盖安装或高出排气侧小于0.5mm时，则配气相位调节正确，见图11-127。

⑦ 将专用工具119461从进气凸轮轴上拆下。

⑧ 将专用工具119462安装在排气凸轮轴上，检查配气相位调整，见图11-128。当专用工具119462无间隙地紧靠气缸盖安装或高出排气侧小于0.5mm时，则配气相位调节正确。如有必要，则调整左凸轮轴的配气相位。

图11-127　安装进气凸轮轴调整工具

图11-128　安装专用工具到排气凸轮轴

⑨ 拆下所有专用工具。

⑩ 螺栓1为一专用螺栓，不得用一个普通的M8螺栓进行替换。将机油管3卡入夹子2中，装入螺栓1并拧紧，见图11-123。

⑪ 装配好发动机。

## 11.14.4　调整左侧凸轮轴正时（第5～8气缸）

需要的准备工作：检查左侧凸轮轴的配气相位。

① 拆下左正时齿轮箱盖。

② 在松开螺栓时应在六角段处固定住凸轮轴。松开排气和进气调整装置的螺栓，见图11-115。

③ 准备专用工具组119460固定凸轮轴，见图11-116。

专用工具119461用来固定进气凸轮轴。

专用工具119462用来固定排气凸轮轴。

专用工具119463为带螺栓的支架。

④ 将专用工具119461安装在进气凸轮轴上，并校正进气凸轮轴，使专用工具119461无间隙地安装在气缸盖上，见图11-129。

⑤ 装上专用工具119463，并将螺栓1固定在机油管螺纹内，用手拧紧，见图11-130。

图11-129　安装专用工具到进气凸轮轴

图11-130　安装专用工具固定装置

1—螺栓

⑥ 在拧紧螺栓1时在六角段上将凸轮轴固定。拧紧进气调整装置的螺栓1，见图11-131。

⑦ 松开螺栓1，将专用工具119463和119461从进气凸轮轴上拆下，见图11-130。

⑧ 将专用工具119462安装在排气凸轮轴上，并校正排气凸轮轴，使专用工具119462无间隙地安装在气缸盖上，见图11-132。

图11-131　紧固进气调整装置螺栓

1—螺栓

图11-132　专用工具安装到排气凸轮轴

⑨ 装上专用工具 119463，并将螺栓 1 固定在机油管螺纹内，用手拧紧，见图 11-133。
⑩ 在拧紧螺栓 2 时在六角段上将凸轮轴固定。拧紧排气调整装置的螺栓 2，见图 11-134。

图 11-133　安装专用工具固定装置
1—螺栓

图 11-134　紧固排气调整装置螺栓
2—螺栓

⑪ 松开螺栓 1，将专用工具 119463 和 119462 从排气凸轮轴上拆下，见图 11-133。
⑫ 拆下专用工具 119190。
⑬ 两次沿旋转方向旋转发动机的中心螺栓，直至发动机重新达到第 1 缸点火上止点位置。
⑭ 将减震器用专用工具 119190 固定在第 1 气缸的点火上止点位置。
⑮ 将专用工具 119461 安装在进气凸轮轴上，检查配气相位调整。当专用工具 119461 无间隙地紧靠气缸盖安装或高出排气侧小于 0.5mm 时，则配气相位调节正确。
⑯ 将专用工具 119461 从进气凸轮轴上拆下。将专用工具 119462 安装在排气凸轮轴上，检查配气相位调整。
当专用工具 119462 无间隙地紧靠气缸盖安装或高出排气侧小于 0.5mm 时，则配气相位调节正确。
⑰ 拆下所有专用工具。
⑱ 装配好发动机。

## 11.15　N63 发动机

### 11.15.1　检查右侧凸轮轴正时（第 1~4 气缸）

配气相位只能用专用工具 119900 检查。如果不使用专用工具 119900 检查配气相位，则可能导致配气相位的错误解释。

需要的准备工作：拆下右侧气缸盖罩、集风罩及电动风扇、空调器皮带轮、右侧链条张紧器。

① 安装专用工具 119900 代替链条张紧器。
② 用专用工具 009250 以 0.6N·m 的力矩预紧内六角螺栓，见图 11-135。
③ 标记（"MP" = 安装位置）对于专用工具 118570 的安装很重要。标记"MP"位于第 1 缸点火上死点位置前 150°处，见图 11-136。
④ 将专用工具 118570 通过双平面段定位在减震器上，使其能够用螺栓 1 固定在"MP"标记处；曲轴箱上的定位凹槽如图中箭头所示，见图 11-137。

图 11-135 安装专用工具

图 11-136 标记位置

⑤ 在中心螺栓处旋转发动机。

⑥ 用专用工具 118570 和 119190 将减震器固定在第 1 缸点火上死点位置前 150°处，见图 11-138。

图 11-137 使用专用工具固定
1—螺栓

图 11-138 固定减震器

⑦ 在第 1 缸点火上死点位置前 150°处，第 1 缸上排气凸轮轴 A 的凸轮轴倾斜朝上。进气凸轮轴 E 的凸轮倾斜向下，见图 11-139。

为了清楚起见，插图中不带进气和排气调整装置。

⑧ 关闭发动机时，进气和排气调整装置一般都锁定在起始位置。少数情况下，无法达到起始位置，而凸轮轴仍可在调整装置的调整范围内旋转。

为避免配气相位的调整有误，必须检查调整装置的锁止件，如有必要，则旋转凸轮轴进行联锁。

检查进气和排气调整装置在起始位置上的锁定情况：安装在凸轮轴的六角段 2 上，并尝试用一把开口扳手 1 小心地逆旋转方向转动凸轮轴，见图 11-140。如果凸轮轴与调整装置动力传递连接，则进气和排气调整装置锁定起始位置。图 11-140 所示对应于第 5~8 气缸。

⑨ 如果凸轮轴的进气或排气调整装置无法如上所述进行联锁，则调整装置肯定损坏，必须更换。

将专用工具 119893 安装在排气凸轮轴上，检查配气相位调整，见图 11-141。

当专用工具 119893 无间隙地安装在气缸盖上时，说明配气相位已正确调整好。

⑩ 将专用工具 119893 安装在进气凸轮轴上，检查配气相位调整，见图 11-142。

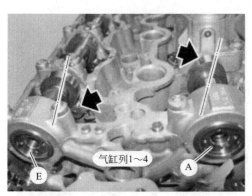

图 11-139　进、排气凸轮轴凸轮位置
A—排气凸轮轴；E—进气凸轮轴

图 11-140　调整进排气凸轮轴位置
1—开口扳手；2—凸轮轴的六角段

图 11-141　安装排气凸轮轴正时工具

图 11-142　安装正时工具到进气凸轮轴

当专用工具 119893 无间隙地安装在气缸盖上时，说明配气相位已正确调整好。
如有必要，则调整右侧凸轮轴的配气相位。
⑪ 拆下所有专用工具。
⑫ 装配好发动机。

## 11.15.2　调整右侧凸轮轴正时（第 1~4 气缸侧）

调整装置上的中心螺栓只可用专用工具 119890 松开。如果无法安装专用工具 119890，则在松开中心螺栓时必须固定相应凸轮轴的六角段。
需要的准备工作：拆下右正时齿轮箱盖，检查右侧凸轮轴的配气相位。
准备用于固定凸轮轴的工具如图 11-143 所示。
① 如果无法安装专用工具 119890，则在松开中心螺栓时必须固定相应凸轮轴的六角段。
② 松开进气和排气调整装置的中心螺栓。安装说明：松开后更换中心螺栓。
③ 检查中心螺栓螺栓头是否有油脂。如果在中心螺栓的螺栓头上识别不到油脂，则出于安全方面考虑必须更换调整装置。安装说明：为新的中心螺栓在接触面涂上铜涂料。
④ 将专用工具 119893 安装到进气凸轮轴上和排气凸轮轴上。专用工具 119893 必须无间隙地安装在气缸盖上，如有必要，则在六角段上调整凸轮轴。
⑤ 将专用工具 119894 旋入气缸盖中，见图 11-144。
⑥ 将专用工具 119892 定位到专用工具 119893 上。用专用工具 119891 固定两个专用工

具119893。手动拧紧专用工具119891，见图11-145。

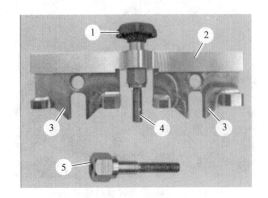

图 11-143 专用工具组

图 11-144 安装专用工具

1—专用工具119891滚花螺栓；2—专用工具119892压板；3—专用工具119893进气和排气凸轮轴的卡规；4—专用工具组119890；5—专用工具119894定位隔块

⑦ 用专用工具009120右边固定进气调整装置的中心螺栓1和排气调整装置的中心螺栓2，见图11-146。

图 11-145 拧紧专用工具

图 11-146 紧固进排气螺栓

1—进气调整装置的中心螺栓；2—排气调整装置的中心螺栓

⑧ 拆卸专用工具119190和118570。

⑨ 在中心螺栓上沿发动机旋转方向转动发动机两次，直至发动机重新达到第1气缸点火上死点位置150°处。

⑩ 用专用工具119190将减震器固定在第1气缸点火上死点位置150°处，见图11-138。

⑪ 将专用工具119893安装在排气凸轮轴上，检查配气相位调整。当专用工具119893无间隙地安装在气缸盖上时，说明配气相位已正确调整好。

⑫ 将专用工具119893安装在进气凸轮轴上，检查配气相位调整。当专用工具119893无间隙地安装在气缸盖上时，说明配气相位已正确调整好。

⑬ 拆下所有专用工具。

⑭ 装配好发动机。

## 11.15.3 检查左侧凸轮轴正时（第5～8气缸）

配气相位只能用专用工具119900检查。如果不使用专用工具119900检查配气相位，则可能导致配气相位的错误解释。

需要的准备工作：拆下左侧气缸盖罩、集风罩及电动风扇、空调器皮带轮、左侧链条张紧器。

① 安装专用工具 119900 代替链条张紧器。用专用工具 009250 以 0.6N·m 的力矩预紧内六角螺栓，见图 11-135。图 11-135 所示对应于第 1~4 气缸。

② 标记（"MP"=安装位置）对于专用工具 118570 的安装很重要。标记"MP"位于第 1 缸点火上死点位置前 150°处，见图 11-136。

③ 将专用工具 118570 通过双平面段定位在减震器上，使其能够用螺栓 1 固定在 MP 标记处；曲轴箱上的定位凹槽如图中箭头所示，见图 11-137。

④ 在中心螺栓处旋转发动机。用专用工具 118570 和 119190 将减震器固定在第 1 缸点火上死点位置前 150°处，见图 11-138。

⑤ 在第 1 缸点火上死点位置前 150°处，第 5 缸上排气凸轮轴 A 的凸轮倾斜朝左，进气凸轮轴 E 的凸轮倾斜向下，见图 11-147。

为了清楚起见，图 11-147 中不显示进气和排气调整装置。

⑥ 关闭发动机时，进气和排气调整装置一般都锁定在起始位置。少数情况下，无法达到起始位置，而凸轮轴仍可在调整装置的调整范围内旋转。

为避免配气相位的调整有误，必须检查调整装置的锁止件，如有必要，则旋转凸轮轴进行联锁。

图 11-147　凸轮轴凸轮位置
A—排气凸轮轴；E—进气凸轮轴

检查进气和排气调整装置在起始位置上的锁定情况：

安装在凸轮轴的六角段 2 上，并尝试用一把开口扳手 1 小心地逆旋转方向转动凸轮轴；如果凸轮轴与调整装置动力传递连接，则进气和排气调整装置锁定起始位置，见图 11-140。

⑦ 如果凸轮轴的进气或排气调整装置无法如上所述进行联锁，则调整装置肯定损坏，必须更换。

将专用工具 119893 安装在排气凸轮轴上，检查配气相位调整，见图 11-148。

当专用工具 119893 无间隙地安装在气缸盖上时，说明配气相位已正确调整好。

⑧ 将专用工具 119893 安装在进气凸轮轴上，检查配气相位调整，见图 11-149。

图 11-148　安装排气凸轮轴正时工具

图 11-149　安装进气凸轮轴正时工具

当专用工具119893无间隙地安装在气缸盖上时，说明配气相位已正确调整好。

如有必要，则调整左侧凸轮轴的配气相位。

⑨ 拆下所有专用工具。

⑩ 装配好发动机。

## 11.15.4　调整左侧凸轮轴正时（第5~8气缸侧）

调整装置上的中心螺栓只可用专用工具119890松开。

如果无法安装专用工具119890，则在松开中心螺栓时必须固定相应凸轮轴的六角段。

需要的准备工作：拆下左正时齿轮箱盖，检查左侧凸轮轴的配气相位，准备用于固定凸轮轴的专用工具组119890，见图11-143。

① 如果无法安装专用工具119890，则在松开中心螺栓时必须固定相应凸轮轴的六角段。

松开进气和排气调整装置的中心螺栓。松开后更换中心螺栓。

② 检查中心螺栓螺栓头是否有油脂。如果在中心螺栓的螺栓头上识别不到油脂，则出于安全方面考虑必须更换调整装置。为新的中心螺栓在接触面涂上铜涂料。

③ 将专用工具119893安装到进气凸轮轴上和排气凸轮轴上。专用工具119893必须无间隙地安装在气缸盖上，如有必要，则在六角段上调整凸轮轴。将专用工具119894旋入气缸盖中（图11-150）。

④ 将专用工具119892定位到专用工具119893上。用专用工具119891固定两个专用工具119893。手动拧紧专用工具119891（图11-151）。

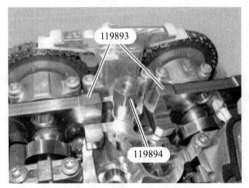

图11-150　安装进气凸轮轴正时工具

图11-151　定位专用工具119892

⑤ 用专用工具009120右边固定进气调整装置的中心螺栓和排气调整装置的中心螺栓。

⑥ 拆卸专用工具119190和118570。

⑦ 在中心螺栓上沿发动机旋转方向转动发动机两次，直至发动机重新达到第1气缸点火上死点位置150°处。

⑧ 用专用工具119190将减震器固定在第1气缸点火上死点位置150°处。

⑨ 将专用工具119893安装在排气凸轮轴上，检查配气相位调整。当专用工具119893无间隙地安装在气缸盖上时，说明配气相位已正确调整好。

⑩ 将专用工具119893安装在进气凸轮轴上，检查配气相位调整。当专用工具119893无间隙地安装在气缸盖上时，说明配气相位已正确调整好。

⑪ 拆下所有专用工具。

⑫ 装配好发动机。

## 11.16 N73发动机

### 11.16.1 正时链部件分布

发动机正时链部件如图11-152所示。

### 11.16.2 发动机正时检查与调整

使用的专用工具、操作流程与N63发动机一样，相关内容请参考11.15小节。

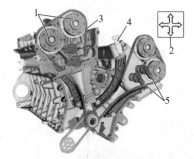

图11-152 N73系列发动机正时链部件分布
1—VANOS调整装置；2—配气相位；3—正时链；4—链条张紧器；5—电磁阀

## 11.17 N74发动机

### 11.17.1 检查右侧凸轮轴正时（第1~6气缸）

配气相位只能用专用工具119900检查。如果不使用专用工具119900检查配气相位，则可能导致配气相位的错误解释。

需要的准备工作：拆下右侧气缸盖罩、风扇罩及电动风扇、空调器皮带轮、右侧链条张紧器。

① 安装专用工具119900代替链条张紧器。用专用工具009250以0.6N·m的力矩预紧内六角螺栓，见图11-153。

② 关闭发动机时，进气和排气调整装置一般都锁定在起始位置。少数情况下，无法达到起始位置，而凸轮轴仍可在调整装置的调整范围内旋转。

为避免配气相位的调整有误，必须检查调整装置的锁止件，如有必要，则旋转凸轮轴进行联锁。

检查进气和排气调整装置在起始位置上的锁定情况：

安装在凸轮轴的六角段2上，并尝试用一把开口扳手1小心地逆旋转方向转动凸轮轴，见图11-154。如果凸轮轴与调整装置动力传递连接，则进气和排气调整装置锁定起始位置。图11-154所示对应第7~12气缸。

图11-153 安装专用工具

图11-154 逆旋转方向转动凸轮轴
1—开口扳手；2—凸轮轴的六角段

③ 如果凸轮轴的进气或排气调整装置无法如上所述进行联锁，则调整装置肯定损坏，必须更换。

假设凸轮轴位于第 1 气缸点火上死点位置上,就可以从上读取排气凸轮轴的说明 1 和 2,见图 11-155。

"A":排气凸轮轴。"16":第 1~6 气缸。

④ 在第 1 气缸点火上死点位置中倾斜向内显示第 1 气缸排气凸轮轴 1 的凸轮(见箭头),见图 11-156。

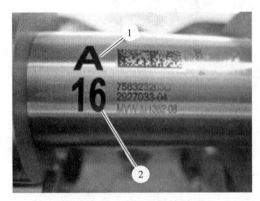 

图 11-155　排气凸轮轴说明
1、2—排气凸轮轴的说明

图 11-156　第 1 气缸排气凸轮轴凸轮位置
1—排气凸轮轴

⑤ 假设凸轮轴位于第 1 点火上死点位置上,就可以从上读取进气凸轮轴的说明 1 和 2,见图 11-157。

"E":进气凸轮轴。"16":第 1~6 气缸。

⑥ 在第 1 点火上死点位置中倾斜向内显示第 1 气缸进气凸轮轴 1 的凸轮(见箭头),见图 11-158。

图 11-157　进气凸轮轴说明
1、2—进气凸轮轴的说明

图 11-158　第 1 气缸进气凸轮轴凸轮位置
1—进气凸轮轴

⑦ 松开螺栓 1,将辅助水泵的支架置于一侧,见图 11-159。

⑧ 用减震器双平面定位专用工具 118570 在 OT 标记处。用一只螺栓 1 固定专用工具 118570,见图 11-160。

⑨ 在中心螺栓上沿发动机转动方向转动发动机。

用专用工具 118570 和 119190 将减震器推入到上孔内,见图 11-161。

⑩ 正确定位曲轴,当将专用工具 118570 用 119190 固定在凹槽里时(见箭头),将曲轴固定在第 1 气缸点火上死点位置内,见图 11-162。

图 11-159　临时拆下辅助水泵支架
1—螺栓；2—辅助水泵支架

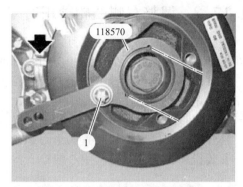

图 11-160　固定减震器定位工具
1—螺栓

图 11-161　转动固定工具推入孔内

图 11-162　定位曲轴在第 1 气缸上止点位置

⑪ 将专用工具 119893 安装在进气凸轮轴上，检查配气相位调整，见图 11-163。当专用工具 119893 无间隙地安装在气缸盖上时，说明配气相位已正确调整好。

⑫ 将专用工具 119893 安装在排气凸轮轴上，检查配气相位调整，见图 11-164。当专用工具 119893 无间隙地安装在气缸盖上时，说明配气相位已正确调整好。如有必要，则调整右侧凸轮轴的配气相位。

图 11-163　安装专用工具在进气凸轮轴上

图 11-164　安装专用工具到排气凸轮轴上

⑬ 拆下所有专用工具。

⑭ 装配好发动机。

## 11.17.2 调整右侧凸轮轴正时（第1~6气缸侧）

调整装置上的中心螺栓只可用专用工具119890松开。如果无法安装专用工具119890，则在松开中心螺栓时必须固定相应凸轮轴的六角段。

需要的准备工作：拆下右正时齿轮箱盖，检查右侧凸轮轴的配气相位。

准备用于固定凸轮轴的专用工具组119890，见图11-165。

① 如果无法安装专用工具119890，则在松开中心螺栓时必须固定相应凸轮轴的六角段。

松开排气和进气调整装置的中心螺栓1和2，见图11-166。

安装说明：松开后更新中心螺栓。

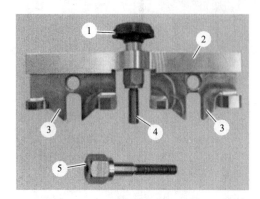

图11-165　凸轮轴固定工具组
1—专用工具119891滚花螺栓；2—专用工具119892压板；
3—专用工具119893进气和排气凸轮轴的卡规；4—专用
工具119895定距支架；5—专用工具119894支架固定杆

图11-166　松开进、排气调整装置螺栓
1,2—中心螺栓；3,4—进排气调整装置

② 为新的中心螺栓1在接触面涂上铜涂料。
注意：VANOS调整装置电磁阀必须拆下。
③ 将专用工具119895旋入气缸盖中，见图11-167。
④ 将专用工具119893定位在进气和排气凸轮轴的双平面段上（图11-168）。

图11-167　安装专用工具到气缸盖

图11-168　安装专用工具到凸轮轴上

⑤ 将专用工具119892定位到专用工具119893上。用专用工具119891固定两个专用工具119893。手动拧紧专用工具119891（图11-169）。

⑥ 装配进气调整装置中心螺栓。

⑦ 装配排气调整装置中心螺栓。
⑧ 用专用工具009120固定排气调整装置2的中心螺栓1，见图11-170。

图11-169 固定凸轮轴专用工具

图11-170 固定排气装置中心螺栓
1—中心螺栓；2—排气调整装置

⑨ 用专用工具009120固定进气调整装置2的中心螺栓1（图11-171）。
⑩ 拆卸专用工具119890。
⑪ 拆卸专用工具119190和118570。
⑫ 在中心螺栓上沿发动机旋转方向转动发动机两次，直至发动机重新达到第1气缸点火上死点位置处。
⑬ 用专用工具119190将减震器固定在第1气缸点火上死占位置处，见图11-161。
⑭ 将专用工具119893安装在进气凸轮轴上，检查配气相位调整。
当专用工具119893无间隙地安装在气缸盖上时，说明配气相位已正确调整好。
⑮ 将专用工具119893安装在排气凸轮轴上，检查配气相位调整。

图11-171 固定进气调整装置中心螺栓

当专用工具119893无间隙地安装在气缸盖上时，说明配气相位已正确调整好。
⑯ 拆下所有专用工具。
⑰ 装配好发动机。

## 11.17.3 检查左侧凸轮轴正时（第7～12气缸）

配气相位只能用专用工具119900检查。
如果不使用专用工具119900检查配气相位，则可能导致配气相位的错误解释。
需要的准备工作：拆下左侧气缸盖罩、风扇罩及电动风扇、空调器皮带轮、左侧链条张紧器。

① 安装专用工具119900代替链条张紧器。用专用工具009250以0.6N·m的力矩预紧内六角螺栓，见图11-153。
② 关闭发动机时，进气和排气调整装置一般都锁定在起始位置。少数情况下，无法达到起始位置，而凸轮轴仍可在调整装置的调整范围内旋转。
为避免配气相位的调整有误，必须检查调整装置的锁止件，如有必要，则旋转凸轮轴进

行联锁。

检查进气和排气调整装置在起始位置上的锁定情况：安装在凸轮轴的六角段 2 上，并尝试用一把开口扳手 1 小心地逆旋转方向转动凸轮轴，见图 11-154。如果凸轮轴与调整装置动力传递连接，则进气和排气调整装置锁定起始位置。

如果凸轮轴的进气或排气调整装置无法如上所述进行联锁，则调整装置肯定损坏，必须更换。

③ 假设凸轮轴位于第 1 气缸点火上死点位置上，就可以从上读取排气凸轮轴的说明 1 和 2，见图 11-172。

"A"：排气凸轮轴。"712"：第 7～12 气缸。

④ 在第 1 气缸点火上死点位置中倾斜向内显示第 1 气缸排气凸轮轴 1 的凸轮（见箭头），见图 11-173。

图 11-172　排气凸轮轴标记
1、2—排气凸轮轴的说明

图 11-173　第 1 气缸排气凸轮轴凸轮位置
1—排气凸轮轴

⑤ 假设凸轮轴位于第 1 气缸点火上死点位置上，就可以从上读取进气凸轮轴的说明 1 和 2，见图 11-174。

"E"：进气凸轮轴。"712"：第 7～12 气缸。

⑥ 在第 1 气缸点火上死点位置中倾斜向内显示第 1 气缸进气凸轮轴 1 的凸轮（见箭头），见图 11-175。

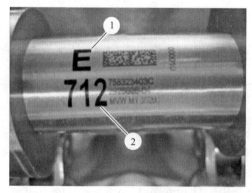

图 11-174　进气凸轮轴标记
1、2—进气凸轮轴的说明

图 11-175　第 1 气缸进气凸轮轴凸轮位置
1—进气凸轮轴

⑦ 松开螺栓。将辅助水泵的支架置于一侧。

⑧ 用减震器双平面定位专用工具 118570 在 OT 标记。用一只螺栓 1 固定专用工具

118570，见图 11-160。

⑨ 在中心螺栓上沿发动机转动方向转动发动机。

用专用工具 118570 和 119190 将减震器推入到上孔内，见图 11-161。

⑩ 正确定位曲轴，当将专用工具 118570 用 119190 固定在凹槽里时（见箭头），将曲轴固定在第 1 气缸点火上死点位置内，见图 11-162。

⑪ 将专用工具 119893 安装在进气凸轮轴上，检查配气相位调整。

当专用工具 119893 无间隙地安装在气缸盖上时，说明配气相位已正确调整好。

⑫ 将专用工具 119893 安装在排气凸轮轴上，检查配气相位调整。

当专用工具 119893 无间隙地安装在气缸盖上时，说明配气相位已正确调整好。

如有必要，则调整左侧凸轮轴的配气相位。

⑬ 拆下所有专用工具。

⑭ 装配好发动机。

## 11.17.4　调整左侧凸轮轴正时（第 7～12 气缸侧）

调整装置上的中心螺栓只可用专用工具 119890 松开。

如果无法安装专用工具 119890，则在松开中心螺栓时必须固定相应凸轮轴的六角段。

需要的准备工作：拆下左正时齿轮箱盖，检查左侧凸轮轴的配气相位，准备用于固定凸轮轴的专用工具组 119890。

① 如果无法安装专用工具 119890，则在松开中心螺栓时必须固定相应凸轮轴的六角段。松开进气和排气调整装置的中心螺栓。安装说明：松开后更新中心螺栓。

② 为新的中心螺栓在接触面涂上铜涂料。VANOS 调整装置电磁阀必须拆下。

③ 将专用工具 119895 旋入气缸盖中，见图 11-176。

④ 将专用工具 119893 安装到进气凸轮轴上和排气凸轮轴上。

专用工具 119893 必须无间隙地安装在气缸盖上，如有必要，则在六角段上调整凸轮轴。

⑤ 将专用工具 119892 定位到专用工具 119893 上。用专用工具 119891 固定两个专用工具 119893。手动拧紧专用工具 119891。

⑥ 装配进气调整装置中心螺栓。

⑦ 装配排气调整装置中心螺栓。

⑧ 用专用工具 009120 固定进气调整装置的中心螺栓。

图 11-176　安装专用工具到气缸盖

⑨ 用专用工具 009120 固定排气调整装置的中心螺栓。

⑩ 拆卸专用工具 119890。

⑪ 拆卸专用工具 119190 和 118570。

⑫ 在中心螺栓上沿发动机旋转方向转动发动机两次，直至发动机重新达到第 1 气缸点火上死点位置处。

⑬ 用专用工具 119190 将减震器固定在第 1 气缸点火上死点位置处。

⑭ 将专用工具 119893 安装在进气凸轮轴上，检查配气相位调整。

当专用工具 119893 无间隙地安装在气缸盖上时，说明配气相位已正确调整好。

⑮ 将专用工具 119893 安装在进气凸轮轴上，检查配气相位调整。

当专用工具 119893 无间隙地安装在气缸盖上时,说明配气相位已正确调整好。

⑯ 拆下所有专用工具。

⑰ 装配好发动机。

## 11.18　B37C 发动机

### 11.18.1　检查和调整正时说明（B37、B38、B47、B48）

对专用工具的使用如下。

① 对于装有手动变速箱的车辆。

尺寸 $X=56\text{mm}$。

将专用工具 2288380 插入标定孔中直至尺寸 $X$,见图 11-177。

专用工具 2288380 定位正确,见图 11-178。发动机对于第 1 气缸上死点位置。

图 11-177　手动变速器专用工具

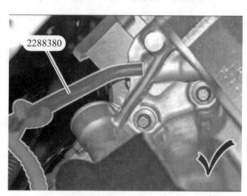

图 11-178　手动变速器型正确定位

专用工具 2288380 定位错误,见图 11-179。发动机未达到第 1 气缸上死点位置。

② 对于装有自动变速箱的车辆。

尺寸 $Y=66\text{mm}$。

将专用工具 2288380 插入标定孔中直至尺寸 $Y$,见图 11-180。

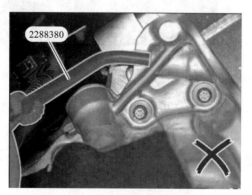

图 11-179　手动变速器型错误定位

图 11-180　自动变速器车用工具

专用工具 2288380 定位正确,见图 11-181。发动机处于第 1 气缸上死点位置。

专用工具 2288380 定位错误,见图 11-182。发动机未达到第 1 气缸上死点位置。

图 11-181　自动变速器型正确定位

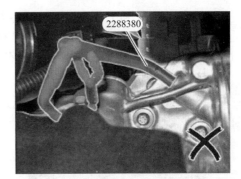
图 11-182　自动变速器型错误定位

## 11.18.2　检查凸轮轴正时

需要的准备工作：拆卸气缸盖罩、右前轮罩饰板。

① 用专用工具 116480 将发动机旋转到第 1 气缸点火上死点位置，见图 11-183。不要让发动机反向旋转。

② 取下油底壳上的饰盖 1（图 11-184）。

图 11-183　设置发动机在第 1 气缸上止点位置

图 11-184　取下油底壳饰盖
1—饰盖

③ 用专用工具 116480 在中心螺栓处旋转发动机。针对带手动变速箱的车辆：标定孔前还有一个可能与标定孔混淆的孔。专用工具 2288380 必须滑入油底壳的曲柄。使用专用工具 2288380 在第 1 气缸点火上死点位置上卡住曲轴（图 11-185）。

④ 第 1 缸进气凸轮轴 E 的凸轮倾斜朝上。第 1 缸排气凸轮轴 A 的凸轮向左倾斜并指向外部，见图 11-186。

图 11-185　用专用工具卡住曲轴

图 11-186　凸轮轴凸轮位置
A—排气凸轮轴；E—进气凸轮轴

⑤ 两根凸轮轴 A 和 E 上的标记必须一致，见图 11-187。

⑥ 将专用工具 118760 安放到排气凸轮轴上。专用工具 118760 必须无间隙地平放在气缸盖上，见图 11-188。如有必要，则调整凸轮轴的配气相位。

图 11-187　凸轮轴标记对齐
A—排气凸轮轴；E—进气凸轮轴

图 11-188　专用工具放在凸轮轴上

⑦ 在启动发动机前去除专用工具 2288380。安装饰盖 1，见图 11-189。

⑧ 所需的修整：安装气缸盖罩，安装右前轮罩饰板。

⑨ 装配车辆。

### 11.18.3　调整凸轮轴正时

需要的准备工作：拆下右前轮罩饰板、气缸盖罩、废气再循环冷却器。

① 用专用工具 116480 在中心螺栓处旋转发动机，见图 11-183。不要逆向转动发动机。

② 拆下油底壳上的饰盖，见图 11-184。针对带手动变速箱的车辆：标定孔前还有一个可能与标定孔混淆的孔。专用工具 2288380 必须可以推到油底壳中的凹口前。在第 1 气缸点火上死点位置上用专用工具 2288380 卡住曲轴，见图 11-185。

③ 排气及进气凸轮轴 A 和 E 的零件号码必须能从上方读取，见图 11-190。

图 11-189　拆下专用工具装回饰盖
1—饰盖

图 11-190　凸轮轴号码朝向上方
A—排气凸轮轴；E—进气凸轮轴

④ 第 1 缸进气凸轮轴 E 的凸轮倾斜朝上。第一缸排气凸轮轴 A 的凸轮向左倾斜并指向外部，见图 11-186。

⑤ 两根凸轮轴 A 和 E 上的标记必须一致，见图 11-187，如果标记不一致，就必须拆下排气凸轮轴。

⑥ 必要时，应从外向内，将凸轮轴轴承盖 A1~A4 的所有螺栓松开 1/2 圈，见图 11-191。向上拆下排气凸轮轴。将所有部件有序地放置在专用工具 114480 上。

⑦ 松开链条张紧器 1，见图 11-192。

图 11-191 松开轴承盖螺栓半圈
A1~A4—凸轮轴轴承盖

图 11-192 松开链条张紧器
1—链条张紧器

⑧ 松开螺栓 1，拆卸吊板 2，见图 11-193。

⑨ 拆卸承载轴销 1，沿箭头方向拆卸导轨 2，见图 11-194。

图 11-193 拆卸吊板
1—螺栓；2—吊板

图 11-194 拆卸导轨
1—承载轴销，2—导轨

⑩ 拆下凸轮轴螺栓 1，并取下链轮，见图 11-195。防止正时链掉下来。对喷油嘴有损坏危险。

⑪ 对凸轮轴 A 和 E 进行相应定位，见图 11-187。必要时应在装入排气凸轮轴 A 时，令两个标记相一致。安装说明：检查滚轮拖杆的安装位置。

⑫ 从内向外，将所有凸轮轴轴承盖 A1~A4 拧紧 1/2 圈，位置见图 11-191。

⑬ 将带正时链的链轮安放在进气凸轮轴上，使螺栓位于深孔中部。装入螺栓 1。用 10N·m 的力矩接合螺栓 1。再将螺栓 1 重新松开 90°。位置见图 11-195。

图 11-195 拆下凸轮轴螺栓
1—凸轮轴螺栓

⑭ 更换承载轴销。反向于箭头方向安装导轨 2。旋入承载轴销 1。位置见图 11-194。

⑮ 安装吊板 2。拧紧螺栓 1。位置见图 11-193。

⑯ 装入链条张紧器 1 并拧紧。更新密封环。位置见图 11-192。

⑰ 将专用工具 118760 安放到排气凸轮轴上。专用工具 118760 必须无间隙地平放在气缸盖上，见图 11-188。

⑱ 拧紧螺栓 1，位置见图 11-195。

⑲ 用专用工具 116480 沿旋转方向将发动机转动两次。检查凸轮轴的配气相位。不要反向旋转发动机。

⑳ 在发动机试运行前必须去除专用工具 2288380。

㉑ 所需的修整：安装废气再循环冷却器、气缸盖罩、右前轮罩饰板。

## 11.19 B38A 发动机

### 11.19.1 专用工具说明

如果曲轴已正确拔下，则减震器上的电机既不向前转动，也不向后转动。

① 对于装有手动变速箱的车辆。

尺寸 $X = 56\text{mm}$。

将专用工具 2288380 插入标定孔中直至尺寸 $X$，见图 11-196。

专用工具 2288380 定位正确，见图 11-197。发动机处于第 1 气缸上死点位置。

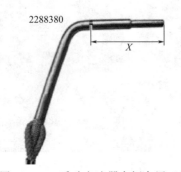
图 11-196　手动变速器车辆专用工具

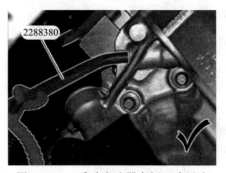
图 11-197　手动变速器车辆正确用法

专用工具 2288380 定位错误，见图 11-198。发动机未达到第 1 气缸上死点位置。

② 对于装有自动变速箱的车辆。

尺寸 $Y = 66\text{mm}$。将专用工具 2288380 插入标定孔中直至尺寸 $Y$，见图 11-199。

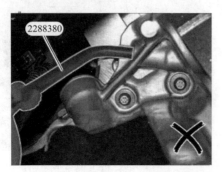
图 11-198　手动变速器车辆错误用法

图 11-199　自动变速器车辆专用工具

专用工具2288380定位正确,见图11-200。发动机处于第1气缸上死点位置。

专用工具2288380定位错误,见图11-201。发动机未达到第1气缸上死点位置。

图11-200 自动变速器车辆正确用法

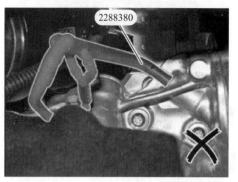

图11-201 自动变速器型车辆错误用法

## 11.19.2 检查发动机正时

需要的准备工作:拆下气缸盖罩、火花塞、右前轮罩饰板。

如果曲轴已正确拨下,则减震器上的电机既不向前转动,也不向后转动!

① 装有手动变速箱的车辆按上面说明正确设置专用工具;装有自动变速箱的车辆按上面说明正确设置专用工具。

② 用专用工具116480将发动机旋转到第1气缸点火上死点位置。不要往回旋转发动机,见图11-202。

③ 取下油底壳上的饰盖1,见图11-203。

图11-202 转动曲轴设置上止点

图11-203 取出饰盖
1—饰盖

④ 用专用工具116480在中心螺栓处旋转发动机。针对带手动变速箱的车辆:标定孔前还有一个可能与标定孔混淆的孔。

⑤ 专用工具2288380必须滑入油底壳的曲柄。

用专用工具2288380将曲轴卡在第1气缸点火上死点位置上。

⑥ 进气和排气凸轮轴上的标记1可以从上方读取,见图11-204。

⑦ 当凸轮轴扭转180°时,也可以安装专用工具。进气和排气凸轮轴上的三个平台1中间的必须朝上,见图11-205。

图 11-204　进排气凸轮轴标志
1—标记

图 11-205　进排气凸轮轴三平台中间朝上
1—平台

⑧ 第 1 缸排气凸轮轴的凸轮向右倾斜并指向内部，见图 11-206。

⑨ 第 1 缸进气凸轮轴的凸轮向左倾斜，见图 11-207。

图 11-206　第一缸排气凸轮轴凸轮右倾向内

图 11-207　第一缸进气凸轮轴凸轮向左倾斜

⑩ 专用工具 2358122 由多个部件构成：底架 1、气缸盖上的底架螺栓 2、固定排气凸轮轴的量规 3、固定进气凸轮轴的量规 4、底架上的量规螺栓 5，见图 11-208。

⑪ 将底架 1 用螺栓 2 固定在气缸盖上；量规 3 利用凹口定位在排气凸轮轴的双平面段上；量规 3 利用螺栓 5 固定在底架上；量规 4 利用凹口定位在进气凸轮轴的双平面段上；量规 4 利用螺栓 5 固定在底架上，见图 11-209。

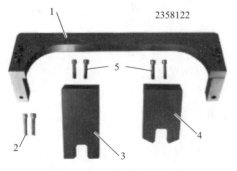

图 11-208　专用工具组成
1—底架；2—底架螺栓；3,4—量规；5—量规螺栓

图 11-209　安装专用工具到气缸盖上
1—底架；2,5—螺栓；3,4—量规

⑫ 如有必要，则调整配气相位。
⑬ 所需的修整：拆下所有专用工具，安装火花塞，安装气缸盖罩，安装右前轮罩饰板。

### 11.19.3 调整发动机正时

需要的准备工作：拆下废气触媒转换器，检查配气相位。

① 装有自动变速箱的车辆：松开链条张紧器1，见图11-210。随时准备好抹布。松开螺栓连接之后，会流出少量机油。安装说明：必须在链条张紧器装配时安装一个新密封环。

② 将专用工具119340旋入气缸盖，见图11-211。用专用工具009460将正时链预紧至0.3N·m的扭矩。

图11-210 松开链条张紧器
1—链条张紧器

图11-211 安装专用工具到气缸盖

③ 如果不能安装专用工具2358122（图11-212），那么必须重新调整配气相位。
用开口扳手将排气凸轮轴固定在相应的双平面段上并松开排气侧的VANOS中央阀。
用开口扳手将进气凸轮轴固定在相应的双平面段上并松开进气侧的VANOS中央阀。

④ 将两个凸轮轴旋转到位。进气和排气凸轮轴上的标记1可以从上方读取，见图11-204。

⑤ 当凸轮轴扭转180°时，也可以安装专用工具。进气和排气凸轮轴上的三个平台1中间的必须朝上，见图11-205。

⑥ 将底架1用螺栓2固定在气缸盖上；量规3利用凹口定位在排气凸轮轴的双平面段上；量规3利用螺栓5固定在底架上；量规4利用凹口定位在进气凸轮轴的双平面段上；量规4利用螺栓5固定在底架上，见图11-209。

⑦ 拧紧进气调整装置VANOS中央阀1，见图11-213。

图11-212 安装凸轮轴固定工具

图11-213 紧固VANOS中央阀
1—VANOS中央阀

⑧ 拧紧排气调整装置 VANOS 中央阀。
⑨ 移开专用工具 2288380 和 2358122。
⑩ 用专用工具 116480 沿发动机旋转方向将发动机转动两次。不要往回旋转发动机。
⑪ 所需的修整：检查凸轮轴的配气相位；安装链条张紧器柱塞；安装废气触媒转换器；安装气缸盖罩；安装右前轮罩饰板。

## 11.20 B47 发动机

### 11.20.1 检查凸轮轴正时

需要的准备工作：拆卸气缸盖罩；拆卸机组防护板；对于自动变速箱的车型还要：拆下启动马达；另外，在四轮驱动车中还要拆卸推力缓冲区。

① 利用螺丝刀从减震器上松开盖板 1，见图 11-214。
② 用专用工具 116480 将发动机旋转到第 1 气缸点火上死点位置，见图 11-215。不要让发动机反向旋转。

图 11-214　松开减震器盖板
1—盖板

图 11-215　转动曲轴设置到上止点位置

③ 对于装有自动变速箱的车辆：定位安放专用工具并用螺栓固定；使用专用工具 2288380 在第 1 气缸点火上死点位置上卡住曲轴，见图 11-216。

对于带手动变速箱的车辆：拆下油底壳上的饰盖 1；用专用工具 116480 在中心螺栓处旋转发动机；使用专用工具 2288380 在第 1 气缸点火上死点位置上卡住曲轴，见图 11-217。

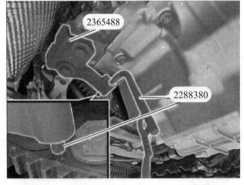

图 11-216　安装专用工具卡住曲轴

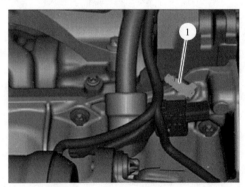

图 11-217　用专用工具卡住曲轴
1—饰盖

④ 第1缸进气凸轮轴 E 的凸轮倾斜朝上；第1缸排气凸轮轴 A 的凸轮向左倾斜并指向外部，见图 11-218。

⑤ 两根凸轮轴 A 和 E 上的标记必须一致，见图 11-219。

 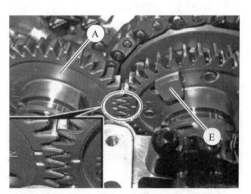

图 11-218　上止点凸轮轴凸轮位置　　　　　图 11-219　上止点凸轮轴标记对齐
A—排气凸轮轴；E—进气凸轮轴　　　　　　A—排气凸轮轴；E—进气凸轮轴

⑥ 将专用工具 118760 安放到排气凸轮轴上，见图 11-220。

提示：专用工具 118760 必须无间隙地平放在气缸盖上。如有必要，则调整凸轮轴的配气相位。

⑦ 在减震器中安装盖板1，见图 11-221。

图 11-220　安装凸轮轴固定工具　　　　　　图 11-221　安装盖板到减震器
　　　　　　　　　　　　　　　　　　　　　　　　　　1—盖板

⑧ 在试运行发动机前拆除所有专用工具。

⑨ 所需的修整：安装气缸盖罩；安装机油防护板；对于自动变速箱的车型还要安装启动马达；另外，在四轮驱动车中还要安装推力缓冲区。

## 11.20.2　调整凸轮轴正时

需要的准备工作：拆卸气缸盖罩；拆下链条张紧器柱塞；拆卸机组防护板；对于自动变速箱的车型还要拆下启动马达；另外，在四轮驱动车中还要拆卸推力缓冲区。

① 利用螺丝刀从减震器上松开盖板。

② 用专用工具 116480 将发动机旋转到第1气缸点火上死点位置。不要倒转发动机。

③ 对于装有自动变速箱的车辆：定位专用工具 2365488 并用螺栓固定；在第1气缸点火上死点位置上用专用工具 2288380 卡住曲轴。

对于装有手动变速箱的车辆：拆下油底壳上的饰盖；用专用工具 116480 在中心螺栓处旋转发动机；使用专用工具 2288380 在第 1 气缸点火上死点位置上卡住曲轴。

④ 排气及进气凸轮轴 A 和 E 的零件号码 1 必须能从上方读取，见图 11-222。

⑤ 如图 11-218 所示，第一缸进气凸轮轴 E 的凸轮倾斜朝上；第一缸排气凸轮轴 A 的凸轮向左倾斜并指向外部。如图 11-219 所示，两根凸轮轴 A 和 E 上的标记必须一致。如果标记不一致，就必须拆下排气凸轮轴。

⑥ 必要时，应从外向内，将凸轮轴轴承盖 A1～A5 的所有螺栓松开 1/2 圈；向上拆下排气凸轮轴；将所有部件有序地放置在专用工具 114480 上，见图 11-223。

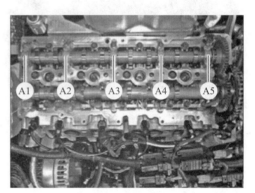

图 11-222 凸轮轴信息可以读取
1—零件号码；A—排气凸轮轴；E—进气凸轮轴

图 11-223 拆下排气凸轮轴
A1～A5—凸轮轴轴承盖

⑦ 从支架中松开电线束 1；从支架中松开蓄电池正极导线 2；松开螺栓 3，拆下接地导线，见图 11-224。

⑧ 松开螺栓 1，拆卸吊板 2，见图 11-225。

图 11-224 拆下电线
1—电线束；2—蓄电池正极导线；3—螺栓

图 11-225 拆下吊板
1—螺栓；2—吊板

⑨ 拆卸承载轴销 1，沿箭头方向拆卸导轨 2，见图 11-226。

应防止正时链掉下来，否则对喷油嘴有损坏的危险。

⑩ 拆下凸轮轴螺栓，并取下链轮。

⑪ 对凸轮轴 A 和 E 进行相应定位。必要时应在装入排气凸轮轴 A 时，令两个标记相一致，见图 11-219。

提示：检查滚轮拖杆的安装位置。

⑫ 从内向外,将所有凸轮轴轴承盖 A1～A5 拧紧 1/2 圈,见图 11-223。

⑬ 将带正时链的链轮安放在进气凸轮轴上,使螺栓 1 位于深孔中部;装入螺栓 1;用 10N·m 的力矩接合螺栓 1;将螺栓 1 重新松开 90°,见图 11-227。

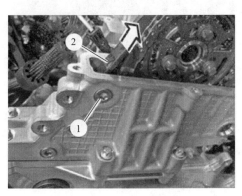

图 11-226 拆下承载轴销
1—承载轴销;2—导轨

图 11-227 装上凸轮轴链轮螺栓
1—螺栓

⑭ 更换承载轴销。沿箭头方向安装导轨 2,见图 11-226。注意:正确安装下部承载轴销上的导轨 2。

⑮ 安装吊板 2,拧紧螺栓 1,见图 11-225。

⑯ 定位接地线,拧紧螺栓 3;将蓄电池正极导线 2 嵌入支架;将导线束 1 嵌入到支架中,见图 11-224。

⑰ 安装链条张紧器柱塞。

⑱ 将专用工具 118760 安放到排气凸轮轴上。专用工具 118760 必须无间隙地平放在气缸盖上。

⑲ 拧紧凸轮轴链轮螺栓。

⑳ 去除专用工具 2288380。

㉑ 用专用工具 116480 沿旋转方向将发动机转动两次。注意:不要反向旋转发动机。

㉒ 检查凸轮轴的配气相位。

㉓ 在减震器中安装盖板。

㉔ 在试运行发动机前拆除所有专用工具。

㉕ 所需的修整:安装气缸盖罩;安装机油防护板;对于自动变速箱的车型还要安装启动马达;另外,在四轮驱动车中还要安装推力缓冲区。

## 11.21 B48B 发动机

### 11.21.1 检查凸轮轴正时

需要的准备工作:拆下气缸盖罩;拆下火花塞;拆下前部机组防护板;拆下前部隔音板;对于自动变速箱的车型还要拆下启动马达。

① 利用螺丝刀从减震器上松开盖板 1,见图 11-228。

② 用专用工具 116480 将发动机旋转到第 1 气缸点火上死点位置。不要让发动机反向旋转(图 11-229)。

③ 对于装有自动变速箱的车辆:定位安放专用工具 2365488 并用螺栓固定;使用专用

工具 2288380 在第 1 气缸点火上死点位置上卡住曲轴，见图 11-230。

图 11-228　拆下前盖
1—盖板

图 11-229　顺时针转动曲轴

对于带手动变速箱的车辆：拆下油底壳上的饰盖 1；用专用工具 116480 在中心螺栓处旋转发动机；使用专用工具 2288380 在第 1 气缸点火上死点位置上卡住曲轴，见图 11-231。

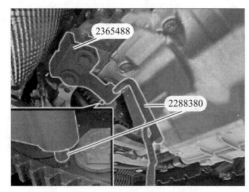

图 11-230　卡住曲轴（AT 车型）

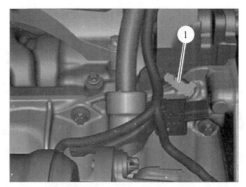

图 11-231　卡住曲轴（MT 车型）
1—饰盖

④ 进气和排气凸轮轴上的标记 1 可以从上方读取，见图 11-232。

当凸轮轴扭转 180°时，也可以安装专用工具。进气和排气凸轮轴上的三个平台 1 中间的必须朝上，见图 11-233。

图 11-232　曲轴标记可以读取
1—标记

图 11-233　凸轮轴中间平台朝上
1—平台

第 1 缸排气凸轮轴的凸轮向右倾斜并指向内部，见图 11-234。
第 1 缸进气凸轮轴的凸轮向左倾斜（图 11-235）。

图 11-234　第 1 缸排气凸轮轴凸轮向右内倾斜

图 11-235　第 1 缸进气凸轮轴凸轮向左倾斜

⑤ 专用工具 2358122 由多个部件构成（图 11-236）：底架 1；气缸盖上的底架螺栓 2；固定排气凸轮轴的量规 3；固定进气凸轮轴的量规 4；底架上的量规螺栓 5。

将底架 1 用螺栓 2 固定在气缸盖上；量规 3 利用凹口定位在排气凸轮轴的双平面段上；量规 3 利用螺栓 5 固定在底架上；量规 4 利用凹口定位在进气凸轮轴的双平面段上；量规 4 利用螺栓 5 固定在底架上，见图 11-237。

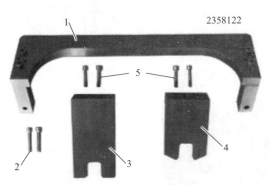

图 11-236　专用工具组成
1—底架；2—底架螺栓；3,4—量规；5—量规螺栓

图 11-237　安装专用工具
1—底架；2,5—螺栓；3,4—量规；

⑥ 如有必要，则调整配气相位。
⑦ 拆下所有专用工具。
⑧ 安装火花塞。
⑨ 安装气缸盖罩。
⑩ 安装前部机组防护板。
⑪ 安装前部隔音板。
⑫ 对于自动变速箱的车型还要安装启动马达。

## 11.21.2　调整凸轮轴正时

需要的准备工作：检查配气相位；拆下链条张紧器。
① 将专用工具 119340 旋入气缸盖；用专用工具 009460 将正时链预紧至 0.3N·m 的扭

矩，见图11-238。

如果不能安装专用工具2358122，那么必须重新调整配气相位。

② 用开口扳手在各个凸轮轴的双面段上固定住。将VANOS中央阀1用专用工具0496855松开，见图11-239。

图11-238　安装专用工具到气缸盖

图11-239　松开中央阀
1—VANOS中央阀

③ 将两个凸轮轴旋转到位。进气和排气凸轮轴上的标记1可以从上方读取，见图11-232。

当凸轮轴扭转180°时，也可以安装专用工具。

进气和排气凸轮轴上的三个平台1中间的必须朝上，见图11-233。

④ 将底架1用螺栓2固定在气缸盖上；量规3利用凹口定位在排气凸轮轴的双平面段上；量规3利用螺栓5固定在底架上；量规4利用凹口定位在进气凸轮轴的双平面段上；量规4利用螺栓5固定在底架上；见图11-237。

⑤ 用专用工具0496855拉紧进气调整装置1的VANOS中央阀，见图11-240。

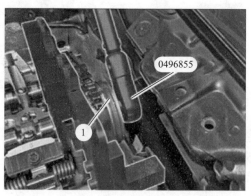

图11-240　安装进气调整装置中央阀
1—VANOS中央阀

⑥ 用专用工具0496855拉紧排气调整装置的VANOS中央阀。

⑦ 移开专用工具2288380和2358122。

⑧ 用专用工具116480沿发动机旋转方向将发动机转动两次。不要往回旋转发动机。

⑨ 检查凸轮轴的配气相位。

⑩ 安装链条张紧器。

⑪ 安装气缸盖。

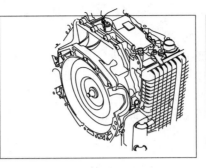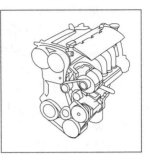

# 第 12 章 奔驰汽车发动机

## 12.1 111 系列发动机

### 12.1.1 发动机正时检查

① 拆下气缸盖外罩 11。安装时，注意气缸盖罩的密封性，检查气缸盖罩的密封垫片是否正确落座。

② 将 1 号气缸的活塞置于点火上止点后 20°的位置。沿发动机运转方向转动曲轴。皮带滑轮减震器 95 上的 20°标记（左边箭头所示）必须与正时箱盖罩上的定位缘 A 对齐。1 号气缸进气凸轮轴 78 和排气凸轮轴 77 的凸轮向上以一定角度定位。

③ 检查凸轮轴的基本位置：检查定位销 01 是否可以穿过两个凸轮轴轴承盖的一个孔被插入到进气或排气凸轮轴的定位孔中。

由于链条伸长，进气凸轮轴的数值必须介于上止点后 20°和 30°之间，排气凸轮轴的数值介于上止点后 25°和 35°之间。

如果安装不当（链条错开 1 个齿），则数值会改变约 20°的曲轴转角。

测试后，如有必要应设置凸轮轴的基本位置。对于装配凸轮轴调节器的发动机：进气凸轮轴链轮 75 上的挡块必须处于"阻挡"位置（在凸轮轴的转动方向上被凸缘轴的凹口挡住）（右边箭头所示）。

以上步骤涉及部件及标记位置见图 12-1。

④ 按照拆卸的相反顺序进行安装。

### 12.1.2 发动机正时调整

拆卸过程如下。

① 检查凸轮轴的基本位置。

② 拆下气缸盖顶部前护盖。

③ 将 1 号气缸的活塞定位在上止点（TDC）后 30°的位置。在 1 号气缸的上止点后 30°处，可在阀门未接触活塞顶部的情况下转动凸轮轴。

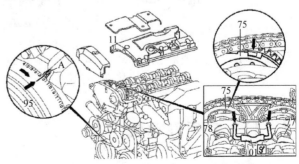

图 12-1 正时检查操作部件

01—定位销；11—气缸盖外罩；75—进气凸轮轴链轮；77—排气凸轮轴；78—进气凸轮轴；95—皮带滑轮减震器；A—定位缘

④ 拆下链条张紧器14。
⑤ 拆下排气凸轮轴链轮78。
⑥ 提起发动机正时链73，将其从进气凸轮轴链轮75上取下。
⑦ 转动/锁止凸轮轴到基本位置：使用固定销子01，穿过凸轮轴轴承盖上的孔，将凸轮轴锁止到凸轮轴凸缘孔中。
⑧ 将1号气缸的活塞重新设置到上止点后20°处。在此过程中，向上拉发动机正时链，使其紧固。

安装步骤如下。
① 将发动机正时链73装配在进气凸轮轴链轮75上。对于带凸轮轴调节器的发动机：进气凸轮轴链轮75圆周处的挡块必须处于"阻挡"位置（挡块的位置处于法兰轴断开处）（右边箭头所示）。
② 将排气凸轮轴链轮78连同发动机正时链73一起安装。更换凸轮轴链轮螺栓，且仅能使用一次。
③ 安装链条张紧器14。
④ 拆下固定销子01。
⑤ 检查凸轮轴的基本位置。为此沿发动机运转方向转动发动机两圈。

以上步骤涉及拆装部件及标记位置见图12-2。

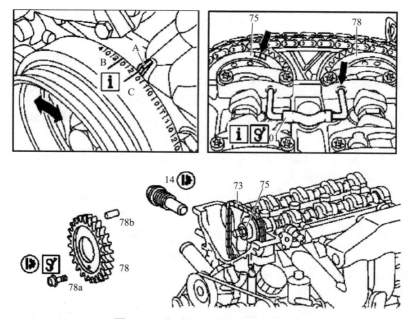

图12-2  发动机正时调整相关部件
01—固定销子；14—链条张紧器；73—正时链；75—进气凸轮轴链轮；78—排气凸轮轴链轮；A—正时箱盖罩的标记缘；B—用于转动凸轮轴的曲轴位置；C—用于调节正时的曲轴基本位置

## 12.2  112系列发动机

发动机正时：
基本设置是上止点后40°处。链轮上的标记3彼此相对，两者均与镀铜凸耳1相符。上止点后40°处，左侧和右侧凸轮轴上的凹槽6指向内V形方向，并居于气缸盖外罩分隔面的中心。镀铜凸耳1与凸轮轴驱动齿轮上的标记4和5吻合。曲轴上的凹槽2和平衡轴、链轮带有橡胶涂层,这可以改善正时箱驱动装置的噪声影响,曲轴链轮、平衡轴和凸轮轴上均覆有橡胶涂层。正时链单元结构见图12-3。

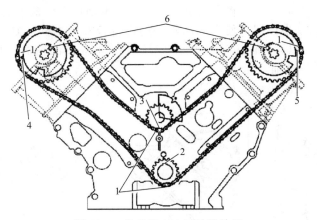

图12-3 发动机112正时链单元
1—镀铜凸耳;2—曲轴上的凹槽;3—发动机112平衡轴链轮上的标记;4—右侧凸轮轴链轮上的标记;5—左侧凸轮轴链轮上的标记;6—凸轮轴上的凹槽

平衡轴上的后部平衡重和曲轴箱后部上具有位置彼此相对的直径为6mm的定位孔a,见图12-4。

修理说明:由于发动机正时链路径的不同,在凸轮轴上的标记再次重合之前,需要将发动机曲轴最多转动14次。

在已装配发动机的情况下检查并确认平衡轴两个标记(曲轴箱前部和平衡重末端上各一个,见图125)彼此相对,拆卸气缸盖外罩时,可以由正时箱左轴看到其位于气缸盖外罩分隔面下方约22cm处。

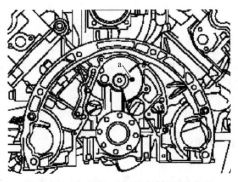

图12-4 发动机112平衡轴正时位置
a—定位孔

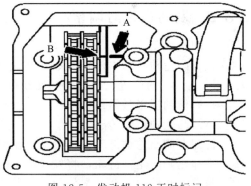

图12-5 发动机112正时标记

## 12.3 113系列发动机

### 12.3.1 正时检查

① 拆下气缸盖外罩。

② 检查正时。

③ 将发动机置于 1 号气缸点火上止点（TDC）后 40°的位置：利用曲轴沿发动机运转方向转动发动机，直至皮带轮/减震器上的 40°标记与正时箱盖罩上的标记对齐。凸轮轴的凹槽必须指向内 V 形的方向。不要将发动机反转，否则发动机正时链可能卡住。

④ 检查凸轮轴的基本位置：使右侧凸轮轴的定位板 2 与右侧气缸盖齐平并插入凸轮轴的凹槽 6，见图 12-6。以同样的方法处理左侧气缸盖中的左侧凸轮轴。如果两个定位板都不能插入凹槽，则调整凸轮轴的起始位置。

⑤ 按照与拆卸相反的顺序进行安装。

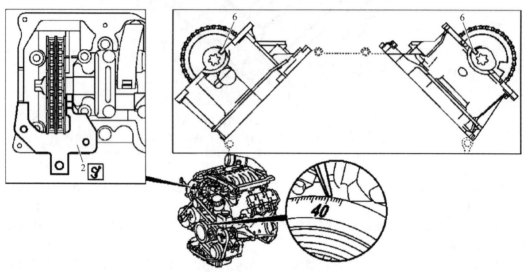

图 12-6　发动机正时标记（发动机 113.995，在车型 230.472 中）
2—右侧凸轮轴的定位板；6—凸轮轴中的凹槽

## 12.3.2　发动机正时调整

① 拆卸气缸盖。

② 检查凸轮轴的基本位置。如果凸轮轴的基本位置不正确，则转动发动机至 1 号气缸点火上止点后 40°的位置。不得转回发动机，否则发动机正时链会被卡滞。

③ 拆卸传动链张紧器。

④ 拆卸凸轮轴霍尔传感器。

⑤ 拆卸右侧凸轮轴链轮，将发动机正时链从凸轮轴链轮上提起。

⑥ 拆卸左侧凸轮轴链轮，将发动机正时链从凸轮轴链轮上提起。

⑦ 将左侧凸轮轴转至基本位置，并将定位板安装到凸轮轴上，凸轮轴的凹槽 6 必须朝内 V 形方向，且必须指向气缸盖外罩分隔面的中央（图 12-7）。将定位板平放在左侧气缸盖上，并插入到凸轮轴的凹槽 6 内。在 1 号气缸到达点火上止点后 40°曲轴转角的位置时转动凸轮轴，且不使气门接触到活塞。

⑧ 将右侧凸轮轴转入基本位置并将右侧凸轮轴的定位板 2 插入到凸轮轴中，凸轮轴的凹槽 6 必须朝内 V 形方向必须指向气缸盖外罩分隔面的中央。将右侧凸轮轴的定位板 2 平放在右侧气缸盖上，并且插入到凸轮轴的凹槽 6 中。在 1 号气缸的点火上止点后 40°曲轴转角的位置处，可以转动凸轮轴，而使得气门接触不到活塞。

⑨ 安装左侧凸轮轴链轮，将发动机正时链放到凸轮轴链轮上。

⑩ 安装右侧凸轮轴链轮,将发动机正时链放到凸轮轴链轮上。
⑪ 安装凸轮轴霍尔传感器。
⑫ 安装传动链张紧器。
⑬ 检查正时。
⑭ 安装气缸盖外罩。

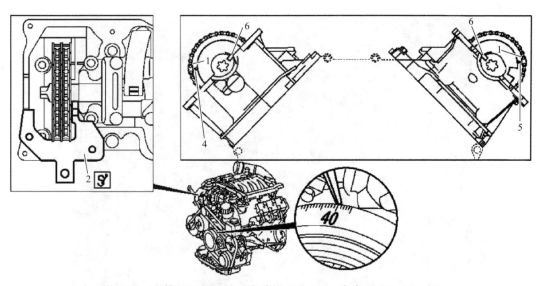

图 12-7　发动机正时调整（发动机 113.995，在车型 230.472 中）
1—镀铜链片；2—右侧凸轮轴的定位板；4—右侧凸轮轴链轮上的标记；5—左侧凸轮轴链轮上的标记；6—凸轮轴凹槽

## 12.4　132.9 系列发动机

以下资料适用于 132.9 发动机在车型 451.3/4 中的操作参考。

### 12.4.1　更换发动机正时链

① 检查凸轮轴的基本位置。
② 拆下正时箱盖罩。
③ 使用合适的螺丝刀向后转动链条张紧器 8 上的棘轮 9，然后通过孔（箭头 A）锁止链条张紧器 8。为锁止链条张紧器 8，在链条张紧器 8 上的孔（箭头 A）中插入一个直径为 1.5mm 的销。安装时，将适配器安装到曲轴上，拆下起动机齿圈上的固定锁，然后沿发动机转动方向将发动机转动约两圈，直到曲轴链轮上的标记与气缸体曲轴箱上的标记彼此相对；然后检查凸轮轴链轮 2 上的标记（箭头 B）与凸轮轴调节器 3 上的标记（箭头 C）是否彼此相对；如有必要，则拆下发动机正时链 1，然后再次装上。
④ 松开螺栓 5，然后拆下滑轨 6。安装时，检查滑轨 6 是否磨损；如有必要，则进行更换。
⑤ 松开螺栓 4，然后拆下张紧轨 7。安装时，检查张紧轨 7 是否磨损；如有必要，则进行更换。
⑥ 取下发动机正时链 1。安装时，安装发动机正时链 1 之前，检查凸轮轴链轮 2 上的标记（箭头 B）与凸轮轴调节器 3 上的标记（箭头 C）是否彼此相对；另外，必须适当地转动进气凸轮轴和排气凸轮轴。

以上步骤提及部件位置见图12-8。

⑦ 按照拆卸的相反顺序进行安装。

⑧ 拧紧力矩。

连接发动机正时链张紧轨到气缸盖螺栓：23N·m。连接发动机正时链滑轨到气缸盖螺栓：10N·m。连接发动机正时链滑轨到曲轴箱螺栓：10N·m。

图 12-8　正时链更换操作图示

1—发动机正时链；2—凸轮轴链轮；3—凸轮轴调节器；4—螺栓；5—螺栓；6—滑轨；7—张紧轨；8—链条张紧器；9—棘轮

## 12.4.2　检查和调节凸轮轴基本位置

① 将进气凸轮轴10和排气凸轮轴2调至基本位置。在整个校正过程中，曲轴皮带轮11上的标记（箭头A或箭头B）必须与正时箱盖罩5上的标记"10"（箭头C）相对应。标记"10"（箭头C）位于上止点前（BTDC）10°处。

② 在六角部分处反向固定排气凸轮轴2（箭头D），然后松开凸轮轴链轮1上的螺栓3。

③ 拆下正时箱盖罩5上的螺旋塞4。

④ 使用合适的工具在凸轮轴链轮1和凸轮轴调节器7之间的区域中向下压发动机正时链6，然后使用合适的螺丝刀向后推链条张紧器9上的棘轮8，然后锁止链条张紧器9。需要一个助手来压下发动机正时链6。为锁止链条张紧器9，在链条张紧器9上的孔（箭头E）中插入一个直径为1.5mm的销子。

⑤ 拆下螺栓3。然后将凸轮轴链轮1从排气凸轮轴2上分开，并将其从发动机正时链6上拆下调节。

⑥ 升起发动机正时链6，然后通过六角部分沿箭头方向转动进气凸轮轴10，直至凸轮轴调节器7上的标记（箭头F）达到正时箱盖罩5接触面的高度。切勿沿箭头的反方向转动进气凸轮轴10，否则会导致发动机正时链6折起，从而造成损坏。

⑦ 将发动机正时链6安放到凸轮轴调节器7的齿圈上。

⑧ 通过六角部分转动排气凸轮轴2（箭头D），直至驱动盘12与正时箱盖罩5的接触面垂直。

⑨ 根据标记（箭头 G）对正凸轮轴链轮 1，然后插入发动机正时链 6 中。标记（箭头 G）必须位于正时箱盖罩 5 接触面的高度处，且与凸轮轴调节器 7 上的标记（箭头 F）相对。

⑩ 将螺栓 3 拧入排气凸轮轴 2，以进行定心。仅将螺栓 3 安装入位，不要拧紧。

⑪ 将带有开口（箭头 H）的凸轮轴链轮 1 压到排气凸轮轴 2 的驱动盘 12 上。如有必要，则通过六角部分转动排气凸轮轴 2。

⑫ 在六角部分处反向固定排气凸轮轴 2（箭头 D），然后拧紧凸轮轴链轮 1 上的螺栓 3。

⑬ 使用合适的工具将发动机正时链 6 向下推入到凸轮轴链轮 1 与凸轮轴调节器 7 之间的区域内。将销子从链条张紧器 9 的孔中（箭头 E）拉出。需要一个助手来压下发动机正时链 6。

⑭ 拆下正时箱盖罩 5 上的螺旋塞 4，使用新的密封圈。

⑮ 沿发动机运转方向转动发动机两圈。

⑯ 再次检查进气凸轮轴 10 和排气凸轮轴 2 的基本位置。如有必要，则重复步骤②～⑯数次。

⑰ 安装皮带轮 11 的护盖。

⑱ 固定右后轮。

⑲ 安装气缸盖罩。

以上步骤提及部件位置见图 12-9～图 12-11。

图 12-9　凸轮轴正时调整图解（一）
5—正时箱盖罩；11—曲轴皮带轮

图 12-10　凸轮轴正时调整图解（二）
1—凸轮轴链轮；2—排气凸轮轴；3—螺栓；4—螺旋塞；5—正时箱盖罩；6—发动机正时链；
7—凸轮轴调节器；8—棘轮；9—链条张紧器；10—进气凸轮轴

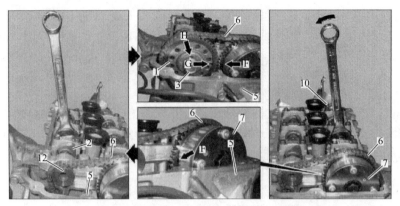

图 12-11 凸轮轴正时调整图解（已拆下的发动机）
1—凸轮轴链轮；2—排气凸轮轴；3—螺栓；5—正时箱盖罩；6—发动机正时链；
7—凸轮轴调节器；10—进气凸轮轴；12—驱动器

## 12.5 133系列发动机

与270发动机一样，相关内容请参考12.10小节。

## 12.6 166.961/991系列发动机

### 12.6.1 更换发动机正时链

针对机型：发动机166.940/960/990/995，在车型168中；发动机166.961/991，在车型414.700中。

① 拆下气缸盖外罩。

② 将1号气缸的活塞定位在点火上止点位置，沿发动机运转方向转动曲轴。皮带滑轮上的上止点标记必须与正时齿轮室盖罩上的方向标志（箭头所示）对齐。1号气缸的凸轮指向斜上方，见图12-12。

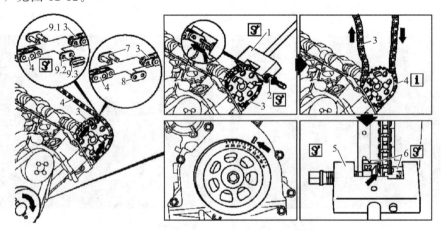

图 12-12 166发动机正时链更换图示
1—链条分离工具；2—压力螺杆；3—旧的发动机正时链；4—新的发动机正时链；5—铆接冲压工具；6—装配嵌件（编号D2/F2）；7—夹箍式固定件；8—外侧铆接链节；9.1—装配用夹箍式固定件；9.2—装配用外侧铆接链节；9.3—装配安全锁

③ 拆下火花塞 R4，以确保安装发动机正时链时发动机易于转动，并确保发动机正时链不会滑落。

④ 拆下链条张紧器。

⑤ 分开旧的发动机正时链 3，将发动机正时链固定到凸轮轴链轮（箭头所示）上，例如使用系带。

⑥ 保持新发动机正时链 4 与凸轮轴链轮互锁。安装新发动机正时链 4 时，均匀地将旧发动机正时链 3 的自由端拉出使用装配链节。要安装新发动机正时链 4，需在曲轴处沿运转方向（箭头所示）转动发动机。

⑦ 铆接新发动机正时链 4。

⑧ 连接链条张紧器。

⑨ 安装火花塞。

⑩ 检查凸轮轴的基本位置。

⑪ 安装气缸盖外罩。

### 12.6.2　检查凸轮轴的基本位置

针对机型：发动机 166.940/960/990/995，在车型 168 中；发动机 166.961/991，在车型 414.700 中。

① 拆下气缸盖外罩。

② 将 1 号气缸的活塞定位于点火上止点位置。通过曲轴转动发动机。皮带滑轮上的上止点标记必须与正时齿轮室盖罩上的方向标志（箭头所示）对齐。1 号气缸的凸轮指向斜上方，见图 12-13。

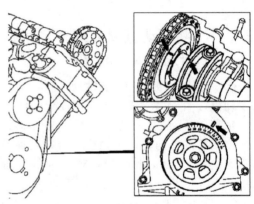

图 12-13　凸轮轴基本位置标志

③ 检查凸轮轴的基本位置，将 1 号气缸设置到点火上止点位置时，凸轮轴的标记应位于凸轮轴轴承盖标记的中央（箭头所示），如有必要应设置凸轮轴的基本位置。

④ 按照拆卸的相反顺序进行安装。

### 12.6.3　设置凸轮轴的基本位置

针对机型：发动机 166.940/960/990/995，在车型 168 中。

① 检查凸轮轴的基本位置。

② 将 1 号气缸活塞定位到点火上止点后 30°处。在曲轴处沿发动机运转方向转动发动机。皮带滑轮上的 30°标志必须与正时齿轮室盖罩上的方向指示标记（箭头所示）对齐。处于 1 号气缸点火上止点后 30°处时，可以转动凸轮轴而不会使气门接触到活塞顶部。

③ 拆下链条张紧器 1。

④ 拆下凸轮轴 2 处的凸轮轴链轮 5；抬出发动机正时链 3，用开口扳手 7 反向固定凸轮轴 2。

⑤ 用开口扳手 7 将凸轮轴 2 朝其基本位置转动，凸轮轴标记必须处于凸轮轴轴承盖标记的中央（箭头所示）。

⑥ 重新将 1 号气缸的活塞设置到点火上止点处，同时，向上拉动发动机正时链 3。皮带滑轮上的上止点标记必须与正时齿轮室盖罩上的方向标志（箭头所示）对齐。1 号气缸的凸轮指向斜上方。

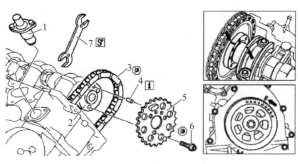

⑦ 将发动机正时链 3 装到凸轮轴链轮 5 上。

⑧ 将凸轮轴链轮 5 连同装配的发动机正时链 3 一起安装。更换 Torx 螺栓 6，且只使用一次。注意：定位销 4 用开口扳手 7 反向固定凸轮轴 2。

⑨ 安装链条张紧器 1。

以上操作提及部件见图 12-14。

⑩ 检查凸轮轴的基本位置。首先通过曲轴沿发动机运转方向转动发动机两次。

图 12-14　设置凸轮轴基本位置图解
1—链条张紧器；2—凸轮轴；3—发动机正时链；4—定位销；5—凸轮轴链轮；6—Torx 螺栓；7—开口扳手

## 12.7　176/177/178 系列机

### 12.7.1　将发动机调节到 1 号气缸上止点后 40°处

① 通过中央螺栓 13 沿发动机转动方向转动发动机，直至皮带轮/减震器 12 上的孔 15 与曲轴箱 11 上的孔对齐。不得沿与发动机转动方向相反的方向转动发动机，否则会使发动机正时链跳齿。如果定位缘 5a、6a 的位置如图 12-17 所示，则 1 号气缸位于点火上止点（TDC）后 40°的位置。

② 根据定位缘 5a、6a 上的孔，通过凸轮轴位置传感器的开口检查凸轮轴的位置。如果定位缘 5a、6a 的位置如图 12-17 所示，则 1 号气缸位于重叠上止点（TDC）后 40°的位置。

③ 用冲子 2 标记孔 15 在皮带轮/减震器 12 上的位置。在 1 号气缸的点火上止点后 40°处和重叠上止点后 40°处之间恰为曲轴完整转动的一圈（360°）。

以上步骤操作部件位置如图 12-15、图 12-16 所示。

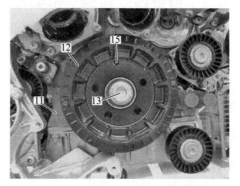

图 12-15　发动机 177（一）
11—曲轴箱；12—皮带轮/减震器；
13—中央螺栓；15—孔

图 12-16　发动机 177（二）
2—冲子；12—皮带轮/减震器

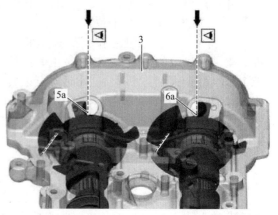

图 12-17　右侧气缸盖（在发动机 177 上）
3—气缸盖罩；5a,6a—定位缘

## 12.7.2 正时检查

① 拆下凸轮轴位置传感器（发动机 176 搭载于 463 车型；发动机 178 搭载于 190 车型；发动机 177 搭载于 205 车型）。

② 拆下发动机舱底部饰板［发动机 178 搭载于 190 车型；发动机 176 搭载于 463 车型——自 2016 年款开始，除了代码 ZQ0（G 500 4×4 2）以外；发动机 177 搭载于 205 车型］。

③ 分开低温水回路的前部循环泵,（发动机 176 搭载于 463 车型,）然后在保持软管和管路连接的情况下放到一旁。

④ 通过曲轴中央螺栓沿发动机转动方向将发动机转至标记 4。

⑤ 检查凸轮轴的基本位置：

为检查排气凸轮轴的位置，扇形盘 2、6 部分扇形段的边缘 2a、6a 必须可见，大约位于霍尔传感器开口的中间。为检查排气凸轮轴的位置，扇形盘 1、5 部分扇形段的边缘 1a、5a 必须可见，大约位于霍尔传感器开口的中间。通过对气缸盖罩 3 上的霍尔传感器开口进行目视检查来检查凸轮轴的基本位置。如果基本位置不正确，则设置凸轮轴的基本位置。

⑥ 按照拆卸的相反顺序进行安装。

以上拆卸与调整部件及标记位置见图 12-18～图 12-20。

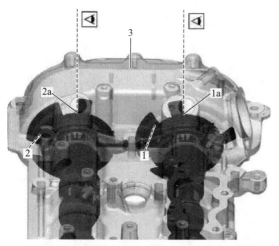

图 12-18　左侧气缸盖
1,2—扇形盘；1a,2a—边缘；3—气缸盖罩

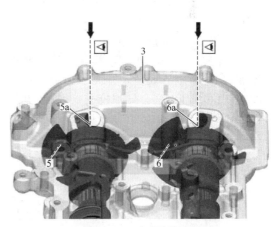

图 12-19　右侧气缸盖
3—气缸盖罩；5,6—扇形盘；5a,6a—边缘

## 12.7.3 正时调整

① 拆下左侧气缸盖罩发动机。

② 拆下右侧气缸盖罩发动机。

③ 安装压紧工具 5 在装配螺钉/螺栓时，将其拧入，直至轴承座平放在压紧工具 5 上。

④ 安装固定器 2。

⑤ 在凸轮轴调节器 6 之间插入固定装置 1 固定装置并拧紧。

⑥ 拆下左右两侧次级链条驱动装置链条张紧器，左侧和右侧次级链条驱动装置链条张紧

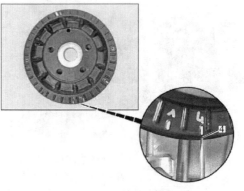

图 12-20　曲轴箱上标记
4—标记

器可以在不定位发动机的情况下拆下。

⑦ 拆下凸轮轴调节器6。固定装置1在拆卸凸轮轴调节器6时失去支撑，从而可以拆下。

⑧ 将凸轮轴转至基本位置凸轮轴的位置（图12-22中箭头所示）必须朝上。

⑨ 安装校准器3、4：

装配校准器3、4前，排气凸轮轴和进气凸轮轴必须处于上止点（TDC）位置，以便将校准器3、4放置就位，并无压力地安装。校准器3、4不适用于将排气凸轮轴或进气凸轮轴固定就位，因为这会导致校准器3、4发生损坏并还可能导致正时不正确。在装配校准器3、4之前，凸轮轴的位置（图12-22中箭头所示）必须朝上。

⑩ 安装凸轮轴调节器6，然后用手拧紧控制阀。在安装凸轮轴调节器6或正时链时，确保曲轴不会转动。安装链条张紧器后先将控制阀完全拧紧。

⑪ 在凸轮轴调节器6之间插入固定装置1并拧紧安装。

⑫ 拆下左右两侧次级链条驱动装置链条张紧器，左侧和右侧次级链条驱动装置链条张紧器可以在不定位发动机的情况下拆下。

⑬ 用最终拧紧扭矩拧紧凸轮轴调节器6的控制阀。

⑭ 分开校准器3、4，压紧工具5仍然安装在气缸盖上。

⑮ 分开凸轮轴调节器6之间的固定装置1。

⑯ 拆下皮带轮中的冲子。

⑰ 通过曲轴中央螺栓按发动机转动方向转动发动机两圈，将1号气缸定位在上止点（TDC）后40°角位置。

⑱ 安装校准器3、4：

装配校准器3、4前，排气凸轮轴和进气凸轮轴必须处于上止点（TDC）位置，以便将校准器3、4放置就位，并无压力地安装。校准器3、4不适用于将排气凸轮轴或进气凸轮轴固定就位，因为这会导致校准器3、4发生损坏并还可能导致正时不正确。在装配校准器3、4之前，凸轮轴的位置（图12-22中箭头所示）必须朝上。不要在没有压紧的情况下安装校准器3、4，重复操作步骤⑤的作业程序。

⑲ 分开校准器3、4并拆下。

⑳ 分开压紧工具5并拆下。

㉑ 分开固定器2并拆下。

以上操作步骤涉及部件及标记位置见图12-21、图12-22。

图12-21 正时调整部件
1—固定装置；2—固定器；3,4—校准器；
5—压紧工具；6—凸轮轴调节器

图12-22 左侧气缸盖

㉒ 安装右侧气缸盖罩。
㉓ 安装左侧气缸盖罩。

## 12.8　266.920/940/960系列发动机

### 12.8.1　检查凸轮轴基本位置

发动机266.920/940/960（在车型169.0/3、245.2中）的操作步骤如下。
① 拆下气缸盖外罩。
② 用举升台升起车辆。
③ 将1号气缸的活塞定位于点火上止点位置，皮带滑轮2上的上止点标记必须与正时齿轮室盖罩的定位缘（箭头B）对齐。在皮带滑轮2处转动发动机。
④ 检查凸轮轴的基本位置，在1号气缸的点火上止点位置，凸轮轴和凸轮轴轴承盖1上的标记（箭头A）中央必须互相对正。如有必要，则设置凸轮轴的基本位置。
⑤ 按照拆卸的相反顺序进行安装。
以上操作涉及部件及位置见图12-23。

图12-23　检查凸轮轴位置
1—凸轮轴轴承盖；2—皮带滑轮

### 12.8.2　设置凸轮轴基本位置

① 在皮带滑轮2处转动发动机，将1号气缸的活塞定位到点火上止点。皮带滑轮2上的上止点标记必须与正时齿轮室盖罩的定位缘（箭头B）对齐。1号气缸的凸轮指向上方。
② 拆下链条张紧器3［发动机266.920/940（截止到尾数002468），发动机266.960（截止到尾数002614），发动机266.920/940（尾数002469以后），发动机266.960（尾数002615以后）］。
③ 从凸轮轴链轮5上分开发动机正时链4，并保持其张紧状态。
④ 用两端开口扳手6将凸轮轴旋转到基本位置（点火上止点），凸轮轴和凸轮轴轴承盖1的标记（箭头A）的中央必须互相正对。
⑤ 将发动机正时链4装配在凸轮轴链轮5上安装链条张紧器3［发动机266.920/940（截止到尾数002468），发动机266.960（截止到尾数002614），发动机266.920/940（尾数002469以后），发动机266.960（尾数002615以后）］。
⑥ 沿发动机运转方向转动发动机两次检查凸轮轴的基本位置。
以上操作涉及部件及位置见图12-24。

图 12-24　设置凸轮轴位置

1—凸轮轴轴承盖；2—皮带滑轮；3—链条张紧器；4—发动机正时链；5—凸轮轴链轮；6—两端开口扳手

## 12.9　266.980 系列发动机

266.980 型发动机（在车型 169.0/3、245.2 中）的正时调校如下。

### 12.9.1　检查凸轮轴正时

① 拆下气缸盖外罩。

② 升起车辆。

③ 在皮带滑轮 2 处转动发动机，将 1 号气缸的活塞定位到点火上止点处。皮带滑轮 2 上的上止点标记必须与正时齿轮室盖罩的定位缘（箭头 B）对齐。1 号气缸的凸轮指向上方。

④ 检查凸轮轴的基本位置，如有必要，则在 1 号气缸的点火上止点处，凸轮轴和凸轮轴轴承盖 1 的标记（箭头 A）的中央必须互相正对。

⑤ 按照拆卸的相反顺序进行安装。

以上步骤涉及位置如图 12-25 所示。

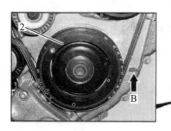

图 12-25　检查凸轮轴正时

1—凸轮轴轴承盖；2—皮带滑轮

### 12.9.2　设置凸轮轴正时位置

① 检查凸轮轴的基本位置。

② 在皮带滑轮 2 处转动发动机，将 1 号气缸的活塞定位到点火上止点处。皮带滑轮 2

上的上止点标记必须与正时齿轮室盖罩的定位缘（箭头 B）对齐。1 号气缸的凸轮指向上方。

③ 拆下链条张紧器 3。
④ 从凸轮轴链轮 5 上分开发动机正时链 4，并保持其张紧状态。
⑤ 用两端开口扳手 6 将凸轮轴旋转到基本位置（点火上止点），凸轮轴和凸轮轴轴承盖 1 的标记（箭头 A）的中央必须互相正对。
⑥ 将发动机正时链 4 装配在凸轮轴链轮 5 上。
⑦ 安装链条张紧器 3。
⑧ 沿发动机运转方向转动发动机两次。
⑨ 检查凸轮轴的基本位置。

以上操作涉及部件及位置如图 12-26 所示。

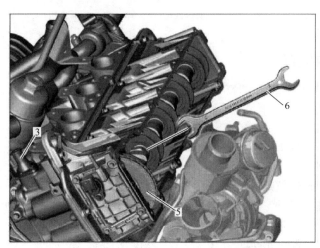

图 12-26　凸轮轴正时位置设置
1—凸轮轴轴承盖；2—皮带滑轮；3—链条张紧器；4—发动机正时链；5—凸轮轴链轮；6—两端开口扳手

## 12.10　270.910 系列发动机

以下内容适用于发动机 133（在车型 176 中）、发动机 270（在车型 117、176、242、246.2 中）的操作参考。

### 12.10.1　检查凸轮轴的基本位置

① 拆下凸轮轴上的两个霍尔传感器。
② 使用车辆举升机将车辆升起。
③ 打开右前翼子板内衬板的保养盖。
④ 通过曲轴中央螺栓沿发动机转动方向转动发动机，直到 1 号气缸的点火上止点（TDC）位置。皮带轮/减震器上的上止点（TDC）标记必须与正时箱盖罩上的定位缘对齐。
⑤ 检查凸轮轴的基本位置。通过在气缸盖罩 3 的霍尔传感器开口上进行目视检查来检查凸轮轴的基本位置。若要检查排气凸轮轴调节，在霍尔传感器开口（图 12-27）的中央必须可以看到扇形盘 1 扇形段的边缘 1a。若要检查进气凸轮轴调节，则扇形盘 2 的轴承狭槽 2a 必须位于在霍尔传感器开口（图 12-28）的中央。如果基本设定不正确，则设定凸轮轴的基本位置。

⑥ 按照拆卸的相反顺序进行安装。

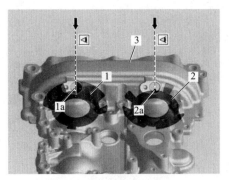

图 12-27 发动机 270（一）

1、2—扇形盘；1a—边缘；2a—轴承狭槽；3—气缸盖罩

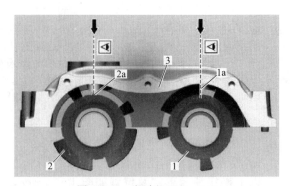

图 12-28 发动机 270（二）

1、2—扇形盘；1a—边缘；2a—轴承狭槽；3—气缸盖罩

## 12.10.2 调节凸轮轴基本位置

以下内容适用于发动机 270 在车型 117、176、242、246.2 上的操作参考。

① 拆下凸轮轴调节器 3a、3e。

② 拆下凸轮轴 2a、2e。

③ 通过曲轴中央螺栓沿发动机转动方向转动发动机，直到 1 号气缸到达点火上止点（TDC）位置。进行以下工作步骤时，应确保曲轴未被转动。皮带轮/减震器上的上止点（TDC）标记必须与正时箱盖罩上的定位缘对齐。

④ 将凸轮轴 2a、2e 插入到基本位置。对于装配 Camtronic/代码（A14）的车辆，确保进气凸轮轴 2e 安装在全冲程位置。全冲程位置可通过托架轴 10 和前部凸轮单元 12a 之间 6.5mm 宽的间隙 11 进行识别。后部凸轮单元 12b 和高压泵传动凸轮 13 之间不应有间隙（图 12-31 中箭头所示）。如有必要，则用手调节凸轮单元 12a、12b。如果排气凸轮轴 2a 处扇形盘 4 扇形段 4a 的边缘（图 12-29 中箭头所示）和进气凸轮轴 2e 处轴承狭槽 5 垂直向上，则到达凸轮轴 2a、2e 的基本位置。

⑤ 安装压紧装置 01a、01b，确保使用固定装置上正确的轴承托架。装配 Camtronic/代码（A14）的车辆的凸轮轴直径较大。在装配螺钉/螺栓 04 时，将其拧入，直到轴承托架 03 与气缸盖齐平。

⑥ 安装固定装置 02a、02e；不得强行安装固定装置 02a、02e，仅可使用套筒转动凸轮轴 2a、2e，否则会损坏凸轮轴 2a、2e；必要时使用套筒转动凸轮轴 2a、2e，以将固定装置 02a、02e 安装到压紧装置 01a 上。

⑦ 插入带中心阀的凸轮轴调节器 3a、3e，并置于正时链上，必须保证仍能向凸轮轴 2a、2e 自由转动凸轮轴调节器 3a、3e。

⑧ 安装链条张紧器。

⑨ 拧紧凸轮轴调节器 3a、3e 的中心阀，必须用机油润滑中心阀的螺纹和螺栓头接触面，必须按照扭矩连续均匀地拧紧中心阀。

⑩ 拆下凸轮轴 2a、2e 的固定装置 02a、02e。

⑪ 通过曲轴中央螺栓沿发动机转动方向转动发动机两圈，直到 1 号气缸到达点火上止点位置（TDC）。皮带轮/减震器上的上止点（TDC）标记必须与正时箱盖罩上的定位缘对齐。

⑫ 调节凸轮轴 2a、2e 的基本位置。如果排气凸轮轴 2a 处扇形盘 4 扇形段 4a 的边缘

（图 12-29 中箭头所示）和进气凸轮轴 2e 处轴承狭槽 5 垂直向上，则到达了凸轮轴 2a、2e 的基本位置。

以上步骤中拆装与调整部件及标记位置见图 12-29～图 12-31。

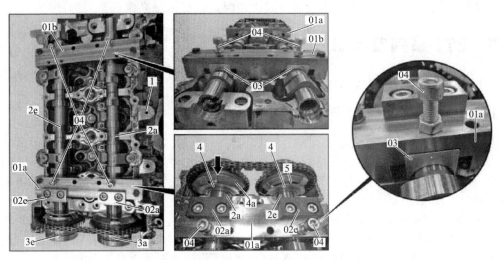

图 12-29 未装配 Camtronic/代码（A14）的车辆

01a—压紧装置；01b—压紧装置；02a—固定装置；02e—固定装置；03—轴承托架；04—螺栓；1—气缸盖；2a—排气凸轮轴；2e—进气凸轮轴；3a—排气凸轮轴调节器；3e—进气凸轮轴调节器；4—扇形盘；4a—扇形段；5—轴承狭槽

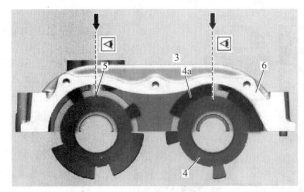

图 12-30 操作示意图

4—排气凸轮轴上的扇形盘；4a—扇形段；5—进气凸轮轴上的轴承狭槽；6—气缸盖罩

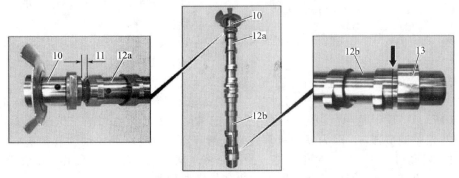

图 12-31 装配 Camtronic/代码（A14）的车辆的凸轮轴

10—托架轴；11—间隙；12a—前部凸轮单元；12b—后部凸轮单元；13—高压泵传动凸轮

⑬ 按照拆卸的相反顺序进行安装。

⑭ 发动机运转时，汽车可能会自行启动而造成事故。发动机启动或运转期间，在附近工作存在导致擦伤和烧伤的风险，需执行发动机试运行，然后检查发动机的功能性。固定好车辆，以防其自行移动。穿上封闭且紧身的工作服，切忌接触高温或旋转的部件。

## 12.11 271系列发动机

以下内容适用于271型发动机在车型172、204、207、212中的操作参考。

### 12.11.1 检查凸轮轴正时

① 拆下气缸盖罩1。

② 沿运转方向在曲轴中央螺栓处转动发动机，直至1号气缸的活塞位于点火上止点处。皮带轮/减震器2上的上止点标记必须与定位缘A对准。进气凸轮轴和排气凸轮轴上的凸轮必须倾斜向上地置于1号气缸上。

③ 检查凸轮轴的基本位置。凸轮轴调节器3上的标记（箭头所示）必须与凸轮轴轴承壳体处的标记B对准。如果基本位置不正确，则调节凸轮轴的基本位置。无需专门调节凸轮轴调节器3，因为发动机垂直时，调节器会自动将凸轮轴调节至基本位置。

④ 按照拆卸的相反顺序进行安装。

⑤ 执行发动机测试运转，检查发动机是否工作正常及是否泄漏。

以上步骤涉及部件及位置见图12-32。

图12-32 凸轮轴正时标记检查
1—气缸盖罩；2—皮带轮/减震器；3—凸轮轴调节器；A—定位缘；B—标记

### 12.11.2 调整凸轮轴正时

① 拆下气缸盖前护盖。

② 沿运转方向在曲轴的中央螺栓处转动发动机，直至1号气缸的活塞位于上止点标记处。皮带轮/减震器2上的上止点标记必须与正时箱盖罩的定位缘A对准。1号气缸的进气凸轮轴和排气凸轮轴的凸轮必须定位在垂直状态（下方箭头所示）。

③ 对于发动机271.9松开发动机正时链。

对于发动机271.8拆下链条张紧器。

④ 安装凸轮轴调节器3，固定正时链，以防止其滑落。

⑤ 安装固定件4。在此过程中，凸轮轴被带入基本位置。

⑥ 安装凸轮轴调节器3，凸轮轴调整器3的标记必须与凸轮轴轴承外壳的标记B对准（上方箭头所示）。皮带轮/减震器2上的上止点标记必须与正时箱盖罩的定位缘A对准。无需专门调节凸轮轴调节器3，因为发动机垂直时，调节器会自动将凸轮轴调节至基本位置。

⑦ 对于发动机271.9：拉紧正时链。为此，将楔从正时齿轮室中取出，并松开张紧轨。

对于发动机271.8：安装链条张紧器，更换链条张紧器。

⑧ 分开固定件4。

⑨ 沿发动机的转动方向转动曲轴两圈，并再次检查凸轮轴的基本位置。凸轮轴调整器 3 的标记必须与凸轮轴轴承外壳的标记 B 对准（上方箭头所示）。皮带轮/减震器 2 的上止点标记必须与正时箱盖罩的定位缘 A 对准。

⑩ 安装气缸盖前护盖。

⑪ 执行发动机测试运转，检查发动机是否工作正常及是否泄漏。

以上步骤涉及部件及位置见图 12-33。

图 12-33　271.9 发动机凸轮轴正时调整
1—气缸盖罩；2—皮带轮/减震器；3—凸轮轴调节器；4—固定装置；A—定位缘；B—标记

## 12.12　272/273 系列发动机

以下内容适用发动机 272/273 在车型 212 中的操作参考。

### 12.12.1　更换发动机正时链

① 断开蓄电池接地电缆。

② 拆下火花塞。

③ 拆下右侧气缸盖上的排气凸轮轴和进气凸轮轴 1、2。

④ 断开旧的发动机正时链 3。

⑤ 拉入新的发动机正时链 4。

⑥ 铆接新的发动机正时链 4。

⑦ 沿发动机运转方向将发动机曲轴转至 1 号气缸点火上止点（TDC）前 55°的曲轴转角处（皮带轮上的 305°标记处）。左侧气缸盖上的进气凸轮轴 1 和排气凸轮轴 2 上的脉冲轮标记 5 必须位于凸轮轴霍尔传感器孔的中心。如果没有位于中心，则沿发动机转动方向将发动机曲轴再转一圈。

⑧ 沿发动机运转方向转动发动机曲轴，使其从 1 号气缸点火上止点后 95°的曲轴转角处

转到 40°的曲轴转角处。

⑨ 将右侧气缸盖上的进气凸轮轴 2 和排气凸轮轴 1 安装到基本位置。标记 6 朝上，且标记 7 与气缸盖罩上的接触面对齐。

⑩ 沿发动机运转方向转动发动机曲轴，然后在前护盖已安装到气缸盖上的情况下，在点火上止点前 55°曲轴转角处（皮带轮上的 305°标记处）检查凸轮轴的基本位置。进气凸轮轴 1 和排气凸轮轴 2 上的脉冲轮标记 5 必须位于凸轮轴霍尔传感器孔的中心。

⑪ 安装火花塞。

⑫ 将接地电缆连接到蓄电池上。

⑬ 执行发动机测试运转，并检查发动机是否泄漏。

以上步骤涉及部件及位置见图 12-34。

图 12-34　发动机正时链更换图示
1—排气凸轮轴；2—进气凸轮轴；3—旧的发动机正时链；4—新的发动机正时链；
5—脉冲轮标记；6，7—凸轮轴调节器上的标记

## 12.12.2　检查凸轮轴的基本位置

① 拆下发动机前罩。

② 拆下凸轮轴上的霍尔传感器。

③ 沿发动机运转方向（箭头所示）转动发动机曲轴，直至发动机处于点火上止点前 55°曲轴转处角处（皮带滑轮上的 305°标记处），并检查凸轮轴的基本位置。皮带滑轮上的 305°标记 1 必须与正时箱盖罩的定位缘 2 对准，且脉冲轮上的标记 3 必须位于霍尔传感器的孔中。如有必要，则调节凸轮轴的基本位置。相关位置见图 12-35。

④ 按照拆卸的相反顺序进行安装。

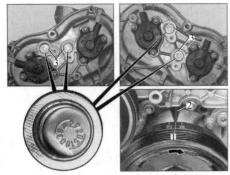

图 12-35　凸轮轴基本位置检查
1—皮带滑轮上的标记；2—正时箱盖罩上的定位缘；3—脉冲轮标记

⑤ 执行发动机测试运转,并检查发动机是否泄漏。

### 12.12.3 调节凸轮轴的基本位置

① 拆下排气凸轮轴的凸轮轴调节器 13、14。

② 拆下张紧轨螺栓 23,然后将张紧轨 24 向上拉出正时箱。安装之前,在张紧滑轨螺栓 23 上涂抹密封剂。密封剂型号:乐泰(Loctite) 5970。

③ 抬起发动机正时链,然后从进气凸轮轴 3 上向前拉下凸轮轴调节器 15。

④ 抬起发动机正时链,然后将凸轮轴调节器 16 转入基本位置。

⑤ 按照拆卸的相反顺序进行安装。

⑥ 执行发动机测试运行,并检查其是否泄漏。

以上步骤操作位置见图 12-36。

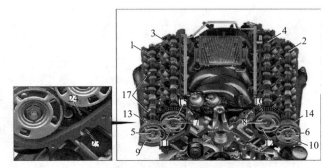

图 12-36 凸轮轴基本位置调节
3—进气凸轮轴;13,14—排气凸轮轴的凸轮轴调节器;
15,16—进气凸轮轴的凸轮轴调节器;23—张紧轨螺栓;24—张紧轨

## 12.13 274 系列发动机

### 12.13.1 正时链更换

① 分开蓄电池接地线。

② 拆下带凸轮轴调节器的凸轮轴,凸轮轴调节器留在凸轮轴上。

③ 分开正时链 1。

④ 检查张紧轨 5:如果磨损或存在外部损坏,则更换张紧轨 5。

⑤ 检查滑轨 3、6:如果磨损或存在外部损坏,则更换滑轨 3、6。

⑥ 拉入新的正时链 1。

⑦ 铆接正时链 1。

⑧ 安装带凸轮轴调节器的凸轮轴,只有在检查凸轮轴的基本位置后,才能安装气缸盖罩。

⑨ 在安装链条张紧器 4 的情况下,检查凸轮轴的基本位置,如有必要,则进行校正。

⑩ 连接蓄电池接地线。

### 12.13.2 正时检查

① 拆下凸轮轴上的两个霍尔传感器。

② 通过曲轴中央螺栓沿发动机转动方向转动发动机,直到位于 1 号气缸的点火上止点(TDC)位置。皮带轮/减震器上的上止点(TDC)标记必须与正时箱盖罩上的定位缘对齐。

③ 检查凸轮轴的基本位置:通过在气缸盖罩 3 的霍尔传感器开口

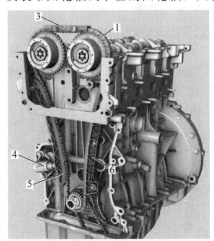

图 12-37 正时链安装(发动 274 在车型 212、218 中)
1—正时链;3,6—滑轨;4—链条张紧器;5—张紧轨

上进行目视检查来检查凸轮轴的基本位置。若要检查排气凸轮轴调节情况，则在霍尔传感器开口的中央必须可以看到扇形盘 1 扇形段的边缘 1a。若要检查进气凸轮轴调节情况，则扇形盘 2 的轴承狭槽 2a 必须位于在霍尔传感器开口的中央。如果基本位置不正确，则设置凸轮轴的基本位置。

以上部件位置如图 12-38、图 12-39 所示。

④ 按照拆卸的相反顺序进行安装。

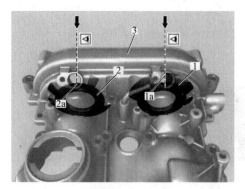 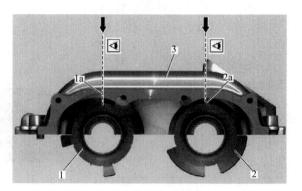

图 12-38　凸轮轴位置检查（一）　　　　　图 12-39　凸轮轴位置检查（二）
1,2—扇形盘；1a—边缘；2a—轴承狭槽；3—气缸盖罩　　1,2—扇形盘；1a—边缘；2a—轴承狭槽；3—气缸盖罩

### 12.13.3　正时调整

① 拆下右侧气缸盖罩 3。

② 拆下凸轮轴调节器。

③ 通过曲轴中央螺栓沿发动机转动方向转动发动机，直到达到 1 号气缸的点火上止点（TDC）位置。皮带轮/减震器上的上止点（TDC）标记必须与正时箱盖罩上的定位缘对齐。

④ 将凸轮轴转至基本位置。如果在排气凸轮轴上，扇形盘 1 的部分扇形边缘 1a 和扇形盘 2 上的轴承狭槽 2a 垂直向上，则凸轮轴处于基本位置。

⑤ 安装压紧工具 01a、01b。拧入螺钉/螺栓 04，直至轴承座 03 平放在气缸盖上。

⑥ 检查凸轮轴的基本位置。如果在排气凸轮轴上，扇形盘 1 的部分扇形边缘 1a 和扇形盘 2 上的轴承狭槽 2a 垂直向上，则凸轮轴处于基本位置。

⑦ 安装支架 02a、02b 不适用于将排气凸轮轴或进气凸轮轴固定就位，因为这会导致支架 02a、02b 发生损坏并还可能导致正时不正确，只能使用套筒或将螺钉/螺栓 N000000005561 与盘 A6049900040 配套使用转动排气凸轮轴和进气凸轮轴，否则会损坏排气凸轮轴和进气凸轮轴。为将支架 02a、02e 安装到压紧工具 01a 上，要使用套筒或将螺钉/螺栓 N000000005561 与盘 A6049900040 配套使用转动排气凸轮轴和进气凸轮轴（如有必要）。

⑧ 安装凸轮轴调节器，然后用手拧紧控制阀，安装链条张紧器后先将控制阀完全拧紧。在安装凸轮轴调节器或正时链时，确保曲轴不会转动。

⑨ 安装链条张紧器。

⑩ 将控制阀拧紧至最终扭矩。

⑪ 将支架 02a、02b 从压紧工具 01a 上分开，将压紧工具 01a、01b 安装在气缸盖上。

⑫ 松开压紧工具 01a、01b 处的螺钉/螺栓 04，直至可以转动凸轮轴。压紧工具 01a、01b 安装在气缸盖上。

⑬ 通过曲轴中央螺栓沿发动机转动方向转动发动机两圈，直到 1 号气缸到达点火上

止点（TDC）位置，皮带轮/减震器上的上止点（TDC）标记必须与正时箱盖罩上的定位缘对齐。

⑭ 用手将螺钉/螺栓04拧紧到压紧工具01a、01b上，拧入螺钉/螺栓04，直至轴承座03平放在气缸盖上。

⑮ 检查凸轮轴基本位置。为此，将支架02a、02b安装到压紧工具01a上，必须在未插入工具的情况下，用手将支架02a、02b安装到凸轮轴的六角部分上，直至支架02a、02b平放在压紧工具01a上，否则会损坏支架02a、02b，从而导致正时设置不正确。

如果不能安装支架02a、02b，则必须从操作步骤②开始重复工作流程。

⑯ 拆下支架02a、02b和压紧工具01a、01b。

以上步骤涉及部件及位置见图12-40、图12-41。

⑰ 安装气缸盖罩3。

图12-40 凸轮轴基本位置调整

01a—压紧工具；01b—压紧工具；02a—支架；
02b—支架；03—轴承托架；04—螺钉/螺栓

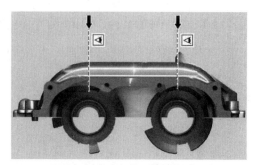

图12-41 凸轮轴位置检查

## 12.14 275.953系列发动机

以下内容适用于发动机275在车型215、216、220、221、230中的操作参考。

### 12.14.1 检查凸轮轴的基本位置

① 拆下气缸盖外罩1。

② 拆下风扇导风圈2和风扇单元。

③ 将发动机置于1号气缸点火上止点（TDC）后30°曲轴转角处，沿发动机运转方向转动发动机曲轴，直至皮带滑轮/减震器12上的30°曲轴转角标记与正时齿轮室盖罩上的标记（箭头所示）重合。不得反转发动机，否则发动机正时链会跳齿，从而损坏发动机。

④ 检查凸轮轴的基本位置。只有两个保持装置3可以无应力地安装到左右气缸盖上时，凸轮轴的基本位置才是正确的。凸轮轴轴承盖4上的标记线A必须与凸轮轴5上的标记线B对齐。如果无法装配，则调节凸轮轴的基本位置。

⑤ 按照拆卸的相反顺序安装。

以上提及操作部件位置见图12-42。

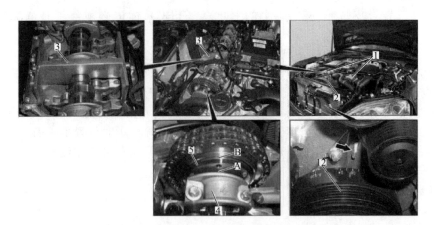

图 12-42　W220 发动机凸轮轴基本位置
1—气缸盖外罩；2—风扇导风圈；3—固定装置；4—凸轮轴轴承盖；5—凸轮轴；12—皮带轮/减震器；
A—凸轮轴轴承盖的标记；B—凸轮轴的标记

### 12.14.2　调节凸轮轴的基本位置

① 排放散热器中的冷却液。

② 拆下冷却液节温器外壳。

③ 拆下空气泵。

④ 拆下风扇导风圈 1 和风扇单元。

⑤ 拆下气缸盖外罩 2。

⑥ 拆下左侧气缸盖的前护盖。

⑦ 拆下右侧气缸盖的前护盖。

⑧ 检查凸轮轴 11 的基本位置。

⑨ 拆下左侧凸轮轴链轮 5 的弹性挡圈 4，然后拆下离心机 7。安装时要安装新的 O 形环 8。

⑩ 松开凸轮轴链轮 5、6 的螺栓 9。为松开螺栓 9，转动凸轮轴 11，以便将固定装置 3 无张紧力地安装在气缸盖处。

⑪ 分开固定器 3。

⑫ 将 1 号气缸的活塞置于点火上止点后 30°曲轴转角处，沿发动机运转方向转动发动机曲轴，直至皮带滑轮/减震器 12 上的 30°曲轴转角标记与正时齿轮室盖罩上的标记（箭头所示）重合。凸轮轴轴承盖 10 的标记 A 必须与凸轮轴 11 的标记 B 对齐。不得反转发动机，否则发动机正时链会跳齿，从而损坏发动机。

⑬ 拆下链条张紧器。

⑭ 拆下凸轮轴链轮 5、6，标记凸轮轴链轮 5、6 相对于发动机正时链的位置。

⑮ 将左侧凸轮轴 11 转至基本位置。仅当固定装置 3 可以无应力地安装到左侧气缸盖上时，凸轮轴 11 的基本位置才是正确的。凸轮轴轴承盖 10 的标记 A 必须与凸轮轴 11 的标记 B 对齐。在处于 1 号气缸的点火上止点后 30°曲轴转角的位置时，可以在气门不接触到活塞的情况下转动凸轮轴 11。

⑯ 将右侧凸轮轴 11 转至基本位置。仅当固定装置 3 可以无应力安装到右侧气缸盖上时，右侧凸轮轴 11 的基本位置才是正确的。凸轮轴轴承盖 10 的标记 A 必须与凸轮轴 11 的标记 B 对齐，在处于 1 号气缸的点火上止点后 30°曲轴转角的位置时，可以在气门不接触到活塞的情况下转动凸轮轴 11。

⑰ 安装凸轮轴链轮 5、6。
⑱ 分开固定器 3。
⑲ 安装链条张紧器。
⑳ 检查凸轮轴 11 的基本位置。
㉑ 安装右侧气缸盖的前护盖。
㉒ 安装左侧气缸盖的前护盖。
㉓ 安装气缸盖 2。
㉔ 安装风扇导风圈 1 和风扇单元。
㉕ 安装空气泵。
㉖ 安装冷却液节温器外壳。
㉗ 注入冷却液。
㉘ 检查冷却系统是否泄漏。

以上操作步骤涉及部件与位置见图 12-43。

图 12-43　发动机凸轮轴基本位置设置图示
1—风扇导风圈；2—气缸盖外罩；3—固定装置；4—弹性挡圈；
5,6—凸轮轴链轮；7—离心机；8—O 形环；9—螺栓；
10—凸轮轴轴承盖；11—凸轮轴；12—皮带轮/减震器；
A—凸轮轴轴承盖的标记；B—凸轮轴的标记

## 12.15　276/278 系列发动机

以下内容适用于 276 发动机在车型 166、251 车型中的操作参考。

### 12.15.1　检查和调节凸轮轴的基本位置

① 拆下凸轮轴上的所有霍尔传感器。
② 松开增压空气冷却器，然后在保持冷却液管路连接的情况下拉到前部。
③ 检查皮带轮/减震器 10 上是否有 53°标记。
④ 将 53°标记的替换标记粘贴到皮带轮/减震器 10 上。对于皮带轮/减震器 10 上不带 53°标记的发动机，将 17mm 长的胶条 11 粘贴到皮带轮/减震器 10 上的 40°标记处。胶条 11 的末端在皮带轮/减震器 10 上标记出了缺失的 53°标记。
⑤ 通过曲轴中央螺栓沿发动机转动方向将发动机转到 1 号气缸点火上止点（TDC）后 53°曲轴转角处。皮带轮/减震器 10 上带 53°标记的发动机不得沿与发动机转动方向相反的方向转动发动机，否则会使发动机正时链跳齿。通过曲轴沿发动机转动方向转动发动机，直至皮带轮/减震器 10 上的 53°标记与参考边 10a 对齐。参考边 10a 位于冷却液泵上。

通过曲轴中央螺栓沿发动机转动方向将发动机转到胶条 11 末端［1 号气缸点火上止点（TDC）后 53°曲轴转角（KW）］。皮带轮/减震器 10 上不带 53°标记的发动机不得沿与发动机转动方向相反的方向转动发动机，否则正时链会跳齿并导致发动机损坏。通过曲轴沿发动机转动方向转动发动机，直至皮带轮/减震器 10 上的 53°标记与参考边 10a 对齐。参考边 10a 位于冷却液泵上。

⑥ 检查凸轮轴的基本位置，通过对气缸盖罩 2l、2r 上的霍尔传感器开口进行目视检查来检查凸轮轴的基本位置。在气缸盖罩 2l、2r 上霍尔传感器开口的中间必须能够看到扇形盘 1 扇形段 1a 的边缘（图 12-47）。如果基本设置不正确，则设定凸轮轴的基本位置。
⑦ 按照拆卸的相反顺序进行安装。

前述步骤中涉及部件与位置见图 12-44～图 12-47。

图 12-44 带 53°标记的发动机

10—皮带轮/减震器；10a—参考边（冷却液泵）

图 12-45 不带 53°标记的发动机

10—皮带轮/减震器；10a—参考边（冷却液泵）；
11—胶条（更换标记）

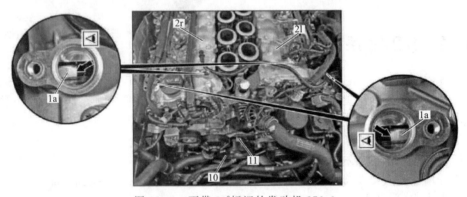

图 12-46 不带 53°标记的发动机 276.9

1a—扇形段；2l—左侧气缸盖罩；2r—右侧气缸盖罩；10—皮带轮/减震器；11—胶条（更换标记）

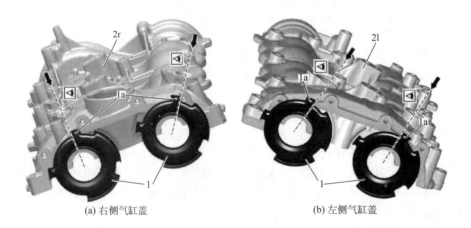

(a) 右侧气缸盖     (b) 左侧气缸盖

图 12-47 左、右侧气缸盖

1—扇形盘；1a—扇形段；2l—左侧气缸盖罩；2r—右侧气缸盖罩

## 12.15.2 调节凸轮轴的基本位置

以下内容适用于搭载 157、278 发动机的 166 车型，搭载 276 发动机的 166、251 车型。

① 拆下气缸盖罩。
② 拆下离心机。
③ 将压紧工具 01 安装到凸轮轴 1 上。
④ 通过曲轴中央螺栓沿发动机运转方向将发动机转到 1 号气缸点火上止点（TDC）后 40°曲轴转角（CA）处。
⑤ 拆下两个链条张紧器，拆下气缸盖罩后，可在 1 号气缸点火上止点（TDC）后 40°曲轴转角（CA）处拆下两个链条张紧器。要拆下右侧链条张紧器，就需要助手转动已拆下的离心机的排气凸轮轴以松开张紧轨。
⑥ 拆下右侧排气凸轮轴的凸轮轴调节器 3。要松开和拧紧右侧凸轮轴调节器 3 上的中心阀，必须由助手反向固定凸轮轴 1。
⑦ 从凸轮轴调节器 3 上拆下正时链 2。安装时，要松开张紧轨，应请助手将凸轮轴 1 固定在基本位置。
⑧ 将凸轮轴 1 转入基本位置。安装时，必须请助手使用合适的工具将凸轮轴 1 固定在基本位置。
⑨ 扇形盘 4 上的标记 4m 必须与气缸盖的边缘对准。
⑩ 按照拆卸的相反顺序进行安装。
⑪ 执行发动机试运行，然后检查发动机的功能性。

上述步骤涉及部件及位置见图 12-48。

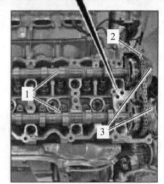

图 12-48　调节凸轮轴基本位置
01—压紧工具；1—凸轮轴；2—正时链；3—凸轮轴调节器；4—扇形盘；4m—标记

## 12.15.3　凸轮轴正时标记设置

① 将发动机置于 1 号气缸的上止点后 40°位置：

通过曲轴中央螺栓沿发动机运转方向转动发动机，直到皮带轮/减震器 10 上的 40°曲轴转角标记与参考边 10a 对齐，发动机 276 的参考边 10a 位于冷却液泵上，见图 12-49。在发动机 152.9、157、278 上，参考边位于 V 形皮带张紧装置上，见图 12-50。不得沿与发动机转动方向相反的方向转动发动机，否则会使正时链卡滞。

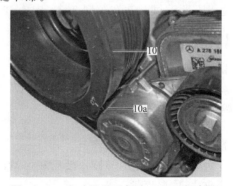

图 12-49　设置发动机上止点位置
10—皮带轮/减震器；10a—参考边（冷却液泵）

图 12-50　发动机设置标志（278 发动机）
10—皮带轮/减震器；10a—参考边（V 形皮带张紧装置）

② 基于激光标记（箭头所示）检查凸轮轴的位置：

如果凸轮轴调节器 2 上的激光标记位于顶部（图 12-51）且 40°标记位于参考边 10a 处，则 1 号气缸位于点火上止点后 40°位置。如果凸轮轴调节器 2 上的激光标记位于底部（图 12-52）且 40°标记位于参考边 10a 处，则 1 号气缸位于重叠上止点后 40°位置。在 1 号气缸的点火上止点后 40°处和重叠上止点后 40°处之间恰为曲轴完整转动的一圈（360°）。

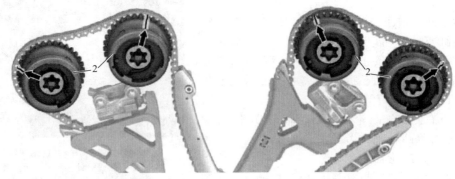

图 12-51　发动机正时设置标志（276 发动机）
2—凸轮轴调节器

图 12-52　发动机凸轮轴正时设置标志（276 发动机）
2—凸轮轴调节器

## 12.16　642 系列柴油发动机

适用于发动机 642 在车型 207、212、218、221、222 中的操作参考。

### 12.16.1　检查发动机正时链

① 拆下右侧气缸盖罩。
② 将压紧工具安装到凸轮轴 3 的中央凸轮轴轴承上，压紧工具发挥凸轮轴轴承的功能，并可减轻凸轮轴支架上的负载。
③ 拆下风扇单元。
④ 将防护板插到冷却器上。
⑤ 分开增压空气冷却器，然后在保持冷却液管路连接的情况下放到一旁。
⑥ 拆下 V 形皮带。
⑦ 将 1 号气缸的活塞置于点火上止点（TDC）处，具体参见 12.16.2 节。

⑧ 通过将止动销 2 插入孔 1 来锁止凸轮轴 3。

⑨ 继续通过皮带轮 6 沿发动机运转方向转动发动机，直至可以感觉到轻微的阻力。

⑩ 检查正时链 4 的链条延伸，切勿沿发动机转动的相反方向转动发动机，否则可能会导致测量错误。通过凸轮轴 3 锁止时皮带轮 6 的位置间接检查正时链 4 的延伸长度，如果正时箱盖罩 5 上的撑杆位于上止点标记处（箭头 A）和上止点标记后 11°处（箭头 B）之间，则发动机正时链 4 仍处于允许公差范围内。否则，必须更换发动机正时链 4。

⑪ 按照拆卸的相反顺序进行安装。

以上操作涉及部件与位置见图 12-53。

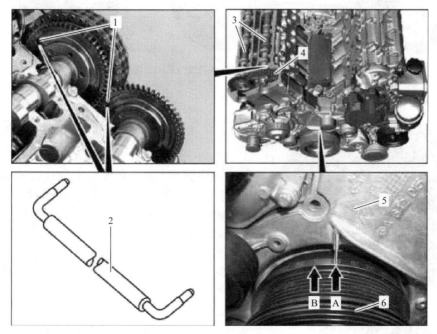

图 12-53　图示为发动机 642.9

1—孔；2—止动销；3—凸轮轴；4—正时链；5—正时箱盖罩；6—皮带轮；A—上止点（TDC）标记；B—上止点标记后 11°

## 12.16.2　检查发动机气门正时

① 拆下气缸盖罩。

② 将压紧工具套件安装到气缸盖的中央凸轮轴轴承上，压紧工具套件承担凸轮轴轴承的功能，并可减轻凸轮轴支架上的负载。

③ 检查发动机正时链。

④ 将 1 号气缸的活塞置于点火上止点（TDC）处，沿发动机运转方向转动发动机曲轴，凸轮轴链轮的标记 2 必须正好彼此相对，凸轮轴链轮上的标记 3 必须与气缸盖对准，并且位于左侧，皮带轮上的上止点（TDC）标记 4 必须与正时箱盖罩上的撑杆对齐。

⑤ 检查平衡轴的基本位置，仅适用于损坏时。

⑥ 按照拆卸的相反顺序进行安装。

⑦ 在发动机运转的情况下，检查是否漏油。

以上步骤中涉及部件与位置见图 12-54。

图 12-54　发动机 642（装配 Duplex 链条）
1—链条张紧器；2,3—标记；4—上止点（TDC）标记；5—平衡轴上的标记；6—平衡轴驱动齿轮

### 12.16.3　检查凸轮轴的基本位置

① 拆下气缸盖罩。

② 将压紧工具套件 3 安装到气缸盖的中央凸轮轴轴承上，压紧工具套件 3 发挥凸轮轴轴承的功能，并可减轻凸轮轴支架 2 上的负荷，见图 12-55。

③ 拆下风扇单元。

④ 插入散热器防护板。

⑤ 分开增压空气冷却器，然后在保持冷却液管路连接的情况下放到一旁。

⑥ 拆下 V 形皮带。

⑦ 将 1 号气缸上的活塞调节到点火上止点（TDC）处，通过皮带轮 6 沿发动机转动方向转动发动机，直到凸轮轴 1 上的上止点标记 5 彼此相对。同时，标记 4（沿运转方向）要与气缸盖上边缘的左侧对正，皮带轮 6 上的上止点（TDC）标记（箭头所示）必须与正时箱盖罩 7 上的撑条对正。如果凸轮轴 1 的基本位置不正常，则必须要检查正时链是否损坏或伸长。相关部件与位置见图 12-56。

⑧ 按照拆卸的相反顺序进行安装。

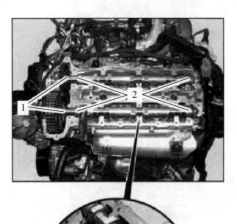

图 12-55　拆卸气缸盖
1—凸轮轴；2—凸轮轴支架；3—压紧工具套件

### 12.16.4　调节凸轮轴的基本位置

以下适用于发动机 642 在车型 204、207、212、218 中的操作参考。

① 拆下凸轮轴。

② 安装凸轮轴。

③ 检查凸轮轴的基本位置，如图 12-57 中的箭头指向所示。

图 12-56 图示为发动机 642.9
1—凸轮轴；4—标记；5—上止点标记；6—皮带轮；7—正时箱盖罩

图 12-57 调节凸轮轴位置

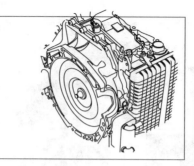
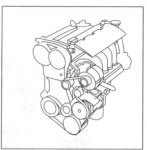

# 第13章 捷豹-路虎汽车发动机

## 13.1 2.0T GTDI 204PI 发动机

### 13.1.1 正时链拆卸

① 拆下蓄电池电缆。
② 举升并支撑好车辆。确保采用车轴支架支撑好车辆。
③ 拆下正时盖。
④ 用直销锁定张紧器柱塞（图13-1）。
⑤ 拆下2个张紧器固定螺栓并取下张紧器。
⑥ 拆下正时链张紧臂和导轨。
⑦ 拆下正时链条。
⑧ 使用开口扳手握住凸轮轴的六角部位以防止凸轮轴转动（图13-2）。拆除之前，请记下元件的安装位置。如果卸下元件仅仅是为了检修，切勿进一步拆卸。

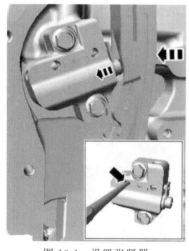

图13-1 设置张紧器

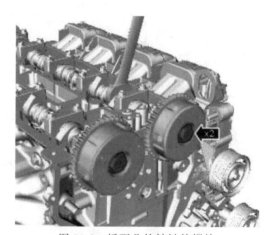

图13-2 拆下凸轮轴链轮螺栓

⑨ 丢弃凸轮轴链轮密封圈。

## 13.1.2 正时链安装

① 安装一个新的摩擦垫圈。
② 使用开口扳手握住凸轮轴的六角部位以防止凸轮轴转动。确保这些元件均安装到拆除时记下的位置上。此阶段仅用手指拧紧螺栓。
③ 安装正时链条（图13-3）。
④ 安装张紧臂与导轨螺栓，扭矩：9N·m。拔出张紧器上的直销。
⑤ 安装2个张紧器紧固螺栓，扭矩：9N·m。
⑥ 使用开口扳手握住凸轮轴的六角部位以防止凸轮轴转动。拧紧凸轮轴链轮螺栓，扭矩：72N·m。
⑦ 安装正时盖。
⑧ 连接蓄电池电缆。

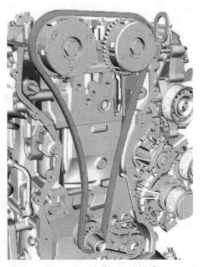

图13-3 安装正时链条

## 13.2 2.2L ID4 柴油发动机

### 13.2.1 正时链条拆卸

① 抬起并支撑车辆。注意：切勿在仅靠一个千斤顶支撑的车上或车下工作。务必使用安全架支撑车辆。
② 断开蓄电池连接。
③ 拆卸正时盖。
④ 松开但不要拆下高压燃油泵链轮螺栓。
⑤ 定位凸轮轴（图13-4）。注意：在拆除任何发动机正时部件之前，请旋转发动机，使凸轮轴链轮处于所示位置，否则将可能导致发动机损坏。
⑥ 顺时针旋转发动机，直至凸轮轴链轮处于所示位置，然后将6mm钻头安装到每个链轮上（图13-5）。

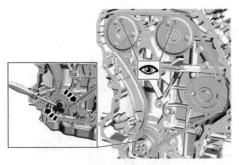

图13-4 定位凸轮轴位置

图13-5 顺时针旋转发动机

⑦ 松开并锁定正时链张紧器，然后拆除（图13-6）。
⑧ 拆除上部正时链导轮。
⑨ 拆除右侧正时链导轮。
⑩ 拆除下部正时链导轮。

⑪ 拆除左侧正时链导轮。
⑫ 卸下正时链和凸轮轴链轮（图13-7）。注意：不要从凸轮轴链轮上拆下正时销。

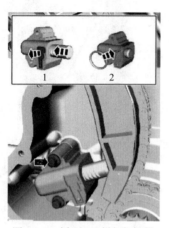

图13-6　拆下正时链张紧器

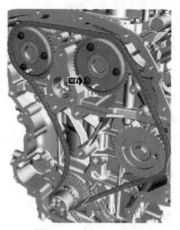

图13-7　拆下正时链

⑬ 拆除用于固定高压燃油泵链轮的螺栓。
⑭ 安装专用工具（图13-8～图13-10）。

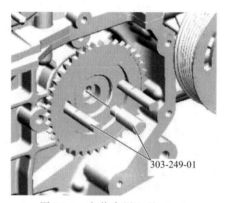

图13-8　安装专用工具（一）

图13-9　安装专用工具（二）

⑮ 旋转专用工具303-1333，直至链轮从高压泵上松开（图13-11）。

图13-10　安装专用工具（三）

图13-11　拆下高压燃油泵链轮

⑯ 拆除专用工具和燃油泵链轮。

⑰ 从燃油泵链轮上卸下专用工具。

### 13.2.2 正时链安装

① 安装高压燃油泵链轮；注意：在此阶段，不要拧紧螺栓；燃油泵链轮螺栓具有左螺纹。

② 使用合适的工具旋转发动机，并将专用工具303-1587与曲轴对齐（图13-12）。注意：使用合适的工具旋转发动机，确保未将专用工具303-1587用作反作用力工具，否则将可能导致发动机损坏；在此阶段，不要拧紧螺栓。

③ 卸下曲轴正时工具。确保在卸下专用工具303-1587时曲轴未旋转。注意：确保未将专用工具303-1587用作反作用力工具，否则将可能导致发动机损坏。

④ 安装并对齐正时链（图13-13）。不要从凸轮轴链轮上拆下正时销。确保正时链上的着色链环处于所示位置。在此阶段，不要拧紧螺栓。

⑤ 安装曲轴正时工具并将螺栓拧紧至10N·m的扭矩。确保未将专用工具303-1587用作反作用力工具，否则将可能导致发动机损坏。

⑥ 安装上部正时链导轮并将螺栓拧紧至15N·m的扭矩。

⑦ 安装右侧正时链导轮并将螺栓拧紧至15N·m的扭矩。

⑧ 安装下部正时链导轮并将螺栓拧紧至15N·m的扭矩。

⑨ 安装正时链张紧器并将螺栓拧紧至15N·m的扭矩。拆下销以展开张紧器。必须安装新的正时链张紧器。

⑩ 安装左侧链导轮并将螺栓拧紧至31N·m的扭矩。

⑪ 向链导轮施加张力，然后将凸轮轴链轮螺栓拧紧至35N·m的扭矩（图13-14）。

⑫ 卸下曲轴正时工具。确保未将专用工具303-1587用作反作用力工具，否则将可能导致发动机损坏。

⑬ 从凸轮轴链轮上卸下钻头。

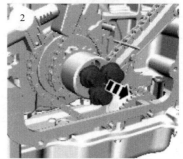

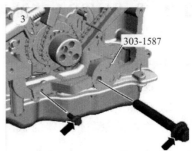

图13-12 将专用工具与曲轴对齐

⑭ 旋转曲轴2周。使用合适的工具旋转发动机。

⑮ 检查凸轮轴链轮是否如图13-15所示正确定位。

⑯ 通过在凸轮轴链轮中安装并拆除钻头，检查正时是否正确。

⑰ 通过安装并拆除曲轴正时工具，检查正时是否正确。将曲轴锁定工具拧紧至10N·m的扭矩。使用合适的工具旋转发动机。

⑱ 安装正时盖。

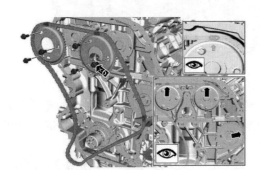

图13-13 安装并对齐正时链

⑲ 连接蓄电池。

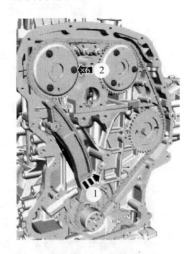

图 13-14 拧紧链轮螺栓
1—施加压力的方向；2—凸轮轴链轮螺栓（6 个）

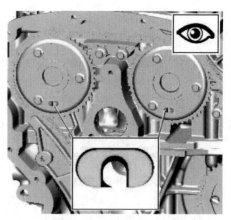

图 13-15 凸轮轴链轮位置

## 13.3　2.2L TD4 柴油发动机

### 13.3.1　正时皮带拆卸

① 提升并支撑车辆。
② 释放正时皮带张紧力。卸下正时皮带（图 13-16）。
③ 检查滚轮和张紧器的状况。检查冷却液泵的状况。视需要安装以上任何部件。

### 13.3.2　正时皮带安装

① 确保键定位于键槽中央（图 13-17）。

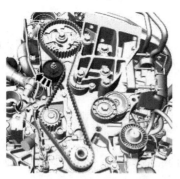

图 13-16 拆下正时皮带

图 13-17 确保曲轴键位置

② 安装新的正时皮带。启动凸轮轴带轮，按照图 13-18 所示数字的顺序，按顺时针方向安装正时皮带。注意：拆卸正时皮带时，不得旋转曲轴或凸轮轴。请确保正时皮带没有折叠，以便产生直径小于 35mm 的环形。
③ 轻轻拧紧正时皮带张紧器螺栓。使用 Allen 键，逆时针调整张紧力，直至指针位于图 13-19 所示位置。拧紧张紧器螺栓。扭矩：25N·m。

图 13-18　正时带安装顺序

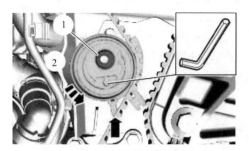

图 13-19　安装张紧器
1—张紧轮螺栓；2—调整张紧力的方向

④ 安装磁阻环。使用原装螺栓安装曲轴减震器。扭矩：70N·m。
⑤ 卸下曲轴锁定工具（图 13-20）。专用工具：303-1272。
⑥ 卸下曲轴正时工具（图 13-21）。专用工具：303-1270。

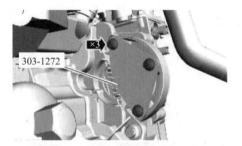

图 13-20　取下曲轴锁定工具

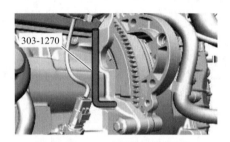

图 13-21　取下曲轴正时工具

⑦ 卸下凸轮轴链轮正时工具（图 13-22）。专用工具：303-1277。
⑧ 顺时针旋转发动机整整十周。
⑨ 安装曲轴正时工具。专用工具：303-1270。
⑩ 安装凸轮轴链轮正时工具。专用工具：303-1277。
⑪ 安装曲轴锁定工具。专用工具：303-1272。
⑫ 松开曲轴减震器螺栓。
⑬ 松开正时皮带张紧器螺栓。使用内六角扳手，顺时针调整张紧轮，直至指针处于图 13-23 中所示位置。拧紧张紧器螺栓。扭矩：25N·m。注意：如果指针位置不正确，则请重复正时皮带张紧操作。

图 13-22　取下凸轮轴正时工具

图 13-23　松开正时皮带张紧器螺栓

⑭ 拧紧曲轴减震器。扭矩：70N·m。
⑮ 卸下曲轴锁定工具。专用工具：303-1272。
⑯ 卸下曲轴正时工具。专用工具：303-1270。
⑰ 卸下凸轮轴链轮正时工具。专用工具：303-1277。
⑱ 顺时针旋转发动机整整两周。
⑲ 检查正时皮带张紧器是否处于正确位置。如果正时皮带张紧器不在正确的位置，则请重复设置步骤。
⑳ 安装曲轴正时工具。专用工具：303-1270。
㉑ 安装曲轴锁定工具。专用工具：303-1272。
㉒ 安装凸轮轴链轮正时工具。专用工具：303-1277。
㉓ 卸下曲轴减振器。注意：确保安装新螺栓。
㉔ 卸下磁阻环。

### 13.3.3　凸轮轴正时检查

① 取下盖，并断开蓄电池接地电缆。
② 抬起并支撑车辆。注意：确保用轮轴架支撑车辆。
③ 卸下右前轮和轮胎。
④ 卸下起动机。
⑤ 卸下密封垫。安装凸轮轴正时工具（图13-24）。专用工具：303-1277。注意：仅顺时针旋转曲轴。
⑥ 安装曲轴正时工具（图13-25）。专用工具：303-1270。

图13-24　安装凸轮轴正时工具

图13-25　安装曲轴正时工具

⑦ 如果凸轮轴正时不正确，则需进行调节。

## 13.4　2.5L NAV6-AJV6/3.0L NAV6-AJ27发动机

### 13.4.1　正时链拆卸

① 卸下发动机前盖。
② 卸下火花塞。
③ 卸下曲轴位置（CKP）传感器脉冲轮。在拆卸的过程中，注意曲轴位置（CKP）传感器脉冲车轮的位置。在安装过程中，必须恢复其原始位置。
④ 安装曲轴带轮固定螺栓和垫圈。切勿逆时针方向旋转曲轴，否则正时链可能会缠结，

从而导致发动机损坏。

⑤ 顺时针方向旋转曲轴，直到曲轴键槽处于 7 点钟位置，右侧进气凸轮轴链轮上的对齐标记处于 1 点钟位置，右侧排气凸轮轴链轮上的对齐标记处于 8 点钟位置（图 13-26）。切勿逆时针方向旋转曲轴，否则正时链可能会缠结，从而导致发动机损坏。

⑥ 安装正时链张紧器棘轮。

⑦ 重新定位正时链张紧器柱塞（图 13-27）。保持正时链张紧器棘轮的释放。

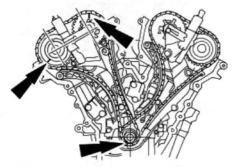

图 13-26 对准曲轴与凸轮轴链轮正时

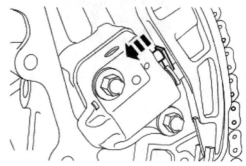

图 13-27 定位张紧器柱塞

⑧ 固定正时链张紧器柱塞（图 13-28）。

⑨ 卸下右侧正时链张紧器。

⑩ 卸下右侧正时链外导轨。

⑪ 卸下右侧正时链（图 13-29）。

⑫ 卸下右侧正时链内导轨。如有必要，则检查并更换 O 形密封圈。

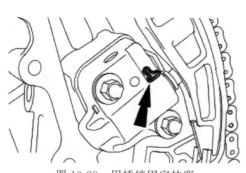

图 13-28 用插销固定柱塞

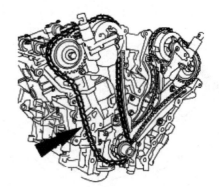

图 13-29 拆下右侧正时链

⑬ 顺时针方向旋转曲轴，直到曲轴键槽处于 11 点钟位置，左侧进气凸轮轴链轮上的对齐标记处于 9 点钟位置，左侧排气凸轮轴链轮上的对齐标记处于 2 点钟位置（图 13-30）。切勿逆时针方向旋转曲轴，否则正时链可能会缠结，从而导致发动机损坏。

⑭ 安装正时链张紧器棘轮。

⑮ 重新定位正时链张紧器柱塞。保持正时链张紧器棘轮的释放。

⑯ 固定正时链张紧器柱塞。

⑰ 卸下左侧正时链张紧器。

⑱ 卸下左侧正时链内导轨。

⑲ 卸下左侧正时链（图 13-31）。

⑳ 卸下左侧正时链外导轨。如有必要，则检查并更换 O 形密封圈。

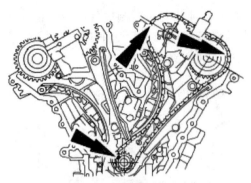

图 13-30　设置右侧正链正时位置

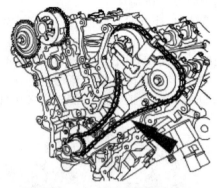

图 13-31　拆下左侧正时链

㉑ 卸下曲轴带轮固定螺栓和垫圈。在执行发动机任何进一步的维修之前，确保曲轴键槽处于 9 时钟位置。

㉒ 卸下曲轴链轮。

## 13.4.2　正时链安装

① 安装曲轴链轮。确保曲轴链轮正时标记朝外。

② 安装曲轴带轮固定螺栓和垫圈。在定位凸轮轴之前，确保曲轴键槽处于 9 时钟位置。

③ 顺时针旋转左进气门凸轮轴，直到凸轮轴链轮定位标记处于 9 时钟位置；顺时针旋转左排气门凸轮轴链轮，直到凸轮轴链轮定位标记处于 2 时钟位置（图 13-32）。

④ 顺时针旋转右侧进气门凸轮轴，直至凸轮轴链轮对齐标志位于 5 点钟方向；顺时针旋转右侧排气门凸轮轴链轮，直至凸轮轴链轮对齐标志位于 12 点钟方向（图 13-33）。

图 13-32　左侧凸轮轴链轮正时标记

图 13-33　右侧凸轮轴链轮正时标记

⑤ 顺时针旋转曲轴，直到键槽处于 11 点钟位置。

⑥ 安装左侧正时链外导轨。按照图 13-34 所示的两个阶段，拧紧固定螺栓。第一阶段：将螺栓 1 拧紧至 25N·m 的扭矩。第二阶段：将螺栓 2 拧紧至 25N·m 的扭矩。如有必要，则检查并更换 O 形密封圈。确保正确安装 O 形密封圈。

⑦ 安装左侧正时链。确保曲轴键槽位于 11 点钟方向，左侧进气门凸轮轴链轮的对齐标记位于 9 点钟方向，左侧排气门凸轮轴链轮的对齐标记位于 2 点钟方向。确保正时链对齐标记正确地安装在曲轴链轮和凸轮轴链轮对齐标记上。确保正时链带在正时链的张紧器侧。

⑧ 安装左侧正时链内导轨。

⑨ 安装左侧正时链张紧器。拧紧扭矩：25N·m。切勿手动调整正时链张紧器。

⑩ 确保左侧正时链对齐标记正确地安装在凸轮轴链轮和曲轴链轮对齐标记上。切勿手动调整正时链张紧器。

⑪ 卸下正时链张紧器固定销。切勿手动调整正时链张紧器。

⑫ 顺时针旋转曲轴，直至曲轴键槽位于 3 点钟方向（图 13-35）。切勿逆时针方向旋转曲轴，否则正时链可能会缠结，从而导致发动机损坏。

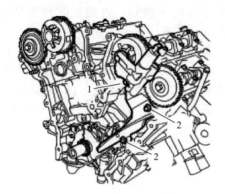

图 13-34　安装左侧外导轨
1，2—螺栓

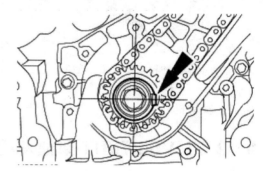

图 13-35　曲轴键槽位于 3 点钟方向

⑬ 安装右侧正时链内导轨（图 13-36）。按照如下所述的两个阶段，拧紧固定螺栓。第一阶段：将螺栓 1 拧紧至 25N·m 的扭矩。第二阶段：将螺栓 2 拧紧至 25N·m 的扭矩。如有必要，则检查并更换 O 形密封圈。确保正确安装 O 形密封圈。

⑭ 确保曲轴键槽位于 3 点钟方向，右侧进气门凸轮轴链轮的对齐标记位于 5 点钟方向，右侧排气门凸轮轴链轮的对齐标记位于 12 点钟方向。确保正时链对齐标记正确地安装在曲轴链轮和凸轮轴链轮对齐标记上。确保正时链带在正时链的张紧器侧。安装右侧正时链。

⑮ 安装右侧正时链外导轨。

⑯ 安装右侧正时链张紧器。拧紧扭矩：25N·m。切勿手动调整正时链张紧器。

⑰ 卸下正时链张紧器固定销。切勿手动调整正时链张紧器。

⑱ 确保右侧正时链对齐标记正确地安装在凸轮轴链轮和曲轴链轮对齐标记上。切勿手动调整正时链张紧器。确保全部正时链对齐标记都位于图 13-37 所示位置。

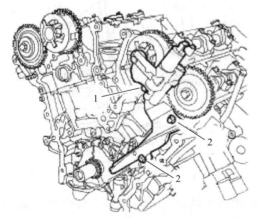

图 13-36　安装右侧正时链内导轨
1，2—螺栓

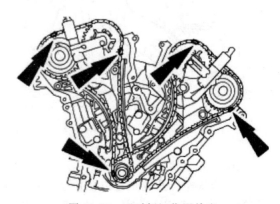

图 13-37　正时标记位置检查

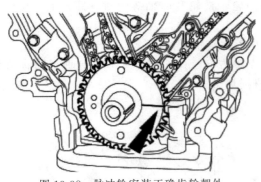

图 13-38 脉冲轮安装正确齿轮朝外

⑲ 顺时针旋转曲轴整整两圈,确保阀和活塞没有碰撞。切勿逆时针方向旋转曲轴,否则正时链可能会缠结,从而导致发动机损坏,因此只用手动工具旋转曲轴。

⑳ 卸下曲轴带轮固定螺栓和垫圈。切勿逆时针方向旋转曲轴,否则正时链可能会缠结,从而导致发动机损坏。

㉑ 确保正确安装 CKP 传感器脉冲车轮,将缺失齿定位在曲轴键槽。确保 CKP 传感器脉冲轮安装正确,齿轮朝外(图 13-38)。

㉒ 安装火花塞。拧紧扭矩:15N·m。

㉓ 安装发动机前盖。

## 13.5　2.7L V6 276DT 柴油发动机

### 13.5.1　正时皮带拆卸

① 断开蓄电池。

② 卸下正时皮带盖。

③ 卸下起动机固定支架。

④ 分离起动机电机电磁阀线束。

⑤ 分离起动机拉索。

⑥ 分离起动机电机电磁阀线束。

⑦ 分离起动机。

⑧ 对准正时定位销孔。顺时针旋转曲轴。注意:卸下固定密封垫的锁定销。

⑨ 对于自动变速器车辆:使用专用工具 303-1117,锁定挠性传动板(图 13-39)。对于手动变速器车辆:使用专用工具 303-1116,锁定飞轮(图 13-40)。

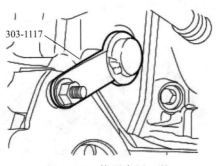

图 13-39　使用专用工具

图 13-40　安装专用工具

⑩ 降低车辆。

⑪ 确认左侧凸轮轴定位孔位于 7 点钟位置,右侧凸轮轴定位孔位于 5 点钟位置。如果凸轮轴未定位到正确位置上,则卸下专用工具,并旋转曲轴 180°。

⑫ 卸下辅助传动带轮。

⑬ 卸下辅助传动带轮支架。

⑭ 使用专用工具，锁定凸轮轴带轮（图13-41）。

⑮ 松开但不要卸下凸轮轴带轮固定螺栓（图13-42）。当松开凸轮轴带轮毂固定螺栓时，必须逆向握住凸轮轴带轮毂，否则将可能导致发动机和专用工具的损坏。

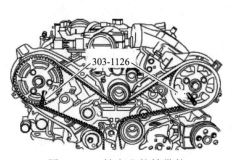

图13-41　锁定凸轮轴带轮

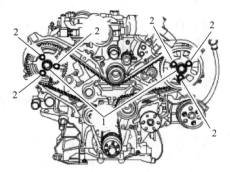

图13-42　松开凸轮轴带轮固定螺栓
1—凸轮轴带轮毂固定螺栓（6个）；
2—凸轮轴带轮固定螺栓（2个）

⑯ 卸下并丢弃正时皮带张紧器。释放正时皮带张紧器。

⑰ 卸下并丢弃正时皮带。

### 13.5.2　正时皮带安装

① 顺时针完全旋转两个凸轮轴带轮。

② 安装一个新的正时皮带张紧器。切勿完全拧紧固定螺栓。

③ 按图13-43所示的数字顺序，安装正时皮带。确保正时皮带张紧器上的正时皮带是松弛的，否则将可能导致发动机损坏。

a. 将正时皮带安装到曲轴带轮上。

b. 将正时皮带系在惰轮上。

c. 将正时皮带系在左侧凸轮轴带轮上。

d. 将正时皮带系在惰轮上。

e. 将正时皮带系在左侧凸轮轴带轮上。

f. 将正时皮带系在正时皮带张紧器上。

④ 拉紧正时皮带，转动张紧器，确保张紧器窗户已定位（图13-44）。拧紧扭矩：24N·m。确保正时皮带张紧器窗户正确定位，否则将可能导致发动机损坏。

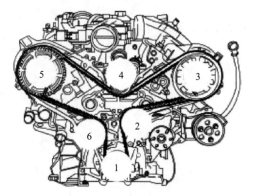

图13-43　安装正时带

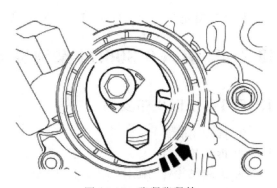

图13-44　张紧张紧轮

⑤ 完全拧紧凸轮轴带轮固定螺栓。逆向握住凸轮轴带轮毂。拧紧扭矩：23N·m。当松开凸轮轴带轮毂固定螺栓时，必须逆向握住凸轮轴带轮毂，否则将可能导致发动机和专用工具的损坏。

⑥ 升起车辆。

⑦ 对于自动变速器车辆：卸下专用工具303-1117。

对于手动变速器车辆：卸下专用工具303-1116。

⑧ 降低车辆。

⑨ 卸下专用工具303-1126。

⑩ 顺时针旋转曲轴整整两周。切勿逆时针旋转曲轴。

⑪ 升起车辆。

⑫ 对于自动变速器车辆：使用专用工具303-1117，锁定挠性传动板。

对于手动变速器车辆：使用专用工具303-1116，锁定飞轮。

⑬ 降低车辆。

⑭ 使用专用工具，确保凸轮轴正确定位（图13-45）。如果凸轮轴定位错误，则重复正时皮带安装步骤。

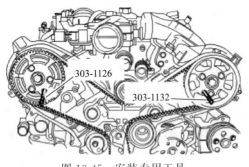

图13-45　安装专用工具

⑮ 卸下专用工具303-1126、303-1132。

⑯ 安装辅助传动带轮支架。

⑰ 安装辅助传动带轮。

⑱ 升起车辆。

⑲ 对于自动变速器车辆：卸下专用工具303-1117，安装密封垫。

对于手动变速器车辆：卸下专用工具303-1116。安装密封垫。

⑳ 连接起动机。拧紧扭矩：48N·m。

㉑ 连接起动机电机电磁阀线束。拧紧扭矩：8N·m。

㉒ 连接起动机拉索。拧紧扭矩：7N·m。

㉓ 安装起动机固定支架。拧紧扭矩：23N·m。

㉔ 安装正时皮带盖。

㉕ 连接蓄电池。

## 13.6　3.0L V6 SC 306PS 发动机

该发动机正时链拆装与5.0L V8发动机相同，相关内容请参考13.13节。

## 13.7　3.0L V6 306DT 柴油发动机

### 13.7.1　正时皮带安装

① 拆卸正时盖。

② 拆卸起动机。

③ 拆卸飞轮处的缸体堵头（图13-46）。

④ 顺时针转动凸轮轴，将在飞轮或挠性传动板上的凸轮轴定位孔与气缸体口对齐。

⑤ 检查曲轴带轮定位孔是否正确定位（图 13-47）。如果定位孔没有没有对齐，则顺时针旋转曲轴整整一周。

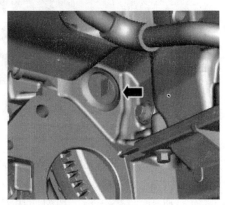

图 13-46　拆下缸体堵头

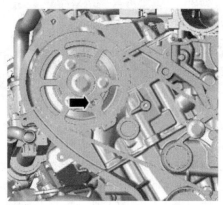

图 13-47　检查定位孔是否对齐

⑥ 安装专用工具 303-1117（图 13-48）。
⑦ 安装专用工具 303-1126（图 13-49）。

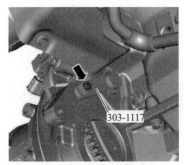

图 13-48　安装专用工具

图 13-49　安装凸轮轴皮带轮定位销

⑧ 松开凸轮轴链轮螺栓，切勿使用专用工具锁定凸轮轴，否则将可能导致发动机或专用工具的损坏。切勿松开螺栓 2 圈以上。
⑨ 拆下皮带张紧轮螺栓并取下张紧轮，丢弃元件。丢弃螺栓。
⑩ 拆下正时皮带。

## 13.7.2　正时皮带安装

① 顺时针转动凸轮轴链轮，安装定位销（图 13-50）。
② 确保安装一个新螺栓。此阶段仅用手指拧紧螺栓。安装张紧轮并拧上螺栓
③ 安装新的正时皮带。从曲轴带轮开始，按照如图 13-51 所示的数字顺序，沿逆时针方向安装正时皮带。注意：确保凸轮轴带轮保持在顺时针位置。
　　a. 第 1 阶段：将正时皮带系在曲轴带轮上。
　　b. 第 2 阶段：将正时皮带系在惰轮带轮上。
　　c. 第 3 阶段：将正时皮带系在左侧凸轮轴带轮上。
　　d. 第 4 阶段：将正时皮带系在惰轮带轮上。
　　e. 第 5 阶段：将正时皮带系在右侧凸轮轴带轮上。
　　f. 第 6 阶段：将正时皮带系在正时皮带张紧器上。

图 13-50 安装定位销

图 13-51 安装正时皮带

④ 拉紧正时皮带。逆时针旋转张紧器总成。扭矩：第一次 10N·m，第二次 65°。注意：确保正时皮带张紧器窗口与图 13-52 所示的槽对齐。

⑤ 使用一个合适的工具，反握凸轮轴带轮固定螺栓。扭矩：23N·m。切勿使用专用工具锁定凸轮轴，否则将可能导致发动机或专用工具的损坏。

⑥ 拆卸专用工具 303-1126。

⑦ 拆卸专用工具 303-1117。

⑧ 顺时针旋转发动机整整两周。仅顺时针旋转曲轴。

⑨ 安装专用工具 303-1117。

⑩ 将专用工具安装到排气凸轮轴带轮（图 13-53）。如果专用工具不能正确安装，则请重复正时皮带安装步骤。从凸轮轴带轮上卸下专用工具。

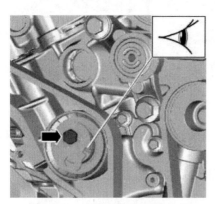

图 13-52 张紧器窗口与槽对齐

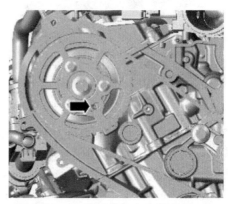

图 13-53 凸轮轴带轮上安装专用工具

⑪ 拆下专用工具 303-1117。

⑫ 安装缸体堵盖。

⑬ 安装起动机。

⑭ 安装正时盖。

## 13.8　3.6L TDV8 柴油发动机

### 13.8.1　正时链拆卸

① 断开蓄电池接地电缆。

② 排干机油。
③ 卸下发动机。
④ 将发动机安装到合适的发动机机架。
⑤ 卸下左侧燃油管防护罩。松开 2 条燃油管。卸下 7 个螺母。
⑥ 卸下右侧燃油管防护罩。卸下 7 个螺母。
⑦ 断开 8 个燃油喷嘴电气接头。松开加油线束。
⑧ 松开冷却液软管。卸下 2 个螺母。卸下螺栓。
⑨ 断开 2 个电热塞电气接头的接线。松开线束。
⑩ 断开废气再循环（EGR）阀电气接头。松开线束。
⑪ 松开发动机线束。释放 5 个卡夹。
⑫ 断开 4 个爆燃传感器（KS）电气接头。松开线束。
⑬ 拆下燃油轨压力（FRP）传感器电气接头的接线。松开线束。
⑭ 断开燃油温度传感器电气接头。
⑮ 断开凸轮轴位置（CMP）传感器电气接头。
⑯ 断开两个歧管绝对压力和温度（MAPT）传感器电气接头。
⑰ 断开两个节气门体电气接头。
⑱ 重新定位发动机线束。
⑲ 卸下发动机盖安装支架。松开真空线。卸下 4 个螺栓。
⑳ 断开 2 条真空管。
㉑ 释放 2 条 EGR 阀输出管。完全拧松 4 个螺栓。
㉒ 重新定位 2 个进气歧管充气室后软管。释放 4 个卡夹。
㉓ 松开进气歧管充气室。释放 2 个卡夹。完全拧松 6 个螺栓。
㉔ 卸下进气歧管充气室。确保所有开口都已密封。使用新遮盖。
㉕ 卸下燃油泵防护罩。卸下 3 个螺栓。
㉖ 使用充满空气的真空枪、高压燃油管路中的真空异物、燃油轨和燃油喷射泵。
㉗ 卸下并丢弃 2 个高压供油管。卸下 2 个螺母。确保所有开口都已密封。使用新遮盖。
㉘ 断开低压燃油回流管的连接。注意：确保所有开口都已密封。使用新遮盖。
㉙ 断开燃油压力控制阀电气接头。
㉚ 断开燃油调节阀电气接头。
㉛ 卸下燃油泵。卸下低压供油管。卸下 3 个螺栓。卸下并丢弃衬垫。
㉜ 卸下制动器真空泵。卸下 2 个螺栓。卸下并丢弃衬垫。
㉝ 从喷油器断开连接燃油回流管。卸下并丢弃 8 个燃油回流管卡夹。
㉞ 卸下并丢弃 8 个高压供油管。确保所有开口都已密封。使用新遮盖。
㉟ 卸下 2 个喷油器螺栓。
㊱ 安装专用工具指销。
㊲ 安装专用工具拆卸器支架和指销。确保喷油器拆卸器支架正确安装在喷油器上，否则将可能导致部件损坏。
㊳ 安装专用工具锁定板和拆卸器支架。
㊴ 卸下喷油器。顺时针均匀旋转专用工具。卸下专用工具。
㊵ 卸下其余 7 个喷油器。
㊶ 卸下 2 个燃油轨。松开电热塞线束。卸下 4 个螺栓。卸下 2 个支架。
㊷ 断开 EGR 冷却器冷却液软管。释放 4 个卡夹。确保所有开口都已密封。使用新遮盖。

㊸ 卸下 EGR 阀和冷却器总成。卸下 8 个螺栓。

㊹ 卸下气缸体冷却液弯管和软管总成。断开冷却液软管。释放 3 个卡夹。卸下 5 个螺栓。卸下并丢弃 O 形密封圈。

㊺ 卸下左侧气门盖。完全拧松 18 个螺栓。卸下并丢弃衬垫。

㊻ 卸下右侧气门盖。完全拧松 17 个螺栓。卸下并丢弃衬垫。

㊼ 安装专用工具（图 13-54）。

㊽ 卸下曲轴带轮。卸下并丢弃螺栓。注意：曲轴带轮螺栓将非常紧。

㊾ 卸下挠性传动板。卸下并丢弃 8 个螺栓。



㊿ 卸下油底壳。卸下 22 个螺栓。卸下并丢弃衬垫。

(51) 卸下油泵。卸下 11 个螺栓。卸下并丢弃衬垫。拆下并丢弃曲轴前密封件。

(52) 卸下曲轴正时销插头（图 13-55）。

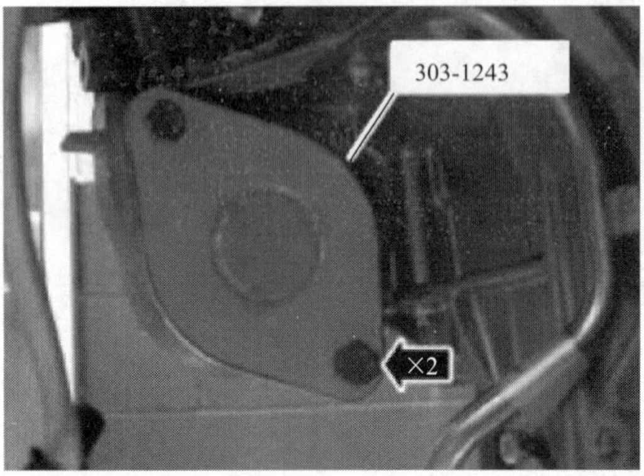


图 13-54　安装专用工具

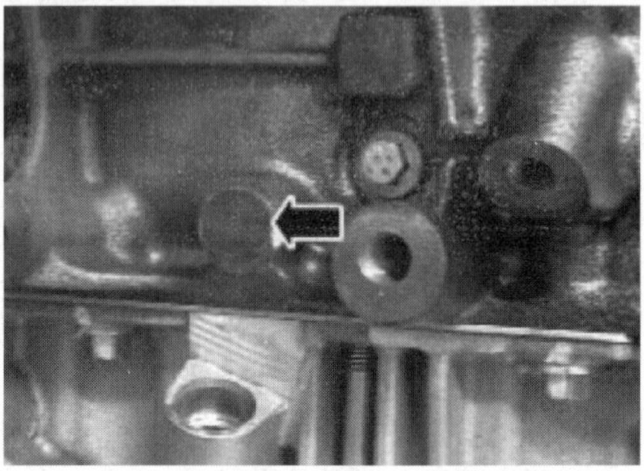

图 13-55　卸下曲轴正时销插头

(53) 安装专用工具（图 13-56）。顺时针旋转曲轴直至曲轴碰到曲轴正时链。注意：曲轴正时工具编号为 2、4、7 和 8 的活塞大致位于 TDC 位置上，因为定位销可锁定到曲柄臂而不是机加工表面。

(54) 将特殊工具安装到左侧和右侧凸轮轴（图 13-57）。拧紧螺栓至 10N・m（7lbf・ft）。

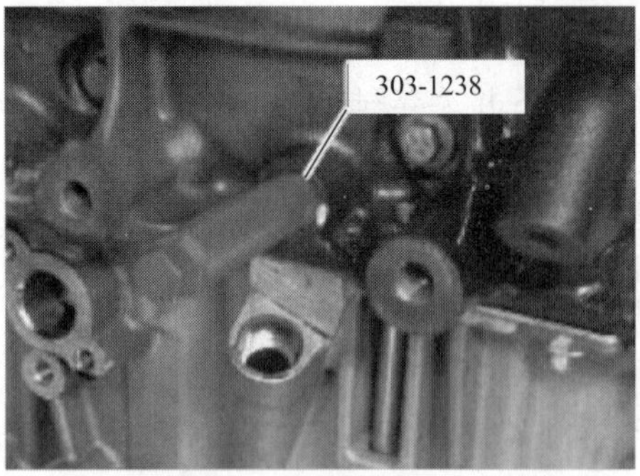


图 13-56　安装专用工具

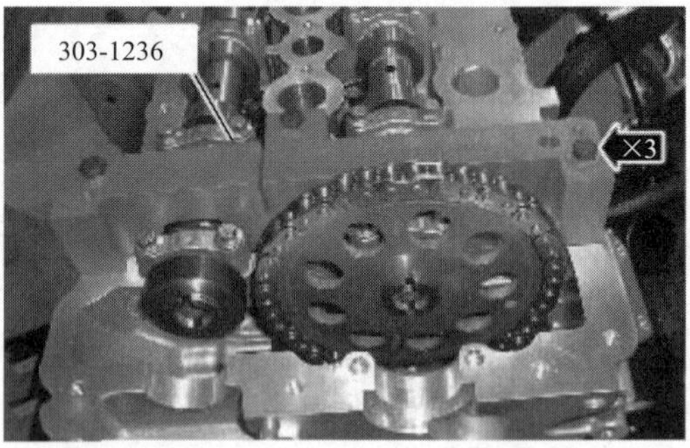


图 13-57　安装专用工具

(55) 卸下真空泵盖。卸下 2 个螺栓。

(56) 卸下并丢弃 2 个液压正时链张紧器。

(57) 卸下左侧正时链链轮和齿轮。卸下并丢弃 2 个螺栓。

(58) 卸下左侧正时链。

(59) 卸下左侧正时链张紧器定位销。卸下并丢弃 O 形密封圈。

⑥⓪ 卸下左侧正时链张紧器导轨。
⑥① 卸下右侧正时链链轮和齿轮。卸下并丢弃 2 个螺栓。
⑥② 卸下右侧正时链。
⑥③ 卸下右侧正时链张紧器导轨孔。卸下并丢弃 O 形密封圈。
⑥④ 卸下右侧正时链张紧器导轨。

### 13.8.2　正时链安装

① 安装右侧正时链张紧器导轨。拧紧螺栓。
② 安装右侧正时链张紧器导轨孔。安装新 O 形密封圈。拧紧扭矩：28N·m（9.53lbf·ft）。使用干净的发动机油润滑 O 形密封圈。
③ 安装右侧正时链。
④ 卸下右侧正时链链轮和齿轮。松散安装新的螺栓。在此阶段，切勿拧紧凸轮轴链轮螺栓。
⑤ 安装新的右侧液压正时链张紧器。拧紧螺栓至 10N·m（7lbf·ft）的扭矩。用干净的机油润滑 O 形密封圈。
⑥ 安装真空泵盖。清洁部件接合面。拧紧螺栓至 10N·m（7lbf·ft）的扭矩。
⑦ 安装左侧正时链张紧器导轨。拧紧螺栓。
⑧ 安装左侧正时链张紧器定位销。安装新 O 形密封圈。拧紧扭矩：28N·m（9.53lbf·ft）。使用干净的发动机油润滑 O 形密封圈。
⑨ 安装左侧正时链。
⑩ 安装左侧正时链链轮和齿轮。松散安装新的螺栓。在此阶段，切勿拧紧凸轮轴链轮螺栓。
⑪ 安装新的左侧液压正时链张紧器。安装新 O 形密封圈。拧紧螺栓至 10N·m（7lbf·ft）的扭矩。用干净的机油润滑 O 形密封圈。
⑫ 释放液压正时链张紧器。拧紧螺栓至 10N·m（7lbf·ft）的扭矩。
⑬ 确保曲轴仍与正时链接触。拧紧左侧凸轮轴链轮和齿轮。
a. 第一阶段：拧紧排气凸轮轴齿轮螺栓至 80N·m（59lbf·ft）的扭矩。
b. 第二阶段：再将排气凸轮轴齿轮螺栓拧紧 80°。
c. 第三阶段：拧紧进气凸轮轴链轮和齿轮至 80N·m（59lbf·ft）的扭矩。
d. 第四阶段：再将进气凸轮轴链轮和齿轮螺栓拧紧 80°。
⑭ 拧紧右侧凸轮轴链轮和齿轮。
a. 第一阶段：拧紧排气凸轮轴齿轮螺栓至 80N·m（59lbf·ft）的扭矩。
b. 第二阶段：再将排气凸轮轴齿轮螺栓拧紧 80°。
c. 第三阶段：拧紧进气凸轮轴链轮和齿轮至 80N·m（59lbf·ft）的扭矩。
d. 第四阶段：再将进气凸轮轴链轮和齿轮螺栓拧紧 80°。
⑮ 卸下凸轮轴固定专用工具 303-1236。拆下螺栓。
⑯ 卸下曲轴锁定专用工具 303-1238。
⑰ 安装曲轴正时销插头。
⑱ 安装油泵。使用 20mL 的发动机油灌注油泵。
a. 清洁部件接合面。
b. 安装一个新的衬垫。
c. 第一阶段：拧紧螺栓至 4N·m（3lbf·ft）的扭矩。
d. 第二阶段：拧紧螺栓至 10N·m（7lbf·ft）的扭矩。

⑲ 将一个新的曲轴前密封件安装在专用工具 303-1122 上。

⑳ 从专用工具上卸下套筒。

㉑ 使用专用工具，安装新的曲轴前密封件。使用特殊工具来利用丢弃凸轮轴螺栓。

㉒ 安装油底壳。清洁部件接合面。使用密封剂。安装一个新的衬垫。

㉓ 固定油底壳。拧紧 M6 螺栓至 10N·m（7lbf·ft）的扭矩。将 M8 螺栓拧紧至 23N·m（17lbf·ft）的扭矩。

㉔ 安装挠性传动板。拧紧螺栓至 95N·m（70lbf·ft）的扭矩。

㉕ 安装曲轴带轮。必须安装新的曲轴带轮螺栓。

   a. 第一阶段：拧紧螺栓至 140N·m（103lbf·ft）的扭矩。

   b. 第二阶段：再拧紧螺栓 90°。

㉖ 卸下专用工具 303-1243。

㉗ 安装右侧气门盖。安装一个新的衬垫。安装专用工具。拧紧螺栓至 10N·m（7lbf·ft）的扭矩。卸下专用工具。按照图 13-58 中所示的数字顺序拧紧螺栓。

㉘ 安装左侧气门盖。安装一个新的衬垫。安装专用工具。拧紧螺栓至 10N·m（7lbf·ft）的扭矩。卸下专用工具。按照图 13-59 中所示的数字顺序拧紧螺栓。

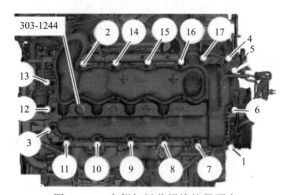

图 13-58　右侧气门盖螺栓拧紧顺序

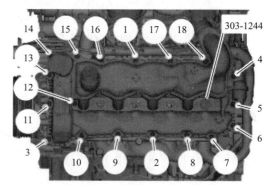

图 13-59　安装左侧气缸盖螺栓

㉙ 安装气缸体冷却液弯管和软管总成。安装新 O 形密封圈。拧紧螺栓至 10N·m（7lbf·ft）的扭矩。连接冷却液软管。用卡夹固定。

㉚ 安装 EGR 阀和冷却器总成。拧紧螺栓至 10N·m（7lbf·ft）的扭矩。

㉛ 连接 EGR 冷却器冷却液软管。用卡夹固定。卸下并丢弃变速盖。

㉜ 安装两个燃油轨。安装支架。松散安装螺栓。

㉝ 安装一个新的喷油器夹紧器。安装一个新的油封垫圈。安装一个新的燃油回流管卡夹。切勿拆卸喷油器或清洁喷嘴，即便是使用超声波清洁器。如果需要，务必安装新的喷油器。

切勿使用工具安装新燃油回流管卡夹，否则将可能导致卡夹损坏。

㉞ 安装喷油器。松散安装螺栓。此阶段仅用手指紧固螺栓。卸下并丢弃变速盖。

㉟ 安装其余的喷油器。

㊱ 安装油箱。安装一个新的衬垫。在燃油泵螺栓螺纹上涂抹 loctite 572。拧紧螺栓至 23N·m（17lbf·ft）的扭矩。固定燃油管。

㊲ 连接燃油调节阀电气接头。

㊳ 连接燃油压力控制阀电气接头。

㊴ 松散安装新的高压燃油输送管。在安装接头时，保持对高压燃油输送管的压力，使

黄褐色末端和喷油器、燃油轨锥接触。切勿让接头撞击高压燃油输送管的黄褐色末端，否则可能损坏高压燃油输送管末端，并使杂质进入燃油喷射系统。此阶段仅用手指紧固接头。卸下并丢弃变速盖。

㊵ 固定喷油器。拧紧螺栓至 10N·m（7lbf·ft）的扭矩。

㊶ 固定燃油轨。拧紧螺栓至 23N·m（17lbf·ft）的扭矩。

㊷ 固定高压燃油输送管。按以下顺序紧固高压燃油输送管接头：

a. 第一阶段：拧紧高压燃油输送管接头至 15N·m（11lbf·ft）的扭矩。

b. 第二阶段：将高压燃油输送管接头拧紧至 30N·m（22lbf·ft）的扭矩。

c. 拧紧卡夹至 10N·m（7lbf·ft）的扭矩。

㊸ 固定燃油管。

㊹ 固定电热丝线束。

㊺ 连接燃油回流管和喷油器。目测燃油回流管 O 形密封圈是否被损坏。在燃油回流管的 O 形密封圈上，涂抹上薄薄一层凡士林油。注意：在安装回流管之前，确保燃油回流管卡夹已正确安装在喷油器上。

㊻ 连接低压燃油回流管。卸下并丢弃变速盖。

㊼ 安装燃油泵防护罩。拧紧螺栓至 10N·m（7lbf·ft）的扭矩。固定真空电磁阀。

㊽ 安装制动器真空泵。安装一个新的衬垫。拧紧螺栓至 23N·m（17lbf·ft）的扭矩。确保接合面干净且没有杂质。

㊾ 安装进气歧管充气室。拧紧螺栓至 10N·m（7lbf·ft）的扭矩。拧紧卡夹至 3N·m（2lbf·ft）的扭矩。卸下并丢弃变速盖。

㊿ 重新定位进气歧管充气室后面软管。拧紧卡夹至 3N·m（2lbf·ft）的扭矩。

○51 固定两条 EGR 阀输出管。拧紧螺栓至 10N·m（7lbf·ft）的扭矩。

○52 连接真空管路。

○53 固定发动机线束。用卡夹固定。

○54 安装发动机盖安装支架。固定真空线。拧紧螺栓至 10N·m（7lbf·ft）的扭矩。

○55 连接两个节气门体电气接头。固定锁定端。

○56 连接两个 MAPT 传感器电气接头。

○57 连接燃油温度传感器电气接头。

○58 连接 FRP 传感器电气接头的接线。

○59 连接爆燃传感器（KS）电气接头。固定线束。

○60 连接 CMP 传感器电气接头的接线。

○61 连接电热塞电气接头的接线。固定线束。

○62 连接两个 EGR 阀电气接头。

○63 固定冷却液软管。拧紧螺栓至 10N·m（7lbf·ft）的扭矩。拧紧螺母至 10N·m（7lbf·ft）的扭矩。

○64 连接喷油器电气接头。固定线束。

○65 安装右侧燃油管防护罩。拧紧螺母至 10N·m（7lbf·ft）的扭矩。

○66 安装左侧燃油管防护罩。拧紧螺母至 10N·m（7lbf·ft）的扭矩。紧固燃油管。

○67 从发动机座上拆下发动机。

○68 安装发动机。

○69 为发动机加注推荐的机油至正确液位。

○70 连接蓄电池接地电缆。

## 13.9  4.0L V6 406PN 发动机

### 13.9.1  正时链拆卸

① 断开蓄电池接地电缆。
② 卸下发动机前盖。
③ 卸下 2 个螺栓。卸下主正时链张紧器（图 13-60）。
④ 卸下 2 个螺栓。卸下主正时链张紧器导轨（图 13-61）。

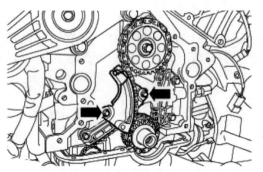

图 13-60  拆下主正时链张紧器

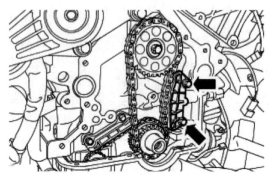

图 13-61  拆下主正时链导轨

⑤ 将专用工具安装在曲轴上。
⑥ 卸下凸轮轴链轮（图 13-62）。使用其他扳手和专用工具以约束凸轮轴链轮。卸下并丢弃内星形螺栓。
⑦ 卸下曲轴链轮。卸下主正时链（图 13-63）。注意安装位置。

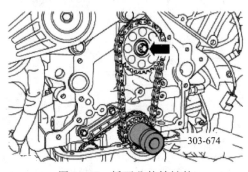

图 13-62  拆下凸轮轴链轮

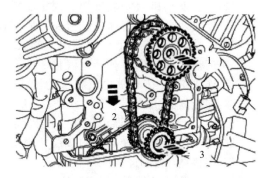

图 13-63  拆下主正时链
1—取出中间轴链轮；2—取出主正时链转动方向；3—取出曲轴链轮

### 13.9.2  正时链安装

① 安装主正时链。清洁部件接合面。安装凸轮轴链轮，其凹陷面位于凸轮轴侧面。将专用工具安装在曲轴上。
② 安装中间轴链轮。清洁部件接合面。将主正时链安装于链轮上。安装一个新的内星形螺栓，此时轻微拧紧。

③ 安装正时链条导轨。清洁部件接合面。拧紧螺栓至20N·m（15lbf·ft）的扭矩。
④ 安装正时链张紧器。清洁部件接合面。拧紧螺栓至10N·m（7lbf·ft）的扭矩。
⑤ 将新的内星形螺栓拧紧至45N·m（33lbf·ft）的扭矩，然后再拧70°。
⑥ 安装发动机前盖。
⑦ 调整气门正时。
⑧ 连接蓄电池接地电缆。

### 13.9.3 正时检查与调整

① 检查凸轮轴正时。
② 断开蓄电池接地电缆。
③ 卸下两个气门室盖。
④ 顺时针旋转凸轮轴直至1号气缸位于TDC位置。检查位于凸轮轴北面的凸轮轴凸轮。
⑤ 锁定凸轮轴（图13-64）。安装专用工具。拧紧螺钉。
⑥ 在凸轮轴槽内安装专用工具（图13-65）；专用工具的底部必须与气缸盖保持接触。如果专用工具能够没有阻碍地从气缸盖的一边穿向另一边，则表明凸轮轴正确正时。对另一个凸轮轴重复此步骤。如果两个凸轮轴都正确安装，则不需要其他步骤。

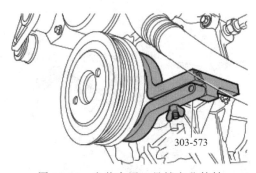

图13-64 安装专用工具锁定凸轮轴

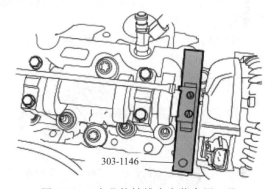

图13-65 在凸轮轴槽内安装专用工具

⑦ 如果凸轮轴正时不正确，则需进行调节。请注意：必须在卸下凸轮轴滚轮随动件时对两个凸轮轴进行重新正时。
⑧ 卸下凸轮轴滚轮随动件。
⑨ 卸下3个螺栓。将发电机放置在一边备用（图13-66）。
⑩ 卸下右气缸盖线束支架螺栓（图13-67）。将线束支架放置在一边备用。

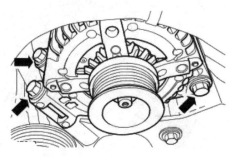

图13-66 放置发电机到一边

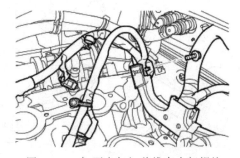

图13-67 卸下右气缸盖线束支架螺栓

⑪ 安装凸轮轴对齐专用工具（图13-68）。清洁部件接合面。拧紧螺栓至10N·m（7lbf·ft）的扭矩。锁定凸轮轴，拧紧专用工具螺栓至45N·m（33lbf·ft）的扭矩。如果使用对齐工具卸下凸轮轴铰链螺栓，则将会对凸轮轴造成损害。凸轮轴正时螺栓不在中央。正确正时的槽应为水平方向并位于中心线下方。

⑫ 将专用工具安装在右侧气缸盖上（图13-69）。清洁部件接合面。拧紧螺栓至10N·m（7lbf·ft）的扭矩。拧紧鞍形夹紧螺栓至10N·m（7lbf·ft）的扭矩。

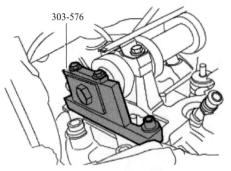

图13-68 安装凸轮轴对齐工具

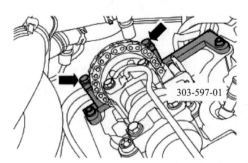

图13-69 安装专用工具以右侧气缸盖上

⑬ 使用专用工具，松开右凸轮轴铰链螺栓（图13-70）。卸下并丢弃螺栓。右凸轮轴铰链螺栓有左旋螺纹。

⑭ 松开专用工具鞍形夹紧螺栓（图13-71）。

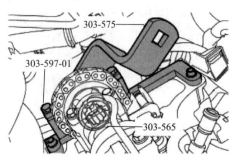

图13-70 松开右凸轮轴铰链螺栓

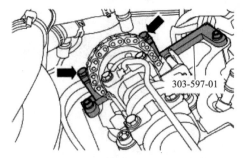

图13-71 松开专用工具鞍形夹紧螺栓

⑮ 卸下右侧液压正时链张紧器（图13-72）。在断开或卸下部件之前，确保啮合面和接头清洁。塞上开放的连接，以避免污染。

⑯ 安装专用工具（图13-73）。清洁部件接合面。

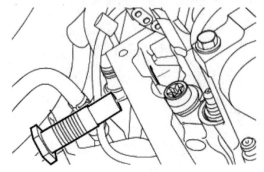

图13-72 拆下右侧张紧器

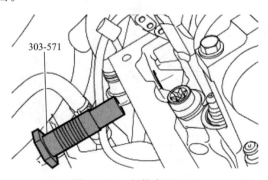

图13-73 安装专用工具

⑰ 拧紧鞍形夹紧螺栓至10N·m（7lbf·ft）的扭矩（图13-74）。

⑱ 使用专用工具，拧紧凸轮轴铰链螺栓至20N·m（15lbf·ft）的扭矩，然后再旋转100°（图13-75）。

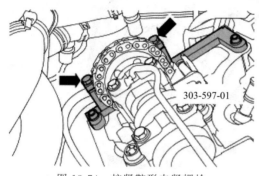

图13-74 拧紧鞍形夹紧螺栓

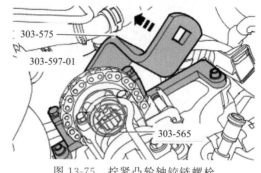

图13-75 拧紧凸轮轴铰链螺栓

⑲ 卸下专用工具。

⑳ 安装右侧液压正时链张紧器。安装一个新密封圈。清洁部件接合面。拧紧张紧器至44N·m（32lbf·ft）的扭矩。

㉑ 如果任何一个凸轮轴受到中断，则必须重新正时两个凸轮轴。注意：左凸轮轴铰链螺栓有右旋螺纹。重复上述步骤以调节左凸轮轴正时。

㉒ 安装凸轮轴滚轮随动件。

㉓ 安装发电机。清洁部件接合面。拧紧螺栓至45N·m（33lbf·ft）的扭矩。按照图13-76所示的数字顺序拧紧螺栓。

㉔ 连接蓄电池接地电缆。

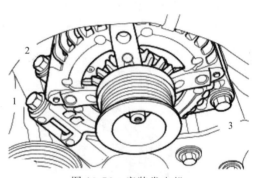

图13-76 安装发电机

## 13.10  4.2T V8发动机

该款发动机正时链拆装和调整与4.4L V8发动机相同，相关内容请参考13.11小节。

## 13.11  4.4L V8 448PN发动机

### 13.11.1  正时链拆卸

① 断开蓄电池接地电缆。

② 抬起并支撑车辆。切勿在仅有一个千斤顶支撑的车上或车下工作。务必使用安全架支撑车辆。

③ 卸下发动机前盖。

④ 卸下曲轴位置（CKP）传感器。

⑤ 锁定曲轴。安装专用工具（图13-77）。安装螺钉。

⑥ 拆除右侧可变凸轮轴正时（VCT）控制电磁阀本体（图13-78）。卸下3个螺栓。卸

下并丢弃 O 形密封圈。

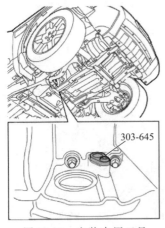

图 13-77 安装专用工具

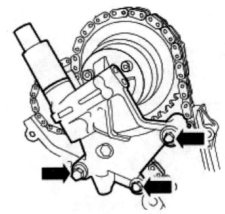

图 13-78 拆下右侧 VCT 组件

⑦ 将专用工具安装到右侧气缸盖上（图 13-79）。安装 3 个螺栓。
⑧ 卸下右侧主正时链张紧器总成（图 13-80）。卸下 2 个螺栓。

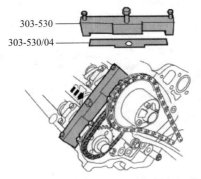

图 13-79 安装专用工具到右侧气缸盖

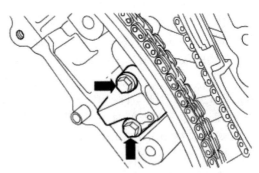

图 13-80 拆下右侧主正时链张紧器

⑨ 卸下右侧主正时链张紧器导轨（图 13-81）。卸下螺栓。
⑩ 卸下右侧主正时链（图 13-82）。拆除固定正时链导轮的螺栓。

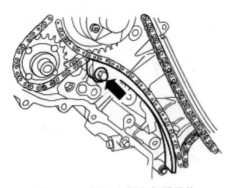

图 13-81 拆下右侧张紧器导轨

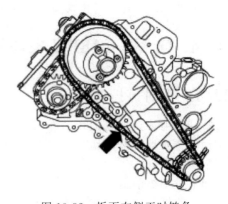

图 13-82 拆下右侧正时链条

⑪ 从右侧气缸盖上拆下专用工具。拆下 3 个螺栓。

⑫ 拆除左侧可变凸轮轴正时（VCT）控制电磁阀本体（图13-83）。卸下2个螺栓。卸下螺母。卸下并丢弃O形密封圈。

⑬ 将专用工具安装到左侧气缸盖上（图13-84）。安装3个螺栓。

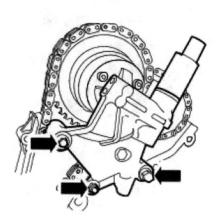

图13-83　拆下左侧VCT组件

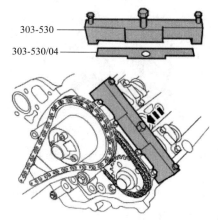

图13-84　安装专用工具到气缸盖上

⑭ 卸下左侧主正时链张紧器（图13-85）。卸下2个螺栓。

⑮ 卸下左侧上部和下部主正时链张紧器导轨（图13-86）。卸下2个螺栓。

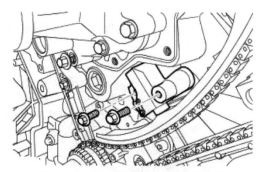

图13-85　拆下左侧主正时链张紧器

图13-86　拆下左侧张紧器导轨

⑯ 卸下左侧主正时链。

⑰ 拆除左侧凸轮轴链轮组件（图13-87）。拆除2个内梅花螺栓。

⑱ 拆除左侧次级正时链张紧轮和次级正时链（图13-88）。拆下2个螺栓。

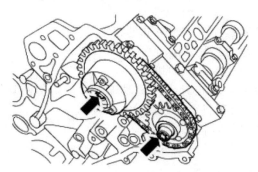

图13-87　拆下左侧凸轮轴链轮组件

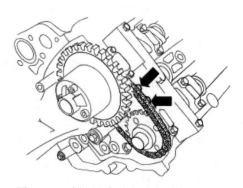

图13-88　拆下左侧次级张紧轮与正时链

⑲ 拆除右侧凸轮轴链轮组件（图 13-89）。拆除 2 个内梅花螺栓。
⑳ 拆除右侧次级正时链张紧轮和次级正时链（图 13-90）。拆下 2 个固定螺栓。

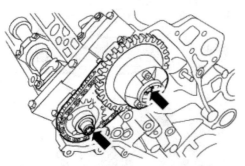

图 13-89　拆下右侧凸轮轴链轮组件

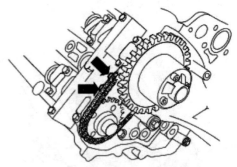

图 13-90　拆下右侧次级正时张紧轮与正时链

㉑ 卸下曲轴链轮（图 13-91）。取出曲轴链轮键。注意：留意曲轴链轮的方向。

## 13.11.2　正时链安装

① 清洁部件接合面。安装曲轴链轮键。
② 安装曲轴链轮。
③ 压下左侧次级正时链张紧轮柱塞。采用 1mm 直径的金属杆，固定正时链张紧轮活塞。
④ 示例图片为右侧缸体，左侧部件位置和安装方法与之类似。将左侧次级正时链张紧器和正时链安装到凸轮轴链轮上（图 13-92）。

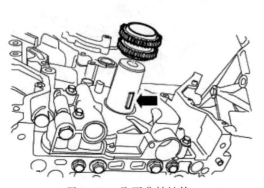

图 13-91　取下曲轴链轮

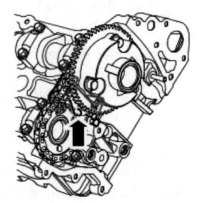

图 13-92　安装次级链条张紧器

⑤ 安装左侧次级正时链张紧轮固定螺栓。拧紧螺栓至 12N·m 的扭矩。
⑥ 安装左侧主正时链。确保正时链带在正时链的张紧器侧面。
⑦ 安装左侧主正时链张紧器导轨。拧紧螺栓至 12N·m 的扭矩。
⑧ 安装左侧主正时链张紧器（图 13-93）。注意：当正时张链紧器压缩时，切勿松开棘轮杆，直到正时链张紧器活塞完全在其孔的底部，否则将会导致棘轮杆损坏。
　a. 使用直径为 3mm 的金属杆，固定正时链张紧器活塞。
　b. 拧紧螺栓至 12N·m 的扭矩。
　c. 卸下固定杆。
⑨ 将专用工具安装到左侧排气凸轮轴链轮上（图 13-94）。拧紧进气凸轮轴链轮固定螺

栓，至扭矩达到 20N·m，然后再拧过 90°。拧紧排气凸轮轴链轮固定螺栓，至扭矩达到 20N·m，然后再拧过 90°。注意：利用专用工具，沿逆时针方向给工具施力，张紧驱动一侧的主正时链。在拧紧排气凸轮轴链轮固定螺栓之前，必须先拧紧进气凸轮轴链轮固定螺栓。如果未能遵循这一程序，则将会损坏发动机。确保所有新螺栓均已安装。

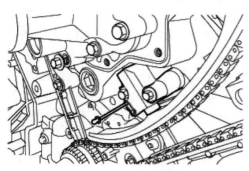

图 13-93　安装左侧主正时链张紧器

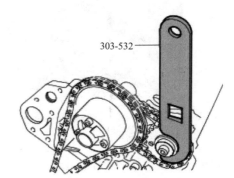

图 13-94　安装专用工具

⑩ 安装左侧可变凸轮轴正时（VCT）控制电磁阀本体。安装新 O 形密封圈。拧紧新螺栓至 22N·m 的扭矩。拧紧螺母至 10N·m。

⑪ 拆下 3 个螺栓。从左侧气缸盖上拆下专用工具。

⑫ 安装 3 个螺栓。将专用工具安装到右侧气缸盖上（图 13-95）。

⑬ 固定右侧次级正时链张紧轮柱塞（图 13-96）。采用 1mm 直径的金属杆，固定正时链张紧轮活塞。

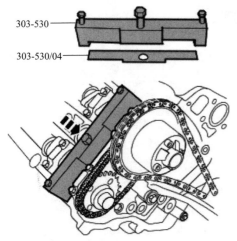

图 13-95　安装专用工具到右侧气缸盖上

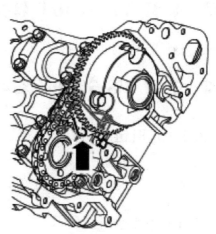

图 13-96　固定右侧次级链条张紧器

⑭ 将右侧次级正时链张紧器和次级正时链安装到凸轮轴链轮上。

⑮ 将链轮内梅花固定螺栓安装到凸轮轴上。将右侧次级正时链和链轮安装到凸轮轴上。注意：稍微上紧凸轮轴链轮内梅花螺栓，链轮必须能够自由运动。

⑯ 拧紧螺栓至 12N·m 的扭矩。安装右侧次级正时链张紧轮固定螺栓。

⑰ 拆除固定杆。张紧次级正时链。

⑱ 安装右侧主正时链。确保正时链带在正时链的张紧器侧面。

⑲ 安装右侧主正时链张紧器导轨。拧紧螺栓至 12N·m 的扭矩。

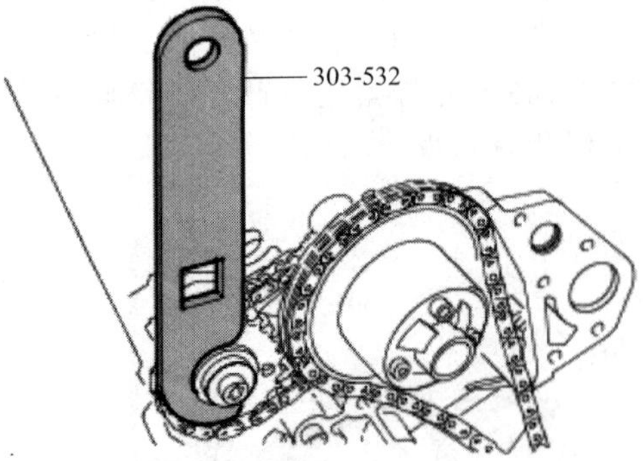

图 13-97　安装专用工具到右侧气缸盖

⑳ 安装右侧主正时链张紧器。使用直径为 3mm 的金属杆，固定正时链张紧器活塞。拧紧螺栓至 12N·m 的扭矩。卸下固定杆。注意：当正时张链紧器压缩时，切勿松开棘轮杆，直到正时链张紧器活塞完全在其孔的底部，否则将会导致棘轮杆损坏。

㉑ 如图 13-97 所示，将专用工具安装到右侧排气凸轮轴链轮上。拧紧进气凸轮轴链轮固定螺栓，至扭矩达到 20N·m，然后再拧过 90°。拧紧排气凸轮轴链轮固定螺栓，至扭矩达到 20N·m，然后再拧过 90°。注意：在拧紧排气凸轮轴链轮固定螺栓之前，必须先拧紧进气凸轮轴链轮固定螺栓。如果未能遵循这一程序，则将会损坏发动机。利用专用工具，沿逆时针方向给工具施力，张紧驱动一侧的主正时链。确保所有新螺栓均已安装。

㉒ 安装右侧可变凸轮轴正时（VCT）控制电磁阀本体。安装新 O 形密封圈。拧紧新螺栓至 22N·m 的扭矩。

㉓ 从气缸盖上卸下专用工具。

㉔ 安装发动机前盖。

㉕ 卸下螺钉。拆除曲轴锁定工具。

㉖ 安装凸轮轴位置传感器。

㉗ 连接蓄电池接地电缆。

## 13.12　4.4L V8 448DT 柴油发动机

该款发动机正时链拆装与调整和 4.4L V8 发动机相同，相关内容请参考 13.11 小节。

## 13.13　5.0L V8 508PN 发动机

### 13.13.1　正时链条拆卸

① 断开蓄电池接地电缆的连接。

② 抬起并支撑车辆。确保采用车轴支架支撑车辆。

③ 拆卸正时盖。

④ 拆下曲轴转速传感器。

⑤ 安装专用工具（图 13-98）。专用工具：JLR-303-1303。仅顺时针旋转曲轴。

⑥ 记下曲轴半圆键的位置（图 13-99）。如果记下的半圆键位置是处于 9 点钟的位置，则必须安装新的挠性盘。如果半圆键处于 6 点钟位置，则继续执行下一步骤。

⑦ 拆下右侧正时链张紧器。

⑧ 拆下右侧张紧器导轨。

⑨ 拆下右侧凸轮轴链轮紧固螺栓。

⑩ 与可变气门正时装置一起拆下右侧正时链条（图 13-100）。如果可变气门正时（VVT）装置受到震动或跌落，则必须更换。

⑪ 拆下左侧张紧器螺栓并取下张紧器。

图 13-98 安装专用工具

图 13-99 记下曲轴半圆键位置

⑫ 拆下左侧正时链张紧器导轨。

⑬ 拆下左侧凸轮轴链轮螺栓。

⑭ 与可变气门正时装置一起拆下左侧正时链条（图 13-101）。如果可变气门正时（VVT）装置受到震动或跌落，则必须更换可变气门正时装置。

图 13-100 拆下正时链条

图 13-101 拆下左侧正时链

⑮ 拆下左右两侧的正时链滑轨。

⑯ 拆下曲轴链轮丢弃摩擦垫圈。

## 13.13.2 正时链安装

① 安装曲轴链轮并更换一个新摩擦垫圈。

② 安装左右侧滑轨螺栓（图 13-102），扭矩：12N·m。

③ 将专用工具安装到每个凸轮轴上（图 13-103）。专用工具：303-1452。安装螺栓扭矩：10N·m。

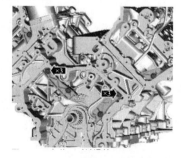

图 13-102 安装正时链滑轨

图 13-103 安装专用工具

④ 检查凸轮轴位置，如果位置不在如图 13-104 所示的位置，则小心旋转凸轮轴。

⑤ 将专用工具 303-1445 安装到凸轮轴的后部，确保键槽正确定位到每个凸轮轴的每个槽中（图 13-105）。

图 13-104 检查凸轮轴位置

图 13-105 安装专用工具到凸轮轴后部

⑥ 使用合适的工具，小心顺时针滚动凸轮轴，然后逆时针滚动（图 13-106）。旋转专用工具锁定螺母，直至凸轮轴中没有移动空间为止。重复步骤③～⑥，安装其他气缸盖上的凸轮轴。切勿过度旋转凸轮轴。用手指拧紧蝶形螺母。未能遵守这一指令可能造成元件损坏。

⑦ 与可变气门正时（VVT）装置一起安装正时链条。不要让凸轮轴旋转。如果可变气门正时（VVT）装置受到震动或跌落，则必须更换可变气门正时装置。注意：现阶段不要拧紧。

⑧ 确保所有正时链条的对齐标记都处在如图 13-107 所示的位置。

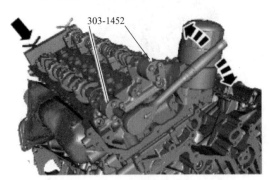

图 13-106 调整凸轮轴

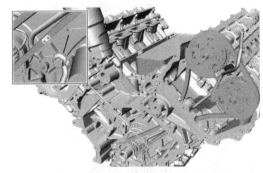

图 13-107 对齐正时链正时标记

⑨ 安装左侧正时链张紧臂，螺栓扭矩：25N·m。

⑩ 确保张紧器活塞完全伸出，然后在安装前压下并使用手雷形销钉锁定张紧器活塞（图 13-108）。未能遵守此说明可能会损坏发动机。

⑪ 安装左侧张紧器，扭矩：10N·m。在此阶段切勿松开正时链条张紧器锁定销。

⑫ 与可变气门正时装置一起安装正时链条。不要让凸轮轴旋转。如果可变气门正时（VVT）装置受到震动或跌落，则必须更换可变气门正时装置。注意：现阶段不要拧紧。

⑬ 确保所有正时链条的对齐标记都处在图 13-109 所示的位置。

⑭ 安装右侧张紧臂，螺栓扭矩：25N·m。

图 13-108 设置张紧器

⑮ 确保张紧器活塞完全伸出,然后在安装前压下并使用手雷形销钉锁定张紧器活塞。未能遵守此说明可能会损坏发动机。

⑯ 安装右侧张紧器,扭矩:10N·m。在此阶段切勿松开正时链条张紧器锁定销。

⑰ 拔出左、右正时链张紧器的锁定销。

⑱ 确保张紧器完全展开。切勿使用机械力。

⑲ 松开机油吸入管并将其放在一边。

⑳ 安装专用工具(图13-110)。专用工具:303-1482。

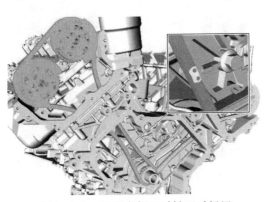

图13-109 对准右侧正时链正时标记

图13-110 安装专用工具

㉑ 向专用工具端部施加扭矩。确保按图13-111所示将扭矩扳手与专用工具对齐。把扭矩扳手安装到专用工具上。扭矩:35N·m。

㉒ 在拧紧可变气门正时螺栓时确保拧紧扳手不移动。确保首先拧紧排气可变气门正时装置螺栓(图13-112)。扭矩:32N·m。专用工具:303-1482。

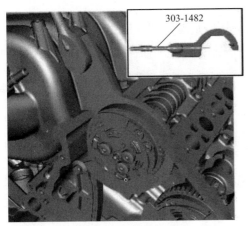

图13-111 将扭矩扳手与专用工具对齐

图13-112 拧紧左侧凸轮轴链轮螺栓

㉓ 安装机油吸入管。扭矩:10N·m。

㉔ 安装专用工具(图13-113)。专用工具:303-1482。

㉕ 向专用工具端部施加扭矩。确保将扭矩扳手与专用工具对齐。把扭矩扳手安装到专用工具上。扭矩:35N·m。

㉖ 在拧紧可变气门正时螺栓时确保拧紧扳手不移动。确保首先拧紧进气可变气门正时

装置螺栓。扭矩：32N·m。

㉗ 拆除左侧专用工具303-1445。

㉘ 拆除右侧专用工具303-1445。

㉙ 拆除专用工具。专用工具：JLR-303-1303。

㉚ 安装专用工具（图13-114）。专用工具：JLR-303-1304。

图13-113　在右侧凸轮轴链轮上安装专用工具　　　　图13-114　安装专用工具

㉛ 使用M16垫圈安装曲轴带轮螺栓，以防止安装过程中对曲轴造成损坏。扭矩：50N·m。

㉜ 拆除专用工具。专用工具：JLR-303-1304。

㉝ 顺时针旋转发动机整整两周。

㉞ 安装专用工具。专用工具：JLR-303-1303。仅顺时针旋转曲轴。

㉟ 安装专用工具。专用工具：JLR-303-1304。

㊱ 使用M16垫圈安装曲轴带轮螺栓，以防止安装过程中对曲轴造成损坏。扭矩：50N·m。

㊲ 拆除专用工具。专用工具：JLR-303-1304。

㊳ 安装专用工具303-1445 如果无法安装专用工具，则返回到安装步骤㉒，直至正确安装专用工具303-1445为止。如果按指令需执行步骤㉒，则要确保在安装专用工具之前先松开可变气门正时装置固定螺栓。

㊴ 安装专用工具303-1445。如果无法安装专用工具，则必须重复执行正时链条安装步骤。

㊵ 拆除左侧缸体专用工具303-1445。

㊶ 拆除右侧缸体专用工具303-1445。

㊷ 拆除专用工具。专用工具：JLR-303-1303。

㊸ 安装曲轴转速传感器，扭矩：10N·m。

㊹ 安装正时盖。

㊺ 连接蓄电池接地电缆。

## 13.14　5.0T V8 508PS发动机

该发动机的正时链拆装与5.0L自然吸气式发动机相同，相关内容请参考13.13小节。

 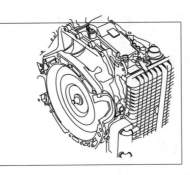 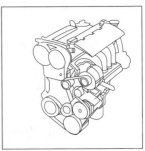

# 第 14 章 标致-雪铁龙汽车发动机

## 14.1　1.6L TU5JP4 发动机

### 14.1.1　正时检查

① 将车辆放置在两柱斜面上。
② 断开蓄电池。
③ 拆卸右前轮、右前挡泥板、附件驱动皮带、附件驱动皮带轮（在曲轴上）。
④ 使用车桥支架支撑动力传动系。
⑤ 拆卸运动限位器1、右上侧发动机支架2、右上部中间发动机支撑4、下正时罩、上正时罩3，见图 14-1。
⑥ 用曲轴螺栓运转发动机并让凸轮轴皮带轮靠近钉扎点（按正常转向旋转）。
⑦ 使用工具 0132-QY 固定发动机飞轮，见图 14-2。

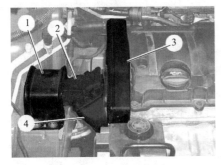

图 14-1　拆卸外部附件
1—运动限位器；2—右上侧发动机支架；
3—上正时罩；4—右上部中间发动机支撑

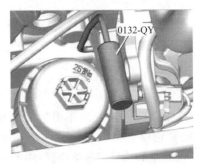

图 14-2　固定发动机飞轮

⑧ 如图 14-3 所示，使用工具 0132-AJ1、0132-AJ2 固定住凸轮轴皮带轮。如果正时不正确，请重复正时皮带安装操作。
⑨ 拆下销钉 0132-QY、0132-AJ1、0132-AJ2。

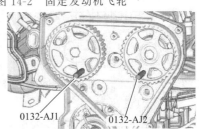

图 14-3　固定凸轮轴皮带轮

⑩ 重新安装：上正时罩、下正时罩、右上部中间发动机支撑、右上侧发动机支架、运动限位器。
⑪ 拆除动力传动系支架座。
⑫ 重新安装附件驱动皮带轮（在曲轴上）、附件驱动皮带、右前挡泥板、右前轮。
⑬ 使车辆着地。
⑭ 连接蓄电池。

### 14.1.2　正时皮带拆卸

① 使用斜面将车辆举升。
② 断开蓄电池。
③ 拆卸右前轮、右前挡泥板、附件驱动皮带、附件驱动皮带轮（在曲轴上）。
④ 使用车桥支架支撑动力传动系。
⑤ 拆卸运动限位器、右上侧发动机支架、右上部中间发动机支撑、下正时罩、上正时罩。
⑥ 使用工具0132-QY在1号气缸上止点位置销住发动机发动机飞轮。
⑦ 使用工具2、3固定凸轮轴，拧松张紧轮5的螺栓，见图14-4。
⑧ 如图14-5所示，顺时针旋转张紧轮直至指针c达到位置b，以完全松开正时皮带；使用梅花扳手（如a所示）将张紧轮固定到该位置，以便最大程度松开正时皮带。切勿将张紧轮转动一整圈。

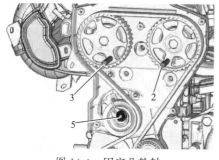

图14-4　固定凸轮轴
2,3—工具；5—张紧轮

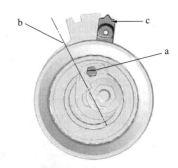

图14-5　设置张紧轮

⑨ 拆下正时皮带。
⑩ 检查张力张力辊，使张力辊和冷却液泵能自由转动（缺少间隙和阻力点）。同时，应检查确认张紧轮没有噪声和/或没有润滑脂痕迹，检查这几个轮的表面状况。
⑪ 检查油泵和凸轮轴上的密封圈的密封情况。

### 14.1.3　正时皮带安装

必须更换正时皮带。
① 遵照以下次序将新的正时皮带就位：曲轴皮带轮、专用工具4（图14-6）、导轮、进气凸轮轴皮带轮、排气凸轮轴皮带轮、冷却液水泵皮带轮、动态张紧轮、固定销。
② 压力过高时：
逆时针旋转张紧轮至最大位置差2mm；使用内六角梅花扳手（如图14-7中a所示）预拧紧张紧轮固定螺栓5至1daN·m（1daN=10N）。拆下曲轴销钉和工具4（图14-6）。绝不

可向后旋转曲轴。以正常的转动方向转动发动机 4 次以上。用销钉再次连接凸轮轴和曲轴，检查调整结果，如果调整不对，则再次进行装配程序。

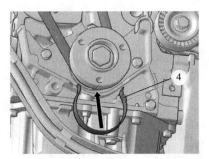

图 14-6　安装专用工具
4—专用工具

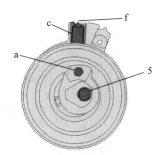

图 14-7　设置张紧轮
5—固定螺栓

③ 正常张紧度时：

旋出螺栓 5，拧松张紧轮。使用内六角扳手 a，顺时针旋转指针 c，使其对准标记 f。如果要正确设置正时，则该指针 c 绝不可降回到最小点；如果不是这种情况，则重新进行正时皮带张紧操作。拧紧张紧轮螺栓 5 到 2.3daN·m。以正常的转动方向转动发动机 2 次以上。检查张紧轮位置：应距离紧固后位置±2mm，否则重复装配步骤。

④ 用销钉再次连接凸轮轴和曲轴，检查调整结果，如果调整不对，则再次进行装配程序。

⑤ 重新安装上正时罩、下正时罩、右上部中间发动机支撑（紧固至规定扭矩）、右上侧发动机支架（紧固至规定扭矩）、运动限位器（紧固至规定扭矩）。

⑥ 拆除动力传动系支架座。

⑦ 重新安装附件驱动皮带轮（在曲轴上）、附件驱动皮带、右前挡泥板、右前轮。

⑧ 连接蓄电池。蓄电池恢复原先接线后，再执行必要的操作。

## 14.2　1.6L EP6CDT 发动机

正时检查：

① 设置检查程序。

a. 检查移相后的皮带轮的锁止情况。

b. 设置曲轴。

c. 使用倾角计 1376-A 测量进气凸轮轴设置角度。若设置正确则安装气缸盖罩；若设置错误则检查链条的加长情况。

d. 测量链条的加长情况。若加长正确，则重复流程"设置正时"。若加长不正确，则重复流程"拆卸—重新安装正时"，更换指示的零部件。

② 重新安装气缸盖罩。

③ 将车辆放置在两柱斜面上。断开附件蓄电池。拆卸右前轮、发动机下护板、右前挡泥板、气缸盖罩。

④ 检查移相后的皮带轮的锁止情况：

通过螺钉 1 使发动机旋转 2 周，以便锁止凸轮轴相位调节器；不要使用凸轮轴来转动发动机，见图 14-8。当皮带轮与凸轮轴同时旋转时相位调节器处于锁止状态时，通过沿着 2 个方向轻轻移动凸轮轴检查并确认相位调节器锁止并与凸轮轴一致（在 b 处）；如果情况并非如此，则如图 14-9 所示沿着箭头方向（c 处）逆时针旋转进气凸轮轴至相位调节器的内部止动位置（在 a 处）（最大行程 35°）。如果相位调节器不能机械锁止，则更换凸轮轴相位调节器。

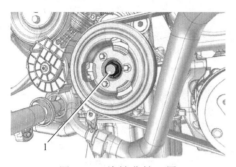

图 14-8　旋转曲轴 2 周
1—螺钉

图 14-9　调整凸轮轴位置

⑤ 曲轴正时：

当发动机固定时，活塞处于行程中部。拆下 2 个火花塞。使用螺栓把曲轴顺时针转动到发动机飞轮上的销住位置；凸轮轴分度的圆边必须朝下（在 e 处）。警告：在中间行程使用相同长度的 2 台测量仪检查活塞位置（焊点型）（在 d 处）；测量仪必须伸出相同的长度。在曲轴主轴承盖铸件位置处（在 f 处）定位连杆 0197-BZ。固定发动机飞轮（在 f 处），见图 14-10；使用插销 0197-BZ。通过尝试顺时针和逆时针旋转螺栓检查并确认发动机正确固定；使用管扳手。如果定位孔已经错过，则不要后退，将发动机顺时针再次旋转 2 周。

⑥ 测量进气凸轮轴设置角度。

如图 14-11 所示测量 A：在 1 号气缸的进、排气主轴承之间的气缸盖上定位三角板类型 SAM E100，将倾角计 1376-A 放置在三角板上并通过按压"Calibrate"按钮校准零挡。测量 B：将倾角计和三角板倾按顺时针方向倾斜 90°，并且在进气凸轮轴索引区的垂直面上将总成安装齐平（在 g 处）。不要改变参考面；不要将倾角计/三角板总成转到相反的方向。

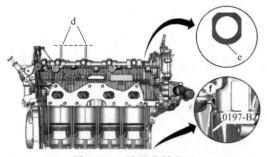

图 14-10　设置曲轴位置

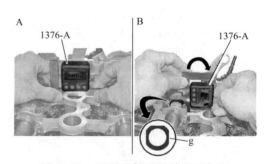

图 14-11　测量进气凸轮轴设置角度

读取提供的角度：新发动机＜10000mile，[89°，91°]；发动机运行＞10000mile，[87.9°，90.5°]。

如果测量值不在上述范围内，则设置不正确；进入阶段：测量链条的加长情况。

如果测量值位于上述范围内，则设置正确；卸下发动机飞轮安装杆，重新安装。

按照说明重新安装气缸盖罩。

倾斜计 1376-A 的显示没有指示高于 90°的值（图 14-12）。

测量 C（脚踝前部）：倾斜计 1376-A 上读取的值和实际角度相同。

测量 D（直角）：倾斜计 1376-A 上读取的值和实际角度相同。

测量 E（延迟角）：倾斜计 1376-A 上读取的值与实际角度不相同。

如果超过中点 D：倾斜计 1376-A 显示反向角度；数值的阅读方向颠倒；箭头方向颠倒。

对于测量 E：实际角度＝180°－读取的值。

例如：实际角度＝180°－89°＝91°。

⑦ 测量链条的加长情况。

a. 拆卸凸轮轴皮带轮螺栓。

定位凸轮轴固定工具 0197-A1、0197-A2。

松开工具 0197-A1、0197-A2；使用螺栓 2。

工具必须与气缸盖齐平（在 h 处）。为了有助于固定工具的安装，轻轻地转动凸轮轴（顺时针和逆时针）（在 b 处）；使用 27mm 两用扳手。

安装工具 0197-A1、0197-A2；使用螺栓 a。

松开凸轮轴皮带轮螺栓 3、4。

拧紧螺栓 3、4，将其放松 90°；滑轮必须能够自由旋转且安装齐平。

以上部件见图 14-13。

图 14-12 测量角度说明

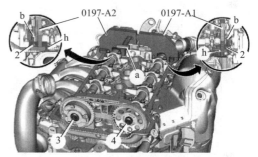

图 14-13 定位凸轮轴固定工具

2～4，a—螺栓

如果无法安装凸轮轴设置工具 0197-A1、0197-A2，则支撑凸轮轴，使用 27mm 两用扳手（在 b 处）。这些操作需要两名操作工。

松开凸轮轴皮带轮螺栓 3、4。

如图 14-14 所示，拧紧凸轮轴皮带轮螺栓 3、4；以 90°角松开凸轮轴皮带轮螺栓；皮带轮应自由旋转，但要齐平。

b. 拆卸正时链条张紧装置。

在没有用销子固定住曲轴和凸轮轴的情况下，不要拆下正时链张紧器 7，否则正时链有跳齿的危险。拧松轴环 5。

转动进气管接头 6。

拆下正时链张紧器 7 时，保护附件皮带和皮带轮以免沾上油渍。

拆下正时链条的张紧轮。

检查正时链张紧器 7 的状况。用手推动活塞，如果活塞卡住，则更换正时链张紧器 7。

如果发动机编号低于 42987；则更换正时链张紧器 7（新张紧器标记号为 V759789580）。

以上部件见图 14-15。

图 14-14 调整凸轮轴
3—进气凸轮轴皮带轮螺栓；4—排气凸轮
轴皮带轮螺栓；b—凸轮轴锁紧单元

图 14-15 拆下张紧装置
5—轴环；6—进气管接头；7—正时链张紧器

c. 安装模拟正时链张紧器。

用机油润滑螺栓 j 的螺纹。

拧紧气缸盖上的假正时链张紧器 0197-M。

拧紧模拟正时链张紧器 0197-M 的螺栓 j，直至它与正时链张紧器导件 8 相接触（在 l 处）；拧紧扭矩：0.06daN·m。

通过锁上螺母 k 锁止总成。

以上部件见图 14-16。

d. 检查正时链总成的磨损情况。

在拆卸模拟正时链张紧器 0197-M 时，如果已经取下了凸轮轴设置工具 0197-A1、0197-A2，则正时链可能会跳一个齿。

拆下模拟正时链张紧器，读取正时链张紧器 0197-M 的轴承面和螺栓末端之间的尺寸 F，见图 14-17。

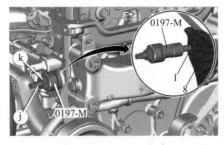

图 14-16 安装模拟正时张紧器
8—正时链张紧器导件；j—螺栓；k—模拟
正时链张紧器螺母；l—张紧器接触位置

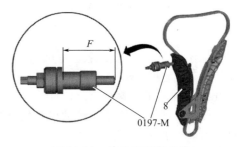

图 14-17 检查正时链总成
8—正时链张紧器导件

如果尺寸小于或等于 68mm，则正时链总成没有磨损，应采用维修程序：气门正时。

如果尺寸大于 68mm，则应更换应用流程"拆卸—重新安装正时链"。

注意：在以上 2 种情况下，重新安装模拟正时链张紧器 0197-M。

⑧ 安装气缸盖罩（如果设置正确）。

按以下步骤更换气缸盖罩的密封垫：

使用干净的布清洁气门室盖的密封面。

清洁旧的密封珠（在 m 处）（图 14-17）。

在双轴承各侧涂抹一条长 20mm、宽 5mm 的密封胶（在 m 处）。

重新安装气缸盖罩的螺栓。

将气缸盖罩的螺栓按照图 14-18 所示的数字顺序拧紧。

重新安装右前挡泥板、发动机下护板、右前轮。

使车辆着地。

重新连接附件蓄电池。在重新连接附件蓄电池后，执行所需要的操作。

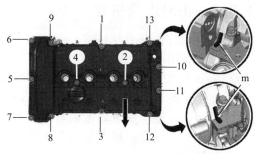

图 14-18　安装气缸盖螺栓

## 14.3　1.8L 16V156（EC8）发动机

### 14.3.1　正时检查

① 将车辆放置在两柱斜面上。

② 断开备用蓄电池。

③ 拆卸右前轮、右前挡泥板、附件驱动皮带、附件驱动皮带轮、右前挡泥板。

④ 使用车间举升器和木块支撑动力传动系。拆下附件驱动皮带动态张紧轮的销钉。

⑤ 拆卸发动机右支架总成、正时壳体。

⑥ 通过曲轴螺栓转动发动机并使凸轮轴皮带轮靠近销钉安装点，以正常旋转方向（顺时针）旋转。

⑦ 使用工具 0132-QY 固定发动机飞轮，见图 14-19。

⑧ 如图 14-20 所示，使用 5mm 直径的销冲头（在 a 处），使用工具 0132-AJ2（在 b 处）固定住凸轮轴皮带轮。如果正时不正确，则请重复正时皮带安装操作。切勿反方向转动曲轴来运转。

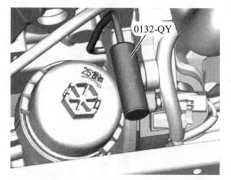

图 14-19　固定发动机飞轮

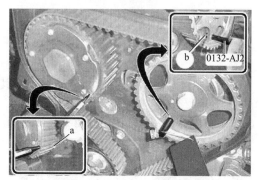

图 14-20　固定凸轮轴链轮

⑨ 拆卸工具 0132-QY 和工具 0132-AJ2（5mm 直径销冲头）。

⑩ 重新安装正时壳体、发动机右支架总成。

⑪ 拆下支撑动力单元的千斤顶。

⑫ 重新安装附件驱动皮带轮、附件驱动皮带、右前挡泥板、右前轮。

⑬ 重新连接附件蓄电池。在重新连接附件蓄电池后，执行所需要的操作。

### 14.3.2 正时皮带拆卸

① 将车辆放置在两柱斜面上。
② 断开备用蓄电池。
③ 拆卸右前轮、右前挡泥板、附件驱动皮带、附件驱动皮带轮。
④ 使用车间举升器和木块支撑动力传动系。
⑤ 拆下附件驱动皮带动态张紧轮的销钉。
⑥ 拆卸右上侧发动机支架、右上部中间发动机支撑、正时壳体。
⑦ 使用工具 0132-QY 在 1 号气缸上止点位置上锁住发动机发动机飞轮。
⑧ 将凸轮轴皮带轮固定入位：对于进气凸轮轴皮带轮，使用 5mm 直径的销冲头；对于排气凸轮轴皮带轮，使用工具 0132-AJ2。
⑨ 拧松张紧轮螺栓 1。切勿将张紧轮旋转完整的一圈。顺时针旋转张紧轮，使标记 b 到达位置 a 以便最大程度放松正时皮带；用一把内六角扳手（在 c 处）将张紧轮保持在该位置并且拧紧螺栓 1，见图 14-21。
⑩ 拆下正时皮带，检查轮子是否能自由转动（没有间隙及阻力点）。

### 14.3.3 正时带安装

安装时，遵守正时皮带的标记和旋转的方向。
① 安装顺序见图 14-22。

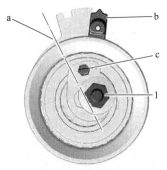

图 14-21　拧紧张紧轮螺栓
1—螺栓

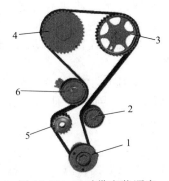

图 14-22　正时带安装顺序

② 安装正时皮带，注意组装顺序，使其标记与曲轴凹形皮带轮上的标记对齐（在 d 处），见图 14-23。
③ 定位固定皮带的销钉 0132-AK，见图 14-24。

图 14-23　曲轴皮带轮标记

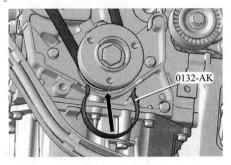

图 14-24　固定皮带

④ 通过导轮固定正时皮带。
⑤ 安装正时皮带：在排气凸轮轴凹形皮带轮上，与标记对齐（在 f 处）；在进气凸轮轴凹形皮带轮上，与标记对齐（在 e 处），见图 14-25；在冷却液泵凹形皮带轮上（没有标记）。
⑥ 通过张紧轮固定正时皮带。拆卸工具 0132-AJ2（5mm 直径销冲头）、工具 0132-AK。
⑦ 张紧压力过高时：
拧松张紧轮螺栓 1（图 14-26）。

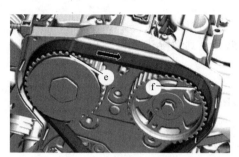

图 14-25　凸轮轴带轮正时标记

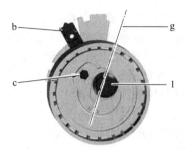

图 14-26　调整张紧压力
1—螺栓

顺时针转动张紧轮，直到指针 b 处于位置 g。用一把内六角扳手（在 c 处）将张紧轮保持在该位置。
预拧紧张紧轮螺栓 1，预紧至 1daN·m。
拆下曲轴固定销 0132-QY。
以正常的转动方向转动发动机 4 次以上。
切勿反方向转动曲轴来运转。
通过再次用销钉固定凸轮轴和曲轴，检查固定位置；
如果安装工具正确进入，则正时设置正确。
如果安装工具没有正确进入，则拆下并重新安装正时皮带。
⑧ 正常张紧度时：
松开动态张紧轮紧固螺栓 1（图 14-27）。
顺时针转动张紧轮，直到导向装置 b 处于位置 h，用一把内六角扳手（在 c 处）将张紧轮保持在该位置。
定位销 b 必须定位在张紧轮滑块的开口 h 中，见图 14-27。
拧紧动态张紧轮，拧紧至 2.3daN·m。
以正常的转动方向转动发动机 2 次以上。
通过再次用销钉固定凸轮轴和曲轴，检查固定位置；

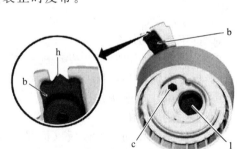

图 14-27　调节正常张紧度
1—螺栓

如果安装工具正确进入，则正时设置正确。
如果安装工具没有正确进入，则拆下并重新安装正时皮带。
⑨ 重新安装正时壳体、右上部中间发动机支撑、右上侧发动机支架。
⑩ 从发动机总成上拆下支架千斤顶。
⑪ 重新安装附件驱动皮带轮、附件驱动皮带、右前挡泥板、右前轮。
⑫ 重新连接附件蓄电池。在重新连接附件蓄电池后，执行所需要的操作。

## 14.4 2.0L 14V143发动机

### 14.4.1 正时检查

① 提升车辆，将其支撑在车桥支架上，车轮离地。
② 断开蓄电池。
③ 拆卸发动机罩、右前轮、右前挡泥板、发动机下护板（根据车辆装备）。
④ 通过旋转曲轴皮带轮的螺栓转动发动机，直到螺栓进入设定位置处，见图14-28。
A：装备手动变速箱的车辆上的定位销。
B：装备自动变速箱的车辆上的定位销。
⑤ 将曲轮用固定杆固定；使用插销0189-R。
⑥ 从支架凸耳上松脱线束支架。
⑦ 使用车间起重机将发动机固定在吊架上。
⑧ 拆卸发动机右侧支撑、上正时罩。
⑨ 使用工具0194-A固定住凸轮轴皮带轮1、2，见图14-29；正时销必须很容易进入。
如果正时销难于插入，则请重复正时皮带安装和张紧操作。

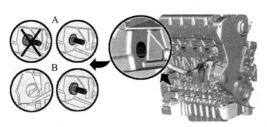

图14-28 转动曲轴皮带轮设置螺栓位置

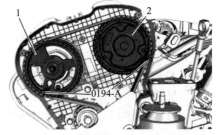

图14-29 用专用工具固定凸轮轴皮带轮
1，2—凸轮轴皮带轮

⑩ 拆下销钉0194-A。
⑪ 重新安装上正时罩、发动机右侧支撑。
⑫ 拆下车间的举重机。
⑬ 将线束支架连接到托架凸片上。
⑭ 拆下销钉0189-R。
⑮ 重新安装发动机下护板（根据车辆装备）、右前挡泥板、右前轮、发动机罩。
⑯ 连接蓄电池。蓄电池恢复原先接线后，再执行必要的操作。

### 14.4.2 发动机正时皮带拆卸

① 断开蓄电池负极端子。
② 举升车辆，使前轮离地。
③ 拆下发动机装饰罩。
④ 将正时盖上的供油软管断开移到旁边。
⑤ 拆下附件传动皮带。
⑥ 使用车间起重机将发动机固定在吊架上。
⑦ 拆卸螺栓1、螺栓2、发动机右侧支撑、正时罩3，见图14-30。

⑧ 使用曲轴小齿轮6的螺栓7旋转发动机,直到发动机转到定位位置。使用工具1固定进气凸轮轴正时皮带轮5和排气凸轮轴正时皮带轮4,见图14-31。

图14-30 拆卸外部相关部件
1,2—螺栓;3—正时罩

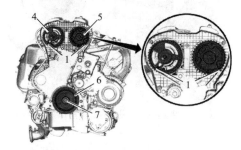

图14-31 设置曲轴与凸轮轴正时位置
1—工具;4—排气凸轮轴正时皮带轮;5—进气凸轮轴正时皮带轮;6—曲轴小齿轮;7—螺栓

⑨ 通过旋转曲轴皮带轮的螺栓转动发动机,直到螺栓进入设定位置处。将曲轮使用工具2固定杆固定;切勿在没有固定曲轴和凸轮轴的情况下拆下曲轴皮带轮。A—手动变速箱的销连接 B—自动变速箱的销连接,见图14-32。

⑩ 拆卸曲轴皮带轮螺栓和曲轴皮带轮。

⑪ 拆卸螺栓8、下正时罩10,拧松张紧轮12的螺栓11,顺时针方向旋转张紧轮12,拆下正时皮带9,见图14-33。

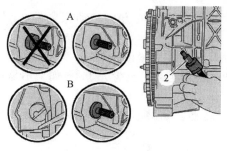

图14-32 固定曲轴
2—工具

图14-33 拆卸张紧轮与正时带
8,11—螺栓;9—正时皮带;10—下正时罩;12—张紧轮

## 14.4.3 正时皮带安装

① 转动张紧轮11;使用工具5a穿过凹槽c,将工具5b置于指针b处将其锁止,然后取下工具5a,见图14-34。

② 检查张紧轮,使张紧轮和冷却液泵能自由转动(缺少间隙和阻力点)。同时,应检查确认张紧轮没有噪声和/或没有润滑脂痕迹,检查这几个轮的表面状况。

③ 检查油泵和凸轮轴上的密封圈的密封情况。

④ 检查键槽16是否存在。

⑤ 在曲轴皮带轮15上安装一个新的正时皮带(图14-35)。

⑥ 使用工具3固定正时皮带。

⑦ 严格按照图14-35所示顺序,安装正时皮带:导轮14、进气凸轮轴皮带轮、排气凸轮轴皮带轮、冷却液水泵皮带轮13、张紧轮。使皮带尽量与每个皮带轮和张紧轮的外侧边缘平齐。

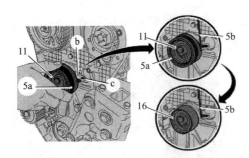

图 14-34　设置张紧轮位置
5a,5b—工具；11—张紧轮；
16—键槽；b—指针；c—凹槽

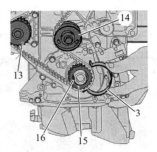

图 14-35　安装正时皮带
3—工具；13—冷却液水泵皮带轮；
14—导轮；15—曲轴皮带轮；16—键槽

⑧ 拆卸工具3、排气凸轮轴4的专用工具1、张紧轮11的专用工具5b。

⑨ 适当放置工具1，以销住进气凸轮轴皮带轮5（图14-31）。

⑩ 清洁曲轴螺纹（使用14×150mm丝锥）、曲轴皮带轮螺栓7，拧上固定螺栓7，但不要拧紧（图14-31）。

⑪ 重新安装下正时罩10、螺栓8、曲轴皮带轮6、曲轴皮带轮螺栓7（图14-31、图14-33）。

⑫ 正时皮带过紧时：

特别要注意，必须在发动机冷却的条件下进行以下操作。

如图14-36所示，按箭头e的方向转动张紧轮11的轮毂；使用六角头扳手（如d所示）（逆时针方向）。

把定位调节装置b定位在过紧位置c。

指针b超过凹槽f的角度必须至少为10°。如果不是这种情况，则应安装张紧轮或正时皮带和张紧轮总成。

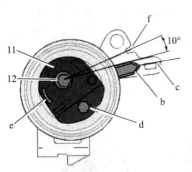

图 14-36　正时皮带过紧调节
11—张紧轮；12—螺栓

对张紧轮进行固定时，张紧轮调整装置不得发生转动。如果不是这种情况；则重新进行正时皮带张紧操作。

拧紧螺栓12。

拆下工具2、1（图14-31、图14-32）。

拧紧螺栓7（图14-31）。

按发动机的转动方向转动曲轴10圈。

切勿反向转动曲轴。不要给正时皮带施加压力或外力。

使用工具2固定曲轴（图14-32）。

使用工具1进气凸轮轴正时皮带轮5（图14-31）。

如果不能销住，则重新进行重装操作。

松开曲轴皮带轮7的螺栓6（图14-31）。

⑬ 调节正时皮带至最终要求的张力。

拧松张紧轮11的螺栓12，使用六角头扳手（如d所示）将张紧轮保持在该位置。

顺时针方向旋转张紧轮直到指针b处于位置f。

指针b不得超过凹槽f。如果不是这种情况；则重复正时皮带过紧和张紧操作。

拧紧张紧轮11的螺栓12，见图14-37。

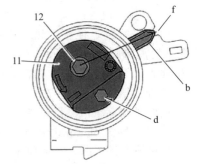

图 14-37　调节正时皮带到标准张紧度
11—张紧轮；12—螺栓

对张紧轮进行固定时，张紧轮调整装置不得发生转动。如果不是这种情况，则重新进行正时皮带张紧操作。

安装新曲轴皮带轮螺栓 7（图 14-31）。

拆下工具 2、1（图 14-31、图 14-32）。

⑭ 检查皮带张紧度。

按照曲轴的运转方向转动曲轴 2 圈。

切勿反向转动曲轴。不要给正时皮带施加压力或外力。

插入销钉以固定进气凸轮轴正时皮带轮 5；使用工具 1（图 14-31）。

如果张紧轮指针 b 不处于其调整位置 f，则重新开始安装和张紧正时皮带的操作。

拆下工具 1。

⑮ 重新安装上正时罩 3、发动机右侧支撑、螺栓 2、螺栓 1、附件驱动皮带（图 14-30）。

⑯ 拆卸发动机举升装置。

⑰ 连接正时盖上的供油软管，重新定位。

⑱ 重新安装发动机罩。

⑲ 降低车辆；前轮悬架。

⑳ 连接蓄电池。蓄电池恢复原先接线后，再执行必要的操作。

## 14.5　3.0L ES9A 发动机

### 14.5.1　正时皮带拆卸

① 断开蓄电池。

② 使用车间起重机将发动机固定在合适位置（右侧）。

③ 拆下发动机装饰罩 3（图 14-38）。

④ 降低燃油管中的压力：将工具 4192-T 连接到 SCHRAEDER 阀 1。

⑤ 将燃油收集在容器中。

⑥ 解开管道 2、燃油管 4 的锁扣。

⑦ 断开燃油管 4 并将其移至一旁。

⑧ 拆下转向管路的 2 个固定端（如 a、b 所示）。

⑨ 拆下螺母 7。

⑩ 分开膨胀瓶 8。

⑪ 拆卸右前轮、右前挡泥板、上部扭矩反力连杆 5、发动机右侧支撑 6、辅助皮带、动力转向泵皮带轮，见图 14-39。

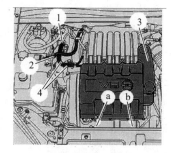

图 14-38　断开燃油管道
1—SCHRAEDER 阀；2—管道；
3—发动机装饰罩；4—燃油管

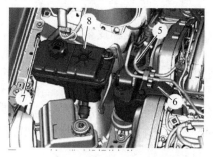

图 14-39　拆下发动机相关部件
5—上部扭矩反力连杆；6—发动机右侧支撑；7—螺母；8—膨胀瓶

⑫ 拆卸12个固定螺栓9，12个固定螺栓11，2个顶部正时齿轮10、13，下正时罩12，见图14-40。

⑬ 按下列顺序固定：使用杆0187-B固定凸轮轴；使用插销0187-A固定曲轴，见图14-41。

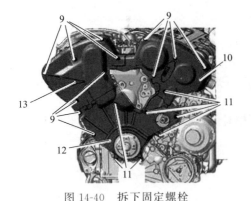

图14-40 拆下固定螺栓

9,11—固定螺栓；10,13—顶部正时齿轮；12—下正时罩

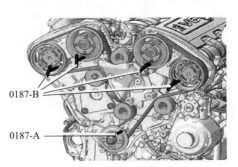

图14-41 插入凸轮轴与曲轴固定销

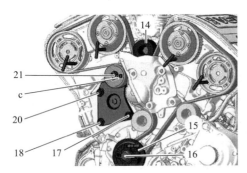

图14-42 拆下张紧轮等部件

14—导轮；15—曲轴皮带轮；
16—曲轴皮带轮固定螺栓；
17,18,20—固定件；21—螺母；
c—偏心轮调整装置

⑭ 松开曲轴皮带轮15固定螺栓16以及固定件17、18、20与螺母21，使用型号为FACOMR.161的工具顺时针转动张紧轮偏心调整装置c（如图14-42所示）。

拆卸导轮14、正时皮带（从张紧轮和水泵开始），见图14-42。

### 14.5.2 正时皮带安装

① 检查冷却液泵滚轮和皮带轮是否自由转动（不能过松和过紧）。

② 使用工具type FACOM D12阻止进气凸轮轴的转动。

③ 松开进气凸轮轴皮带轮螺钉1/4圈。

④ 使用工具0187-F阻止排气凸轮轴的转动。

⑤ 松开排气凸轮轴皮带轮螺钉1/4周。

⑥ 检查凸轮轴毂皮带轮是否转动自如。

⑦ 顺时针转动凸轮轴皮带轮23和28，直到使他们定位到凹槽端部（图14-43）。

⑧ 重新定位正时皮带在曲轴皮带轮上的位置。

⑨ 使用工具0187-J固定正时皮带。

⑩ 把正时皮带装到导轮24上，并调整好d处的皮带张紧度。

⑪ 将正时皮带轮平齐对准排气凸轮轴皮带轮23。将凸轮轴皮带轮沿逆时针（发动机旋转方向）稍微转动，以便将正时皮带安装到皮带轮上。与正时皮带对应的皮带轮转动角度不能超过一个齿宽。

⑫ 将正时皮带安装到左进气凸轮轴皮带轮22（先前已确定的）。

⑬ 使用产品编号为E3的固定胶涂抹导轮14的螺栓。

⑭ 安装导轮 14。
⑮ 同时将皮带装到下列部件上：进气凸轮轴正时皮带轮 29、排气凸轮轴正时皮带轮 28、张紧轮 27、冷却液泵 26、滚轮 25，见图 14-43。
⑯ 固定工具：型号 FACOM S.161（e 处）。
⑰ 转动支撑板，以啮合螺栓 18。
⑱ 拧紧螺栓 17、18、20，见图 14-44。

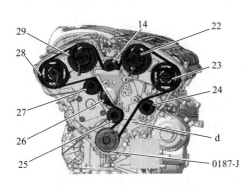

图 14-43　安装正时皮带部件
14,24—导轮；22,29—进气凸轮轴皮带轮；
23,28—排气凸轮轴皮带轮；25—滚轮；
26—冷却液泵；27—张紧轮

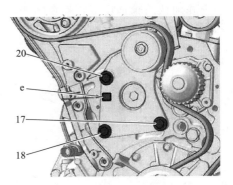

图 14-44　安装转动支撑板
17,18,20—螺栓

⑲ 通过将张紧轮 27 旋转到限位点的方式来张紧正时皮带（逆时针）（c 处）（使用 FACOM R.161 工具）。不得突出至张力滚柱以外。
⑳ 如图 14-45 所示，拧紧张紧轮上的螺母 21。检查并确认凸轮轴皮带轮不在凹槽端部（通过拆下螺钉）。如果不是这种情况，则请重新安装正时皮带。
㉑ 拧紧至少 2 个排气凸轮轴皮带轮 23 上的螺钉。
㉒ 拧紧至少 2 个排气凸轮轴皮带轮 28 上的螺钉。
㉓ 拆下销钉 0187-B、0187-A。
㉔ 将曲轴按其运转方向转动 2 圈。切勿沿逆时针方向转动发动机。
㉕ 使用插销 0187-A 将曲轮用固定杆固定。
㉖ 把螺母 21 松 1/4 圈。
㉗ 将张紧轮 27 的标记 f 和 g 对齐（使用 FACOM R.161 工具）。

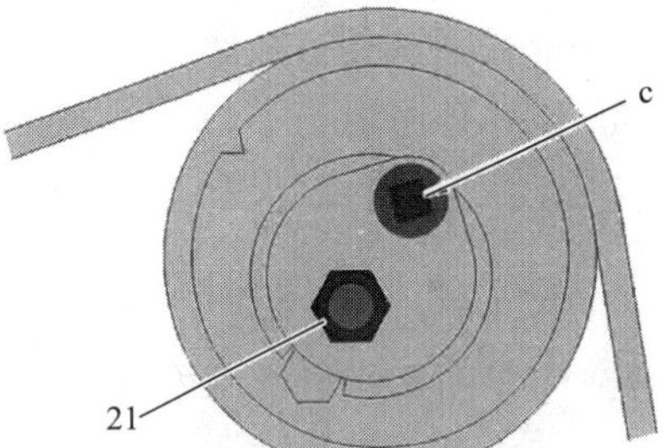

图 14-45　安装张紧轮
21—螺母

㉘ 拧紧螺母 21（不改变辊的位置）。
㉙ 拆下销钉 0187-A。
㉚ 将曲轴按其运转方向转动 2 圈。切勿回转。
㉛ 使用插销 0187-A 将曲轮用固定杆固定。
㉜ 检查张紧轮 27 的位置。
㉝ 如果标记没对齐，则请重新将张紧轮 27 的标记 f 和 g 对齐，见图 14-46。
㉞ 使用固定销 0187-B 固定住凸轮轴 23；按以下步骤操作（利用工具 0187-F 进行定位）：

图 14-46　安装张紧轮
27—张紧轮

如果定位销能插入，则将凸轮轴毂上的皮带轮固定螺栓拧松45°。

如果定位销不能插入，则将凸轮轴毂上的皮带轮固定螺栓拧松45°，直到定位销能够插入。

以同样方式操作排气凸轮轴皮带轮28。

配有凸轮轴相位调整器的进气凸轮轴皮带轮29、22已固定（利用工具type FACOM D12进行定位）。

检查并确认凸轮轴皮带轮不在凹槽端部（通过拆下螺钉）。

如果不是这种情况，则请重新安装正时皮带。

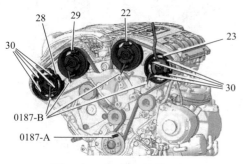

图14-47 安装凸轮轴链轮
22,29—进气凸轮轴皮带轮；23,28—排气凸轮轴皮带轮；30—螺栓

㉟ 按顺序拧紧固定在排气凸轮轴皮带轮23上的螺钉30、固定在排气凸轮轴皮带轮28上的螺钉30。

㊱ 拆下销钉0187-B、0187-A，见图14-47。

㊲ 重新安装下正时罩12、2个顶部正时齿轮10和13、12个固定螺栓11、12个固定螺栓9、曲轴皮带轮、动力转向泵皮带轮、发动机右侧支撑6、上部扭矩反力联杆5、辅助皮带、右前挡泥板、右前轮。

㊳ 拆下车间举升机。

㊴ 重新安装膨胀室8、螺母7、转向管的2个固定点（如图14-38中a、b所示）、连接燃油管4。夹紧管道2、燃油管4。

㊵ 重新安装发动机罩3。

㊶ 连接蓄电池。

## 14.5.3 正时检查

① 断开蓄电池。

② 用车间起重机支撑发动机（右侧）。

③ 拆下发动机装饰罩。

④ 降低燃油供给管路中的压力：将工具4192-T连接到SCHRAEDER阀。

⑤ 将燃油收集在容器中。

⑥ 解开燃油管管道的锁扣。

⑦ 断开燃油管并将其移至一旁。

⑧ 拆下助力转向管路的固定凸耳。

⑨ 拆卸膨胀室螺母，分开膨胀室。

⑩ 拆卸上部扭矩反力联杆、发动机右侧支撑、辅助皮带。

⑪ 拆卸动力转向泵皮带轮、动态张紧轮、曲轴皮带轮、上正时罩、下正时罩。

⑫ 使用杆0187-A销住曲轴，见图14-48。

⑬ 如图14-49所示，检查工具0187-C能否自由穿过皮带轮并插入气缸盖。不应用力插入销钉0187-A和0187-C。如果很难插入销钉，则请重复进行正时皮带拆卸、安装操作。

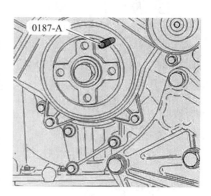

图14-48 固定曲轴

⑭ 拆下工具 0187-A 和 0187-C。

⑮ 重新安装下正时罩、上正时罩、曲轴皮带轮、动态张紧轮、动力转向泵皮带轮、附件驱动皮带、发动机右侧支撑、上部扭矩反力连杆、冷却液储液罐、膨胀室螺母、动力转向管固定夹。

⑯ 连接移到旁边的燃油管。

⑰ 夹紧燃油管管道。

⑱ 重新安装发动机罩。

⑲ 连接蓄电池。蓄电池恢复原先接线后，再执行必要的操作。

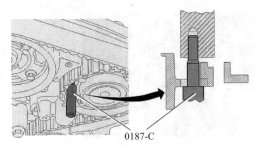

图 14-49 检查专用工具安装情况

 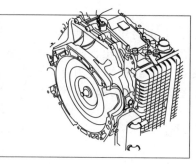 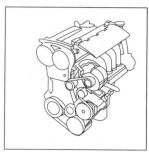

# 沃尔沃汽车发动机

## 15.1　1.6L B4164T3 发动机

### 15.1.1　正时皮带拆卸

① 拆下交流发电机。
② 需要拆卸的物件：发动机右支撑绝缘体，曲轴位置传感器（CKP）。
③ 取下正时链罩上管路固定螺栓，扭矩：M6，10N·m。
④ 拆卸 4 个正时罩盖侧传动轮螺栓，扭矩：M8，24N·m。
⑤ 拆下 7 个正时罩盖螺栓，扭矩：M6，10N·m。
⑥ 拆下正时皮带侧固定架螺栓（图 15-1），扭矩：M6，10N·m；M10，50N·m。
⑦ 如图 15-2 所示，拆下传动轴紧固扣。注意：确保使用新的组件。扭矩：M8，24N·m。

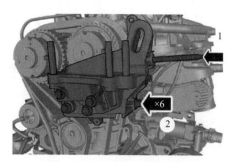

图 15-1　拆下固定架螺栓
1,2—螺栓

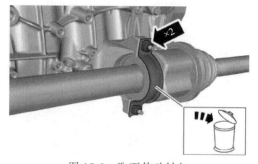

图 15-2　取下传动轴扣

⑧ 如图 15-3 所示，拆下 3 个发动机固定架螺栓，扭矩：M10，50N·m。
⑨ 如图 15-4 所示，从曲轴定位孔取出发动机缸体堵塞，扭矩：20N·m。
⑩ 如图 15-5 所示，使用专门工具 9997406，将其安装进正时定位孔处。
⑪ 如图 15-6 所示，顺时针转动曲轴，直到曲轴碰到正时工具停止转动，正确的位置见图 15-7。

图 15-3　拆下发动机固定架

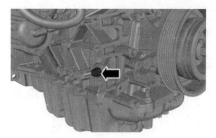

图 15-4　取出定位孔塞

图 15-5　安装专用工具

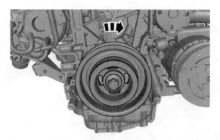

图 15-6　顺时针转动曲轴，调整正时位置

⑫ 如图 15-8 所示，使用专门工具 9997429 固定凸轮轴链轮。

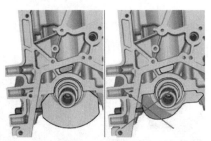

图 15-7　正时定位工具在缸体内的正确位置

图 15-8　固定凸轮轴链轮

⑬ 如图 15-9 所示，拧松减震器螺栓，重装时确保使用新的螺栓。扭矩如下：

分级 1：100N·m。

分级 2：90°。

分级 3：15°。

⑭ 如图 15-10 所示，使用 3mm 销固定住张紧轮。

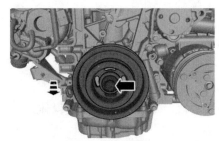

图 15-9　取下减震器

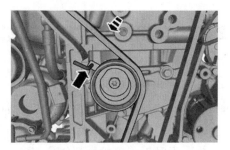

图 15-10　固定张紧轮

⑮ 如图 15-11 所示，拆下正时带。

### 15.1.2 正时链条安装

① 如图 15-12 所示，安装新的张紧轮。注意：确保使用新的组件。

② 如图 15-13 所示，拧紧张紧轮螺栓，扭矩：M8，24N·m。在本阶段，只能用手拧紧螺栓。

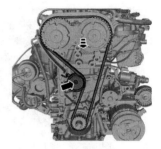

图 15-11 拆下发动机正时带

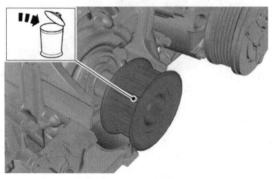

图 15-12 安装张紧轮

图 15-13 手动拧紧张紧轮螺栓

③ 如图 15-14 所示，拔出张紧轮的固定销。
④ 如图 15-15 所示，使用专门工具 9997431 固定曲轴皮带轮。

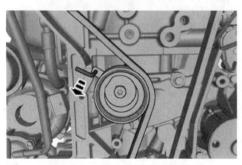

图 15-14 拔出张紧轮固定销

图 15-15 固定曲轴皮带轮

⑤ 以相反次序安装其他部件。

## 15.2　2.0T B5204T9 发动机

### 15.2.1 正时带拆卸

① 需要拆卸的物件：辅助皮带、附件驱动皮带张紧轮、发动机右支撑绝缘体。
② 拆下正时罩盖管道固定螺栓，扭矩：M6，10N·m。
③ 拆下正时罩盖螺栓，扭矩：M6，10N·m。
④ 如图 15-16 所示，使用专门工具 9995433 固定曲轴皮带轮并拆下 4 颗螺栓。

⑤ 如图 15-17 所示，拆下减震器螺栓，扭矩如下：
减震器中心螺帽（曲轴），180N·m。
振荡减震器（螺栓）到曲柄轴：分级 1，25N·m；分级 2，60°。

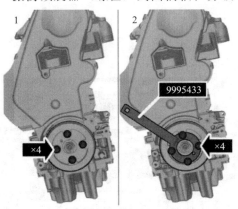

图 15-16 拆下曲轴皮带轮

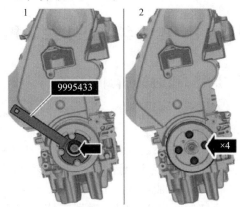

图 15-17 拆下曲轴减震器

⑥ 如图 15-18 所示，转动曲轴，使曲轴与凸轮轴皮带轮正时标记对齐。

⑦ 如图 15-19 所示，顺时针转动张紧轮，并用直销固定。

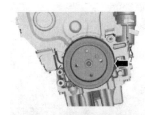

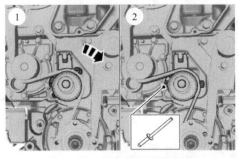

图 15-19 用直销固定张紧轮

⑧ 如图 15-20 所示，取下正时带导轨螺栓，扭矩：M8，24N·m。

⑨ 如图 15-21 所示，取下正时带，组件如果没有受到异常的机械应力、发生损坏或被机油污染，则可以重复使用。

图 15-18 对齐曲轴与凸轮轴皮带轮正时标记

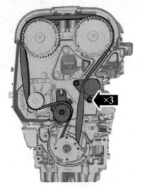

图 15-20 取下导轨螺栓

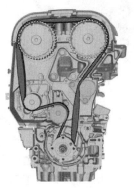

图 15-21 拆下正时带

## 15.2.2 正时带安装

以拆卸的相反顺序进行。

## 15.3 2.0L B4204S4 发动机

### 15.3.1 正时链拆卸

① 需要拆卸的物件：辅助皮带、火花塞、阀盖、发动机右支撑绝缘体。

② 如图 15-22 所示，将曲轴转动 1¾ 圈，并继续，直到 1 号活塞在上止点前面（BTDC）大约 45°处。只能顺时针转动曲轴。

③ 如图 15-23 所示，拆卸缸体正时专用工具安装位螺栓。

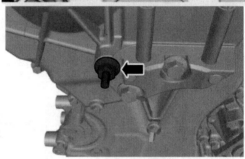

图 15-23 拆下缸体螺栓

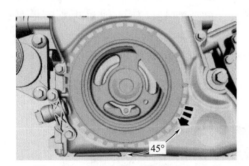

图 15-22 顺时针转动曲轴设定正时

④ 如图 15-24 所示，使用专门工具 9997128 拆下曲轴带轮。

⑤ 如图 15-25 所示拆下油管。

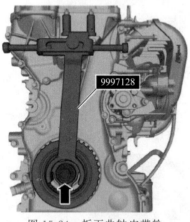

图 15-24 拆下曲轴皮带轮

图 15-25 拆下油管

⑥ 如图 15-26 所示拆下正时罩盖。

⑦ 如图 15-27 所示拆下转向助力泵。

⑧ 如图 15-28 所示拆下张紧轮与导轮。

⑨ 如图 15-29 所示拆下上正时罩盖。

第15章 沃尔沃汽车发动机

图15-26 拆下下部正时罩盖

图15-27 拆下转向助力泵

图15-28 拆下张紧轮与导轮

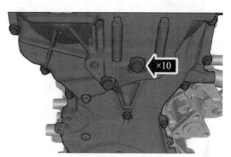

图15-29 拆下上正时罩

⑩ 如图15-30所示，使用冲销固定张紧器柱塞，拆下张紧器。

⑪ 如图15-31所示，使用套筒扳手固定住凸轮轴的六角形部分，防止其转动。

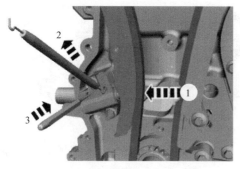

图15-30 拆下张紧器
1—推动张紧臂；2—锁定工具；3—固定销

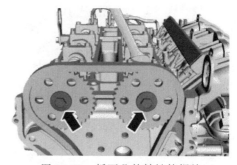

图15-31 拆下凸轮轴链轮螺栓

⑫ 拆下正时链导轨。

⑬ 拆下张紧器。

⑭ 使用专门工具9995069拆卸曲轴链轮，见图15-32。

⑮ 如图15-33所示，拆卸机油泵驱动链张紧器。

⑯ 如图15-34所示，使用专门工具1159294拆卸机油泵驱动链。

⑰ 如图15-35所示，拆卸机油泵链轮螺栓。

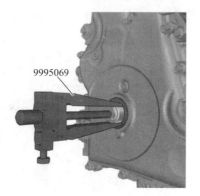

图15-32 拆卸曲轴链轮

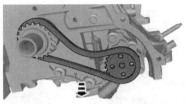
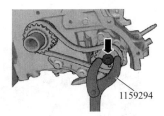

图 15-33　拆卸机油泵驱动链张紧器　　图 15-34　拆卸机油泵驱动链　　图 15-35　拆下机油泵链轮螺栓

### 15.3.2　正时链条安装

① 如图 15-36 所示，安装机油泵链轮，确保安装一个新的摩擦垫圈。
② 如图 15-37 所示，安装机油泵驱动链条。

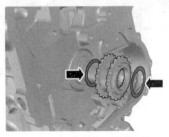

图 15-36　安装机油泵链轮　　　　　图 15-37　安装机油泵驱动链条

③ 如图 15-38 所示，紧固机油泵链轮螺栓，扭矩 25N·m。
④ 如图 15-39 所示，安装机油泵驱动链张紧器，扭矩：M6，10N·m。

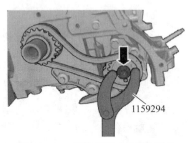
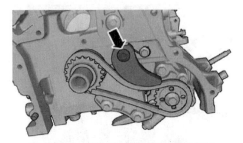

图 15-38　安装机油泵链轮螺栓　　　图 15-39　安装机油泵驱动链张紧器

⑤ 如图 15-40 所示，使用专门工具 9997153。
⑥ 如图 15-41 所示，安装张紧器螺栓，扭矩：M6，10N·m。

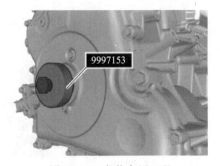
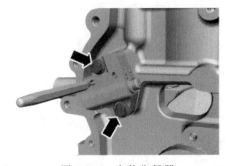

图 15-40　安装专用工具　　　　　　图 15-41　安装张紧器

⑦ 如图 15-42 所示，安装正时链导轨，扭矩：M6，10N·m。
⑧ 如图 15-43 所示，安装凸轮轴链轮螺栓。在本阶段，只能用手拧紧螺栓。

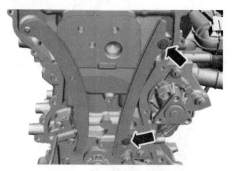

图 15-42　安装正时链导轨

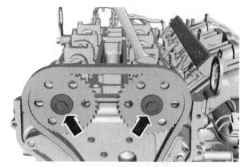

图 15-43　手动拧紧凸轮轴链轮螺栓

⑨ 如图 15-44 所示拔出张紧器插销。
⑩ 使用套筒扳手固定住凸轮轴的六角形部分，防止其转动，见图 15-45。扭矩：排气凸轮轴中央螺栓，72N·m；进气凸轮轴，中央螺栓 72N·m。

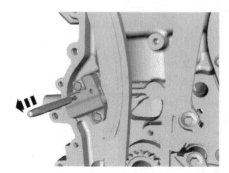

图 15-44　取出张紧器固定销

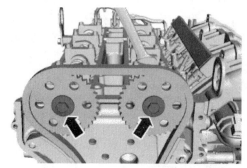

图 15-45　拧紧凸轮轴链轮螺栓

⑪ 保证配合面清洁无异物。使用液体密合垫 1161771，见图 15-46。

⑫ 保证配合面清洁无异物。紧固正时链盖螺栓 1～8，见图 15-47。扭矩：M6，10N·m。

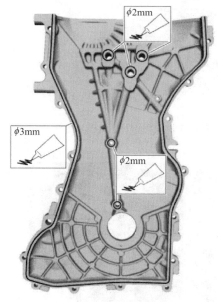

图 15-46　涂装密封剂

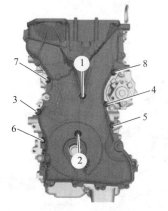

图 15-47　拧紧螺栓 1 到 8

⑬ 如图 15-48 所示，紧固正时罩盖螺栓 9，扭矩：M8，24N·m。
⑭ 如图 15-49 所示，拧紧螺栓 10～19，扭矩：M6，10N·m。

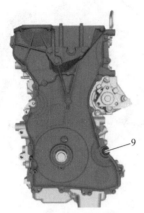

图 15-48　拧紧螺栓 9

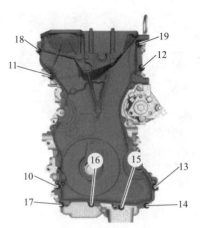

图 15-49　拧紧螺栓 10～19

⑮ 如图 15-50 所示，拧紧螺栓 20～22，扭矩：M10，50N·m。
⑯ 安装附件驱动带导轮螺栓，扭矩：M8，24N·m。
⑰ 安装动力转向油泵螺栓，扭矩：M8，24N·m。
⑱ 安装缸体维修孔螺栓，扭矩：M7，17N·m。
⑲ 安装发动机线束，插上曲轴位置传感器。
⑳ 如图 15-51 所示，将凸轮轴安装在 4 号气缸大致的气门交叠位置。只能顺时针转动凸轮轴。

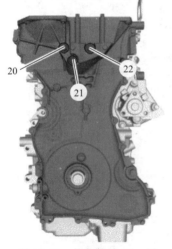

图 15-50　拧紧螺栓 20～22

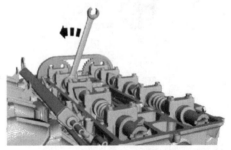

图 15-51　调整凸轮轴位置

㉑ 如图 15-52 所示，使用专门工具 9997151，将其安装在凸轮轴上。
㉒ 如图 15-53 所示取出曲轴正时孔螺栓。

图 15-52　安装凸轮轴专用工具

图 15-53　取出曲轴正时孔螺栓

㉓ 如图 15-54 所示使用专门工具 9997152。

㉔ 如图 15-55 所示顺时针转动曲轴。取出调整螺栓。

图 15-54　安装曲轴专用工具

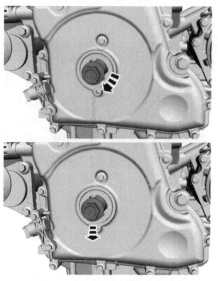

图 15-55　顺时针转动曲轴

㉕ 如图 15-56 所示安装减震器螺栓。在本阶段，只能用手拧紧螺栓。扭矩：M6，10N·m。

㉖ 如图 15-57 所示，使用专门工具：9997128 安装减震器中心螺栓（曲轴），扭矩：分级 1 为 100N·m；分级 2 为 90°。

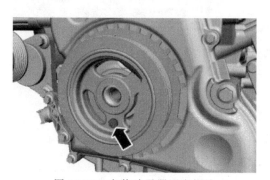

图 15-56　安装减震器固定螺栓

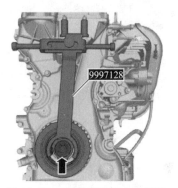

图 15-57　安装减震器中心螺栓

㉗ 如图 15-58～图 15-60 所示，取出减震器固定螺栓与凸轮轴固定工具、曲轴正时工具。

图 15-58　取出减震器固定螺栓

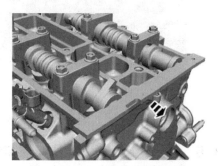

图 15-59　取出凸轮轴固定工具

㉘ 将曲轴转动 1¾ 圈，并继续，直到 1 号活塞在上止点前面（BTDC）大约 45°处。只能顺时针转动曲轴。

㉙ 如图 15-61 所示,安装曲轴正时工具 9997152,顺时针转动曲轴。

图 15-60　取出曲轴正时工具

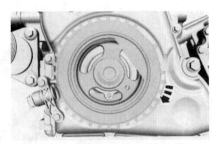
图 15-61　顺时针转动曲轴

㉚ 如图 15-62 所示安装减震器固定螺栓。在本阶段,只能用手拧紧螺栓。只有气门正时正确时,方可安装螺栓。扭矩：M6,10N·m。

㉛ 安装凸轮轴固定工具 9997151,只有气门正时正确时,方可安装特殊工具。

㉜ 拆下凸轮轴固定工具、曲轴定位工具、减震器固定螺栓。

㉝ 如图 15-63 所示,安装曲轴定位孔螺栓塞住气缸体,扭矩：20N·m。

图 15-62　安装固定螺栓

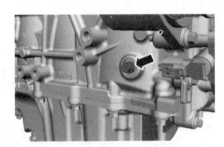
图 15-63　安装曲轴气缸盖螺栓

㉞ 如图 15-64 所示,使用液体密合垫 1161771 涂抹在气缸盖上。

㉟ 如图 15-65 所示,安装气缸盖螺栓,扭矩：M6,10N·m。

图 15-64　涂抹汽缸盖密封胶

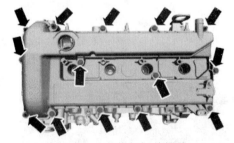
图 15-65　安装气缸盖螺栓

㊱ 需要安装的物件：发动机右支撑绝缘体、阀盖、辅助皮带、火花塞。

## 15.4　2.5T B5254T9 发动机

正时皮带安装：

① 安装水泵。

② 安装后正时罩盖。如图 15-66 所示用螺栓旋入三个固定点。安装水泵时用一新的垫

片。在所有的水泵螺栓上涂抹螺纹密封剂 P/N11-61056。对角上紧螺栓。

③ 安装机油泵，在机油泵壳上使用新垫片和新 O 形圈以及新螺栓，也可在旧的螺栓头下方涂上螺纹密封剂 1161056。将滑动套筒 9995747 用螺栓旋入曲轴轴颈前部的位置。

将泵压入在滑动套筒上。安装螺栓作为导引。用橡胶锤小心地敲入机油泵。对角上紧机油泵。拆下滑动套筒 9995747。

④ 安装前曲轴密封，见图 15-67。

图 15-66 安装水泵

图 15-67 安装前曲轴密封

⑤ 安装曲轴正时齿轮皮带盘。正时齿轮皮带盘只能安装在曲轴轴颈栓槽上的一个位置。用橡胶锤小心地敲入正时齿轮皮带盘。

⑥ 安装惰轮皮带盘及皮带张紧轮。

⑦ 安装惰轮皮带盘。上紧皮带张紧轮和中心螺丝，使得张力器叉处于气缸体肋上方的中心。不要上紧机泵处的下方皮带护片、燃油输送管线。

⑧ 安装凸轮轴的正时齿轮皮带盘，见图 15-68。目的是确保 VVT 单元的正确定位，并利用出厂时的标记将凸轮轴正时齿轮皮带盘重设到正确的位置。这样就确保了以后进行故障追踪的条件正确。

⑨ 在此过程中，不要按逆时针方向转动。松开但是不要拆下将正时齿轮皮带盘固定于可变气门正时单元的螺栓。将可变气门正时单元和正时齿轮皮带盘按压在凸轮轴上。

安装将可变气门正时单元固定于凸轮轴的中心螺栓，稍稍上紧。逆时针方向转动可变气门正时单元直至不能转动。

图 15-68 安装正时齿轮皮带盘

⑩ 拆下中心螺栓。

⑪ 定位上方正时罩盖。顺时针方向转动正时齿轮皮带盘，直至椭圆形孔内的螺栓达到极限位置。继续顺时针方向转动，直至正时齿轮皮带盘的标记在上方正时罩盖标记前面 1 个嵌齿的位置。

⑫ 检查确定正时齿轮皮带盘仍在椭圆形孔内的极限位置。上紧可变气门正时单元的中心螺栓。

⑬ 检查确定在上紧时可变气门正时单元不会转动。安装并上紧中心插塞。

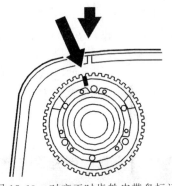

图15-69 对齐正时齿轮皮带盘标记

⑭ 将可变气门正时单元按顺时针方向转到极限位置。转动正时齿轮皮带盘使标记吻合,见图15-69。

⑮ 在进气凸轮轴上安装可变气门正时(VVT)单元,在此过程中,不要按逆时针方向转动。

⑯ 松开但是不要拆下将正时齿轮皮带盘固定于可变气门正时单元的螺栓。将可变气门正时单元和正时齿轮皮带盘按压在凸轮轴上。

⑰ 安装将可变气门正时单元固定于凸轮轴的中心螺栓,稍稍上紧。

⑱ 逆时针方向转动可变气门正时单元直至不能转动。拆下中心螺栓。定位上方正时罩盖。

⑲ 顺时针方向转动正时齿轮皮带盘,直至椭圆形孔内的螺栓达到极限位置。继续顺时针方向转动,直至正时齿轮皮带盘上的标记到达上方正时罩盖标记前面1½嵌齿的位置,见图15-70。

⑳ 检查确定正时齿轮皮带盘仍在椭圆形孔内的极限位置。上紧VVT单元的中心螺栓。

㉑ 检查确定在上紧时可变气门正时单元不会转动。安装中心插塞。

㉒ 将可变气门正时单元按顺时针方向转到极限位置。转动正时齿轮皮带盘使标记吻合,见图15-71。

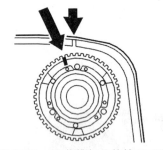

图15-70 安装排气凸轮轴VVT

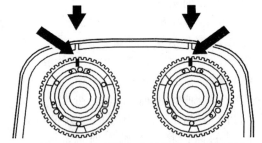

图15-71 检查进排气凸轮轴齿轮正时标记

㉓ 上紧正时皮带张紧轮上的中心螺栓。上紧扭矩:5N·m。

㉔ 如图15-72所示安装正时皮带。按下列次序安装皮带:曲轴、惰轮皮带盘、进气凸轮轴、排气凸轮轴、冷却液泵、皮带张紧轮。注意可变气门正时单元没有回动弹簧,在安装正时皮带时该单元容易移位。检查标记是否正确。

㉕ 调整正时皮带。

这一调整必须在冷发动机时进行。合适的温度大约为20℃/68°F。在较高温度下(例如发动机在运作温度或处于较高周围温度中),指针会偏向右侧。图15-73显示的是在不同温度下校正正时皮带张紧轮时的指针位置。固定住中心螺栓,并按顺时针方向转动皮带张紧轮偏心轮,直到张力器指针超过所标记的位置并到达其极限位置。

将排气凸轮轴正时齿轮皮带盘上的3个螺栓上紧。

将进气凸轮轴正时齿轮皮带盘上的3个螺栓上紧。

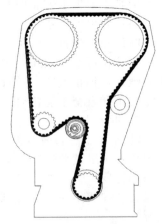

图15-72 安装正时皮带

注意检查确定可变气门正时单元在其极限位置。将偏心轮转回，使指针达到视窗中心的标记位置。不要忘记同时固定住中心螺栓。

固定住偏心轮。上紧中心螺栓，见图15-74。

检查确定指针在正确位置。

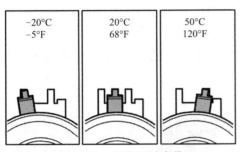

图15-73 调整正时皮带

图15-74 固定张紧轮

如图15-75所示，拆下凸轮轴调整工具9995452（从凸轮轴的后缘）、曲轴正时销9995451插塞及新的密封垫圈。

㉖ 检查标记及皮带张力。

按压正时皮带以检查皮带张紧轮上的指针是否移动自如。

定位上方正时罩盖。

将曲轴转2圈并检查曲轴与凸轮轴皮带盘上的标记是否吻合。

检查皮带张紧轮上的指针是否在标记的区域内。

拆下上正时罩盖。

㉗ 安装减震器。

使用反向固定器9995433安装曲轴中心螺母。拆下反向固定器9995433，见图15-76。

上紧4个螺栓。使用曲轴中心螺栓安装反向固定器。

图15-75 拆下凸轮轴固定工具

图15-76 使用反向固定器安装螺栓

㉘ 检查标记及皮带张力。

按压正时皮带以检查皮带张紧轮上的指针是否移动自如。

定位上方正时罩盖。

将曲轴转动两圈。检查曲轴及正时齿轮皮带盘上的标记是否分别和油泵及上方正时罩盖上的标记吻合。

检查皮带张紧轮上的指针是否在标记的区域内。

## 15.5 3.0T B6304T4 发动机

### 15.5.1 正时皮带拆卸

① 拆下前曲轴密封。
② 拆下油管固定螺栓，扭矩：M6，10N·m。
③ 如图 15-77 所示，使用专门工具 9997257 旋转曲轴，直到 1 号活塞处于上止点（TDC）位置。
④ 如图 15-78 所示使用专门工具 9997271。

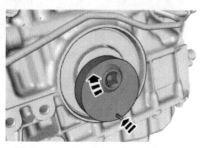

图 15-77 使用专用工具旋转曲轴

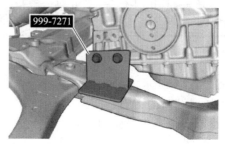

图 15-78 安装专用工具

⑤ 如图 15-79 所示拆卸凸轮轴后端盖。
⑥ 如图 15-80 所示，安装专用工具 9997261 到凸轮轴上。

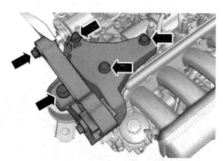

图 15-79 拆卸凸轮轴后端盖

图 15-80 安装专用工具

⑦ 拆卸外垫片、正时罩盖。
⑧ 如图 15-81 所示，使用冲销固定张紧器柱塞。
⑨ 如图 15-82 所示，使用专门工具 9997263、9997264、9997272 固定凸轮轴。

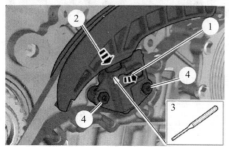

图 15-81 固定张紧器柱塞

图 15-82 安装凸轮轴专用拆卸工具

## 15.5.2 正时链安装

① 安装正时链条，见图15-83。

② 如图15-84所示，安装张紧器螺栓，扭矩：M6，10N·m。拔出固定直销。

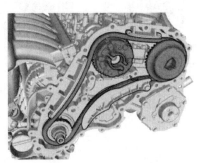
图15-83 安装正时链条

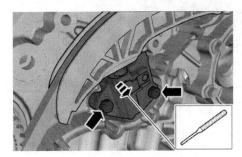
图15-84 安装张紧器

③ 使用专门工具9997264、9997263、9997272安装凸轮轴链轮。

④ 其他需要安装的物件：

a. 排气凸轮轴中央螺栓。扭矩：分级1为75N·m；分级2为90°。

b. 进气凸轮轴中央螺栓。扭矩：110N·m。

⑤ 使用专门工具9997257转动曲轴2圈，见图15-85。

⑥ 安装后端凸轮轴端盖，扭矩：M12，80N·m。

⑦ 拆下专用工具9997271。

⑧ 需要安装的物件：曲轴前密封、外正时罩盖密合垫。

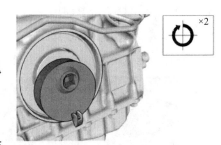
图15-85 顺时针转动曲轴

 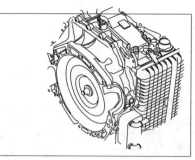 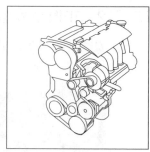

# 第16章 菲亚特汽车发动机

## 16.1 1.4T 16V TJet 发动机

### 16.1.1 正时皮带拆卸（改装）

① 如图 16-1 所示，断开气缸 4 号喷射器的电气接头并将相关的线束移开。
② 如图 16-2 所示拆下凸轮轴保护栓 1（进气侧）。

图 16-1 拆下喷射器连接插头
1—喷射器

图 16-2 拆下凸轮轴保护栓
1—凸轮轴保护栓

③ 如图 16-3 所示，朝标准旋转方向旋转曲轴，并安装凸轮轴正时工具。凸轮轴正时工具为 1860985000。
④ 如图 16-4 所示安装凸轮轴正时模板。

图 16-3 安装凸轮轴正时工具

图 16-4 安装曲轴定位工具

第16章 菲亚特汽车发动机

曲轴定位工具为 2000004500。

⑤ 如图 16-5 所示，松开螺母 1a，移动张紧器并拆下正时皮带 1b。

### 16.1.2 正时皮带安装

注意处理和安装皮带时需防止所有方向的弯曲，避免损失皮带的结构，因为过大的压力可能会破坏皮带内部纤维，没有任何外部作用，这可能会在发动机运转时引起皮带早期破损。

① 如图 16-6 所示，安装工具 1a，并松开从动皮带轮 1c 的固定螺栓 1b。

② 拆下先前安装的从动皮带轮固定工具。

③ 接着安装正时皮带，首先安装曲轴皮带盘，然后是水泵轮与从动轮，最后是活动张紧器。确认此次操作是在从动轮松弛的情况下完成的。

④ 尽可能地拉紧正时皮带，逆时针转动活动张紧器 1a，并用螺母 1b 将其固定，参照物 1c 处于图 16-7 所示位置。

图 16-5 拆下张紧器和正时皮带
1a—螺母；1b—正时皮带

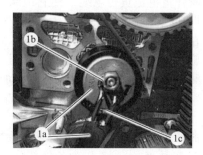

图 16-6 安装从动皮带轮
1a—工具；1b—固定螺栓；1c—从动皮带轮

图 16-7 固定张紧器
1a—活动张紧器；1b—螺母；1c—参照物

⑤ 如图 16-8 所示，安装工具 1a，并紧固从动皮带轮 1c 的固定螺栓 1b 至标准扭矩。驱动正时带轮螺栓 M12 的标准扭矩为 10.8～13.2N·m。

⑥ 拆下先前安装的从动皮带轮固定工具。

⑦ 拆下用于凸轮轴与曲轴正时的工具。

⑧ 旋转曲轴 2 圈。

⑨ 如图 16-9 所示，松开活动张紧器 1a 的固定螺母 2，相同的移动直到凹口 1b 与后叉 1c 对准。

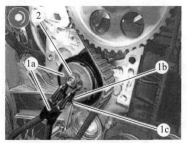

图 16-8 安装从动皮带轮
1a—工具；1b—固定螺栓；1c—从动皮带轮

图 16-9 紧固从动皮带轮
1a—活动张紧器；1b—凹口；1c—后叉；2—固定螺母

⑩ 紧固正时皮带活动张紧器的固定螺母,并将其紧固至标准扭矩。
正时控制移动张紧器螺母 M8 的标准扭矩为 2.2~2.7N·m。
⑪ 将曲轴朝规定方向旋转 2 圈,接着重新复位工具用于调整、检查发动机正时。
⑫ 拆下发动机正时工具。
⑬ 安放并复位凸轮轴防护栓(进气侧),并将其紧固至标准扭矩。
凸轮轴壳顶盖螺栓 M16 的标准扭矩为 1.3~1.6N·m。
⑭ 安装以下部件:前侧正时保护罩(下部)、前侧正时保护罩(上部)、正时侧动力单元刚性支架、动力单元前侧弹性支架(正时侧)、曲轴皮带轮、辅助部件单条传动皮带、右前轮、气室固定支架、隔音罩、防护/发动机底部护板。
⑮ 将车辆从举升机上移走。

## 16.2　2.4L 16V DUAL VVT 发动机

### 16.2.1　正时链拆卸(重新安装)

① 移动车辆到举升机上。
② 断开蓄电池负极电缆,使它绝缘。
③ 拆卸正时链盖。
④ 在拆卸前,仔细检查正时链条,确保没有任何磨损痕迹。
⑤ 旋转发动机观察正时链条张紧器活塞。当活塞达到最大行程时,停止转动发动机。
⑥ 测量张紧装置和传动链边缘之间的距离,如图 16-10 所示。如果距离高于 20.5mm(0.81in),则检查链条导板来核对是否存在过度磨损。如果导向块没有磨损,则正时链条必须更换。
⑦ 曲轴正时标记可能是两个规定位置中的一种,取决于发动机的生产时间:早期产品(5)、最近产品(3)或者作为备件部分提供(3)。无论怎样,当发动机处于上止点时,主槽(2)必定处在相应的 9 点钟位置,与侧梁体固定表面 1 保持一致,见图 16-11。

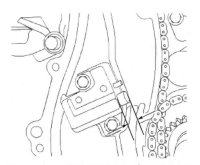

图 16-10　测量张紧器与传动链距离

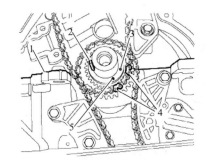

图 16-11　曲轴发动机正时位置
1—侧梁体固定表面;2—主槽;3,5—曲轴正时基准;4—链条网格

⑧ 检查发动机处在上止点的情况。
⑨ 如果正时链条必须再次使用,而且镍-金网格看不出其他问题,则在拆卸链条前,必须在正时参考上做标记。在靠近曲轴正时基准 3 或 5 的地方标记链条网格 4(图 16-11)。
⑩ 当发动机处于上止点时,检查并确认凸轮轴齿 3 上的标记和气缸盖 2 的密封面相符合,否则复位正时链条。在曲轴上靠着正时标记标识链条网格 1。见图 16-12。
⑪ 拆卸正时链条张紧器 5。

⑫ 拆卸正时链条2，见图 16-13。

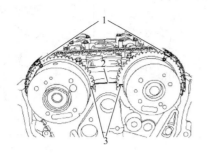

图 16-12　凸轮轴链轮正时标记位置
1—链条网格；2—气缸盖；3—凸轮轴齿

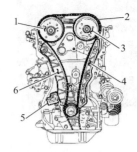

图 16-13　拆下正时链条
1—进气凸轮轴链轮；2—正时链条；3—排气凸轮轴链轮；4—链条导轨；5—张紧器；6—张紧臂

### 16.2.2　正时链条安装

① 曲轴正时标记可能是两个规定位置中的一种，取决于发动机的生产时间：早期产品5、最近产品3或者作为备件部分提供3。无论怎样，当发动机处于上止点时，主槽2必定处在相应的9点钟位置，与侧梁体固定表面1保持一致，见图 16-11。

② 检查发动机处在上止点的情况。排列凸轮轴正时标识3，可以让它们互相贴面并且对准气缸盖罩密封表面2。调整正时链条，可以让镍-金或者标记的网格对准凸轮轴齿轮1正时，见图 16-12。

③ 在曲轴齿轮3或者5上排列正时标记或者在正时链条上使用镍-金或有标记的网格4。安装链条，可以让松动的部件连到张紧器上，见图 16-14。

④ 保持松动的正时链条部件连接在张紧器上。

⑤ 调整正时链条张紧器。

⑥ 顺时针方向旋转曲轴正两圈直到它处在上止点位置，而主槽在九点钟的位置。

⑦ 检查并确认凸轮轴正时标记3在正确位置并且对准气缸盖罩密封表面，否则正时链条必须重新定位，见图 16-15。

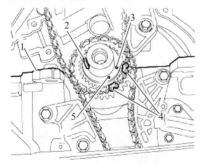

图 16-14　曲轴齿轮正时标记
1—侧梁体固定表面；2—曲轴主槽；3,5—曲轴齿轮正时标记；4—正时链条标记链节

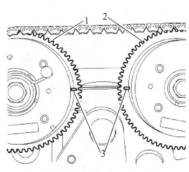

图 16-15　凸轮轴正时标记

⑧ 安装正时链盖。

⑨ 连接蓄电池负极电缆。

⑩ 启动发动机并且等到发动机达到正常工作温度。检查发动机机油和冷却液是否在规定标准。

# 第17章 通用汽车发动机

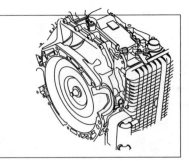
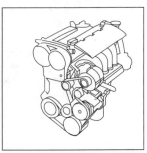

## 17.1　1.0L LMT/1.19L LC5/1.2L LMU 发动机

### 17.1.1　发动机正时链单元拆卸

① 用合适的工具沿着周边均匀地拆下发动机前盖。
② 安装曲轴平衡器螺栓至曲轴。
③ 将发动机设置到上止点位置。在发动机旋转至燃烧行程的1号气缸上止点位置的方向设置曲轴。
④ 将三角定位标记2对准曲轴定位标记3。
⑤ 确保定位两个曲轴链轮上的标记1，如图17-1所示。
⑥ 拆下正时链条张紧器3。
⑦ 拆下左正时链条支撑板4。
⑧ 拆下右正时链条导板1，如图17-2所示。

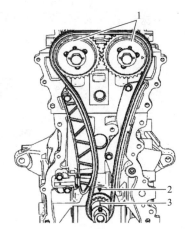
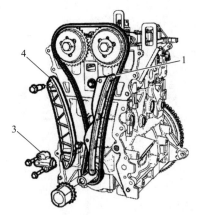

图17-1　对准正时链标志
1—曲轴链轮上的标记；2—三角定位标记；
3—曲轴定位标记

图17-2　拆卸正时链单元部件
1—右正时链条导板；3—正时链条
张紧器；4—左正时链条支撑板

⑨ 拆下正时链条。

## 17.1.2 发动机正时链单元安装

① 确保凸轮轴凸角 1 处于中间位置。
② 将凸轮轴链轮和正时链条上的标记 2 对准后,安装正时链条,如图 17-3 所示。
③ 对准曲轴链轮和正时链条上的正时标记,如图 17-4 所示。

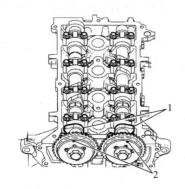

图 17-3 对准正时链标记
1—凸轮轴凸角;2—标记

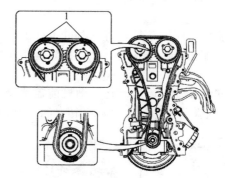

图 17-4 对准曲轴链轮和正时链条上的正时标记
1—正时链条上的正时标记

④ 推动正时链条张紧器拉杆并固定拉杆,安装 EN-49073 正时链条张紧器销锁定张紧器。
⑤ 安装正时链条导板。将正时链条导板固定螺栓紧固至 10N·m(89lbf·in)的扭矩。
⑥ 安装正时链条支撑板。将正时链条拉杆固定螺栓紧固至 10N·m(89lbf·in)的扭矩。
⑦ 安装正时链条张紧器。将正时链条张紧器固定螺栓紧固至 10N·m(89lbf·in)的扭矩。
⑧ 安装发动机前盖。

## 17.2  1.2L LMU 发动机

### 17.2.1 正时链单元拆解方法

① 断开蓄电池负极电缆。
② 拆下空气滤清器总成。
③ 拆下凸轮轴盖。
④ 拆下传动皮带和传动皮带张紧器。
⑤ 安装发动机夹具(EN-47519)。
⑥ 拆下发动机支座。
⑦ 拆下油底壳。
⑧ 拆下曲轴皮带轮。
⑨ 拆下机油油位表导管。
⑩ 拆下发动机前盖。
⑪ 拆下正时链条张紧器。
⑫ 拆下左侧正时链条杆。
⑬ 拆下右侧正时链条导板。
⑭ 拆下正时链条,如图 17-5 所示。

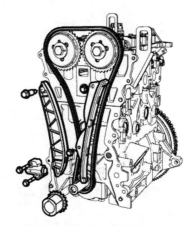

图 17-5 拆下正时链单元部件

## 17.2.2 正时链单元安装

① 将凸轮轴链轮上的标记与正时链条上的标记对准后安装正时链条。如图17-6所示，将曲轴链轮上的标记与正时链条上的标记对准。清洁正时系统和检查凸轮轴正时。

② 装配正时链条导板。将正时链条导板固定螺栓紧固至12N·m（106lbf·in）的扭矩。

③ 装配正时链条杆。将正时链条杆固定螺栓紧固至15N·m（11lbf·ft）的扭矩。

④ 装配正时链条张紧器。将正时链条张紧器固定螺栓紧固至12N·m（106lbf·in）的扭矩。

⑤ 安装发动机前盖。将发动机前盖螺栓紧固到6~8N·m（约53~71lbf·in）的扭矩。将发动机前盖螺栓紧固到20N·m（约15lbf·ft）的扭矩。

⑥ 安装曲轴皮带轮，紧固螺栓。将曲轴皮带轮螺栓紧固到85N·m（约62.7lbf·ft）的扭矩。

⑦ 安装机油尺和导管。将机油尺导管螺栓紧固到10.5N·m（约7.7lbf·ft）的扭矩。

⑧ 安装油底壳。

⑨ 安装发动机支座。

⑩ 拆下发动机支撑夹具（EN-47519）。

⑪ 安装传动皮带和传动皮带张紧器。

⑫ 安装凸轮轴盖。

⑬ 安装空气滤清器总成。

⑭ 连接蓄电池负极电缆。

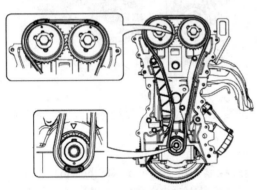

图17-6 发动机正时对准

## 17.3 1.4L LUJ 发动机

### 17.3.1 发动机正时链单元拆卸

① 拆下发动机前盖。如果不能插入EN-955定位销，则使用平刃工具按压正时链条张紧器，使固定销完全插入。

② 朝正时链条张紧器1的方向推动正时链条2并安装EN-955销钉3，如图17-7所示。

③ 拆下两个正时链条上导板螺栓1。

④ 拆下正时链条上导板2，如图17-8所示。

⑤ 拆下两个正时链条右侧导板螺栓2。

⑥ 拆下正时链条右侧导板1，如图17-9所示。

⑦ 拆下正时链条张紧器蹄片螺栓2。

⑧ 拆下正时链条张紧器蹄片1，如图17-10所示。

⑨ 将正时链条1和曲轴链轮2作为一个单元一起拆下，如图17-11所示。

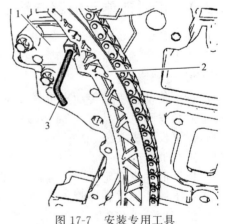

图17-7 安装专用工具

1—正时链条张紧器；2—正时链条；3—销钉

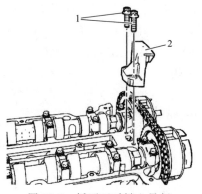

图 17-8 拆下正时链上导板
1—螺栓；2—正时链条上导板

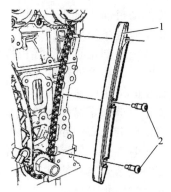

图 17-9 拆下正时链右侧导板
1—正时链条右侧导板；2—螺栓

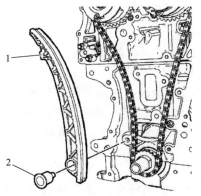

图 17-10 拆下正时链条张紧器蹄片
1—正时链条张紧器蹄片；2—螺栓

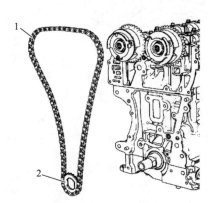

图 17-11 拆下正时链
1—正时链条；2—曲轴链轮

⑩ 拆下发动机前盖衬垫1，如图17-12所示。

## 17.3.2 发动机正时链单元安装

① 清洁发动机缸体和缸盖上的发动机前盖密封面。

② 在图17-13中所示的区域1、2涂抹一层2mm（0.0787in）的室温硬化密封剂，如图17-13所示。

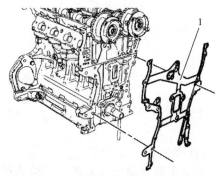

图 17-12 拆下发动机前盖衬垫
1—发动机前盖衬垫

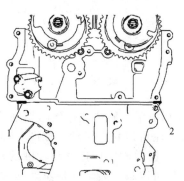

图 17-13 加硬化密封剂
1,2—涂抹区域

③ 安装发动机前盖衬垫。
④ 安装正时链条上导板。
⑤ 安装两个上部正时链条导板螺栓并紧固至 8N·m（71lbf·in）的扭矩。
⑥ 将正时链条和曲轴链轮作为一个单元一起安装。
⑦ 安装正时链条张紧器蹄片。
⑧ 安装正时链张紧蹄片螺栓并紧固至 20N·m（15lbf·ft）的扭矩。
⑨ 安装正时链条右侧导板。
⑩ 安装正时链条右侧导板螺栓并拧紧至 8N·m（71lbf·in）的扭矩。
⑪ 朝正时链条张紧器的方向推动正时链条并拆下 EN-955 销钉。
⑫ 调节凸轮轴正时链条。
⑬ 安装发动机前盖。

### 17.3.3 发动机正时调整

① 拆下点火线圈。
② 拆下凸轮轴盖。
③ 拆下凸轮轴位置执行器电磁阀。
④ 拆下右前轮罩衬板。
⑤ 顺时针转动发动机，直到曲轴扭转减震器中的孔 2 和发动机前盖上的标记 1 对准，如图 17-14 所示。
⑥ 拆下曲轴轴承盖垫板孔塞 2 和密封圈 1，如图 17-15 所示。

注意：为了确保曲轴上止点（TDC）位置的对准，固定销应能轻易穿过曲轴垫板中的孔并进入到曲轴中；固定销的卡滞可能会影响正确的发动机正时。

⑦ 安装 EN-952 定位销 1，将曲轴固定在上止点位置，如图 17-16 所示。

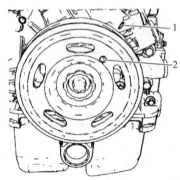

图 17-14 对准曲轴正时标记
1—标记；2—孔

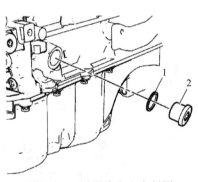 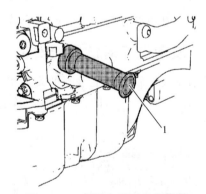

图 17-15 拆下孔塞和密封圈
1—密封圈；2—曲轴轴承盖垫板孔塞

图 17-16 安装专用工具定位销
1—定位销

⑧ 用扳手 1 固定住进气凸轮轴的六角头，同时松开进气凸轮轴链轮螺栓 2，直到凸轮轴位置励磁轮可以自由转动，如图 17-17 所示。
⑨ 用扳手固定住排气凸轮轴的六角头，同时松开排气凸轮轴链轮螺栓，直到凸轮轴位置励磁轮可以自由转动。应不费多大的力气就可将固定工具完全安装到两个凸轮轴槽中。
⑩ 调节凸轮轴，使得能够安装 EN-953-A 固定工具 1，如图 17-18 所示。

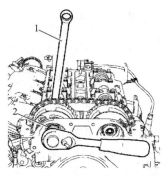

图 17-17 松开进气凸轮轴链轮螺栓
1—扳手；2—进气凸轮轴链轮螺栓

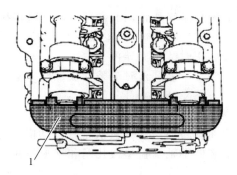

图 17-18 安装专用工具
1—固定工具

⑪ 拆下两个正时链条上导板螺栓。

⑫ 拆下正时链条上导板。以箭头方向推动固定工具，以确保其无间隙地接合（图 17-19）。

⑬ 安装 EN-49977-200 固定工具 2 并调整固定工具的齿轮结构，使其与进气凸轮轴链轮齿轮结构 1 啮合，如图 17-19 所示。

⑭ 紧固 EN-49977-200 固定工具的 2 个紧固螺栓 1，同时沿箭头方向推固定工具（图 17-20）。

⑮ 拧紧调节器螺栓 2，如图 17-20 所示。

⑯ 安装 EN-49977-100 安装工具 2，找到并将凸轮轴位置励磁轮保持在正确位置（图 17-21）。

⑰ 紧固 EN-49977-100 安装工具的 2 个紧固螺栓 6。

⑱ 固定住进气凸轮轴的六角头 1，同时紧固进气凸轮轴链轮螺栓 4 至 50N·m（37lbf·ft）的扭矩。

⑲ 固定住进气凸轮轴的六角头 1，同时将进气凸轮轴链轮螺栓 4 再紧固 60°，如图 17-21 所示。安装位置可能错误。确保安装工具在安装之后与气缸盖 3 和 5 的区域无间隙。

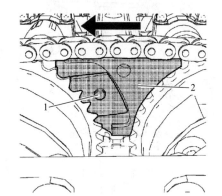

图 17-19 安装专用固定工具
1—进气凸轮轴链轮齿轮结构；2—固定工具

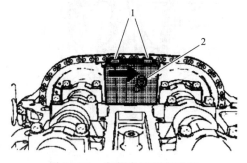

图 17-20 安装专用固定工具
1—紧固螺栓；2—调节器螺栓

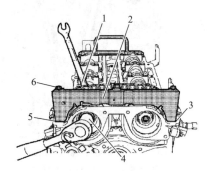

图 17-21 安装专用工具
1—六角头；2—安装工具；3,5—气缸盖；4—进气凸轮轴链轮螺栓；6—紧固螺栓

⑳ 固定住排气凸轮轴的六角头，同时紧固排气凸轮轴链轮螺栓至 50N·m（37lbf·ft）的扭矩。

㉑ 固定住排气凸轮轴的六角头，同时将排气凸轮轴链轮螺栓再紧固60°。
㉒ 拆下 EN-49977-100 安装工具和 EN-49977-200 固定工具。
㉓ 安装正时链条上导板。
㉔ 安装2个上部正时链条导板螺栓并紧固至 8N·m（71lbf·in）的扭矩。
㉕ 拆下 EN-953-A 固定工具。
㉖ 拆下 EN-952 定位销。
㉗ 将曲轴转动720°并再次检查发动机正时。必要时，重复调整程序。
㉘ 安装曲轴轴承盖垫板孔塞和密封圈并紧固至 50N·m（37lbf·ft）的扭矩。
㉙ 安装右前轮罩衬板。
㉚ 安装凸轮轴位置执行器电磁阀。
㉛ 安装凸轮轴盖。
㉜ 安装点火线圈。

## 17.4　1.4L LCU 发动机

### 17.4.1　正时链单元拆解

① 拆下发动机前盖。
② 如图17-22所示，拆下正时链条张紧器螺栓1和张紧器2。

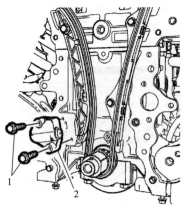

图17-22　拆下张紧器
1—螺栓；2—张紧器

③ 如图17-23所示，拆下正时链条张紧器支撑板螺栓1和张紧器支撑板2。
④ 拆下两个正时链条导板螺栓1。
⑤ 拆下正时链条导板2，如图17-24所示。

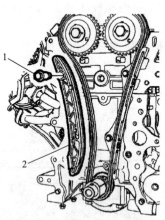

图17-23　拆下张紧器支撑板
1—螺栓；2—张紧器支撑板

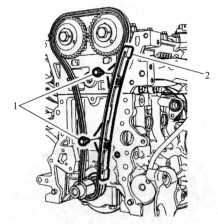

图17-24　拆下正时链导板
1—螺栓；2—正时链条导板

⑥ 拆下正时链条1，如图17-25所示。

### 17.4.2　正时链单元安装

① 使用一个开口扳手转动凸轮轴将凸轮轴凸角1定位在图17-26所示位置。

② 确保凸轮轴链轮正时标记 2 如图 17-26 所示定位。

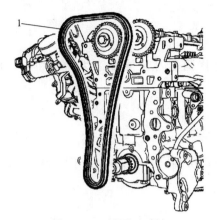

图 17-25　拆下正时链
1—正时链条

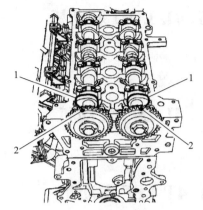

图 17-26　凸轮轴正时对准
1—凸轮轴凸角；2—正时标记

③ 如图 17-27 所示，将曲轴正时标记 1 对齐至 6 点钟位置。
④ 如图 17-28 所示，将正时链条安装在进气和排气凸轮轴链轮与曲轴链轮上。

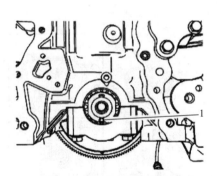

图 17-27　对准曲轴正时标记
1—曲轴正时标记

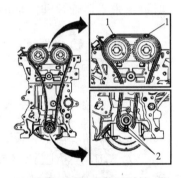

图 17-28　安装正时链
1,2—以颜色编码的正时链节

⑤ 确保凸轮轴正时标记和以颜色编码的正时链节 1 对齐。
⑥ 确保曲轴正时标记和以颜色编码的正时链节 2 对齐。
⑦ 安装正时链条导板支撑板。
⑧ 安装正时链条导板支撑板螺栓，并紧固至 10N·m（89lbf·in）的扭矩。
⑨ 安装正时链条张紧器支撑板。
⑩ 安装正时链条张紧器支撑板侧螺栓，并紧固至 10N·m（89lbf·in）的扭矩。
⑪ 压住正时链条张紧器 1 并安装 EN-50534 销 3 以固定压住的张紧器，见图 17-29。
⑫ 安装正时链条张紧器 1。
⑬ 安装正时链条张紧器螺栓 2 并紧固至 10N·m（89lbf·in）的扭矩。
⑭ 拆下 EN-50534 销 3。

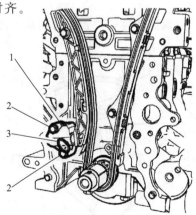

图 17-29　安装正时链张紧器
1—正时链条张紧器；2—螺栓；3—销

⑮ 安装发动机前盖。

## 17.5　1.4L LUU 发动机

1.4L LUU 型发动机正时维修操作步骤和维修调整内容与 LUJ 发动机相同，相关内容请参考 17.3 小节。

## 17.6　1.4L L95 发动机

L95 发动机正时带系统的拆装校正与 L91 发动机相同，相关内容请参考 17.11 小节。

## 17.7　1.4T LFF 发动机

凸轮轴正时链条调整步骤如下。

① 沿发动机运转方向将曲轴移动到第 1 气缸上止点（TDC）位置，使曲轴链轮正时标记位于如图 17-30 所示的 6 点钟位置。

② 如图 17-31 所示，将正时链条安装到进气和排气凸轮轴位置执行器调节器、正时链条导板、正时链条张紧器蹄片和曲轴链轮上。

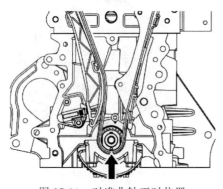

图 17-30　对准曲轴正时位置

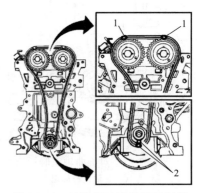

图 17-31　对准正时链条正时标记
1,2—彩色正时链节

③ 确保凸轮轴位置执行器调节器正时标记对准于彩色正时链节 1。

④ 确保曲轴链轮正时标记对准彩色正时链节 2。

⑤ 拔出张紧器锁止工具，将凸轮轴正时链条张紧（图 17-32）。

⑥ 确保凸轮轴正时链条安装正确，必要时重新调节凸轮轴正时链条。

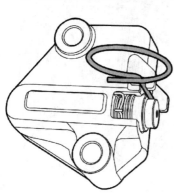

图 17-32　拔出张紧器固定销

## 17.8　1.4L LE2/1.5L L3G 发动机

发动机正时链条安装步骤如下。

① 安装正时链条机油喷嘴并紧固至 15N·m（11lbf·ft）的扭矩。

② 安装正时链条，确保执行器正时标记和曲轴链轮键槽处于12点钟位置。确保正确的正时链节对准正时标记。执行器正时链节具有相同颜色，曲轴链轮正时链节具有唯一颜色。将第一个正时链节对准进气执行器正时标记。将第二个正时链节对准排气执行器正时标记。将最后一个正时链节对准曲轴链轮正时标记。

③ 安装排气侧正时链条导板。

④ 安装正时链条导板螺栓（数量3）并紧固至10N·m（89lbf·in）的扭矩。

⑤ 安装正时链条张紧器蹄片总成。

⑥ 安装正时链条张紧器蹄片螺栓并紧固至25N·m（18lbf·ft）的扭矩。

⑦ 安装正时链条张紧器衬垫。

⑧ 安装正时链条张紧器总成，注意安装前确保张紧器完全缩回。

⑨ 正时链条张紧器螺栓（数量2）并紧固至25N·m（18lbf·ft）的扭矩。

⑩ 安装正时链条上导板至气缸盖。

⑪ 安装正时链条上导板螺栓（数量2）并紧固至10N·m（89lbf·ft）。

以上步骤涉及部件及安装标记如图17-33所示。

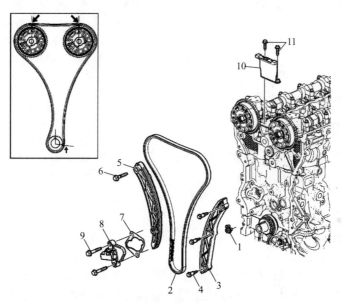

图17-33　L3G/LE2发动机正时链部件

1—正时链条机油喷嘴；2—正时链条；3—导轨；4—导轨固定螺栓（3个）；5—张紧臂；6—张紧臂固定螺栓；7—张紧器衬垫；8—张紧器；9—张紧器螺栓（2个）；10—正时链条上导板；11—上导板螺栓（2个）

## 17.9　1.5T LFV发动机

### 17.9.1　凸轮轴正时检查

专用工具：EN-51367凸轮轴定位器。

① 移除凸轮轴盖。

② 如图17-34所示，将发动机调整到1号气缸燃烧行程的上止点（TDC）位置。朝发动机转动方向转动曲轴，直到标记1、2在一条线上。在曲轴扭转减震器螺栓3处转动。

③ 安装EN-51367固定工具1（图17-35）。注意：凸轮轴位置执行器上的标记必须位于

12点钟位置。

④ 如果可以安装EN-51367固定工具1，则表明发动机正时调整正确。

⑤ 如果不能安装EN-51367固定工具1，则参见凸轮轴正时链条的调整。

⑥ 拆下EN-51367固定工具1，见图17-35。

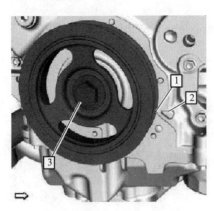

图17-34　设置TDC位置
1，2—标记；3—减震器螺栓

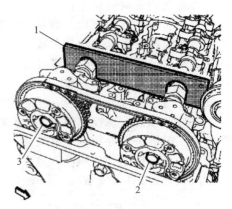

图17-35　安装凸轮轴固定专用工具
1—固定工具；2—排气凸轮轴位置执行器；3—进气凸轮轴位置执行器

⑦ 安装凸轮轴盖。

### 17.9.2　凸轮轴正时调整

专用工具：EN-45059角度测量仪；EN-51367凸轮轴定位器；EN51397-1正时链条固定器；EN-51397-2正时链条固定器。

（1）拆卸程序

① 移除空气滤清器总成。

② 移除凸轮轴盖。

③ 移除前轮罩衬板。

④ 调整发动机达1号气缸燃烧行程的上止点（TDC）位置。朝发动机转动方向转动曲轴，直到标记1、2在一条线上。在曲轴扭转减震器螺栓3处转动，见图17-34。

⑤ 安装EN-51367固定工具。注意：凸轮轴位置执行器上的标记必须位于约12点钟位置。

⑥ 如果可以安装EN-51367固定工具，则表明发动机正时调整正确。

⑦ 如果不能安装EN-51367固定工具，则转动曲轴，直到可以安装EN-51367固定工具。

⑧ 检查曲轴的位置。曲轴必须设置达上止点位置（曲轴扭转减震器上的标记1和标记2对齐）。

⑨ 如果标记1、2未对齐，则将发动机设置至上止点位置，参见步骤④，见图17-34。

⑩ 拆下EN-51367固定工具。

⑪ 更换正时链条上的导板。

⑫ 举升和顶起车辆。

⑬ 从发动机前盖3上拆下发动机前盖孔塞1，见图17-36。

⑭ 拆下密封圈2。

⑮ 将EN-51397-2固定器2预安装到凸轮轴正时链条3的进气侧，见图17-37。

⑯ 将EN-51397-1固定器5安装到凸轮轴正时链条的排气侧。

⑰ 用手牢牢拧紧拨轮1、4。
⑱ 将螺栓6拧紧至5N·m（44lbf·in）的扭矩。

图17-36　拆下发动机前盖孔塞
1—发动机前盖孔塞；2—密封圈；3—发动机前盖

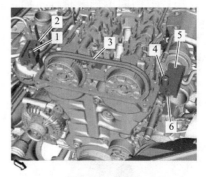

图17-37　安装固定器工具
1,4—拨轮；2,5—固定器；3—凸轮轴正时链条；6—螺栓

⑲ 如图17-38所示，检查安装正时链条张紧器的发动机前盖孔塞孔2。

通过杆3来识别正时链条张紧器设计1。

通过释放卡扣1来识别正时链条张紧器设计2。

a. 略微解除活塞2的张力，直到杆1可以通过朝箭头方向旋转杆3而解锁，见图17-39。

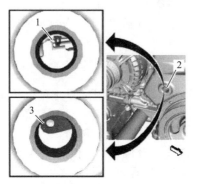

图17-38　检查孔塞盖
1—卡扣；2—发动机前盖孔塞孔；3—杆

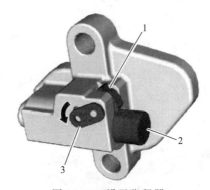

图17-39　设置张紧器
1,3—杆；2—活塞

b. 将活塞1整个推回张紧器中，直至旋转杆2不可锁止在该位置，见图17-40。

c. 松开活塞1的张力，直到三个棘爪松开。听到咔嗒声表明三个棘爪已松开，见图17-41。

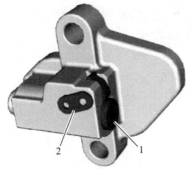

图17-40　设置张紧器
1—活塞；2—杆

图17-41　设置张紧器
1—活塞

d. 向活塞施加张力,直到旋转杆1转回到锁止位置,此时,旋转杆上的孔与张紧器壳体上的孔对齐。

e. 使用合适的固定销2将杆1固定在此位置,见图17-42。

⑳ 将一个适合的扳手安装到进气凸轮轴上。注意:使用张紧器设计1旋转进气凸轮轴时,请遵循上述步骤a～e。紧固力必须轻轻施加在扳手上。用力过大将导致正时链条重叠,造成严重的发动机损坏。

㉑ 略微地顺时针转动进气凸轮轴,向链条张紧器施加张力。

㉒ 拆下扳手。注意:正时链条张紧器现在有了锁定位置1(图17-43)。

㉓ 如图17-43所示,使用合适的3mm(0.118in)固定销来固定正时链条张紧器。

图17-42 设置张紧器
1—杆;2—固定销

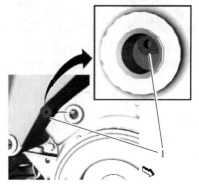

图17-43 张紧器锁定位置
1—锁定位置

㉔ 将EN-51397-2固定器固定到凸轮轴正时链条的进气侧。

㉕ 将EN-51397-2固定器的螺栓紧固至5N·m(44lbf·in)的扭矩。注意:正时链条可以在两个凸轮轴位置执行器之间上下移动。

㉖ 如图17-44所示,检查链条松弛度,如果未达到足够松的程度,则参考步骤⑲～㉔详细的链条张紧器说明进行操作。向链条张紧器施加、解除张紧力。

㉗ 拆下并报废进气凸轮轴位置执行器螺栓。注意:凸轮轴正时链条将由EN-51397-1固定器进行固定。

㉘ 拆下进气凸轮轴位置执行器。

图17-44 检查张紧力
1—正时链条

㉙ 调整凸轮轴位置执行器,直到可以安装EN-51367固定工具。

(2)安装程序

① 安装排气凸轮轴位置执行器1。

② 如图17-45所示,重新调节凸轮轴,直到定位销2与凸轮轴3接合。注意:使用一个适合的工具固定住凸轮轴。

③ 安装排气凸轮轴位置执行器螺栓4并紧固:

a. 第一遍紧固至20N·m(15lbf·ft)的扭矩。

b. 最后一遍利用EN-45059量表再紧固90°。

④ 凸轮轴位置执行器上的标记2必须位于约12点钟位置,见图17-46。

图 17-45 安装排气凸轮轴调节器
1—凸轮轴位置执行器；2—定位销；3—凸轮轴；4—螺栓

图 17-46 凸轮轴执行器标记在 12 点钟位置
1—正时链条正时标记；2—标记

⑤ 松开螺栓 6（2×），见图 17-47。
⑥ 松开螺栓 1、4（2×）。
⑦ 拆下 EN-51397-2 固定器 2。
⑧ 拆下 EN-51397-1 固定器 5。
⑨ 拆下 EN-51367 固定工具。
⑩ 将销钉从正时链条张紧器上拆下，位置见图 17-43。
⑪ 通过曲轴扭转减震器螺栓朝发动机旋转方向将曲轴转动 720°。
⑫ 将发动机调整到 1 号气缸燃烧行程的上止点（TDC）位置。朝发动机旋转方向转动曲轴，直到标记 1、2 在一条线上。在曲轴扭转减震器螺栓 3 处转动，见图 17-34。

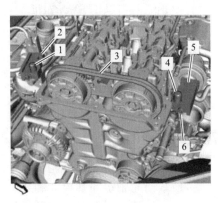

图 17-47 拆下固定工具
1,4,6—螺栓；2,5—固定器；3—正时链条

⑬ 安装 EN-51367 固定工具。
⑭ 如果可以安装 EN-51367 固定工具，则表明发动机正时调整正确。
⑮ 拆下 EN-51367 固定工具。
⑯ 安装密封圈。
⑰ 安装发动机前盖孔塞并紧固至 50N·m（37lbf·ft）的扭矩。
⑱ 降低车辆。
⑲ 安装正时链条上导板。
⑳ 安装前轮罩衬板。
㉑ 安装凸轮轴盖。
㉒ 安装空气滤清器总成。

## 17.10　1.5L L2B 发动机

### 17.10.1　正时带单元拆卸

① 拆卸凸轮轴罩盖。
② 拆卸发动机前盖。

③ 拆下正时链条张紧器 4、进气侧导轨 1。
④ 拆下正时链条，如图 17-48 所示。
⑤ 拆下进、排气凸轮轴链轮 5、6。
⑥ 拆下曲轴链轮 1，小心取下半圆键 2，如图 17-49 所示。

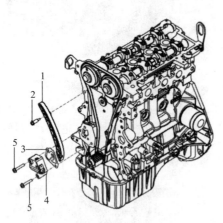

图 17-48　拆下正时链条
1—进气侧导轨；2—导轨螺栓；3—张紧器
衬垫；4—张紧器；5—张紧器螺栓（2个）

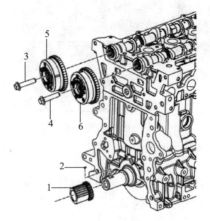

图 17-49　拆下曲轴链轮
1—曲轴链轮；2—半圆键；
3,4—螺栓；5,6—凸轮轴链轮

## 17.10.2　正时带单元的安装

① 安装凸轮轴链轮到凸轮轴上，安装时要根据凸轮轴上的定位销定位。
② 预紧凸轮轴链轮螺栓 3 和 4（图 17-49）。
③ 彻底清洁正时链条，用新机油预润滑正时链条。
④ 安装正时链条到凸轮轴链轮、曲轴链轮上，安装时正时链条正时标记（深色链条）应与凸轮轴链轮正时标记（圆凹点）、曲轴链轮正时标记（圆凹点）分别对齐，如图 17-50 所示。
注意：在未安装正时链条前不能旋转曲轴。
⑤ 安装进气侧正时链条导轨。
⑥ 捏紧正时链条张紧器限位卡簧的同时，压缩张紧器活塞至最大压缩状态，使用合适直径的工具锁住正时链条张紧器位置，以防止活塞回弹，如图 17-51 所示。
⑦ 安装正时链条张紧器。紧固正时链条张紧器螺栓的扭矩：（10±1）N·m。

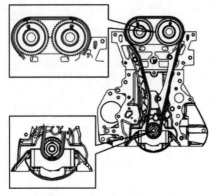

图 17-50　对准正时链正时标记

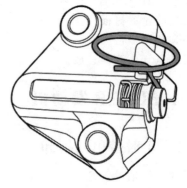

图 17-51　用插销锁住张紧器

⑧ 拧紧凸轮轴链轮螺栓，拧紧时需要用活动扳手固定凸轮轴，如图 17-52 所示。紧固凸轮轴链轮螺栓的扭矩：55N·m。

⑨ 用新机油润滑正时系统各部位后安装凸轮轴罩盖。

⑩ 安装发动机前盖。

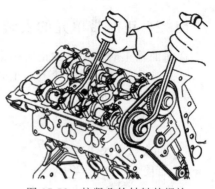

图 17-52 拧紧凸轮轴链轮螺栓

## 17.11  1.6L L91 发动机

### 17.11.1  正时带单元拆卸

① 断开蓄电池负极电缆。
② 从空气滤清器出口软管拆卸曲轴箱强制通风新鲜空气管。
③ 从空气滤清器出口软管断开进气温度传感器电器接头。
④ 从节气门体上拆卸空气滤清器出口软管。
⑤ 拆卸空气滤清器壳体螺栓。
⑥ 拆卸空气滤清器壳体。
⑦ 拆卸右前轮。
⑧ 拆卸右前轮防溅罩。
⑨ 拆卸蛇形附件传动皮带。
⑩ 拆卸曲轴皮带轮螺栓。
⑪ 拆卸曲轴皮带轮。
⑫ 拆卸前上正时皮带罩螺栓。
⑬ 拆卸前上正时皮带罩。
⑭ 拆卸前下正时皮带罩螺栓。
⑮ 拆卸前下正时皮带罩。
⑯ 安装曲轴皮带轮螺栓。
⑰ 用曲轴皮带轮螺栓顺时针转动曲轴至少一整圈，将曲轴正时齿轮上的标记对准后正时带罩底部的缺口，对准凸轮轴正时齿轮正时标记，如图 17-53 所示。
⑱ 稍微松开水泵固定螺栓。
⑲ 使用专用工具顺时针转动水泵。
⑳ 拆卸右发动机支座。
㉑ 拆卸正时皮带，如图 17-54 所示。

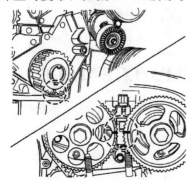

图 17-53 正时标记对准

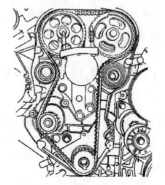

图 17-54 拆下正时带

### 17.11.2 正时带单元的安装方法

① 将曲轴正时齿轮上的正时标记对准后正时皮带罩底部的缺口。
② 对准凸轮轴正时齿轮上的正时标记。
③ 安装正时皮带。
④ 安装右发动机支座托架。

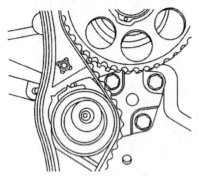

图 17-55 转动水泵对准张紧器臂上指针

⑤ 使用专用工具顺时针转动水泵。
⑥ 如图 17-55 所示，顺时针转动水泵，直到正时皮带自动张紧器调节臂上的指针对准正时皮带自动张紧器托架上的缺口。
⑦ 紧固水泵固定螺栓。
⑧ 用曲轴皮带轮顺时针转动曲轴两整圈。
⑨ 松开水泵固定螺栓。
⑩ 使用专用工具转动水泵，直到正时皮带自动张紧器调节臂上的指针对准正时皮带自动张紧器托架上的指针。
⑪ 紧固水泵固定螺栓。将水泵固定螺栓紧固至 10N·m（89lbf·in）的扭矩。
⑫ 拆卸曲轴皮带轮螺栓。
⑬ 安装前上和前下正时皮带罩。
⑭ 安装前上和前下正时皮带罩螺栓。将前正时皮带罩螺栓紧固至 10N·m（89lbf·in）的扭矩。
⑮ 安装曲轴皮带轮。
⑯ 安装曲轴皮带轮螺栓。将曲轴皮带轮螺栓紧固至 95N·m（70lbf·ft）的扭矩，并再次紧固 30°＋15°。
⑰ 安装蛇形附件传动皮带。
⑱ 安装右前轮防溅罩。
⑲ 安装右前轮。
⑳ 安装空气滤清器壳体。
㉑ 安装空气滤清器壳体螺栓。将空气滤清器壳体螺栓紧固至 10N·m（89lbf·in）的扭矩。
㉒ 将空气滤清器出口软管连接到节气门体上。
㉓ 将曲轴箱强制通风新鲜空气管连接到空气滤清器出口软管上。
㉔ 将进气温度传感器电器接头连接到空气滤清器出口软管上。
㉕ 连接蓄电池负极电缆。

## 17.12 1.6T LLU/LDE/LXV/LED/LFJ/LGE 发动机

### 17.12.1 正时带单元拆解方法

① 将点火开关置于 OFF 位置。
② 断开蓄电池负极电缆。
③ 拆下空气滤清器总成。

④ 举升并支撑车辆。
⑤ 拆下右前轮。
⑥ 举升车辆。
⑦ 拆下前舱防溅罩。
⑧ 拆下传动皮带张紧器。
⑨ 降下车辆。
⑩ 拆下正时皮带前上盖。
⑪ 将发动机设置到上止点（TDC）位置。
⑫ 将 EN-6340 锁止工具（1 和 2）安装在凸轮轴链轮之间，确保锁止工具的左标记对准右标记，如图 17-56 所示。
⑬ 如图 17-57 所示，使用 Allen 钥匙 1，沿箭头方向对正时皮带张紧滚柱 2 施加张紧力。
⑭ 用 EN-6333 锁销 3 锁止正时皮带张紧器。

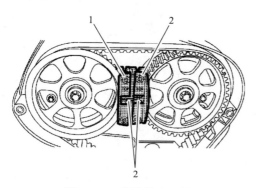

图 17-56  安装锁止工具
1,2—凸轮轴锁止工具；3—锁止工具对齐标记

图 17-57  锁止正时带张紧器
1—Allen 钥匙；2—正时皮带张紧滚柱；3—EN-6333 锁销

⑮ 举升车辆。
⑯ 拆下变速器前支座的 2 个紧固件。
⑰ 拆下曲轴平衡器。
⑱ 拆下正时皮带前下盖。
⑲ 拆下正时皮带张紧器和正时皮带张紧器的紧固件。
⑳ 降下车辆。
㉑ 拆下正时皮带。
㉒ 将紧固件和曲轴平衡器的垫圈安装至曲轴。

## 17.12.2  正时带单元安装步骤

① 安装正时皮带。
② 举升车辆。
③ 清洁正时皮带紧张器紧固件的螺纹。
④ 继续安装正时皮带。
⑤ 用新的紧固件 1 安装正时皮带张紧器 2 并紧固至 20N·m（15lbf·ft）的扭矩，如图 17-58 所示。
⑥ 将 EN-6625 飞轮固定工具从发动机缸体上拆下。

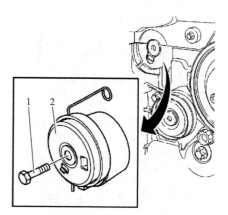

图 17-58  安装正时张紧器
1—紧固件；2—正时皮带张紧器

⑦ 降下车辆。
⑧ 将 EN-6333 锁销从正时皮带紧张器上拆下。
⑨ 将 EN-6340 锁止工具从两个凸轮轴链轮上拆下。
⑩ 顺时针转动曲轴 720°。
⑪ 将发动机设置到上止点（TDC）位置。
⑫ 将 EN-6340 锁止工具安装至凸轮轴链轮以检查气门正时。
⑬ 拆下 EN-6340 锁止工具。
⑭ 举升车辆。
⑮ 检查曲轴位置的上止点（TDC）。
⑯ 安装 EN-6625 飞轮固定工具至发动机气缸体。
⑰ 拆下曲轴平衡器的紧固件和垫圈。
⑱ 安装正时皮带前下盖。
⑲ 安装曲轴平衡器。
⑳ 紧固变速器前支座的 2 个紧固件。
㉑ 安装传动皮带张紧器。
㉒ 安装前舱防溅罩。
㉓ 降下车辆。
㉔ 安装右前轮。
㉕ 降下车辆。
㉖ 安装正时皮带前上盖。
㉗ 安装空气滤清器总成。
㉘ 连接蓄电池负极电缆。

## 17.13　1.6L LXV/LDE 发动机

### 17.13.1　正时带单元拆解方法

① 打开发动机舱盖。
② 拆下空气滤清器壳体。
③ 拆下正时皮带前上盖。
④ 完全举升车辆。
⑤ 拆下前舱防溅罩。
⑥ 拆下传动皮带张紧器。
⑦ 拆下正时皮带前下盖。
⑧ 将发动机设置到上止点位置。
在发动机旋转至燃烧行程的 1 号气缸上止点 1 的方向设置曲轴平衡器，如图 17-59 所示。
⑨ 拆下螺栓 1，如图 17-60 所示。
⑩ 安装专用工具锁止装置以挡住曲轴。
⑪ 完全降下车辆。
⑫ 将专用工具锁止工具安装至凸轮轴位置执行器调节器。
⑬ 拆下专用锁止工具。

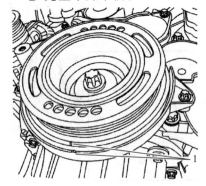

图 17-59　设置发动机 1 号活塞于 TDC 位置
1—上止点

⑭ 完全举升车辆。
⑮ 松开正时皮带张紧器螺栓。
⑯ 使用 Allen 钥匙1，沿箭头所指方向向正时皮带张紧器2施加张紧力。
⑰ 安装专用工具锁销3，如图17-61所示。

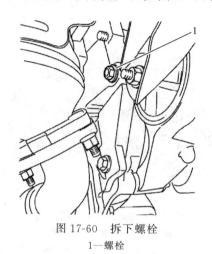

图17-60 拆下螺栓
1—螺栓

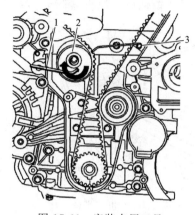

图17-61 安装专用工具
1—Allen 钥匙；2—正时皮带张紧器；3—锁销

⑱ 完全降下车辆。注意记下皮带的方向。
⑲ 拆下正时皮带。

## 17.13.2 正时带单元安装步骤

① 将正时皮带1安装到闭合装配工具2上，如图17-62所示。
② 用总成工具引导正时皮带穿过发动机支座托架。
③ 拆下总成工具。
注意：仅允许使用新正时皮带提供的装配工具，将正时皮带穿过发动机支座托架，否则可能在此阶段由于扭结而损坏牙轮皮带。
④ 安装正时皮带。
⑤ 引导正时皮带穿过张紧器并将其放置到曲轴链轮上。
⑥ 将正时皮带放置到排气和进气凸轮轴位置执行器调节器上。
⑦ 完全举升车辆。
⑧ 使用专用工具钥匙，沿箭头所指方向向正时皮带张紧器施加张紧力（图17-61）。

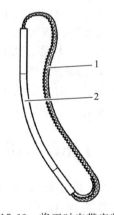

图17-62 将正时皮带安装到闭合装配工具
1—正时皮带；
2—闭合装配工具

⑨ 拆下专用工具锁销。注意：正时皮带张紧器自动移至正确位置。
⑩ 释放正时皮带张紧器的张紧力。
⑪ 将正时皮带张紧器螺栓紧固至20N·m（15lbf·ft）的扭矩。
⑫ 拆下螺栓1，如图17-63所示。
⑬ 拆下挡住曲轴的 EN 6625 锁止装置。
⑭ 安装螺栓1并紧固至75N·m（56lbf·in）的扭矩。
⑮ 完全降下车辆。

⑯ 进行正时检查。记下凸轮轴链轮上的标记。沿发动机旋转方向，用曲轴平衡器上的螺栓转动曲轴 720°。

注意：如图 17-64 所示，将专用左侧锁止工具 1 安装到凸轮轴位置执行器调节器；排气凸轮轴位置执行器上的点形标记 3 必须与专用工具右侧的凹槽相对应，将专用右侧锁止工具（2）安装到凸轮轴位置执行器调节器；完全举升车辆。

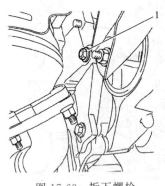

图 17-63 拆下螺栓
1—螺栓

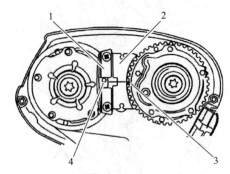

图 17-64 安装对正专用工具
1—专用左侧锁止工具；2—专用右侧锁止工具；
3—点形标记；4—专用工具（右侧的凹槽）

⑰ 拆下专用锁止工具。注意：记录曲轴平衡器和盖上的标记。
⑱ 控制曲轴平衡器位置。扭转曲轴平衡器和下盖上的标记必须对准。
⑲ 安装正时皮带前下盖。
⑳ 安装传动皮带张紧器。
㉑ 安装行李厢防溅罩。
㉒ 完全降下车辆。
㉓ 安装正时皮带前上盖。
㉔ 安装空气滤清器壳体。

## 17.14　1.8L 2H0/LFH/LUW/LWE 发动机

2H0/LUW 1.8L 发动机正时带单元结构和拆解与 LLU/LDE 等系列发动机相同，相关内容请参考 17.12 小节。

## 17.15　1.8L L79 发动机

### 17.15.1　正时带的拆卸步骤

① 断开蓄电池负极电缆。
② 断开进气温度（IAT）传感器连接器。
③ 从节气门体上断开空气滤清器出口软管。
④ 从凸轮轴罩上断开通气管。
⑤ 拆卸空气滤清器壳体螺栓。
⑥ 拆卸空气滤清器壳体。
⑦ 拆卸右前轮。

⑧ 拆卸右前轮防溅罩。
⑨ 拆卸蛇形附件传动皮带。
⑩ 拆卸曲轴皮带轮螺栓。
⑪ 拆卸曲轴皮带轮。
⑫ 拆卸发动机右支座托架。
⑬ 拆卸前正时皮带罩螺栓。
⑭ 拆卸前正时皮带罩。
⑮ 用曲轴齿轮螺栓顺时针转动曲轴,直到曲轴齿轮上的正时标记对准后正时皮带罩底部的缺口,如图 17-65 所示。

特别注意:凸轮轴齿轮必须对准凸轮轴罩上的缺口,否则会损坏发动机。进气门凸轮轴齿轮用进气门齿轮标记,排气门凸轮轴齿轮用排气门齿轮标记,两者可以互换。

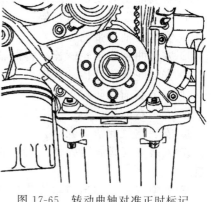

图 17-65 转动曲轴对准正时标记

⑯ 将凸轮轴齿轮缺口 1、2 对准凸轮轴罩上的缺口,见图 17-66。
⑰ 松开自动张紧器螺栓。拧六角轴头,释放皮带张力。
⑱ 拆卸正时皮带,见图 17-67。

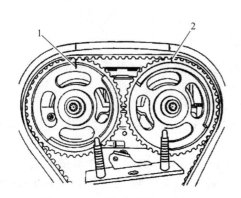

图 17-66 对准凸轮轴正时标记
1,2—凸轮轴齿轮缺口

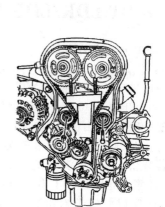

图 17-67 拆卸正时带

### 17.15.2 正时带单元的安装方法

① 将曲轴齿轮上的正时标记对准后正时皮带罩底部的缺口。
② 对准凸轮轴齿轮上的正时标记,进气齿轮用进气门齿轮标记,排气门齿轮用排气门齿轮标记。
③ 安装正时皮带。
④ 顺时针拧六角轴头,张紧皮带。使指针对准缺口,见图 17-68。
⑤ 安装自动张紧器螺栓。将自动张紧器螺栓紧固至 25N·m(18lbf·ft)的扭矩。
⑥ 用曲轴皮带轮螺栓顺时针转动曲轴两整圈。

图 17-68 转动张紧轮对准缺口标记

⑦ 重新检查自动张紧器指针。
⑧ 安装前正时皮带罩。
⑨ 安装前正时皮带罩螺栓。将前正时皮带罩螺栓紧固至6N·m（53lbf·in）的扭矩。
⑩ 安装右发动机支座托架。
⑪ 安装曲轴皮带轮。
⑫ 安装曲轴皮带轮螺栓。将曲轴皮带轮螺栓紧固至20N·m（15lbf·ft）的扭矩。
⑬ 安装蛇形附件传动皮带。
⑭ 安装右前轮防溅罩。
⑮ 安装右前轮。
⑯ 安装空气滤清器壳体。
⑰ 安装空气滤清器壳体螺栓。将空气滤清器壳体螺栓紧固至10N·m（89lbf·in）的扭矩。
⑱ 将空气滤清器出口软管连接到节气门体上。
⑲ 将通气管连接到凸轮轴罩上。
⑳ 连接进气温度传感器连接器。
㉑ 连接蓄电池负极电缆。

## 17.16　2.0T LDK/LHU 发动机

正时链单元的安装步骤：
注意：发动机已设置正时上止点排气行程。
① 确保进气凸轮轴槽口位于5点钟位置且排气凸轮轴槽口位于7点钟位置。1号活塞应位于上止点（TDC）位置，曲轴键位于12点钟位置，如图17-69所示。
② 安装摩擦垫圈1（若装备）。
③ 将正时链条传动链轮3安装至曲轴上，正时标记2在5点钟位置，且链轮前部朝外。
④ 若装备，则安装其余的摩擦垫圈1。
特别注意：正时链条上有3节彩色链节，2节链节是一样的颜色，1节链节是特殊颜色；执行以下程序以将链节对准执行器；定位链条，使彩色链节可见。务必使用新的执行器螺栓。
⑤ 正时标记对准有特殊颜色的链节1，将进气凸轮轴执行器装配到正时链条上，如图17-70所示。

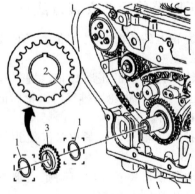

图17-69　设置1号活塞于TDC位置
1—摩擦垫圈；2—正时标记；3—正时链条传动链轮

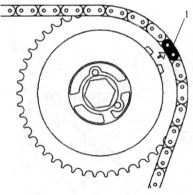

图17-70　正时标记对准带色链节
1—带色链节

⑥ 降下正时链条，穿过气缸盖的开口。小心并确保链条围绕在气缸体凸台 1、2 的两侧，如图 17-71 所示。

⑦ 定位销对准凸轮轴槽，同时将进气凸轮轴执行器安装在进气凸轮轴上。

⑧ 用手拧紧新的进气凸轮轴执行器螺栓。

⑨ 将正时链条包绕在曲轴链轮上，将第一节相同颜色的链节 1 对准曲轴链轮上的正时标记，大约在 5 点钟位置，如图 17-72 所示。

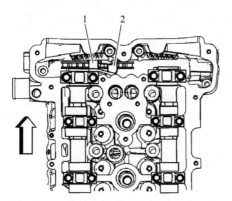

图 17-71 将链条围绕在气缸体凸台两侧
1,2—气缸体凸台

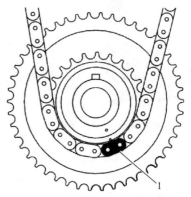

图 17-72 曲轴正时标记对准正时链带色链节
1—带色链节

⑩ 顺时针转动曲轴以消除所有链条间隙。切勿转动进气凸轮轴。

⑪ 将可调正时链条导板向下安装穿过气缸盖的开口，并安装可调正时链条螺栓。将可调正时链条导板螺栓紧固至 10N·m（9lbf·in）的扭矩。

⑫ 正时标记对准第二节相同颜色的链节，将排气凸轮轴执行器 1 安装至正时链条上，如图 17-73 所示。

⑬ 定位销对准凸轮轴槽，同时将排气凸轮轴执行器安装到排气凸轮轴上。

⑭ 用 23mm 的开口扳手转动排气凸轮轴约 45°，直至凸轮轴执行器中的定位销进入凸轮轴槽。

⑮ 执行器就位于凸轮上时，用手拧紧新的排气凸轮轴执行器螺栓。

⑯ 检查并确认所有彩色链节与相应的正时标记仍对准。否则，重复该部分程序以对准正时标记。

⑰ 安装固定正时链条导板和螺栓，并将其紧固至 12N·m（106lbf·in）的扭矩。

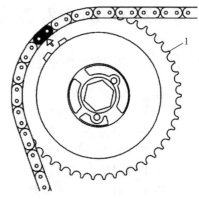

图 17-73 正时标记对准第二节
相同颜色的链节
1—排气凸轮轴执行器

⑱ 安装正时链条上导板和螺栓，并将其紧固至 10N·m（89lbf·in）的扭矩。

⑲ 通过执行以下步骤，重置正时链条张紧器。

a. 拆下卡环。

b. 将活塞总成从正时链条张紧器主体上拆下。

c. 将 EN-45027-2 基座 2 安装到台钳中。

d. 将活塞总成的缺口端安装至 EN-45027-2 基座 2。

e. 使用 EN-45027-1 张紧器 1，将棘爪气缸转入活塞内，如图 17-74 所示。

f. 将活塞总成重新安装至张紧器主体内。

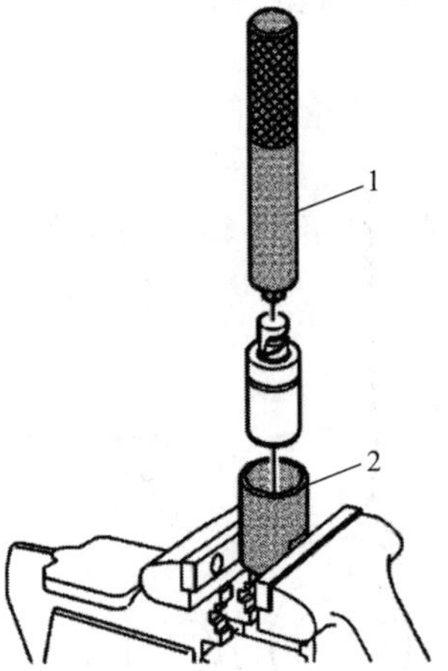

图 17-74 重置正时链条张紧器
1—EN-45027-1 张紧器；
2—EN-45027-2 基座

g. 安装卡环。

⑳ 检查正时链条张紧器密封件是否损坏。如有损坏，则更换密封件。

㉑ 检查并确保所有的污物和碎屑已从气缸盖的正时链条张紧器螺纹孔中清除。

注意：在整个拧紧过程中，确保正时链条张紧器密封件居中，以避免机油泄漏；将正时链条张紧器压缩2mm（0.079in）以将其松开，这将释放棘爪中的锁紧机构；必须安装曲轴平衡器以便释放张紧器。

㉒ 安装正时链条张紧器总成并紧固至75N·m（55lbf·ft）的扭矩。

㉓ 安装锁止专用工具并将气缸盖中的螺栓紧固至10N·m（89lbf·in）的扭矩。使用扭矩扳手，将凸轮轴执行器螺栓紧固至30N·m（22lbf·ft）的扭矩，然后再紧固100°。

㉔ 使用扭矩扳手，将凸轮轴执行器螺栓紧固至30N·m（22lbf·ft）的扭矩，然后再紧固100°。

㉕ 拆下锁止专用工具。

㉖ 安装正时链条机油喷嘴和螺栓并将其紧固至10N·m（89lbf·in）的扭矩。

㉗ 将密封胶涂抹在正时链条导板螺栓检修孔塞的螺纹上。

㉘ 安装正时链条导板螺栓检修孔塞并紧固至75N·m（55lbf·ft）的扭矩。

## 17.17　2.0T LTG 发动机

### 17.17.1　正时链条拆卸

① 拆下发动机前盖。
② 拆下正时链条上导板螺栓。
③ 拆下正时链条上导板。
④ 拆下正时链条张紧器螺栓和正时链条张紧器。
⑤ 拆下正时链条张紧器枢轴臂螺栓。
⑥ 拆下正时链条张紧器枢轴臂。
⑦ 拆下正时链条导板螺栓。
⑧ 拆下正时链条导板。
⑨ 拆下正时链条。
⑩ 拆下正时链条机油喷嘴。

### 17.17.2　正时链条安装

确保正时链条机油喷嘴转动时槽口向上，并且喷嘴对准发动机气缸体上的凸舌。

① 安装正时链条机油喷嘴1，见图17-75。
② 将正时链条包绕到进气和排气凸轮轴执行器上，同时将唯一颜色的链节2对准排气凸轮轴执行器3上的正时标记，见图17-76。进气执行器

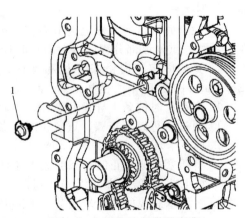

图 17-75　安装链条机油喷嘴
1—正时链条机油喷嘴

所对应的相同颜色链节在最初时将不对准于进气执行器正时标记，唯一颜色的正时链节也不对准于曲轴链轮正时标记。注意正时链条上有 3 节彩色链节。颜色相同的两节链节对准执行器上的正时标记。唯一颜色的正时链节对准曲轴链轮上的正时标记。使用下面的程序将链节对准执行器：定位链条，使彩色链节可见。

③ 确保曲轴上的键处于 12 点钟位置。将曲轴链轮包绕到曲轴链轮上。注意在安装导板螺栓并进行最终紧固前进行正时。

④ 安装正时链条导板和上部螺栓，并仅用手拧紧。

⑤ 安装正时链条张紧器枢轴臂。

⑥ 安装枢轴臂并用手拧紧。

⑦ 使用适合的工具逆时针转动曲轴，使曲轴链轮 1 上的正时标记对准正时链节 2（图 17-77）。需要连续逆时针方向转动曲轴，以保持正时对准。确保排气凸轮轴执行器上的对准标记始终对准正时标记。

⑧ 将固定正时链条导板的下端旋转到安装位置，并安装下部螺栓 3，见图 17-77。

⑨ 将正时链条导板上、下部螺栓紧固至 25N·m（18lbf·ft）的扭矩。

⑩ 使用适合的工具逆时针转动进气凸轮轴，直到进气执行器 2 上的正时标记对准正时链节 1，见图 17-78。保持进气凸轮轴上的张紧力，直到正时链条张紧器能够安装和启用。已完成了排气凸轮轴执行器和曲轴链轮的正时。逆时针旋转凸轮轴时，用手在正时链条导板之间施加或释放压力，使链条滑动或停止滑动。

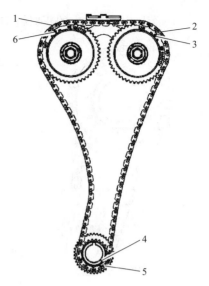

图 17-76　对准正时链条标记
1—进气侧正时链条标记；2—排气侧正时链条标记；3—排气凸轮轴执行器正时标记；4—曲轴链轮正时标记；5—曲轴链轮处正时链条标记；6—进气凸轮轴执行器正时标记

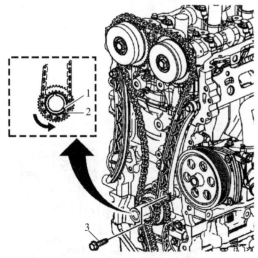

图 17-77　对准曲轴链轮正时标记
1—曲轴链轮；2—正时链节；3—下部螺栓

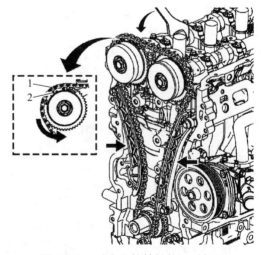

图 17-78　对准凸轮轴链轮正时标记
1—正时链节；2—进气执行器

⑪ 安装正时链条张紧器，并将正时链条张紧器螺栓紧固至 25N·m（18lbf·ft）的扭矩。

⑫ 确认正时链条上的正时链节正确对准于正时标记,见图 17-76。

a. 正时链节 1、2 对准凸轮轴执行器 6、3 上相应的正时标记。

b. 唯一颜色的链节 5 对准曲轴链轮 4 上的正时标记。

否则,重复必要的部分程序以对准正时标记。

⑬ 安装正时链条导板和螺栓,并用手拧紧。

⑭ 按顺序分两遍将凸轮轴前盖螺栓紧固至 10N·m (89lbf·in) 的扭矩。

⑮ 顺时针转动曲轴,查看执行器或曲轴链轮上是否出现正时链条跳齿现象。如果发生跳齿,则重复执行程序,对准正时标记。

⑯ 确认平衡链条上的正时链节正确对准于正时标记,见图 17-79。

a. 正时链节 1 对准曲轴链轮 2 上的正时标记。

b. 相邻正时链节 4 对准平衡轴驱动链轮上的两个正时标记 3。

⑰ 安装发动机前盖。

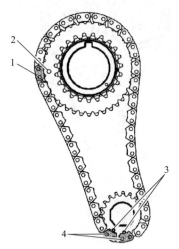

图 17-79 平衡轴正时链标记
1,4—正时链节;2—曲轴链轮;3—正时标记

## 17.18　2.0L L34 发动机

### 17.18.1　正时带单元拆解方法

① 断开蓄电池负极电缆。
② 从节气门体上断开进气管。
③ 从节气门体上拆卸谐振器固定螺栓和谐振器。
④ 从气门室盖上断开通气管。
⑤ 拆卸右前轮。
⑥ 拆卸右前轮罩防溅罩。
⑦ 拆卸动力转向泵传动皮带。
⑧ 拆卸曲轴皮带轮螺栓。
⑨ 拆卸曲轴皮带轮。
⑩ 拆卸右侧发动机支座托架。
⑪ 拆卸动力转向机软管卡箍螺栓,并将软管从修理部位移开。
⑫ 拆卸前正时皮带罩螺栓。
⑬ 拆卸前正时皮带罩。
⑭ 用曲轴齿轮螺栓顺时针转动曲轴,直到曲轴齿轮上的正时标记对准后正时皮带罩底部的缺口,如图 17-80 所示。

特别注意:曲轴齿轮必须对准气门室盖上的缺口,否则会损坏发动机;进气凸轮轴齿轮 1 对准进气凸轮轴齿轮标记,排气凸轮轴齿轮 2 对准排气凸轮轴齿轮标记,两者可以互换(图 17-81)。

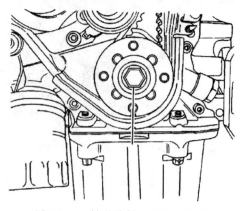

图 17-80　转动曲轴对正正时标记

⑮ 将凸轮轴齿轮对准气门室盖上的缺口，如图17-81所示。
⑯ 松开自动张紧器螺栓。转动六角形轴头，释放皮带张紧力。
⑰ 拆卸正时皮带，如图17-82所示。

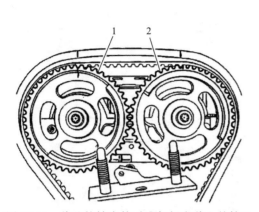

图17-81 将凸轮轴齿轮对准气门室盖上的缺口
1—进气凸轮轴齿轮；2—排气凸轮轴齿轮

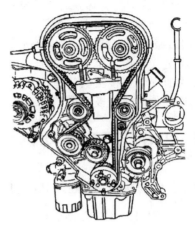

图17-82 拆卸正时带

## 17.18.2 正时带单元安装步骤

① 将曲轴齿轮上的正时标记对准后正时皮带罩底部的缺口。
② 对准凸轮轴齿轮上的正时标记，用进气凸轮轴齿轮对准进气凸轮轴齿轮标记，排气凸轮轴齿轮对准排气凸轮轴齿轮标记。
③ 安装正时皮带。
④ 逆时针转动六角形轴头，张紧皮带，直至指针转到对准缺口时为止，如图17-83所示。
⑤ 紧固自动张紧器螺栓。
紧固自动张紧器螺栓至25N·m（18lbf·ft）的扭矩。
⑥ 用曲轴齿轮螺栓顺时针转动曲轴两整圈。
⑦ 检查自动张紧器指针。
⑧ 安装前正时皮带罩。
⑨ 安装前正时皮带罩螺栓。
紧固前正时皮带罩螺栓至6N·m（53lbf·in）的扭矩。

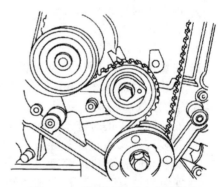

图17-83 逆时钟转动六角形轴头

⑩ 安装右发动机支座托架。
⑪ 放好动力转向系统软管并安装卡箍螺栓。
紧固动力转向软管卡箍螺栓至8N·m（71lbf·in）的扭矩。
⑫ 安装曲轴皮带轮。
⑬ 安装曲轴皮带轮螺栓。
紧固曲轴皮带轮螺栓至20N·m（15lbf·ft）的扭矩。
⑭ 安装动力转向泵传动皮带。
⑮ 安装右前轮罩防溅罩。

⑯ 安装右前轮。
⑰ 安装空气滤清器壳体。
⑱ 安装空气滤清器壳体螺栓。
紧固空气滤清器壳体螺栓至 6N·m（53lbf·in）的扭矩。
⑲ 安装谐振器和固定螺栓。
紧固谐振器固定螺栓至 3N·m（27lbf·in）的扭矩。
⑳ 将进气管连接至节气门体。
㉑ 将通气管连接至气门室盖。
㉒ 连接蓄电池负极电缆。

## 17.19　2.0T LTD 发动机

### 17.19.1　初级正时链条的更换

专用工具：EN-49212 凸轮轴固定工具。
拆卸程序如下：
① 拆下正时链条张紧器。
② 拆下机油泵壳体。
③ 拆下可调式正时链条导板。
④ 拆下固定式正时链条导板。
⑤ 拆下正时链条上导板。
⑥ 拆下排气凸轮轴位置执行器。
⑦ 拆下进气凸轮轴位置执行器。
⑧ 拆下正时链条机油喷嘴。
⑨ 拆下正时链条。
安装程序如下：
① 安装进气凸轮轴位置执行器 1，但不要上紧。
② 安装正时链条 2。将正时链条 2 绕到进气凸轮轴轮 1 上。用 EN-49212-2 凸轮轴固定工具 3 固定进气凸轮轴，见图 17-84。
③ 安装固定式正时链条导板。
④ 安装可调式正时链条导板。
⑤ 安装正时链条机油喷嘴。
⑥ 安装机油泵壳体。将曲轴 1 转动到设置标记 2 上，见图 17-85。

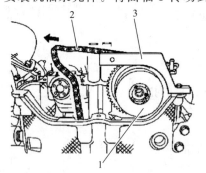

图 17-84　安装正时链条
1—进气凸轮轴轮；2—正时链条；3—固定工具

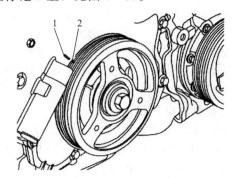

图 17-85　设置曲轴皮带轮标记
1—曲轴；2—标记

⑦ 安装排气凸轮轴位置执行器，见图 17-86。计算进气凸轮轴传动皮带轮上的标记与排气凸轮轴传动皮带轮上的标记之间的凸轮轴正时链条端对端连接器的数量。正时链条必须有 29 个端对端连接器才能保证正确的调整。在装配过程中，必须张紧正时链条。顺时针转动凸轮轴以安装排气凸轮轴传动皮带轮。安装排气凸轮轴传动皮带轮并用凸轮轴中的紧固件固定。

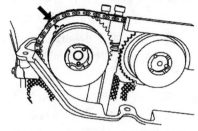

图 17-86 安装排气凸轮轴执行器

⑧ 将排气凸轮轴位置执行器拧紧至 30N·m（22lbf·ft）的扭矩，外加 100°。

⑨ 将进气凸轮轴位置执行器拧紧至 30N·m（22lbf·ft）的扭矩，外加 100°。

⑩ 用 EN-49212-1 凸轮轴固定工具固定排气凸轮轴。重新检查所有事项。拆下 EN-49212 凸轮轴固定工具。

⑪ 安装正时链条上导板。

⑫ 安装正时链条张紧器。

## 17.19.2 水泵和平衡轴链条更换

拆卸程序如下：

① 拆下水泵和平衡轴链条张紧器。

② 拆下平衡器链条可调导板。

③ 拆下平衡器链条上导板。

④ 拆下平衡器链条下导板。

⑤ 沿箭头所指方向拆下水泵和平衡轴链条 1（图 17-88）。

安装程序如下：

① 调整并安装曲轴和平衡轴、平衡轴至发动机曲轴的正时链条。

a. 拆下平衡轴传动链轮。如果没有相对发动机正确调整平衡轴正时，则发动机可能会震动或产生噪声。

b. 安装平衡轴传动链条，使彩色链节对准平衡轴传动链轮和曲轴链轮上的标记。链条上有 3 节彩色链节，2 节链节具有相同的颜色，1 节链节具有独特的颜色。使用下面的程序将链节对准链轮：定位链条，使彩色链节可见。

c. 定位具有独特颜色的链节 1，使其对准进气侧平衡轴链轮上的正时标记（图 17-87）。

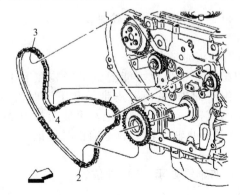

图 17-87 平衡轴传动链正时
1—具有独特颜色的链节；2—第一节具有相同颜色的链节；
3—链条；4—最后一节具有相同颜色的链节

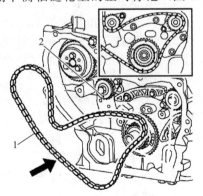

图 17-88 安装平衡轴链条
1—平衡轴链条；2—调整装置

d. 顺时针包绕链条，将第一节具有相同颜色的链节 2 对准曲轴传动链轮上的正时标记（大约在曲轴链轮上的 6 点钟位置）。

e. 将链条 3 置于水泵传动链轮上。其定位并不重要。

f. 将最后一节具有相同颜色的链节 4 对准排气侧平衡轴传动链轮上的正时标记，见图 17-87。

② 如图 17-88 所示，安装水泵和平衡轴链条 1 以及调整装置 2，不要再转动。

③ 安装平衡器链条下导板。

④ 安装平衡器链条上导板。

⑤ 安装平衡器链条可调导板。

⑥ 安装水泵和平衡轴链条张紧器。

## 17.20　2.4L LE5/LE9/LAF/LAT/LUK/LEA 发动机

凸轮轴正时链条、链轮和张紧器的更换步骤如下：

专用工具：EN-45027 张紧器工具；EN-45059 角度测量仪；EN-48953 凸轮轴执行器锁止工具。

（1）拆卸程序

① 拆下凸轮轴盖。

② 拆下 1 号气缸火花塞。

③ 向发动机旋转的方向顺时针转动曲轴，直到 1 号活塞处于排气冲程的上止点（TDC）位置。

④ 拆下发动机前盖。

⑤ 拆下正时链条上导板螺栓和导板。在拆下正时链条之前，必须拆下正时链条张紧器以释放链条的张力。如果不这样做，则正时链将倾斜并且难以拆下。

⑥ 拆下正时链条张紧器。

⑦ 在排气凸轮轴六角头上安装 1 把 24mm 扳手，以便支撑凸轮轴。

⑧ 拆下并废弃排气凸轮轴执行器螺栓。

⑨ 从凸轮轴和正时链条上拆下排气凸轮轴执行器。

⑩ 拆下正时链条张紧器导板螺栓和导板。

⑪ 拆下固定式正时链条导板检修塞。

⑫ 拆下固定式正时链条导板螺栓和导板。

⑬ 在进气凸轮轴六角头上安装 1 把 24mm 扳手，以便支撑凸轮轴。

⑭ 拆下并废弃进气凸轮轴执行器螺栓。

⑮ 通过气缸盖顶部，拆下进气凸轮轴执行器和正时链条。

带 SIDI 直喷的 Ecotec 4 缸发动机，下正时链条曲轴齿轮可能配备了安装在下正时链条曲轴齿轮前面的第二个间隔垫圈。外垫片/垫圈位于曲轴/平衡器皮带轮和下正时齿轮之间，在拆下皮带轮后可以保持原位。垫片/垫圈的表面上有一个圆点/标记，可能会被误认为是下正时标记。如果适用，则必须拆下垫圈，以便查看下曲轴齿轮上的正确正时标记。

⑯ 拆下外摩擦垫圈（如装备）。

⑰ 确保曲轴齿轮正时标记处于 5 点钟位置且曲轴键处于 12 点钟位置。

⑱ 拆下曲轴链轮。

⑲ 拆下内摩擦垫圈。

（2）安装程序

① 确保进气凸轮轴槽口处于 5 点钟位置 2 且排气凸轮轴槽口处于 7 点钟位置 1，见图 17-89。1 号活塞应处于上止点（TDC）位置，曲轴键处于 12 点钟位置。如果配备了 LE5、LE9、LAT、LNF、LDK、LHU、LTD、LBN 或 2010 LAF 发动机，则应确保进气凸轮轴槽口处于 5 点钟位置且排气凸轮轴槽口处于 7 点钟位置。

② 确保进气凸轮轴槽口处于 10 点钟位置 2 且排气凸轮轴槽口处于 7 点钟位置 1。1 号活塞应处于上止点（TDC）位置，曲轴键处于 12 点钟位置。如果配备了 LAP、LE8、LEA、LUK，或 2011 LAF 及更新的发动机，则应确保进气凸轮轴槽口处于 10 点钟位置且排气凸轮轴槽口处于 7 点钟位置。

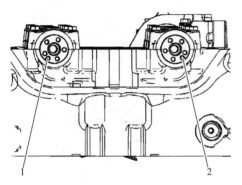

图 17-89 设置进排气凸轮轴槽口位置
1—7 点钟位置；2—5 点钟位置

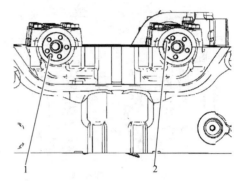

图 17-90 设置进排气凸轮轴槽口位置
1—7 点钟位置；2—10 点钟位置

注意：带 SIDI 直喷的 Ecotec4 缸发动机，下正时链条曲轴齿轮可能配备了安装在下正时链条曲轴齿轮前面的第二个间隔垫圈；外垫片/垫圈位于曲轴/平衡器皮带轮和下正时齿轮之间，在拆下皮带轮后可以保持原位；垫片/垫圈的表面上有一个圆点/标记，可能会被误认为是下正时标记；如果适用，则必须拆下垫圈，以便查看下曲轴齿轮上的正确正时标记。

③ 安装内摩擦垫圈 1（图 17-91）。

④ 安装曲轴链轮，使正时标记 2 处于 5 点钟位置且朝外。

⑤ 安装外摩擦垫圈 1（如装备）。

⑥ 将进气凸轮轴执行器装配到正时链条中，使正时标记对准具有独特颜色的链节 1，见图 17-92。正时链条上有 3 节彩色链节，2 节链节具有相同的颜色，1 节链节具有独特的颜色。使用下面的程序将链节对准执行器：定位链条，使彩色链节可见。务必使用新的执行器螺栓。

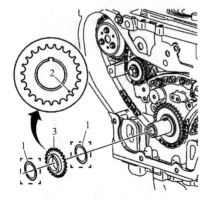

图 17-91 安装曲轴链轮
1—内、外摩擦垫圈；2—正时标记；3—曲轴链轮

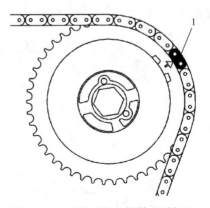

图 17-92 对准进气凸轮轴正时标记
1—具有独特颜色的链节

⑦ 通过气缸盖中的开口降低正时链条。注意：确保链条围绕在气缸体凸台1、2的两侧，见图17-93。

⑧ 将进气凸轮轴执行器安装到进气凸轮轴上，同时将定位销对准凸轮轴槽。

⑨ 用手拧紧新的进气凸轮轴执行器螺栓。

⑩ 将正时链条包绕在曲轴链轮上，将第一节具有相同颜色的链节1对准曲轴链轮上的正时标记，大约在5点钟位置，见图17-94。

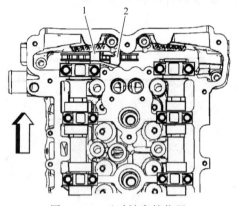
图17-93 正时链穿越位置
1,2—气缸体凸台

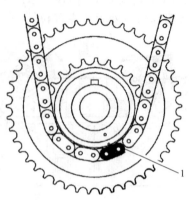
图17-94 对准曲轴链轮正时标记
1—第一节具有相同颜色的链节

⑪ 如果适用，则安装摩擦垫圈。

⑫ 顺时针转动曲轴以消除所有链条松弛。切勿转动进气凸轮轴。

⑬ 通过气缸盖中的开口向下安装可调式正时链条导板，然后安装可调式正时链条螺栓。将可调式正时链条导板螺栓拧紧至10N·m（89lbf·in）的扭矩。

⑭ 将排气凸轮轴执行器安装至正时链条中，使正时标记对准第二节具有相同颜色的链节。务必安装新的执行器螺栓。

⑮ 将排气凸轮轴执行器安装到排气凸轮轴上，使定位销对准凸轮轴槽（图17-95）。

⑯ 使用24mm开口扳手，将排气凸轮轴转动约45°，直至凸轮轴执行器中的定位销进入凸轮轴槽中。

⑰ 当执行器坐落到凸轮上时，用手拧紧新的排气凸轮轴执行器螺栓。

⑱ 确认所有彩色链节与相应的正时标记仍对准，见图17-96。如果它们没有对准，则重复必要的部分程序以对准正时标记。

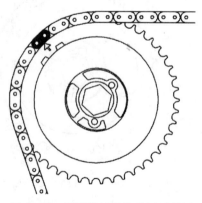
图17-95 对准排气凸轮轴正时标记

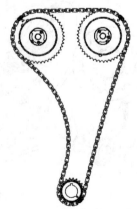
图17-96 正时链标记对准

⑲ 安装固定式正时链条导板和螺栓。将固定式正时链条导板螺栓拧紧至 10N·m（89lbf·in）的扭矩。

⑳ 安装正时链条上导板和螺栓。将正时链条上导板螺栓拧紧至 10N·m（89lbf·in）的扭矩。

㉑ 执行以下步骤，重置正时链条张紧器，见图 17-97。

a. 拆下卡环。

b. 从正时链条张紧器体拆下活塞总成。

c. 从活塞总成拆下密封环。

d. 将 EN-45027-2 工具 2 安装到 1 个台钳中。

e. 将活塞总成的凹槽端安装到 EN-45027-2 工具 2 中。

f. 使用 EN-45027-1 工具 1，将棘轮滚筒旋入活塞内。

g. 将密封环重新安装到活塞总成上。

h. 将活塞总成重新安装到张紧器体内中。

i. 安装卡环。

㉒ 检查正时链条张紧器密封件是否损坏。如果损坏，则更换密封件。

㉓ 检查以确保从气缸盖中的正时链条张紧器螺纹孔中清除了所有污物和碎屑。在整个拧紧程序中，确保正时链条张紧器密封件居中，以排除机油泄漏的可能性。

㉔ 如图 17-98 所示，安装正时链条张紧器总成。将正时链条张紧器拧紧至 75N·m（55lbf·ft）的扭矩。

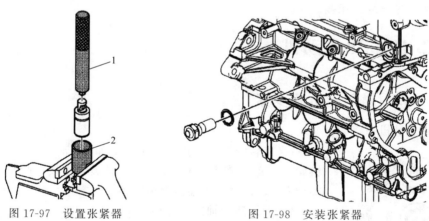

图 17-97 设置张紧器
1—EN-45027-1 工具；2—EN-45027-2 工具

图 17-98 安装张紧器

㉕ 通过将正时链条张紧器压缩 2mm（0.079in）来释放正时链条张紧器，这将松开棘轮中的锁止机构。要释放正时链条张紧器，需使用端部带橡胶头的适当工具。将该工具伸进凸轮传动室内，置于凸轮链条上。然后斜向下猛地晃一下，以松开张紧器。

㉖ 安装 EN-48953 锁止工具 1 并将螺栓 2 拧入气缸盖中，紧固至 10N·m（89lbf·in）的扭矩，见图 17-99。

㉗ 使用扭矩扳手，将凸轮轴执行器螺栓拧紧至 30N·m（22lbf·ft）的扭矩，再使用 EN-45059 测量仪拧紧 100°。

㉘ 拆下 EN-48953 锁销。

㉙ 如图 17-100 所示，安装正时链条机油喷嘴 2。将正时链条机油喷嘴螺栓 1 拧紧至 10N·m（89lbf·in）的扭矩。

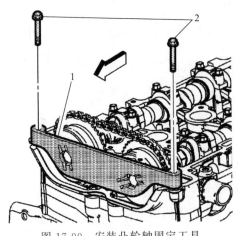

图 17-99 安装凸轮轴固定工具
1—锁止工具；2—螺栓

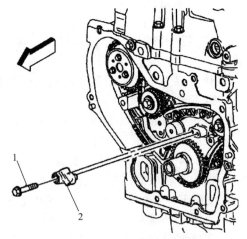

图 17-100 安装机油喷嘴
1—螺栓；2—正时链条机油喷嘴

㉚ 给正时链条导板螺栓检修孔塞的螺纹涂上密封胶。
㉛ 安装正时链条导板螺栓检修孔塞。将检修孔塞拧紧至 75N·m（55lbf·ft）的扭矩。
㉜ 安装发动机前盖。
㉝ 安装凸轮轴盖。
㉞ 安装 1 号气缸火花塞。

## 17.21 2.4L LB8 发动机

### 17.21.1 正时链单元拆卸步骤

① 拆卸发动机前盖。

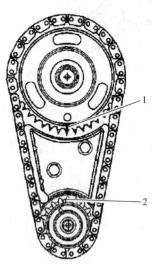

图 17-101 正时标记对正图
1—凸轮轴链轮定位孔；
2—曲轴链轮正时标记

② 旋转曲轴，使正时标记对准如图 17-101 所示位置：曲轴链轮上与正时链条对正标记 2，与减震器连接；凸轮轴链轮定位标记孔 1，正时链条连接至减震器。
③ 拆卸凸轮轴链轮螺栓。
④ 拆卸凸轮轴链轮。
⑤ 拆卸正时链条。
⑥ 用 J5825-A 专用工具拆卸曲轴链轮，如图 17-102 所示。
⑦ 拆卸正时链条减震器螺栓。
⑧ 拆卸正时链条减震器。
⑨ 必要时，拆卸凸轮轴止推片螺栓。
⑩ 拆卸凸轮轴止推片。
⑪ 清理和检查正时链条和正时齿轮。

如图 17-103 所示，检查正时链条和链轮的轮齿是否有磨损 1、断裂 2 或开裂 3；检查正时链条是否卡滞或张紧；检查正时链条减震器是否过度磨损或断裂；必要时，更换正时链条和链轮。

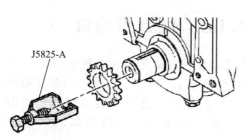

图 17-102 拆下曲轴链轮

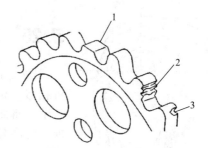

图 17-103 正时齿轮的检查
1—磨损；2—断裂；3—开裂

## 17.21.2 正时链单元安装步骤

① 如果已拆除，则安装凸轮轴止推板。

② 安装凸轮轴止推板螺栓。紧固凸轮轴止推板螺栓至 10N·m（89lbf·in）的扭矩。

③ 如图 17-104 所示用 J38612 安装曲轴链轮。

④ 拆卸 J38612 专用工具。

⑤ 将发动机机油添加剂（EOS）通用汽车零件号 1052367 或等效品涂在链轮止推面上。

⑥ 将正时链条减震器安装到缸体上。紧固正时链条减震器螺栓至 21N·m（15lbf·ft）的扭矩。

⑦ 将正时链条安装到凸轮轴齿轮上。

⑧ 当链条下垂时，固定住凸轮轴链轮，将链条安装到曲轴齿轮上。

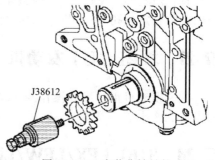

图 17-104 安装曲轴链轮

⑨ 将凸轮轴正时标记与正时链条减震器底部的正时标记对准。

⑩ 将凸轮轴正时标记与正时链条减震器的顶部正时标记对准。

⑪ 安装凸轮轴链轮螺栓。

⑫ 采用安装螺栓，将凸轮轴链轮拉到凸轮轴上。紧固凸轮轴链轮螺栓至 140N·m（103lbf·ft）的扭矩。

⑬ 将曲轴和凸轮轴链轮涂上发动机机油。

⑭ 安装发动机前盖。

## 17.22　2.5L LCV 发动机

该款发动机正时链拆装与 LTG 发动机一样，相关内容请参考本章 17.18 小节。

## 17.23　2.8L LP1 发动机

该款发动机正时维修操作与 LLT 相同，相关内容请参考 17.28 小节。

## 17.24　3.0L LF1/LFW 发动机

该款发动机正时维修操作与 LLT 相同，相关内容请参考 17.28 小节。

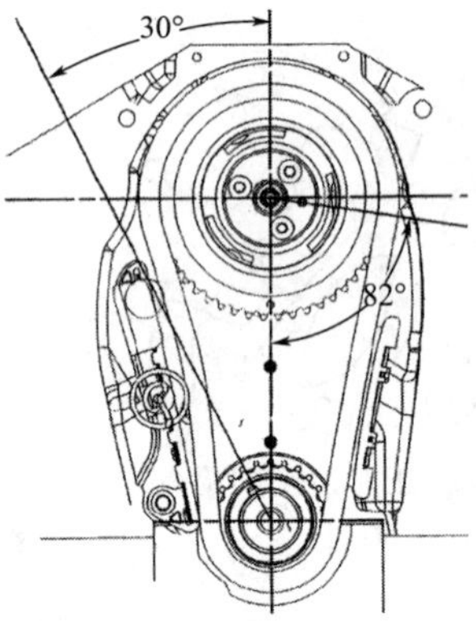

## 17.25 3.0L LZC/LZD 发动机

LZC/LZD 发动机正时链单元结构及拆装步骤与 LB8 发动机相似，相关内容请参考 17.21 小节。其正时对正如图 17-105 所示，将曲轴正时标记与正时链条减震器底部的正时标记对准。将凸轮轴正时标记与正时链条减震器的顶部正时标记对准。

图 17-105 LZC 发动机正时对准图

## 17.26 3.0L LW9 发动机

LW9 发动机正时链单元结构及拆装步骤与 LB8 发动机一样，相关内容请参考 17.21 小节。具体操作时正时标记对准如下位置：凸轮轴定位销 1、正时链条减震器 2、曲轴链轮 3、曲轴键 4、正时链条减震器 5 与凸轮轴链轮定位孔 6，如图 17-106 所示。

## 17.27 3.2L LU1 发动机

该款发动机正时维修操作与 LLT 相同，相关内容请参考 17.28 小节。

## 17.28 3.6L LFX/LFW/LLT/LY7 发动机

### 17.28.1 发动机正时链单元结构图解

本发动机配备有 3 条正时链条：主正时链条 1、右侧次正时链条 2 和左侧次正时链条 3，参见图 17-107。

主正时链条将曲轴链轮 4 和左、右侧中间传动轴链轮 5 连接在一起。

各机油压力支持的中间链轮驱动次正时链条，然后次正时链条驱动各自的气缸盖凸轮轴位置执行器 6。

两个固定式正时链条导板 7 和活动式正时链条蹄片 8 控制次正时链条间隙。

每个次正时链条蹄片处在油压液力致动型张紧器 9 的张力之下。为控制主正时链条上的间隙，采用了两个固定式正时链条导板 10 和一个带有内置蹄片 11 的油压液力致动型张紧器。

张紧器将正时链条的噪声降到最小，并且通过保持正时链条张紧，同时不断调节正时链条的磨损情况，使气门的操作准确无误。张紧器有一个柱塞，随着磨损向外调整，以减小齿隙。张紧器配有机油喷嘴，可在发动机运行时将机油喷射在正时部件上。每个张紧器都用带橡胶包层的钢衬垫密封在气缸盖或缸体上。衬垫带有足够的储备机油以保证车辆启动时安静。

安装主正时链条和左侧次正时链条，其正时标记如图 17-108 所示。

安装右侧次正时链条，其正时标记如图 17-109 所示。

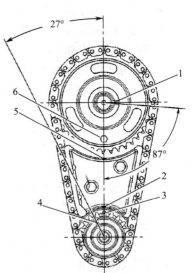

图 17-106 LW9 正时标记对准
1—凸轮轴定位销；2,5—正时链减震器；3—曲轴链轮；4—曲轴键；6—凸轮轴链轮定位孔

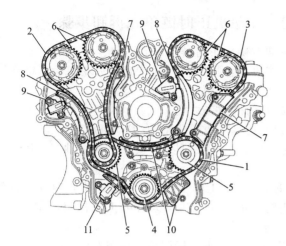

图 17-107　正时链单元分布图
1—主正时链条；2—右侧次正时链条；3—左侧次正时链条；4—曲轴链轮；5—中间传动轴链轮；6—凸轮轴位置执行器；7—次正时链条导板；8—次正时链条蹄片；9—次正时链条张紧器；10—主正时链条导板；11—主正时链条张紧器

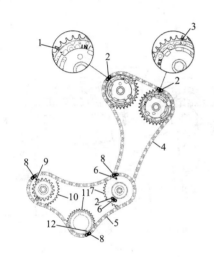

图 17-108　主正时链条和左侧次正时链条安装标记
1—进气凸轮轴位置（CMP）执行器正时标记（左侧）；2—次正时链条光亮电镀的链节（左侧）；3—排气凸轮轴位置（CMP）执行器正时标记（左侧）；4—次正时链条（左侧）；5—主正时链条；6—凸轮轴中间传动轴链轮正时标记（左侧）；7—凸轮轴中间传动轴链轮（左侧）；8—主正时链条光亮电镀的链节；9—凸轮轴中间传动轴链轮正时标记（右侧）；10—凸轮轴中间传动轴链轮（右侧）；11—凸轮轴链轮；12—凸轮轴链轮正时标记

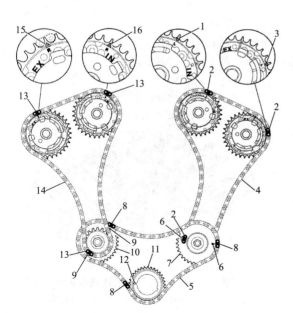

图 17-109　右侧正时链安装标记
1—进气凸轮轴位置（CMP）执行器正时标记（左侧）；2—次正时链条光亮电镀的链节（左侧）；3—排气凸轮轴位置（CMP）执行器正时标记（左侧）；4—次正时链条（左侧）；5—主正时链条；6—凸轮轴中间传动链条链轮正时标记（左侧）；7—主凸轮轴中间传动链条链轮（左侧）；8—主正时链条光亮电镀的链节；9—凸轮轴中间传动链条链轮正时标记（左侧）；10—凸轮轴中间传动链条链轮（左侧）；11—凸轮轴链轮；12—凸轮轴链轮正时标记；13—次正时链条光亮电镀的链节（右侧）；14—凸轮轴中间传动链条（右侧）；15—排气凸轮轴位置（CMP）执行器正时标记（右侧）；16—进气凸轮轴位置（CMP）执行器正时标记（右侧）

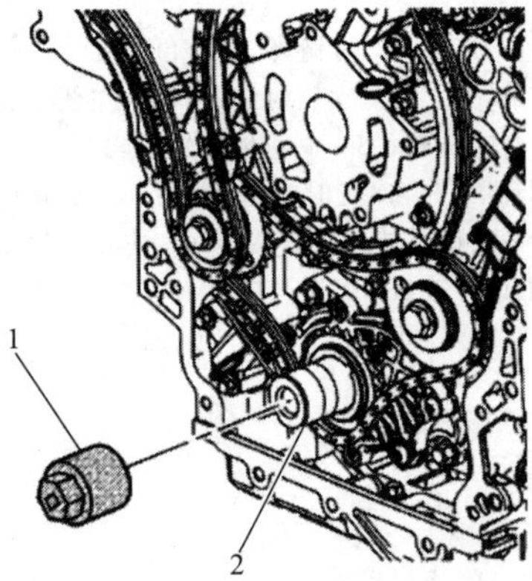

## 17.28.2 发动机正时链单元拆卸步骤

（1）拆卸右侧次正时链条

特别注意事项：拆卸上进气歧管和火花塞后，堵塞所有开口以防止灰尘或其他污染物进入。

① 拆卸发动机前盖总成。

② 拆卸火花塞以便于凸轮轴/发动机旋转。

③ 将 EN-46111 工具 1 安装到曲轴 2 上，见图 17-110。

④ 用 EN-46111 工具 1 沿顺时针方向旋转曲轴，直到曲轴链轮正时标记 2 对准机油泵外壳上的标定标记 3，如图 17-111 所示。

⑤ 对准曲轴链轮正时标记后，检查右侧气缸盖后部的凸轮轴凸台 1 是否与凸轮轴盖顶面平行，如图 17-112 所示。

图 17-110 安装专用工具到曲轴
1—工具 EN-46111；2—曲轴

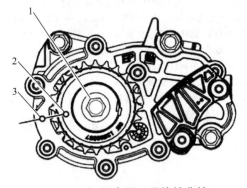

图 17-111 用专用工具旋转曲轴

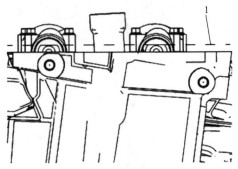

图 17-112 检测对准线位置
1—凸轮轴凸台

⑥ 如果凸轮轴凸台不如图 17-112 中所示，则旋转曲轴 360°。

⑦ 将 EN 46105-1 工具 1 安装到右气缸盖凸轮轴 2 后部，如图 17-113 所示。

⑧ 将 EN 46105-2 工具 1 安装到左气缸盖凸轮轴 2 的后部，如图 17-114 所示。

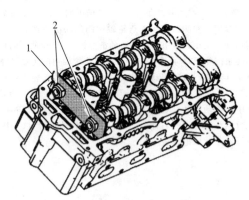

图 17-113 安装专用工具到凸轮轴
1—工具 EN46105-1；2—右气缸盖凸轮轴

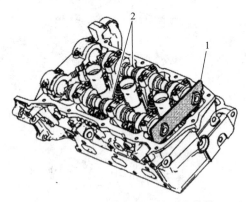

图 17-114 安装专用工具到凸轮轴
1—工具 EN46105-2；2—左气缸盖凸轮轴

⑨ 拆卸右侧次正时链条张紧器螺栓并拆卸张紧器。

重要注意事项：拆卸张紧器螺栓时要小心；张紧器柱塞上有弹簧张紧力，拆卸张紧器过程中柱塞可能会弹开。

⑩ 从张紧器 2 上拆卸张紧器衬垫 1 并将衬垫报废，如图 17-115 所示。

⑪ 检查右侧气缸盖上的张紧器安装面上是否有任何影响新张紧器衬垫密封的毛刺或缺陷。

⑫ 拆卸右侧次正时链条蹄片螺栓。

⑬ 拆卸右侧次正时链条蹄片。

⑭ 拆卸两个右侧次正时链条导板螺栓和导板。

⑮ 从凸轮轴位置执行器 2 和凸轮轴中间传动轴链轮 3 上拆卸右侧次正时链条 1，如图 17-116 所示。

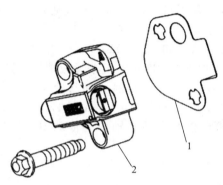

图 17-115　拆卸张紧器衬垫
1—张紧器衬垫；2—张紧器

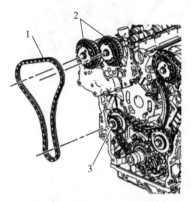

图 17-116　拆卸正时链条
1—右侧次正时链条；2—凸轮轴位置
执行器；3—凸轮轴中间传动轴链轮

（2）拆卸主正时链条

① 拆卸右侧次正时链条。

② 拆卸两个主正时链条张紧器螺栓和张紧器。

重要注意事项：拆卸张紧器螺栓时要小心；张紧器柱塞上有弹簧张紧力，拆卸张紧器过程中柱塞可能会弹开。

③ 从张紧器上拆卸衬垫并报废衬垫。

④ 检查发动机体上的主正时链条张紧器安装面上是否有任何影响新张紧器衬垫密封的毛刺或缺陷。

⑤ 拆卸两个主正时链条的上导板螺栓和导板。

重要注意事项：不得拆卸主正时链条的下导板；主正时链条下导板不能单独维修；如果需要更换主正时链条下导板，则机油泵总成也必须更换。

⑥ 拆卸主正时链条 1，如图 17-117 所示。

重要注意事项：为便于拆卸，在尝试从凸轮轴中间传动轴链轮上拆卸前，先从凸轮轴链轮上

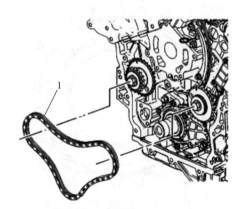

图 17-117　拆卸主正时链
1—主正时链条

拆卸链条。

⑦ 必要时拆卸右凸轮轴中间传动轴链轮螺栓并拆卸链轮。

⑧ 必要时从曲轴上拆卸曲轴链轮。

(3) 拆卸左侧次正时链条

① 拆卸主正时链条。

② 拆卸两个左侧次正时链条张紧器螺栓并拆卸张紧器。

重要注意事项：拆卸张紧器螺栓时要小心；张紧器柱塞上有弹簧张紧力，拆卸张紧器过程中柱塞可能会弹开。

③ 从张紧器拆卸衬垫并将其报废。

④ 检查左侧气缸盖上的张紧器安装面上是否有任何影响新张紧器衬垫密封的毛刺或缺陷。

⑤ 拆卸左侧次正时链条蹄片螺栓。

⑥ 拆卸左侧次正时链条蹄片。

⑦ 拆卸两个左侧次正时链条导板螺栓和导板。

⑧ 从凸轮轴位置执行器 2 和凸轮轴中间传动轴链轮上拆卸左侧次正时链条 1，如图 17-118 所示。

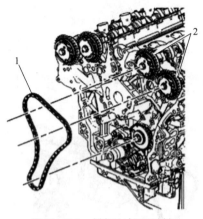

图 17-118　拆卸左侧正时链
1—左侧次正时链条；2—凸轮轴位置执行器

⑨ 必要时拆卸左凸轮轴中间传动轴链轮螺栓和链轮。

⑩ 从左侧气缸盖凸轮轴上拆卸工具 EN 46105-2。

⑪ 从右侧气缸盖凸轮轴上拆卸工具 EN 46105-1。

## 17.28.3　发动机正时链单元安装步骤

(1) 安装左侧次正时链条部件

① 将曲轴链轮安装至曲轴上，使键槽对准曲轴上的键。

② 将曲轴链轮套到曲轴上，直至曲轴链轮接触到曲轴上的凸台。

重要注意事项：确保曲轴链轮安装时正时标记 1 可见，如图 17-119 所示。

特别注意事项：要将工具 EN 46105 安装到凸轮轴上，沿逆时针方向旋转凸轮轴；旋转凸轮轴时不必超过 45°，如图 17-120 所示。

图 17-119　曲轴链轮正时标记
1—正时标记

图 17-120　逆时钟旋转凸轮轴

③ 将 EN 46105-1 工具 1 安装到左气缸盖凸轮轴 2 后部,并将工具 EN 46105-2 安装到右气缸盖凸轮轴后部,如图 17-121 所示。特别注意事项:在安装任何正时链条之前,所有的凸轮轴都必须锁定到位。

④ 确保工具 EN 46105-1 完全就位到凸轮轴上。

⑤ 使用 EN 46111 工具 1,沿顺时针方向旋转曲轴,直到曲轴链轮正时标记 2 对准机油泵外壳上的标定标记 3,如图 17-122 所示。

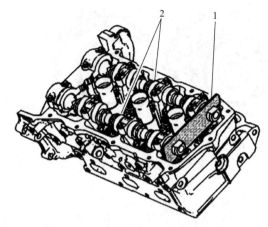

图 17-121　安装专用工具到左气缸盖
1—工具 EN 46105-1;2—左气缸盖凸轮轴

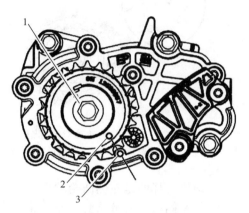

图 17-122　用专用工具顺时针旋转曲轴
1—工具 EN 46111;2—曲轴链轮正时标记;
3—机油泵外壳上的标定标记

⑥ 安装左侧次正时链条,按以下方式对准链条:

a. 将次正时链条套在两个左执行器传动链轮上。

b. 确保每个凸轮轴位置执行器链轮顶部有两个光亮电镀链节。

特别注意事项:将左侧次正时链条对准凸轮轴执行器链轮时,确保使用的是链轮上的圆形正时标记,而不是三角形标记,如图 17-123 所示。

c. 将光亮电镀的正时链条链节 1 对准左排气凸轮轴位置执行器链轮圆形定位标记 2,如图 17-124 所示。

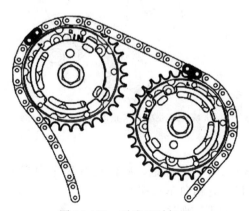

图 17-123　对准正时标记

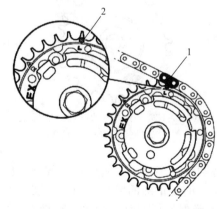

图 17-124　左排气凸轮轴对准标记
1—光亮电镀的正时链条链节;2—圆形定位标记

d. 将光亮电镀的正时链条链节 1 对准进气凸轮轴位置执行器链轮圆形定位标记 2,如

图 17-125 所示。

特别注意事项：左侧凸轮轴中间传动轴链轮 1 上有字母 "LB" 和 "FRONT" 标记，右侧链轮 2 上有字母 "RB" 和 "FRONT" 标记；确保使用的是正确的链轮，而且安装时字母 "FRONT" 面向前方，如图 17-126 所示。

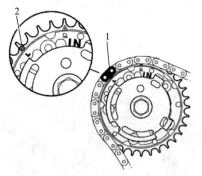 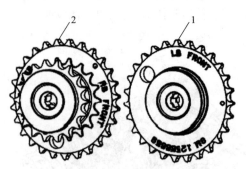

图 17-125　左进气凸轮轴对准标记
1—光亮电镀的正时链条链节；2—圆形定位标记

图 17-126　中间传动链轮对准标记
1—左侧链轮；2—右侧链轮

⑦ 确保选择的是左侧凸轮轴中间传动轴链轮并且安装方向正确。

⑧ 将左侧次正时链条套在左凸轮轴中间传动轴内侧链轮上，使光亮电镀链节 1 对准外侧链轮上的检修孔 2，如图 17-127 所示。

⑨ 将左凸轮轴中间传动轴链轮装到气缸体上。

⑩ 安装传动轴链轮螺栓 1 并紧固至正确的扭矩规格。凸轮轴中间传动轴链轮固定螺栓扭矩规格：58.0～72.0N·m。

⑪ 检查左侧次正时链条的正时标记是否对准（1～6），如图 17-128 所示。

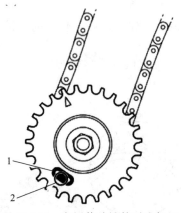 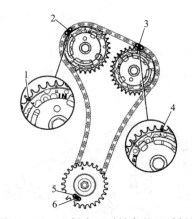

图 17-127　中间传动链轮对准标记
1—光亮电镀链节；2—检修孔

图 17-128　左侧次正时链条的正时标记

特别注意事项：左侧次正时链条导板上有字母 "LH" 标记，确保在本程序中安装到左侧时使用的是正确的蹄片，而且安装时字母 "LH" 应朝向车辆前方。

⑫ 确保选择的是左侧次正时链条导板且安装方向正确。

⑬ 安装左侧次正时链条导板。

⑭ 安装次正时链条导板螺栓并紧固至正确的扭矩规格。次正时链条导板固定螺栓扭矩规格：20.0～26.0N·m。

注意：左侧次正时链条蹄片上有字母"LH"标记，在正时链条蹄片的背面；确保安装到左侧时使用的是正确的蹄片。

⑮ 确保选择的是左侧次正时链条蹄片且安装方向正确。

⑯ 安装左侧次正时链条蹄片。

⑰ 安装左侧次正时链条蹄片螺栓并紧固至正确的扭矩规格。次正时链条蹄片固定螺栓扭矩规格：20.0～26.0N·m。

注意：确保次正时链条蹄片离开左侧次正时链条张紧器安装衬垫，然后再紧固固定螺栓。

⑱ 确保选择的是左侧次正时链条张紧器且安装方向正确。

⑲ 重新设置左侧次正时链条张紧器。

注意：为重新调整张紧器，应使用尺寸合适的平刃螺丝刀或工具J45027，沿顺时针方向将柱塞转入张紧器轴。

⑳ 将张紧器轴安装到左侧次正时链条张紧器体中。

特别注意事项：如果EN46112工具1未插入张紧器体2中，则张紧器轴3将保持在锁定位置，如图17-129所示，对正时链条没有张紧作用，因此会损坏发动机。

㉑ 将张紧器轴压入张紧器体内，然后将工具EN46112插入张紧器体侧面的检修孔，以锁定左侧次正时链条张紧器。

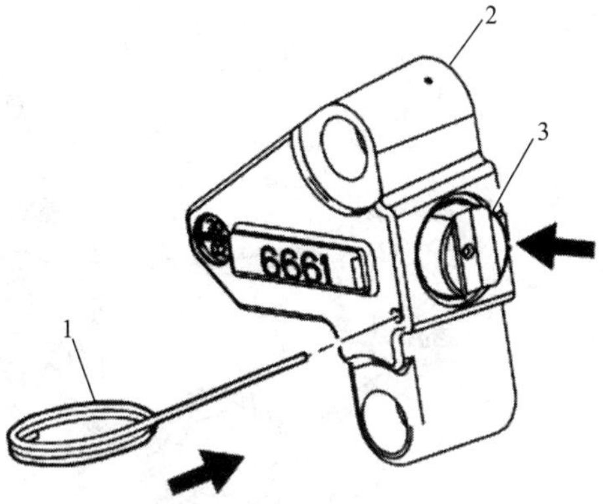

图17-129 插入专用工具锁定张紧器
1—工具EN46112；2—张紧器；3—张紧器轴

㉒ 缓慢释放左侧次正时链条张紧器上的压力。张紧器应保持压紧。

㉓ 将新的左侧次正时链条张紧器衬垫安装到张紧器上。

㉔ 通过张紧器和衬垫安装左侧次正时链条张紧器螺栓。

㉕ 确保左侧气缸盖上的左侧次正时链条张紧器安装面上没有任何影响新衬垫密封的毛刺或缺陷。

㉖ 将左侧次正时链条张紧器安装到位，然后将螺栓松弛地安装到气缸盖上。

㉗ 确认左侧次正时链条张紧器衬垫的凸舌位置正确。

㉘ 紧固左侧次正时链条张紧器螺栓至正确的扭矩规格。

次正时链条张紧器固定螺栓扭矩规格：20.0～26.0N·m。

㉙ 拉出工具EN46112并解锁张紧器轴，以释放左侧次正时链条张紧器。

㉚ 检查左侧次正时链条正时标记是否对准。

（2）安装主正时链条部件

① 如果之前已将左侧次正时链条部件拆卸，则先将其安装好。

特别注意事项：右凸轮轴中间传动轴链轮2上有字母"RB"和"FRONT"标记，左侧链轮1上有字母"LB"和"FRONT"标记；确保使用的是正确的链轮，而且安装时字母"FRONT"朝向前方，如图17-130所示。

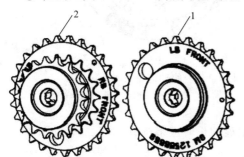

图17-130 中间传动链轮上的安装标记
1—左侧链轮；2—右侧链轮

② 确保选择的是右凸轮轴中间传动轴链轮而

且安装方向正确。

③ 安装右凸轮轴中间传动轴链轮。

④ 安装传动轴链轮螺栓并紧固至正确的扭矩规格。凸轮轴中间传动轴链轮固定螺栓扭矩规格：58.0～72.0N·m。

⑤ 确保曲轴链轮正时标记对准机油泵外壳上的标定标记。

⑥ 安装主正时链条。

⑦ 将主正时链条套在各凸轮轴中间传动轴链轮的大链轮上，曲轴链轮对准光亮电镀的链条链节，如图17-131所示。

a. 左凸轮轴中间传动轴链轮正时标记1应对准光亮电镀的主正时链条链节2，如图17-132所示。

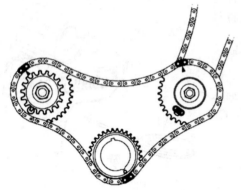

图17-131 主正时链安装标记对准位置　　图17-132 左凸轮轴中间传动轴链轮正时标记对准
1—正时标记；2—光亮电镀的主正时链条链节

b. 右凸轮轴中间传动轴链轮正时标记1应对准光亮电镀的主正时链条链节2，如图17-133所示。

c. 曲轴链轮正时标记1应对准光亮电镀的正时链条链节2，如图17-134所示。

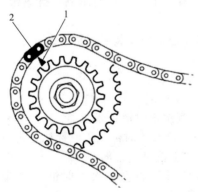
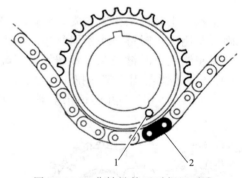

图17-133 右凸轮轴中间传动轴链轮正时标记对准　　图17-134 曲轴链轮正时标记对准
1—正时标记；2—光亮电镀的主正时链条链节　　1—正时标记；2—光亮电镀的主正时链条链节

⑧ 确保全部正时标记1、2、3都正确对准光亮电镀的正时链条链节4、5、6，如图17-135所示。

重要注意事项：禁止拆卸主正时链条下导板；主正时链条下导板不能单独维修；如果必须将其更换，则机油泵总成也必须更换。

⑨ 确保选择的是主正时链条上导板而且安装方向正确。

⑩ 安装主正时链条上导板。

⑪ 安装主正时链条上导板螺栓并紧固至正确的扭矩规格。主正时链条上导板固定螺栓扭矩规格：22.0~26.0N·m。

⑫ 确保正在安装的是主正时链条张紧器。

⑬ 重新设置主正时链条张紧器。

注意：为重新调整张紧器，使用尺寸合适的平刃螺丝刀或工具 J45027，沿顺时针方向将柱塞转入张紧器轴。

⑭ 将张紧器蹄片总成安装到主正时链条张紧器体中。

注意：如果工具 EN46112 未插入张紧器体中，则柱塞将保持在锁定位置，对正时链条没有张紧作用。

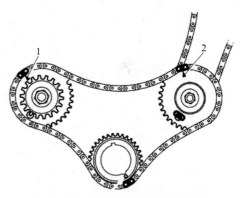

图 17-135 主正时链正时标记检查
1—正时标记；2—光亮电镀的主正时链条链节

⑮ 将蹄片总成压进张紧器体中，然后将工具 EN46112 插入张紧器体侧面的检修孔内，以锁定主正时链条张紧器。

⑯ 缓慢释放主正时链条张紧器上的压力。主正时链条张紧器应保持压紧。

⑰ 将新的主正时链条张紧器衬垫安装到张紧器上。

⑱ 将主正时链条张紧器螺栓穿过张紧器和衬垫，安装螺栓。

⑲ 确保发动机体上的主正时链条张紧器安装面上没有任何影响新衬垫密封的毛刺或缺陷。

⑳ 将主正时链条张紧器安放到位，然后将螺栓松弛地安装至发动机体。

㉑ 确认主正时链条张紧器衬垫的凸舌位置正确。

㉒ 紧固主正时链条张紧器螺栓至正确的扭矩规格。主正时链条张紧器固定螺栓扭矩规格：22.0~26.0N·m。

㉓ 拉出工具 EN46112 并松开张紧器轴，以释放主正时链条张紧器。

㉔ 检查主正时链条和左侧次正时链条的正时标记是否对准（1~12），如图 17-136 所示。

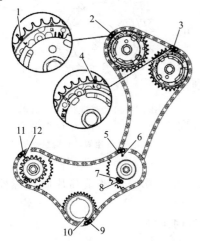

图 17-136 检查主正时链条和左侧次正时链条的正时标记

㉕ 从左、右气缸盖凸轮轴上拆卸工具 EN46105。

（3）安装右侧次正时链条部件

① 安装主正时链条部件。

② 使用工具 EN46111，沿顺时针方向旋转曲轴，直到曲轴链轮正时标记对准机油泵外壳上的标定标记。

特别注意事项：要将工具 EN46105 安装到凸轮轴上，应旋转凸轮轴；旋转凸轮轴时不必超过 45°。

③ 将工具 EN46105-1 安装到右侧气缸盖凸轮轴后部。

④ 将工具 EN46105-2 安装到左侧气缸盖凸轮轴后部。

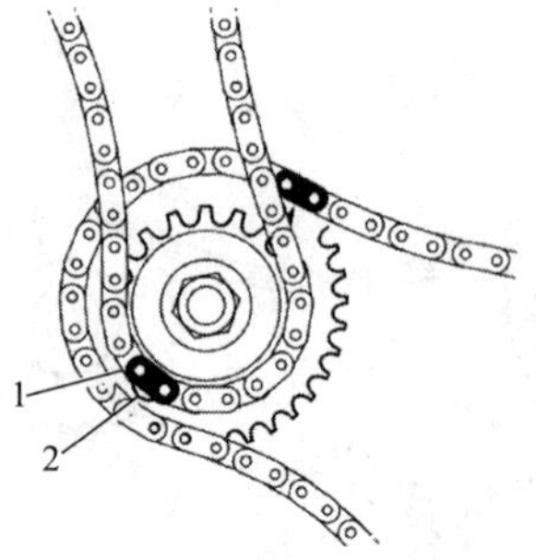

⑤ 将右侧次正时链条安装到凸轮轴执行器上，右凸轮轴中间传动轴链轮对准链条，如下所述：

a. 将次正时链条套在右凸轮轴中间传动轴的外侧链轮上，使光亮电镀的正时链条链节 1 对准内侧链轮中的定位检修孔 2，如图 17-137 所示。

b. 将次正时链条套在两个右执行器传动链轮上。

注意：将右侧次正时链条对准右凸轮轴执行器链轮时，确保使用的是链轮上的三角形正时标记，而不是圆形标记，如图 17-138 所示。

c. 将光亮电镀的正时链条链节 2 对准排气执行器链轮的三角形定位标记 1，如图 17-139 所示。

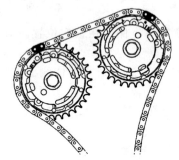

图 17-137　对准正时标记
1—光亮电镀的正时链条链节；2—定位检修孔

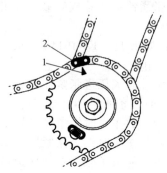

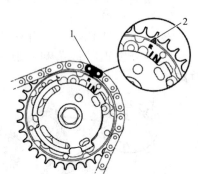

图 17-138　右侧次正时链条对准右凸轮轴执行器链轮

图 17-139　对准排气执行器链轮的三角形定位标记
1—三角形定位标记；2—光亮电镀的正时链条链节

d. 将光亮电镀的正时链条链节 1 对准进气执行器链轮的三角形定位标记 2，如图 17-140 所示。

特别注意事项：确保在本程序中安装到右侧时使用的是右侧次正时链条导板。

⑥ 确保选择的是右侧次正时链条导板而且安装方向正确。

⑦ 定位链条导板。

⑧ 安装次正时链条导板螺栓并紧固至正确的扭矩规格。次正时链条导板固定螺栓扭矩规格：20.0~26.0N·m。

注意：右侧次凸轮轴传动蹄片上有字母"RH"标记；确保在本程序中安装到右侧时使用的是右侧传动蹄片，而且安装时字母"RH"应朝向车辆前方。

⑨ 确保选择的是右侧次正时链条蹄片而且安装方向正确。

图 17-140　对准进气执行器链轮的三角形定位标记
1—光亮电镀的正时链条链节；
2—三角形定位标记

⑩ 定位右侧次正时链条蹄片。

⑪ 安装次正时链条蹄片螺栓并紧固至正确的扭矩规格。次正时链条蹄片固定螺栓扭矩规格：20.0~26.0N·m。

⑫ 确保选择的是右侧次正时链条张紧器而且安装方向正确。

⑬ 重新设置右侧次正时链条张紧器。

注意：为重新调整张紧器，使用尺寸合适的平刃螺丝刀或工具 J45027，沿顺时针方向将柱塞转入张紧器轴。

⑭ 将张紧器轴安装到右侧次正时链条张紧器体中。

特别注意事项：如果工具 EN46112 未插入张紧器体，则柱塞将保持在锁定位置，对正时链条没有张紧作用，因此会损坏发动机。

⑮ 将张紧器轴压进张紧器体，然后将工具 EN46112 插入张紧器体侧面的检修孔，以锁定张紧器。

⑯ 缓慢释放右侧次正时链条张紧器上的压力。张紧器应保持压紧。

⑰ 将新的右侧次正时链条张紧器衬垫安装到张紧器上。

⑱ 通过张紧器和衬垫安装右侧次正时链条张紧器螺栓。

⑲ 确保右侧气缸盖上的右侧次正时链条张紧器安装面上没有任何影响新张紧器衬垫密封的毛刺或缺陷。

⑳ 将右侧次正时链条张紧器安置到位，并将螺栓松弛地安装至发动机体。

㉑ 确认右侧次正时链条张紧器衬垫的凸舌位置正确。

㉒ 紧固右侧次正时链条张紧器螺栓至正确的扭矩规格。次正时链条张紧器固定螺栓扭矩规格：20.0～26.0N·m。

㉓ 拉出工具 EN46112 并松开张紧器柱塞，以释放右侧正时链条张紧器。

㉔ 检查所有主、次正时链条正时标记是否对准（1～18），如图 17-141 所示。

㉕ 从左、右气缸盖凸轮轴上拆卸工具 EN46105 和 EN46105-2。

㉖ 重新安装火花塞。

㉗ 重新安装发动机前盖总成。

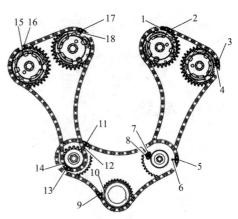

图 17-141 检查主、次正时链条正时标记是否对准

## 17.29 4.6L LH2 发动机

### 17.29.1 发动机正时部件与标记

发动机正时部件与标记位置如图 17-142 所示。

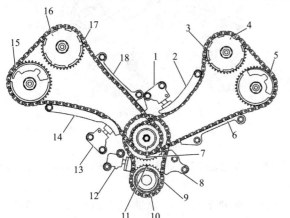

图 17-142 发动机正时部件与标记位置
1—左侧次级正时链条张紧器；2—左侧次级正时链条支撑板；3—左侧次级正时链条；4—左侧进气凸轮轴位置执行器正时标记；5—左侧排气凸轮轴位置执行器正时标记；6—左侧次级正时链条导板；7—中间位置执行器正时标记；8—初级正时链条导板；9—曲轴位置执行器销定位槽；10—初级正时链条；11—曲轴位置执行器正时标记；12—初级正时链条张紧器；13—右侧次级正时链条张紧器；14—右侧次级正时链条支撑板；15—右侧排气凸轮轴位置执行器正时标记；16—右侧进气凸轮轴位置执行器正时标记；17—右侧次级正时链条；18—右侧次级正时链条导板

### 17.29.2 凸轮轴正时设置

专用工具：EN46328 凸轮轴固定工具；J39946 曲轴套筒。

每当凸轮轴传动系统受到扰动以致链条和链轮之间的相对位置发生改变时，都需要设置凸轮轴正时。

当曲轴链轮和中间轴链轮上的正时标记对准，且所有 4 个凸轮轴位置执行器正时标记在它们转动位置顶部附近垂直（90°）于气缸盖顶面时，曲轴和凸轮轴正时正确。

① 拆下以下部件进行检查：左侧凸轮轴盖、右侧凸轮轴盖、发动机前盖、机油泵。特别注意事项：设置左侧或右侧次级凸轮轴正时之前，初级链轮和链条必须被正确地正时。

② 用工具 1J39946 转动曲轴，直到：

a. 初级正时齿轮定位标记处于其顶部位置。

b. 曲轴键槽约处于 1 点钟位置。

c. 如图 17-143 所示，中间轴链轮正时标记在其旋转底部，接近曲轴齿轮正时标记。

对初级正时链轮的正时，应确保 1 号气缸（缸组 1 右前气缸）活塞在开始作功行程的上止点（TDC）位置。如果转动曲轴时未满足此条件，则拆下初级正时齿轮和链条并重新对准初级正时标记。

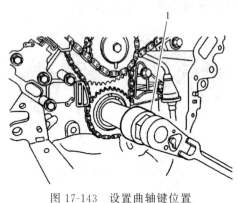

图 17-143　设置曲轴键位置
1—工具

③ 每个凸轮轴的后部均有一个与专用凸轮轴固定工具 EN46328（如图 17-144 中 1 所示）配合的机加工平面，以防止气门弹簧张力引起凸轮轴意外转动。当每个凸轮轴缸组正确就位以便次级正时对准时，进气和排气凸轮轴平斑将互相平行。

④ 将 J39946 安装在 2 上，以防止凸轮轴在气门弹簧张力作用下意外转动（图 17-145）。

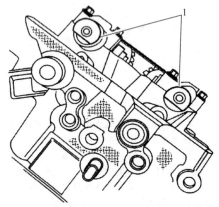

图 17-144　安装凸轮轴固定工具
1—专用凸轮轴固定工具 EN46328

图 17-145　安装专用工具
1—凸轮轴固定工具；2—凸轮轴

⑤ 如图 17-146 所示，使缸组 2（左侧）两个凸轮轴位置执行器正时标记 1 在它们旋转位置顶部附近垂直（90°）于气缸盖顶面。

⑥ 每个次级正时链条有 3 个黑色链节 1～3，有助于次级凸轮轴位置执行器与中间链轮正时（图 17-147）。仅维修一个次级正时链条或执行器总成时，不需要使用黑色链节。另一

个节省时间的方法是：将拆解前用油性笔在每个靠近凸轮轴执行器正时标记的链条链节上做的标记和中间链轮轮齿相匹配。

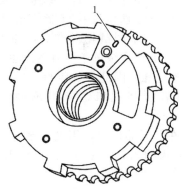

图 17-146　凸轮轴执行器正时标记
1—正时标记

图 17-147　正时链正时标记
1~3—黑色链节

⑦ 中间链轮上有代表左缸组的字母"LB"和一个三角形的标记（图 17-148）。三角形定位点对准次级正时链条上的黑色链节。

⑧ 将左侧次级正时链条装配到左侧进气凸轮轴位置执行器和左侧中间正时链轮，使定位标记靠近上述的黑色链节 1、3。

⑨ 如图 17-147 所示，装配左侧排气凸轮轴位置执行器，使其正时标记与次级正时链条上的黑色链节 2 对准。

⑩ 每个凸轮轴后部的 2 个机加工平面朝下，并相互平行。如图 17-149 所示，将 J39946 安装在凸轮轴端部上，向下旋转两个翼形螺钉直到它们接触凸轮轴。

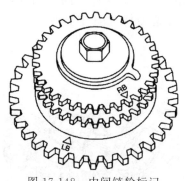

图 17-148　中间链轮标记

图 17-149　安装专用工具

特别注意事项：在设置缸组 1（右侧）凸轮轴正时前，必须正确正时缸组 2（左侧）凸轮轴位置执行器和中间正时链轮。

⑪ 在缸组 1（右侧）进气凸轮轴位置执行器被装配到凸轮轴上时，旋转执行器，使正时标记在其旋转位置顶部附近垂直（90°）于气缸盖顶面。

⑫ 中间正时齿轮外部的大部分链轮正时标记用右缸组（RB）字母符号。三角形定位点与右侧次级正时链条上的黑色链节同步。

⑬ 将右缸组中间链轮正时标记与次级链条上的黑色链节对准。

⑭ 将次级正时链条的黑色链节与右侧进气凸轮轴位置执行器上的正时标记对准。

⑮ 如图 17-150 所示，将缸组 1（右侧）排气凸轮轴位置执行器的正时标记与次级正时

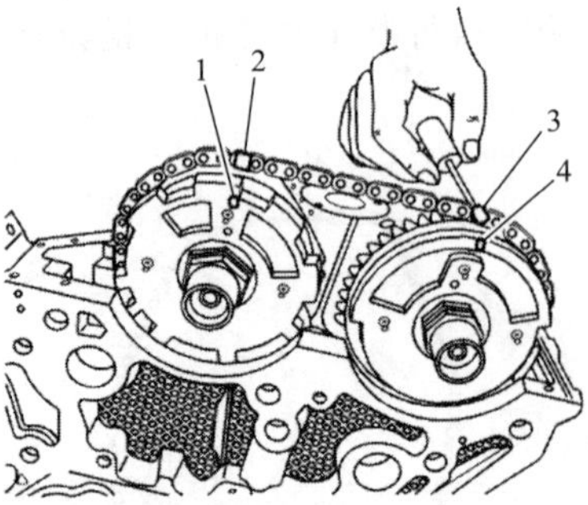

链条上的黑色链节对准，然后将执行器装配到排气凸轮轴上。

特别注意事项：一旦次级正时链条黑色链节2、3与凸轮轴位置执行器的正时标记1、4对准，并且与中间链轮对准后，曲轴需要旋转126转，才能使次级链条所有的黑色链节和正时标记再次对准；因此，仅维修一个次级正时总成时，不需要将次级链条黑色链节对准正时标记。

⑯ 在拆解部件前，用油性笔标记链条链节与链轮轮齿的相对位置，就能保持正确对准。

图17-150 对准凸轮轴位置执行器与正时链标记
1、4—正时标记；2、3—黑色链节

## 17.30  6.0L LZ1 发动机

### 17.30.1  正时链条拆卸

专用工具：EN46330 正时链张紧器固定销；J8433 拔出器杆；J41478 曲轴前油封安装工具；J41558 曲轴链轮拆卸工具；J41665 曲轴平衡器和链轮安装工具；J41816-2 曲轴端部保护装置；J42386-A 飞轮夹持工具；J45059 角度测量仪。

① 拆下机油泵。

② 转动曲轴链轮直到凸轮轴位置（CMP）执行器定位标记1和曲轴链轮定位标记2对正，见图17-151。

③ 如图17-152所示，安装J42386-A 飞轮夹持工具1和螺栓。使用正确的工具进行操作，即一个1.5×120mm 的 M10 螺栓和一个1.5×45mm 的 M10 螺栓。确保 J42386-A 飞轮夹持工具的卡齿和发动机飞轮齿啮合。将 J42386-A 飞轮夹持工具螺栓紧固至50N·m（37lbf·ft）的扭矩。

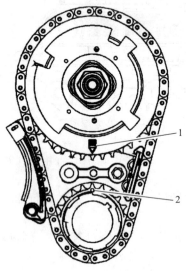

图17-151 转正曲轴链轮对正位置
1—凸轮轴位置执行器定位标记；2—曲轴链轮定位标记

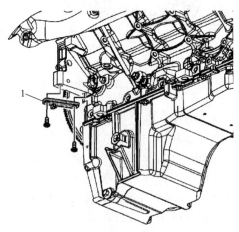

图17-152 安装飞轮夹持工具
1—飞轮夹持工具

④ 拆下并废弃凸轮轴位置执行器电磁阀。

拆卸或安装过程中，不要推拉凸轮轴位置（CMP）执行器的变磁阻轮。磁阻轮由3个滚柱销钉固定在凸轮轴位置执行器前端。推拉转子可能导致转子从执行器前端脱落。执行器复位弹簧处于张紧状态下且有可能导致脱落的变磁阻轮旋转，并造成人身伤害。

⑤ 从凸轮轴处松开并分离凸轮轴位置执行器和正时链条。从执行器链轮后面将执行器从凸轮轴前侧拉下。在尝试拆下执行器时切勿拉动变磁阻轮。

⑥ 拆下凸轮轴位置执行器和正时链条。正时链条拆下之后切勿转动曲轴总成以防止损坏活塞总成或气门。

⑦ 将捆扎带穿过执行器中心和变磁阻轮使其固定。

⑧ 拆下正时链条张紧器螺栓和张紧器。

⑨ 使用J41816-2曲轴端部保护装置1、J41558曲轴链轮拆卸工具2、螺栓3和J8433拔出器杆4以拆下曲轴链轮，见图17-153。

⑩ 拆下曲轴链轮。

⑪ 必要时，拆下曲轴链轮键。

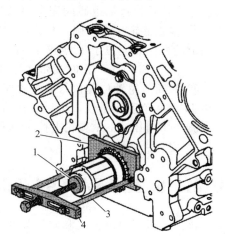

图17-153　用专用工具拆卸曲轴链轮
1—曲轴端部保护装置；2—曲轴链轮拆卸工具；3—螺栓；4—拔出器杆

## 17.30.2　正时链安装程序

① 将链轮键安装至曲轴链轮键槽（若之前拆下）。

② 将链轮键敲入键槽直到其两端到达曲轴底部。

③ 将曲轴链轮安装至曲轴前端。对准曲轴键和曲轴链轮键槽。

④ 使用J41478曲轴前油封安装工具和J41665曲轴平衡器和链轮安装工具以安装曲轴链轮。将链轮安装至曲轴，直到完全就位至曲轴凸缘。

⑤ 压住正时链条张紧器导板并安装EN46330正时皮带张紧器固定销。

⑥ 安装正时链条张紧器和螺栓。紧固螺栓至25N·m（18lbf·ft）的扭矩。

⑦ 找到凸轮轴位置执行器后面的定位孔1和凸轮轴前面的定位销2，见图17-154。正确定位凸轮轴位置执行器至凸轮轴定位销。链轮齿和正时链条齿必须啮合。必须正确对准凸轮轴和曲轴链轮的定位标记。切勿重复使用凸轮轴位置电磁阀。装配时，安装新的凸轮轴位置阀。

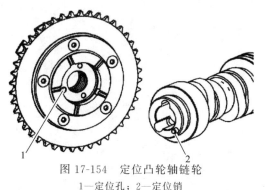

图17-154　定位凸轮轴链轮
1—定位孔；2—定位销

⑧ 对正凸轮轴位置执行器后，使正时标记位于6点钟位置。

⑨ 安装凸轮轴位置执行器和正时链条。对正凸轮轴位置执行器正面的定位孔和凸轮轴前面的定位销。

拆卸或安装过程中，不要推拉凸轮轴位置（CMP）执行器的变磁阻轮。磁阻轮由3个滚柱销钉固定在凸轮轴位置执行器前端。推拉转子可能导致转子从执行器前端脱落。执行器复位弹簧处于张紧状态下且有可能导致脱落的变磁阻轮旋转，并造成人身伤害。

⑩ 务必将执行器完全安装至凸轮轴前侧。从执行器链轮的前面将执行器推至凸轮轴前

侧。在尝试安装执行器时切勿推动变磁阻轮。

⑪ 将直尺放在发动机气缸体前侧以检查凸轮轴位置执行器和正时链条是否正确安装。凸轮轴位置执行器正确安装至凸轮轴前侧后，正时链条不会从发动机气缸体的前侧突出来。

⑫ 安装新的凸轮轴位置执行器阀。凸轮轴位置执行器正确定位至凸轮轴时，可以用手将凸轮轴位置执行器电磁阀完全旋入凸轮轴。用手紧固直到密合。

⑬ 检查链轮是否正确定位。CMP 执行器链轮上的标记 1 应位于 6 点钟位置，并且曲轴链轮上的标记 2 应位于 12 点钟位置，见图 17-151。

⑭ 拆下 EN46330 正时皮带张紧器固定销。

⑮ 紧固凸轮轴位置执行器电磁阀。第一遍将螺栓紧固至 65N·m（48lbf·ft）的扭矩。使用 J45059 角度测量仪，最后一遍将螺栓再次紧固 90°。

⑯ 拆下 J42386-A 飞轮夹持工具和螺栓。

⑰ 安装机油泵。

## 17.31　6.2L LSA/L94/L9H 发动机

该发动机正时链拆装和调整与 6.0L LZ1 发动机一样，相关内容请参考 17.30 小节。

# 第18章 福特汽车发动机

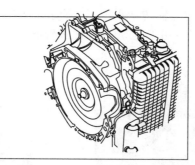
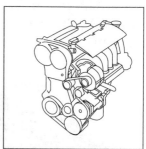

## 18.1 1.0T ECOBOOST 发动机

正时皮带拆装更换步骤如下。

① 曲轴皮带轮没有用于对齐皮带轮和曲轴的楔，螺栓拧得非常紧。如需取下曲轴皮带轮，则必须使用正确的工具，遵循正确的流程，并更换皮带轮螺栓。

拆卸时必须先取下驱动轴支座，然后才能取下曲轴定位螺栓，见图 18-1。

② 取下螺栓后，将专用工具 303-1604 放置到位，如图 18-2 所示。

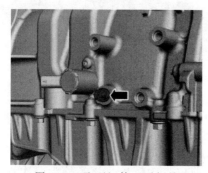
图 18-1　取下缸体正时螺栓

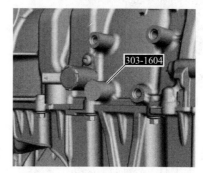
图 18-2　插入专用工具 303-1604

③ 手动顺时针旋转曲轴，直到其接触到工具，见图 18-3。
④ 取下工作电磁阀，将 303-1606 凸轮轴定位工具放置到位，见图 18-4。

图 18-3　顺时针转动曲轴触及工具

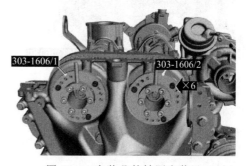
图 18-4　安装凸轮轴固定装置

⑤ 如图 18-5 所示，逆时针转动小把手，直到感受到阻力，力矩应为 15N·m。
⑥ 取下启动电机，将专用工具 303-1602 放置到启动电机安装螺纹孔上，以阻止曲轴转动，见图 18-6。

图 18-5　逆时针转动把手
1—逆时针指向；2—定位工具固定螺栓

图 18-6　安装专用工具 303-1602

⑦ 如图 18-7 所示，取下机油压力控制电磁阀，为专用工具 303-1611-02 腾出空间。
⑧ 将专用工具 303-1611-02 螺栓支架的第一部分放置到气缸体上，如图 18-8 所示。

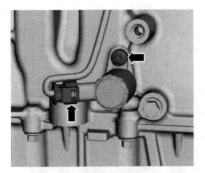

图 18-7　取下机油压力控制阀

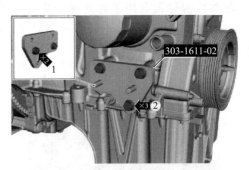

图 18-8　安装专用工具螺栓支架
1—专用工具 303-1611-02；2—专用工具支架

⑨ 将专用工具 303-1611-01 与支架的接合部分安放在气缸体上，见图 18-9。
⑩ 安放工具 303-1611 的第三部分，然后取下前皮带轮螺栓。该螺栓为一次性螺栓，取下后必须更换。取下该螺栓后，就能取下前皮带轮、前盖以及正时皮带了，见图 18-10。

图 18-9　安装专用工具接合体

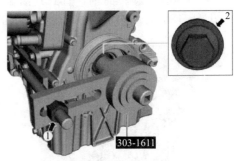

图 18-10　安装专用工具的第三部分
1—专用工具固定杆；2—前皮带轮螺栓

⑪ 使用专用工具 303-1054 钉住正时皮带张紧器，见图 18-11。

⑫ 此时可以更换皮带了。可按相反顺序重新组装前皮带轮，要特别注意前皮带轮的对准和螺栓张力。正时带部件见图 18-12。

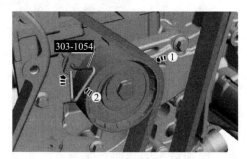

图 18-11　锁住张紧器
1—正时皮带；2—专用工具 303-1054

图 18-12　正时带部件分布
1—曲轴带轮；2—排气凸轮轴链轮；
3—进气凸轮轴链轮；4—张紧轮

## 18.2　1.3L JNTA/1.6L CLTA CDTA 发动机

### 18.2.1　正时链单元拆卸

① 拆卸机油泵。
② 降下车辆。
③ 拆卸气门室盖。
④ 凸轮轴链轮的正时记号须置于正上方 12 点钟位置，如图 18-13 所示。标记正时链的位置。转动发动机让第 1 缸活塞处于上止点位置。注意：只能按正常旋转方向转动发动机曲轴。
⑤ 如图 18-14 所示拆卸正时链液压张紧器。
⑥ 使用专用工具，拆卸凸轮轴链轮，如图 18-15 所示。

图 18-13　设置凸轮轴链轮正时记号位置

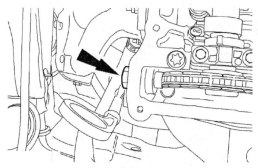

图 18-14　拆卸正时链液压张紧器

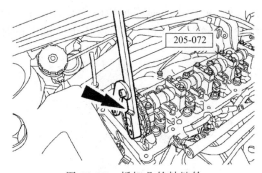

图 18-15　拆卸凸轮轴链轮

⑦ 举升车辆。
⑧ 如图 18-16 所示拆卸张紧臂。
⑨ 拆卸正时链及曲轴链轮，如图 18-17 所示。

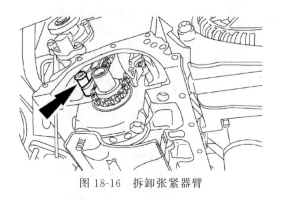

图 18-16 拆卸张紧器臂

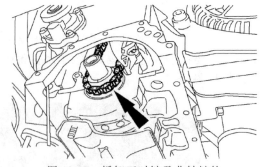

图 18-17 拆卸正时链及曲轴链轮

### 18.2.2 正时链单元的安装

① 安装曲轴链轮，如图 18-18 所示。注意：曲轴链轮的正时标记须置于正下方 6 点钟位置。

② 安装正时链条。注意：曲轴链轮的正时记号必须和正时链上的颜色标记对齐，如图 18-19 所示。

图 18-18 安装曲轴链轮

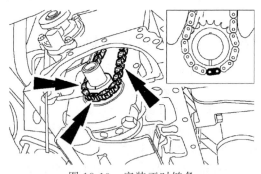

图 18-19 安装正时链条

③ 安装张紧臂，如图 18-20 所示。

④ 降下车辆。

⑤ 安装凸轮轴链轮和链条。注意：凸轮轴链轮的正时标记须置于正上方 12 点钟位置；凸轮轴链轮的正时记号必须和正时链上的标记对齐，如图 18-21 所示。

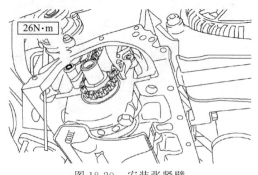

图 18-20 安装张紧臂

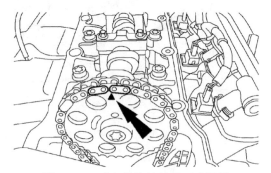

图 18-21 对齐凸轮轴链轮正时标记

⑥ 如图 18-22 所示，使用专用工具旋紧凸轮轴链轮螺栓。

⑦ 安装正时链液压张紧器，如图18-23所示。

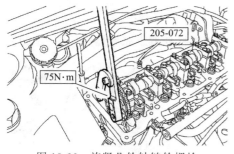

图18-22 旋紧凸轮轴链轮螺栓

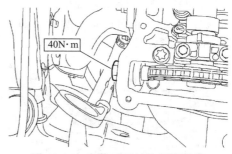

图18-23 安装正时链液压张紧器

⑧ 安装机油泵。
⑨ 安装气门室盖。

## 18.3 1.3 JR/1.5L TF 发动机

### 18.3.1 正时链单元的拆卸

① 拆卸气门室盖、附件驱动带。
② 顺时针旋转曲轴设置1号气缸于TDC位置，如图18-24所示。
③ 如图18-25所示，拔下曲轴位置传感器插头和线束。

图18-24 转动曲轴设置TDC位置

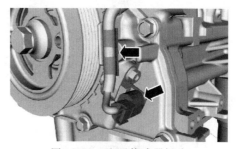

图18-25 取下传感器插头

④ 取下曲轴前密封件。
⑤ 拆卸正时链罩盖螺栓并取下正时链罩盖，如图18-26所示。
⑥ 用木块和卧式千斤顶升起汽车前部并安全支撑，如图18-27所示。

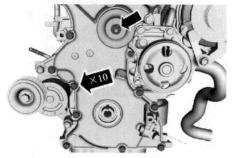

图18-26 拆卸正时链罩盖

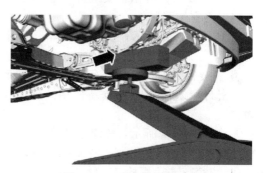

图18-27 升起并支撑汽车

⑦ 拆卸发动机各空调高、低压管路固定螺栓。
⑧ 拆卸发动机安装悬置螺栓。
⑨ 拆卸发动机正时链罩盖螺栓，如图 18-28 所示。
⑩ 压紧张紧器柱塞，用固定销固定位置，拆下紧固螺栓并取下张紧器，如图 18-29 所示。

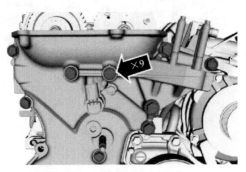

图 18-28 拆卸正时链罩盖

图 18-29 拆卸正时链张紧器
1—张紧器紧固螺栓；2—压入柱塞；3—插入固定销

⑪ 拆卸正时链张紧轨，取下正时链并拆卸正时链导板，如图 18-30 所示。

## 18.3.2 正时链单元的安装

① 如图 18-31 所示，对准箭头所指的凸轮轴与曲轴正时标记。

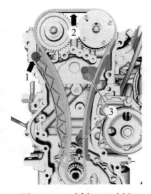

图 18-30 拆卸正时链
1—张紧轨紧固螺栓；2—正时链；3—导板螺栓

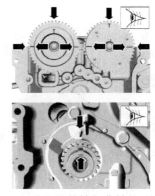

图 18-31 对准凸轮轴与曲轴的正时标记

② 如图 18-32 所示，安装正时链导板并紧固螺栓，安装正时链，再安装张紧轨。

③ 如图 18-33 所示，安装张紧器，紧固螺栓 1，并拔出固定销 2。

④ 安装密封圈，组件必须在涂上密封胶 5min 之内装上。注意：密封圈未损坏时可重新使用。确保接合面干净且没有异物。

⑤ 如图 18-34 所示，安装正时链罩盖，并按以下顺序和扭矩紧固螺栓：螺栓 1~8，22N·m；螺栓 9，9N·m；螺栓 10~18，22N·m；螺栓 7、11、16、19，45N·m。

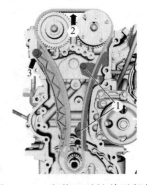

图 18-32 安装正时链单元部件
1—张紧轨紧固螺栓；
2—正时链；3—导板螺栓

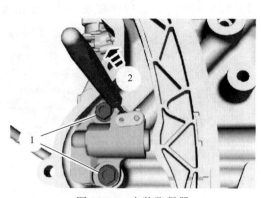

图 18-33　安装张紧器
1—螺栓；2—固定销

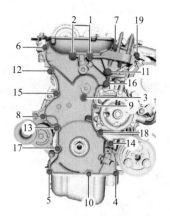

图 18-34　安装正时链罩盖
1～19—螺栓

⑥ 安装所有螺栓并用手拧紧，然后再按规定扭矩拧紧，如图 18-35 所示。螺栓 1 的扭矩：9N·m。螺栓 2 的扭矩：69N·m。螺栓 3 的扭矩：69N·m。

⑦ 用木块和卧式千斤顶升起并支撑车辆。

⑧ 安装曲轴前密封件。

⑨ 如图 18-36 所示安装各管路固定支架螺栓：螺栓 1 的扭矩为 12N·m；螺栓 2 的扭矩为 9N·m。

图 18-35　安装发动机安装支架
1～3—螺栓

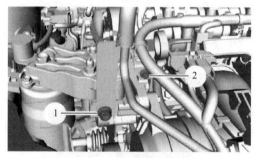

图 18-36　安装管路支架螺栓
1,2—螺栓

⑩ 安装附件驱动带和气门室盖。

## 18.4　1.5L/1.6L TIVCT 发动机

该发动机正时带拆装和调整与 1.5T ECOBOOST 发动机一样，相关内容请参考 18.5 小节。

## 18.5　1.5T ECOBOOST 发动机

发动机正时皮带更换步骤如下。

发动机正时带单元结构部件组成如图 18-37 所示。

① 顺时针旋转曲轴，转动曲轴直到 VVTI 上标记在 11 点钟的位置（图 18-38）。

② 拆装需要用到专用工具303-748，如图18-39所示，以保证凸轮轴正时正确；卸下螺栓并将303-748锁定工具放置到位，然后用手顺时针转动曲轴，直至曲轴碰到工具并停止转动。

图18-38　VVTI标记在11点钟位置

图18-37　正时皮带部件
1—进气凸轮轴调节装置；2—正时皮带；
3—曲轴正时皮带驱动链轮；4—正时皮带张
紧器；5—排气凸轮轴调节装置

图18-39　曲轴锁定工具

③ 重新装配时，可以使用减震装置对齐工具303-1550检查同心度。然后安装适用于303-393锁定工具的303-393-02适配器以锁定飞轮，防止其转动，见图18-40。

④ 随后，如图18-41所示，使用303-1097锁定工具锁定曲轴以防止其转动，使用通用工具4mm钻头锁定正时皮带张紧器，之后即可取下并更换皮带。

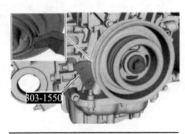

图18-40　减震装置对齐工具

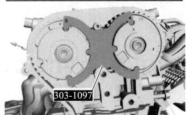

图18-41　凸轮轴锁定工具

## 18.6　1.6T ECOBOOST 发动机

该发动机正时带拆装和调整与1.5T ECOBOOST 发动机一样，相关内容请参考18.5小节。这里补充一下凸轮轴正时检查步骤。

① 如图 18-42 所示安装专用工具：凸轮轴的对齐工具 303-1552。注意：有必要使用开口扳手通过六角体固定凸轮轴以对齐凸轮轴。

② 目测检查并确认凸轮轴 VVT 标记在 12 点钟位置，见图 18-43。

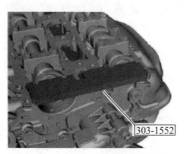

图 18-42　安装凸轮轴对齐工具

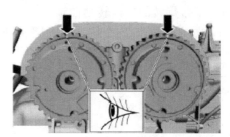

图 18-43　VVT 标记在 12 点钟位置

③ 安装专用工具：可变凸轮轴正时对齐工具。按照 25N·m（18lbf·ft）的扭矩予以拧紧凸轮轴 VVT 组件中心螺栓。使用开口扳手通过六角体固定凸轮轴以避免凸轮轴转动。凸轮轴相位器与链轮的正时标记必须处于 12 点钟位置。

④ 如图 18-44 所示卸下专用工具：可变凸轮轴正时对齐工具。

⑤ 卸下专用工具：凸轮轴的对齐工具 303-1552。

⑥ 另行拧紧凸轮轴 VVT 组件中心螺栓 75°。使用开口扳手通过六角体固定凸轮轴以避免凸轮轴转动。

⑦ 安装专用工具：凸轮轴的对齐工具 303-1552。注意：仅可在气门正时正确时安装专用工具。

⑧ 安装专用工具：可变凸轮轴正时的对齐工具。注意：仅可在气门正时正确时安装专用工具。如无法安装专用工具，则按照上文所述步骤重复调整。

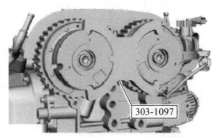

图 18-44　可变凸轮轴正时对齐工具

⑨ 卸下专用工具：可变凸轮轴正时的对齐工具。

⑩ 卸下专用工具：凸轮轴的对齐工具 303-1552。

⑪ 使用开口扳手通过六角体固定凸轮轴以避免凸轮轴转动。按照 16N·m（142lbf·in）的扭矩予以拧紧凸轮轴 VVT 组件中心螺栓。

⑫ 安装专用工具：可变凸轮轴正时的对齐工具。

## 18.7　1.8L/2.0L MI4 发动机

### 18.7.1　正时带单元的拆解

① 拆卸发动机盖。
② 拆开蓄电池接地电缆。
③ 拆开凸轮轴位置感应器（CMP）电气接头（如有安装）。
④ 从阀门盖上拆开曲轴箱强制通风（PCV）软管。
⑤ 拆卸线圈集成式火花塞。
⑥ 使用专用工具拆卸火花塞。

⑦ 拆卸发动机罩托架。
⑧ 取下阀门盖。
⑨ 顶起并支撑车辆。
⑩ 如图18-45所示转动曲轴，直到1号活塞大致处于上止点（TDC）前45°处。注意：只能以曲轴正常旋转的方向转动曲轴。
⑪ 拆卸发动机前罩下堵头，如图18-46所示。

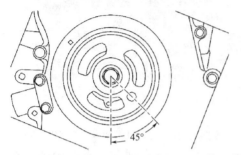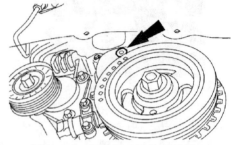

图18-45 转动曲轴设置1号活塞于TDC前45°处　　　图18-46 拆卸发动机前罩下堵头

⑫ 如图18-47所示，拆卸气缸体下堵头并安装专用工具。
⑬ 降低车辆。
⑭ 如图18-48所示拆卸发动机前罩上堵头。

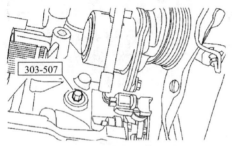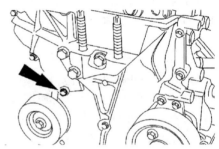

图18-47 拆卸气缸体下堵头　　　图18-48 拆卸发动机前罩上堵头

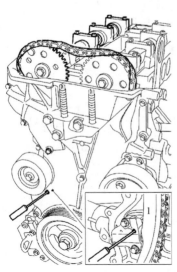

⑮ 松开正时链条。小心松开正时链条，确保正时链张紧器棘轮处于松开状态，如图18-49所示。

a. 使用合适的螺丝刀打开正时链张紧器棘轮。

b. 通过六角头以正常旋转方向小心旋转排气门凸轮轴张紧器。

c. 通过堵头安装合适的M6×25mm螺栓，将正时链导板固定在松开状态。

⑯ 松开凸轮轴链轮固定螺栓。把排气门凸轮轴链轮和正时链条与排气门凸轮分隔开，如图18-50所示。用张开的扳手通过六角头稳住凸轮轴，防止凸轮轴旋转。注意：用一段合适的线拴住正时链和链齿轮，防止其落入正时箱中。

⑰ 按图18-51所示步骤拆卸凸轮轴承盖螺钉。小心保持凸轮轴承盖、凸轮轴和凸轮轴链轮的正常顺序，以便安装。注意：分步骤进行，每次旋转凸轮轴承盖螺钉两转。

图18-49 锁定正时链张紧器

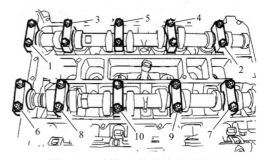

图 18-50 拆卸凸轮轴链轮　　　　图 18-51 拆卸凸轮轴轴承盖螺栓
　　　　　　　　　　　　　　　　　1～10—螺栓

⑱ 将进口边凸轮轴链轮与进口边凸轮轴分开。注意：用合适长度的线拴住正时链和链轮，防止其落入气缸体中。

### 18.7.2 正时带单元的安装

① 将凸轮轴链轮和正时链与进口边凸轮轴套在一起并插入安装。注意：在这一步不要紧扭凸轮轴链轮固定螺钉。

② 安装凸轮轴，如图 18-52 所示。分步骤进行，按图 18-52 所示的数字顺序均匀地扭紧凸轮轴承盖螺栓，每次扭半转。给凸轮轴轴承盖涂上油。按以下两阶段扭紧螺栓：阶段 1，7N·m；阶段 2，16N·m。注意：大约在阀门与 4 号气缸重叠处安装凸轮轴。在原位置安装凸轮轴和轴承盖。

③ 调节阀门间隙。注意：在安装新凸轮轴时只执行以下步骤。

④ 如图 18-53 所示，将排气门凸轮轴链轮和正时链安装到排气门凸轮轴上。注意：此步骤中不要紧固排气门凸轮轴链轮固定螺栓。

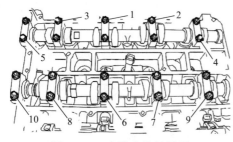 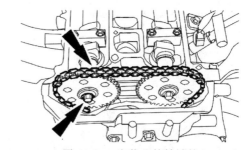

图 18-52 安装凸轮轴轴承　　　　图 18-53 安装凸轮轴链轮
1～10—螺栓

⑤ 如图 18-54 所示安装专用工具。

⑥ 给发动机前罩上堵头涂上胶粘剂。

⑦ 安装上发动机前盖上堵头，如图 18-55 所示。拆卸 M6×25mm 螺栓，并紧绷正时链。

⑧ 旋转凸轮轴，直至 1 号活塞位于 TDC 上止点位置。注意：只能按正常旋转方向旋转凸轮轴。

⑨ 如图 18-56 所示紧固凸轮轴链轮螺栓。注意：用张开的扳手通过六角头稳住凸轮轴，防止凸轮轴旋转。

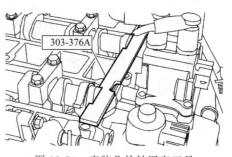

图 18-54 安装凸轮轴固定工具

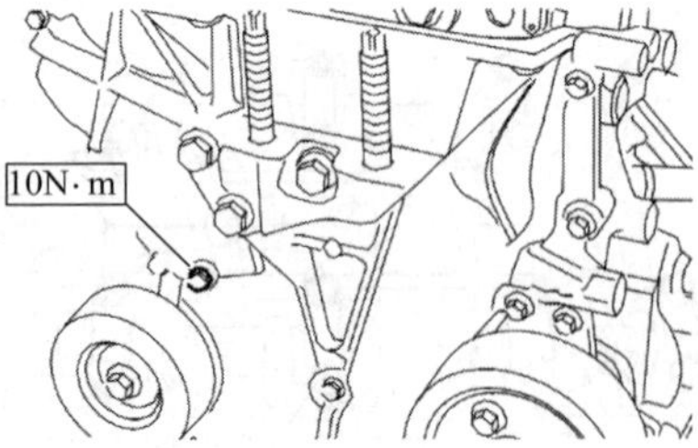

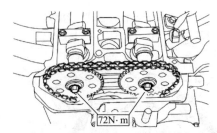

图 18-55　安装发动机前盖上堵头

图 18-56　紧固凸轮轴链轮螺栓

⑩ 拆卸凸轮轴固定专用工具。
⑪ 顶起并支撑车辆。
⑫ 拆卸专用工具，如图 18-47 所示。
⑬ 如图 18-45 所示，旋转凸轮轴大约 7/4 转，直到 1 号活塞大约位于 TDC 之前 45°处。
注意：只能按正常旋转方向旋转凸轮轴。

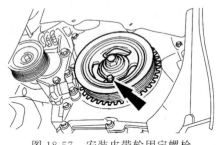

⑭ 安装气缸体堵头孔处专用工具，如图 18-47 所示。
⑮ 旋转凸轮轴，直至 1 号活塞位于 TDC 上止点位置。注意：只能按正常旋转方向旋转凸轮轴。
⑯ 用手扭紧凸轮轴皮带轮固定螺栓。如果不能安装凸轮轴皮带轮固定螺栓，则调节阀定时。使用 M6×18mm 螺栓检查凸轮轴皮带轮的位置，如图 18-57 所示。
⑰ 降低车辆。

图 18-57　安装皮带轮固定螺栓

⑱ 使用凸轮轴固定专用工具检查凸轮轴的位置。注意：如果不能安装专用工具，则调节阀正时。
⑲ 拆卸凸轮轴固定专用工具。
⑳ 顶起并支撑车辆。
㉑ 拆卸凸轮轴皮带轮固定螺栓。
㉒ 拆卸气缸体堵头孔处专用工具。
㉓ 安装气缸体下堵头。
㉔ 给发动机前罩下堵头涂上胶粘剂。
㉕ 安装发动机前罩下堵头。
㉖ 在图 18-58 中箭头所示的地方滴上密封胶。
㉗ 安装气缸盖罩。按如图 18-59 所示的数字顺序扭紧螺栓。注意：如果需要请另加一个气缸盖罩垫圈。

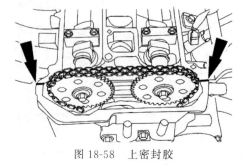

图 18-58　上密封胶

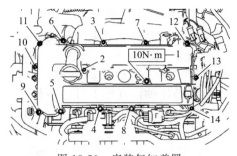

图 18-59　安装气缸盖罩
1～14—螺栓

㉘ 按与拆卸相反的顺序安装其他部件。

## 18.8　2.0T ECOBOOST 发动机

该发动机正时链拆装和调整与 2.3T ECOBOOST 发动机一样，相关内容请参考 18.10 小节。

## 18.9　2.0L AOBA 发动机

### 18.9.1　正时链单元的拆解

① 如图 18-60 所示，转动曲轴直至 1 号活塞大约与上止点（TDC）成 45°。注意：仅顺时针旋转曲轴。

② 如图 18-61 所示，用专用工具：205-072、205-072-02 拆下曲轴。

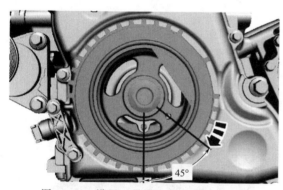

图 18-60　设置 1 号活塞与上止点成 45°

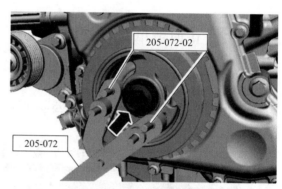

图 18-61　用专用工具拆下曲轴

③ 如图 18-62 所示，用专用工具 303-293 拆下垫圈，拆卸正时链罩盖。

④ 如图 18-63 所示，用专用工具 100-010 和通用设备：2mm 直径的销针，锁定张紧器。

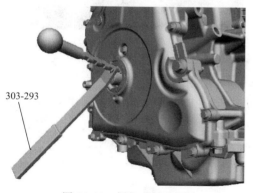

图 18-62　拆卸曲轴垫圈

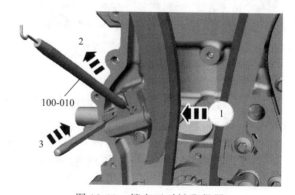

图 18-63　锁定正时链张紧器
1—压紧张紧器柱塞；2—专用工具 100-010；3—销针

⑤ 如图 18-64 所示，用开口扳手和六角螺栓，固定凸轮轴，以防止其转动。

⑥ 拆下正时链导轨，拆下张紧器，如图 18-65 所示。

⑦ 拆下张紧轨。

⑧ 拆下正时链条。

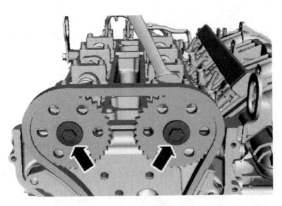

图 18-64 拆卸凸轮轴链轮螺栓

图 18-65 拆卸张紧器

### 18.9.2 正时链单元的安装

① 给曲轴轴承盖上油，安装曲轴轴承盖，如图 18-66 所示。扭矩：1 级，7N·m；2 级，16N·m。

② 安装凸轮轴固定专用工具 303-376B，如图 18-67 所示。

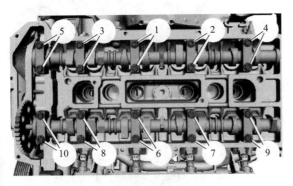

图 18-66 安装凸轮轴轴承盖螺栓
1～10—螺栓

图 18-67 安装凸轮轴定位工具

③ 用通用设备 2mm 打孔器锁定张紧器，安装张紧器，紧固螺栓，扭矩为 10N·m，如图 18-68 所示。

④ 安装正时链导轨紧固螺栓，扭矩为 10N·m，如图 18-69 所示。

⑤ 仅用手拧紧螺栓，如图 18-64 所示。

⑥ 拔出张紧器锁销。

⑦ 用开口扳手和六角螺栓固定凸轮轴，以防止其转动。扭矩：72N·m。

⑧ 在正时链罩盖与缸体接合面涂抹硅脂密封剂（WSE-M4G323-A4/2U7J-M4G323-AA）。

⑨ 如图 18-70 所示，安装正时链盖，按图中所示数字顺序紧固螺栓，扭矩：螺栓 1～8，10N·m；螺栓 9，48N·m；螺栓 10～19，10N·m；螺栓 20～22，48N·m。

图 18-68 安装张紧器

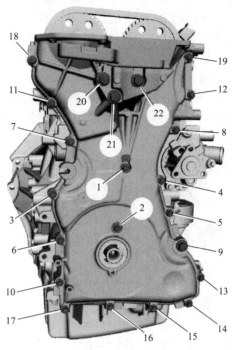

图 18-70 安装气缸盖罩
1～22—螺栓

图 18-69 安装正时链导轨

## 18.10　2.3T ECOBOOST 发动机

### 18.10.1　正时链条拆卸

① 将空挡的车辆置于起重机上。
② 拆下高压燃油泵驱动装置。
③ 拆除发动机前盖板。
④ 如图 18-71 所示，安装专用工具 303-1565：凸轮轴定位工具。
⑤ 使用开口扳手防止部件转动，松开凸轮轴 VVT 组件螺栓，见图 18-72。

图 18-71 安装凸轮轴定位工具

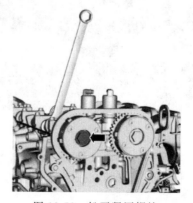

图 18-72 松开紧固螺栓

⑥ 以同样方法松开另一侧紧固螺栓。

⑦ 使用小工具释放或保持棘轮机构。当棘轮机构保持在松开位置时,将正时链臂推向拉紧器方向,压紧拉紧器。将固定销插入孔内保持住拉紧器,见图18-73。

⑧ 拆下张紧器的2个紧固螺栓并取下张紧器。

⑨ 拆下正时链导板、张紧器臂螺栓并取下部件,拆下正时链条,见图18-74。

图18-73 设置张紧器

1—释放棘轮的小工具;2—推动正时链臂;3—插入固定销

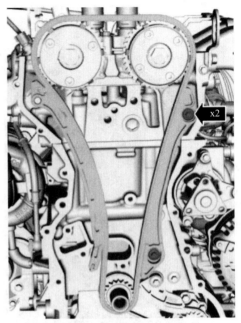

图18-74 拆下正时链条

## 18.10.2 正时链条安装

① 安装正时链条、正时链张紧臂、正时链导板,紧固2个螺栓,扭矩:10N·m。如果正时链张紧器活塞及棘轮组件不固定在压缩位置,则按以下步骤进行设置。

② 使用老虎钳边缘,压缩正时链张紧器活塞,见图18-75。不得压缩棘轮组件,因为这会损坏棘轮组件。

③ 使用小工具推回或保持棘轮机构,见图18-76。

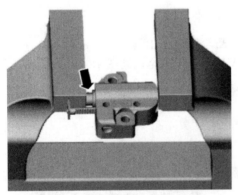

图18-75 压紧张紧器活塞

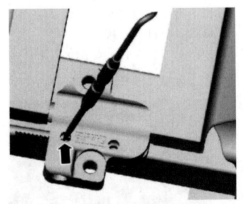

图18-76 用工具保持棘轮机构

④ 当保持住棘轮机构时,将棘轮臂推回到张紧器壳体中,见图18-77。

⑤ 将紧固销安装在张紧器壳体的孔中,这样可以在安装时保持住棘轮组件及活塞,见图18-78。

图18-77 压入棘轮机构

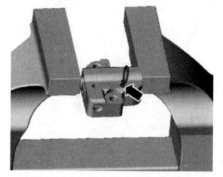
图18-78 插入固定销锁住活塞

## 18.11 2.3L MI4发动机

### 18.11.1 正时链单元的拆解

说明：曲轴、曲轴链轮和皮带轮通过摩擦固定在一起，在各个部件上的凸缘面之间使用了菱形垫圈；因此，如果松开皮带轮，曲轴链轮也就被松开；所以，每次拆下减震器时，必须重新调整发动机点火正时，否则会导致发动机严重损坏。

① 变速器挂入空挡，将车辆放置在举升机上。
② 拆下附件驱动皮带和张紧轮。
③ 拆下发动机支承。
④ 拆下气门室盖。
⑤ 用曲轴皮带轮螺栓顺时针转动曲轴使1号缸活塞置于TDC位置。如果1号缸活塞没有置于上止点（TDC）位置，则会导致发动机损坏。只能沿正常转动方向转动发动机。
⑥ 如图18-79所示，将专用工具安装在各凸轮轴后部的槽内。专用工具303-465只能用于凸轮轴定位。用这个工具来防止发动机旋转会导致发动机损坏。注意：凸轮轴正时槽是偏心的。如果不能安装专用工具，则顺时针转动曲轴一整圈直到凸轮轴位置正确。
⑦ 拆下发动机正时孔螺栓，如图18-80所示。

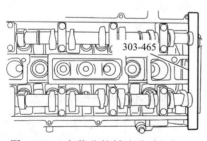
图18-79 安装凸轮轴定位专用工具

图18-80 拆下发动机插入螺栓

⑧ 如图18-81所示安装曲轴锁定专用工具。注意：只能沿正常转动方向转动发动机。在此步骤中，安装专用工具能够防止发动机沿顺时针方向转动。
⑨ 安装曲轴轮固定专用工具，如图18-82所示。
⑩ 如图18-82所示拆下曲轴皮带轮。拆下曲轴皮带轮螺栓和垫圈。拆下曲轴皮带轮。如果松开螺栓时没有将曲轴皮带轮固定在原位，则会导致损坏发动机。

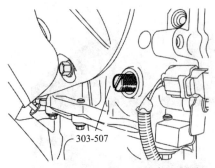
图 18-81 安装曲轴正时销专用工具

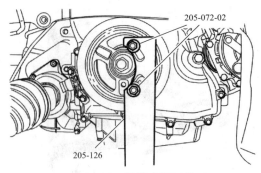
图 18-82 安装专用工具

⑪ 如图 18-83 所示，使用专用工具拆下曲轴前油封。拆卸密封时小心不要损坏发动机前盖或曲轴。

⑫ 如图 18-84 所示，拆下 2 个动力转向泵螺栓。

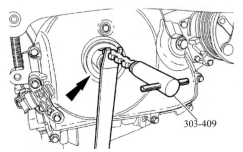
图 18-83 用专用工具拆下曲轴前油封

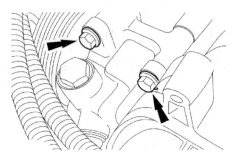
图 18-84 拆下 2 个动力转向泵螺栓

⑬ 拆下其余螺栓并将动力转向泵放到一旁。注意：动力转向压力管下的螺栓保留在动力转向泵上。

⑭ 拆下 CKP 传感器并丢弃。注意：只要拆下曲轴位置（CKP）传感器，就必须安装新部件，用新部件提供的定位夹具进行安装。

⑮ 拆下螺栓和发动机前盖。

⑯ 拆下正时链张紧器，如图 18-85 所示。

a. 压缩正时链张紧器，在孔中插入一个曲别针固定张紧器。

b. 拆下螺栓和正时链张紧器。

⑰ 拆下右正时链导向装置。

⑱ 如图 18-86 所示拆下正时链。

图 18-85 拆卸张紧器

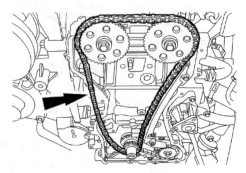
图 18-86 拆卸正时链条

⑲ 拆下螺栓和左正时链导向装置。

## 18.11.2 正时链单元的安装

① 安装凸轮轴链轮和螺栓,此时不要拧紧螺栓,如图 18-87 所示。
② 安装左正时链导向装置和螺栓。紧固扭矩:10N·m（89lbf·ft）。
③ 安装正时链。
④ 安装右正时链导向装置。
⑤ 如图 18-88 所示,安装正时链张紧器和螺栓。拆下曲形别针以释放活塞。紧固扭矩:10N·m（89lbf·ft）。

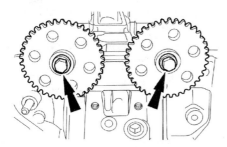

图 18-87 安装凸轮轴链轮及螺栓

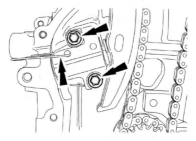

图 18-88 安装张紧器

⑥ 利用凸轮轴上的平面来防止凸轮轴旋转,拧紧螺栓。专用工具 303-465 只能用于凸轮轴定位。用这个工具来防止发动机旋转会导致发动机损坏。紧固扭矩:65N·m（48lbf·ft）。
⑦ 清洁并检查发动机和前盖的安装表面。不要使用金属刮刀、钢丝刷、电动研磨片或其他研磨方法清洁密封表面。这些工具会造成划痕和凹槽,可能形成泄漏途径。
⑧ 在气缸盖和机油盘接合区域涂施一道 2.5mm（0.09in）的硅密封胶。在前盖上涂施一道 2.5mm（0.09in）的硅密封胶。注意:必须在涂施硅密封胶后 4min 内安装发动机前盖并拧紧螺栓。
⑨ 安装发动机前盖。按照图 18-89 所示的数字顺序将螺栓紧固到下列规定扭矩:将 8mm 直径的螺栓紧固到 10N·m（89lbf·in）；将 13mm 直径的螺栓紧固到 48N·m（35lbf·ft）。
⑩ 放好动力转向泵并安装螺栓。紧固扭矩:25N·m（18lbf·ft）。注意:动力转向压力管下的螺栓保留在动力转向泵上。
⑪ 安装其余 2 个动力转向泵螺栓。紧固扭矩:25N·m（18lbf·ft）。
⑫ 使用专用工具安装曲轴前油封。注意:从专用工具上拆下贯穿螺栓；用清洁的机油润滑油封。
⑬ 安装曲轴皮带轮并用手拧紧螺栓。注意:不要重复使用曲轴皮带轮螺栓；安装前在密封区域涂上清洁的机油。
⑭ 安装一个标准 6mm（0.23in）×18mm（0.7in）的螺栓,穿过曲轴皮带轮并拧入前盖,如图 18-90 所示。只能用手拧紧螺栓,否则会损坏前盖。注意:此步骤将使曲轴皮带轮与曲轴之间正确定位；必要时转动皮带轮以对正螺栓孔。

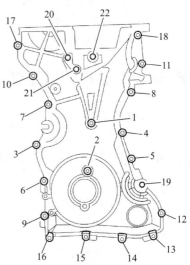

图 18-89 安装发动机前盖

1～22—螺栓

⑮ 如图 18-91 所示，用专用工具将曲轴皮带轮固定在原位，分两个阶段拧紧曲轴皮带轮螺栓：第 1 阶段，紧固到 100N·m（74lbf·ft）的扭矩；第 2 阶段，另外拧紧 90°（1/4 圈）。如果紧固螺栓时没有将曲轴皮带轮固定在原位，则会导致损坏发动机前盖。

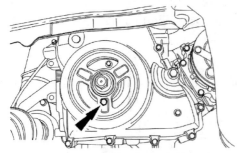

图 18-90　安装曲轴皮带轮定位螺栓

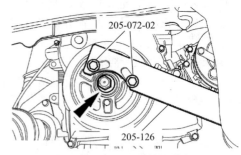

图 18-91　安装曲轴皮带轮

⑯ 拆下 6mm（0.23in）×18mm（0.7in）的螺栓。
⑰ 拆下曲轴正时销专用工具。
⑱ 拆下凸轮轴定位专用工具。
⑲ 转动发动机 2 整圈。注意：只能沿正常转动方向转动发动机。
⑳ 转动曲轴直到 1 号缸活塞处于上止点位置。注意：只能沿正常转动方向转动发动机。
㉑ 安装曲轴正时销专用工具。
㉒ 用 6mm（0.23in）×18mm（0.7in）的螺栓检查曲轴皮带轮的位置。如果不能安装螺栓，则校正发动机正时。只能用手拧紧螺栓，否则会损坏前盖。
㉓ 使用凸轮轴定位专用工具，检查凸轮轴位置。如果不能安装专用工具，则校正发动机正时。
㉔ 安装 CKP 传感器。此时不要拧紧螺栓。
㉕ 调整 CKP 传感器定位夹具。螺栓紧固到 7N·m（62lbf·in）的扭矩。
㉖ 拆下 6mm（0.23in）×18mm（0.7in）的螺栓。
㉗ 安装发动机插入螺栓。紧固扭矩：20N·m（15lbf·ft）。
㉘ 安装附件驱动皮带和张紧轮。
㉙ 安装发动机支承。
㉚ 安装气门室盖。

## 18.12　2.2T TDCI 柴油发动机

该发动机正时链拆装和调整与路虎 2.2T 柴油发动机相似，相关内容请参考 13.3 小节。

## 18.13　2.4T PUMA 柴油发动机

### 18.13.1　正时链单元的拆卸

① 拆下气门室盖。
② 拆下发动机前盖。
③ 拆下曲轴位置（CKP）传感器。
④ 卸下气门摇臂轴支架。

⑤ 放松并锁定正时链条张紧轮,如图18-92所示。
a. 缩回制转杆。
b. 推入锁定工具。
c. 插入定位销。
⑥ 拆下正时链张紧器和右正时链导轨,如图18-93所示。

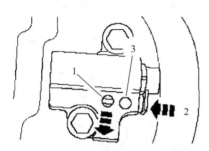

图18-92 设置正时链张紧器
1—锁定孔;2—推入柱塞;3—定位孔

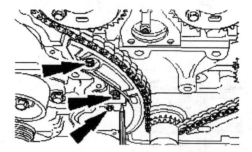

图18-93 拆下正时链张紧器和右正时链导轨

⑦ 卸下正时链上导轨,如图18-94所示。
⑧ 拆卸凸轮轴链轮和正时链,如图18-95所示。
⑨ 按照图18-96所示的数字顺序拆下凸轮轴支座螺栓。拆卸凸轮轴支座。

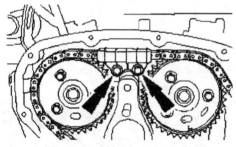

图18-94 拆卸正时链上导轨

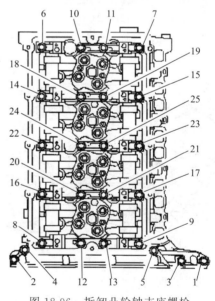

图18-96 拆卸凸轮轴支座螺栓
1~25—螺栓

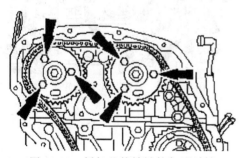

图18-95 拆卸凸轮轴链轮与正时链

⑩ 拆下凸轮轴。

## 18.13.2 正时链单元的安装

① 清洗凸轮轴支座和气缸盖的接合面。
② 将发动机转到在上止点(TDC)前50°角处,并通过CKP传感器孔插入专用工具,如图18-97所示。

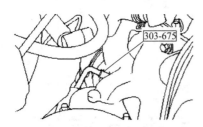

图 18-97 在 CKP 传感器孔插入专用工具

③ 在气缸盖接合面上施加 2.5mm 直径的化学黏合剂 510。

④ 安装凸轮轴。

⑤ 安装凸轮轴支座。按如图 18-98 所示数字顺序分两阶段拧紧螺栓。阶段 1：紧固螺栓 1～22 至 23N·m 的扭矩。阶段 2：紧固螺栓 23～25 至 10N·m 的扭矩。

⑥ 如图 18-99 所示，安装正时链张紧器和右侧正时链导轨。

⑦ 正时链的铜链节必须对准凸轮轴链轮上的正时标记，如图 18-100 所示。安装凸轮轴链轮和正时链。

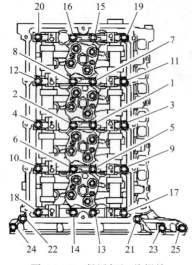

图 18-98 紧固气缸盖螺栓
1～25—螺栓

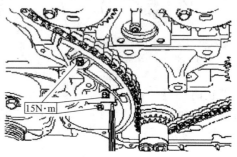

图 18-99 安装正时链张紧器

⑧ 穿过凸轮轴链轮中的孔插入 6mm 的钻头，用手指尽量拧紧凸轮轴链轮固定螺栓，如图 18-101 所示。

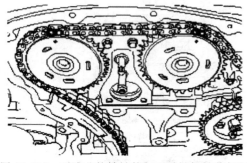

图 18-100 对准凸轮轴链轮与正时链铜链节标记

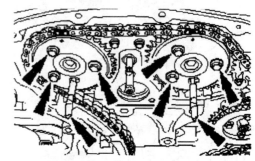

图 18-101 紧固凸轮轴链轮螺栓

⑨ 安装正时链上导轨。

⑩ 松开燃油喷射泵链轮固定螺栓。

⑪ 正时链的铜链节必须与凸轮轴链轮上的正时标记对准。将 1 个 6mm 的钻头穿过孔插入燃油喷射泵链轮，并用手指尽量拧紧燃油喷射泵链轮固定螺栓，如图 18-102 所示。

⑫ 如图 18-103 所示，拆下销，解除正时链张紧器锁定。注意：确保完全松开正时链张紧器。

⑬ 拧紧凸轮轴链轮和燃油喷射泵链轮固定螺栓，如图 18-104 所示。

⑭ 如图 18-105 所示，将凸轮轴链轮与燃油喷射泵链轮上的钻头从孔中拆下。

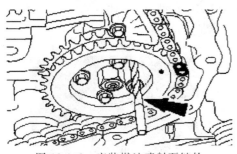
图 18-102　安装燃油喷射泵链轮

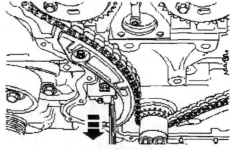
图 18-103　安装正时链张紧器，取出固定销

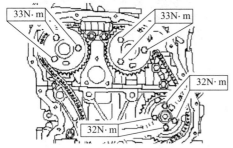
图 18-104　紧固凸轮轴链轮与燃油泵链轮螺栓

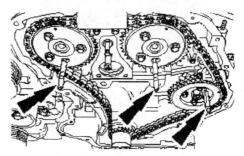
图 18-105　拆卸下固定钻头

⑮ 将专用工具从 CKP 传感器孔中拆下。
⑯ 安装摇臂架。分两步拧紧螺栓。第 1 步：10N·m 的扭矩。第 2 步：30°。
⑰ 顺时针旋转曲轴两圈。
⑱ 将 6mm 钻头通过孔插入凸轮轴链轮与燃油喷射泵链轮，检查凸轮轴正时。
⑲ 在 CKP 传感器孔中插入专用工具检查正时。
⑳ 将专用工具从 CKP 传感器孔中拆下。
㉑ 将凸轮轴链轮与燃油喷射泵链轮上的钻头从孔中拆下。
㉒ 安装 CKP 传感器。
㉓ 安装发动机前盖。
㉔ 安装气门室盖。

## 18.14　2.7T ECOBOOST 发动机

拆卸步骤如下。
(1) 拆卸右侧正时链
① 拆除发动机前盖板。
② 安装曲轴固定器，见图 18-106。
③ VCT 装置拥有 2 个正时标记，一个三角形标记和一个圆形标记。在装卸 "RH" 侧装置时，请使用三角形标记。
　a. 顺时针旋转曲轴。
　b. 在 11 点钟方向放置一个曲轴链轮锁孔。
　c. 检查 VCT 装置上的三角形正时标记是否处于 2 点钟方向（进气）和 11 点钟方向（排气）。如果圆形正

图 18-106　安装曲轴固定器

时标记处于这些位置，则必须顺时针旋转曲轴一圈（360°），见图18-107。

④ 如图18-108所示，拆下张紧器螺栓，取下张紧器。

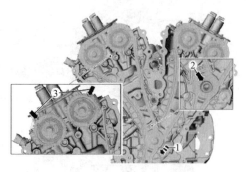 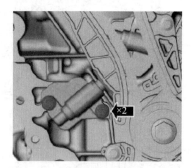

图18-107　VCT正时标记位置
1—顺时针转动曲轴；2—曲轴正时标记位置；
3—进排气VCT装置正时标记位置

图18-108　拆下张紧器

⑤ 拆下右侧正时链张紧臂螺栓并取下，见图18-109。

⑥ 拆下右侧正时链导轨，见图18-110。

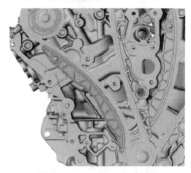 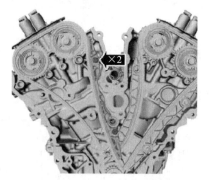

图18-109　拆下张紧臂

图18-110　拆下右侧正时链导轨

⑦ 取下右侧正时链条，见图18-111。

⑧ 取下曲轴固定器，见图18-112。

 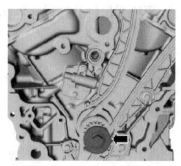

图18-111　取下右侧正时链条

图18-112　取下曲轴链轮固定器

⑨ 取下曲轴链轮，见图18-113。

（2）拆卸左侧正时链

① 安装曲轴固定器，见图18-114。

图 18-113　取下曲轴链轮　　　　　图 18-114　安装曲轴固定器

② VCT 装置拥有 2 个正时标记，一个三角形标记和一个圆形标记。在装卸"LH"侧装置时，请使用圆形标记，见图 18-115。

a. 顺时针旋转曲轴一圈（360°）。

b. 在 11 点钟方向放置一个曲轴链轮锁孔。

c. 检查 VCT 装置上的三角形正时标记是否处于 10 点钟方向（进气）和 12：30 方向（排气）。

③ 取下曲轴固定器，见图 18-116。

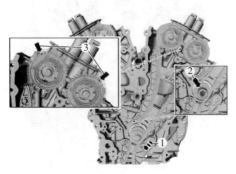
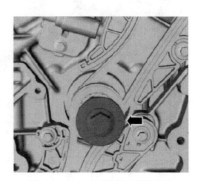

图 18-115　检查"LH"侧正时对准
1—顺时针转动曲轴；2—曲轴正时标记位置；
3—进排气 VCT 装置正时标记位置

图 18-116　取下曲轴固定器

④ 顺时针旋转机油泵链条张紧器，在张紧器孔中插入扳手，见图 18-117。

⑤ 取下机油泵正时链张紧器，见图 18-118。

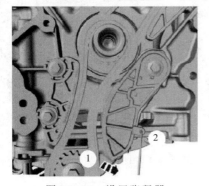

图 18-117　设置张紧器
1—顺时针转动张紧器；2—扳手

图 18-118　取下机油泵正时链张紧轨

⑥ 取下机油泵正时链导轨，见图18-119。
⑦ 取下机油泵正时链条，见图18-120。

 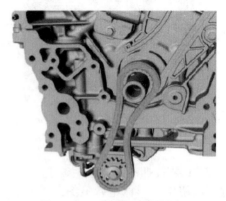

图18-119　拆下机油泵链条导轨　　　图18-120　取下机油泵链条

⑧ 取下左侧正时链条张紧器，见图18-121。
⑨ 拆下左侧正时链张紧器臂，见图18-122。

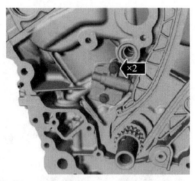 

图18-121　取下"LH"侧张紧器　　　图18-122　拆下"LH"侧张紧器臂

⑩ 拆下左侧正时链导轨的2个螺栓，并取下导轨，见图18-123。
⑪ 取下左侧正时链条，见图18-124。
⑫ 取下左侧正时链条曲轴传动链轮，见图18-125。

图18-123　拆下"LH"侧正时链导轨　　图18-124　取下左侧正时链条　　图18-125　取下曲轴传动链轮

以相反的步骤安装正时链部件。

## 18.15　3.5T ECOBOOST 发动机

### 18.15.1　发动机正时链拆装

当发动机处于检修程序时，清洁十分重要。任何进入油道、冷却剂通道或油底壳的异物（包括清洁垫圈表面时产生的任何物质）都可能导致发动机故障。

① 拆除发动机前盖板。

② 顺时针转动曲轴对齐正时标记，见图 18-126。注意：只能顺时针方向转动曲轴。

③ 安装专用工具 303-1248 凸轮轴固定工具到左侧凸轮轴，注意凸轮轴固定工具会将凸轮轴固定在 TDC 位置，见图 18-127。

④ 安装专用工具 303-1248 凸轮轴固定工具到右侧凸轮轴，注意凸轮轴固定工具会将凸轮轴固定在 TDC 位置，见图 18-128。

注意：以下标记步骤针对主正时链（彩色链节）不可见时。

⑤ 拆下右侧 VCT 外壳的 3 个紧固螺栓并取下外壳，见图 18-129。

图 18-126　对齐正时标记

图 18-127　安装专用工具 303-1248
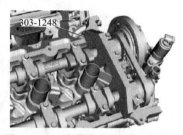
图 18-128　安装专用工具 303-1248

⑥ 拆下左侧 VCT 外壳的 3 个紧固螺栓并取下外壳，见图 18-130。

⑦ 注意以下标记步骤针对主正时链（彩色链节）不可见时，在右侧凸轮轴标记正时记号，见图 18-131。

⑧ 在左侧凸轮轴和对应的正时链节上作标记，见图 18-132。

⑨ 注意：曲轴链轮正时标记应该在 2 个彩色链节之间，在曲轴链轮正时标记对应的链节上作标记，见图 18-133。

图 18-129　拆下右侧 VCT 外壳

图 18-130　拆下左侧 VCT 外壳

图 18-131　标记右侧凸轮轴正时链节

⑩ 拆下主正时链张紧器 2 个螺栓并取下张紧器，见图 18-134。

⑪ 拆下主正时链张紧器臂，见图 18-135。

⑫ 拆下主正时链滑轨，见图 18-136。

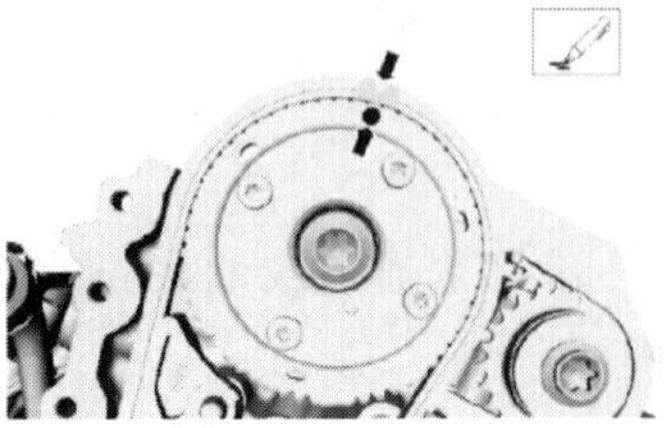

图 18-132 标记左侧凸轮轴正时链节

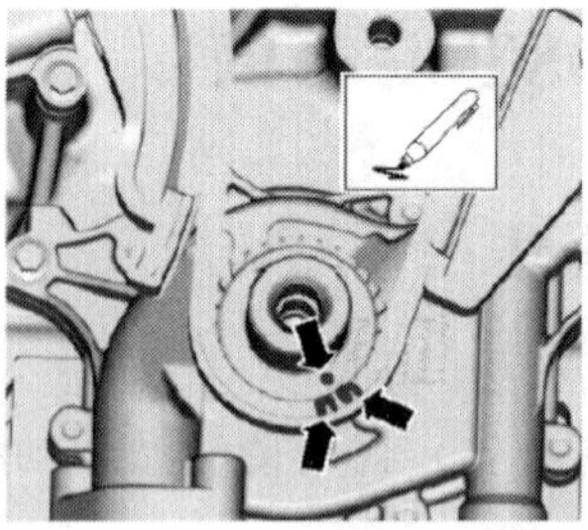

图 18-133 标记曲轴正时标记

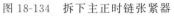
图 18-134 拆下主正时链张紧器

图 18-135 拆下主正时链张紧器臂　　图 18-136 拆下正时链滑轨

⑬ 取下主正时链，见图 18-137。
⑭ 取出曲轴链轮，见图 18-138。

图 18-137 取下主正时链

图 18-138 拆下曲轴链轮

⑮ 请勿使用电动工具拆卸螺栓，否则可能会损坏"LH"侧主正时链导轮。拆下主正时链导轮，见图 18-139。
⑯ 释放左侧正时链张紧器，见图 18-140。

图 18-139 取下主正时链导轮

图 18-140 释放左侧正时链张紧器

⑰ 注意：必须将 VCT 螺栓和排气凸轮轴螺栓丢弃并安装新的螺栓，不过，排气凸轮轴垫圈可重复使用，见图 18-141。

⑱ 拆下左侧正时链张紧器，见图 18-142。

图 18-141 取下排气凸轮轴螺栓并报废

图 18-142 拆下左侧正时链张紧器

⑲ 如图 18-143 所示操作释放右侧正时链张紧器。

⑳ 拆下右侧排气凸轮轴螺栓并报废，见图 18-144。

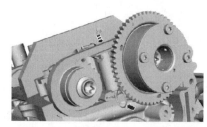

图 18-143 释放右侧正时链张紧器

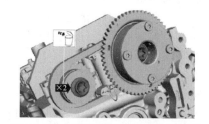

图 18-144 拆下右侧排气凸轮轴螺栓

㉑ 注意：必须将凸轮轴固定工具向发动机后部倾斜，以便接触最后面的次级正时链张紧螺栓，扭矩为 10N·m，见图 18-145。

㉒ 拆右侧主正时链导轨，见图 18-146。

图 18-145 拆下右侧正时链张紧器

图 18-146 拆下右侧主正时链导轨

## 18.15.2 正时链单元安装

① 安装右侧主正时链导轨,紧固螺栓扭矩:10N·m。
② 注意:必须将凸轮轴固定工具向发动机后部倾斜,以便接触最后面的次级正时链张紧螺栓,扭矩为10N·m。
③ 如图18-147所示,对准右侧次级链条的正时标记。
④ 紧固右侧排气凸轮轴与VCT装置的紧固螺栓,扭矩:第1步,40N·m;第2步,松开1圈;第3步,10N·m;第4步,90°。
⑤ 安装右侧次级链张紧器。
⑥ 注意:必须将凸轮轴固定工具向发动机后部倾斜,以便接触最后面的次级正时链张紧螺栓,紧固张紧器螺栓,扭矩为10N·m。
⑦ 对准左侧次级链条正时标记,见图18-148。

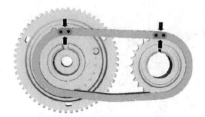
图18-147 对准右侧次级链正时标记

图18-148 对准左侧次级链正时标记

⑧ 紧固左侧排气凸轮轴与VCT装置螺栓,扭矩:第1步,40N·m;第2步,松开1圈;第3步,10N·m;第4步:90°。
⑨ 安装左侧次级链正时链张紧器。
⑩ 安装曲轴链轮。
⑪ 安装左侧主正时链导轮,扭矩:10N·m。
⑫ 注意:曲轴链轮正时标记应该在2个彩色链节之间。
⑬ 安装主正时链导轨并紧固2个螺栓,扭矩:10N·m。
⑭ 安装主正时链张紧臂。
⑮ 复位主正时链张紧器,见图18-149。
⑯ 注意:可能有必要稍微转动曲轴以消除正时链的松弛,并安装张紧器,扭矩:10N·m。
⑰ 完成后要进行检查,确认所有正时标记都正确对准,见图18-150。

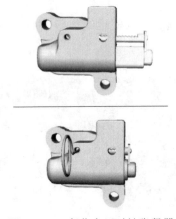
图18-149 复位主正时链张紧器

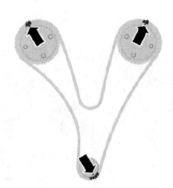
图18-150 检查主正时链正时标记是否对准

⑱ 下面以"RH"侧为例,"LH"侧类似。注意:拆卸过程中,O 形密封圈可能仍保留在气缸盖上。如果是这样,请从气缸盖上拆下 O 形密封圈,检查密封情况,根据需要进行更换,然后将 O 形密封圈安装在 VCT 外壳上,见图 18-151。

⑲ 先安装左侧 VCT 外壳,拧紧螺栓前,请确保 VCT 外壳上的定位销完全啮合在气缸盖中,不按流程操作将导致发动机严重损坏。扭矩:10N·m。

⑳ 接着安装右侧 VCT 外壳,拧紧螺栓前,请确保 VCT 外壳上的定位销完全啮合在气缸盖中,不按流程操作将导致发动机严重损坏。扭矩:10N·m。

㉑ 使用专用维修工具 303-1248 凸轮轴固定工具来固定左侧凸轮轴。

㉒ 使用专用工具固定右侧凸轮轴,注意凸轮轴固定工具会将凸轮轴固定在 TDC 位置。

㉓ 安装发动机前盖板。

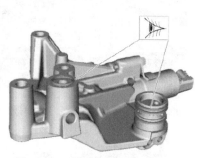

图 18-151 检查 VCT 外壳密封圈

## 18.16  5.0L TIVCT 发动机

### 18.16.1  正时链单元拆卸

注意:在发动机的修复过程中清洁是非常重要的;任何异物,包括在清洁垫片表面创建的任何材料,进入油道、冷却液通道或被油烧热,都可引起发动机故障。

① 拆下发动机前盖。

② 使用曲轴保持工具,直到键槽处于 12 点钟位置。曲轴必须顺时针旋转,见图 18-152。

③ 如图 18-153 所示,检查凸轮轴二维码标志是否朝上,如果没有,则顺时针旋转一周转动曲轴。

图 18-152 顺时针转动曲轴

图 18-153 凸轮轴二维码标朝上

④ 拆卸 2 个螺栓和"RH"侧主正时链条张紧器,见图 18-154。

⑤ 如图 18-155 所示拆下"RH"侧正时链条张紧器臂。注意:可能必须稍微旋转曲轴到链条足够松弛,以拆下"RH"侧正时链条张紧器臂。在拆卸"RH"侧正时链条张紧器臂之后曲轴键槽调回到 12 点钟位置。

⑥ 如图 18-156 所示,拆下螺栓和"RH"侧正时链条导轨。注意:可能必须稍微旋转曲轴到链条足够松弛,以拆下"RH"侧正时链条导轨。拆卸"RH"侧正时链条导轨后曲轴键槽调回到 12 点钟位置。

⑦ 拆下"RH"侧初级正时链条,见图 18-157。

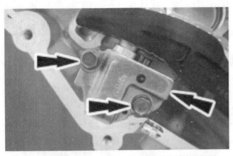
图 18-154 拆卸"RH"侧正时链张紧器

图 18-155 拆下"RH"侧正时链条张紧器臂

图 18-156 拆卸"RH"侧正时链导轨

图 18-157 拆下"RH"侧初级正时链条

⑧ 拆下 3 个"RH"侧进气可变凸轮轴正时（VCT）装配螺栓和 3 个"RH"侧排气 VCT 装配螺栓，见图 18-158。

⑨ 滑动"RH"侧 VCT 组件和次级正时链条进 2mm（0.078in），见图 18-159。

图 18-158 拆下"RH"侧进、排气 VCT 螺栓

图 18-159 滑动 VCT 组件位置

⑩ 压下"RH"侧次级正时链条张紧器，并打开张紧器 90°，见图 18-160。

⑪ 拆下"RH"侧 VCT 组件和"RH"侧次级正时链条，见图 18-161。

图 18-160 压下次级链条张紧器

图 18-161 拆下"RH"侧次级正时链

⑫ 使用曲轴保持工具，逆时针转动曲轴直到曲轴键槽处于9点钟位置，见图18-162。
⑬ 拆卸2个螺栓和"LH"侧主正时链条张紧器，见图18-163。

图18-162　逆时针转动曲轴

图18-163　拆下"LH"侧主正时链张紧器

⑭ 如图18-164所示取出"LH"侧正时链条张紧器臂。注意：可能必须稍微旋转曲轴到链条足够松弛，以拆下"LH"侧正时链条张紧器臂。取出"LH"侧正时链条张紧器臂后曲轴键槽调回到9点钟位置。

⑮ 如图18-165所示，卸下螺栓和"LH"侧的正时链条导轨。注意：可能必须稍微旋转曲轴到链条足够松弛，以拆下"LH"侧定时链条导轨。移除"LH"侧正时链条导引后曲轴键槽调回至9点钟位置。

图18-164　取出"LH"侧正时链条张紧器臂

图18-165　拆卸"LH"侧正时链导轨

⑯ 取出"LH"侧初级正时链条，见图18-166。

⑰ 拆下3个"LH"侧进气可变凸轮轴正时（VCT）装配螺栓和3个"LH"侧排气VCT装配螺栓，见图18-167。

图18-166　取下"LH"侧初级正时链条

图18-167　拆下"LH"侧进、排气VCT紧固螺栓

⑱ 滑动"LH"侧VCT组件和次级正时链条向前2mm（0.078in），见图18-168。

⑲ 压下"LH"侧次级正时链条张紧器，并打开张紧器90°，见图18-169。

图 18-168　滑动"LH"侧 VCT 组件　　　图 18-169　压下"LH"侧次级正时链条张紧器

⑳ 取出"LH"侧 VCT 组件和"LH"侧次级正时链条，见图 18-170。

㉑ 拆下曲轴链轮，见图 18-171。

图 18-170　取下"LH"侧 VCT 组件与次级正时链　　　图 18-171　拆下曲轴链轮

## 18.16.2　正时链安装

① 将凸缘朝前安装曲轴链轮。

② 安装辅助正时链条上"LH"侧 VCT 组件。对齐 VCT 组件的正时标记和二次正时链的着色链节，如图 18-172 所示。进气 VCT 装配的正时标记应在 2 个连续的彩色链接之间保持一致。排气 VCT 装配的正时标记应与单彩色链接对齐。

③ 安装"LH"侧 VCT 组件到距离次级正时链条"LH"侧凸轮轴 2mm 的位置。排气 VCT 组件定时标记应在 11 点位置，见图 18-173。

图 18-172　对齐"LH"侧次级正时链标记　　　图 18-173　排气 VCT 组件定时标记在 11 点位置

④ 注意：可能必须稍微旋转排气凸轮轴（使用凸轮轴固定扳手）固定 VCT 组件到凸轮轴。

旋转次级正时链条张紧器 90°，使倾斜面正好对着已经装配就位的 VCT 组件。如果次级正时链条不是以张紧器为中心，则重新定位 VCT 组件，直到它们完全在凸轮轴上就位，见图 18-174。

⑤ 安装 3 个 "LH" 侧进气 VCT 装配螺栓和 3 个 "LH" 侧排气 VCT 装配螺栓。拧紧扭矩：15N·m 外加 90°。注意：使用凸轮轴上的一个操作单元，用扳手将凸轮轴固定同时拧紧 VCT 装配螺栓。

⑥ 安装 "LH" 侧初级正时链条。对准 "LH" 侧 VCT 装配正时标记与正时链的彩色链节，见图 18-175。

图 18-174 调节张紧器到正时链条中心位置

图 18-175 对准 "LH" 侧 VCT 正时标记

⑦ 对准曲轴链轮正时标记和正时链上的有色链节，见图 18-176。

⑧ 安装 "LH" 侧正时链条导轨和螺栓。拧紧扭矩：10N·m（89lbf·in）。注意：为了方便安装 "LH" 侧正时链条导轨，需要稍微旋转曲轴，使链条松弛下来。安装 "LH" 侧定时链条导轨后，曲轴键槽返回至 9 点钟位置。

⑨ 安装 "LH" 侧正时链条张紧器臂。注意：为了方便安装 "LH" 侧正时链条张紧器臂，需要稍微旋转曲轴，使链条松弛下来。安装 LH 正时链条张紧器臂后返回曲轴键槽 9 点钟位置。

图 18-176 对准曲轴正时标记

通过以下 3 个步骤完成对左右两个主正时链条张紧器的复位。

⑩ 如图 18-177 所示，用台钳的边缘压缩主正时链条张紧器柱塞。注意：不要将棘轮组件压到，否则会损坏张紧器。

⑪ 用小螺丝刀压下并保持棘轮机构，然后推棘轮臂回张紧器里面，见图 18-178。

图 18-177 用台钳压缩张紧器柱塞

图 18-178 插入销针锁定张紧器

⑫ 如图 18-179 所示，安装一个合适的销针插入张紧壳体的孔中，在安装过程中保持住适当位置的棘齿组件和柱塞。

⑬ 安装 "LH" 侧初级正时链条张紧器和 2 个螺栓。拧紧扭矩：10N·m（89lbf·in）。拆下张紧器的固定销。

⑭ 使用曲轴固定工具顺时针旋转曲轴，直到曲轴键槽位于 12 点钟位置，见图 18-180。

图 18-179　插入固定销

图 18-180　调整曲轴键槽至 12 点钟位置

⑮ 安装辅助正时链条到"RH"侧 VCT 组件。对齐 VCT 组件正时标记和次级正时链的着色链节，如图 18-181 所示。进气 VCT 装配的正时标记应在 2 个连续的彩色链接之间保持一致。排气 VCT 装配的正时标记应与单彩色链接对齐。

⑯ 安装"RH"侧 VCT 组件到距离次级正时链条上"RH"侧凸轮轴 2mm 的位置，如果完全就位，则排气 VCT 组件正时标记应该是在 1 点钟的位置，见图 18-182。

图 18-181　对齐"RH"侧正时链标记

图 18-182　RH 排气 VCT 组件正时位置

⑰ 旋转次级正时链条张紧器 90°，使倾斜面正好对着已经装配就位的 VCT 组件。如果次级正时链条不是以张紧器为中心，则重新定位 VCT 组件，直到它们完全在凸轮轴上就位。注意：可能必须稍微旋转排气凸轮轴（使用扳手固定凸轮轴的一个单元）固定 VCT 组件到凸轮轴。

⑱ 安装 3 个"RH"侧进气 VCT 装配螺栓和 3 个"RH"侧排气 VCT 装配螺栓。拧紧扭矩：15N·m 外加 90°。注意：使用扳手锁定凸轮轴上的一个单元，同时紧固 VCT 装配螺栓。

⑲ 安装"RH"侧初级正时链条。对齐"RH"侧 VCT 装配正时标记与正时链的彩色链节，见图 18-183。

⑳ 对准曲轴链轮正时标记与正时链有色链节，见图 18-184。

图 18-183　对齐"RH"侧 VCT 正时标记

图 18-184　对齐曲轴正时链标记

㉑ 安装"RH"侧正时链条导轨和螺栓。拧紧扭矩：10N·m（89lbf·in）。

注意：可能必须稍微旋转曲轴，在安装"RH"侧正时链条导轨时使链条足够松弛。安装"RH"侧定时链条导引后，曲轴键槽调回到12点钟位置。

㉒ 安装"RH"侧正时链条张紧器臂。

注意：可能必须稍微旋转曲轴，在安装"RH"侧定时链条张紧器臂时使链条足够松弛。安装"RH"侧正时链条张紧器臂之后，曲轴键槽调回到12点钟位置。

㉓ 安装"RH"侧初级正时链条张紧器和2个螺栓。拧紧扭矩：10N·m（89lbf·in）。

㉔ 拆下张紧器的固定销。

㉕ 检查曲轴键槽是否处于12点钟位置，检查正时记号是否正确对准，如图18-185所示。

㉕ 安装发动机前盖。

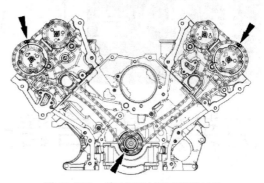

图18-185　检查正时标记是否对准

# 第19章 克莱斯勒-吉普-道奇汽车发动机

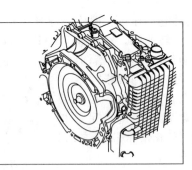
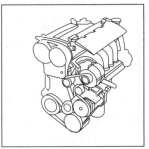

## 19.1　1.6L L4 发动机

### 19.1.1　正时链单元结构图解

正时驱动系统组成如下：正时链9、凸轮轴链轮2、曲轴链轮8、右侧正时链导轨（移动式）3、左侧正时链导轨（固定式）4、正时链张紧器7、储液罐盖6、带有密封圈的柱塞5，如图19-1所示。

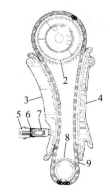

图19-1　发动机正时链单元结构分解
2—凸轮轴链轮；3—右侧正时链导轨；
4—左侧正时链导轨；5—柱塞；
6—储液罐盖；7—正时链张紧器；8—曲轴链轮；9—正时链

### 19.1.2　正时链单元的拆卸

① 断开蓄电池负极电缆。
② 卸下缸盖罩。
③ 拆下凸轮轴位置传感器。
④ 拆下正时链罩。
⑤ 转动曲轴直到1号缸位于压缩冲程上止点（TDC）位置。
⑥ 使用凸轮轴链轮夹持扳手8435夹住凸轮轴链轮，并拆下凸轮轴链轮螺栓。
⑦ 从发动机缸体中拆下正时链张紧器塞子。拆下储液罐盖和正时链张紧器。
⑧ 拆下右侧发动机悬置支架。
⑨ 从凸轮轴上拆卸凸轮轴链轮。适当降低凸轮轴链轮，以便能够从凸轮轴链轮上卸下正时链。
⑩ 拆下缸盖插头。拆下将正时链导轨固定到缸盖上的紧固件。拆下正时链导轨。
⑪ 拆下正时链。

### 19.1.3　正时链单元的安装

① 安装左侧正时链导轨。紧固件拧紧扭矩：28N·m（250lbf·in）。
② 安装右侧正时链导轨。紧固件拧紧扭矩：28N·m（250lbf·in）。

注意：安装正时链时，确保正时链板的链节与曲轴和凸轮轴链轮上的正时标记对齐；如果正时链重复使用，且外壳板磨损链子，则链节也应加工出小坑。

③ 将正时链从缸盖顶部的开口穿过去。

④ 环绕曲轴链轮安装正时链，将两个电镀链节与曲轴链轮正时标记对齐。

⑤ 围绕凸轮轴链轮安装正时链，将一个电镀链节与凸轮轴链轮正时标记对齐。

⑥ 将凸轮轴链轮安装在凸轮轴上。紧固凸轮轴链轮螺栓时不要使用套筒扳手（或其他气动工具），否则对凸轮轴正时销可能产生损害。用专用工具紧固凸轮轴链轮时只用手工扳手。

⑦ 安装凸轮轴链轮螺栓。用专用工具 8435 紧固凸轮轴链轮时，施加到螺栓的力矩为 115N·m（85lbf·ft）。

⑧ 用下面的方法复位正时链张紧器：

a. 从正时链张紧器拆下储液罐盖。

b. 将张紧器放在干整、清洁的表面。

c. 将手掌放在张紧器上，并持续压下张紧器，直到完全伸展的张紧器达到最低点。

⑨ 将储液罐盖安装到正时链张紧器上。

⑩ 将带有储液罐盖的正时链张紧器安装到发动机体中。

⑪ 安装正时链张紧器塞子及密封圈。将柱塞紧固至 62N·m（48lbf·ft）。

⑫ 沿着张紧器下压右侧正时链导轨，直到其释放。

⑬ 安装缸盖塞。紧固扭矩：18N·m（162lbf·in）。

⑭ 安装缸盖罩。

⑮ 安装凸轮轴位置传感器。紧固件拧紧扭矩：10N·m（85lbf·in）。重新连接插头。

⑯ 安装右侧发动机悬置支架。

⑰ 安装正时皮带盖。

⑱ 连接蓄电池负极缆线。

## 19.2　1.8L/2.0L/2.4L L4 发动机

该款发动机正时链单元结构、拆装步骤和正时校对方法与铂锐 2.0/2.4L 发动机相同，相关内容请参考 19.3 小节。发动机的正时对正点位置如图 19-2 所示。凸轮轴链轮上的标记应当与缸盖罩密封件表面成一条直线。带颜色的链条链节与凸轮轴链轮上的标记曲轴链轮上的标记对准。

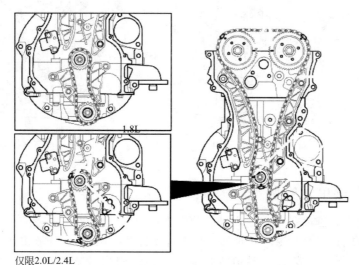

图 19-2　气门正时对正位置

## 19.3　2.0L/2.4L L4 发动机

### 19.3.1　正时链单元拆卸

① 如图 19-3 所示，将发动机设置到 TDC 位置上。

② 拆卸正时链盖罩。注意：如果找不到正时链的电镀链节，要想再次使用此链条，则应在拆卸之前事先在正时链的链节所对应的正时标记上标上记号，如图 19-4 所示。

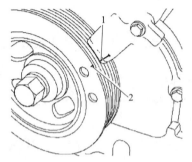

图 19-3　将发动机设置于 TDC 位置
1—盖罩标记；2—平衡器标记

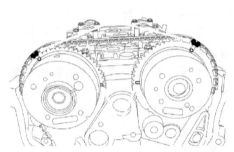

图 19-4　对正正时标记

③ 将正时链安装到排气凸轮轴链轮上，确保位于链轮上正时标志 1 与正时标记对齐，如图 19-5 所示。

④ 在正时链条上作好相对于曲轴链轮的正时标记。

⑤ 拆卸正时链张紧器 5。

⑥ 卸下正时链 2，如图 19-6 所示。

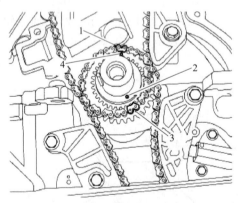

图 19-5　对正链轮正时标记

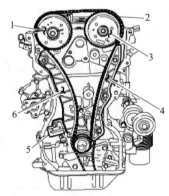

图 19-6　拆下正时链图解

### 19.3.2　正时链单元安装

① 检查曲轴链轮键槽是否在 9 点钟的位置上。

② 对准凸轮轴正时标记 3，以便其平行于缸盖，并按图 19-7 所示相互对齐。

③ 如图 19-6 所示，安装正时链导向件 4，并紧固螺栓至 12N·m（105lbf·in）的扭矩。

④ 安装正时链,确保位于链轮上的正时标记 1 对齐,如图 19-4 所示。

⑤ 如图 19-5 所示,将曲轴链轮上的正时标记 2 与正时链上的电镀链节 3 对齐。定位链条,使松弛部分处于张紧器侧。

注意:保持正时链的松弛部分在张紧器侧。

⑥ 如图 19-6 所示,安装可动的正时链摆动导向件 6,并紧固螺栓至 12N·m(105lbf·in)的扭矩。

⑦ 向上提升棘轮 2,并朝张紧器体 4 方向向内推柱塞 3,重新设置正时链张紧器 4。将张紧器销 8514 插入到槽 1 内,保持张紧器柱塞在收缩位置内,如图 19-8 所示。

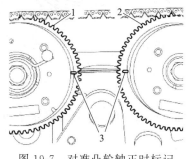

图 19-7 对准凸轮轴正时标记

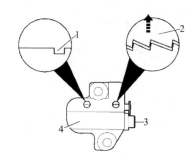

图 19-8 安装正时链张紧器
1—槽;2—棘轮;3—柱塞;4—正时链张紧器

⑧ 安装正时链张紧器,并紧固螺栓至 12N·m(105lbf·in)的扭矩。

⑨ 卸下正时张紧器销 8514。顺时针旋转曲轴两圈,直到曲轴重新定位在 TDC 位置,键槽在 9 点钟位置上,如图 19-5 所示。

⑩ 检查凸轮轴正时标记 3 是否在相应的位置上,如图 19-7 所示。

⑪ 安装前正时链盖罩。

⑫ 安装平衡器,检查平衡器标记 2 和盖罩标记 1 是否对齐,如图 19-3 所示。

⑬ 连接蓄电池负极电缆。

⑭ 注入机油,启动发动机,并检查是否泄漏。

## 19.4　2.4L L4 发动机

### 19.4.1　正时带单元拆卸

① 断开蓄电池负极电缆。

② 卸下上部和下部前正时皮带盖。注意:对准曲轴与凸轮轴的正时标记时,务必用曲轴将发动机转动;拆下正时皮带后,不可转动凸轮轴,否则可能会使气门组件受损;务必在卸下正时皮带之前将正时标记对准。

③ 在拆除正时皮带前,转动曲轴直到机油泵壳体上的 TDC 标记与曲轴链轮(链轮齿的下降面)上的 TDC 标记 2 对准为止,如图 19-9 所示。注意:曲轴链轮 TDC 标记 2 位于链轮齿的下降面上。若不把链轮齿的下降面与机油泵壳体上的 TDC 标记对准,则将会导致凸轮轴正时标记不对准。

④ 松开正时皮带张紧器锁止螺栓 1(图 19-10)。

⑤ 将 6mm 内六角扳手插入位于皮带张紧器皮带轮的钢板弹簧舌片 2 上的六角孔。顺时针旋转钢板弹簧舌片 2 直至正时皮带松弛下来足以进行拆卸,如图 19-10 所示。

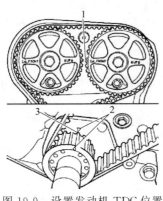 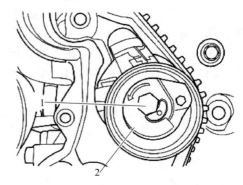

图 19-9　设置发动机 TDC 位置　　　　图 19-10　松开正时带张紧轮
1—螺栓；2—钢板弹簧舌片

⑥ 拆下正时皮带。

提示：若由于不正确的随动（校正）造成正时皮带受损，则将皮带张紧器轮和支架作为一个组件更换。

### 19.4.2　正时带单元安装

① 在将曲轴链轮装到 TDC 位置上时，应使链轮对准机机油泵外壳上的箭头。

② 设定凸轮轴正时记号以便排气凸轮轴链轮 1 为位于进气凸轮轴链轮 2 之下的 1/2 凹槽 3。注意确保两个凸轮轴链轮上的箭头向上，如图 19-11 所示。

③ 安装正时皮带。从曲轴开始，围绕水泵链轮、惰轮、凸轮轴链轮，然后是张紧器。

④ 逆时针方向转动排气凸轮轴链轮 4 对准标记并张紧皮带，如图 19-12 所示。

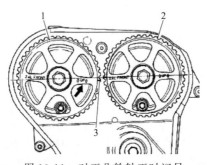 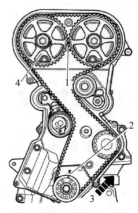

图 19-11　对正凸轮轴正时记号　　　　图 19-12　安装正时带
1—排气凸轮轴链轮；2—进气凸轮轴链轮；3—1/2 凹槽

⑤ 将 6mm 内六角扳手 3 插入位于皮带张紧器皮带轮的钢板弹簧舌片上的六角孔。逆时针旋转顶板 2。移动张紧器皮带轮定住皮带，而移动张紧器设定凹槽 1 开始时按顺时针方向转动。留意设定凹槽 1 的运转，继续逆时针旋转顶板 2 直至设定凹槽与弹簧柄托 6 对齐。使用内六角扳手 3 防止顶板 2 移动，拧紧张紧器锁止螺栓 4 至 25N·m（220lbf·in）的扭矩。在拧紧锁止螺栓 4 后，安装凹槽 5 和弹簧柄托 6 必须保持对齐，如图 19-13 所示。

⑥ 卸下内六角扳手 3 和扭矩扳手。注意：仅可以在顺时针旋转的过程中重新将曲轴置

于 TDC 位置上。若错失了 TDC 位置，则再旋转两次直至获得 TDC 位置。不要逆时针旋转曲轴，否则将不能恰当地检验张紧器的安装。

⑦ 为了定住皮带，逆时针完整地旋转曲轴两次直至曲轴可以重新定位在 TDC 位置上。核实凸轮轴和凸轮轴正时记号处于适当的位置。

⑧ 如图 19-14 所示，检查弹簧柄托 1 是否在容许窗口 2 之内。若弹簧柄托 1 在容许窗口 2 内，则安装过程完成，无需进行下一道程序。若弹簧柄托 1 不在容许窗口 2 内，则务必重复步骤⑤～⑦。

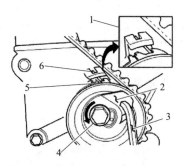 

图 19-13　安装正时带张紧轮　　　　　　图 19-14　检查弹簧柄托位置
1—凹槽；2—顶板；3—内六角扳手；　　　　1—弹簧柄托；2—容许窗口
4—锁止螺栓；5—安装凹槽；6—弹簧柄托

⑨ 安装上部和下部前正时皮带盖。
⑩ 连接蓄电池的负极缆线。

## 19.5　2.7L V6 发动机

### 19.5.1　发动机正时检验

① 拆下气缸盖罩。
② 转动发动机直到 1 号缸位于排气行程的上止点位置。
③ 观察进气凸轮轴链轮正时标记。该标记应该与左、右两气缸列上的气缸盖罩密封面成 90°。
④ 从进气凸轮轴标记向着排气凸轮轴标记计算链节销 1 和 3。当进气凸轮轴和排气凸轮轴上的正时标记 2 之间有 12 个链节销时，发动机正时正确，如图 19-15 所示。

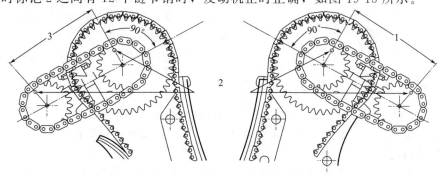

图 19-15　正时校对图示
1,3—链节销；2—正时标记

⑤ 如果标记未正确对准，则转到正时链和链轮检测程序。

## 19.5.2 正时链单元拆卸

① 断开蓄电池负极电缆。
② 放空冷却系统。
③ 拆下上部进气歧管。
④ 拆下气缸盖罩、曲轴扭转减震器和正时室盖。注意：当对准正时标记时，必须靠转动曲轴来旋转发动机，否则将导致气门和/或活塞损坏。
⑤ 把曲轴链轮标记与机油泵壳的标记对齐。机油泵壳上的标记是在1号缸上止点后60°位置，如图19-16所示。注意：当拆卸正时传动链和静止安装气缸盖时，没有首先定位曲轴正确位置切勿旋转凸轮轴或曲轴，否则将导致气门和/或活塞损坏。
⑥ 从右气缸盖拆下第一正时链张紧器定位盖2和张紧器1，如图19-17所示。

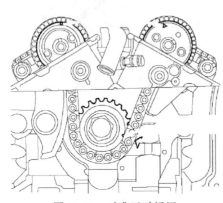

图19-16 对准正时标记

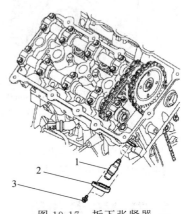

图19-17 拆下张紧器

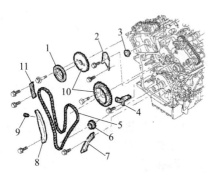

图19-18 部件拆卸图解

⑦ 从左气缸盖断开并拆下凸轮轴位置传感器4（图19-18）。
⑧ 从气缸盖拆下正时链导轨检修螺塞3。注意：当拆下凸轮轴链轮螺栓后，凸轮轴将以顺时针方向旋转。
⑨ 从右凸轮轴链轮开始，拆下链轮固定螺栓。拆下凸轮轴减震器1（如配备）和链轮。
⑩ 拆下左侧凸轮轴链轮固定螺栓和链轮。
⑪ 拆下下部链条导轨7和张紧器臂8。
⑫ 拆下第一正时传动链5。
⑬ 对于曲轴链轮6的拆卸，如图19-18所示。

## 19.5.3 正时链单元的安装

以下安装步骤中提及的安装部件，其序号对应图19-19所列。
① 检查所有链轮4、9、11和链条导轨2、5、10。如果磨损应更换。
② 安装曲轴链轮。
③ 如果要拆卸，则安装右侧和左侧链条导轨11。拧紧固定螺栓到28N·m（250lbf·in）的扭矩。

④ 把曲轴链轮正时标记与机油泵壳 3 的标记对齐。在安装之前用发动机机油润滑链条和导轨。

⑤ 把左侧第一链轮置于链条上，仪表正时标记位于两个（电镀的）正时链节之间 1 位置。

⑥ 通过左气缸盖开口放低第一链条与左侧链轮。安装期间可以允许凸轮轴链轮浮在凸轮轴轴套上。

⑦ 宽松地把左侧凸轮轴链轮置于凸轮轴轮毂上。

⑧ 把正时（电镀的）链节与凸轮轴链轮正时标记 3 对齐。

⑨ 把第一链条置于水泵传动链轮 10 上。

⑩ 把右凸轮轴链轮正时标记与正时链 8 上的正时（电镀的）链节对齐并宽松地置于凸轮轴轮毂上。

⑪ 核对所有链条正时（电镀的）链节是否与所有链轮上的正时标记正确对齐。

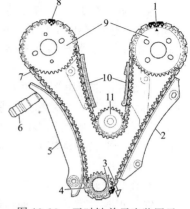

图 19-19　正时链单元安装图示

⑫ 安装左侧下部链条导轨 2 和张紧器臂 5。拧紧固定螺栓到 28N·m（250lbf·in）的扭矩。

注意：在安装之前检查链条导轨检修螺塞上的 O 形圈。根据需要更换 O 形圈。

⑬ 把链条导轨检修螺塞安装到气缸盖上。拧紧螺塞到 20N·m（15lbf·ft）的扭矩。

注意：为了重调第一正时链张紧器，首先必须从张紧器清除发动机机油。

⑭ 按照下列步骤从正时链张紧器清除机油：

a. 把张紧器的止回球端 2 放入 8186 专用工具 3 的浅端。

b. 用手的压力慢慢压张紧器直到机油从张紧器清除，如图 19-20 所示。

⑮ 按照下列步骤重调正时链张紧器：

a. 把油缸柱塞 4 放入 8186 专用工具 3 的较深端。

b. 向下施力直到张紧器被重调。如果未首先从张紧器清除机油，则稍微用手的压力帮助专用工具 8186 的中间臂销微微抬起张紧器的止回球。注意：确保张紧器正确重调。张紧器体 4 的底部必须对着 8186 专用工具 3 的上边缘。没有正确执行重调步骤可能引起张紧器卡住。检查张紧器 O 形圈 2 是否有刻痕或切口，并确保卡环 1 正确安装，必要时更换，如图 19-21 所示。

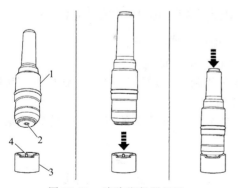

图 19-20　清除张紧器机油

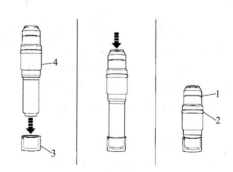

图 19-21　调节张紧器
1—卡环；2—O 形圈；3—专用工具 8186；4—油缸柱塞

⑯ 把重调的链条张紧器装入右气缸盖。

⑰ 安置张紧器挡板并拧紧螺栓到12N·m（105lbf·in）的扭矩。

⑱ 从气缸右列开始，首先将凸轮轴减震器（如果配备）置于凸轮轴轮毂上，然后把一个3/8in带断电器条的方形驱动扩张器插入凸轮轴传动轮毂。转动凸轮轴直到凸轮轴轮毂与凸轮轴链轮和减震器安装孔对齐。安装链轮固定螺栓并拧紧到28N·m（250lbf·in）的扭矩。

⑲ 用3/8in带断电器条的方形驱动扩张器插入进气凸轮轴传动轮毂来转动左侧凸轮轴，直到链轮固定螺栓能够安装。拧紧链轮螺栓到28N·m（250lbf·in）的扭矩。

⑳ 如果需要，则稍稍顺时针转动发动机以消除正时链松弛。

㉑ 用一个平口撬动工具渐渐把张紧器臂稍稍撬向张紧器。然后松开张紧器臂。验证张紧器活动（伸展）。

㉒ 安装凸轮轴传感器和连接电气插接器。

㉓ 安装正时链室盖、曲轴扭转减震器和气缸盖罩。

㉔ 安装上部进气歧管。

注意：重调的张紧器安装后，发动机初次启动后会出现噪声，这种噪声通常会在5～10s内消失。

㉕ 加注冷却系统。

㉖ 连接蓄电池负极电缆。

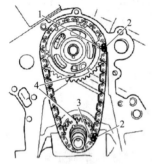

图19-22 发动机正时对准图示
1—凸轮轴链轮正时标记（点）；2—放平的链节；
3—曲轴链轮正时标记（点）；4—箭头

## 19.6 3.0L V6发动机

### 19.6.1 正时链单元拆卸

① 断开蓄电池负极电缆。

② 拆卸正时链盖罩。

③ 通过转动曲轴转动发动机，直到正时标记对齐，如图19-22中所示。

④ 拆卸凸轮轴链轮连接螺栓。

⑤ 拆卸正时链和凸轮轴链轮。

⑥ 拆卸曲轴链轮。

### 19.6.2 正时链单元的安装步骤

① 转动曲轴，使正时箭头到达12点钟位置，如图19-22所示。

注意：在安装之前，用清洁的发动机机油润滑正时链和链轮。

② 用手保持凸轮轴链轮和链不动，将正时链安装到链轮周围，对齐放平的链节与链轮上的点。将正时箭头置于6点钟位置，如图19-22所示。

③ 将正时链放置到曲轴链轮周围，让放平的链节对齐链轮上的点。将凸轮轴链轮安装到位。

④ 使用直尺检查正时标记是否对齐。

⑤ 安装凸轮轴链轮螺栓和垫圈。紧固螺栓至54N·m（40lbf·ft）的扭矩。

⑥ 转动曲轴2圈，并检查正时标记是否对齐，如图19-22所示。如果正时标记没有对齐，则拆卸凸轮轴链轮，重新对齐。

⑦ 安装正时链盖罩。

⑧ 连接蓄电池负极电缆。

## 19.7　3.3L V6 发动机

与 3.0L V6 发动机正时链的拆装相同，内容请参考 19.6 小节。

## 19.8　3.5L V6 发动机

### 19.8.1　正时带单元的拆卸

以下拆卸步骤提及的部件的序列号与图 19-23 中的对应一致。

注意：3.5L V6 发动机是一种无自由轮的发动机，因此，在维修正时机构之前，要松开配气机构摇臂总成。

① 执行燃油压力释放程序。
② 断开蓄电池的负极电缆。
③ 拆下两个气缸盖罩并松开摇臂总成。
④ 拆下前正时带室盖。
⑤ 如果正时带要再使用，则应标记正时带的旋转方向。

注意：当对准正时标记时，必须靠转动曲轴来旋转发动机，否则将导致气门和/或活塞损坏。

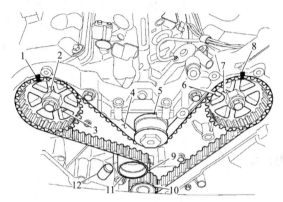

图 19-23　正时带单元拆卸图解

⑥ 顺时针旋转发动机直到曲轴 10 的标记与机油泵壳体 9 上的 TDC 标记对齐，而且凸轮轴链轮 2、7 的正时标记 1、8 与后室盖上的标记对齐。
⑦ 拆下正时带张紧器 12 和正时带。
⑧ 检查张紧器是否有油液泄漏。
⑨ 检查轴销和螺栓是否移动自由，轴承润滑脂是否泄漏，旋转是否平滑。如果旋转不自由，则更换摇臂和带轮总成。
⑩ 当从发动机上拆卸张紧器时，必须把柱塞压入张紧器体。注意：在台钳上，用安装到发动机的同样方法给张紧器作记号，这样可保证在发动机上安装张紧器时有正确的轴销方位。

a. 把张紧器放入台钳并慢慢压柱塞。张紧器放气大约要花 5min。
b. 当把柱塞压入张紧器体时，安装穿过体和柱塞安装一个销子以保持柱塞在适当位置直到安装张紧器。注意：3.5L V6 发动机是无自由轮设计，因此在正时带拆下时小心不要旋转凸轮轴或曲轴。

### 19.8.2　正时校对方法

拆下外部正时室盖。旋转曲轴直到曲轴链轮 10 上的指针对准机油泵 9 上的 TDC 标记（图 19-23）。检查以确定凸轮轴链轮 2、7 的正时标记 1、8 是否与正时室盖内侧的标记对准。在凸轮轴链轮标记对准之前，曲轴可能要转一整圈。

### 19.8.3　正时带单元安装

注意：如果凸轮轴已经离开正时标记，则必须转回凸轮轴再转到接近正时标记（切勿将凸轮轴转一整圈，否则会导致气门和/或活塞损坏）。以下提及的安装部件对应图 19-23 所示。

① 把曲轴链轮 10 的标记与机油泵盖上的 TDC 标记 9 对准。

② 把凸轮轴链轮 2、7 的正时参考标记 1、8 与后正室室盖上的标记对准。

③ 以逆时针方向进行，开始在曲轴链轮 10 上安装正时带。围绕最后链轮安装正时带。当正时带处于张紧器带轮 11 周围时，保持正时带张紧度。

注意：如果凸轮轴齿轮已经拆下，则必须滑动安装凸轮轴固定螺栓。

④ 将张紧器带轮 11 紧靠在正时带上，把张紧器装入壳体并拧紧到 28N·m（250lbf·in）的扭矩。每一个凸轮轴链轮标记必须保持与室盖上的标记对准。

⑤ 当张紧器在适当位置时，拉动定位销使张紧器能够伸到带轮支架。

⑥ 旋转凸轮轴链轮 2 圈并检查凸轮轴和曲轴上的正时标记。该标记应该在它们各自的位置上对齐。如果不能对齐，则重复上面的步骤。

注意：如果凸轮轴齿轮已经拆下并正时正确，则反向保持住并拧紧凸轮轴齿轮到最终力矩规范值。

⑦ 安装前正时带室盖。

⑧ 拧紧摇臂总成并安装气缸盖罩。

⑨ 连接蓄电池的负极电缆。

## 19.9　3.6L V6 发动机

### 19.9.1　正时链拆卸

磁性正时轮不得与磁铁（传感工具、磁盘等）或任何其他强磁场接触，否则将破坏正时轮将凸轮轴位置正确地传送到凸轮轴位置传感器的能力。当已拆下正时链条而缸盖尚未拆下时，在没有先定位正确的曲轴位置的情况下，切勿转动凸轮轴或曲轴，否则将导致气门和/或活塞损坏。

① 断开并隔离蓄电池负极电缆。

② 拆下空气滤清器外壳总成和上进气歧管。

③ 卸下缸盖罩。

④ 拆下火花塞。

⑤ 升起并支撑车辆。

⑥ 排放冷却系统。

⑦ 拆下油底壳、附件传动皮带、曲轴减震器和发动机正时盖。

⑧ 顺时针转动曲轴，通过将曲轴上的凹槽 4 对准缸体/轴承盖接合处 5 从而将 1 号活塞放在排气冲程的 TDC（上止点）位置上。左侧凸轮相位器箭头 2 应相互指向对方并与阀盖密封面 3 平行。右侧凸轮相位器箭头 7 应指向远离对方的方向，并且划线 9 应与阀盖密封面 8 平行，见图 19-24。

始终应重新安装正时链条，确保它们保持相同的旋转方向。若将先前运行的链轮上先前运行的链条翻转过来，则会导致链条和链轮都出现过度磨损。

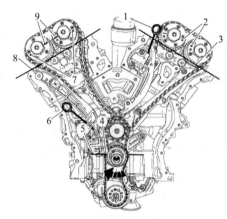

图 19-24　对齐正时标记

当对准正时标记时,应始终通过转动曲轴来转动发动机,否则将导致气门和/或活塞损坏。

⑨ 使用油漆笔或等效物在以下正时链条上标记转向以便于重新装配:左侧凸轮链条、右侧凸轮链条、油泵链条、一级链条。

⑩ 向后推张紧器活塞并安装张紧器销,从而重置右凸轮链条张紧器。

⑪ 提起棘爪1,向后推动活塞2并安装工具8514张紧器销3,从而重置左凸轮链条张紧器,见图19-25。

⑫ 从定位销2上断开油泵链条张紧器弹簧3并拆下油泵链条张紧器1。

⑬ 拆下油泵链轮T45固定螺栓4,并拆下油泵链轮5和油泵链条6,见图19-26。

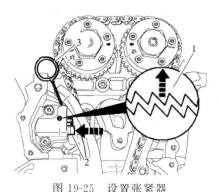

图19-25 设置张紧器
1—棘爪;2—活塞;3—张紧器销8514

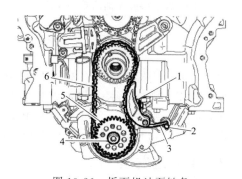

图19-26 拆下机油泵链条
1—张紧器;2—定位销;3—弹簧;4—螺栓;5—链轮;6—链条

⑭ 安装右凸轮轴相位器锁10202(件5)。安装凸轮轴相位器锁时,可能需要略微转动凸轮轴(几度)。

⑮ 松下进气机油控制阀2和排气机油控制阀7。

⑯ 拆下右凸轮轴相位器锁10202(件5)。

⑰ 从右侧进气凸轮相位器上拆下机油控制阀2。

⑱ 从凸轮轴上将右侧进气凸轮相位器拔下来,并拆下右侧凸轮链条。

⑲ 如果需要,则拆下机油控制阀7并将右侧排气凸轮相位器从凸轮轴上拉下来,见图19-27。

⑳ 安装左凸轮轴相位器锁10202(件4)。安装凸轮轴相位器锁时,可能需要略微转动凸轮轴(几度)。

㉑ 松下进气机油控制阀6和排气机油控制阀2。

㉒ 拆下左凸轮轴相位器锁10202(件4)。

㉓ 从左侧排气凸轮相位器上拆下机油控制阀2。

㉔ 从凸轮轴上将左侧排气凸轮相位器拔下来,并拆下左侧凸轮链条。

㉕ 如果需要,则拆下机油控制阀6并将左侧进气凸轮相位器从凸轮轴上拉下来,见图19-28。

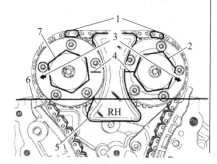

图19-27 拆右侧凸轮轴相位器

㉖ 向后推张紧器活塞并安装张紧器销8514(件3),从而重置一级链条张紧器5(图19-29)。拆下两个T30螺栓4并拆下一级链条张紧器。

㉗ 拆下T30螺栓1和一级链条导轨2。

㉘ 拆下惰轮链轮T45固定螺栓和垫圈。

㉙ 将一级链条、惰轮链轮和曲轴链轮作为一个总成拆下。

㉚ 如有需要,则拆下两个T30螺栓和左凸轮链条张紧器。

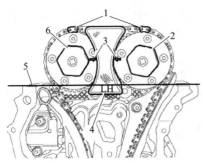

图 19-28 拆卸左侧凸轮轴相位器

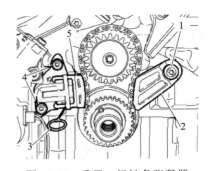

图 19-29 重置一级链条张紧器
1、4—T30 螺栓；2——级链条导轨；
3—张紧器销 8514；5——级链条张紧器

㉛ 如有需要，则拆下两个 T30 螺栓和左凸轮链条导轨以及张紧器臂。
㉜ 如有需要，则拆下两个 T30 螺栓和右凸轮链条张紧器。
㉝ 如有需要，则拆下三个 T30 螺栓和右凸轮链条导轨以及张紧器臂。
㉞ 检查所有链轮和链条导轨。如果损坏，则予以更换。

### 19.9.2 正时链安装

① 检查所有链轮和链条导轨。如果损坏，则予以更换。
② 如有拆下，则安装右侧凸轮链条导轨 1 和张紧器臂 6。将 T30 连接螺栓 2 紧固至 12N·m（106lbf·in）的扭矩。
③ 如有拆下，则用两个螺栓 4 将右凸轮链条张紧器 3 安装到缸体上。拧紧 T30 螺栓 4 至力矩 12N·m（106lbf·in）的扭矩。
④ 向后推张紧器活塞并安装张紧器销 8514（件 5），从而重置右凸轮链条张紧器 3，见图 19-30。
⑤ 如有拆下，则安装左侧凸轮链条导轨 2 和张紧器臂 1。将 T30 连接螺栓 4 紧固至 12N·m（106lbf·in）的扭矩。
⑥ 如有拆下，则用两个螺栓 6 将左凸轮链条张紧器 5 安装到缸盖上。拧紧 T30 螺栓 6 至力矩 12N·m（106lbf·in）的扭矩。
⑦ 提起棘爪 3，向后推动活塞并安装张紧器销 8514（件 7），从而重置左凸轮链条张紧器 5，见图 19-31。

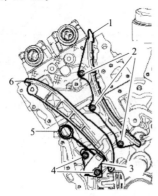

图 19-30 安装右凸轮链条张紧装置
1—链条导轨；2、4—螺栓；3—链条张紧器
5—张紧器销 8514；6—张紧器臂

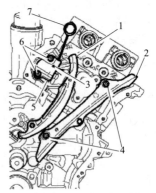

图 19-31 安装左侧凸轮轴链条张紧装置
1—张紧器臂；2—链条导轨；3—棘爪；
4、6—螺栓；5—张紧器；7—张紧器销 8514

⑧ 检验并确认键3安装在曲轴上。

⑨ 不要脱离凸轮轴单独转动曲轴几度以上。活塞与气门接触可能会导致气门损坏。如果需要将曲轴旋转几度以上，则应首先拆下凸轮轴。

⑩ 通过将曲轴上的凹槽2对准缸体/轴承盖接合处1，将1号活塞定位在TDC位置上，见图19-32。

⑪ 不要脱离曲轴单独转动凸轮轴几度以上。气门与活塞接触可能会导致气门损坏。如果需要将凸轮轴转动几度以上，则首先应通过将曲轴逆时针转动到30°BTDC（上止点前）位置从而将活塞从缸盖上移走。一旦凸轮轴处于TDC位置，就顺时针转动曲轴从而将曲轴返回到TDC位置。

⑫ 检验并确认已通过将定位孔1垂直定位从而将凸轮轴设置在TDC位置，见图19-33。

图19-32 设置TDC位置
1—缸体/轴承盖接合处；2—凹槽；3—键

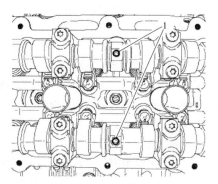

图19-33 将凸轮轴设置在TDC位置
1—定位孔

⑬ 将一级链条放到曲轴链轮3上，使箭头2对准正时链条上的电镀环1，见图19-34。始终应重新安装正时链条，确保它们保持相同的旋转方向。若将先前运行的链轮上先前运行的链条翻转过来，则会导致链条和链轮都出现过度磨损。

⑭ 在保持这种对准状态的同时，翻转曲轴链轮和正时链条，并将惰轮链轮4放入正时链条中，使凹槽2对准正时链条上的电镀环1，见图19-35。

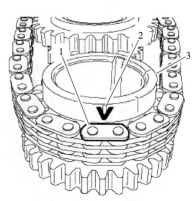

图19-34 曲轴链轮正时标记
1—电镀环；2—箭头；3—曲轴链轮

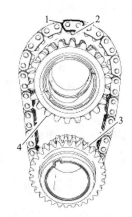

图19-35 安装惰轮链轮
1—电镀环；2—凹槽；4—惰轮链轮

⑮ 在保持这种对准状态的同时，使用干净的发动机机油润滑惰轮链轮衬套，并将链轮和正时链条安装在发动机上。为了检验正时仍然正确，正时链条电镀环6应位于12点钟位

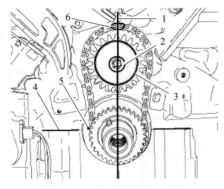

图 19-36 对准惰轮链轮标记
1—12 点钟位置；2—螺栓；3—垫圈；
4—缸体/轴承盖接合处；6—电镀环

置 1，在此位置上曲轴上的凹槽对准缸体/轴承盖接合处 4，见图 19-36。

⑯ 安装惰轮链轮固定螺栓 2 和垫圈 3。拧紧 T45 螺栓 2 至力矩 25N·m（18lbf·ft）。

⑰ 安装一级链条导轨 2，将 T30 连接螺栓 1 紧固至 12N·m（106lbf·in）的扭矩（图 19-29）。

⑱ 向后推张紧器活塞并安装张紧器销 8514（件3），从而重置一级链条张紧器 5（图 19-29）。

⑲ 用两个螺栓 4 将一级链条张紧器 5 安装到发动机缸体上。将 T30 螺栓 4 紧固至 12N·m（106lbf·in）的扭矩并拆下张紧器销 8514（件3），见图 19-29。

⑳ 将左进气凸轮相位器按到进气凸轮轴上。安装并用手紧固机油控制阀。

㉑ 将左侧凸轮链条覆盖在左进气凸轮相位器上方和惰轮链轮 1 上，使箭头 3 与凸轮链条上的电镀链节 2 对准，见图 19-37。左、右凸轮链条完全一样。始终应重新安装正时链条，确保它们保持相同的旋转方向。若将先前运行的链轮上先前运行的链条翻转过来，则会导致链条和链轮都出现过度磨损。

㉒ 保持这种对准状态的同时将凸轮链条敷设在排气和进气凸轮相位器周围，确保电镀链节与相位器正时标记对准。定位左侧凸轮相位器，确保箭头相互指向对方并与阀盖密封面平行。将排气凸轮相位器按到排气凸轮上。安装并用手紧固机油控制阀。

㉓ 安装左凸轮轴相位器锁 10202（件 4）并紧固机油控制阀 2 和 6 至 150N·m（110lbf·ft）的扭矩，见图 19-28。安装凸轮轴相位器或相位器锁时，可能需要略微转动凸轮轴（几度）。

㉔ 将右进气凸轮相位器按到排气凸轮轴上。安装并用手紧固机油控制阀。

㉕ 将右侧凸轮链条覆盖在右排气凸轮相位器上方和惰轮链轮 1 上，使凹槽 2 与凸轮链条上的电镀链节 3 对准，见图 19-38。始终应重新安装正时链条，确保它们保持相同的旋转方向。若将先前运行的链轮上先前运行的链条翻转过来，则会导致链条和链轮都出现过度磨损。

图 19-37 对准左侧链条惰轮链轮标记
1—惰轮链轮；2—电镀链节；3—箭头

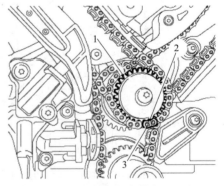

图 19-38 对准右侧链条惰轮上的标记
1—惰轮链轮；2—凹槽；3—电镀链节

㉖ 保持这种对准状态的同时将凸轮链条敷设在排气和进气凸轮相位器周围，确保电镀

链节与相位器正时标记对准。定位右侧凸轮相位器，确保箭头相互指向远离对方的方向，并且划线与阀盖密封面平行。将进气凸轮相位器按到进气凸轮上，安装并用手紧固机油控制阀。

㉗ 安装右凸轮轴相位器锁10202（件5）并紧固机油控制阀2和7至150N·m（110lbf·ft）的扭矩，见图19-27。安装凸轮轴相位器或相位器锁时，可能需要略微转动凸轮轴（几度）。

㉘ 将油泵链轮5放入油泵链条6中（图19-26）。将油泵链轮对准油泵轴的同时将油泵链条放到曲轴链轮上。安装油泵链轮T45固定螺栓4，并紧固至25N·m（18lbf·ft）的扭矩。

㉙ 安装机油泵链条张紧器1。确保弹簧3位于定位销2之上，见图19-26。始终应重新安装正时链条，确保它们保持相同的旋转方向。若将先前运行的链轮上先前运行的链条翻转过来，则会导致链条和链轮都出现过度磨损。在油泵齿轮或链条上没有正时标记。

㉚ 拆下右、左凸轮轴相位器锁10202。

㉛ 从左、右凸轮链条张紧器上拆下张紧器销8514（件1、6），见图19-39。

㉜ 顺时针转动曲轴两整圈，当曲轴上的凹槽4与缸体/轴承盖接合处5对准时停止转动。

㉝ 保持这种对准状态的同时，检验并确认左侧凸轮相位器上的箭头2相互指向对方并与阀盖密封面3平行，右侧凸轮相位器箭头7指向相互远离的方向，并且划线9与阀盖密封面8平行，见图19-39。

㉞ 在排气凸轮相位器三角形标记1和进气凸轮相位圆形标记3之间应有12个链销2，见图19-40。

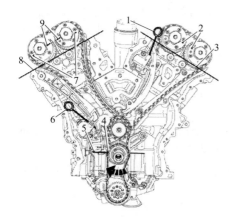

图19-39 对准正时标记
1,6—张紧器销8514；2,7—箭头；
3,8—阀盖密封面；4—凹槽；
5—缸体/轴承盖接合处；9—划线

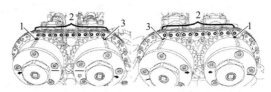

图19-40 进、排气凸轮相位器标记之间链节
1—三角形标记；2—链销；3—圆形标记

㉟ 如果发动机正时不正确，则重复以上步骤。

㊱ 安装发动机正时盖、曲轴减震器、附件传动皮带和油底壳。

㊲ 安装火花塞。将螺栓旋紧至17.5N·m（13lbf·ft）的扭矩。

㊳ 安装缸盖罩。

㊴ 安装上进气歧管和空气滤清器外壳总成。

㊵ 用合适的机油将发动机曲轴箱加注到正确的油位。

㊶ 连接蓄电池负极电缆，并将螺母拧紧至5N·m（45lbf·in）的扭矩。

㊷ 加注冷却系统。

㊸ 运行发动机直至其达到正常操作温度。检查冷却系统液位是否正确。如果维修/更换了动力传动系统，例如飞轮、气门系、凸轮轴和/或曲轴传感器或组件，则必须使用专业故障诊断仪执行凸轮/曲轴变化再学习程序。

## 19.10　3.7L V6发动机

### 19.10.1　正时链校验方法

注意：从车辆内的驾驶员位置应能分清左右手应当操作的部件；在正时校验程序中，可能会出现链条上的蓝色链板及凸轮轴传动链轮上的点不能互相对准的情况；只有当重新正时整个正时驱动时，蓝色链板才能与链轮上的点互相对准；一旦正时驱动转起来，蓝色链板到点的对准就不再有效。

可通过如下步骤进行发动机基准正时检验：

① 卸下气缸盖罩。

② 使用镜子，在前面板 1 上进行上止点（TDC）箭头的定位 2。旋转曲轴，直到曲轴减震器上的标记与前盖上的 TDC 箭头对准为止。发动机现在位于 TDC 处，如图 19-41 所示。

③ 注意刻印在凸轮轴主动齿轮上的"V6"标记 1 位置（图 19-42）。若每个凸轮轴主动齿轮上的"V6"标记均在 12 点的位置，则发动机应在排气冲程的 TDC 处。若每个凸轮轴主动齿轮上的"V6"标记均在 6 点的位置，则发动机应在压缩冲程的 TDC 处。

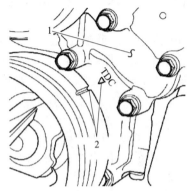

图 19-41　设置发动机位于 TDC 位置
1—前面板；2—上止点（TDC）箭头的定位

④ 若两个凸轮轴主动齿轮在同一方向或相反方向上的位置不当，则主链条或两个副链条无法使用。

⑤ 若只有其中一个凸轮轴主动齿轮的位置不当而另一个齿轮的位置是正确的，则问题将集中到一个副链条上。请参见本节中的单个凸轮轴正时的程序。

⑥ 若两个凸轮轴主动齿轮的 V6 标记在 12 点或 6 点的位置，则发动机的基准正时是正确的，如图 19-42 所示。重新安装缸罩即可。

平衡轴正时步骤如下：

① 确认发动机在 TDC 处，且两个凸轮轴链轮"V6"标记 1 在 12 点的位置。

② 观察左缸盖的链孔。平衡轴主动齿轮的正时点应位于 6 点的位置 2，如图 19-43 所示。

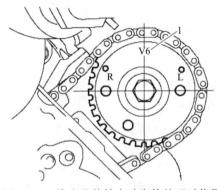

图 19-42　检查凸轮轴主动齿轮的正时位置
1—"V6"标记

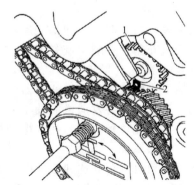

图 19-43　平衡轴主动齿轮正时标记
1—"V6"标记；2—6 点钟位置

单个凸轮轴的正时步骤如下：

① 使用链条张紧器楔块和专用工具 8379（件 2）固定副链条传动装置（件 3），如图 19-44 所示。

② 卸下凸轮轴传动齿轮的固定螺栓。

③ 小心地将凸轮轴主动齿轮 2 从凸轮轴上取下。

④ 重新标定链条上的凸轮轴主动齿轮，直到"V6"的标记与相对的凸轮轴主动齿轮上的"V6"标记在同一位置为止，如图 19-45 所示。

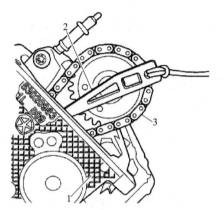

图 19-44　固定链条传动装置
2—专用工具 8379；3—副链条传动装置

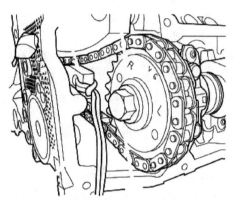

图 19-45　重新标定凸轮轴主动齿轮

⑤ 使用专用工具 8428 凸轮轴扳手 2，旋转凸轮轴，直到凸轮轴上的对准销应对准凸轮轴主动齿轮上的槽口，如图 19-46 所示。注意：在重新安装螺栓前，清除凸轮轴链轮固定螺栓上多余的机油，否则将会造成螺栓扭矩过大而失效。

⑥ 将凸轮轴传动齿轮放置在凸轮轴上，清理螺栓上的余油，然后安装定位螺栓。使用专用工具、扳手 6958 以及适配器销 8346（件 4）和合适的扭矩扳手 1，按照 122N·m（90lbf·ft）的扭矩将定位螺栓拧紧，如图 19-47 所示。

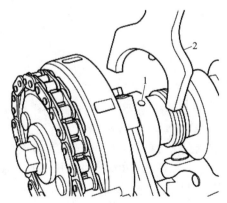

图 19-46　标定凸轮轴主动齿轮过程
2—凸轮轴扳手

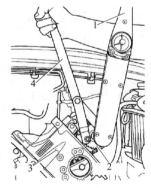

图 19-47　安装定位螺栓

⑦ 取下专用工具 8379。

⑧ 旋转曲轴两周，然后检验凸轮轴主动齿轮"V6"标记是否与实际的记号对准。

⑨ 安装缸盖罩。

## 19.10.2 正时链单元的拆卸

① 断开蓄电池负极电缆。
② 排放冷却系统。
③ 取下左、右缸盖罩。
④ 卸下散热器风扇。
⑤ 旋转发动机曲轴,直到曲轴减速震器上的正时标记与正时链盖罩上的 TDC 标记对准为止,如图 19-41 所示。
⑥ 如图 19-42 所示,确保凸轮轴链轮"V6"标记 1 在 12 点的位置(1 号 TDC 排气冲程)。
⑦ 取下动力转向泵。
⑧ 取下左、右缸盖上的堵塞,以操作链条导轨紧固件。
⑨ 卸下机油添加口壳体,从而能够对右侧张紧器臂紧固件进行操作。
⑩ 取下曲轴减震器和正时链盖罩。
⑪ 压下并紧固主链条张紧器。

注意:左副链张紧器后面的板可能落入油底壳,所以应盖好油底壳开口。

⑫ 卸下副链张紧器。
⑬ 取下凸轮轴位置传感器。

操作时应谨慎小心,切勿损坏凸轮轴的正时齿轮。在松紧凸轮轴链轮时请勿连接目标轮。请勿将目标轮置于任何磁源附近。这是因为损坏或磁化了的正时齿轮会导致车辆无法启动。

请勿强行独立转动凸轮轴或曲轴,否则将会破坏进气门与活塞之间的接触。确保蓄电池负极电缆断开,以防止起动器的意外接合。

⑭ 卸下左、右凸轮轴链轮螺栓。
⑮ 在用专用工具 8428 凸轮轴扳手托着左凸轮轴钢管的同时,取下左凸轮轴链轮。将凸轮轴慢速地沿顺时针方向旋转 5°,到空挡位置。
⑯ 在用专用工具 8428 凸轮轴扳手托着右凸轮轴钢管的同时,取下右凸轮轴链轮。
⑰ 卸下惰轮总成的螺栓。
⑱ 向前同时滑动惰轮总成和曲柄链轮,拆卸主辅链。
⑲ 拆卸旋转张紧器臂和链条导轨。
⑳ 取下主链条张紧器。

## 19.10.3 正时链单元的安装

① 使用台钳轻压副链条张紧器活塞,直到活塞步进 5 与张紧器体齐平(图 19-48)。使用销子或其他适当工具,或松开棘爪 4,用力向后拉棘爪,穿过张紧器侧的检修孔。在继续固定棘轮的同时,推动棘轮装置离开张紧器约 2mm。将专用工具 8514 锁销 2 安装到张紧器前的孔上。慢速地打开台钳,将活塞弹簧力量转向锁销。

② 将主链条张紧器放在机油泵上,将螺栓插入到张紧器支架的两个下孔。紧固螺栓至 28N·m(250lbf·in)的扭矩。

③ 安装右侧链条张紧器臂。安装 Torx® 螺栓。按照 28N·m(250lbf·in)的扭矩拧紧 Torx® 螺栓。

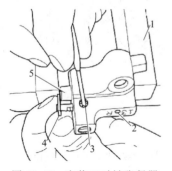

图 19-48 安装正时链张紧器

用银色螺栓将导管固定在缸盖上，用黑色螺栓将导管固定在发动机缸体上。

④ 安装左侧链条导轨。紧固螺栓至 28N·m（250lbf·in）的扭矩。

⑤ 安装左侧链条张紧器臂和 Torx® 螺栓。按照 28N·m（250lbf·in）的扭矩拧紧 Torx® 螺栓。

⑥ 安装右侧链条导轨。紧固螺栓至 28N·m（250lbf·in）的扭矩。

⑦ 将两个副链条安装到张紧轮 2 上。调整副链条上的两个链板，使其能够通过惰轮链轮上的两个低位开口（4 点和 8 点位置）看到。当安装好副正时链条时，使用专用工具 8429（件 1）支撑安装链条，如图 19-49 所示。

⑧ 将主链条的双链板与惰轮链轮上的 12 点位置的正时标记对齐。将主链条的单链板与曲轴链轮上的 6 点位置的正时标志对准。

⑨ 用清洁的发动机机油润滑凸轮轴轴颈。注意：在张紧器完全定位前，张紧器应与平衡轴主动齿轮正时。

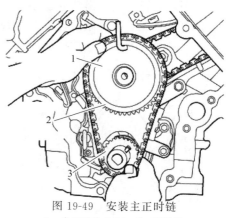

图 19-49 安装主正时链
1—专用工具 8429；2—张紧轮

⑩ 安装链条、曲轴链轮和张紧器总成。在将两条副链条穿过缸体及缸盖开口后，将链条用弹性带或类似物进行固定。这样将使链条保持足够的张紧度，以便于安装。将前张紧轮上的正时标记对准平衡轴主动齿轮上的正时标记，然后将张紧轮完全定位。在安装惰轮螺栓之前，用机油对垫圈进行润滑，将惰轮总成的定位螺栓紧固至 34N·m（25lbt·ft）的扭矩。注意：安装链轮时，有必要轻微转动凸轮轴。

⑪ 将左凸轮轴链轮"L"点对准链条上的链板。

⑫ 将右凸轮轴链轮"R"点对准链条上的链板。注意：清除凸轮轴链轮螺栓上多余的机油，否则将会造成螺栓扭矩过大而失效。

⑬ 卸下专用工具 8429，然后将两个链轮安装到凸轮轴上。清除螺栓上多余的机油，然后安装链轮螺栓，但此时请勿紧固。

⑭ 检验所有的板链接是否对准所有链轮上的标记，以及凸轮轴链轮上的"V6"标记是否位于 12 点的位置。

注意：确保左副链张紧器和缸体之间的隔板安装正确。

⑮ 安装两个副链条张紧器。紧固螺栓至 28N·m（250lbf·in）的扭矩。

注意：左、右副链条张紧器为非通用型。

⑯ 取下张紧器上的所有锁销。

从每个张紧器上拔出锁销后，不要手动张开张紧器棘轮。因为这样会使链条过度张紧，会产生噪声和/或过高的正时链负荷。

⑰ 使用带有适配器销 8346 的专用工具 6958 扳手，将左凸轮轴链轮紧固至 122N·m（90lbf·ft）的扭矩。

⑱ 使用带有转接器销 8346（件 2）的专用工具 6958 扳手，按照 122N·m（90lbf·ft）的扭矩拧紧右凸轮轴链轮，如图 19-50 所示。

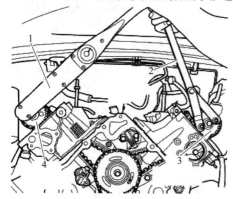

图 19-50 紧固左右凸轮轴链轮螺栓

⑲ 将发动机旋转两周。检验正时标记是否在如

下位置：

主链条张紧轮上的点位于 12 点处。

主链条曲轴链轮上的点位于 6 点处。

副链条凸轮轴链轮上的"V6"标记位于 12 点处。

平衡轴主动齿轮的点应对准张紧轮齿轮上的点。

⑳ 用发动机机油润滑所有三条链条。

㉑ 在安装完所有链条后，推荐检查惰轮及游隙。游隙应位于 0.10～0.25mm（0.004～0.010in）之间。若未在技术参数内，则应更换惰轮。

㉒ 安装正时链盖罩和曲轴减震器。

㉓ 安装缸盖罩。

注意：在右缸盖内安装螺纹栓之前，必须在螺纹栓上涂上一层密封剂以防泄漏。

㉔ 如图 19-51 所示在堵塞 2 上涂抹 Mopar® 螺纹 Teflon 密封剂，然后安装右缸盖，并按 81N·m（60lbf·ft）的扭矩拧紧。

㉕ 安装注油箱。

㉖ 如图 19-51 所示安装左缸盖上的堵塞 1。

㉗ 安装动力转向泵。

㉘ 填充冷却系统。

㉙ 连接蓄电池负极电缆。

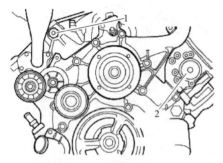

图 19-51　安装缸体堵头
1,2—堵塞

## 19.11　4.0L V8 发动机

### 19.11.1　正时链单元拆卸

① 断开蓄电池负极电缆。

② 拆卸风扇和盖板。

③ 拆卸蛇形驱动皮带。

④ 拆卸曲轴减震装置。

⑤ 拆卸正时室盖。

⑥ 转动曲轴，直到"0"标记最靠近位于曲轴中心线上的链轮正时标记（图 19-52）。

⑦ 从曲轴拆下挡油环。

⑧ 拆卸凸轮轴链轮螺栓和垫片。

⑨ 拆卸作为总成的曲轴链轮、凸轮轴链轮和正时链条。

⑩ 安装正时链，对正曲轴链轮和凸轮轴链轮上的正时标记，确保正确的配气正时。旧的和已经拉长的链条会影响配气正时的准确性，如果链条拉长后垂度超过 12.7mm（1/2in），则请替换它。

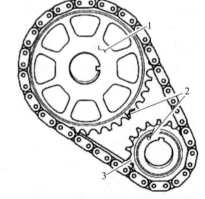

图 19-52　转动曲轴设置正时位置
1—凸轮轴链轮；2—正时标记；3—曲轴链轮

### 19.11.2　正时链单元安装

组装正时链、凸轮轴链轮、曲轴链轮并对正正时标志如图 19-52 所示。

① 在曲轴键槽内施加 Mopar® 硅橡胶胶粘剂并装入键。将上述组件安装在带键曲轴和

凸轮轴上。

② 安装凸轮轴链轮螺栓和垫片，并且将螺栓拧紧至 68N·m（50lbf·in）的扭矩。

③ 将曲轴转动两转，验证正时链安装正确，曲轴和凸轮轴链轮的正时标志应对正（图 19-52）。

④ 安装曲轴挡油环。

⑤ 替换正时室盖上的油封。

⑥ 安装正时室盖和衬垫。

⑦ 在带键的曲轴上安装减震装置。

⑧ 安装蛇形驱动皮带。

⑨ 安装发动机风扇、轮毂总成和盖板。

⑩ 连接蓄电池的负极电缆。

## 19.12 4.7L V8 发动机

### 19.12.1 发动机正时校验方法

注意：从车辆内的驾驶员位置应能分清左右手应当操作的部件；在正时校验程序中，可能会出现链条上的蓝色链板及凸轮轴传动链轮上的点不能互相对准的情况；只有当重新正时整个正时驱动时，蓝色链板才能与链轮上的点互相对准；一旦正时驱动转起来，蓝色链板到点的对准不再有效。

可通过如下步骤进行发动机基准正时检验：

① 卸下气缸盖罩。

② 使用镜子将 TDC 箭头放在前盖上。旋转曲轴，直到曲轴减震器上的标记与前盖上的 TDC 箭头对准为止。发动机现在位于 TDC 处，如图 19-53 所示。

③ 注意压印到凸轮轴传动齿轮上的"V8"标记位置。如果每个凸轮轴传动齿轮上的"V8"标记都在十二点的位置，则发动机在排气冲程的 TDC（气缸♯1）位置。如果每个齿轮上的"V8"标记都在零点的位置，则发动机在压缩冲程的 TDC（1 号气缸）位置。

④ 如果两个凸轮轴传动齿轮都在同向或反向停止，则主要链或附属链条有故障。

⑤ 如果凸轮轴传动齿轮之一停止，而另一个正常，则问题局限在附属链条上。

⑥ 如图 19-54 所示，如果两个凸轮轴传动齿轮上的"V8"标记都在十二点的位置或六点位置，则发动机座正时正确。重新安装缸罩即可。

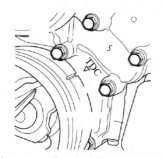

图 19-53 设置发动机于 TDC 位置

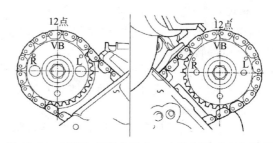

图 19-54 "V8"标记位于十二点的位置或六点位置

单凸轮轴正时步骤如下：

① 使用 Chain Tensioner Wedge 专用工具 9867，使附属链条传动静止。为了进行参考，标记链条和链轮的对正位置。

② 卸下凸轮轴传动齿轮的固定螺栓。

③ 从凸轮轴上拆下凸轮轴传动齿轮。

④ 当"V8"标记在相对的凸轮轴传动齿轮上时，改变链内凸轮轴传动齿轮的符号，直到"V8"标记在相同方向为止。注意：在夹持凸轮轴时，仅用台钳夹住凸轮轴的钢管部分，请勿夹持曲臂或链轮区域。

⑤ 使用一对合适的可调手钳 1，旋转凸轮轴，直到凸轮轴上的对中销 2 与凸轮轴传动齿轮内的槽对准为止，如图 19-55 所示。注意：在重新安装螺栓前，清除凸轮轴链轮固定螺栓上多余的机油，否则将会造成螺栓扭矩过大而失效。

⑥ 将凸轮轴传动齿轮放置在凸轮轴上，清理螺栓上的余油，然后安装定位螺栓。使用专用工具扳手 6958 与适配器销 8346 和合适的力扭矩扳手，将螺栓锁紧到 122N·m（90lbf·ft）的扭矩。

⑦ 如图 19-56 所示拆下专用工具 9867（件 3、4）。

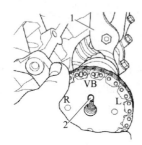

图 19-55 对正凸轮轴对中销与传动齿轮槽
1—可调手钳；2—对中销

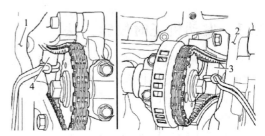

图 19-56 拆下专用工具

⑧ 将曲轴旋转两整圈，然后检验凸轮轴传动齿轮"V8"标记是否对中。

⑨ 安装缸盖罩。

## 19.12.2 正时链单元的拆卸

① 断开蓄电池负极电缆。

② 排放冷却系统。

③ 拆卸左、右缸盖罩。

④ 卸下散热器风扇。

⑤ 使发动机转动直至曲轴减震器上的正时标记与正时链盖罩上的 TDC 标记对正（1 号气缸排气冲程）。

⑥ 调整凸轮轴链轮，使"V8"标记处于 12 点的位置。

⑦ 拆下电源转向泵。

⑧ 拆卸左、右缸盖上的检修口塞 2 以对链条导轨紧固件进行检查，如图 19-57 所示。

⑨ 卸下机油添加口壳体，从而能够对右侧张紧器臂紧固件进行操作。

⑩ 拆卸曲轴减震器。

⑪ 折叠并扣牢主链张紧器。当心左副链张紧器后面的板可能落入油底壳。

⑫ 卸下副链张紧器。

⑬ 从右气缸盖上拆卸凸轮轴位置传感器。操作时应谨慎小心，切勿损坏凸轮轴的正时齿轮。在松紧凸轮轴链轮时请勿连接目标轮。请勿将目标轮置于任何磁源附近。这是因为损坏或磁化了的正时齿轮会导致车辆无法启动。

请勿强行独立转动凸轮轴或曲轴，否则将会破坏进气门与活塞之间的接触，确保蓄电池负极电缆断开,以防止起动器的意外接合。

⑭ 卸下左、右凸轮轴链轮螺栓。

⑮ 用可调台钳固定好左侧凸轮轴钢管,拆卸左侧凸轮轴链轮。顺时针缓慢转动凸轮轴约 15°,到空挡位置,如图 19-58 所示。

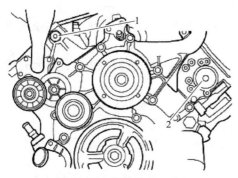

图 19-57 拆卸检修口塞
2—检修口塞

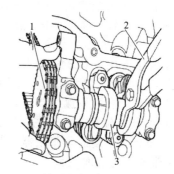

图 19-58 转动凸轮轴约 15°到空挡位置

⑯ 用可调台钳固定好右侧凸轮轴钢管,拆卸右侧凸轮轴链轮。逆时针缓慢转动凸轮轴约 45°,到空挡位置。

⑰ 卸下惰轮总成的螺栓。

⑱ 向前同时滑动惰轮总成和曲柄链轮,拆卸主、辅链。

⑲ 拆卸旋转张紧器臂和链条导轨。

⑳ 拆卸链条张紧器。

## 19.12.3 正时链单元的安装

① 用一把台钳轻轻地对副链张紧器体活塞施压,直至活塞台阶与张紧器体平齐。使用一个销钉或适当的工具通过张紧器一侧的孔克服弹簧力将棘轮抓拉回使棘轮抓释放。在继续固定棘轮时,推动棘轮装置离开张紧器约 2mm。将专用工具 8514 锁销安装进张紧器前侧的孔内。慢慢打开台钳将弹簧力传递给锁销。

② 将主链张紧器置于机油泵之上,将螺栓插入张紧器支架上较低的两个孔内。紧固螺栓至 28N·m(250lbf·in)的扭矩。

③ 安装右侧链条张紧器臂。应用 Mopar® 的密封剂,用 Torx® 型螺栓密封,用 28N·m(250lbf·in)的扭矩紧固螺栓。注意:用银色螺栓将导管固定在缸盖上,用黑色螺栓将导管固定在发动机缸体上。

④ 安装左侧链条导轨。紧固螺栓至 28N·m(250lbf·in)的扭矩。注意:过量紧固张紧器臂的 Torx® 螺栓会对缸盖造成严重损坏,因此应紧固 Torx® 螺栓至规定扭矩。

⑤ 安装左侧链张紧器臂。应用 Mopar® 的密封剂,用 Torx® 型螺栓密封,用 28N·m(250lbf·in)的扭矩紧固螺栓。

⑥ 安装右侧链条导轨。紧固螺栓至 28N·m(250lbf·in)的扭矩。

⑦ 将两个副链条都安装到惰轮上。调整副链条上的两个链板,使其能够通过惰轮链轮上的两个低位开口(4 点和 8 点位置)看到。在安装副正时链时,安放专用工具 8429 将链条保持在适当的位置以进行安装。

⑧ 将主链条的双链板与惰轮链轮上的 12 点位置的正时标记对齐。将主链条的单链板与曲轴链轮上的 6 点位置的正时标志对准。

⑨ 用清洁的发动机机油润滑凸轮轴轴颈。

⑩ 将所有链条、曲轴链轮和惰轮组装为一个部件。通过滑轮和缸盖上的孔引入两个副链条后，将链条与一条橡皮带或类似物绑在一起，这有助于在安装时保持链条拉紧。注意：安装链轮时，有必要轻微转动凸轮轴。

⑪ 将左凸轮轴链轮"L"点对准链条上的链板。

⑫ 将右凸轮轴链轮"R"点对准链条上的链板。清除凸轮轴链轮螺栓上多余的机油，否则将会造成螺栓扭矩过大而失效。

⑬ 卸下专用工具8429，然后将两个链轮安装到凸轮轴上。清除螺栓上多余的机油，然后安装链轮螺栓，但此时请勿紧固。

⑭ 校验所有的电镀链节是否都与链轮上的标记对齐，以及凸轮轴链轮上的"V8"标记是否在12点的位置。确保左副链张紧器和缸体之间的隔板安装正确。

⑮ 安装两个副链条张紧器。紧固螺栓至28N·m（250lbf·in）的扭矩。注意：左、右副链条张紧器为非通用型。

⑯ 在安装惰轮螺栓之前，用机油对垫圈进行润滑，将惰轮总成的定位螺栓紧固至34N·m（25lbf·ft）的扭矩。

⑰ 从张紧器上拆卸全部3个锁销。从每个张紧器上拔出锁销后，不要手动张开张紧器棘轮，否则会使链条过度张紧，会产生噪声或过高的正时链负荷。

⑱ 使用专用工具6958、扳手和适配器销8346，紧固左、右凸轮轴链轮螺栓至122N·m（90lbf·ft）的扭矩。

⑲ 将发动机旋转两周。检查正时标记是否在以下位置：

主链惰轮点在12点位置。

主链曲轴链轮点在6点位置。

副链凸轮轴链轮"V8"标记在12点位置。

⑳ 用发动机机油润滑所有三条链条。

㉑ 安装完所有链条后，建议检查惰轮的轴端间隙。轴端间隙必须在0.10～0.25mm（0.004～0.010in）之间。如果不符合技术参数，则必须更换惰轮轴。

㉒ 安装正时链盖罩。

㉓ 安装缸盖罩。

注意：在右缸盖内安装螺纹栓之前，必须在螺纹栓上涂上一层密封剂以防泄漏。

㉔ 用Mopar®螺纹密封剂涂敷大螺纹检查口塞，然后将其安装入右缸盖并紧固至81N·m（60lbf·ft）的扭矩。

㉕ 安装注油箱。

㉖ 在左缸盖上安装检查柱塞。

㉗ 安装动力转向泵。

㉘ 安装散热器冷却风扇和护罩。

㉙ 加注冷却系统。

㉚ 连接蓄电池负极电缆。

## 19.13　5.7L V8发动机

### 19.13.1　发动机正时链正时对正

凸轮链轮中的凸轮轴销和槽必须正时在12点位置。曲轴键槽必须正时在2点位置。曲轴链轮必须安装，以保证点或者油漆标志在 6 点位置，如图 19-59 所示。

### 19.13.2 正时链单元拆卸

① 断开蓄电池负极电缆。
② 排放冷却系统。
③ 拆下正时链盖。
④ 重新安装减震器螺栓并用手指拧紧。用适当的套管和扳杆转动曲轴，将正时链轮和键槽对准。凸轮链轮中的凸轮轴销和槽必须正时在 12 点位置。曲轴键槽必须正时在 2 点位置。曲轴链轮必须安装，以保证点或者油漆标志在 6 点位置，如图 19-59 所示。
⑤ 卸下机油泵。
⑥ 缩回张紧器推力瓦直到推力瓦的孔与悬臂上的孔对直。
⑦ 将适当的销钉 1 滑入孔内，如图 19-60 所示。

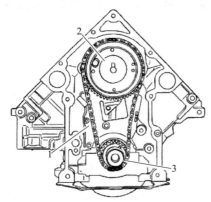

图 19-59　发动机正时设置

图 19-60　用销钉锁定张紧器

⑧ 拆卸凸轮轴链轮安装螺栓，拆卸正时链条以及曲轴和凸轮轴链轮。
⑨ 如果要更换张紧器总成，则应拆卸张紧器与缸盖相连的螺栓，拆卸张紧器总成。

### 19.13.3 正时链单元安装

① 如果更换了张紧器总成，则安装张紧器和固定螺栓。拧紧螺栓至 28N·m（250lbf·in）的扭矩。
② 必要时缩回张紧器 2，如图 19-61 所示。
注意：安装正时链时，必须将唯一的电镀链节与凸轮轴链轮上的标记点或油漆标记对齐；曲轴链轮与两个电镀正时链节之间的点或油漆标记对齐；凸轮链轮中的凸轮轴销和槽必须正时在 12 点位置；曲轴键槽必须正时在 2 点位置；曲轴链轮必须安装，以保证点或者油漆标志在 6 点位置。
③ 将凸轮轴链轮和曲轴链轮放在工作台上，使正时标记位于通过凸轮轴和曲轴孔的虚中心线上。
④ 将正时链绕在两个链轮上。
⑤ 提起链轮和链条，使链轮的位置紧靠链条。
⑥ 将两个链轮均匀低滑到各自的轴上，并检查正时标记是否对准。

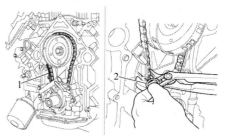

图 19-61　安装正时链张紧器
2—张紧器

⑦ 安装凸轮轴螺栓。紧固螺栓至122N·m（90lbf·ft）的扭矩。
⑧ 卸下张紧器销。再次检查正时标记是否对准。
⑨ 安装机油泵。
⑩ 安装油底壳和取油管。
⑪ 安装正时链盖罩。
⑫ 重新注入发动机机油。
⑬ 加注冷却系统。
⑭ 连接蓄电池负极电缆。
⑮ 启动发动机并检查有无机油和冷却液泄漏。

## 19.14　6.1L V8发动机

6.1L V8发动机正时链单元结构与拆装程序和5.7L V8发动机相同，相关内容请参考19.13小节。

 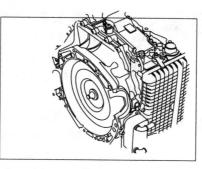 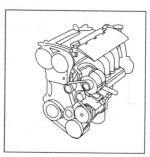

# 第20章 自主品牌汽车发动机

## 20.1　1.0L 吉利 3G10 发动机

### 20.1.1　发动机正时链单元分解

发动机正时链单元分解如图 20-1 所示。

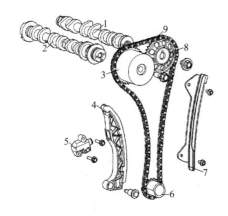

图 20-1　发动机正时链单元分解

1—排气凸轮轴；2—进气凸轮轴；3—VVT 执行器；4—正时链条张紧导轨；5—正时链条张紧器；6—曲轴正时链轮；7—正时链条导向导轨；8—排气凸轮轴驱动链轮；9—正时链条

### 20.1.2　正时链单元拆卸

① 旋转曲轴，使第一缸处于压缩上止点位置，拆卸正时链罩。
② 拆卸张紧器组件。
③ 拆卸正式链条张紧导轨固定螺栓。
④ 拆卸正式链条张紧导轨。取出过程中注意张紧器支臂组件不要掉落，否则容易造成张紧器支臂组件损坏！
⑤ 拆卸正时链条导向导轨的固定螺栓。
⑥ 拆卸正时链条导向导轨。
⑦ 拆卸正时链条及曲轴正时链轮。

### 20.1.3　正时链安装

① 确认正时链条上的 3 个正时标记外链节，如图 20-2 所示。

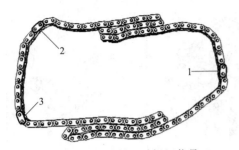

图 20-2 正时链正时标记信号
1~3—正时标记外链节

② 安装正时链条及曲轴正时链轮，使第 1 个正时标记外链节（黄色）1 对正曲轴链轮正时记号。

正时链条上共有三个正时标记外链节，其中两个正时标记外链节（蓝色）（之间相差 5 个链节）与进排气凸轮轴链轮正时记号对齐！

③ 使链条的第 2 个正时标记外链节（蓝色）2 对正排气凸轮正时记号。

④ 使链条的第 3 个正时标记外链节（蓝色）3 对正配气正时控制器总成链轮正时记号。

⑤ 安装正时链条导向导轨，并紧固固定螺栓。力矩：10N·m（公制），7.4lbf·ft（英制）。

⑥ 安装正时链条张紧导轨，并紧固固定螺栓。力矩：19N·m（公制），14.0lbf·ft（英制）。

⑦ 安装张紧器组件。

⑧ 安装正时链罩及附件。

## 20.2 1.0L 比亚迪 BYD371QA 发动机

### 20.2.1 正时链单元的拆卸与安装

① 正时链条的拆卸步骤如下。

a. 拆下紧固螺栓，卸下发电机拆下多楔带。

b. 按顺序拆下水泵进水软管。

c. 拆下缸盖罩。

d. 拆下曲轴位置传感器。

e. 拆下曲轴皮带轮。

f. 拆下油底壳。

g. 拆下机油收集器。

h. 拆下紧固螺栓，卸下正时罩体，取下主油道上的密封圈。

i. 将锁片按顺时针方向拨动，同时按下柱塞，松开张紧板。

j. 按紧柱塞的同时，把专用工具插入锁片中的小孔，锁定柱塞，不让其弹出。

k. 卸下张紧板的螺栓，取出张紧板，取下正时链条。

l. 卸下曲轴链轮，注意取下曲轴上的半圆键。

② 正时链条的安装步骤如下：

按与拆卸相反的顺序安装，应注意以下几点：

a. 安装链条前，和拆卸时一样，把专用工具插入张紧器锁片的小孔，锁定柱塞不让其弹出。

b. 按图 20-3 所示安装正时链条，正时链条上着色链面朝向外侧，不得反装。把凸轮轴链轮的正时记号对着正上方，并且要把蓝色的链片分别对准进、排气凸轮轴链轮

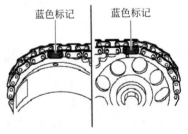
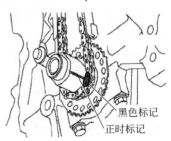

图 20-3 正时链正时标记图

的正时记号，还要将黑色的链片对准曲轴链轮上的正时记号。

c. 稍微转动进气凸轮轴，使右边链条张紧，确认链条两侧在导向板和张紧板上的安装位置，然后取下插入锁片小孔的专用工具；检查张紧器是否自动弹出，压紧张紧板。

d. 相关拧紧力矩数据如下：

导向板螺栓：10N·m。

张紧板螺栓：20N·m。

张紧器螺栓：10N·m。

## 20.2.2 正时设置与调整

① 检查是否需要调整气门间隙，转动曲轴皮带轮，对好标记，如图20-4所示。

② 检查两根凸轮轴链轮上记号是否都对着正上方，并且对着链条上的有色链片；如果没有对准，则再转动曲轴一圈，直到对准，如图20-5所示。

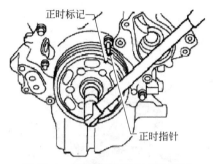
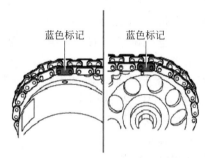

图20-4 转动曲轴对准正时标记　　图20-5 对准凸轮轴正时标记

③ 顺时针转动曲轴大约90°，防止拆卸凸轮轴的时候，活塞和气门发生碰撞。

④ 卸下正时罩壳上的内六角锥形螺塞。

⑤ 用扳手固定进气凸轮轴上的六角方块，松开进气凸轮轴链轮上的螺栓。

⑥ 卸下内六角锥形螺塞，从其孔内伸入螺丝刀，顺时针拨动张紧器的锁片，让它解锁并保持这个位置不要松开；如果锁片拨不动，则用扳手稍微转动凸轮轴上的六角方块，这样可以使锁片松动。

⑦ 用扳手转动凸轮轴上的六角方块，顺时针转动凸轮轴，让链条把张紧器的柱塞压进去。

⑧ 拿出螺丝刀，再用专用工具穿过张紧器锁片的小孔，并固定，如图20-6所示。在拿出螺丝刀、插入专用工具时，不能让凸轮轴上的扳手松开，以防张紧器的柱塞又弹出。

完成上述步骤是为了柱塞压回去，为了下面取出链条做好准备，如果没有成功，则请从第⑥步开始重复。

⑨ 卸下排气凸轮轴链轮上的螺栓，取下排气链轮。

⑩ 装好凸轮轴链轮；用工具拧紧排气凸轮轴链轮螺栓，力矩：45N·m。

⑪ 用扳手顺时针转动进气凸轮轴，张紧左侧的链条，此时把链条套上排气链轮，并使链轮上的标

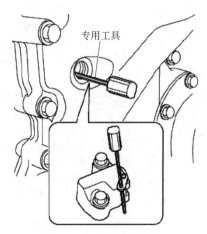

图20-6 使用专用工具

图 20-7 对准链轮正时标记

记和链条上的有色标记对齐,如图 20-7 所示。如果标记无法对齐,则请用扳手顺时针转动排气凸轮轴,使之对齐。

⑫ 拿开张紧器上的专用工具,拧紧六角头锥形螺堵;拧紧力矩:15N·m。

⑬ 曲轴皮带轮逆时针转回原位置,即皮带轮的标记对齐正时指针,检查凸轮轴链轮的标记是否正对上方,并且都已经对齐链条上的蓝色标记。

以上步骤也必须保证曲轴链轮和链条始终啮合在一起。

## 20.3　1.3L/1.5L 比亚迪 BYD473QA/QB 发动机

### 20.3.1　正时链单元拆卸

① 拆下皮带。
② 拆下发电机调节臂的装配螺栓,然后放松发电机的装配螺栓。
③ 拆除惰轮合件。
④ 转动曲轴皮带轮,使其上止点(TDC)标记与指针对齐,如图 20-8 所示。
⑤ 拆下水泵皮带轮。
⑥ 拆下缸盖罩。
⑦ 拆下曲轴皮带轮。
⑧ 拆下油底壳。
⑨ 在缸体下方,用千斤顶和木块支撑发动机。
⑩ 使发电机远离正时罩,然后拆下正时罩。
⑪ 给无声正时链张紧器座表面涂上发动机机油。用螺丝刀撬开无声正时链张紧器座上的孔,然后拆除螺栓。
⑫ 拆除无声正时链张紧器座。
⑬ 拆下张紧链板组件和导向链板组件。
⑭ 取下无声正时链条。

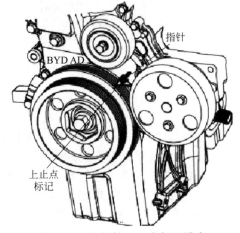

图 20-8 凸轮轴上止点标记设定

### 20.3.2　正时链安装

注意:使无声正时链远离磁场。

① 将曲轴置于上止点(TDC)位置。将曲轴链轮上的 TDC 标记与机油泵上的指针对齐,如图 20-9 所示。

② 将 1 号活塞置于上止点位置。凸轮轴链轮上的 "UP" 标记应当位于上部,而凸轮轴链轮的上止点槽应当与缸盖的上边缘对齐,如图 20-10 所示。

③ 将无声正时链安装在曲轴链轮上,色片要对准曲轴链轮上的 TDC 标记,如图 20-11 所示。

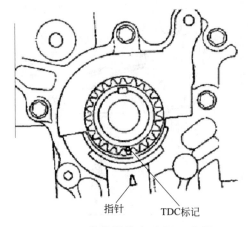

图 20-9 将曲轴设定于 TDC 位置

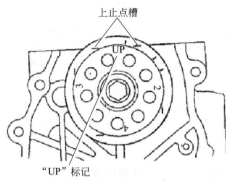 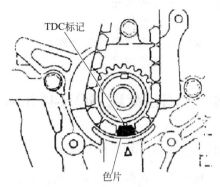

图 20-10 将 1 号活塞置于 TDC 位置　　图 20-11 安装正时链到曲轴上

④ 将无声正时链安装到凸轮轴链轮上，指针要对准三块色片（473QB 型发动机），如图 20-12 所示。

⑤ 将无声正时链安装到凸轮轴链轮上，指针要与两块色片的中心对齐（473QA 型发动机），如图 20-13 所示。

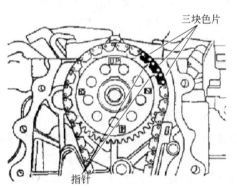 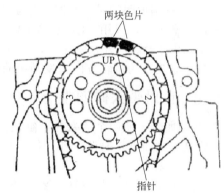

图 20-12 将正时链装到凸轮轴上（473QB 型发动机）　图 20-13 将正时链装到凸轮轴上（473QA 型发动机）

⑥ 给张紧链板螺栓轴的螺纹涂上发动机机油，并安装张紧链板组件和导向链板组件。

⑦ 安装张紧器座，并轻轻拧上螺栓。

⑧ 给张紧器座的滑动面涂上发动机机油。

⑨ 顺时针旋转张紧器座，来压紧张紧链板组件，安装剩余的螺栓，并将其锁紧。

⑩ 检查正时罩上曲轴前油封有无损坏。如果油封损坏，则更换曲轴前油封。

⑪ 将正时罩配合表面、螺栓和螺栓孔上的旧平面密封胶清除。

⑫ 清洁正时罩配合表面，并进行干燥。

⑬ 将平面密封胶均匀地涂抹在正时罩与缸体配合的面及各孔的内螺纹上。

注意：沿虚线涂敷 2~3mm 宽的平面密封胶；给正时罩上的缸体上表面接触面涂敷 3~4mm 宽的平面密封胶；零件涂敷平面密封胶后，如果超过 4min 或 4min 以上还没有进行安装，则不得进行安装；正确的做法是，清除旧的残留物，重新涂敷平面密封胶。

⑭ 安装正时罩。

⑮ 安装油底壳。

⑯ 安装曲轴皮带轮及垫片合件。

⑰ 安装缸盖罩。

⑱ 安装水泵皮带轮。
⑲ 安装惰轮合件。
⑳ 安装发电机调节臂装配螺栓。
㉑ 安装并调整皮带。

## 20.4　1.3L奇瑞SQR473发动机

### 20.4.1　正时带单元拆卸

① 按照助力转向泵和压缩机、发电机的拆卸方法拆卸发电机和压缩机皮带。
② 用5mm内六角扳手拆卸正时上罩盖的五个固定螺栓。
③ 用13号套筒松开曲轴正时调整孔螺栓（调正螺栓在起动机的上方）。
④ 用专用工具CH-20003插入正时孔中并拧紧，用扳手转动曲轴皮带盘中的大螺母使曲轴旋转，同时慢慢拧入CH-20003，直到曲轴前后转不动为止。
⑤ 用13号套筒拆下曲轴皮带轮的六个固定螺栓。取出曲轴皮带轮。力矩：(55±5)N·m。
⑥ 用10号套筒拆下正时下罩盖的六个固定螺栓。
⑦ 需要特别说明的是，正时下罩盖左上方的固定螺栓位置非常隐蔽，在拆卸时要注意用万向连接杆拆卸，或用13号套筒板拆下悬置支架的三只螺栓取下悬置支架。
⑧ 用10号套筒松开张紧轮固定螺栓，取下正时皮带。力矩：(27±3)N·m。取下正时皮带时要注意皮带的运转方向以发动机曲轴运转方向和皮带箭头方向为参考。

### 20.4.2　正时带大修调整

① 转动曲轴，使四个活塞在气缸内成一水平线，用专用工具在缸体左后部（曲轴最后一段）将其旋进曲轴正时调整孔，使曲轴左右不能转动（专用工具螺栓必须进入到缸体螺孔平面）。
② 安装好进、排气凸轮轴，装上凸轮轴正时齿轮，把进、排气凸轮轴尾部凹槽转动成水平方向，用专用工具装在凹槽内并加以固定。
③ 曲轴、凸轮轴按要求固定后安装正时皮带，为了使正时皮带顺利安装，可使正时齿轮固定于凸轮轴的螺栓暂时不要扭紧，让其能自由转动，使张紧轮把正时皮带按规定值紧固好后再把正时齿轮螺栓固定。然后可以安装其他部件。

### 20.4.3　正时带单元安装

① 松开张紧轮固定螺栓并转动到最小张紧位置。
② 安装皮带。
③ 用5mm内六角扳手转动张紧轮，转动到调整内六角和固定螺栓大约在同一水平线时停止，并拧紧固定螺栓。
④ 安装正时下罩盖。
⑤ 安装曲轴皮带轮。
⑥ 安装相关的附件并检查皮带的挠度。
⑦ 安装正时上罩盖。
⑧ 安装后的正时皮带，如图20-14所示。
注意：在拆卸过程中千万不能转动曲轴/凸轮轴，不然

图20-14　安装后的正时带

需要重新校对点火正时。

## 20.5　1.3L 吉利 MR479Q 发动机

### 20.5.1　正时带单元的拆卸

① 脱开发动机上与车身连接的所有线束和拉索。
② 拆下带软管的空气滤清器总成。
③ 脱开油管、水管。
④ 松开蓄电池正、负极。
⑤ 拆下传动轴。
⑥ 吊起发动机后，松开发动机左、右后支架。
⑦ 脱开发动机其余与车身相连处。
⑧ 拆下发动机。
⑨ 拆下空调压缩机到曲轴皮带轮的 V 形皮带。
⑩ 拆下动力转向泵的 V 形皮带。
⑪ 拆下水泵风扇皮带轮。
⑫ 拆下高压线。
⑬ 拆下气门室罩分总成。
⑭ 拆下发电机总成。
⑮ 将 1 缸活塞置于上止点压缩位置。
a. 转动曲轴皮带轮，把它的槽口对准正时皮带盖子的正时记号"O"，如图 20-15 所示。
b. 检查凸轮轴正时皮带轮的"K"记号是否与轴承盖的正时记号对齐。如果没有对齐，则将曲轴转动 360°，如图 20-16 所示。

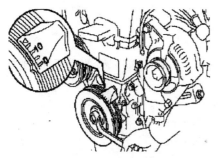
图 20-15　对准正时标记

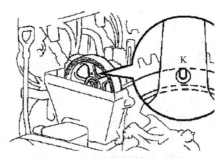
图 20-16　对准凸轮轴正时标记

⑯ 拆下曲轴皮带轮。
⑰ 拆下正时链或正时皮带盖子。
⑱ 拆下曲轴齿轮或皮带轮盖子分总成。
⑲ 拆下正时链或皮带盖子分总成。
⑳ 拆下正时皮带导轮。
a. 如果再想使用正时皮带，则如图 20-17 所示在皮带轮和皮带上作记号（发动机旋转方向）。
b. 把皮带轮尽可能向左移动，然后暂时将惰轮皮带轮的安装螺栓紧固。

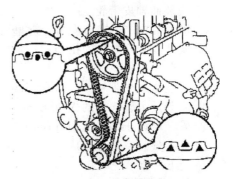
图 20-17　正时带做方向记号

㉑ 拆下火花塞及垫片。

### 20.5.2 正时带单元的安装

① 安装火花塞及垫片。
② 将 1 号缸活塞置于上止点压缩位置，如图 20-18 所示。
a. 转动凸轮轴六角部位，将凸轮轴正时皮带轮的"K"记号与轴承盖的正时记号对齐。
b. 使用曲轴皮带轮螺栓，转动曲轴，将曲轴正时皮带轮的正时记号与油泵对齐。
③ 安装正时皮带。注意：发动机必须是冷机。
a. 安装正时皮带，检查曲轴正时皮带轮和凸轮轴正时皮带轮之间的张紧力。
提示：如果要再使用正时皮带，则在拆卸时要对齐记号；安装皮带时，使发动机旋转方向与箭头方向相同。
b. 检查气门正时，松开惰轮螺栓。
• 慢慢将曲轴从上止点到下止点转圈。注意：始终顺时针转动曲轴。
• 如图 20-19 所示，检查每个皮带轮与正时记号对齐。如果正时记号没有对齐，则拆下正时皮带，重新安装。

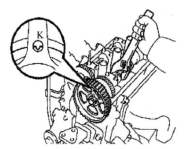
图 20-18 将第 1 号活塞置于上止点位置

图 20-19 检查正时对正

• 紧固惰轮螺栓。扭矩：37N·m。
• 拆下曲轴皮带轮螺栓。
c. 检查正时皮带变形。皮带变形量：20N 时为 5～6mm。如果变形量不符规范，则重新调整惰轮。
④ 安装正时皮带导轮，安装导轮，将杯口面朝外。
⑤ 安装正时链或正时皮带盖分总成，扭矩：9.3N·m。
⑥ 安装曲轴齿轮或皮带轮盖分总成，扭矩：9.3N·m。
⑦ 安装 2 号正时链或皮带盖，扭矩：9.3N·m。
⑧ 安装曲轴皮带轮
a. 将皮带轮定位键与皮带轮键槽对齐，安装皮带轮。
b. 安装皮带轮螺栓的扭矩：127N·m。
⑨ 安装发电机总成。
⑩ 安装水泵皮带轮。
⑪ 安装动力转向泵的 V 形皮带。
⑫ 安装空调压缩机风扇到曲轴皮带轮的 V 形皮带。
⑬ 安装气门室罩分总成。
a. 刮下所有填充材料。
b. 将密封材料涂到气门室罩上。

c. 将垫片安装到气门室罩上。
d. 用 4 个密封垫和 4 个螺母安装气门室罩。扭矩：7.8N·m。
e. 将 2 根通风软管安装到气门室罩上。
f. 将发动机线束安装到气门室罩上。
g. 连接发电机接头。
h. 连接发电机电线。
i. 连接油压开关接头。
j. 安装电线夹子。
k. 连接空调压缩机开关接头。
⑭ 把发动机吊回机舱。
⑮ 安装发动机左右后支架。
⑯ 安装点火线圈和高压线。
⑰ 安装带软管的空气滤清器总成。
⑱ 安装油管、水管。
⑲ 安装左、右传动轴。
⑳ 安装两侧前轮。
㉑ 检查发动机机油是否泄漏。
㉒ 安装发动机上与车身连接的所有线束和拉索。

## 20.6  1.5L/1.8L 吉利 4G15/4G18 发动机

### 20.6.1  正时链单元的拆解

① 拆下发动机左底护板。
② 拆下发动机右底护板。
③ 泄放冷却液。
④ 拆下发动机塑料护罩组件。
⑤ 拆下驱动皮带。
⑥ 拆下动力转向泵总成。
⑦ 拆下发电机总成。
⑧ 拆开发动机电线束。
⑨ 拆下点火线圈总成。
⑩ 拆下发动机右悬置总成。
⑪ 将曲轴转至第 1 缸压缩上止点的位置。
⑫ 拆下减震皮带轮组件。
使用专用工具，拆下皮带轮螺栓，如图 20-20 所示。
使用专用工具，拆下减震皮带轮组件，如图 20-21 所示。
⑬ 拆下驱动皮带张紧器装置。
⑭ 拆下水泵组件。
⑮ 拆下发动机横梁上的发动机固定支架。
⑯ 拆下压缩机。
⑰ 拆下紧链器组件。注意：在没有装紧链器组件的情况下，不可转动曲轴。
⑱ 拆下正时链罩组件。注意：不可损坏正时链罩、气缸盖和气缸体的接触面。

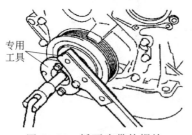
图 20-20 拆下皮带轮螺栓

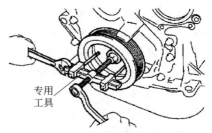
图 20-21 拆下皮带轮

⑲ 拆下曲轴前油封总成。
⑳ 拆下链条张紧轨组件。
㉑ 拆下链条导向轨组件。
㉒ 使用 2 把螺丝刀将正时链条拆下。注意：放置抹布以保护发动机。

在正时链条脱离链轮并转动凸轮轴的情况下，将曲轴转动 1/4 转，其目的是为了不让气门和活塞接触。

## 20.6.2 正时链单元安装

① 安装正时链条。
a. 将曲轴转至第 1 缸压缩上止点的位置。
- 从凸轮轴的六角头部位转动凸轮轴，并对正凸轮轴正时链轮上的圆点记号，如图 20-22 所示。
- 使用减震皮带轮螺栓，转动曲轴并使曲轴上的键朝上，如图 20-23 所示。

图 20-22 对正正时链的圆点记号

图 20-23 转动曲轴使键位朝上

b. 把正时链条安装到曲轴正时链轮上，并使有黄色记号的链节与曲轴正时链轮的正时记号对正，如图 20-24 所示。

提示：正时链条上有 3 个黄色的链节。

c. 使用专用工具，安装曲轴正时链轮。

d. 把正时链条安装到凸轮轴正时链轮上，并使有黄色记号的链节与凸轮轴正时链轮对正，如图 20-25 所示。

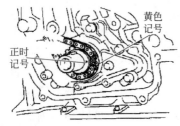
图 20-24 黄色记号与正时记号对正

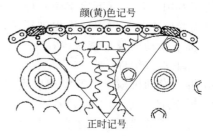
图 20-25 黄色记号与正时记号对正

② 安装链条导向轨组件。
③ 安装链条张紧轨组件。
④ 安装曲轴前油封总成。
⑤ 安装正时链罩组件。
⑥ 安装紧链器组件。

a. 检查 O 形环是否清洁，如图 20-26 所示，把挂钩扣上。
b. 把发动机油涂抹在紧链器上，然后将其装上。扭矩：$(9\pm1.8)$N·m。
注意：安装紧链器时，若柱塞已弹出，则重新将挂钩扣上，如图 20-27 所示。

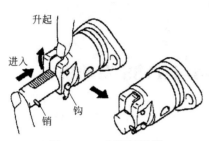 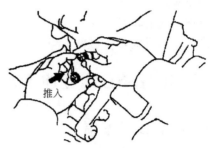

图 20-26　安装紧链器　　　　　　图 20-27　安装紧链器

⑦ 安装减震皮带轮。
a. 将减震皮带轮上的键槽与曲轴上的键对正，并将减震皮带轮滑入。
b. 使用专用工具，安装减震皮带轮螺栓，如图 20-28 所示。扭矩：$(138\pm8.28)$N·m。
c. 逆时针方向转动曲轴，以使挂钩脱离柱塞上的锁定销，如图 20-29 所示。

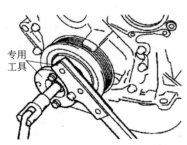 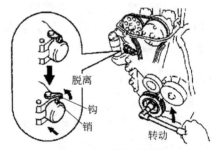

图 20-28　安装减震皮带轮螺栓　　　图 20-29　转向曲轴

d. 顺时针转动曲轴，并检查链条张紧轨是否有被柱塞推顶着，如图 20-30 所示。
提示：若柱塞没有弹出，则可用螺丝刀或手指头将链条张紧轨压向紧链器，以使挂钩脱离锁定销并使柱塞弹出，如图 20-31 所示。

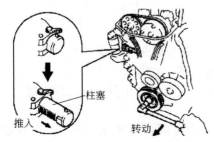 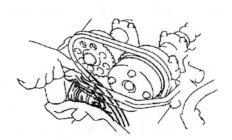

图 20-30　顺时针转动曲轴　　　　　图 20-31　柱塞安装方法

⑧ 安装转速传感器。
⑨ 安装发动机固定支架。
⑩ 安装水泵安装组件。
⑪ 安装驱动带张紧器装置。
⑫ 安装发动机右悬置总成。
⑬ 安装气缸盖罩组件。
⑭ 安装点火线圈安装组件。
⑮ 安装发电机安装组件。
⑯ 添加冷却液。
⑰ 检查冷却液是否泄漏。
⑱ 检查发动机油是否泄漏。

## 20.7　1.5L/1.8L 比亚迪 DA4G15S/4G18S 发动机

### 20.7.1　拆卸操作要领

① 正时皮带、张紧器弹簧、正时皮带张紧器的拆卸步骤如下：
a. 用钳子夹住张紧器弹簧伸长端，将它从机油泵壳体限位块上拆下，然后拆下张紧器弹簧。
b. 拆下正时皮带张紧器。
c. 如果正时皮带还要重新使用，则应在皮带上用粉笔画上箭头来表示它拆下前的旋转方向。这在重新使用时可确保正时皮带正确安装。
② 凸轮轴链轮螺栓的拆卸步骤如下：
a. 使用专用工具将凸轮轴链轮锁定在相应的位置。
b. 拧松凸轮轴链轮螺栓。

### 20.7.2　安装操作要领

① 凸轮轴链轮螺栓的安装步骤如下：
a. 使用专用工具将凸轮轴链轮锁定在相应的位置。
b. 拧松凸轮轴链轮到规定的力矩。
② 正时皮带张紧器、张紧器弹簧的安装步骤如下：
a. 将正时皮带张紧器锁定。
b. 将张紧器弹簧的一个伸长端钩在正时皮带张紧器的钩形部，并将张紧器装到机油泵壳体上。
c. 夹住张紧器弹簧的另一伸长端，并将它钩到机油泵壳体凸耳上。
d. 移动正时皮带张紧器，临时张紧皮带。
③ 正时皮带的安装步骤如下：
a. 如图 20-32 所示，将凸轮轴正时记号与气缸盖的正时记号对准。
b. 将曲轴正时记号与前壳体上的正时记号对准（图 20-33）。
c. 以正常的旋转方向（顺时针）旋转曲轴 2 圈，检查正时记号是否正确对准。
d. 固定张紧器皮带轮安装螺栓。
e. 使正时皮带的张紧侧保持张紧，并将正时皮带依次装入曲轴正时轮、凸轮轴正时轮和涨紧器皮带轮。

f. 拧松张紧轮安装螺栓 1/4～1/2 圈，使张紧器弹簧的张力作用到正时皮带上，如图 20-34 所示。

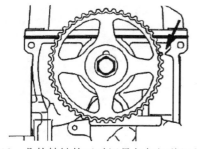

图 20-32　凸轮轴链轮正时记号与气缸盖记号对准

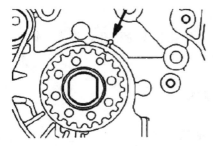

图 20-33　曲轴正时标记对准

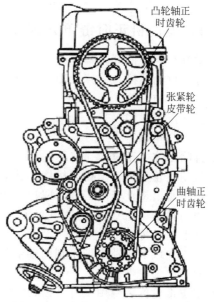

图 20-34　安装张紧皮带轮和正时带

注意：这种方法利用凸轮轴驱动力矩均匀地将张紧力作用到正时皮带上，必须按照上述方向旋转曲轴，不得反向旋转曲轴。

## 20.8　1.5L 奇瑞 SQR477F 发动机

发动机正时带单元的安装方法如下。

① 安装曲轴正时齿轮。

先确认缸盖总成上凸轮轴半圆键方向朝下。将曲轴转至 1 号缸上止点位置，此时曲轴半圆键在上部，把曲轴正时齿轮垫片套入曲轴上，套入时凸面朝前。然后将曲轴正时齿轮套入曲轴上，安装时有"FRONT"字样的朝前，齿轮上的上止点记号朝上，如图 20-35 所示。

② 安装凸轮轴正时齿轮。

按图 20-36 所示方向安装凸轮轴正时齿轮，检查齿轮上的上止点位置，应与缸盖第 1 轴承盖上正时点记号对上（注意：缸盖第 1 轴承盖上正时记号不在正上方位置）。安装齿轮垫和螺栓，用手拧入螺栓后然后拧紧至力矩（95±5）N·m。拧紧时须锁住凸轮轴。

图 20-35　设置第 1 缸上止点位置

图 20-36　安装凸轮轴正时齿轮

## 20.9　1.5L 荣威 1.5VCT 发动机

### 20.9.1　发动机正时链单元拆卸

① 举升车辆的前部。
② 拧松放油螺栓，放掉机油。
③ 拆下右前车轮。
④ 拆除点火线圈。
⑤ 拆下凸轮轴盖。
⑥ 拆除机体上正时销孔安装的堵塞。
⑦ 盘动飞轮至飞轮销孔与机体销孔对齐。
⑧ 用正时销锁止专用工具 TEN00002 插入机体正时销孔和飞轮销孔，将飞轮锁死。
⑨ 用凸轮轴锁止专用工具 TEN00004 将凸轮轴相位锁止。
⑩ 拆下辅助传动带。
⑪ 拧松并取下曲轴皮带轮到曲轴上的螺栓，废弃此螺栓。
⑫ 取下曲轴皮带轮。
⑬ 用皮带轮拆装专用工具 TEN00009 拆卸水泵带轮。
⑭ 拆掉正时链上盖板。
⑮ 拆掉正时链下盖板。
⑯ 拆掉正时链张紧器，并废弃密封垫圈。
⑰ 拆掉上导轨。
⑱ 用机油泵链轮固定专用工具 TEN00006 拆掉机油泵链轮螺栓。
⑲ 向右张开机油泵链张器，将机油泵链轮、机油泵链条和驱动机油泵的曲轴链轮同时取下。

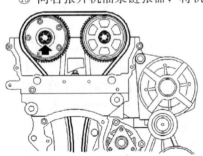

图 20-37　拆卸凸轮轴链轮

⑳ 拆下机油泵链条张紧器。
㉑ 拆下进气调相器螺栓，并废弃。
㉒ 用凸轮轴链轮固定专用工具 TEN00005 拆掉进气调相器和排气凸轮轴链轮螺栓，并废弃。
㉓ 取下进气调相器和排气凸轮轴链轮，如图 20-37 所示。
㉔ 取下曲轴链轮与正时链条。
㉕ 拆掉导轨枢销，从链条仓上端取出张紧轨和链导轨。

### 20.9.2　发动机正时链安装

① 拆除机体上正时销孔安装的堵塞。
② 盘动飞轮至飞轮销孔与机体销孔对齐。
③ 用飞轮锁止专用工具 TEN00002 插入机体正时销孔和飞轮销孔，将飞轮锁死。
④ 用凸轮轴锁止专用工具 TEN00004 将凸轮轴相位锁止。
⑤ 装配前检查各零件是否有碰伤、油污、锈迹、脏物。如有碰伤，不得使用；如有油污，必须擦干净。
⑥ 将链导轨从导轨仓右侧上端放入，分别拧入枢销，最后依次拧紧枢销，拧紧力矩：22～28N·m。

⑦ 将张紧器导轨从导轨仓左侧上端放入，拧入枢销，最后拧紧枢销，拧紧力矩：22～28N·m。

⑧ 在曲轴前端套入曲轴链轮并装上正时链条；从缸盖导轨仓上端放入正时链条，链条下端套入曲轴链轮，将链条悬挂在上导轨安装凸台上。进气凸轮轴装配进气调相器，螺栓预紧。

⑨ 用凸轮轴链轮固定专用工具 TEN00005 将排气凸轮轴装配凸轮轴链轮，螺栓预紧后，将链条装入两个链轮。

⑩ 在凸轮轴前轴承盖上装上导轨，并用两只螺栓固定，拧紧力矩：8～12N·m。

⑪ 换上新的正时液压张紧器垫圈后，在缸盖上拧入正时液压张紧器，并拧紧，拧紧力矩：57～63N·m。

⑫ 将进气调相器和排气凸轮轴链轮拧紧在凸轮轴上，排气凸轮轴链轮螺栓拧紧力矩：25N·m+45°。进气调相器螺栓拧紧力矩：70～80N·m。

⑬ 安装机油泵链条张紧器。

⑭ 将机油泵链条套在曲轴链轮上，然后将驱动机油泵的曲轴链轮装入曲轴前端。

注意：驱动机油泵的曲轴链轮齿侧根部有凹坑标志，用于与驱动正时链的曲轴链轮进行区分。

⑮ 将机油泵链轮套在机油泵链条上。

注意：有产品标识的一面朝外。

⑯ 转动机油泵链轮，使其中心 D 形孔对准机油泵的 D 形轴。

⑰ 将机油泵链条张紧器下端向右拉动，将机油泵链轮套在机油泵轴上，并将曲轴链轮推到底。

⑱ 放开机油泵链条张紧器。

⑲ 检查机油泵链条是否正确压在张紧器的导板面上。

⑳ 用专用工具 TEN00006 套上机油泵链轮，拧上机油泵链轮螺栓，最后拧紧，拧紧力矩：22～28N·m。

㉑ 安装正时链下盖板。

㉒ 安装正时链上盖板。

㉓ 安装水泵带轮。

㉔ 安装曲轴皮带轮。

㉕ 安装辅助传动带。

㉖ 取下凸轮轴相位锁止的工装。

㉗ 拆下飞轮正时销专用工具 TEN00002。

㉘ 装好堵塞。

㉙ 安装好凸轮轴盖。

㉚ 安装好点火线圈。

㉛ 安装好车轮。

㉜ 放下车辆。

㉝ 检查机油液位，如有必要则添加。

## 20.10　1.6L 奇瑞 TRITEC 发动机

### 20.10.1　正时链单元分解图

发动机正时链结构分解如图 20-38 所示。

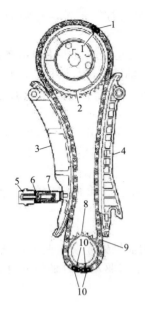

图 20-38　正时链结构分解图
1—凸轮轴正时标记；2—凸轮轴链轮；3—右正时链条导板（移动）；4—左正时链条导板（固定）；5—密封柱塞；6—机油腔；7—正时链条张紧器；8—曲轴链轮；9—正时链条；10—曲轴正时标记

## 20.10.2　正时链单元拆卸

① 拆卸气门室盖。
② 拆卸第1缸火花塞。
③ 使用指示器，转动第1缸到压缩行程上止点位置。
④ 凸轮轴链轮标记应与气缸盖表面排成一线，如图20-39所示。
⑤ 观察凸轮轴上正时链轮上的正时标记，如图20-40所示。

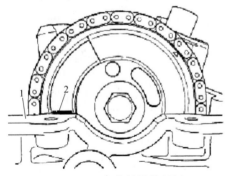

图 20-39　凸轮轴链轮标记
1—气门室盖密封表面；2—凸轮轴链轮标记

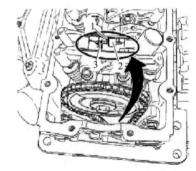

图 20-40　设置凸轮轴链轮正时标记
1—凸轮轴标记；2—发动机气缸；3—凸轮轴

⑥ 安装气门室盖。

## 20.10.3　正时链单元的检查

（1）拆卸正时链条
① 脱开蓄电池负极桩头。
② 拆卸气缸盖。
③ 拆卸凸轮轴位置传感器。
④ 拆卸正时链条盖。

⑤ 旋转曲轴，直到第 1 缸到压缩行程上止点位置。
⑥ 使用专用工具去固定凸轮轴链轮，拆卸链轮螺栓。
⑦ 从气缸体上拆卸正时链条张紧器，取出机油腔。
⑧ 拆卸发动机右支架座。
⑨ 从凸轮轴上拆卸凸轮轴链轮，可将链条部分取出。
⑩ 拆卸气缸盖塞，取出紧固件，拆卸导板。

（2）凸轮轴链轮拆卸
① 脱开蓄电池负极桩头。
② 拆卸气门室盖。
③ 拆卸曲轴位置传感器。
④ 拆卸凸轮轴位置传感器。
⑤ 旋转凸轮轴，对正凸轮轴链轮上的三角形的正时标记。
⑥ 旋转凸轮轴直到三角形标记处。
⑦ 将正时链条标记与凸轮轴上的正时标记对准，如图 20-41 所示。
⑧ 使用专用工具去固定曲轴链轮，拆卸凸轮轴链轮螺栓。
⑨ 从气缸体侧拆卸正时链条张紧器，拆卸机油腔和正时链条张紧器。
⑩ 从凸轮轴上拆卸凸轮轴链轮。

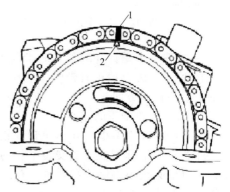

图 20-41　凸轮轴正时标记对准
1—正时标记；2—凸轮轴链轮正时标记

## 20.11　1.8L 荣威 1.8VCT 发动机

### 20.11.1　正时带单元的拆卸

① 断开蓄电池的接地端。
② 拆下正时带前上盖。
③ 把发动机支撑在千斤顶上。
注意：为防止对元器件的损坏，用一块木头或硬的橡胶垫在千斤顶脚下。
④ 松开把动力转向储液罐固定在发动机右液压悬置上的 3 个螺栓，并将储液罐移到一边。
⑤ 拧下把发动机右液压悬置固定到发动机上的 3 个螺栓。
⑥ 拧下把发动机右液压悬置固定到车身上的 2 个螺栓。
⑦ 拆下发动机右液压悬置。
⑧ 顺时针转动曲轴以对准凸轮轴带轮的标记。
注意：千万不要用凸轮轴带轮、凸轮轴带轮螺栓或正时带来转动曲轴。
⑨ 装上锁止工具 T10029，如图 20-42 所示。
⑩ 检查并确保曲轴皮带轮上的正时标记和正时带下前上盖的标记对准，如图 20-43 所示。
⑪ 拆下曲轴皮带轮。注意：拆卸曲轴皮带轮时，必须先用专用工具锁止飞轮；拆卸螺栓时不建议使用风枪，以避免产生过大的冲击。
⑫ 拧下 2 个固定 PAS 泵张紧轮的螺栓并拆下张紧轮。

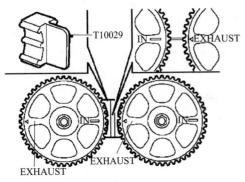

图 20-42 装上锁止专用工具

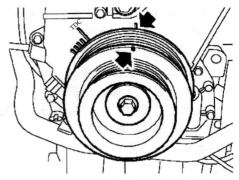

图 20-43 对上曲轴带轮的正时标记

⑬ 拧下 3 个螺钉并取下正时带前下盖和密封。

⑭ 拧下并废弃掉正时带张紧轮螺栓,并拆下张紧轮。如果还要装原来的皮带,则标记下皮带上的转动方向。

⑮ 取下凸轮轴正时带。

注意:只能用手指松开凸轮轴带轮上的皮带,因为金属器具可能会损坏皮带和带轮。

注意:如果拆下缸盖或安装了新的正时齿轮和带轮、张紧轮或冷却泵,就要更换掉正时带;正时带必须小心储藏和处理;存放正时带的时候要保证边的半径大于 50mm;千万不要用扭曲过的或对折过的正时带,因为这样会损坏强化纤维;如果在正时盖上发现有碎片,而不是灰尘,则这样的正时带不能使用;如果正时带与发动机卡住过,则这样的正时带不能使用;如果皮带的运行里程超过了保修保养的规定值,也不能再使用此正时带;不要用被机油或冷却液污染过的皮带,因为被污染过会改变它们的化学结构。

⑯ 从曲轴上拆下曲轴正时齿轮。

## 20.11.2 正时带单元的安装

① 清洁正时齿轮和带轮。

注意:如果烧结的带轮已经污染了过多的机油,就必须把它们泡到溶解液中,然后在安装前彻底用干净的溶解液清洗;因为烧结的带轮的多孔性结构,内含的机油会慢慢地释放出来并且会污染新的皮带。

② 把曲轴正时齿轮装到曲轴上,如图 20-44 所示。

③ 检查曲轴齿轮上的孔和机油泵上的法兰是否对准。

④ 装上正时带张紧轮,固定在如时钟 9 点的位置,拧紧新的夹紧螺栓,直到刚好能移动张紧轮杆,如图 20-45 所示。

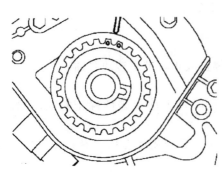

图 20-44 安装曲轴正时齿轮

图 20-45 装上正时带张紧轮

⑤ 确保凸轮轴带轮标记对准。

⑥ 只能用手指装上正时带。确保皮带能在曲轴齿轮间运转,而且在安装的过程中排气凸轮轴带轮是张紧的。

注意:如果装的是原来的正时带,则要确保旋转方向的标记对着正确的方向。

⑦ 检查并保证正时带装在所有齿轮和皮带张紧轮的中央。

⑧ 清洁正时带前下盖。

⑨ 把密封装到盖上。

⑩ 装上正时带前下盖并把螺钉拧紧到 9N·m 的扭矩。

⑪ 清洁 PAS 皮带张紧器和结合面。

⑫ 装上 PAS 皮带张紧器并拧紧螺栓至 25N·m 的扭矩。

⑬ 装上曲轴皮带轮。

⑭ 拿开凸轮轴带轮锁止工具 T10029。

⑮ 用一个 6mm 的 Allen 键,逆时针方向转动张紧轮杆,并使指针和如图 20-46 所示的指针线对准。

⑯ 如果要装原来的皮带,那么指针就必须对准好,这样指针线就靠近指针的下区域。

⑰ 把张紧轮螺栓拧紧到 22N·m 的扭矩。

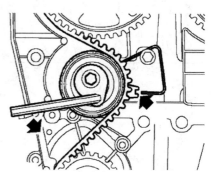

图 20-46  逆时钟调整张紧杆

注意:必须强调的是,指针应该从上面接近指针线;如果指针过了指针线,那就必须完全地放松张紧度,然后重新张紧调整程序。

⑱ 把扳手放到曲轴辅助皮带轮上,转动曲轴 2 整圈,对准凸轮轴带轮正时标记。

注意:千万不要用凸轮轴带轮、凸轮轴带轮螺栓或正时带来转动曲轴。

⑲ 检查指针与指针线的对准情况。

⑳ 如果指针对得不准,则松开螺栓直到刚好移动张紧轮杆。顺时针转动张紧轮杆直到张紧完全解除,然后逆时针转动张紧轮杆直到指针能与指针线正确对准。

㉑ 把张紧器螺栓拧紧到 22N·m 的扭矩。

㉒ 转动曲轴 2 整圈,对准正时标记。

㉓ 检查指针与指针线的对准情况,如果不正确,则重复调整程序。

㉔ 装上正时带前上盖。

㉕ 清洁发动机右液压悬置和结合面。

㉖ 将发动机右液压悬置固定到车身和发动机上,装上把右液压悬置固定到车身的 2 个螺栓,并拧紧至 100N·m 的扭矩。

㉗ 装上把发动机右液压悬置固定到发动机上的 3 个螺栓,并拧紧至 100N·m 的扭矩。

㉘ 将动力转向储液罐固定到发动机右液压悬置上,并装上螺栓,拧紧至 8N·m 的扭矩。

㉙ 降低并拿开千斤顶。

㉚ 连上蓄电池的接地端。

## 20.12　1.8T 华泰 18K4G 发动机

### 20.12.1　正时带单元的拆卸

① 拆下正时带前上盖。

② 拧下把发动机右托架固定到发动机上的 3 个螺栓。
③ 拆下发动机右托架。
④ 顺时针转动曲轴以对准凸轮轴带轮的标记，如图 20-47 所示。

注意：千万不要用凸轮轴带轮、凸轮轴带轮螺栓或正时带来转动曲轴。

⑤ 装上锁止工具 T10029。
⑥ 检查并确保曲轴皮带轮上的正时标记和正时带下前上盖的标记对准，如图 20-48 所示。

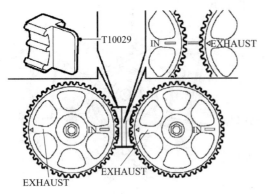

图 20-47　装上专用锁止工具

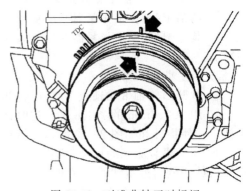

图 20-48　对准曲轴正时标记

⑦ 拆下曲轴皮带轮。
⑧ 拧下 2 个固定 PAS 泵张紧轮的螺栓并拆下张紧轮。
⑨ 拧下 3 个螺钉并取下正时带前下盖和密封。
⑩ 拧下并废弃掉正时带张紧轮螺栓，并拆下张紧轮。如果还要装原来的皮带，则标记下皮带上的转动方向。
⑪ 取下凸轮轴正时带。

注意：只能用手指松开凸轮轴带轮上的皮带，因为金属器具可能会损坏皮带和带轮。

注意：如果拆下缸盖或安装了新的正时齿轮和带轮、张紧轮或冷却泵，就要更换掉正时带；正时带必须小心储藏和处理；存放正时带的时候要保证边的半径大于 50mm。

出现以下情况的正时带不能被使用：扭曲过的或对折过的正时带；在正时盖上发现有碎片，而不是灰尘的正时带；正时带与发动机卡住过；皮带的运行里程达到了保修保养的规定值；被机油或冷却液污染过的皮带。

⑫ 从曲轴上拆下曲轴正时齿轮。

## 20.12.2　正时带单元的安装

① 清洁正时齿轮和带轮。

注意：如果烧结的带轮已经污染了过多的机油，就必须把它们泡到溶解液中，然后在安装前彻底用干净的溶解液清洗；因为烧结的带轮的多孔性结构，内含的机油会慢慢地释放出来并且会污染新的皮带。

② 把曲轴正时齿轮装到曲轴上。
③ 检查曲轴齿轮上的孔和机油泵上的法兰是否对准。
④ 装上正时带张紧轮，固定在如时钟 9 点的位置，拧紧新的夹紧螺栓，直到刚好能移动张紧轮杆。
⑤ 确保凸轮轴带轮标记对准。

⑥ 只能用手指装上正时带。确保皮带能在曲轴齿轮间运转，而且在安装的过程中排气凸轮轴带轮是张紧的。如果装的是原来的正时带，则要确保旋转方向的标记对着正确的方向。

⑦ 检查并保证正时带装在所有齿轮和皮带张紧轮的中央。

⑧ 清洁正时带前下盖。

⑨ 把密封装到盖上。

⑩ 装上正时带前下盖并把螺钉拧紧到 9N·m 的扭矩。

⑪ 清洁 PAS 皮带张紧器和结合面。

⑫ 装上 PAS 皮带张紧器并拧紧螺栓至 25N·m 的扭矩。

⑬ 装上曲轴皮带轮。

⑭ 拿开凸轮轴带轮锁止工具 T10029。

⑮ 用一个 6mm 的 Allen 键，逆时针方向转动张紧轮杆，并使指针和指针线对准。

⑯ 如果要装原来的皮带，那么指针就必须对准好，这样指针线就靠近指针的下区域。

⑰ 把张紧轮螺栓拧紧到 22N·m 的扭矩。

指针应该从上面接近指针线。如果指针过了指针线，那就必须完全地放松张紧度，然后重新张紧调整程序。

⑱ 把扳手放到曲轴辅助皮带轮上，转动曲轴 2 整圈，对准凸轮轴带轮正时标记。

注意：不要用凸轮轴带轮、凸轮轴带轮螺栓或正时带来转动曲轴。

⑲ 检查指针与指针线的对准情况。

⑳ 如果指针对得不准，则松开螺栓直到刚好移动张紧轮杆。顺时针转动张紧轮杆直到张紧完全解除，然后逆时针转动张紧轮杆直到指针能与指针线正确对准。

㉑ 把张紧器螺栓拧紧到 22N·m 的扭矩。

㉒ 转动曲轴 2 整圈，对准正时标记。

㉓ 检查指针与指针线的对准情况，如果不正确，则重复调整程序。

㉔ 装上正时带前上盖。

㉕ 清洁发动机右托架和机体结合面。

㉖ 装上发动机右托架到发动机上，将螺栓并拧紧至 100N·m 的扭矩。

## 20.13  1.9L 奇瑞 SQR481A 柴油发动机

### 20.13.1  正时带单元拆卸

① 用 10 号套筒拆卸 5 个螺栓（M6×24mm），取下前盖上体。注意：安装时，拧紧力矩为 (8±3)N·m。

② 用 10 号套筒拆卸 6 个螺栓（M6×24mm），取下前盖下体。注意：安装时，拧紧力矩为 (8±3)N·m。

③ 用 22 号梅花扳手套在固定曲轴正时齿轮的螺栓上，转动曲轴，使得曲轴正时齿轮上的横线记号与缸体同下框架的接触右平面线对齐，如图 20-49 所示。

④ 把专用工具（编号：CH-20111）上的凸出部位卡在排气凸轮轴后端的槽口中，如图 20-50 所示，用 1 个螺栓（固定真空泵的 3 螺栓中任 1 个）把专用工具紧固在缸盖上。若专用工具上的凸出部位不能卡在排气凸轮轴后端的槽口中，如图 20-51 所示，则在转动曲轴一周后，再安装上专用工具。

图 20-49　正时标记对正图　　　　图 20-50　专用工具使用

⑤ 用专用工具（编号：CH-20110）与飞轮的齿圈啮合，如图 20-52 所示，用发动机与离合器壳体连接的 2 个螺栓穿过专用工具的 2 个孔，与缸体连接；用 15 号套筒拧紧这 2 个螺栓。

图 20-51　专用工具的使用　　　　图 20-52　专用工具的使用

⑥ 用 10 号套筒稍许旋松张紧轮上的固定螺栓后，用 6mm 的内六角扳手转动张紧轮，使得正时齿带松弛，取下正时齿带，卸下张紧轮（图 20-53）。

⑦ 用 15 号套筒拆卸惰轮上的螺栓，取下惰轮（图 20-54）。注意：安装时，拧紧力矩为 $(35\pm5)$ N·m。

图 20-53　取下正时带张紧轮　　　　图 20-54　取下惰轮

⑧ 用 10 号套筒拆卸缸体与水泵相连的 6 个螺栓，取下水泵和垫片，如图 20-55 所示。注意：安装时，拧紧力矩为 11N·m。

⑨ 用 22 号套筒拆卸曲轴正时齿轮的固定螺栓后，取下螺栓和垫片，再取下曲轴正时齿轮和键。注意：安装时，将半圆键装到位（只允许用铜棒或橡胶锤敲打）；最后装曲轴正时齿轮，用 1 只 M14 的六角头螺栓及垫片紧固；用 22 号套筒时，第一步拧紧扭矩为（100±10）N·m，第二步旋转角度为（120°±10°）。

⑩ 用 8 号内六角的套筒拆卸固定飞轮的 6 个螺栓。

注意：安装时，拧紧力矩为（35±5）N·m，再拧紧（45°±5°）。

图 20-55　拆卸水泵

⑪ 卸下专用工具（编号：CH-20110），取下飞轮总成。

## 20.13.2　正时带单元安装

安装的步骤请参考拆卸步骤反序进行，这里仅详细介绍正时齿带的安装。

① 装配好缸盖。

a. 装配进气凸轮轴和排气凸轮轴时，进气凸轮轴和排气凸轮轴的前端齿轮的记号要对齐，如图 20-56 所示。

b. 在凸轮轴正时齿轮装配好后，用 22 号梅花扳手或套筒转动凸轮轴至合适位置。

c. 把专用工具（编号：CH-20112）安装到位。

② 把惰轮、水泵、凸轮轴正时齿轮、曲轴正时齿轮按规定力矩装配好。

③ 用 22 号梅花扳手套在固定曲轴正时齿轮的螺栓上，转动曲轴，使得曲轴正时齿轮上的横线记号与缸体同下框架的接触右平面线对齐。

④ 用 17 号套筒，把螺塞连同垫片从曲轴定位孔处卸下。

⑤ 用专用工具（编号：CH-20003）插入靠近飞轮的缸体上的孔后，旋转该工具到正好顶住曲轴曲拐上的孔后，旋紧。

⑥ 用手稍许旋紧张紧器中心螺栓，但是不能固定死张紧器。

⑦ 装上正时带。

⑧ 用 10 号套筒固定住该中心螺栓，再用 6mm 的内六角扳手顺时针旋转张紧轮（这时要避免在顺时针旋转张紧轮时已经固定死张紧轮的中心螺栓），调节张紧器：首先使张紧轮的指针指向位置 A，再逆时针回到位置 C，最后旋转该指针到张紧轮 U 形槽豁口中间位置（尽可能地使指针位于张紧轮 U 形槽豁口的正中间），此时内六角扳手固定不动，用力矩扳手以（27±2.7）N·m 的力矩拧紧张紧轮中心螺栓（这时要确保张紧轮指针没有位移）。

⑨ 卸下凸轮轴定位专用工具（编号：CH-20111）和曲轴定位专用工具（编号：CH-20003），用 22 号梅花扳手套在固定曲轴正时齿轮的螺母上，顺时针转动曲轴，转动曲轴 4 圈左右，检查张紧轮上的指针是否位于 U 形槽豁口中间位置；若不位于 U 形槽豁口中间位置，则重新安装皮带张紧器总成和正时带；若位于 U 形槽豁口中间位置，则进行下步操作，如图 20-57 所示。

⑩ 用 17 号套筒，把螺塞连同垫片安装在曲轴定位孔内，力矩为（25±3）N·m。

图 20-56　对齐凸轮轴正时标记

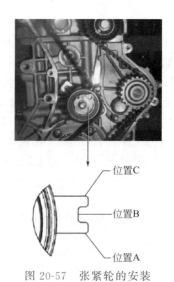

图 20-57　张紧轮的安装

## 20.14　2.0L 奇瑞 SQR484B 发动机

### 20.14.1　正时带单元拆卸

① 拆下发动机正时皮带上罩盖和下罩盖。

② 松开正时皮带张紧轮中心螺栓，取下正时皮带。拧紧力矩：（27±3）N·m。

③ 拔掉点火线圈和曲轴箱通风管路。

④ 松开气门室罩盖螺栓，取下气门室罩盖。拧紧力矩：（8±3）N·m。

⑤ 转动凸轮轴，将专用工具同时卡入进气和排气凸轮轴后端的卡槽内。

⑥ 拧下如图 20-58 所示位置的螺栓。边转动曲轴，边将专用工具旋入，直到曲轴正、反都不能转动为止。此时四个活塞将在同一高度。

注意：此过程需耐心去做，并且旋转曲轴的动作要轻柔，以免弄伤曲轴或气门；此螺栓孔平时安装有螺栓，拆卸时应注意避免润滑油泄露。

⑦ 装上正时皮带，用内六角扳手顺时针转动张紧轮使皮带张紧，使张紧器上指针位于 U 形槽豁口中间位置。拧紧张紧轮螺栓。紧固进、排气凸轮轴带轮与凸轮轴的紧固螺栓。拧紧力矩：（120±5）N·m。

⑧ 取下正时专用工具，装上气门室罩盖、点火线圈及正时皮带罩盖。

图 20-58　拧下螺栓

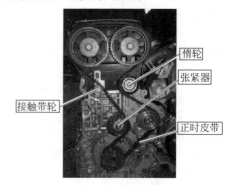

图 20-59　正时带安装图

## 20.14.2 正时带的更换

① 拆下正时皮带上、下罩盖。
② 松开张紧轮中心螺栓,取下正时皮带。
③ 安装顺序和拆卸顺序相反,请参照拆卸步骤进行。
注意:安装后要重新对发动机正时,如图 20-59 所示。

## 20.15  2.0L 广汽 4B20K2 发动机

正时带单元拆装:
拆卸步骤如下。
① 关闭点火开关及所有用电器,拔出点火钥匙。
② 断开蓄电池负极接线柱。
③ 拆卸多楔带。
④ 旋出固定螺栓,取出发动机上护板总成。
⑤ 旋出固定螺栓,旋出螺母,取出附件皮带罩。
⑥ 旋出固定螺栓,取出附件惰轮。
⑦ 旋出固定螺栓,取出附件张紧轮。
⑧ 使用曲轴正时齿轮扳手 1(8910070BAC0000)顺时针转动曲轴减震皮带轮,如图 20-60 所示。
⑨ 顺时针旋转曲轴减震皮带轮,使曲轴减震皮带轮缺槽(箭头 A)与正时皮带下罩凸起标记(箭头 B)处于同一条直线上,如图 20-61 所示。

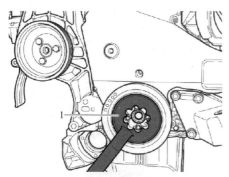
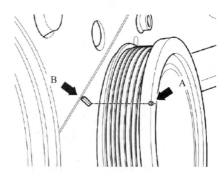

图 20-60  顺时针转动曲轴减震皮带轮
1—曲轴正时齿轮扳手

图 20-61  对准曲轴皮带轮正时标记

⑩ 继续旋转曲轴 45°使四个缸的活塞处于一条水平线位置。
⑪ 旋出固定螺栓,取出曲轴减震皮带轮。
⑫ 旋出固定螺栓,取出正时皮带罩。
⑬ 旋出固定螺栓,取出正时皮带下罩。
⑭ 拆卸平衡轴皮带。
⑮ 旋出固定螺栓,取出平衡轴对应曲轴的驱动齿轮。
⑯ 旋松固定螺母,松开正时张紧轮,取出正时皮带。
安装步骤如下:
① 旋出固定螺栓(箭头),取出排气凸轮轴盖 1 和进气凸轮轴盖 2,如图 20-62 所示。

螺栓拧紧力矩为（15±2）N·m。

② 固定进气凸轮轴及排气凸轮轴。

③ 将进、排气凸轮轴调整到1号缸上止点位置。

④ 将进气凸轮轴正时固定工具1（8910190BAD000001）固定在2号缸进气凸轮上，将排气凸轮轴正时固定工具2（8910190BAD000002）固定在3号缸排气凸轮上。（注意：此位置为凸轮轴1号缸上止点位置），如图20-63所示。

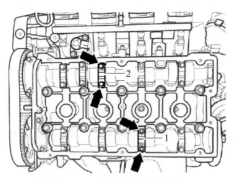

图20-62 拆下凸轮轴盖
1—排气凸轮轴盖；2—进气凸轮轴盖

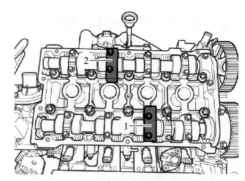

图20-63 安装凸轮轴正时固定工具
1—进气凸轮轴正时固定工具；2—排气凸轮轴正时固定工具

注意：凸轮轴正时固定工具（8910190BAD0000）分为两个单件，进气凸轮轴正时固定工具（8910190BAD000001）上刻有"进气"字样，排气凸轮轴正时固定工具（8910190BAD000002）上刻有"排气"字样；安装凸轮轴正时固定工具时，检查进、排气凸轮轴的凸轮外轮廓是否与工具的切合面吻合；如不吻合，则继续调整进、排气凸轮直到凸轮外轮廓与工具的切合面吻合为止，否则会损坏凸轮轴正时固定工具。

⑤ 旋出1号缸火花塞。

⑥ 将活塞上止点调整工具1（8910185BAC0000）旋入到1号缸火花塞螺纹孔内，并预紧，如图20-64所示。

⑦ 将百分表2安装到活塞上止点调整工具1内，旋紧滚花螺钉3固定百分表（图20-65）。

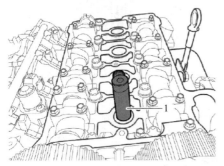

图20-64 安装上止点调整工具
1—活塞上止点调整工具

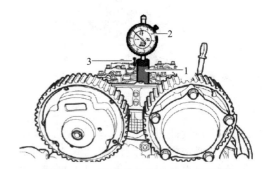

图20-65 用百分表判定上止点位置
1—活塞上止点调整工具；2—百分表；3—滚花螺钉

⑧ 将百分表的指针调整到"0"刻度位置。

⑨ 转动曲轴观察百分表指针，当指针转动到最大值后回落时，记录指针最大值数值。并再次转动曲轴（注意：此时可以反向转动曲轴），当百分表指针指到最大值数后，停止转动。百分表指针最大值为活塞1号缸或4号缸上止点，如图20-65所示。

⑩ 安装正时皮带时，注意正时皮带的运转方向。
⑪ 如图 20-66 所示，皮带上标有箭头的标记所指方向为曲轴运转方向（顺时针运转）。
⑫ 安装正时皮带时，使进、排气相位调节器上的三角及缺口标记（箭头）分别与正时皮带上的横线标记 1 和 2 对应；使曲轴正时齿轮上的缺口标记 4 与正时皮带上的横线标记 3 对应，如图 20-67 所示。

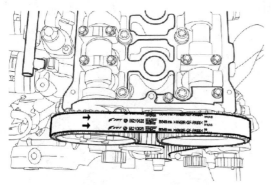

图 20-66　正时皮带运动方向标记

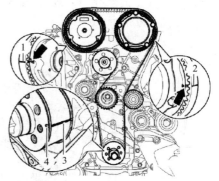

图 20-67　对准安装正时标记
3—横线标记；4—缺口标记

⑬ 如图 20-68 所示，将正时皮带张紧器调节装置 1（8910180BAC0000）插入导向孔内，旋转正时皮带张紧器调节装置 1 使正时皮带张紧轮指针逆时针达到最大极限处，然后返回，直到张紧轮上的指针指向调整支架圆孔中心线（如局部图所示）。拧紧固定螺母（箭头）。螺母拧紧力矩：$(25\pm3)$N·m。
⑭ 拆下凸轮正时固定工具。拆下活塞上止点调整工具。
⑮ 转动正时皮带检查正时皮带张紧度。
⑯ 旋转曲轴一圈并处于 1 号缸活塞上止点位置，安装凸轮正时固定工具，检查工具是否与进、排气凸轮轴外轮廓吻合，如不吻合，则拆下正时皮带重新安装正时皮带。
⑰ 安装平衡轴皮带。
⑱ 安装气缸盖罩。
⑲ 其他安装步骤大体以拆卸步骤的倒序进行。

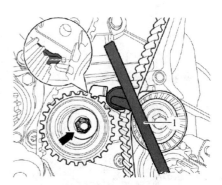

图 20-68　安装张紧轮
1—皮带张紧器调节装置

## 20.16　2.4T 江铃 JX4D24D4L 柴油发动机

### 20.16.1　发动机正时链拆卸

① 拆卸蓄电池。
② 拆卸气门室罩盖。
③ 拆卸发动机前盖板。
④ 拆卸曲轴位置传感器。

⑤ 如图 20-69 所示检查张紧器。注意：拆卸张紧器前应首先检查张紧器是否出现 9 个槽（8 个齿），如出现 9 个槽（8 个齿），则说明链条非正常磨损已进入风险区域，建议检查传动部件磨损情况，并更换链条。

⑥ 复位链条张紧器，见图 20-70。
a. 使用工具回拉张紧器凸舌。
b. 同时按压链条导轨，使张紧器凸舌回缩。
c. 使用定位销卡住凸舌。

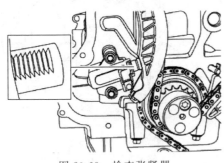
图 20-69　检查张紧器

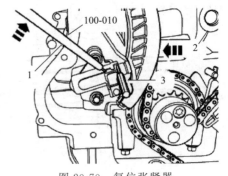
图 20-70　复位张紧器
1—回拉工具；2—按压链条导轨；3—定位销

⑦ 拆卸箭头所指链条导轨，见图 20-71。
⑧ 拆卸气门摇臂总成。注意：气门摇臂总成固定螺栓最多使用 5 次。
⑨ 拆卸凸轮轴链轮，取下正时链条，见图 20-72。

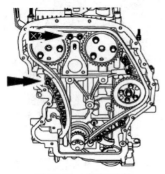
图 20-71　拆卸导轨

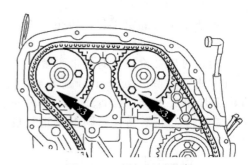
图 20-72　拆卸正时链条

## 20.16.2　正时链条安装

① 安装曲轴正时工具，见图 20-73。将曲轴正时工具插入变速箱壳体上曲轴位置传感器安装孔，保证曲轴正时工具的防错面指向发动机后端。缓慢转动曲轴直到工装落入信号圈上特殊方孔内，此时曲轴位置为 1 号缸上止点处，曲轴正时工具下落 4～5mm。专用工具：351-303-02。

② 安装左下侧链条导轨，见图 20-74。
③ 安装凸轮轴链轮及正时链条，见图 20-75。注意：正时链条上的标记链条必须对准凸轮上的正时标记。

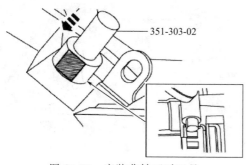

图 20-73 安装曲轴正时工具

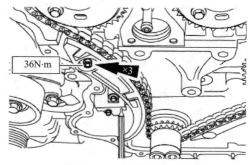

图 20-74 安装左下导轨

④ 如图 20-76 所示，将直径为 6mm 的定位销插入凸轮轴链轮孔中。安装凸轮轴链轮固定螺栓，并预紧螺栓。通用工具：2 根直径为 6mm 的定位销。

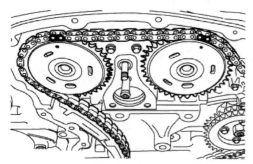

图 20-75 对准凸轮轴链轮正时标记

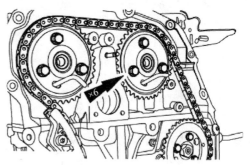

图 20-76 插入凸轮轴定位销

⑤ 松开高压泵链轮的 4 个固定螺栓。

⑥ 将直径为 6mm 的定位销插入高压油泵链轮孔中，然后用手拧紧高压油泵链轮固定螺栓，见图 20-77。通用工具：直径为 6mm 定位销。注意：正时链条上的标记必须对准凸轮上的正时标记。

⑦ 安装上部正时链条导轨。扭矩：15N·m。

⑧ 安装链条张紧器。扭矩：14N·m。

⑨ 拔出张紧器定位销，释放张紧器。

⑩ 拧紧高压油泵链轮上的 4 个固定螺栓。扭矩：33N·m。

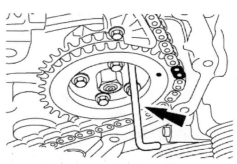

图 20-77 对准高压泵上正时标记

⑪ 拧紧凸轮轴链轮固定螺栓。扭矩：33N·m。

⑫ 移除 3 根定位销。

⑬ 拆卸曲轴正时工具。

⑭ 安装气门摇臂总成。扭矩：30N·m。注意：气门摇臂总成固定螺栓最多使用 5 次。

⑮ 如图 20-78 所示，顺时针方向旋转曲轴 2 圈。

⑯ 如图 20-79 所示，将 3 根直径为 6mm 的定位销再次插入凸轮轴和高压油泵链轮孔中，检查凸轮轴和高压油泵正时是否正确。通用工具：3 根直径为 6mm 的定位销。

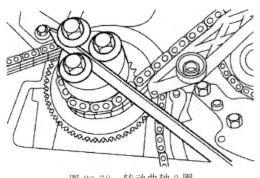

图 20-78 转动曲轴 2 圈

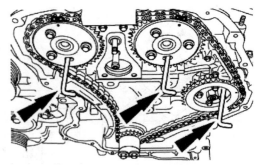

图 20-79 插入定位销

⑰ 将曲轴正时工具再次插入曲轴位置传感器孔中,检查曲轴正时是否正确。专用工具:351-303-02。

⑱ 拆卸曲轴正时工具。

⑲ 从凸轮轴链轮和高压油泵链轮上取出定位销。

⑳ 安装曲轴位置传感器。

㉑ 安装发动机前盖板。

㉒ 安装发动机气门室罩盖。

㉓ 连接蓄电池负极电缆。

## 20.17　2.5L 荣威发动机

### 20.17.1　正时带单元拆卸

① 断开蓄电池的接地端。

② 拆下发动机机油冷却器。

③ 拆下辅助传动带。

④ 拆下右前部的车轮。

⑤ 拆下左后凸轮轴正时带盖。

⑥ 给发动机放机油。

⑦ 顺时针转动曲轴,直到曲轴皮带轮上凹槽和前安装板上箭头和"SAFE"的标记对准为止,同时如图 20-80 所示,后凸轮轴齿轮上正时标记也要对准。

⑧ 穿过下曲轴箱的内孔插入正时销 T10009,把销一直放到驱动盘内,以锁止曲轴。

⑨ 取下 3 个固定 PAS 泵皮带轮的 Torx® 螺钉,拿开皮带轮。

⑩ 拧开 3 个固定 PAS 泵的螺栓并把泵移到旁边。

⑪ 松开连接发电机和蓄电池的导线接线端的软盖。

⑫ 松开接线端的螺母,从接线端上断开导线。

图 20-80 对准曲轴正时标记

⑬ 从发电机上断开连接器的连接。
⑭ 拧下2个固定发电机的螺栓。
⑮ 松开并取下发电机。
⑯ 拆下惰轮的Torx®螺栓并拿开惰轮。
⑰ 拧开3个固定前凸轮轴正时带右盖的螺栓。
⑱ 拧开3个固定前凸轮轴正时带左盖的螺栓。
⑲ 拿开两个前盖。
⑳ 把T10008手柄装配到T10017上。
㉑ 连带T10008把T10017插入曲轴皮带轮上，松开并拿开皮带轮螺栓，如图20-81所示。
㉒ 移开曲轴皮带轮。
㉓ 拧开固定凸轮轴正时带下盖的3个螺栓并拿开盖子。
㉔ 拧下固定自动张紧轮的2个螺栓并拿开张紧轮。
㉕ 拧下把油标尺管固定到缸盖上的螺栓，从发动机油底壳拔出油标尺管。
㉖ 拧下把发动机辅助支架装到缸体上的3个顶部螺栓。收好发动机起吊支架。
㉗ 拧开把空调压缩机固定到辅助支架和缸体上的3个螺栓，移开压缩机并挂到旁边。

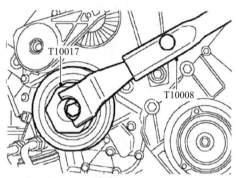

图20-81 拆卸曲轴皮带轮螺栓

㉘ 松开把发动机前辅助支架固定到缸体上的5个螺栓和2个柱头螺栓。
㉙ 松开并移开辅助支架。
㉚ 从正时带轮张紧器旁边取下橡胶闷盖。
㉛ 把Allen内六角扳手装到正时带张紧轮上，转动扳手释放正时带轮张紧器上的张力，拧下固定张紧器的2个螺栓。注意：不要松开固定正时带张紧轮的Allen螺钉。
㉜ 拿开正时带轮张紧器。
㉝ 如果还要装这条正时带，则应该标记好皮带的转动方向。
㉞ 取下正时带。注意：只能用手松开齿轮上的皮带，因为金属杆可能会损坏皮带和齿轮。如果拿开了缸盖或要装新的正时齿轮、正时带张紧轮或冷却液泵，就要更换掉正时带。正时带必须小心储藏和搬运。一定要注意，存放正时带的时候要保证弯的半径大于50mm。

有以下情况的正时带不能再次使用：有扭曲的或双叠过的正时带；在正时盖上发现有碎片，而不是灰尘；正时带与发动机卡住过；皮带的运行里程超过了保修保养的规定值；被机油或冷却液污染过的皮带。

㉟ 取下两个排气凸轮轴的前油封。
㊱ 如图20-82所示，把工具T10011装到2个前凸轮轴正时齿轮上。注意：当拧紧或松开齿轮固定螺栓的时候，一定要装上工具，否则可能会损坏凸轮轴。
㊲ 拆下固定前凸轮轴正时齿轮的螺栓，并废弃。

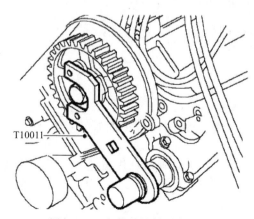

图20-82 安装凸轮轴固定工具

㊳ 取下工具 T10011。
㊴ 取下凸轮轴正时齿轮和轮毂总成。

## 20.17.2 正时带单元安装

① 清洁凸轮轴正时齿轮、轮毂和皮带轮。
② 把轮毂装到凸轮轴正时齿轮上,把齿轮装到凸轮轴上。装上新的螺栓并可靠地拧紧以保证齿轮能转动但不倾斜。
③ 把正时带定位到齿轮上。如果装的是原来的正时带,则要确保旋转方向的标记对着正确的方向。
④ 把工具 T10011 装到 2 个前凸轮轴正时齿轮上。
⑤ 顺时针充分转动两个前凸轮轴正时齿轮,从发动机前方看为顺时针。
⑥ 用手把正时带装到正时齿轮上,从曲轴正时齿轮开始,按逆时针方向操作,操作的时候应该越紧越好,逆时针方向装驱动皮带应该使间隙最小。
为了避免装的时候,正时带不能很好地与曲轴齿轮啮合,在皮带和机油泵皮带的导向部分之间装个合适的楔。
⑦ 用虎钳慢慢地压下正时带张紧器的柱塞,装上合适的销钉(直径为 1.5mm),以保持住柱塞。
⑧ 清洁正时带张紧器螺栓并给前 3 个螺纹涂上 Loctite242 胶。
⑨ 用 Allen 内六角扳手使正时带张紧轮顶靠住皮带。
⑩ 装上正时皮带张紧器,装上螺栓并拧紧到 25N·m 的扭矩。
⑪ 松开正时皮带张紧轮并从张紧器上拔出销钉。
⑫ 装上张紧器旁的橡胶闷盖。
⑬ 拧紧前凸轮轴齿轮螺栓到 27N·m 的扭矩,然后再拧 90°。
⑭ 拿开工具 T10011。
⑮ 从正时带和机油泵皮带导向之间拿开楔。
⑯ 固定发动机前辅助支架并快速地把支架固定到位。
⑰ 按顺序装上螺栓并拧紧,将 M10 的柱头螺栓拧到 45N·m 的扭矩,将 M12 螺栓拧到 85N·m 的扭矩。
⑱ 固定发动机起吊支架,装上把辅助支架固定到缸体上的顶部螺栓并拧紧到 45N·m 的扭矩。
⑲ 把空调压缩机固定到辅助支架和缸体上,装上螺栓并拧紧至 25N·m 的扭矩。
⑳ 装上发动机机油冷却器。
㉑ 装上自动张紧轮,装上螺栓并拧紧到 25N·m 的扭矩。
㉒ 清洁正时带下盖。
㉓ 装上盖子,并拧紧 3 个螺栓至 9N·m 的扭矩。
㉔ 从驱动盘和下曲轴箱上拿开 T10009 正时销。
㉕ 清洁曲轴皮带轮。
㉖ 把曲轴皮带轮装到曲轴正时齿轮上,确保皮带轮上的凹痕对正曲轴正时齿轮上的凸缘。
㉗ 装上曲轴皮带轮螺栓和垫圈,连带 T10008 把 T10017 装到曲轴皮带轮上,并把螺栓拧紧到 160N·m 的扭矩。
㉘ 从曲轴皮带轮上拿开 T10008 和 T10017。
㉙ 清洁排气凸轮轴前油封的安装处,并装上新的油封。注意:油封的密封边和结合面

必须先清洁并弄干。

㉚ 清洁辅助皮带张紧器皮带轮，装上张紧器，装上螺栓并拧紧到 25N·m 的扭矩。

㉛ 清洁油标尺管，并插到油底壳上。

㉜ 把油标尺管固定到缸体上，装上螺栓并拧紧至 10N·m 的扭矩。

㉝ 装上右前和左前正时带盖，装上螺栓并拧紧到 4N·m 的扭矩。

㉞ 清洁惰轮皮带轮，把皮带轮固定到发动机前辅助支架上并拧紧 Allen 螺栓到 45N·m 的扭矩。

㉟ 装上发电机，拧紧 M10 的螺栓至 45N·m 的扭矩，拧紧 M8 的螺栓至 25N·m 的扭矩。

㊱ 连接发电机连接器。

㊲ 把蓄电池导线连到发电机上，装上螺母并拧紧到 8N·m 的扭矩，装上接线柱盖。

㊳ 把 PAS 泵定位到辅助支架上，装上螺栓并拧紧至 25N·m 的扭矩。

㊴ 固定 PAS 泵皮带轮并装上螺钉。

㊵ 装上左后凸轮轴正时带盖。

㊶ 拧紧 PAS 泵皮带轮 Torx® 螺钉到 9N·m 的扭矩。

㊷ 装上右前轮并把螺栓拧紧到 125N·m 的扭矩。

㊸ 放下车辆，拿走支撑。

㊹ 连上蓄电池的接地端。

## 20.18　3.2L 荣威 G32D 发动机

发动机正时链单元拆卸要点如下。

① 拆卸气缸盖罩

② 拆卸气缸盖前盖。

③ 按发动机旋转方向转动曲轴，将 1 号气缸活塞定位在 TDC 位置，将凸轮轴定位在 OT 位置，如图 20-83 所示。

④ 转动曲轴，使 1 号气缸活塞处于 TDC 位置。注意：按发动机转动方向转动曲轴。

⑤ 在正时链和凸轮轴链轮上做好对正标记（箭头），如图 20-84 所示。

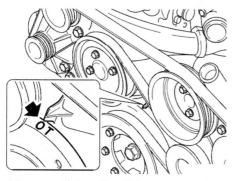

图 20-83　将发动机 1 号缸置于 TDC 位置

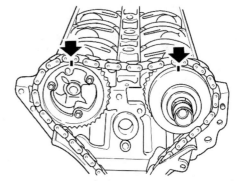

图 20-84　在凸轮轴链轮与正时链上做对正标记

⑥ 排放曲轴箱中的冷却液。

⑦ 拧下排气凸轮轴链轮的 3 个凸缘螺栓，如图 20-85 所示。

⑧ 从凸轮轴链轮上分离正时链，如图 20-86 所示。

图 20-85 拆下排气凸轮轴链轮

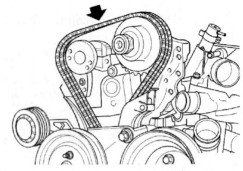

图 20-86 拆下正时链条

按以下顺序进行安装。
① 在气缸盖螺栓的螺纹面上涂抹机油后，用手拧三四圈。
② 使用工具 T10050 拧紧气缸盖螺栓。
③ 安装导轨固定销。
④ 安装正时链。
⑤ 安装排气凸轮链轮上的 3 个凸缘螺栓。

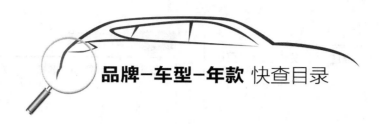

## 品牌-车型-年款 快查目录

**01A.** 一汽丰田

| 车型 | 年款 | 排量 | 发动机 | 页码 |
|---|---|---|---|---|
| 威驰 | 2014- | 1.3L | 4NR-FE | 5 |
| | 2014- | 1.5L | 5NR-FE | 12 |
| | 2008-2013 | 1.3L | 2NZ-FE | 1 |
| | 2008-2013 | 1.6L | 1ZR-FE | 13 |
| | 2002-2007 | 1.3L | 8A-FE | 10 |
| | 2002-2007 | 1.5L | 5A-FE | 12 |
| 花冠 | 2008- | 1.6L | 1ZR-FE | 13 |
| | 2000-2007 | 1.8L | 1ZZ-FE | 16 |
| | 2000-2007 | 1.6L | 3ZZ-FE | 16 |
| | 2000-2007 | 1.3L | 2NZ-FE | 1 |
| | 2000-2007 | 1.5L | 1NZ-FE | 12 |
| 卡罗拉 | 2007- | 1.6L | 1ZR-FE | 13 |
| | 2007- | 1.8L | 2ZR-FE | 16 |
| | 2011- | 2.0L | 3ZR-FE | 25 |
| 卡罗拉混动 | 2015- | 1.8L | 8ZR-FXE | 20 |
| 锐志 | 2005- | 2.5L | 5GR-FE | 53 |
| | 2005- | 3.0L | 3GR-FE | 59 |

| 车型 | 年款 | 排量 | 发动机 | 页码 |
|---|---|---|---|---|
| 皇冠 | 2009- | 2.5L | 5GR-FE | 53 |
| | 2015- | 2.0T | 8AR-FTS | 35 |
| | 2004- | 3.0L | 3GR-FE | 59 |
| | 2009- | 4.3L | 3UZ-FE | 76 |
| 普锐斯 | 2009- | 1.8L | 5ZR-FXE | 19 |
| | 2003-2008 | 1.5L | 1NZ-FXE（同 1NZ-FE） | 12 |
| 柯斯达 | 2007- | 2.7L | 3RZ-FE | — |
| | 2013- | 4.0L | 6GR-FE（同 1GR-FE） | 73 |
| RAV4 | 2013- | 2.0L | 6ZR-FE | 25 |
| | 2013- | 2.5L | 5AR-FE | 44 |
| | 2009-2012 | 2.0L | 1AZ-FE | 26 |
| | 2009-2012 | 2.4L | 2AZ-FE | 40 |
| 普拉多 | 2016- | 2.7L | 2TR-FE | 58 |
| | 2016- | 3.5L | 7GR-FKS | — |
| | 2010-2015 | 4.0L | 1GR-FE | 73 |
| 兰德酷路泽 | 2008- | 4.0L | 1GR-FE | 73 |
| | 2008- | 4.6L | 1UR-FE | 79 |
| | 2008-2011 | 4.7L | 2UZ-FE | 85 |
| | 2008- | 5.7L | 3UR-FE | 86 |

## 01B. 广汽丰田

| 车型 | 年款 | 排量 | 发动机 | 页码 |
|---|---|---|---|---|
| 致炫 | 2014- | 1.3L | 6NR-FE | 10 |
| 致炫 | 2014- | 1.5L | 7NR-FE | 12 |
| 雷凌 | 2014- | 1.6L | 4ZR-FE | 12 |
| 雷凌 | 2014- | 1.8L | 7ZR-FE | 19 |
| 雷凌混动 | 2016- | 1.8H | 8ZR-FXE | 20 |
| 凯美瑞混动 | 2012- | 2.5H | 4AR-FXE | 50 |
| 凯美瑞 | 2015- | 2.0L | 6AR-FSE | 28 |
| 凯美瑞 | 2012- | 2.5L | 5AR-FE | 44 |
| 凯美瑞 | 2006-2014 | 2.0L | 1AZ-FE | 26 |
| 凯美瑞 | 2006-2011 | 2.4L | 2AZ-FE | 40 |
| 逸致 | 2011- | 1.6L | 1ZR-FE | 13 |
| 逸致 | 2011- | 1.8L | 2ZR-FE | 16 |
| 逸致跨界 | 2014- | 1.8L | 2ZR-FE | 16 |
| 汉兰达 | 2015- | 2.0T | 8AR-FTS | 35 |
| 汉兰达 | 2007- | 3.5L | 2GR-FE | 68 |
| 汉兰达 | 2009-2014 | 2.7L | 1AR-FE | 53 |

## 01C. 丰田进口

| 车型 | 年款 | 排量 | 发动机 | 页码 |
|---|---|---|---|---|
| 86 | 2012- | 2.0L | FA20 | 180 |
| 杰路驰 | 2011- | 2.5L | 2AR-FE (同5AR-FE) | 44 |
| 威飒 | 2013- | 2.7L | 1AR-FE | 53 |
| 普瑞维亚 | 2012- | 2.4L | 2AZ-FE | 40 |
| 普瑞维亚 | 2012- | 3.5L | 2GR-FE | 68 |
| FJ酷路泽 | 2007 | 4.0L | 1GR-FE | 73 |
| 埃尔法 | 2011- | 3.5L | 2GR-FE | 68 |

## 02. 雷克萨斯

| 车型 | 年款 | 排量 | 发动机 | 页码 |
|---|---|---|---|---|
| ES200 | 2015- | 2.0L | 6AR-FE (同5AR-FE) | 44 |
| ES250 | 2012- | 2.5L | 2AR-FE (同5AR-FE) | 44 |
| ES350 | 2012- | 3.5L | 2GR-FE | 68 |
| ES300H | 2014- | 2.5H | 2AR-FXE | 53 |
| GS300H | 2014- | 2.5H | 2AR-FXE | 53 |
| GS250 | 2012- | 2.5L | 4GR-FSE | 53 |
| GS350 | 2012- | 3.5L | 2GR-FE | 68 |
| GS200T | 2016- | 2.0T | 8AR-FTS | 35 |
| GS450H | 2014- | 3.5H | 2GR-FXE | 73 |
| IS200T | 2016- | 2.0T | 8AR-FTS | 35 |
| IS250 | 2012- | 2.5L | 4GR-FSE | 53 |
| IS250C | 2012- | 2.5L | 4GR-FSE | 53 |
| LS460L | 2015- | 4.6L | 1UR-FE | 79 |
| LS600HL | 2016- | 5.0H | 2UR-FSE | 86 |
| CT200H | 2012- | 1.8H | 2ZR-FXE | 20 |
| NX200 | 2014- | 2.0L | 3ZR-FAE (同3ZR-FE) | 25 |
| NX300H | 2015- | 2.5H | 2AR-FXE | 53 |
| NX200T | 2015- | 2.0T | 8AR-FTS | 35 |
| RX200T | 2015- | 2.0T | 8AR-FTS | 35 |
| RX270 | 2012- | 2.7L | 1AR-FE | 53 |
| RX350 | 2012- | 3.5L | 2GR-FE | 68 |
| RX450H | 2009- | 3.5H | 2GR-FXE | 73 |
| GX400 | 2012- | 4.0L | 1GR-FE | 73 |
| LX460 | 2012- | 4.6L | 1UR-FE | 79 |
| LX570 | 2012- | 5.7L | 3UR-FE | 86 |

## 03A. 广汽本田

| 车型 | 年款 | 排量 | 发动机 | 页码 |
|---|---|---|---|---|
| 飞度 | 2015- | 1.5L | L15B2<br>L15B3 | 90 |
| | 2003-2005 | 1.3L | L13A3 | 87 |
| | 2003-2008 | 1.5L | L15A2 | 87 |
| | 2006-2008 | 1.5L | L15A1 | 87 |
| | 2009-2013 | 1.3L | L13Z1 | 87 |
| | 2009-2013 | 1.5L | L15A7 | 87 |
| 锋范 | 2009- | 1.5L | L15A7 | 87 |
| | 2009-2012 | 1.8L | R18A1 | 94 |
| 凌派 | 2014- | 1.8L | R18Z5 | 94 |
| 雅阁 | 2014- | 2.0L | R20Z4 | 95 |
| | 2014- | 2.4L | K24W5 | 99 |
| | 2014- | 3.0L | J30A5 | 103 |
| | 2008-2013 | 2.0L | R20A3 | 95 |
| | 2008-2013 | 2.4L | K24Z2 | 99 |
| | 2008-2013 | 3.5L | J35Z2 | 106 |
| | 2003-2007 | 2.0L | K20A7<br>K20A8 | 95 |
| | 2003-2007 | 2.4L | K24A4 | 98 |
| | 2003-2007 | 3.0L | J30A4 | 102 |
| 雅阁混动 | 2016- | 2.0H | LFA11 | — |
| 歌诗图 | 2012- | 2.4L | K24Y3 | 102 |
| | 2014- | 3.0L | J30A7 | 105 |
| | 2010-2011 | 3.5L | J35Z2 | 106 |

| 车型 | 年款 | 排量 | 发动机 | 页码 |
|---|---|---|---|---|
| 冠道 | 2017- | 2.0T | K20C3 | — |
| 奥德赛 | 2015- | 2.4L | K24W5 | 99 |
| | 2009-2014 | 2.4L | K24Z2 | 99 |
| | 2006-2008 | 2.4L | K24A6 | 98 |
| | 2005 | 2.4L | K24A4 | 98 |
| 缤智 | 2015- | 1.5L | L15B2<br>L15B3 | 90 |
| | 2015- | 1.8L | R18Z7<br>R18Z8 | 94 |

## 03B. 东风本田

| 车型 | 年款 | 排量 | 发动机 | 页码 |
|---|---|---|---|---|
| 哥瑞 | 2016- | 1.5L | L15B5 | 93 |
| 竞瑞 | 2017- | 1.5L | L15B5 | 93 |
| 思域 | 2016- | 1.5T | L15B8 | 94 |
| | 2012-2015 | 1.8L | R18Z2 | 94 |
| | 2012-2015 | 2.0L | R20A6 | 95 |
| | 2006-2011 | 1.8L | R18A1 | 94 |
| 思铂睿 | 2015- | 2.0L | R20Z8 | 97 |
| | 2015- | 2.4L | K24V4 | 99 |
| | 2010-2014 | 2.0L | R20A4 | 95 |
| | 2010-2012 | 2.4L | K24Z5 | 99 |
| | 2013-2014 | 2.4L | K24Y5 | 99 |
| 杰德 | 2014- | 1.8L | R18Z6 | 94 |
| 艾力绅 | 2013- | 2.4L | K24Z5 | 99 |
| XR-V | 2015- | 1.5L | L15B5 | 93 |
| | 2015- | 1.8L | R18ZA | 94 |

| 车型 | 年款 | 排量 | 发动机 | 页码 |
|---|---|---|---|---|
| CR-V | 2012- | 2.0L | R20A7 | 95 |
| | 2015- | 2.4L | K24V6 | 99 |
| | 2012-2014 | 2.4L | K24Z8 | 99 |
| | 2007-2011 | 2.0L | R20A1 | 95 |
| | 2007-2011 | 2.4L | K24Z1 | 99 |
| | 2004-2006 | 2.0L | K24A4 | 98 |

### 03C. 本田进口

| 车型 | 年款 | 排量 | 发动机 | 页码 |
|---|---|---|---|---|
| 飞度混动 | 2013- | 1.3H | LDA3 | — |
| INSIGHT混动 | 2013- | 1.3H | LDA3 | — |
| CR-Z混动 | 2012- | 1.5H | LEA1 | — |

### 04A. 广汽讴歌

| 车型 | 年款 | 排量 | 发动机 | 页码 |
|---|---|---|---|---|
| CDX | 2016- | 1.5T | L15B8 | 94 |

### 04B. 讴歌进口

| 车型 | 年款 | 排量 | 发动机 | 页码 |
|---|---|---|---|---|
| ILX | 2013- | 2.0L | R20A6 | 95 |
| ILX混动 | 2013- | 1.5H | LEA2 | — |
| TL | 2006-2008 | 3.2L | J32A3 | 105 |
| | 2009- | 3.5L | J35Z6 | 106 |
| TLX | 2015- | 2.4 | K24W7 | 102 |
| RL | 2007-2008 | 3.5L | J35A8 | 105 |
| RL | 2009- | 3.7L | J37A2 | 106 |

| 车型 | 年款 | 排量 | 发动机 | 页码 |
|---|---|---|---|---|
| RLX | 2013- | 3.5L | J35Y4 | 105 |
| RLX混动 | 2015- | 3.5H | JNB1 | — |
| RDX | 2016- | 3.0L | J30Y1 | 105 |
| MDX | 2014- | 3.5L | J35Y5 | 105 |
| | 2007-2013 | 3.7L | J37A1 | 106 |
| ZDX | 2012- | 3.7L | J37A5 | 106 |

### 05A. 东风日产

| 车型 | 年款 | 排量 | 发动机 | 页码 |
|---|---|---|---|---|
| 玛驰 | 2010- | 1.2L | HR12DE | 107 |
| | 2010- | 1.5L | HR15DE | 109 |
| 阳光 | 2010- | 1.5L | HR15DE | 109 |
| 骊威 | 2007- | 1.6L | HR16DE | 109 |
| 轩逸经典 | 2012- | 1.6L | HR16DE | 109 |
| 轩逸 | 2007- | 1.6L | HR16DE | 109 |
| | 2012- | 1.8L | MRA8DE | 116 |
| | 2006-2011 | 2.0L | MR20DE | 122 |
| TIIDA | 2005- | 1.6L | HR16DE | 109 |
| | 2011- | 1.6T | MR16DDT | 114 |
| 蓝鸟 | 2015- | 1.6L | HR16DE | 109 |
| 天籁 | 2013- | 2.0L | MR20DE | 122 |
| | 2013- | 2.5L | QR25DE | 127 |
| | 2008-2012 | 2.5L | VQ25DE | 134 |
| | 2006-2012 | 3.5L | VQ35DE | 134 |
| | 2006-2007 | 2.3L | VQ23DE | 132 |
| | 2006-2007 | 2.0L | QR20DE | 127 |
| 西玛 | 2016- | 2.5L | QR25DE | 127 |

| 车型 | 年款 | 排量 | 发动机 | 页码 |
|---|---|---|---|---|
| 逍客 | 2016- | 1.2T | HRA2DDT | — |
| | 2008- | 2.0L | MR20DE | 122 |
| | 2008-2015 | 1.6L | HR16DE | 109 |
| 奇骏 | 2014- | 2.0L | MR20DD | 127 |
| | 2008- | 2.5L | QR25DE | 127 |
| | 2008-2013 | 2.0L | MR20DE | 122 |
| 楼兰 | 2011- | 2.5L | QR25DE | 127 |
| | 2011-2014 | 3.5L | VQ35DE | 134 |
| 楼兰混动 | 2015- | 2.5L | QR25DER (同QR25DE) | 127 |

### 05B. 郑州日产

| 车型 | 年款 | 排量 | 发动机 | 页码 |
|---|---|---|---|---|
| NV200 | 2016 | 1.6L | HR16DE | 109 |
| 帕拉丁 | 2013- | 2.4L | KA24DE | 133 |
| D22 皮卡 | 2011- | 2.5TD | YD25DDTI | — |
| | 2013- | 2.4L | KA24DE | 133 |
| D22 厢式 | 2013- | 2.4L | KA24DE | 133 |

### 05C. 日产进口

| 车型 | 年款 | 排量 | 发动机 | 页码 |
|---|---|---|---|---|
| 贵士 | 2015- | 3.5L | VQ35DE | 134 |
| GT-R | 2015- | 3.8T | VR38DETT | — |
| 途乐 | 2016- | 5.6L | VK56DE | 145 |
| | | | VK56VD | 147 |
| 370Z | 2015- | 3.7L | VQ37VHR | 144 |
| 碧莲 | 2013- | 4.5L | TB45E | — |

### 05D. 日产启辰

| 车型 | 年款 | 排量 | 发动机 | 页码 |
|---|---|---|---|---|
| R30 | 2016- | 1.2L | HR12DE | 107 |
| R50 | 2015- | 1.6L | HR16DE | 109 |
| R50X | 2015- | 1.6L | HR16DE | 109 |
| D50 | 2015- | 1.6L | HR16DE | 109 |
| T70 | 2015- | 1.6L | HR16DE | 109 |
| | 2015- | 2.0L | MR20DE | 122 |
| T70X | 2015- | 2.0L | MR20DE | 122 |
| T90 | 2016- | 2.0L | MR20DE | 122 |

### 06A. 东风英菲尼迪

| 车型 | 年款 | 排量 | 发动机 | 页码 |
|---|---|---|---|---|
| Q50L | 2015- | 2.0T | M274930 | 401 |
| QX50 | 2015- | 2.5L | VQ25HR (同VQ25DE) | 134 |

### 06B. 英菲尼迪进口

| 车型 | 年款 | 排量 | 发动机 | 页码 |
|---|---|---|---|---|
| Q50 | 2014- | 3.7L | VQ37VHR | 144 |
| Q50 混动 | 2014- | 3.5H | VQ35HEV (同VQ35DE) | 134 |
| Q60 | 2013- | 3.7L | VQ37VHR | 144 |
| Q60S | 2013- | 3.7L | VQ37VHR | 144 |
| Q70L | 2015- | 2.5L | VQ25HR (同VQ25DE) | 134 |
| Q70L 混动 | 2015- | 3.5H | VQ35HEV (同VQ35DE) | 134 |
| QX60 混动 | 2016- | 2.5T | QR25 | 127 |
| QX60 | 2014- | 3.5L | VQ35 | 144 |
| QX70 | 2013- | 3.7L | VQ37VHR | 144 |
| | 2013- | 5.0L | VK50VE | 144 |
| ESQ | 2014- | 1.6L | HR16DE | 109 |
| | 2014- | 1.6T | MR16DDT | 114 |

### 07A. 广汽三菱

| 车型 | 年款 | 排量 | 发动机 | 页码 |
|---|---|---|---|---|
| 欧蓝德 | 2016- | 2.0L | 4J11 | 151 |
| | 2016- | 2.4L | 4J12 | 151 |

| 车型 | 年款 | 排量 | 发动机 | 页码 |
|---|---|---|---|---|
| 劲炫 ASX | 2013- | 1.6L | 4A92 | 150 |
|  | 2013- | 2.0L | 4B11 | 153 |
| 帕杰罗劲畅 | 2013- | 2.4L | 4G64 | 154 |
|  | 2013- | 3.0L | 6B31 | 160 |

### 07B. 东南三菱

| 车型 | 年款 | 排量 | 发动机 | 页码 |
|---|---|---|---|---|
| 翼神 | 2015- | 1.6L | 4A92 | 150 |
|  | 2015- | 1.8L | 4B10（同4B11） | 153 |
|  | 2015- | 2.0L | 4B11 | 153 |
| 蓝瑟 | 2012- | 1.6L | 4G18 | 610 |
| 君阁 | 2011- | 2.0L | 4G63 | 154 |
| 戈蓝 | 2012- | 2.0L | 4G63 | 154 |
|  | 2012- | 2.4L | 4G69 | 154 |
| 风迪思 | 2013- | 1.6L | 4A92 | 150 |
|  | 2013- | 1.8L | 4B10（同4B11） | 153 |

### 07C. 三菱进口

| 车型 | 年款 | 排量 | 发动机 | 页码 |
|---|---|---|---|---|
| 帕杰罗 V93W | 2016- | 3.0L | 6G72 | 163 |
|  | 2008- | 3.8L | 6G75 | 165 |
| 欧蓝德 | 2016- | 2.0L | 4J11 | 151 |
|  | 2016- | 2.4L | 4J12 | 151 |
| 帕杰罗速跑 | 2002-2005 | 3.0L | 6G72 | 163 |
|  | 2002-2005 | 2.4L | 4G64 | 154 |
| 帕杰罗 V73 | 2005-2015 | 3.0L | 6G72 | 163 |
| 帕杰罗 V77 | 2005-2008 | 3.8L | 6G75 | 165 |

### 08A. 一汽马自达

| 车型 | 年款 | 排量 | 发动机 | 页码 |
|---|---|---|---|---|
| CX-4 | 2016- | 2.0L | SKY | 170 |
|  | 2016- | 2.5L | SKY | 170 |
| CX-7 | 2014- | 2.3T | — | — |
|  | 2014- | 2.5L | SKY | 172 |
| 睿翼 | 2009- | 2.0L | LF | 168 |
| 睿翼轿跑 | 2009 | 2.0L | LF | 168 |
| 阿特兹 | 2013- | 2.0L | SKY | 170 |
|  |  | 2.5L |  |  |
| 马自达6 | 2006- | 2.0L | LF | 170 |
| 马自达8 | 2006- | 2.5L | L5 | 168 |

### 08B. 长安马自达

| 车型 | 年款 | 排量 | 发动机 | 页码 |
|---|---|---|---|---|
| CX-5 | 2015- | 2.0L | SKY | 170 |
|  | 2015- | 2.5L | SKY | 172 |
| 马自达2 | 2012- | 1.5L | ZY | 166 |
| 马自达3星骋两厢 | 2011- | 1.6L | MZR | 167 |
|  | 2011- | 2.0L | MZR | 167 |
| 马自达3星骋两厢 | 2011- | 1.6L | MZR | 167 |
|  | 2011- | 2.0L | MZR | 167 |
| 昂克赛拉两厢 | 2014- | 1.5L | SKY | 167 |
|  | 2014- | 2.0L | SKY | 170 |
| 昂克赛拉三厢 | 2014- | 1.5L | SKY | 167 |
|  | 2014- | 2.0L | SKY | 170 |

### 08C. 马自达进口

| 车型 | 年款 | 排量 | 发动机 | 页码 |
|---|---|---|---|---|
| 马自达5 | 2011- | 2.0L | LF | 168 |
| CX-9 | 2013- | 3.7L | SKY | — |
| CX-7 | 2010- | 2.5L | L5 | 168 |

## 09. 斯巴鲁

| 车型 | 年款 | 排量 | 发动机 | 页码 |
|---|---|---|---|---|
| 森林人 | 2011- | 2.0L | FB20 | 180 |
| 森林人 | 2011- | 2.5L | FB25 | 180 |
| 森林人 | 2013- | 2.0L | FA20 | 180 |
| 森林人 | 2013- | 2.0T | FA20T | 187 |
| 森林人 | 2005- | 2.0L | EJ20 | 191 |
| 森林人 | 2005- | 2.0T | EJ20 | 191 |
| 森林人 | 2004- | 2.5L | EJ25 | 193 |
| 森林人 | 2004- | 2.5T | EJ25 | 194 |
| 傲虎 | 2013- | 2.0T | FA20T | 187 |
| 傲虎 | 2013- | 2.5L | FB25 | 180 |
| 力狮 | 2013- | 2.0T | FA20T | 187 |
| 力狮 | 2013- | 2.5L | FB25 | 180 |
| 力狮 | 2010- | 3.6L | EZ36 | 197 |
| 力狮 | 2005- | 2.0L | EJ20 | 191 |
| 力狮 | 2005- | 2.5L | EJ25 | 193 |
| 力狮 | 2005- | 3.0L | EZ30 | 195 |
| XV | 2013- | 2.0L | FB20 | 180 |
| 驰鹏 | 2007- | 3.0L | EZ30 | 195 |
| 翼豹 WRX STI | 2008- | 2.5T | EJ25 | 194 |
| BRZ | 2013- | 2.0L | FA20 | 180 |

## 10A. 长安铃木

| 车型 | 年款 | 排量 | 发动机 | 页码 |
|---|---|---|---|---|
| 奥拓 | 2009- | 1.0L | K10B | 173 |
| 雨燕 | 2011- | 1.3L | G13B | — |
| 雨燕 | 2005-2010 | 1.3L | M13A | 173 |
| 雨燕 | 2005- | 1.5L | M15A | 175 |
| 天语 SX4 | 2015- | 1.6L | M16A | 175 |
| 天语尚悦 | 2012- | 1.6L | M16A | 175 |
| 启悦 | 2015- | 1.6L | G-INNOTEC | 179 |
| 锋驭 | 2015- | 1.4T | K14C | — |
| 锋驭 | 2013- | 1.6L | M16A | 175 |
| 锋驭 | 2015- | 1.6L | G-INNOTEC | 179 |
| 维特拉 | 2016- | 1.4T | K14C | — |
| 维特拉 | 2016- | 1.6L | M16A | 175 |

## 10B. 昌河铃木

| 车型 | 年款 | 排量 | 发动机 | 页码 |
|---|---|---|---|---|
| 北斗星 | 2015- | 1.0L | DA465Q | — |
| 北斗星 | 2015- | 1.4L | K14B | 173 |
| 北斗星 X5 | 2015- | 1.0L | K10B | 173 |
| 北斗星 X5 | 2015- | 1.4L | K14B | 173 |
| 利亚纳 A6 两厢 | 2015- | 1.4L | K14B | 173 |
| 利亚纳 A6 两厢 | 2015- | 1.5L | M15A | 175 |
| 利亚纳 A6 三厢 | 2015- | 1.4L | K14B | 173 |
| 利亚纳 A6 三厢 | 2015- | 1.5L | M15A | 175 |
| 利亚纳 两厢 | 2014 | 1.4L | K14B | 173 |
| 浪迪 | 2011- | 1.2L | K12B | 173 |
| 浪迪 | 2011- | 1.4L | K14B | 173 |
| 派喜 | 2014- | 1.4L | K14B | 173 |

## 10C. 铃木进口

| 车型 | 年款 | 排量 | 发动机 | 页码 |
|---|---|---|---|---|
| 吉姆尼 | 2015 | 1.3L | M13A | 173 |
| 超级维特拉 | 2012- | 2.4L | J24B | — |
| 速翼特 | 2014- | 1.6L | M16A | 175 |
| 凯泽西 | 2011- | 2.4L | J24B | — |

## 11A. 北京现代

| 车型 | 年款 | 排量 | 发动机 | 页码 |
|---|---|---|---|---|
| 瑞奕 | 2014- | 1.4L | G4FA | 201 |
|  | 2014- | 1.6L | G4FC | 201 |
| 瑞纳 | 2014- | 1.4L | G4FA | 201 |
|  | 2014- | 1.6L | G4FC | 201 |
| 悦纳 | 2017- | 1.4L | G4LC | — |
|  | 2017- | 1.6L | G4FG | 203 |
| 悦动 | 2010- | 1.6L | G4FC（同G4FA） | 201 |
|  | 2010- | 1.8L | G4GB | 205 |
| 伊兰特 | 2009- | 1.6L | G4ED | 203 |
|  | 2009- | 1.5L | G4EC | 203 |
| 雅绅特 | 2005- | 1.6L | G4ED | 203 |
|  | 2005- | 1.4L | G4EA | 202 |
| 朗动 | 2015- | 1.6L | G4FG | 203 |
|  | 2015- | 1.8L | G4NB | 203 |
| 领动 | 2016- | 1.4T | G4LD | — |
|  | 2016- | 1.6L | G4FD（同G4FA） | 201 |
| 名图 | 2016- | 1.6T | G4FJ（同G4FA） | 201 |
|  | 2016- | 1.8L | G4NB | 203 |
|  | 2016- | 2.0L | G4NA | 203 |
| 索纳塔8 | 2010 | 2.0L | G4KD | 208 |
|  | 2010 | 2.4L | G4KE | 208 |
| 索纳塔9 | 2015- | 1.6T | G4FJ（同G4FA） | 201 |
|  | 2015- | 2.0L | G4NA | 203 |
|  | 2015- | 2.4L | G4KJ（同G4KD） | 208 |
| 领翔 | 2009- | 2.0L | G4KD | 208 |
|  | 2009- | 2.4L | G4KE | 208 |
| 御翔 | 2005- | 2.4L | G4KC | 215 |
| 名驭 | 2009- | 2.0L | G4GF | 212 |
| 新途胜 | 2015- | 1.6T | G4FJ（同G4FA） | 201 |
|  | 2015- | 2.0L | G4NC（同G4NA） | 203 |
| 途胜 | 2005- | 2.0L | G4GC | 208 |
|  | 2005- | 2.7L | G6BA | 215 |
| IX25 | 2016- | 1.6T | G4FJ（同G4FA） | 201 |
|  | 2015- | 1.6L | G4FG | 203 |
|  | 2015- | 2.0L | G4NA | 203 |
| IX35 | 2015- | 2.0L | G4NA | 203 |
|  | 2010- | 2.0L | G4KD | 208 |
|  | 2010- | 2.4L | G4KE | 208 |
| I30 | 2010- | 1.6L | G4FC | 201 |
|  | 2010- | 1.4L | G4FA | 201 |
|  | 2010- | 2.0L | G4GC | 208 |
| 新胜达 | 2015- | 2.0T | G4KH | — |
|  | 2015- | 2.4L | G4KJ | — |

## 11B. 现代进口

| 车型 | 年款 | 排量 | 发动机 | 页码 |
|---|---|---|---|---|
| 格锐 | 2015- | 3.0L | G6DG（同G6DA） | 218 |
|  | 2015- | 2.2T | D4HB | — |
| 雅尊 | 2011- | 2.4L | G4KE | 208 |
|  | 2011- | 3.0L | G6DG（同G6DA） | 218 |
| 飞思 | 2015- | 1.6T | G4FJ（同G4FA） | 201 |
| 劳恩斯酷派 | 2012- | 2.0T | G4KF | — |
|  | 2012- | 3.8L | G6DJ（同G6DA） | 218 |
| 捷恩斯 | 2015- | 3.0L | G6DG（同G6DA） | 218 |
|  | 2015- | 3.3L | G6DH（同G6DA） | 218 |
| 雅科仕 | 2014- | 3.8L | G6DJ（同G6DA） | 218 |
|  | 2014- | 5.0L | G8BE | — |
| 全新胜达 | 2013- | 2.2T | D4HB | — |

| 车型 | 年款 | 排量 | 发动机 | 页码 |
|---|---|---|---|---|
| 索纳塔混动 | 2013- | 3.0L | G6DG（同 G6DA） | 218 |
| | 2014- | 2.0H | G4NE（同 G4NA） | 203 |
| 辉翼 | 2011- | 2.4L | G4KG（同 G4KD） | 208 |

### 12A. 东风悦达起亚

| 车型 | 年款 | 排量 | 发动机 | 页码 |
|---|---|---|---|---|
| K2 三厢 | 2015- | 1.4L | G4FA | 201 |
| | 2015- | 1.6L | G4FC | 201 |
| K2 两厢 | 2015- | 1.4L | G4FA | 201 |
| | 2015- | 1.6L | G4FC | 201 |
| | 2012- | 1.6L | G4FD（同 G4FA） | 201 |
| K3 | 2016- | 1.4T | G4LD | — |
| | 2016- | 1.6L | G4FG | 203 |
| K3S | 2014- | 1.6L | G4FG | 203 |
| K4 | 2014- | 1.6T | G4FJ（同 G4FA） | 201 |
| | 2014- | 1.8L | G4NB | 203 |
| | 2014- | 2.0L | G4NA | 203 |
| K5 | 2016- | 1.6T | G4FJ（同 G4FA） | 201 |
| | 2016- | 2.0T | G4KH | — |
| | 2016- | 2.0L | G4NA | 203 |
| | 2011- | 2.0L | G4KD | 208 |
| | 2012- | 2.4L | G4KE | 208 |
| K5 混动 | 2016- | 2.0H | G4NE（同 G4NA） | 203 |
| KX3 | 2015 | 2.0L | G4NC（同 G4NA） | 203 |
| | 2015 | 1.6T | G4FJ（同 G4FA） | 201 |
| | 2017- | 1.6L | G4FG | 203 |
| KX5 | 2016- | 1.6T | G4FJ（同 G4FA） | 201 |
| | 2016- | 2.0L | G4NC（同 G4NA） | 203 |

| 车型 | 年款 | 排量 | 发动机 | 页码 |
|---|---|---|---|---|
| 秀尔 | 2010- | 1.6L | G4FC | 201 |
| | 2010- | 2.0L | G4GC | 208 |
| 福瑞迪 | 2009- | 1.6L | G4FC | 201 |
| | 2009- | 2.0L | G4KD | 208 |
| 狮跑 | 2005- | 2.0L | G4GC | 208 |
| | 2005- | 2.7L | G6BA | 215 |
| 智跑 | 2015- | 2.0L | G4NA | 203 |
| | 2012- | 2.4L | G4KE | 208 |
| 赛拉图 | 2005- | 1.6L | G4ED | 203 |
| | 2005- | 1.8L | G4GC | 208 |
| 锐欧 RIO | 2005- | 1.4L | G4EE（同 G4ED） | 203 |
| | 2005- | 1.5D | D4FA | — |
| | 2005- | 1.6L | G4ED | 203 |
| 千里马 | 2003- | 1.3L | G4EA | 202 |
| | 2003- | 1.6L | G4ED | 203 |

### 12B. 起亚进口

| 车型 | 年款 | 排量 | 发动机 | 页码 |
|---|---|---|---|---|
| 索兰托 | 2015- | 2.0T | G4KH | — |
| | 2015- | 2.2T | D4HB | — |
| | 2015- | 2.4L | G4KJ | — |
| 霸锐 | 2015- | 3.8L | G6DA | 218 |
| 速迈 | 2014- | 1.6T | G4FJ（同 G4FA） | 201 |
| | 2010-2013 | 2.0L | G4NA | 203 |
| 凯尊 | 2013- | 2.4L | G4KE | 208 |
| K9 | 2015- | 3.8L | G6DJ（同 G6DA） | 218 |
| 嘉华 | 2015- | 2.2T | D4HB | — |
| | 2015- | 3.3L | G6DH（同 G6DA） | 218 |
| 佳乐 | 2013- | 2.0L | G4KA（同 G4KD） | 208 |
| K5 混动 | 2014- | 2.0H | G4NE（同 G4NA） | 203 |
| VQ-R | 2013- | 2.2T | D4HB | — |
| 智跑 | 2015- | 2.0L | G4NA | 203 |

## 13. 双龙

| 车型 | 年款 | 排量 | 发动机 | 页码 |
|---|---|---|---|---|
| 雷斯特 | 2011- | 2.0T | D20DT | 222 |
| | 2006- | 2.7T | D27DT | 224 |
| | 2002-2011 | 3.2L | M162.990 | 226 |
| 爱腾 | 2006- | 2.0T | D20DT | 222 |
| | 2006- | 2.3L | G23D | — |
| 享御 | 2011- | 2.0T | D20DT | 222 |
| 路帝 | 2014- | 2.0T | D20DT | 222 |
| 主席 | 2012- | 2.8L | G28D | — |
| | 2012- | 3.6L | G36D | — |
| 柯兰多 | 2015- | 2.0T | D20DT | 222 |
| | 2015- | 2.0L | G20DF | — |
| 途凌 | 2016- | 1.6L | 173.910 | — |
| 蒂维拉 | 2015- | 1.6L | 173.910 | — |

## 14A. 上汽大众

| 车型 | 年款 | 排量 | 发动机 | 页码 |
|---|---|---|---|---|
| 桑塔纳 | 2015- | 1.4T | CSTA | 239 |
| | 2013- | 1.6L | CPDA | 243 |
| | 2013- | 1.4L | CKAA | 239 |
| 桑塔纳浩纳 | 2015- | 1.4T | CSTA | 239 |
| | 2015- | 1.6L | CPDA | 245 |
| 朗逸 | 2015- | 1.2T | CYAA | 228 |
| | 2014- | 1.4T | CSTA | 239 |
| | 2013- | 1.6L | CSRA | 243 |
| | 2009-2013 | 1.4T | CFBA | 232 |
| | 2012-2013 | 1.6L | CPJA | 247 |
| | 2010-2013 | 1.6L | CFNA | 247 |
| | 2008-2011 | 2.0L | CENA | 263 |
| 朗行 | 2014- | 1.4T | CSTA | 239 |
| | 2014- | 1.6L | CSRA | 243 |
| 朗境 | 2014- | 1.4T | CSTA | 239 |
| | 2014- | 1.6L | CSRA | 243 |

| 车型 | 年款 | 排量 | 发动机 | 页码 |
|---|---|---|---|---|
| 凌渡 | 2015- | 1.4T | CSSA | 239 |
| | 2015- | 1.4T | CSTA | 239 |
| | 2015- | 1.8T | CUFA | 250 |
| 凌渡 GTS | 2017- | 2.0T | CUGA（同CUFA） | 250 |
| 帕萨特 NMS A43 | 2016- | 1.4T | CSSA | 239 |
| | 2016- | 1.8T | CEAA | 255 |
| | 2016- | 1.8T | DBHA | — |
| | 2016- | 2.0T | DBJA | — |
| | 2016- | 3.0L | CNGA | 299 |
| 帕萨特 NMS A42 | 2011-2015 | 1.4T | CFBA | 232 |
| | | 1.8T | CEAA | 255 |
| | | 2.0T | CGMA | 262 |
| | | 3.0L | CNGA | 299 |
| 帕萨特 9F9 | 2007-2011 | 1.8T | BGC | 258 |
| | 2005-2011 | 2.0L | BNL | 263 |
| | 2005-2009 | 2.8L | BBG | 291 |
| 帕萨特 9F8 | 2001-2008 | 1.8T | AWL | 258 |
| | 2004-2009 | 2.0L | BNL | 263 |
| 新领驭 9F0 | 2009-2012 | 1.8T | CEDA | 254 |
| | | 2.0L | BNL | 263 |
| | 2009-2011 | 2.8L | BBG | 291 |
| 辉昂 3E9 | 2017- | 2.0T | CUHA | 272 |
| | 2017- | 3.0T | CREB（同CREC） | 296 |
| 途观 0T1 | 2017- | 1.4T | CSSA | 239 |
| | 2017- | 1.8T | CUFA | 250 |
| | 2017- | 2.0T | CUGA（同CUFA） | 250 |

| 车型 | 年款 | 排量 | 发动机 | 页码 |
|---|---|---|---|---|
| 途观 592 | 2013-2015 | 1.4T | CFBA | 232 |
| | 2013-2016 | 1.8T | CEAA | 255 |
| | | 2.0T | CGMA | 262 |
| 途观 591 | 2010-2013 | 1.8T | CEAA | 255 |
| | | 2.0T | CGMA | 262 |
| 波罗两厢 | 2015- | 1.4L | DAHA | 239 |
| | 2015- | 1.6L | CSRA | 243 |
| 波罗三厢 9J6 | 2011-2012 | 1.4L | CDDA | 243 |
| | | 1.6L | CDEA | 247 |
| 波罗 GTI | 2016- | 1.4T | CSSA | 239 |
| Cross 波罗 | 2016 | 1.4L | CKAA | 239 |
| | 2016- | 1.6L | CPDA | 243 |
| Cross 桑塔纳 | 2016- | 1.6L | CPDA | 243 |
| 途安 9R3 | 2010-2015 | 1.4T | CFBA | 232 |
| | 2014-2015 | 1.6L | CSRA | 243 |
| 途安 9R1 | 2005-2010 | 1.8L | BPL | 252 |
| | 2004-2009 | 2.0L | BJZ | 260 |
| | 2008-2010 | 1.8L | CFUA | — |
| | 2009-2011 | 2.0L | CGZA | 260 |
| 途安 L 0R1 | 2016- | 1.4T | CSSA | 239 |
| | 2016- | 1.8T | CUFA | 250 |

**14B. 一汽大众**

| 车型 | 年款 | 排量 | 发动机 | 页码 |
|---|---|---|---|---|
| 捷达 BS2 | 2015- | 1.4T | CSTA | 239 |
| | 2013- | 1.4T | CKAA | 239 |
| | 2013- | 1.6L | CPDA | 243 |
| 新宝来 153 | 2016- | 1.4T | CSTA | 239 |
| | 2016- | 1.6L | CSRA | 243 |
| 新宝来 152 | 2010- | 1.4T | CFBA | 232 |
| | 2010- | 1.6L | CLSA | 247 |
| 宝来 9D2 | 2004-2006 | 1.6L | BJH | 243 |
| | 2006-2008 | 1.6L | BWG | 244 |
| | 2001-2008 | 1.8L | BAF | 250 |
| 速腾 BK2 | 2015- | 1.4T | CSSA | 239 |
| | 2015- | 1.4T | CSTA | 239 |
| | 2015- | 1.6L | CPDA | 243 |
| | 2013- | 2.0T | CGMA | 262 |
| | 2017- | 1.2T | CYAA | 228 |
| 速腾 9L2 | 2009-2012 | 1.4T | CFBA | 232 |
| | 2006-2012 | 1.6L | BWH | 244 |
| | 2008-2012 | 1.8T | BYJ | 253 |
| 速腾 GLI | 2016- | 2.0T | CUGA (同 CUFA) | 250 |
| 迈腾 0B2 | 2017- | 1.4T | CSSA | 239 |
| | 2017- | 1.8T | CUFA | 250 |
| | 2017- | 2.0T | CUGA (同 CUFA) | 250 |
| 迈腾 B7L 942 | 2012-2015 | 1.4T | CFBA | 232 |
| | 2012-2016 | 1.8T | CEAA | 255 |
| | 2012-2015 | 2.0T | CGMA | 262 |
| | | 3.0L | CNGA | 299 |
| 迈腾 9X2 | 2010-2011 | 1.4T | CFBA | 232 |
| | 2007-2011 | 1.8T | BYJ | 253 |
| | 2008-2011 | 2.0T | CBLA | 262 |

| 车型 | 年款 | 排量 | 发动机 | 页码 |
|---|---|---|---|---|
| CC 991 | 2013- | 1.8T | CEAA | 255 |
| | 2013- | 2.0T | CGMA | 262 |
| | 2013- | 3.0L | CNGA | 299 |
| CC 990 | 2010-2013 | 1.8T | CEAA | 255 |
| | | 2.0T | CGMA | 262 |
| 高尔夫7 BN1 | 2015- | 1.2T | CYAA | 228 |
| | 2015- | 1.4T | DBVA | 239 |
| | 2014- | 1.4T | CSTA | 239 |
| | 2014- | 1.4T | CSSA | 239 |
| | 2014- | 1.6L | CSRA | 243 |
| 高尔夫 GLI | 2016- | 2.0T | CUGA（同CUFA） | 250 |
| 高尔夫 嘉旅 | 2016- | 1.2T | CYAA | 228 |
| | 2016- | 1.4T | DBVA | 239 |
| | 2016- | 1.6L | CSRA | 243 |
| 高尔夫6 981 | 2009-2014 | 1.4T | CFBA | 232 |
| | | 1.6L | CLRA | 245 |
| | | 2.0T | CGMA | 262 |
| 高尔夫 9D1 | 2006-2008 | 1.6L | BWG | 244 |
| | 2004-2008 | 1.8L | BAF | 250 |

### 14C. 大众进口

| 车型 | 年款 | 排量 | 发动机 | 页码 |
|---|---|---|---|---|
| 迈特威 | 2012- | 2.0T | CJKA | 262 |
| 夏朗 GP 7N2 | 2016- | 1.4T | CZDA | 239 |
| | 2016- | 2.0T | DEDA | — |
| 蔚揽 | 2016- | 1.4T | CZDA | 239 |
| | 2016- | 2.0T | DEDA | — |

| 车型 | 年款 | 排量 | 发动机 | 页码 |
|---|---|---|---|---|
| 途锐 | 2015- | 3.0T | CYJA | — |
| 辉腾 3D9 | 2012- | 3.0L | CPFA | 306 |
| | 2011- | 3.6L | CMVA | 314 |
| | 2011- | 4.2L | BGH | 318 |
| 甲壳虫 5C7 | 2012- | 1.2T | CBZB | 228 |
| | 2013- | 1.4T | CTHD | 239 |
| | 2014- | 2.0T | CPLA（同CVJA） | 271 |
| 尚酷 138 | 2015- | 1.4T | CMSB | 239 |
| | 2016- | 1.4T | CZDC（同CZDA） | 239 |
| | 2015- | 1.4T | CTKA | 239 |
| | 2015- | 2.0T | CCZB | 271 |

### 15. 上汽大众斯柯达

| 车型 | 年款 | 排量 | 发动机 | 页码 |
|---|---|---|---|---|
| 明锐 | 2014- | 1.4T | CSSA | 239 |
| | 2014- | 1.6L | CSRA | 243 |
| | 2011-2014 | 1.4T | CFBA | 232 |
| | | 1.8T | CEAA | 255 |
| | 2010-2014 | 1.6L | CLRA | 245 |
| | 2009-2014 | 2.0L | CGZA | 260 |
| | 2007-2010 | 1.8T | BYJ | 253 |
| | 2008-2010 | 1.6L | CDFA | 245 |
| 明锐经典 | 2012- | 1.6L | CPJA | 247 |
| 晶锐 | 2015- | 1.4L | DAHA | 239 |
| | 2015- | 1.6L | CSRA | 243 |
| | 2009-2011 | 1.4L | CDDA（同CDEA） | 247 |
| | | 1.6L | CDEA | 247 |
| | 2010-2015 | 1.4L | CLPA（同CLSA） | 247 |
| | 2010-2012 | 1.6L | CLSA | 247 |

| 车型 | 年款 | 排量 | 发动机 | 页码 |
|---|---|---|---|---|
| 昕锐 | 2013- | 1.4L | CKAA | 239 |
| | 2013- | 1.6L | CPDA | 243 |
| 昕动 | 2016- | 1.4T | CSTA | 239 |
| | 2016- | 1.4L | CKAA | 239 |
| | 2016- | 1.6L | CPDA | 243 |
| 速派 | 2016- | 1.4T | CSSA | 239 |
| | 2016- | 1.8T | CUFA | 250 |
| | 2016- | 2.0T | CUGA（同CUFA） | 250 |
| 昊锐 | 2010-2015 | 1.4T | CFBA | 232 |
| | 2009-2015 | 1.8T | CEAA | 255 |
| | | 2.0T | CGMA | 262 |
| 野帝 | 2014- | 1.4T | CSSA | 239 |
| | 2014- | 1.6L | CSRA | 243 |
| | 2014- | 1.8T | CEAA | 255 |

## 16A. 一汽奥迪

| 车型 | 年款 | 排量 | 发动机 | 页码 |
|---|---|---|---|---|
| A3 三厢 | 2015- | 1.4T | CSSA | 239 |
| | 2015- | 1.8T | CUFA | 250 |
| A3 两厢 | 2015- | 1.4T | CSSA | 239 |
| | 2015- | 1.8T | CUFA | 250 |
| A4L | 2011- | 1.8T | CCUA | — |
| | 2015- | 2.0T | CUJA | 272 |
| | 2015- | 2.0T | CUHA | 272 |
| | 2011-2014 | 2.0T | CADA | 264 |
| | 2009-2014 | 2.0T | CDZA | 263 |
| | 2009-2010 | 3.2L | CALA | 310 |
| A6L | 2016 | 1.8T | CYYA | 253 |
| | 2016- | 3.0T | CREC | 296 |
| | 2016- | 3.0T | CTDB | 293 |
| | 2016- | 2.5L | CLXB | 284 |
| | 2012-2015 | 2.0T | CDZA | 263 |
| | | 2.5L | CLXA | 284 |
| | | 2.8L | CNYB | 291 |
| | 2012-2013 | 3.0T | CHMA | 296 |
| | 2005-2011 | 2.0T | BPJ | 259 |
| | | 2.4L | BDW | 282 |
| | 2005-2007 | 3.0L | BBJ | 296 |
| | 2005-2006 | 4.2L | BAT | 318 |
| Q3 | 2016 | 1.4T | CSSA | 239 |
| | 2016 | 2.0T | DBRA | — |
| | 2016- | 2.0T | DBSA | — |
| | 2013-2015 | 2.0T | CCZC（同CADA） | 264 |
| | | 2.0T | CGMA | 262 |
| | | 2.0T | CRHA | 271 |
| Q5 | 2016- | 2.0T | CUHA | 272 |
| | 2016- | 2.0T | CUJA | 272 |
| | 2010-2015 | 2.0T | CADA | 264 |
| | | 2.0T | CDZA | 263 |

## 16B. 奥迪进口

| 车型 | 年款 | 排量 | 发动机 | 页码 |
|---|---|---|---|---|
| A4 allroad | 2014- | 2.0T | CNCD | 279 |
| A5 掀背 | 2016- | 1.8T | CJEE（同CUJA） | 272 |
| | 2016- | 2.0T | CNCE | 279 |
| A5 敞篷 | 2016- | 2.0T | CNCD | 279 |
| | 2016- | 2.0T | CNCE | 279 |
| A5 双门 | 2016- | 1.8T | CJEE（同CUJA） | 272 |
| | 2016- | 2.0T | CNCD | 279 |
| | 2016- | 2.0T | CNCE | 279 |
| A6 allroad | 2015- | 3.0T | CREC | 296 |
| A7 | 2016- | 1.8T | CYGA（同CUJA） | 272 |
| | 2016- | 2.0T | CYPA | 279 |
| | 2016 | 3.0T | CREC | 296 |

| 车型 | 年款 | 排量 | 发动机 | 页码 |
|---|---|---|---|---|
| A8L | 2016- | 2.5L | CVBA | 284 |
| | 2016- | 3.0T | CREG | 296 |
| | 2016- | 3.0T | CTDA | 293 |
| | 2016- | 4.0T | CTGA | 318 |
| | 2016- | 6.3L | CTNA | 318 |
| Q7 4MB | 2016- | 2.0T | CVJA | 271 |
| | 2016- | 3.0T | CREC | 296 |
| RS5 | 2010- | 4.2L | CFSA | 318 |
| RS6 | 2015- | 4.0T | CWUB | 314 |
| RS7 | 2016- | 4.0T | CWUC | 314 |
| | 2016- | 4.0T | CWUB | 314 |
| S6 | 2016- | 4.0T | CTGE | 318 |
| S7 | 2016- | 4.0T | CTGE | 318 |

### 17A. 华晨宝马

| 车型 | 年款 | 排量 | 发动机 | 页码 |
|---|---|---|---|---|
| 318LI | 2017- | 1.5T | B38B15C | 370 |
| 316I | 2013- | 1.6T | N13B16A | 322 |
| 320LI | 2014- | 2.0T | N20B20 | 325 |
| 328LI | 2016 | 2.0T | N20B20 | 325 |
| 330LI | 2017- | 2.0T | B48B20D | 377 |
| 335LI | 2016- | 3.0T | N55B30 | 343 |
| 520LI | 2017- | 2.0T | N20B20 | 325 |
| 525LI | 2017- | 2.0T | N20B20 | 325 |
| 528LI | 2017- | 2.0T | N20B20 | 325 |
| 535LI | 2014- | 3.0T | N55B30 | 343 |
| 530LE | 2017- | 2.0T | N20B20 | 325 |
| 218I | 2016- | 1.5T | B38A15 | 370 |
| 220I | 2016- | 2.0T | B48A20 | 377 |
| X1 18LI | 2016- | 1.5T | B38A15 | 370 |
| X1 20LI | 2016- | 2.0T | B48A20 | 377 |
| X1 25LI | 2016- | 2.0T | B48A20 | 377 |

### 17B. 宝马进口

| 车型 | 年款 | 排量 | 发动机 | 页码 |
|---|---|---|---|---|
| 118I | 2016- | 1.5T | B38B15 | 370 |
| 120I | 2015- | 1.6T | N13B16A | 322 |
| 125I | 2015- | 2.0T | B48B20 | 377 |
| 135I | 2015- | 3.0T | N55B30 | 343 |
| 218I | 2015- | 1.5T | B38B15 | 370 |
| 220I | 2014- | 2.0T | N20B20 | 325 |
| 235I | 2014 | 3.0T | N55B30 | 343 |
| 340I | 2017- | 3.0T | B58B30（同 B48） | 377 |
| 320I | 2016- | 2.0T | B48B20 | 377 |
| 330I | 2016- | 2.0T | B48B20 | 377 |
| 420I | 2016- | 2.0T | B48B20 | 377 |
| 428I | 2016- | 2.0T | B48B20 | 377 |
| 430I | 2016- | 2.0T | B48B20 | 377 |
| 435I | 2014- | 3.0T | N55B30 | 343 |
| 520I | 2014- | 2.0T | N20 | 325 |
| 528I | 2014- | 2.0T | N20 | 325 |
| 535I | 2014- | 3.0T | N55B30 | 343 |
| 640I | 2016- | 3.0T | N55B30 | 343 |
| 650I | 2016- | 4.0T | N63B44 | 353 |
| 730LI | 2016- | 2.0T | B48B20 | 377 |
| 740LI | 2016- | 3.0T | B58B30（同 B48） | 377 |
| 750LI | 2016- | 4.4T | N63B44 | 353 |
| X3 20I | 2014- | 2.0T | N20 | 325 |
| X3 28I | 2014- | 2.0T | N20 | 325 |
| X3 35I | 2014- | 3.0T | N55B30 | 343 |
| X4 20I | 2014- | 2.0T | N20 | 325 |
| X4 28I | 2014- | 2.0T | N20 | 325 |
| X4 40I | 2016- | 3.0T | N55B30 | 343 |
| X5 28I | 2015- | 2.0T | N20 | 325 |
| X5 30D | 2014- | 3.0T | N55B30 | 343 |
| X5 35I | 2014- | 3.0T | N55B30 | 343 |
| X5 50I | 2014- | 4.0T | N63 | 353 |

| 车型 | 年款 | 排量 | 发动机 | 页码 |
|---|---|---|---|---|
| X6 28I | 2015- | 2.0T | N20 | 325 |
| X6 35I | 2015- | 3.0T | N55B30 | 343 |
| X6 50I | 2015- | 4.0T | N63 | 353 |
| Z4 20I | 2013- | 2.0T | N20 | 325 |
| Z4 28I | 2013- | 2.0T | N20 | 325 |
| Z4 35I | 2013- | 3.0T | N52 | 340 |
| Z4 35IS | 2013- | 3.0T | N52 | 340 |
| I8 混动 | 2014- | 1.5T | B38K15 | 370 |

注：
由于宝马发动机类型众多且配载车型方案繁杂，上面表格所统计信息也许仅是冰山一角，表中未涉及的车型读者可以根据车型铭牌的发动机类型一栏的信息从正文中找对应系列的发动机，如下图所示。

根据型号从正文查找N55发动机正时检查与调整的内容即可

### 18A. 北京奔驰

| 车型 | 年款 | 排量 | 发动机 | 页码 |
|---|---|---|---|---|
| E180L | 2015- | 2.0T | 274.910 | 401 |
| E200L | 2015- | 2.0T | 274.920 | 401 |
| E260L | 2015- | 2.0T | 274.920 | 401 |
| E300L | 2012- | 3.0T | 272.952 | 399 |
| E320L | 2015- | 3.0T | 276.820 | 405 |
| E400L | 2015- | 3.0T | 276.853 | 405 |
| E400LH | 2015- | 3.5H | 276.952 | 405 |
| C180L | 2016- | 1.6T | 274.910 | 401 |
| C200L | 2015- | 2.0T | 274.920 | 401 |
| C300L | 2015- | 2.0T | 274.920 | 401 |
| C350EL | 2016- | 2.0T | 274.920 | 401 |
| GLC200 | 2016- | 2.0T | 274.920 | 401 |
| GLC260 | 2016- | 2.0T | 274.920 | 401 |
| GLC300 | 2016- | 2.0T | 274.920 | 401 |
| GLA200 | 2016- | 1.6T | 274.910 | 401 |
| GLA220 | 2016- | 2.0T | 274.920 | 401 |
| GLA260 | 2016- | 2.0T | 274.920 | 401 |
| GLK300 | 2012 | 3.0T | 272.948 | 399 |

### 18B. 福建奔驰

| 车型 | 年款 | 排量 | 发动机 | 页码 |
|---|---|---|---|---|
| V260 | 2016- | 2.0T | 274.920 | 401 |
| 威霆 | 2016- | 2.0T | 274.920 | 401 |
| 威霆 | 2013- | 3.0L | 272.939 | 399 |
| 凌特 | 2012- | 2.1T | 651.955 | — |
| 唯雅诺 | 2012- | 2.5L | 272.924 | 399 |
| 唯雅诺 | 2013- | 3.0L | 272.939 | 399 |
| 唯雅诺 | 2012- | 3.5L | 272.978 | 399 |

### 18C. 奔驰进口

| 车型 | 年款 | 排量 | 发动机 | 页码 |
|---|---|---|---|---|
| A180 | 2016- | 1.6T | 274.910 | 401 |
| A200 | 2016- | 1.6T | 274.910 | 401 |
| A260 | 2016- | 2.0T | 274.920 | 401 |
| B180 | 2016- | 1.6T | 274.910 | 401 |
| B200 | 2016- | 1.6T | 274.910 | 401 |
| B260 | 2015- | 2.0T | 274.920 | 401 |
| C180 | 2015- | 1.6T | 274.910 | 401 |
| C200 | 2015- | 2.0T | 274.920 | 401 |

| 车型 | 年款 | 排量 | 发动机 | 页码 |
|---|---|---|---|---|
| C300 | 2015- | 2.0T | 274.920 | 401 |
| CLA200 | 2016- | 1.6T | 274.910 | 401 |
| CLA220 | 2016- | 2.0T | 274.920 | 401 |
| CLA260 | 2016- | 2.0T | 274.920 | 401 |
| CLS260 | 2016- | 2.0T | 274.920 | 401 |
| CLS320 | 2016- | 3.0T | 276.820 | 405 |
| CLS400 | 2016- | 3.0T | 276.820 | 405 |
| E200 | 2016- | 2.0T | 274.920 | 401 |
| E260 | 2016- | 2.0T | 274.920 | 401 |
| E320 | 2016- | 3.0T | 276.820 | 405 |
| E400 | 2016- | 3.0T | 276.820 | 405 |
| G500 | 2016- | 4.0T | 113.962 | 383 |
| GLE350 | 2016- | 3.0T | 276.820 | 405 |
| GLE320 | 2016- | 3.0T | 276.820 | 405 |
| GLE400 | 2016- | 3.0T | 276.820 | 405 |
| GLE450 | 2016- | 3.0T | 276.820 | 405 |
| GLE500E | 2016- | 3.0T | 276.820 | 405 |
| GLS350 | 2016- | 3.0T | 276.820 | 405 |
| GLS400 | 2016- | 3.0T | 276.820 | 405 |
| GLS500 | 2016- | 4.0T | 278.912 | 405 |
| R320 | 2015- | 3.0T | 276.820 | 405 |
| R400 | 2015- | 3.0T | 276.820 | 405 |
| S320L | 2014- | 3.0T | 276.821 | 405 |
| S400L | 2016- | 3.0T | 276.824 | 405 |
| S500L | 2016- | 4.0T | 278.912 | 405 |
| SL400 | 2016- | 3.0T | 276.820 | 405 |
| SLC200 | 2016- | 2.0T | 274.920 | 401 |
| SLC300 | 2016- | 2.0T | 274.920 | 401 |
| SLK200 | 2011- | 1.8T | 271.861 | 398 |
| SLK350 | 2011- | 3.5L | 272.969 | 399 |

注：
由于奔驰发动机类型众多且配载车型方案繁杂，上面表格所统计信息也许仅是冰山一角，表中未涉及的车型读者可以根据车型铭牌的发动机类型一栏的信息从正文中找对应系列的发动机，如下图所示。

根据型号从正文查找274发动机正时检查与调整的内容即可

### 19A. 奇瑞捷豹路虎

| 车型 | 年款 | 排量 | 发动机 | 页码 |
|---|---|---|---|---|
| XFL | 2016- | 2.0T | GTDI | 412 |
|  | 2016- | 3.0T | V6SC | 424 |

### 19B. 捷豹进口

| 车型 | 年款 | 排量 | 发动机 | 页码 |
|---|---|---|---|---|
| XE X760 | 2016- | 2.0T | GTDI | 412 |
|  | 2016- | 3.0T | V6SC | 424 |
| XF X260 | 2016- | 2.0T | GTDI | 412 |
|  | 2016- | 3.0T | V6SC | 424 |
| XF X250 | 2009-2015 | 3.0T | V6SC | 424 |
|  |  | 2.0T | GTDI | 412 |
|  |  | 2.2TD | TD4 | 416 |
|  |  | 3.0TD | TDV6 | 424 |
|  |  | 3.0T | V6SC | 424 |
|  |  | 5.0T | V8SC | 444 |
| XJ X351 | 2010- | 2.0T | GTDI | 412 |
|  |  | 3.0T | V6SC | 424 |
|  |  | 5.0T | V8SC | 444 |
| XJ X350 | 2003-2009 | 3.0L | V6 | 424 |
|  |  | 4.2T | V8SC | 435 |
|  |  | 4.2L | V8NA (同V8SC) | 435 |
| XK X150 | 2006-2015 | 4.2T | V8SC | 435 |
|  |  | 5.0T | V8SC | 444 |

| 车型 | 年款 | 排量 | 发动机 | 页码 |
|---|---|---|---|---|
| F-PACE X761 | 2017- | 2.0T | GTDI | 412 |
|  | 2017- | 3.0T | V6SC | 424 |
| F-TYPE X152 | 2014- | 3.0T | V6SC | 424 |
|  | 2014- | 5.0T | V8SC | 444 |
| S-TYPE X200 | -2008 | 2.5L | AJV6 | 418 |
|  | -2008 | 2.7L | TDV6 | 422 |
|  | -2008 | 3.0L | AJ27 | 418 |
|  | -2008 | 4.2T | V8 | 435 |

### 20A. 奇瑞捷豹路虎

| 车型 | 年款 | 排量 | 发动机 | 页码 |
|---|---|---|---|---|
| 发现神行 | 2016- | 2.0T | GTDI | 412 |
| 揽胜极光 | 2016- | 2.0T | GTDI | 412 |

### 20B. 路虎进口

| 车型 | 年款 | 排量 | 发动机 | 页码 |
|---|---|---|---|---|
| 揽胜 | 2016- | 3.0T | V6SC | 424 |
|  | 2016- | 3.0T | V6SC | 424 |
|  | 2016- | 5.0L | V8 | 440 |
|  | 2016- | 5.0T | V8 | 444 |
| 揽胜运动 | 2016- | 2.0T | GTDI | 412 |
|  | 2016- | 3.0T | V6SC | 424 |
|  | 2016- | 5.0T | V8 | 444 |
| 揽胜极光敞篷 | 2016- | 2.0T | GDTI | 412 |
| 揽胜混动 | 2016- | 3.0T | V6SC | 424 |
| 揽胜运动混动 | 2016- | 3.0T | V6SC | 424 |
| 发现四 | 2016- | 3.0T | V6SC | 424 |
| 发现神行 | 2015- | 2.0T | GTDI | 412 |
| 神行者 | 2015- | 2.2TD | TD4 | 416 |
|  | 2015- | 2.0T | GTDI | 412 |

### 21A. 东风标致

| 车型 | 年款 | 排量 | 发动机 | 页码 |
|---|---|---|---|---|
| 3008 | 2013- | 2.0L | 16V143 | 454 |
|  | 2013- | 1.6T | EP6CDT | 447 |
| 301 | 2014- | 1.6L | EC5 | — |
| 308 | 2013- | 2.0L | 16V143 | 454 |
|  | 2013- | 1.6L | TU5JP4 | 445 |
| 408 | 2013- | 1.6T | EP6CDT | 447 |
|  | 2013- | 1.6L | TU5JP4 | 445 |
|  | 2013- | 2.0L | 16V143 | 454 |
| 508 | 2011- | 2.3L | 10XP01 | — |
|  | 2015- | 1.8T | 10UF51 | — |
|  | 2013- | 2.0L | 16V143 | 454 |

### 21B. 标致进口

| 车型 | 年款 | 排量 | 发动机 | 页码 |
|---|---|---|---|---|
| 3008 | 2011- | 1.6T | EP6CDT | 447 |
| 407 | 2008- | 3.0L | ES9A | 457 |

### 22A. 东风雪铁龙

| 车型 | 年款 | 排量 | 发动机 | 页码 |
|---|---|---|---|---|
| C2 | 2013- | 1.6L | TU5JP4 | 445 |
|  | 2013 | 1.4L | TU3AF | — |
| C4 世嘉 | 2013- | 1.6L | TU5JP4 | 445 |
|  | 2013- | 1.6L | EC5 | — |
|  | 2013 | 2.0L | 16V143 | 454 |
| C4L | 2013- | 1.8L | EC8 | 451 |
|  | 2012- | 1.6T | EP6CDT | 447 |
| C5 | 2010- | 3.0L | ES9A | 457 |
|  | 2013- | 2.0L | 16V143 | 454 |
|  | 2013- | 2.2L | 16V170 | — |
| 新爱丽舍 | 2013- | 1.6L | TU5JP4 | 445 |
| 世嘉三厢 | 2013- | 1.6L | TU5JP4 | 445 |
| DS5 | 2013- | 1.6T | EP6CDT | 447 |

## 22B. 雪铁龙进口

| 车型 | 年款 | 排量 | 发动机 | 页码 |
|---|---|---|---|---|
| C4 毕加索 | 2013- | 1.6L | TU5JP4 | 445 |
| C4 aircross | 2013- | 2.0L | 16V143 | 454 |

## 23A. 亚太沃尔沃

| 车型 | 年款 | 排量 | 发动机 | 页码 |
|---|---|---|---|---|
| S60L | 2017- | 1.5T | B4154T4 | — |
| S60L | 2014- | 2.0T | B5204T9 | 464 |
| S60L 混动 | 2015- | 2.0T | B5204T9 | 464 |
| XC60 | 2014- | 2.0T | B5204T9 | 464 |

## 23B. 沃尔沃进口

| 车型 | 年款 | 排量 | 发动机 | 页码 |
|---|---|---|---|---|
| XC90 | 2014- | 2.0T | B5204T9 | 464 |
| XC60 | 2014- | 2.0T | B5204T9 | 464 |
| XC60 | 2014- | 3.0T | B6304T4 | 476 |
| S90 | 2014- | 2.0T | B5204T9 | 464 |
| S60 | 2014- | 2.0T | B5204T9 | 464 |
| S60 | 2014- | 3.0T | B6304T4 | 476 |
| V60 | 2014- | 2.0T | B5204T9 | 464 |
| V40 | 2017- | 1.5T | B4154T4 | — |
| V40 | 2014- | 2.0T | B5204T9 | 464 |

## 24A. 广汽菲亚特

| 车型 | 年款 | 排量 | 发动机 | 页码 |
|---|---|---|---|---|
| 菲翔 | 2015- | 1.4T | TJET | 478 |
| 致悦 | 2014- | 1.4T | TJET | 478 |

## 24B. 菲亚特进口

| 车型 | 年款 | 排量 | 发动机 | 页码 |
|---|---|---|---|---|
| 500 | 2011- | 1.4T | TJET | 478 |
| 500C | 2012- | 1.4T | TJET | 478 |
| 菲跃 | 2012- | 2.4L | PVVT | 480 |
| 菲跃 | 2013L | 3.6L | V6VVT | 582 |

## 25A. 上汽通用别克

| 车型 | 年款 | 排量 | 发动机 | 页码 |
|---|---|---|---|---|
| 凯越 | 2013- | 1.5L | L2B | 495 |
| 凯越 | 2005-2012 | 1.6L | L91 | 497 |
| 凯越 | 2005-2010 | 1.8L | L79 | 502 |
| 新英朗 | 2016- | 1.4T | LFF | 490 |
| 新英朗 | 2016- | 1.5L | L2B | 495 |
| 英朗 | 2010-2015 | 1.6T | LLU LDE | 498 |
| 英朗 | 2010-2015 | 1.8L | 2H0 | 502 |
| 威朗 | 2015- | 1.5T | LFV | 491 |
| 威朗 | 2015- | 1.5L | L3G | 490 |
| 威朗 GS | 2016- | 1.5T | LFV | 491 |
| 威朗轿跑 | 2016- | 1.5L | L3G | 490 |
| 君威 | 2010-2015 | 1.6T | LLU | 498 |
| 君威 | 2009-2015 | 2.0T | LTD LDK | 504 |
| 君威 | 2009-2010 | 2.4L | LE5 | 512 |
| 君威 | 2011-2015 | 2.4L | LAF | 512 |
| 君威 | 2003-2007 | 2.5L | LB8 | 516 |
| 君威 | 2003-2007 | 2.0L | L34 | 508 |
| 君威 | 2003-2007 | 3.0L | LW9 | 518 |
| 君威 | 2006 | 3.0L | LZD | 518 |
| 君威 GS | 2015- | 2.0T | LTD LDK | 504 |

| 车型 | 年款 | 排量 | 发动机 | 页码 |
|---|---|---|---|---|
| 君越 | 2016- | 1.5T | LFV | 491 |
| | 2011-2015 | 2.0T | LDK | 504 |
| | 2011-2015 | 2.4L | LAF LUK | 512 |
| | 2011-2015 | 3.0L | LFW | 517 |
| | 2006-2010 | 2.4L | LE5 | 512 |
| | 2008-2010 | 3.0L | LF1 | 517 |
| | 2009 | 2.0T | LDK | 504 |
| | 2006-2008 | 3.0L | LZD | 518 |
| GL8 | 2011- | 2.4L | LE5 | 512 |
| | 2006-2010 | 2.4L | LB8 | 516 |
| GL8 豪华 | 2013- | 2.4L | LAF | 512 |
| | 2011-2012 | 2.4L | LE5 | 512 |
| | 2013- | 3.0L | LFW | 517 |
| 陆尊 | 2006-2010 | 3.0L | LZC | 518 |
| | 2005 | 3.0L | LW9 | 518 |
| 昂科拉 | 2014- | 1.4T | LFF | 490 |
| | 2013 | 1.4T | LUJ | 484 |
| 昂科威 | 2015- | 1.5T | LFV | 491 |
| | 2015- | 2.0T | LTG | 506 |
| 君越混动 | 2016- | 1.8H | SIDI | — |

## 25B. 别克进口

| 车型 | 年款 | 排量 | 发动机 | 页码 |
|---|---|---|---|---|
| 昂科雷 | 2009- | 3.6L | LLT | 518 |

## 26A. 上汽通用雪佛兰

| 车型 | 年款 | 排量 | 发动机 | 页码 |
|---|---|---|---|---|
| 赛欧三厢 | 2015- | 1.3L | LEW | — |
| | 2015- | 1.5L | L2B | 495 |
| | 2010-2014 | 1.2L | LMU | 483 |
| | | 1.4L | LCU | 488 |
| 乐风 RV | 2016- | 1.5L | L2B | 495 |
| 科鲁兹三厢 | 2015- | 1.5L | L3G | 490 |
| | 2016- | 1.4T | LE2 | 490 |
| | 2011-2014 | 1.6T | LLU | 498 |
| | 2010-2014 | 1.8L | 2H0 | 502 |
| | 2010-2013 | 1.6L | LDE | 500 |
| | 2009 | 1.6T | LXV | 498 |
| 科鲁兹掀背 | 2013 | 1.6T | LLU | 498 |
| | 2013 | 1.6L | LDE | 500 |
| 景程 | 2010-2015 | 1.8L | 2H0 | 502 |
| | 2008-2009 | 2.0L | L34 | 508 |
| 科沃兹 | 2016- | 1.5L | L2B | 495 |
| 迈锐宝 | 2016 | 1.5T | LFV | 491 |
| | 2012 | 1.6T | LLU | 498 |
| | 2012 | 2.0T | LTD | 510 |
| | 2012 | 2.4L | LAF | 512 |
| 迈锐宝 XL | 2016- | 1.5T | FLV | 491 |
| | 2016- | 2.5L | LCV | 517 |
| 迈锐宝 XL 混动 | 2016- | 1.8H | SIDI | — |
| 创酷 | 2014- | 1.4T | LFF | 490 |
| 科帕奇 | 2011- | 2.4L | LE9 | 512 |
| | 2007-2010 | 3.2L | LU1 | 518 |

## 26B. 雪佛兰进口

| 车型 | 年款 | 排量 | 发动机 | 页码 |
|---|---|---|---|---|
| 科迈罗 | 2012- | 3.6L | LFX | 518 |

## 27A. 上汽通用凯迪拉克

| 车型 | 年款 | 排量 | 发动机 | 页码 |
|---|---|---|---|---|
| XT5 | 2016- | 2.0T | LTG | 506 |
| XTS | 2013- | 2.0T | LTG | 506 |
| XTS | 2013 | 3.6L | LFX | 518 |
| ATSL | 2014- | 2.0T | LTG | 506 |
| ATSL | 2014 | 2.5L | LCV | 517 |
| CT6 | 2016- | 2.0T | LTG | 506 |
| CT6 | 2016- | 3.0T | LGW | — |

## 27B. 凯迪拉克进口

| 车型 | 年款 | 排量 | 发动机 | 页码 |
|---|---|---|---|---|
| SRX | 2015- | 3.0L | LFW | 517 |
| SRX | 2015- | 3.6L | LFX | 518 |
| SRX | 2010- | 3.0L | LF1 | 517 |
| SRX | 2010- | 2.8L | LAU（同LLT） | 518 |
| SRX | 2005-2009 | 3.6L | LY7 | 518 |
| SRX | 2005-2009 | 4.6L | LH2 | 529 |
| CTS | 2014- | 2.0T | LTG | 506 |
| CTS | 2014 | 3.6L | LFX | 518 |
| CTS | 2013 | 3.6L | LFW | 518 |
| CTS | 2009- | 6.2T | LSA | 534 |
| CTS | 2007 | 2.8L | LP1 | 517 |
| CTS | 2007 | 3.6L | LY7 | 518 |
| XLR | 2005-2009 | 4.6L | LH2 | 529 |

| 车型 | 年款 | 排量 | 发动机 | 页码 |
|---|---|---|---|---|
| SLS | 2010-2012 | 2.0T | LNF（同LDK） | 504 |
| SLS | 2012 | 3.0L | LF1 | 517 |
| SLS | 2010-2011 | 3.6L | LLT | 518 |
| SLS | 2006-2009 | 2.8L | LP1 | 517 |
| SLS | 2006-2009 | 3.6L | LY7 | 518 |
| SLS | 2006-2009 | 4.6L | LH2 | 529 |
| 凯雷德 | 2013- | 6.2L | L94 | 534 |
| 凯雷德混动 | 2010- | 6.0L | LZ1 | 532 |

## 28A. 长安福特

| 车型 | 年款 | 排量 | 发动机 | 页码 |
|---|---|---|---|---|
| 福克斯 | 2015- | 1.0T | GTDI | 535 |
| 福克斯 | 2015- | 1.5T | GTDI | 541 |
| 福克斯 | 2005- | 1.6L | TIVCT | 541 |
| 福克斯 | 2005- | 2.0L | MI4 | 543 |
| 福克斯 | 2005- | 1.8L | MI4 | 543 |
| 福克斯经典 | 2013- | 1.8L | MI4 | 543 |
| 嘉年华 | 2013- | 1.5L | TIVCT | 541 |
| 嘉年华两厢 | 2014- | 1.0T | GTDI | 535 |
| 嘉年华两厢 | 2013- | 1.5L | TIVCT | 541 |
| 嘉年华 | 2009- | 1.3L | Z6 | 539 |
| 嘉年华 | 2009- | 1.5L | Z6 | 539 |
| 嘉年华 | 2003- | 1.3L | GNTA | 537 |
| 嘉年华 | 2003- | 1.6L | CLTA | 537 |
| 福睿斯 | 2015- | 1.5L | TIVCT | 541 |
| 致胜 | 2012 | 2.3L | MI4 | 551 |
| 蒙迪欧 | 2007- | 2.0L | MI4 | 543 |
| 蒙迪欧 | 2007- | 2.3L | MI4 | 551 |
| 蒙迪欧 | 2011- | 2.0T | GTDI | 547 |

| 车型 | 年款 | 排量 | 发动机 | 页码 |
|---|---|---|---|---|
| 新蒙迪欧 | 2013- | 1.5T | GTDI | 541 |
| | 2013- | 2.0T | GTDI | 547 |
| 金牛座 | 2015- | 1.5T | GTDI | 541 |
| | 2015- | 2.0T | GTDI | 547 |
| | 2015- | 2.7T | GTDI | 557 |
| 翼博 | 2013- | 1.0T | GTDI | 535 |
| | 2013- | 1.5L | TIVCT | 541 |
| 翼虎 | 2013- | 1.5T | GTDI | 541 |
| | 2013- | 2.0T | GTDI | 547 |
| | 2013- | 1.6T | GTDI | 542 |
| 锐界 | 2012- | 2.0T | GTDI | 547 |
| | 2012- | 2.7T | GTDI | 557 |

### 28B. 江铃福特

| 车型 | 年款 | 排量 | 发动机 | 页码 |
|---|---|---|---|---|
| 撼路者 | 2016- | 2.0T | GTDI | 547 |
| | 2016- | 2.2TD | TDCI | 554 |
| 途睿欧 | 2016- | 2.0T | GTDI | 547 |
| 新世代全顺 | 2016- | 2.2TD | TDCI | 554 |
| | 2007- | 2.4TD | TDCI | 554 |
| 新全顺 | 2017- | 2.0T | GTDI | 547 |
| 经典全顺 | 2016- | 2.8TD | JX493 ZLQ4 | — |

### 28C. 福特进口

| 车型 | 年款 | 排量 | 发动机 | 页码 |
|---|---|---|---|---|
| 探险者 | 2016- | 2.3T | GTDI | 549 |
| | 2016- | 3.5T | GTDI | 561 |

| 车型 | 年款 | 排量 | 发动机 | 页码 |
|---|---|---|---|---|
| 野马 | 2016- | 2.3T | GTDI | 549 |
| | 2016- | 5.0L | TIVCT | 565 |

### 29. 林肯

| 车型 | 年款 | 排量 | 发动机 | 页码 |
|---|---|---|---|---|
| MKC | 2016- | 2.0T | GTDI | 547 |
| | 2016- | 2.3T | GTDI | 549 |
| MKX | 2015- | 2.0T | GTDI | 547 |
| | 2015- | 2.3T | GTDI | 549 |
| 领航员 | 2015- | 3.5T | GTDI | 561 |
| MKZ | 2017- | 2.0T | GTDI | 547 |

### 30A. 北京克莱斯勒

| 车型 | 年款 | 排量 | 发动机 | 页码 |
|---|---|---|---|---|
| 300C | 2014- | 3.0L | V6 | 580 |
| | 2012- | 3.6L | V6 | 582 |
| | 2006- | 2.7L | V6 | 577 |
| | 2006- | 3.5L | V6 | 581 |
| | 2006- | 5.7L | V8 | 596 |
| 铂锐 | 2008- | 2.0L | L4 | 574 |
| | 2008- | 2.4L | L4 | 574 |
| | 2008- | 2.7L | V6 | 577 |

### 30B. 东南克莱斯勒

| 车型 | 年款 | 排量 | 发动机 | 页码 |
|---|---|---|---|---|
| 大捷龙 | 2007- | 3.0L | V6 | 580 |
| | 2007- | 3.3L | V6 | 581 |

## 31A. 广汽菲克

| 车型 | 年款 | 排量 | 发动机 | 页码 |
|---|---|---|---|---|
| 自由侠 | 2016- | 1.4T | TJET | 478 |
| 自由侠 | 2016- | 2.0L | L4 | 573 |
| 自由光 | 2016- | 2.0L | L4 | 574 |
| 自由光 | 2016- | 2.4L | L4 | 574 |

## 31B. 吉普进口

| 车型 | 年款 | 排量 | 发动机 | 页码 |
|---|---|---|---|---|
| 大切诺基 | 2015- | 3.0L | V6 | 580 |
| 大切诺基 | 2015- | 3.0T | V6 | 580 |
| 大切诺基 | 2011- | 3.6L | V6 | 582 |
| 大切诺基 | 2007- | 3.7L | V6 | 588 |
| 大切诺基 | 2001- | 4.0L | V8 | 592 |
| 大切诺基 | 2001- | 4.7L | V8 | 593 |
| 大切诺基 | 2007- | 5.7L | V8 | 596 |
| 大切诺基 | 2007- | 6.1L | V8 | 598 |
| 大切诺基 SRT | 2014- | 6.4L | V8（同6.1） | 598 |
| 牧马人 | 2015- | 2.8T | V6 | — |
| 牧马人 | 2015- | 3.0L | V6 | 580 |
| 牧马人 | 2015- | 3.6L | V6 | 582 |
| 指南者 | 2007- | 2.0L | L4 | 573 |
| 指南者 | 2007- | 2.4L | L4 | 574 |

## 32. 道奇

| 车型 | 年款 | 排量 | 发动机 | 页码 |
|---|---|---|---|---|
| 酷威 | 2015- | 2.0T | L4 | 573 |
| 酷威 | 2011- | 2.4L | L4 | 574 |
| 酷威 | 2011- | 3.6L | V6 | 582 |
| 酷博 | 2008- | 1.8L | L4 | 573 |
| 酷博 | 2008- | 2.0L | L4 | 573 |
| 酷博 | 2008- | 2.4L | L4 | 574 |
| 锋哲 | 2008- | 1.8L | L4 | 573 |
| 锋哲 | 2008- | 2.0L | L4 | 573 |
| 锋哲 | 2008- | 2.4L | L4 | 573 |
| 凯领 | 2008- | 3.0L | V6 | 580 |